제 4 판

경제수학

정필권 · 정혜진 공저

法 文 社

제 4 판
서 문

이 책은 상경계열 학생들이 계량경제학, 수리통계학, 계량경영학 등 수리적인 과목을 이수할 때 어려움을 덜어 주고자 만들어졌고, 이 책이 지난 25여 년 동안 독자들로부터 꾸준히 사랑을 받은 것으로 미루어 보아 처음 소기의 목적이 어느 정도 달성되었다고 생각한다.

제 4 판에서 추가된 부분은 다음과 같다. 재무이론에서 자주 인용되는 완전시장과 조건부청구권 및 불확실성하에서의 선택에 관한 내용을 포함시켰다. 특히 계수와 연립1차방정식의 해의 형태를 이용하여 완전시장의 정의와 상황가격을 구하는 방법을 소개하였다, 또한 위험회피적인 사람의 효용함수는 강오목함수이며, 강오목효용함수를 갖는 사람은 위험회피적이라는 것을 젠슨의 부등식을 이용하여 설명하였다. 통계학에서 정적분이 어떻게 응용되는가를 보이기 위해 확률변수를 정의한 후, 평균과 분산, 기댓값이 포함된 함수의 미분법 등을 설명하였다. 적분법의 경제학에의 응용에서는 생산자잉여와 소비자잉여의 변화분을 측정하는 방법을 소개하였다. 끝으로 쿤-터커조건을 이용하여 선형계획법에서 원문제와 쌍대문제의 관계를 자세히 설명하였다.

이번 제 4 판에 추가된 내용 중 완전시장과 조건부청구권 및 강오목함수와 불확실성하에서의 선택은 정혜진 교수가 저술하였고 나머지는 본인이 담당하였다. 이 책의 제 2 의 저자인 정혜진 교수가 새로운 시각으로 경제수학과 그 응용에 포함될 내용을 대폭 개선하여 보다 훌륭한 교과서로 이 책을 재탄생시키는 날이 올 것을 기대한다.

이 책을 개정하는 동안 연세대학교의 여러 교수님으로부터 많은 도움을 받았다. 지난 20여 년 동안 부동의 테니스 단식 상대로 큰 기쁨과 작은 슬픔(?)을 동시에 가르쳐준 사회학과 김용학 교수, 치과대학 이근우 교수, 의 과대학 김웅권 교수님께는 항상 고마운 마음뿐이다.

이번 개정판을 만드는 데 초고의 타이핑과 교정을 위하여 많은 시간을 할애해 준 대학원 석사과정의 김민섭군에게 감사의 마음을 전한다. 그러나 이 책에 나타날 수 있는 오류나 미비점들은 모두 저자들의 책임이다.

끝으로 초판부터 제 4 판에 이르기까지 보다 좋은 책을 만들기 위하여 편집과 교정을 해주신 법문사 여러분께 감사드린다.

2014년 7월
윤수와 우영을 생각하며
정 필 권

제3판 서 문

이 책은 상경계열 학생이 계량경제학, 수리경제학, 수리통계학, 계량경영학 등 수학을 많이 사용하는 과목을 이수하는 데 꼭 필요한 수학의 주요 부분을 정리하였다.

저자가 이 책을 가지고 강의를 시작한 지가 벌써 20년이 흘렀다. 그 동안 고등학교 교과과정의 개편으로 경제수학을 수강하는 학생들의 수학적 배경이 달라졌고 독자들이 한자에 익숙하지 않아 한글전용의 필요성이 증대되는 등 이 학생들의 수준에 맞는 개정이 필요하게 되었다.

제3판에 제외된 부분과 추가된 내용은 다음과 같다. 먼저 힉스–슬러츠키 방정식의 유도과정과 제5부 선형계획법을 제3판에서 삭제하였다. 제1부 선형대수 부분에서는 연립방정식의 일반적인 해법인 가우스–조르단 소거법을 보다 상세히 설명하였다. 제2부 미적분에서는 역함수미분법과 음함수미분법을 설명하는 절을 추가하였다. 이 절들을 통하여 경제학에서 수요함수와 역수요함수를 그리는 방법과 이들의 도함수 사이의 관계를 상세히 설명하였다. 또한 음함수미분법이 경제분석에 어떻게 활용되는가를 보이기 위하여 *IS–LM*모형을 설명하는 절을 새로이 추가하였다. 제3부 최적화이론에서는 장기총비용곡선이 단기총비용곡선의 포락선이 되는 것을 쉽게 설명하였다.

이 책을 개정하는 동안 연세대학교 상경대학 교수님들로부터 많은 도움을 받았다. 지난 20여 년 동안 저자에게 많은 격려와 성원을 해주신 정창영 교수님, 구성열 교수님, 성백남 교수님께 이 자리를 빌어 감사드린다.

제3판의 개정에 필요한 원고의 타이핑과 교정을 위해 많은 시간을 할애해 준 경제학과의 이종찬, 박우람, 하준형 군과 경제수학의 강의방법, 내용 및 이 책의 부족한 부분들을 수강생의 입장에서 허심탄회하게 지적해 준 혜

진과 승원에게 고맙다는 말을 전하고 싶다. 그러나 이 책에 나타날 수 있는 오류나 미비점은 모두 저자의 책임이다.

가족에 대한 따뜻한 사랑과 다정한 말로써 가정을 평안한 휴식의 장소로 만들어 준 아내 고을미에게는 항상 고마운 마음뿐이다.

끝으로 보다 좋은 책을 만들기 위하여 편집과 교정을 하여준 법문사 여러분께 감사드린다.

2007년 11월 7일
연세대학교에서
정 필 권

제 2 판 서 문

이 책의 초판이 나온 지도 벌써 9년이 지났다. 오래전부터 개정을 계획하였으나 본인의 게으름으로 이렇게 상당한 시간이 경과한 후에야 개정을 하게 되어 독자들에게 죄송할 따름이다.

이번 개정에서는 한자를 쓰지 않으면 개념상의 혼란이 오거나 한자를 사용하여 개념이 보다 명확해지는 경우를 제외하고는 한글을 쓰는 것을 원칙으로 하였다. 초판에서 깊이 다루지 않았던 포락선정리와 이 정리가 경제학에서 어떻게 응용되는가를 상당히 자세하게 설명하였다. 포락선정리는 고급미시이론을 보다 명확하게 이해하는 데 도움이 되리라 기대한다. 또한 연립미분방정식과 연립정차방정식의 해법, 2변수위상도와 선형근사법을 제2판에 포함시킴으로써 독자들이 연립동태방정식체계로 구성된 모형을 이해하고 분석할 수 있도록 하였다. 또한 12장에서는 벡터함수와 방향도함수에 대한 두 개의 절을 새로이 만들어 기울기벡터의 대수적 의미와 기하학적 의미를 자세히 설명하였다. 기울기벡터에 대한 철저한 이해는 제3부의 최적화이론을 명확히 이해하는 데 큰 도움이 되리라 생각된다.

이번 제2판은 컴퓨터에 의한 조판이 이루어져 앞으로는 개정작업이 보다 쉽게 이루어질 수 있게 되었다. 지금까지의 개정작업이 늦었던 것을 만회하기 위하여 보다 자주 미비점을 보완할 예정이다.

이 책을 개정하는 동안 연세대학교 상경대학 교수님들로부터 많은 도움을 받았다. 저자에게 항상 많은 용기를 북돋아 주시는 동시에 따뜻한 마음을 전해 주시는 윤기중 교수님, 윤석범 교수님, 박진근 교수님, 정창영 교수님께 다시 한번 감사드린다.

경제수학을 수강하였을 뿐 아니라 교정을 위하여 귀중한 시간을 할애해 준 경제학과 재학생들, 원고정리와 교정 등의 잡다한 일들을 완벽하게 처리하기 위하여 많은 시간과 노력을 기울인 대학원 경제학과의 염성필, 황재홍 군에게 감사한다. 끝으로 보다 보기 좋고 읽기 편한 책을 만들기 위하여 많은 노력을 기울여 주신 법문사의 여러분께 감사드린다.

1995년 1월
저 자

서 문

모든 학문의 기초가 되는 수학은 자연과학분야는 물론 사회과학분야에서도 널리 응용되고 있다. 사회과학에 속하는 여타의 학문과 비교하여 경제학에서 수학이 많이 응용되는 이유는 경제학이 다루는 대부분의 개념들이 본질적으로 수량화될 수 있을 뿐만 아니라, 수학의 응용에 따른 여러 가지 이점이 있기 때문이다. 예를 들어 언어로 표현된 정의, 가정 및 논리적 분석 등은 불명확하거나 불완전할 가능성이 있으나, 수학을 사용하면 이들을 명확하게 표현할 수 있다. 또한 변수의 수가 많은 경우에는 언어 혹은 도형을 이용한 분석이 불가능하지만, 수학을 사용하면 분석이 가능해지며 우리가 얻은 결론을 쉽게 일반화시킬 수 있다.

이 책은 지난 4년 동안의 강의경험을 토대로, 상경계열 학생들이 수리적인 과목들을 이수하고 고급이론들을 이해하는 데 필요하다고 생각되는 수학의 주요 부분들을 저자 나름대로의 체계에 맞추어 정리한 것이다.

특히 경제학에 수학이 어떻게 응용되는가를 보이기 위해 경제학에의 응용이라는 장들을 따로 만들었다. 경제학에의 응용부분에서는 경제학을 배우는 과정에서 접하게 될 수학적으로 어려운 부분을 자세히 설명했으므로, 경제수학을 이수한 후에도 고학년의 이론과목들을 이수할 때 자주 참고가 되리라 생각된다.

이 책은 독자가 고등학교에서 인문계 수학을 배운 학생들이라 전제하고 두 학기의 강의용으로 만든 것이다. 제1부는 선형대수, 제2부는 미분법과 적분법, 제3부는 최적화이론, 제4부는 미분방정식과 정차방정식, 제5부는 선형계획법을 각각 다루었다. 제1부와 제2부의 강의순서를 교수의 필요에 따라 바꾸어도 무방하지만, 저자의 경험에 의하면 제1부를 먼저 강의함으로써 학생들에게 수학에 대한 새로운 자극을 줄 수 있었다.

경제이론의 많은 부분이 최적화이론이므로, 기존 교과서와는 달리 제3부에서 최적화이론에 필요한 기초개념과 이론들을 그림과 대수를 이용하여 체계적으로 정리한 것이 이 책의 특징이다.

이 책을 쓰는 동안 연세대학교 상경대학의 여러 교수님들로부터 많은 도움을 받았다. 처음 집필 과정부터 이 책이 출간될 때까지 필자에게 많은 격려와 용기를 북돋아 주신 윤기중 교수님, 윤석범 교수님, 박진근 교수님, 정창영 교수님께 이 자리를 빌어 감사를 드린다. 또한 이 책을 쓰는 동안 항상 관심을 갖고 도움을 주신 구성열 교수님을 비롯한 여러 동료교수님들께 감사의 마음을 전한다. 그러나 책에서 나타날 수 있는 오류나 내용상 미비점은 모두 저자의 책임이다.

끝으로 초고를 읽고 교정을 위하여 많은 시간을 할애해 준 대학원 석사과정의 성기철, 서정환, 조승규 군들의 노고와 출판을 맡아 주신 법문사의 여러분께 감사드린다.

1986년 2월
저 자

차 례

제 1 부 선형대수

제 2 부 미분 · 적분법

제*3*부 최적화이론

제4부 미분방정식과 정차방정식

제1부 선 형 대 수

제 1 장

벡 터

1.1 벡터의 기하학적 의미와 연산법

길이, 면적, 무게, 체적 등과 같은 물리적 양은 단위의 크기를 정하면 하나의 실수값을 써서 나타낼 수 있다. 그러나 힘, 속도, 가속도 등과 같은 물리적 양은 이들의 크기와 방향이 명시되지 않으면 정확하게 파악할 수 없게 된다.

길이와 같이 크기만을 갖는 양을 스칼라(scalar)라고 하며, 힘과 같이 크기와 방향을 갖는 양을 벡터(vector)라 한다. 특히 벡터와 행렬(제 2 장 참조)을 설명할 때 실수를 흔히 스칼라라고 부른다.

2차원 또는 3차원 공간에서 벡터를 기하학적으로 표현할 때 화살표를 붙인 방향을 가진 선분으로 나타내며 이 유향선분을 위치벡터라 한다. 여기서 화살표의 길이는 벡터의 크기를, 화살표의 방향은 벡터의 방향을 각각 나타낸다. 화살표가 시작되는 점을 시점(initial point), 끝나는 점을 종점(terminal point)이라 한다. 이 책에서는 벡터를 표시하기 위해 $\boldsymbol{a}$, $\boldsymbol{k}$, $\boldsymbol{v}$, $\boldsymbol{w}$, $\boldsymbol{x}$ 등과 같은 소문자로 된 굵은 활자를 사용한다.

[그림 1-1]의 벡터 $\boldsymbol{v}$는 시점이 A이고, 종점이 B인데 이를 기호로써 다음과 같이 표시한다.

$$\boldsymbol{v} = \overrightarrow{AB}$$

그림 1-1 위치벡터 $\overrightarrow{AB}$

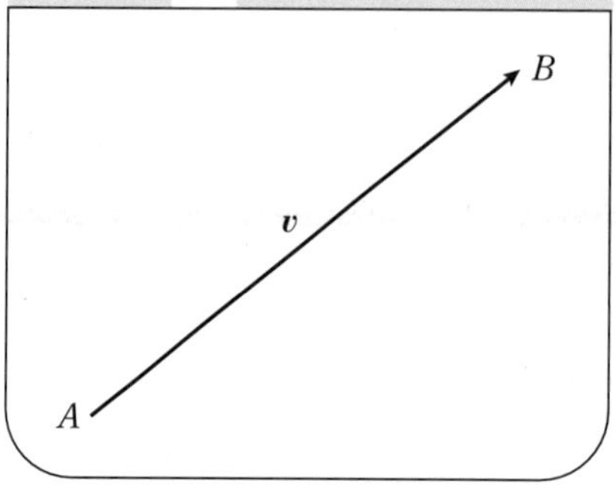

그림 1-2 동등한 벡터

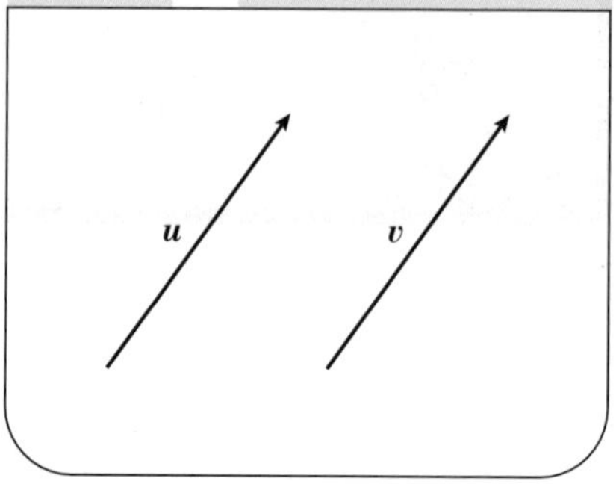

벡터는 그 크기와 방향에 의하여 결정되므로, 비록 두 벡터의 위치는 다를지라도 [그림 1-2]의 두 벡터 $\boldsymbol{u}$와 $\boldsymbol{v}$같이 그 크기와 방향이 각각 같을 때 두 벡터는 동등하다고 하고,

$$\boldsymbol{u}=\boldsymbol{v}$$

로 나타낸다.

두 벡터 $\boldsymbol{u}$와 $\boldsymbol{v}$가 있을 때 두 벡터의 합 $\boldsymbol{u}+\boldsymbol{v}$는 다음과 같이 결정된다. 벡터 $\boldsymbol{u}+\boldsymbol{v}$는 벡터 $\boldsymbol{v}$의 시점을 벡터 $\boldsymbol{u}$의 종점과 일치하도록 놓고, $\boldsymbol{u}$의 시점과 $\boldsymbol{v}$의 종점을 각각 시점과 종점으로 하는 화살표로 나타낸다.

[그림 1-3]은 두 벡터 $\boldsymbol{u}$와 $\boldsymbol{v}$의 합 $\boldsymbol{u}+\boldsymbol{v}$를 나타내고 있다. $\boldsymbol{u}=\overrightarrow{AB}$, $\boldsymbol{v}=\overrightarrow{BC}$라 하면, $\boldsymbol{u}+\boldsymbol{v}=\overrightarrow{AB}+\overrightarrow{BC}=\overrightarrow{AC}$가 된다.

그림 1-3 벡터의 합 (삼각형의 법칙)

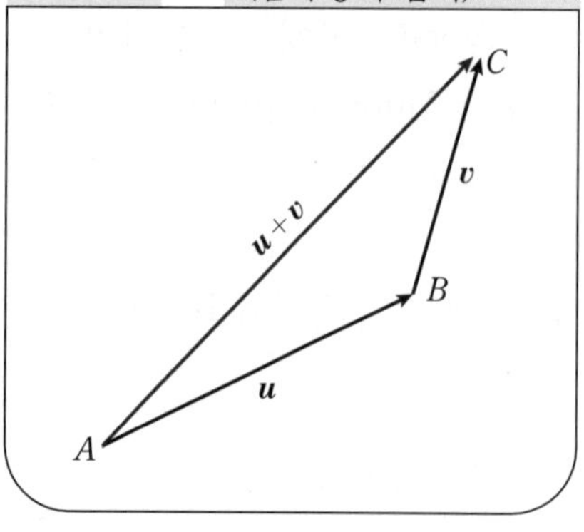

그림 1-4 벡터의 합 (평행사변형의 법칙)

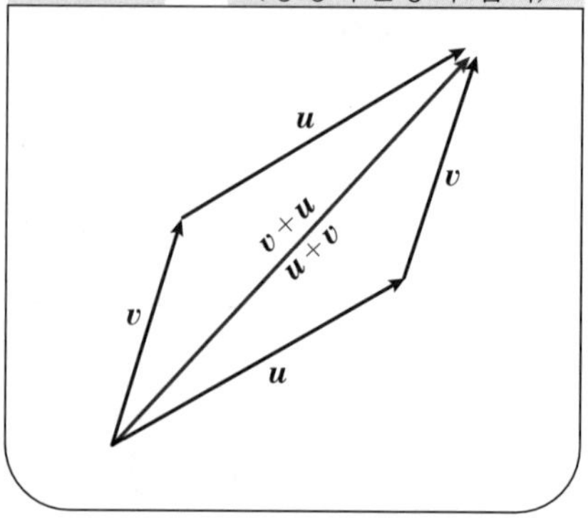

[그림 1-4]는 $\boldsymbol{u}+\boldsymbol{v}$와 $\boldsymbol{v}+\boldsymbol{u}$를 동시에 그린 것이다. 그림에서 알 수 있듯이

$$\boldsymbol{u}+\boldsymbol{v}=\boldsymbol{v}+\boldsymbol{u}$$

가 성립한다. 또한 $\boldsymbol{u}+\boldsymbol{v}$는 두 벡터 $\boldsymbol{u}$와 $\boldsymbol{v}$가 같은 시점을 갖도록 옮겨 두 벡터 $\boldsymbol{u}$와 $\boldsymbol{v}$를 두 변으로 하는 평행사변형을 만들었을 때, 그 평행사변형의 대각선과 일치하는 것을 알 수 있다. 따라서 $\boldsymbol{u}+\boldsymbol{v}$를 그리는 방법은 [그림 1-3]과 같이 삼각형의 법칙을 사용할 수도 있고, [그림 1-4]와 같이 평행사변형의 법칙을 사용할 수도 있다.

크기가 0인 벡터, 즉 시점과 종점이 일치하여 한 점으로 표시되는 벡터를 제로벡터라 부르고 $\mathbf{0}$으로 표시한다. 또한 모든 벡터 $\boldsymbol{v}$에 대해서

$$\mathbf{0}+\boldsymbol{v}=\boldsymbol{v}+\mathbf{0}=\boldsymbol{v}$$

라 정의한다.

만약 $\boldsymbol{v}$가 제로벡터가 아니라면, $\boldsymbol{v}+\boldsymbol{w}=\mathbf{0}$을 만족시키는 유일한 벡터 $\boldsymbol{w}$는 $\boldsymbol{v}$와 크기는 같으나 방향이 반대인 벡터라는 것은 자명하다. 이 때 $\boldsymbol{w}$를 $\boldsymbol{v}$의 역벡터라 하고 다음과 같이 나타낸다.

$$\boldsymbol{w}=-\boldsymbol{v}$$

$\boldsymbol{u}$와 $\boldsymbol{v}$가 임의의 벡터일 때 두 벡터의 차 $\boldsymbol{u}-\boldsymbol{v}$는 다음과 같이 정의한다.

$$\boldsymbol{u}-\boldsymbol{v}=\boldsymbol{u}+(-\boldsymbol{v})$$

$\boldsymbol{u}-\boldsymbol{v}$를 기하학적으로 표시하는 두 가지 방법이 [그림 1-5]와 [그림 1-6]에 있다. [그림 1-5]는 $-\boldsymbol{v}$를 그려 평행사변형의 법칙을 이용한 것이고, [그림 1-6]은 벡터 $\boldsymbol{u}$의 시점과 벡터 $\boldsymbol{v}$의 시점이 일치하도록 놓은 후 삼각형의 법칙을 이용하여 $\boldsymbol{u}-\boldsymbol{v}$를 표시한 것이다.

$\boldsymbol{v}$가 하나의 벡터이고 k가 스칼라일 때, 스칼라곱 $k\boldsymbol{v}$는 크기가 $\boldsymbol{v}$의 $|k|$배이고, 그 방향은 $k>0$이면 $\boldsymbol{v}$와 같은 방향이며, $k<0$이면 $\boldsymbol{v}$와 방향이 반대인 벡터라 정의한다. 또한 $k=0$이면 $k\boldsymbol{v}$는 제로벡터가 된다.

그림 1-5 벡터의 차 (평행사변형의 법칙)

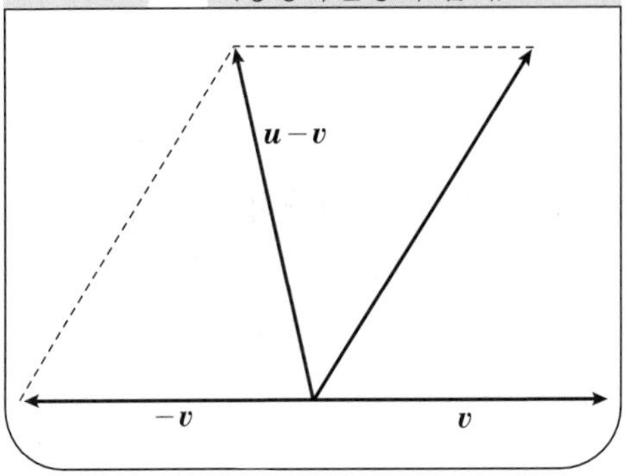

그림 1-6 벡터의 차 (삼각형의 법칙)

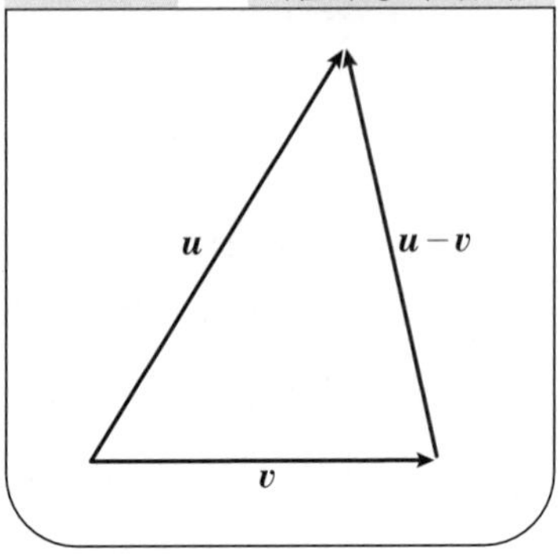

[그림 1-7]은 벡터 $\boldsymbol{v}$와 $\frac{1}{2}\boldsymbol{v}$, $(-1)\boldsymbol{v}$, $2\boldsymbol{v}$ 및 $(-2)\boldsymbol{v}$와의 관계를 보여주고 있다.

벡터 $(-1)\boldsymbol{v}$는 벡터 $\boldsymbol{v}$와 크기는 같으나 방향만 반대이므로 $(-1)\boldsymbol{v}$는 $\boldsymbol{v}$의 역벡터이다. 즉,

$$(-1)\boldsymbol{v}=-\boldsymbol{v}$$

벡터를 기하학적으로 방향을 가진 선분(=유향선분)으로 표시할 때 직교좌표계를 도입하면 벡터에 관련된 문제를 단순화시킬 수 있다.

일반적으로 하나의 벡터는 공간의 어느 점에서도 시작하여 어느 점에서도 끝날 수 있다. 즉, 벡터는 시점을 어디에 옮겨 놓아도 그 크기와 방향만 같으면 동일한 벡터이므로 벡터 $\boldsymbol{v}$를 평행이동하여 $\boldsymbol{v}$의 시점이 직교좌표계

그림 1-7 벡터 $\boldsymbol{v}$의 스칼라곱

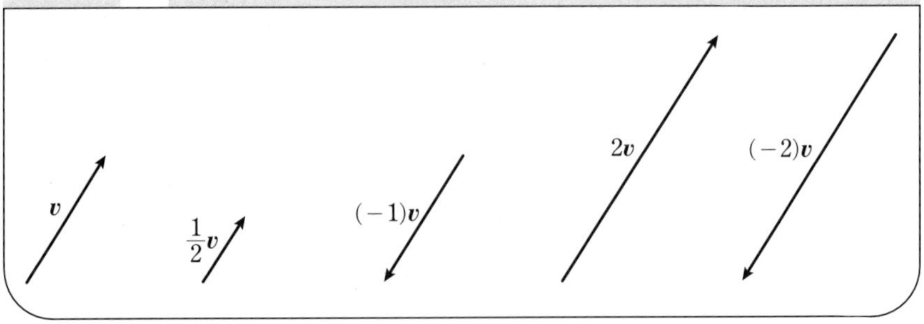

그림 1-8 순서쌍의 기하학적 표현 (위치벡터)

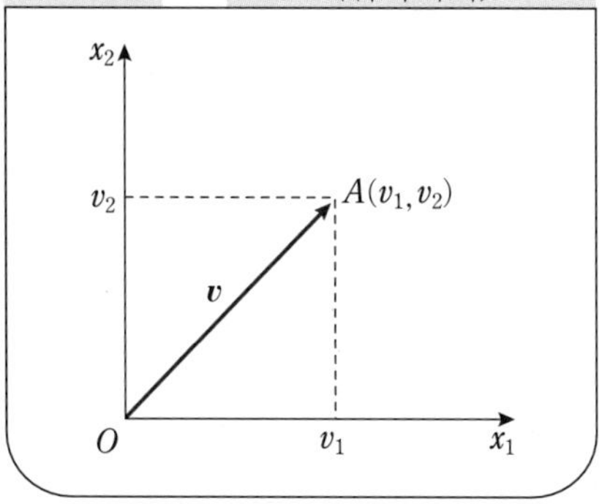

그림 1-9 순서쌍의 기하학적 표현 (점)

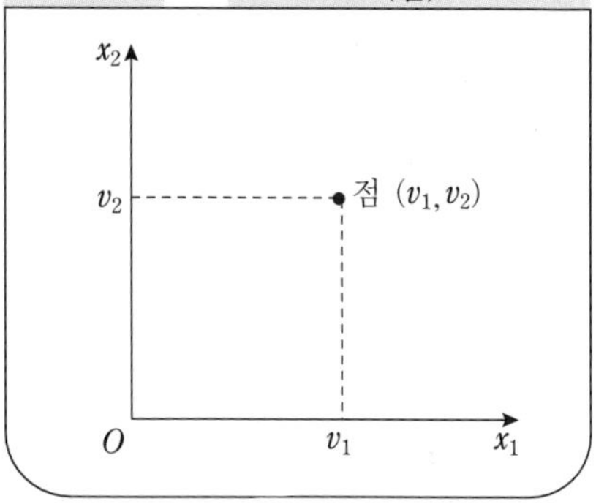

의 원점에 오게 했다고 가정하자.

[그림 1-8]에서 벡터 $\boldsymbol{v}$의 종점을 A라 하면,

$$\boldsymbol{v} = \overrightarrow{OA}$$

라 표시할 수 있다. 여기서 A의 좌표를 $(v_1,\ v_2)$라 하면 이 좌표는 $\boldsymbol{v}$의 크기와 방향에 의해서 오직 하나로 정해지며, 역으로 좌표가 정해지면 벡터의 크기와 방향도 하나로 정해진다. 즉, 평면 위에 있는 모든 점들과 시점이 원점인 모든 벡터들과는 1 대 1 대응관계가 있다. 따라서 벡터 $\boldsymbol{v}$를

$$\boldsymbol{v} = (v_1,\ v_2)$$

로 나타내기로 하자. 여기서 v_i를 $\boldsymbol{v}$의 i번째 성분이라 부르며, 순서쌍 $(v_1,\ v_2)$는 기하학적으로 평면에서의 위치벡터([그림 1-8] 참조) 또는 점([그림 1-9] 참조)으로 해석될 수 있다. 이 때 벡터 $\boldsymbol{v}$의 크기는 $\|\boldsymbol{v}\|$로 표시하고, 흔히 노옴(norm)이라 부른다. 2차원 공간에서 벡터 $\boldsymbol{v} = (v_1,\ v_2)$의 크기(=화살표의 길이) 또는 노옴은 피타고라스 정리에 의해

$$\|\boldsymbol{v}\| = \sqrt{v_1^2 + v_2^2}$$

이 된다.

평면 위의 벡터(=평면벡터)가 순서쌍$(v_1,\ v_2)$으로 표현될 수 있듯이 3차원 공간에 있는 벡터 $\boldsymbol{v}$는 배열된 3중수로 나타낼 수 있다. 즉,

그림 1-10 벡터의 크기와 두 점 사이의 거리

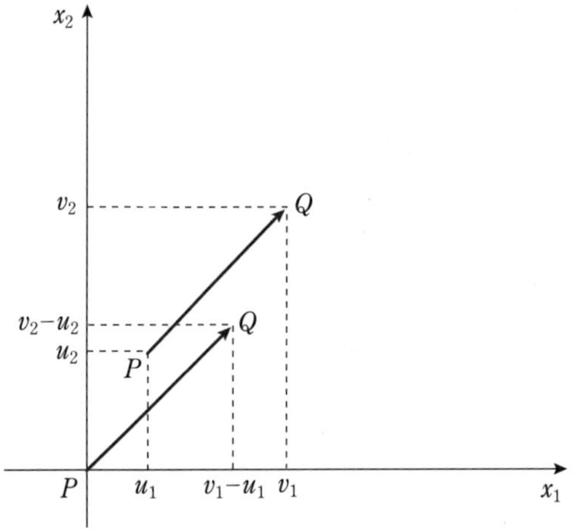

$$\boldsymbol{v}=(v_1,\ v_2,\ v_3)$$

로 나타낼 수 있고, 배열된 3중수는 기하학적으로 3차원 공간에서 위치벡터 또는 점으로 해석될 수 있다. $\boldsymbol{v}$의 크기는

$$\|\boldsymbol{v}\| =\sqrt{v_1^2+v_2^2+v_3^2}$$

이 된다.

평면 위의 두 점을 $P(u_1,\ u_2)$와 $Q(v_1,\ v_2)$라 하면 두 점 사이의 거리 d는 벡터 $\overrightarrow{PQ}$의 크기가 된다. 벡터 $\overrightarrow{PQ}$를 성분으로 표시하면,

$$\overrightarrow{PQ}=(v_1-u_1,\ v_2-u_2)$$

이므로 두 점 사이의 거리 d는 다음과 같다([그림 1-10] 참조).

$$d=\sqrt{(v_1-u_1)^2+(v_2-u_2)^2} = \|\overrightarrow{PQ}\|$$

같은 방법으로 3차원 공간에 있는 두 점 $P(u_1,\ u_2,\ u_3)$와 $Q(v_1,\ v_2,\ v_3)$ 사이의 거리 d는 벡터 $\overrightarrow{PQ}$의 크기가 된다. 즉,

$$d=\sqrt{(v_1-u_1)^2+(v_2-u_2)^2+(v_3-u_3)^2}=\|\overrightarrow{PQ}\|$$

벡터를 그 벡터의 성분으로 나타내면 벡터의 연산과 스칼라곱을 쉽게 계산할 수 있는 장점이 있다. [그림 1-11]과 같이 $\boldsymbol{u}$와 $\boldsymbol{v}$가 평면벡터일 때 $\boldsymbol{u}+\boldsymbol{v}$는 다음과 같이 얻을 수 있다.

$$\boldsymbol{u}=(u_1,\ u_2),\ \boldsymbol{v}=(v_1,\ v_2)$$

이라 하면

$$\boldsymbol{u}+\boldsymbol{v}=(u_1+v_1,\ u_2+v_2)$$

가 된다.

또한 벡터의 스칼라곱은 다음과 같이 표시된다.

$$k\boldsymbol{v}=(kv_1,\ kv_2)$$

같은 방법으로 $\boldsymbol{u}=(u_1,\ u_2,\ u_3)$와 $\boldsymbol{v}=(v_1,\ v_2,\ v_3)$가 3차원 공간의 벡터이면,

그림 1-11 벡터의 합

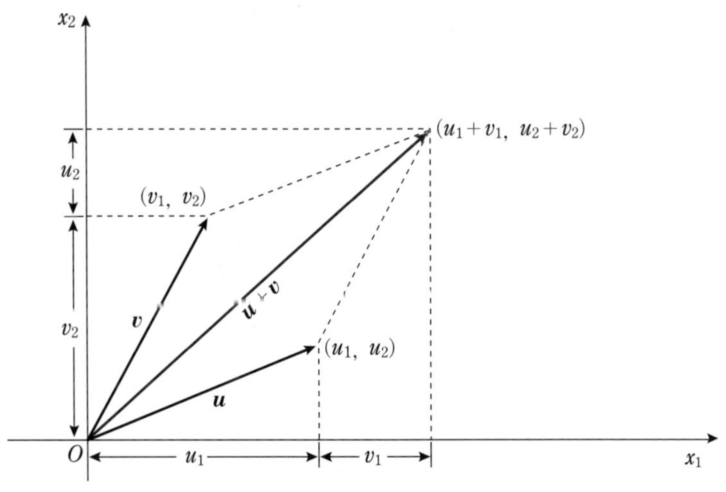

$$\boldsymbol{u}+\boldsymbol{v}=(u_1+v_1,\ u_2+v_2,\ u_3+v_3)$$
$$k\boldsymbol{v}=(kv_1,\ kv_2,\ kv_3)$$

가 된다. 또한 $\boldsymbol{u}=\boldsymbol{v}$이면, $u_1=v_1$, $u_2=v_2$, $u_3=v_3$가 되는 것은 자명하다.

2차원 또는 3차원 공간에서 $\mathbf{0}$이 아닌 두 벡터 $\boldsymbol{u}$와 $\boldsymbol{v}$가 이루는 각 중 작은 각을 $\theta(0\leqq\theta\leqq\pi)$라 할 때, 두 벡터의 내적(inner product)은 $\boldsymbol{u}\cdot\boldsymbol{v}$로 나타내고 다음과 같이 정의된 스칼라이다.

$$\boldsymbol{u}\cdot\boldsymbol{v}=\|\boldsymbol{u}\|\,\|\boldsymbol{v}\|\cos\theta$$

또한, $\boldsymbol{u}=\mathbf{0}$ 또는 $\boldsymbol{v}=\mathbf{0}$이면 $\boldsymbol{u}\cdot\boldsymbol{v}=0$으로 약속한다.

[그림 1-12]와 같이 3차원 공간에 있는 두 벡터

$$\boldsymbol{u}=(u_1,\ u_2,\ u_3),\ \boldsymbol{v}=(v_1,\ v_2,\ v_3)$$

가 이루는 각을 θ라 하자. 코사인 법칙을 사용하면,

$$\|\overrightarrow{PQ}\|^2=\|\boldsymbol{u}\|^2+\|\boldsymbol{v}\|^2-2\|\boldsymbol{u}\|\,\|\boldsymbol{v}\|\cos\theta$$

$\overrightarrow{PQ}=\boldsymbol{v}-\boldsymbol{u}$이므로([그림 1-6] 참조), $\|\overrightarrow{PQ}\|^2=\|\boldsymbol{v}-\boldsymbol{u}\|^2$으로 바꿔 쓰고 정리

그림 1-12 내적의 성분에 의한 표시

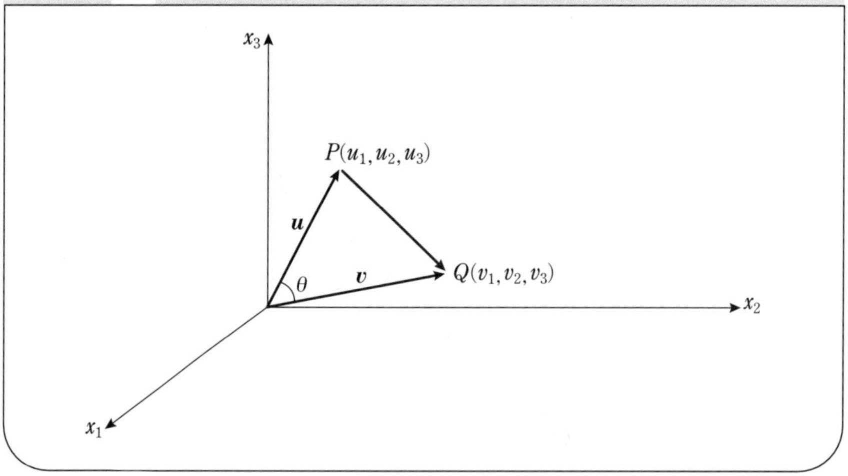

하면 다음과 같다.

$$\|\boldsymbol{u}\|\,\|\boldsymbol{v}\|\cos\theta = \frac{1}{2}(\,\|\boldsymbol{u}\|^2 + \|\boldsymbol{v}\|^2 - \|\boldsymbol{v}-\boldsymbol{u}\|^2)$$

앞의 식에 $\|\boldsymbol{u}\|^2 = u_1^2 + u_2^2 + u_3^2$, $\|\boldsymbol{v}\|^2 = v_1^2 + v_2^2 + v_3^2$, $\|\boldsymbol{v}-\boldsymbol{u}\|^2 = (v_1-u_1)^2 + (v_2-u_2)^2 + (v_3-u_3)^2$을 대입하고 정리하면, 벡터의 내적은 벡터의 성분을 사용하여 다음과 같이 바꿔 쓸 수 있다.

$$\boldsymbol{u} \cdot \boldsymbol{v} = u_1v_1 + u_2v_2 + u_3v_3$$

물론 $\boldsymbol{u}$와 $\boldsymbol{v}$가 평면벡터라면,

$$\boldsymbol{u} = (u_1,\ u_2),\ \boldsymbol{v} = (v_1,\ v_2)$$
$$\boldsymbol{u} \cdot \boldsymbol{v} = u_1v_1 + u_2v_2$$

가 된다.

공간에서 하나의 평면은 평면이 통과하는 점 $A(x_1^\circ,\ x_2^\circ,\ x_3^\circ)$와 평면과 수직이면서 점 A를 통과하는 벡터에 의하여 결정된다. 즉 평면 위에 한 점 A가 있고 평면과 수직인 벡터(=법선벡터) $\boldsymbol{n} = (a,\ b,\ c)$가 주어졌다면, 평면은 벡터 $\overrightarrow{AP}$가 벡터 $\boldsymbol{n}$과 직교하는 점 $P(x_1,\ x_2,\ x_3)$의 전체로 구성되어 있다([그림 1-13] 참조). 벡터 $\overrightarrow{AP}$와 $\boldsymbol{n}$은 서로 직교하므로 다음이 성립한다.

$$\boldsymbol{n} \cdot \overrightarrow{AP} = 0$$

$\overrightarrow{AP} = (x_1 - x_1^\circ,\ x_2 - x_2^\circ,\ x_3 - x_3^\circ)$이므로 평면의 방정식은

$$a(x_1 - x_1^\circ) + b(x_2 - x_2^\circ) + c(x_3 - x_3^\circ) = 0$$

이 된다.

a, b, c 및 d가 상수이면서 a, b, c가 동시에 0이 아니면

$$ax_1 + bx_2 + cx_3 + d = 0$$

은 3차원 공간에 있는 평면방정식의 일반형이다. 위 식은 $a \neq 0$일 때

그림 1-13 법선벡터를 갖는 평면

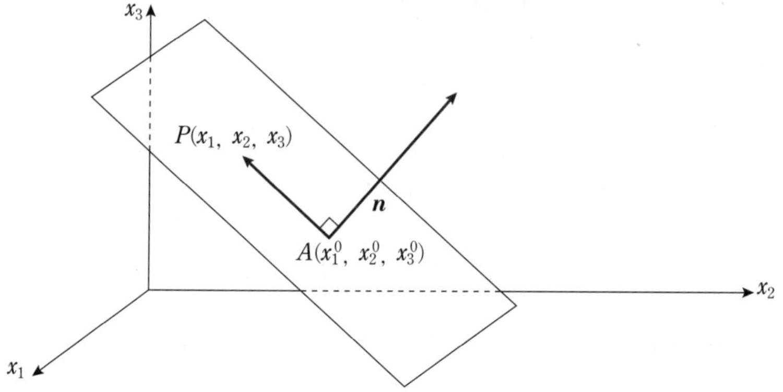

$$a\left(x_1+\frac{d}{a}\right)+bx_2+cx_3=0$$

라 쓸 수 있으므로 $ax_1+bx_2+cx_3+d=0$으로 표시되는 평면은 점$(-d/a, 0, 0)$을 통과하고 법선벡터 $\boldsymbol{n}=(a, b, c)$와는 직교한다.

끝으로 3차원 공간에서만 적용되는 벡터의 교적(cross product)을 정의하자. 두 벡터 $\boldsymbol{a}=(a_1, a_2, a_3)$와 $\boldsymbol{b}=(b_1, b_2, b_3)$의 교적은 또 다른 벡터

$$\boldsymbol{a}\times\boldsymbol{b}=(a_2b_3-a_3b_2, a_3b_1-a_1b_3, a_1b_2-a_2b_1)$$

라 정의한다.

특히 $\boldsymbol{a}\times\boldsymbol{b}$는 두 벡터 $\boldsymbol{a}$, $\boldsymbol{b}$와는 직교하는 특성을 가지고 있다. 즉,

$$\begin{aligned}\boldsymbol{a}\cdot(\boldsymbol{a}\times\boldsymbol{b}) &= a_1(a_2b_3-a_3b_2)+a_2(a_3b_1-a_1b_3)+a_3(a_1b_2-a_2b_1)\\ &= a_1a_2b_3-a_1a_3b_2+a_2a_3b_1-a_2a_1b_3+a_3a_1b_2-a_3a_2b_1\\ &= 0\end{aligned}$$

따라서 벡터 $\boldsymbol{a}$와 $\boldsymbol{b}$의 시점을 같게 잡으면 $\boldsymbol{a}\times\boldsymbol{b}$는 두 벡터 $\boldsymbol{a}$와 $\boldsymbol{b}$의 결합으로 만들어지는 평면과는 수직이다.

벡터의 크기가 $1(\|\boldsymbol{u}\|=1)$인 벡터를 단위벡터라 하며 3차원 공간의 표준

단위벡터를 다음과 같이 정의하자.

$$\boldsymbol{i}=(1,\ 0,\ 0)$$
$$\boldsymbol{j}=(0,\ 1,\ 0)$$
$$\boldsymbol{k}=(0,\ 0,\ 1)$$

단위벡터 $\boldsymbol{i}$, $\boldsymbol{j}$, $\boldsymbol{k}$에 대하여 다음의 관계가 성립하는 것을 보일 수 있다.

$$\boldsymbol{i}\times\boldsymbol{i}=\boldsymbol{j}\times\boldsymbol{j}=\boldsymbol{k}\times\boldsymbol{k}=\boldsymbol{0}$$
$$\boldsymbol{i}\times\boldsymbol{j}=\boldsymbol{k},\ \boldsymbol{j}\times\boldsymbol{k}=\boldsymbol{i},\ \boldsymbol{k}\times\boldsymbol{i}=\boldsymbol{j}$$
$$\boldsymbol{j}\times\boldsymbol{i}=-\boldsymbol{k},\ \boldsymbol{k}\times\boldsymbol{j}=-\boldsymbol{i},\ \boldsymbol{i}\times\boldsymbol{k}=-\boldsymbol{j}$$

예제 1

$\boldsymbol{u}=(1,\ 2,\ 3)$, $\boldsymbol{v}=(2,\ 5,\ 8)$일 때 $2\boldsymbol{u}+3\boldsymbol{v}$와 $\boldsymbol{u}\cdot\boldsymbol{v}$를 구하라.

풀이

$$2\boldsymbol{u}+3\boldsymbol{v}=(2,\ 4,\ 6)+(6,\ 15,\ 24)=(8,\ 19,\ 30)$$
$$\boldsymbol{u}\cdot\boldsymbol{v}=1\times2+2\times5+3\times8=36$$

예제 2

점 $A(3,\ -1,\ 7)$을 통과하는 하나의 평면이 $\boldsymbol{n}=(4,\ 2,\ -5)$와 직교할 때 평면의 방정식을 구하라.

풀이

평면 위의 한 점을 $P(x_1,\ x_2,\ x_3)$라 하면 $\overrightarrow{AP}$는 $\boldsymbol{n}$과 직교하므로

$$4(x_1-3)+2(x_2+1)-5(x_3-7)=0$$

이 평면의 방정식이다.

1.2 「유클리드」 n차원 공간의 벡터

벡터는 크기와 방향을 갖고 있는 물리적 양을 의미한다는 것을 배웠다. 또한 벡터를 크기와 방향으로 특징지우는 대신에 직교좌표계를 도입하여 하나의 벡터 $\boldsymbol{v}$를 $\boldsymbol{v}=(v_1, v_2)$ 또는 $\boldsymbol{v}=(v_1, v_2, v_3)$와 같이 그들의 성분으로 표시할 수 있다는 것을 설명하였다. 1.1에서의 벡터에 관한 설명은 물리적 의미를 포함하고 있지만, 1.2에서는 벡터의 개념을 일반화시켜 물리적 의미를 포함하지 않은, 벡터에 관한 수학이론으로 발전시켜 보자.

순서쌍(v_1, v_2) 또는 배열된 3중수(v_1, v_2, v_3)가 벡터를 나타낼 수 있으므로, 이 개념을 이용하여 벡터를 단순히 배열된 n중수$(v_1, v_2, \cdots, v_n)$로 정의함으로써 벡터를 일반화시킬 수 있다. 벡터를 이렇게 정의하면 벡터에 물리적 의미가 포함되지 않으며, 성분의 수도 임의의 유한개가 될 수 있다.

벡터이론을 일반화시키기 위해 먼저 벡터에 관한 새로운 정의를 보다 구체적으로 소개한다. 새로운 정의하에서 벡터의 연산법, 두 벡터 사이의 거리, 벡터의 길이 또는 크기 및 두 벡터 사이의 각도를 차례로 정의한 후에 「유클리드」 n차원 공간을 정의한다.

[정의 1-2-1] 벡터의 정의

$\boldsymbol{R}$을 실수의 집합이라고 하자. 실수로 이루어진 하나의 배열된 n중수

$$\boldsymbol{x}=\begin{bmatrix} x_1 \\ x_2 \\ \vdots \\ x_n \end{bmatrix}$$

, 혹은 $\boldsymbol{x}=(x_1, x_2, \cdots, x_n)$를 $\boldsymbol{n}$차원 벡터라 한다.

벡터를 각괄호 [ ]로 묶어 수직으로 표시한 것을 열벡터(column vector)라 하고, 둥근괄호 ( )로 묶어 수평으로 표시한 것을 행벡터(row vector)라 한다. 열벡터를 수직으로 표시하면 지면을 많이 차지하므로 필요에 따라서 행벡터와 마찬가지로 수평으로 표시하되, 행벡터와 구별하기 위해 각괄호 [ ]를 사용한다. 즉,

$$\begin{bmatrix} x_1 \\ x_2 \\ \vdots \\ x_n \end{bmatrix} \equiv [x_1,\ x_2,\ \cdots,\ x_n]$$

라 정의한다.

[정의 1-2-2] $\boldsymbol{n}$차원 공간(R^n)

실수로 이루어진 모든 배열된 n중수의 집합

$$\boldsymbol{R}^n \equiv \{(x_1,\ x_2,\ \cdots,\ x_n) \mid x_i \in \boldsymbol{R},\ i=1,\ 2,\ \cdots,\ n)\}$$

을 $\boldsymbol{n}$**차원 공간**이라 한다.

하나의 배열된 n중수 $\boldsymbol{x}=(x_1,\ x_2,\ \cdots,\ x_n)$를 벡터라 부를 때는 $x_i(i=1,\ 2,\ \cdots,\ n)$를 $\boldsymbol{x}$의 i번째 성분(component)이라 하고, 만약 $\boldsymbol{x}$를 $\boldsymbol{R}^n$에서의 한 점으로 생각할 때는 x_i를 $\boldsymbol{x}$의 좌표(coordinate)라 부른다. 배열된 n중수는 $n>3$인 경우 그릴 수는 없지만 기하학적으로 n차원 공간의 위치벡터 또는 점으로 해석될 수 있다. 이 책에서는 $\boldsymbol{R}^n$에 있는 하나의 점(point)을 하나의 벡터와 완전히 동일한 개념으로 사용한다. 1.2에서는 열벡터에 익숙해지기 위하여 벡터에 대한 정의, 연산 등을 열벡터로 정의하기로 한다.

몇 개의 벡터는 특별히 이름이 주어져 있으므로 먼저 이들을 소개하자.

(1) 표준단위벡터

$\boldsymbol{e}_i$로 표시되는 표준단위벡터는 i번째 성분의 값만 1이고 나머지 성분의 값은 모두 0인 벡터를 말한다. 예를 들어 $\boldsymbol{e}_2$는 다음과 같다.

$$\boldsymbol{e}_2 = \begin{bmatrix} 0 \\ 1 \\ 0 \\ \vdots \\ 0 \end{bmatrix} \equiv [0,\ 1,\ 0,\ \cdots,\ 0]$$

(2) 제로벡터

0으로 표시되는 제로벡터(zero vector 혹은 null vector)는 모든 성분의 값이 제로인 벡터를 말한다. 즉,

$$\mathbf{0}=[0,\ 0,\ \cdots,\ 0]$$

(3) 합벡터

1로 표시되는 합벡터(sum vector)는 모든 성분의 값이 1로 이루어진 벡터를 말한다. 즉,

$$\mathbf{1}=[1,\ 1,\ \cdots,\ 1]$$

평면과 3차원 공간에서 정의되는 벡터의 연산법을 연장하여, $\boldsymbol{R}^n$에서 벡터의 덧셈과 뺄셈, 스칼라곱, 동등(equality), 부등호(inequality)를 정의하자.

$\boldsymbol{u}=[u_1,\ u_2,\ \cdots,\ u_n]$와 $\boldsymbol{v}=[v_1,\ v_2,\ \cdots,\ v_n]$를 $\boldsymbol{R}^n$에 있는 두 벡터라 하자(물론 $\boldsymbol{u}$와 $\boldsymbol{v}$를 행벡터로 정의할 수도 있다). 즉, $\boldsymbol{u},\ \boldsymbol{v}\in\boldsymbol{R}^n$.

[정의 1-2-3] 벡터의 덧셈과 뺄셈

$$\boldsymbol{u}+\boldsymbol{v}=[u_1+v_1,\ u_2+v_2,\ \cdots,\ u_n+v_n]$$
$$\boldsymbol{u}-\boldsymbol{v}=[u_1-v_1,\ u_2-v_2,\ \cdots,\ u_n-v_n]$$

[정의 1-2-4] 벡터의 스칼라곱

k를 스칼라라 하면, 하나의 스칼라 k와 벡터 $\boldsymbol{u}$의 곱은 $k\boldsymbol{u}$로 표시하며 다음과 같이 정의된다.

$$k\boldsymbol{u}=[ku_1,\ ku_2,\ \cdots,\ ku_n]$$

[정의 1-2-5] 벡터의 동등

만약 두 벡터 $\boldsymbol{u}$와 $\boldsymbol{v}$의 모든 i에 대하여 $u_i=v_i(i=1,\ 2,\ \cdots,\ n)$가 성립하면 두 벡터는 동등하다고 하며 $\boldsymbol{u}=\boldsymbol{v}$로 표시한다.

[정의 1-2-6] 벡터의 부등호

(1) $\boldsymbol{u} \geqq \boldsymbol{v}$는 모든 i에 대하여 $u_i \geqq v_i$를 의미한다.

(2) $\boldsymbol{u} \geq \boldsymbol{v}$는 모든 i에 대하여 $u_i \geqq v_i$인 동시에 적어도 하나의 i에 대해서는 $u_i > v_i$가 성립하는 것을 의미한다.

(3) $\boldsymbol{u} > \boldsymbol{v}$는 모든 i에 대하여 $u_i > v_i$를 의미한다.

예제 3

$\boldsymbol{u}=[1, 2, 3, 4]$, $\boldsymbol{v}=[5, 6, 7, 8]$일 때

$\boldsymbol{u}+\boldsymbol{v}=[6, 8, 10, 12]$, $\boldsymbol{v}-\boldsymbol{u}=[4, 4, 4, 4]$, $3\boldsymbol{u}=[3, 6, 9, 12]$. 또한 $\boldsymbol{v}>\boldsymbol{u}$이다.

실수의 연산법과 마찬가지로 벡터의 연산법을 [정의 1-2-3] 및 [정의 1-2-4]로 정의하면 다음의 정리가 성립한다.

정리 1-2-1

$\boldsymbol{x}, \boldsymbol{y}, \boldsymbol{z} \in \boldsymbol{R}^n$이며 $\alpha, \beta \in \boldsymbol{R}$이라면 다음 성질을 갖는다.

(1) $\boldsymbol{x}+\boldsymbol{y}=\boldsymbol{y}+\boldsymbol{x}$ 교환법칙(commutative law)

(2) $(\boldsymbol{x}+\boldsymbol{y})+\boldsymbol{z}=\boldsymbol{x}+(\boldsymbol{y}+\boldsymbol{z})$ 결합법칙(associative law)

(3) $\boldsymbol{x}+\boldsymbol{0}=\boldsymbol{0}+\boldsymbol{x}=\boldsymbol{x}$

(4) $\alpha(\boldsymbol{x}+\boldsymbol{y})=\alpha\boldsymbol{x}+\alpha\boldsymbol{y}$ 분배법칙(distributive law)

(5) $(\alpha+\beta)\boldsymbol{x}=\alpha\boldsymbol{x}+\beta\boldsymbol{x}$ 분배법칙(distributive law)

(6) $\alpha(\beta\boldsymbol{x})=(\alpha\beta)\boldsymbol{x}$ 결합법칙(associative law)

(7) $\boldsymbol{x}+(-\boldsymbol{x})=\boldsymbol{0}$

(8) $1\boldsymbol{x}=\boldsymbol{x}$

3차원 공간의 벡터가 갖는 여러 가지 중요한 성질을 $\boldsymbol{R}^n$에서도 갖게 하기 위해서는 두 벡터 사이의 거리, 각도, 벡터의 길이를 $\boldsymbol{R}^n$에서 정의할 필요가 있다. 이를 위해 먼저 벡터의 내적을 정의하자.

[정의 1-2-7] 벡터의 내적

$\boldsymbol{u}$, $\boldsymbol{v} \in \boldsymbol{R}^n$이라 하면 두 벡터의 내적(inner product) 또는 스칼라적(scalar product) $\boldsymbol{u} \cdot \boldsymbol{v}$는 다음과 같이 정의한다.

$$\boldsymbol{u} \cdot \boldsymbol{v} = u_1v_1 + u_2v_2 + \cdots + u_nv_n = \sum_{i=1}^{n} u_iv_i$$

만약 $\boldsymbol{u}$와 $\boldsymbol{v}$가 열벡터라면 $\boldsymbol{u} \cdot \boldsymbol{v}$를 $\boldsymbol{u}'\boldsymbol{v}$ 혹은 $\boldsymbol{v}'\boldsymbol{u}$로도 표현하기로 한다($\boldsymbol{u}'$와 $\boldsymbol{v}'$에서 「′」은 전치행렬을 표시할 때 사용되는 기호로 여기서는 열벡터를 행벡터로 바꾸기 위해 사용됨. 2.3 참조).

벡터의 내적을 이용하여 벡터의 길이, 거리, 각도를 정의하면 아래와 같다.

[정의 1-2-8] 벡터의 길이

$\boldsymbol{u} \in \boldsymbol{R}^n$이라 할 때 벡터 $\boldsymbol{u}$의 길이(length), 크기(magnitude), 또는 노옴(norm)은 다음과 같이 정의한다.

$$\|\boldsymbol{u}\| = (\boldsymbol{u} \cdot \boldsymbol{u})^{\frac{1}{2}} = \sqrt{u_1^2 + u_2^2 + \cdots + u_n^2}$$

[정의 1-2-9] 벡터의 거리

$\boldsymbol{u}$, $\boldsymbol{v} \in \boldsymbol{R}^n$이라면 두 벡터 사이의 거리(distance) $d(\boldsymbol{u}, \boldsymbol{v})$는 다음과 같이 정의한다.

$$\begin{aligned} d(\boldsymbol{u}, \boldsymbol{v}) &= \|\boldsymbol{u} - \boldsymbol{v}\| = [(\boldsymbol{u} - \boldsymbol{v}) \cdot (\boldsymbol{u} - \boldsymbol{v})]^{\frac{1}{2}} \\ &= \sqrt{(u_1 - v_1)^2 + (u_2 - v_2)^2 + \cdots + (u_n - v_n)^2} \end{aligned}$$

$\|\boldsymbol{u}\| = \|\boldsymbol{u} - \boldsymbol{0}\|$이므로 벡터의 길이는 벡터의 거리의 특별한 경우, 즉 벡터 $\boldsymbol{u}$의 길이는 원점으로부터 $\boldsymbol{u}$ 사이의 거리인 것을 알 수 있다. 또한 두 벡터 사이의 거리가 위와 같이 정의되었을 때 이를 「유클리드」거리라 한다.

「유클리드」거리는 다음과 같은 성질을 만족하는 것을 보일 수 있다.

$\boldsymbol{u}$, $\boldsymbol{v}$, $\boldsymbol{z} \in \boldsymbol{R}^n$일 때

(1) $d(\boldsymbol{u}, \boldsymbol{v}) = 0$이 되는 필요충분조건은 $\boldsymbol{u} = \boldsymbol{v}$이다.

(2) $d(\boldsymbol{u}, \boldsymbol{v})+d(\boldsymbol{v}, \boldsymbol{z}) \geqq d(\boldsymbol{u}, \boldsymbol{z})$ (삼각부등식)

(3) $d(\boldsymbol{u}, \boldsymbol{v}) \geqq 0$ (모든 $\boldsymbol{u}$와 $\boldsymbol{v}$에 대해서)

(4) $d(\boldsymbol{u}, \boldsymbol{v})=d(\boldsymbol{v}, \boldsymbol{u})$

[정의 1-2-10] 두 벡터 사이의 각도

$\boldsymbol{u}, \boldsymbol{v} \in \boldsymbol{R}^n$이라 하고 또는 $\boldsymbol{u}, \boldsymbol{v} \neq \boldsymbol{0}$라 하자. $\boldsymbol{0}$이 아닌 두 벡터 $\boldsymbol{u}$와 $\boldsymbol{v}$가 이루는 각도를 θ라 할 때 θ는 다음과 같이 정의한다.

$$\cos\theta = \frac{\boldsymbol{u} \cdot \boldsymbol{v}}{\|\boldsymbol{u}\| \|\boldsymbol{v}\|} = \frac{\sum_{i=1}^{n} u_i v_i}{\left(\sum_{i=1}^{n} u_i^2\right)^{\frac{1}{2}} \left(\sum_{i=1}^{n} v_i^2\right)^{\frac{1}{2}}}$$

특히, 두 벡터 $\boldsymbol{u}$와 $\boldsymbol{v}(\boldsymbol{u}, \boldsymbol{v} \neq \boldsymbol{0})$에 의해 계산된 $\theta(0 \leqq \theta \leqq \pi)$가 $\frac{\pi}{2}$인 경우, 즉 $\boldsymbol{u} \cdot \boldsymbol{v}=0$인 경우, 두 벡터 $\boldsymbol{u}$와 $\boldsymbol{v}$는 직교(orthogonal)한다고 말한다. 예를 들어 단위벡터 $\boldsymbol{e}_i$와 $\boldsymbol{e}_j (i \neq j)$는 직교한다.

예제 4

$\boldsymbol{u}=[4, 1, 6]$, $\boldsymbol{v}=[-3, 0, 2] \in \boldsymbol{R}^3$일 때 다음이 성립한다.

$$\|\boldsymbol{u}\| = \sqrt{4^2+1^2+6^2} = \sqrt{53},$$
$$\|\boldsymbol{v}\| = \sqrt{(-3)^2+2^2} = \sqrt{13},$$
$$\|\boldsymbol{u}-\boldsymbol{v}\| = \sqrt{7^2+1^2+4^2} = \sqrt{66},$$
$$\boldsymbol{u} \cdot \boldsymbol{v} = 4 \times (-3) + 1 \times 0 + 6 \times 2 = 0,$$
$$\cos\theta = \frac{\boldsymbol{u} \cdot \boldsymbol{v}}{\|\boldsymbol{u}\| \|\boldsymbol{v}\|} = 0, \text{ 즉 } \theta = \frac{\pi}{2}.$$

[정의 1-2-11] 「유클리드」 $\boldsymbol{n}$ 차원공간

벡터의 덧셈, 벡터의 스칼라곱 및 벡터의 내적이 각각 [정의 1-2-3], [정의 1-2-4] 및 [정의 1-2-7]과 같이 n차원 공간 $\boldsymbol{R}^n$을 「유클리드」 $\boldsymbol{n}$차원 공간이라 한다.

연습문제

1. 벡터 $\boldsymbol{u}=(1,\ 2)$, $\boldsymbol{v}=(2,\ 1)$이 주어졌을 때 이들을 직교좌표 위에 나타내고 다음을 그래프에 의해서 구하라. 또한 대수적으로 구하여, 그래프에 의한 해와 같음을 확인하라.

(1) $\boldsymbol{u}+\boldsymbol{v}$ (2) $-2\boldsymbol{u}$ (3) $2\boldsymbol{u}-\boldsymbol{v}$ (4) $\boldsymbol{v}-\boldsymbol{u}$

2. $\boldsymbol{R}^3$에 있는 다음 점들 사이의 거리를 구하라.

(1) $(1,\ 2,\ 3)$과 $(4,\ 5,\ 6)$ (2) $(5,\ -2,\ 4)$와 $(3,\ 6,\ 7)$

3. 만약 $(4,\ y)=x(2,\ 3)$이라면, x와 y의 값은 얼마인가?

4. 벡터 $\boldsymbol{u}$와 $\boldsymbol{v}$가 직교하기 위한 k값을 구하라.

(1) $\boldsymbol{u}=(2,\ k,\ -3)$, $\boldsymbol{v}=(1,\ 2,\ 3)$

(2) $\boldsymbol{u}=(2,\ 3k,\ 4,\ 5)$, $\boldsymbol{v}=(6,\ 7,\ 5,\ 4)$

5. $\boldsymbol{u}=(1,\ -2,\ 1)$, $\boldsymbol{v}=(1,\ 1,\ 0)$, $\boldsymbol{w}=(3,\ 4,\ 5)$일 때 다음을 구하라.

(1) $\|\boldsymbol{u}+\boldsymbol{v}\|$ (2) $\|\boldsymbol{u}\|+\|\boldsymbol{v}\|$ (3) $\|-2\boldsymbol{u}\|+2\|\boldsymbol{u}\|$

(4) $\|2\boldsymbol{u}-3\boldsymbol{v}+\boldsymbol{w}\|$ (5) $\dfrac{1}{\|\boldsymbol{w}\|}\boldsymbol{w}$ (6) $\left\|\dfrac{1}{\|\boldsymbol{w}\|}\boldsymbol{w}\right\|$

6. $\mathbf{0}$이 아닌 두 벡터 $\boldsymbol{u}$와 $\boldsymbol{v}$가 이루는 각을 $\theta(0\leqq\theta\leqq\pi)$라 하자.

$$\theta\text{가}\begin{Bmatrix}\text{예각}\left(0\leqq\theta<\dfrac{\pi}{2}\right)\\ \text{둔각}\left(\dfrac{\pi}{2}<\theta\leqq\pi\right)\\ \text{직각}\left(\theta=\dfrac{\pi}{2}\right)\end{Bmatrix}\text{이기 위한 필요충분조건은 }\boldsymbol{u}\cdot\boldsymbol{v}\begin{Bmatrix}>\\<\\=\end{Bmatrix}0$$

인 것을 증명하라.

7. $\mathbf{0}$이 아닌 두 벡터 $\boldsymbol{a}$와 $\boldsymbol{b}$가 이루는 각을 $\theta(0 \leqq \theta \leqq \pi)$라 하자. $\boldsymbol{a}$, $\boldsymbol{b} \in \boldsymbol{R}^3$ 일 때 항등식 $\|\boldsymbol{a} \times \boldsymbol{b}\|^2 = \|\boldsymbol{a}\|^2 \|\boldsymbol{b}\|^2 - (\boldsymbol{a} \cdot \boldsymbol{b})^2$을 이용하여

$$\|\boldsymbol{a} \times \boldsymbol{b}\| = \|\boldsymbol{a}\| \|\boldsymbol{b}\| \sin\theta$$

임을 보여라.

8. 문제 7.을 이용하여 점 $P_1(2, 2, 0)$, $P_2(-1, 0, 2)$, $P_3(0, 4, 3)$로 만들어지는 삼각형의 넓이를 구하라.

9. 점 $P_1(1, 2, -1)$, $P_2(2, 3, 1)$, $P_3(3, -1, 2)$를 지나는 평면의 방정식을 구하라.

제 2 장

행 렬

행렬대수(matrix algebra)는 새로운 표기법, 많은 정의 및 연산법칙을 포함하고 있다. 행렬대수는 특히 여러 개의 미지수로 구성되어 있는 연립방정식의 해를 구하는 데 사용될 수 있기 때문에 연립방정식체계로 구성된 여러 가지 경제문제를 해결하는 데 큰 도움이 된다. 예를 들어, 산업연관표를 분석한다든가 혹은 선형계획법을 이해하는 데 행렬대수는 반드시 필요한 수학의 한 분야이다. 또한 고급경제이론 및 계량경제학은 행렬대수를 많이 이용하여 이론을 전개하므로 행렬대수를 철저히 이해할 필요가 있다.

2.1 행렬의 정의

[정의 2-1-1] 행렬

$m \times n$개의 원소를 직사각형꼴로 나열해 놓은 것을 $m \times n$(m by n이라고 읽는다) 행렬(matrix)이라 한다.

행렬의 각 원소는 수, 변수, 함수 등이 될 수 있다. 만약 원소가 수이면 이 책에서는 실수라 가정한다.

예를 들어 다음과 같은 행렬 $\boldsymbol{A}$가 있다고 하자.

$$A=\begin{bmatrix} a_{11} & a_{12} & \cdots & a_{1n} \\ a_{21} & a_{22} & \cdots & a_{2n} \\ \vdots & \vdots & \ddots & \vdots \\ a_{m1} & a_{m2} & \cdots & a_{mn} \end{bmatrix}$$

$[a_{11}\ a_{12}\ \cdots\ a_{1n}]$을 제1행, $[a_{m1}\ a_{m2}\ \cdots\ a_{mn}]$을 제$m$행이라 하고,

$\begin{bmatrix} a_{11} \\ a_{21} \\ \vdots \\ a_{m1} \end{bmatrix}$을 제1열, $\begin{bmatrix} a_{1n} \\ a_{2n} \\ \vdots \\ a_{mn} \end{bmatrix}$을 제$n$열이라 한다.

행렬을 각괄호 [　]의 형태로 표시하기도 하고 혹은 둥근괄호 (　)의 형태로 표시할 수도 있다. 행렬의 원소 a_{ij}에서 첫번째 첨자 i는 제i행을, 두번째 첨자 j는 제j열을 의미한다. 즉 a_{ij}는 주어진 행렬의 제i행, 제j열에 있는 원소를 의미한다.

만약 $m=1$이면 A는 $1\times n$행렬이 되는데 이를 n차원 행벡터, $n=1$인 경우의 $m\times 1$행렬을 m차원 열벡터라 각각 부른다. 또한 행과 열의 수가 같은 행렬을 정방행렬(square matrix)이라 부르고, $n\times n$행렬을 n차행렬이라 한다.

행렬의 크기는 그 행렬이 갖고 있는 행과 열의 수로써 나타낸다. 앞에서 예로 든 행렬 A의 크기는 $m\times n$이다.

행렬 A를 간략히 표현하고자 할 때는 그 행렬의 대표적 원소 a_{ij}와 행렬의 크기만으로도 표시할 수 있다.

$$A=[a_{ij}] \qquad i=1,\ 2,\ \cdots,\ m,\ \ j=1,\ 2,\ \cdots,\ n$$

예제_1

다음 행렬들의 크기를 구하라.

$$A=\begin{bmatrix} 2 & 3 \\ 4 & 5 \end{bmatrix},\ B=\begin{bmatrix} 1 \\ 2 \end{bmatrix},\ C=[-1\ \ 3\ \ 5],\ D=[2]$$

풀이

$\boldsymbol{A}$, $\boldsymbol{B}$, $\boldsymbol{C}$, $\boldsymbol{D}$는 각각 2×2, 2×1, 1×3 및 1×1행렬이다.

예제 2

다음 $\boldsymbol{A}$와 $\boldsymbol{B}$는 직사각형꼴로 배열되지 않았으므로 행렬이 아니다.

$$\boldsymbol{A}=\begin{bmatrix} 3 & 4 \\ 1 & \end{bmatrix},\ \boldsymbol{B}=\begin{bmatrix} & 3 \\ 4 & 5 \end{bmatrix}$$

2.2 행렬의 연산

(1) 덧셈과 뺄셈

$\boldsymbol{A}$가 $m\times n$행렬이고 $\boldsymbol{B}$도 $m\times n$행렬일 때 두 행렬의 합 $\boldsymbol{C}$와 차 $\boldsymbol{D}$는 다음과 같이 정의한다.

$\underset{m\times n}{\boldsymbol{A}}=[a_{ij}]$, $\underset{m\times n}{\boldsymbol{B}}=[b_{ij}]$라 하면(단, $i=1, 2, \cdots, m$, $j=1, 2, \cdots, n$),

$$\underset{m\times n}{\boldsymbol{C}}=\boldsymbol{A}+\boldsymbol{B}=[a_{ij}]+[b_{ij}]=[a_{ij}+b_{ij}]$$

$$\underset{m\times n}{\boldsymbol{D}}=\boldsymbol{A}-\boldsymbol{B}=[a_{ij}]-[b_{ij}]=[a_{ij}-b_{ij}]$$

이것을 자세히 써 보면 다음과 같다.

$$\boldsymbol{C}=\begin{bmatrix} c_{11} & \cdots & c_{1n} \\ \vdots & & \vdots \\ c_{m1} & \cdots & c_{mn} \end{bmatrix}=\begin{bmatrix} a_{11}+b_{11} & \cdots & a_{1n}+b_{1n} \\ \vdots & & \vdots \\ a_{m1}+b_{m1} & \cdots & a_{mn}+b_{mn} \end{bmatrix}$$

$$\boldsymbol{D}=\begin{bmatrix} d_{11} & \cdots & d_{1n} \\ \vdots & & \vdots \\ d_{m1} & \cdots & d_{mn} \end{bmatrix}=\begin{bmatrix} a_{11}-b_{11} & \cdots & a_{1n}-b_{1n} \\ \vdots & & \vdots \\ a_{m1}-b_{m1} & \cdots & a_{mn}-b_{mn} \end{bmatrix}$$

여기서 주의할 점은 행렬의 합과 차는 두 행렬의 크기가 동일할 때만 정의된다는 것이다.

(2) 스칼라곱

행렬 $\underset{m\times n}{\boldsymbol{A}}=[a_{ij}]$와 스칼라 k와의 곱은 $k\boldsymbol{A}=[ka_{ij}]$로 정의한다. 즉, 주어진 행렬의 각 원소에 스칼라 k를 곱한다.

$$k\boldsymbol{A}=\begin{bmatrix} ka_{11} & \cdots & ka_{1n} \\ \vdots & & \vdots \\ ka_{m1} & \cdots & ka_{mn} \end{bmatrix}$$

(3) 곱셈

$m\times n$행렬 $\boldsymbol{A}$와 $n\times r$행렬 $\boldsymbol{B}$가 주어졌을 때 두 행렬의 곱 $\boldsymbol{C}=\boldsymbol{AB}$는 $m\times r$ 행렬로 원소 c_{ij}는 다음과 같이 정의한다.

$$c_{ij}=\sum_{k=1}^{n}a_{ik}b_{kj} \qquad i=1,\ 2,\ \cdots,\ m,\ \ j=1,\ 2,\ \cdots,\ r$$

만약 $\boldsymbol{A}$의 제 i 행과 $\boldsymbol{B}$의 제 j 열을 벡터로 생각한다면 두 행렬의 곱 $\boldsymbol{C}$의 원소 c_{ij}는 $\boldsymbol{A}$의 제 i 행과 $\boldsymbol{B}$의 제 j 열의 내적으로 표시된다. 이를 그림으로 표시해 보면 다음과 같다.

$$\begin{bmatrix} c_{11} & \cdots & c_{1r} \\ \vdots & & \vdots \\ c_{i1}\cdots & \boxed{c_{ij}} & \cdots c_{ir} \\ \vdots & & \vdots \\ c_{m1} & \cdots & c_{mr} \end{bmatrix}=\begin{bmatrix} a_{11} & \cdots & a_{1n} \\ \vdots & & \vdots \\ \boxed{a_{i1} \ \cdots \ a_{in}} & & \\ \vdots & \leftarrow \text{제 } i \text{ 행} & \vdots \\ a_{m1} & \cdots & a_{mn} \end{bmatrix}\begin{bmatrix} b_{11}\cdots & \boxed{\begin{matrix} b_{1j} \\ \vdots \\ b_{nj} \end{matrix}} & \cdots\ b_{1r} \\ \vdots & \leftarrow \text{제 } j \text{ 열} & \vdots \\ b_{n1}\cdots & & \cdots\ b_{nr} \end{bmatrix}$$

경우에 따라서는 주어진 행렬을 행 혹은 열의 벡터들로 나타내는 것이 편리할 때가 있다. $\boldsymbol{A}$가 $m\times n$행렬일 때, $\boldsymbol{A}$의 제 j 열을 $\boldsymbol{a}_j$라 하면

$$\boldsymbol{a}_j=\begin{bmatrix} a_{1j} \\ \vdots \\ a_{mj} \end{bmatrix}$$

$\boldsymbol{A}$는 이들 열벡터의 행으로 다음과 같이 표시할 수 있다.

$$\boldsymbol{A}=[\boldsymbol{a}_1 \quad \boldsymbol{a}_2 \quad \cdots \quad \boldsymbol{a}_n]$$

또한 $\boldsymbol{A}$의 제 i 행을 $\boldsymbol{a}^i$라 하면,

$$\boldsymbol{a}^i=[a_{i1} \quad \cdots \quad a_{in}]$$

$\boldsymbol{A}$는 이들 행벡터의 열로 나타낼 수 있다.

$$\boldsymbol{A}=\begin{bmatrix} \boldsymbol{a}^1 \\ \boldsymbol{a}^2 \\ \vdots \\ \boldsymbol{a}^m \end{bmatrix}$$

$\boldsymbol{A}$가 $m \times n$행렬이고, $\boldsymbol{B}$가 $n \times r$행렬이면 두 행렬의 곱 $\boldsymbol{C}$는 벡터의 내적을 이용하여 다음과 같이 표시할 수 있다.

$$\boldsymbol{C}=\boldsymbol{AB}=\begin{bmatrix} \boldsymbol{a}^1 \\ \boldsymbol{a}^2 \\ \vdots \\ \boldsymbol{a}^m \end{bmatrix}[\boldsymbol{b}_1 \quad \boldsymbol{b}_2 \quad \cdots \quad \boldsymbol{b}_r]=\begin{bmatrix} \boldsymbol{a}^1\cdot\boldsymbol{b}_1 & \boldsymbol{a}^1\cdot\boldsymbol{b}_2 & \cdots & \boldsymbol{a}^1\cdot\boldsymbol{b}_r \\ \boldsymbol{a}^2\cdot\boldsymbol{b}_1 & \boldsymbol{a}^2\cdot\boldsymbol{b}_2 & \cdots & \boldsymbol{a}^2\cdot\boldsymbol{b}_r \\ \vdots & \vdots & & \vdots \\ \boldsymbol{a}^m\cdot\boldsymbol{b}_1 & \boldsymbol{a}^m\cdot\boldsymbol{b}_2 & \cdots & \boldsymbol{a}^m\cdot\boldsymbol{b}_r \end{bmatrix}_{m \times r}$$

행렬의 곱 $\boldsymbol{AB}$는 $\boldsymbol{A}$에 있는 열의 수(n)와 $\boldsymbol{B}$에 있는 행의 수(n)가 정확히 같아야만 정의되는 점에 특히 유의해야 한다. 따라서 주어진 두 행렬의 경우 $\boldsymbol{BA}$는 $r \neq m$이라면 정의되지 않는다. 또한 $\boldsymbol{BA}$가 정의될 경우라 할지라도 특수한 경우를 제외하고는 일반적으로 $\boldsymbol{AB} \neq \boldsymbol{BA}$이다.

두 행렬 $\boldsymbol{C}$와 $\boldsymbol{D}$가 있을 때 두 행렬의 크기가 같고 또한 대응하는 원소가 모두 같을 때 두 행렬은 서로 같다고 정의하고 $\boldsymbol{C}=\boldsymbol{D}$로 표시한다. 따라서 위의 $\boldsymbol{AB} \neq \boldsymbol{BA}$는 두 행렬 $\boldsymbol{AB}$와 $\boldsymbol{BA}$의 크기가 같지 않거나 혹은 대응하는 원소가 서로 다른 것을 의미한다.

$\boldsymbol{C}$가 $k \times l$행렬이고 $\boldsymbol{D}$가 $l \times r$행렬이라면 두 행렬의 곱 $\boldsymbol{CD}$의 크기는 $k \times r$인데, 기억의 편의를 위해 두 행렬을 곱하는 과정에서 동일한 첨자 l이 상쇄

된다고 생각하자. 즉,

$$\underset{k\times}{\boldsymbol{C}}\ \underset{\times r}{\boldsymbol{D}} = \underset{k\times r}{\boldsymbol{F}}$$

에서 l은 상쇄되어 두 행렬의 곱 $\boldsymbol{F}$는 나머지 첨자로 구성된 $k\times r$행렬이라고 기억하면 된다.

예제 3

행렬 $\boldsymbol{A}$, $\boldsymbol{B}$ 및 $\boldsymbol{C}$가 다음과 같이 주어졌을 때 $\boldsymbol{A}+\boldsymbol{B}$, $3\boldsymbol{A}$, $\boldsymbol{AB}$, $\boldsymbol{BA}$ 및 $\boldsymbol{AC}$를 각각 구하라.

$$\boldsymbol{A}=\begin{bmatrix} 1 & 2 \\ 3 & 4 \end{bmatrix},\ \boldsymbol{B}=\begin{bmatrix} 2 & 0 \\ 1 & 0 \end{bmatrix},\ \boldsymbol{C}=\begin{bmatrix} 2 & -1 & 0 \\ 1 & 3 & 1 \end{bmatrix}$$

풀이

$$\boldsymbol{A}+\boldsymbol{B}=\begin{bmatrix} 1 & 2 \\ 3 & 4 \end{bmatrix}+\begin{bmatrix} 2 & 0 \\ 1 & 0 \end{bmatrix}=\begin{bmatrix} 1+2 & 2+0 \\ 3+1 & 4+0 \end{bmatrix}=\begin{bmatrix} 3 & 2 \\ 4 & 4 \end{bmatrix}$$

$$3\boldsymbol{A}=3\begin{bmatrix} 1 & 2 \\ 3 & 4 \end{bmatrix}=\begin{bmatrix} 3\times1 & 3\times2 \\ 3\times3 & 3\times4 \end{bmatrix}=\begin{bmatrix} 3 & 6 \\ 9 & 12 \end{bmatrix}$$

$$\boldsymbol{AB}=\begin{bmatrix} 1 & 2 \\ 3 & 4 \end{bmatrix}\begin{bmatrix} 2 & 0 \\ 1 & 0 \end{bmatrix}=\begin{bmatrix} 1\times2+2\times1 & 1\times0+2\times0 \\ 3\times2+4\times1 & 3\times0+4\times0 \end{bmatrix}=\begin{bmatrix} 4 & 0 \\ 10 & 0 \end{bmatrix}$$

$$\boldsymbol{BA}=\begin{bmatrix} 2 & 0 \\ 1 & 0 \end{bmatrix}\begin{bmatrix} 1 & 2 \\ 3 & 4 \end{bmatrix}=\begin{bmatrix} 2\times1+0\times3 & 2\times2+0\times4 \\ 1\times1+0\times3 & 1\times2+0\times4 \end{bmatrix}=\begin{bmatrix} 2 & 4 \\ 1 & 2 \end{bmatrix}$$

$$\boldsymbol{AC}=\begin{bmatrix} 1 & 2 \\ 3 & 4 \end{bmatrix}\begin{bmatrix} 2 & -1 & 0 \\ 1 & 3 & 1 \end{bmatrix}$$

$$=\begin{bmatrix} 1\times2+2\times1 & 1\times(-1)+2\times3 & 1\times0+2\times1 \\ 3\times2+4\times1 & 3\times(-1)+4\times3 & 3\times0+4\times1 \end{bmatrix}=\begin{bmatrix} 4 & 5 & 2 \\ 10 & 9 & 4 \end{bmatrix}$$

예제 3에서 알 수 있듯이 $\boldsymbol{AB}\neq\boldsymbol{BA}$이며 $\boldsymbol{AC}$는 정의되지만 $\boldsymbol{CA}$는 정의마저 되지 않는다.

예제 4

행렬 $\boldsymbol{A}$와 $\boldsymbol{C}$가 다음과 같을 때 $\boldsymbol{A}+\boldsymbol{C}$, $\boldsymbol{AC}$ 및 $k\boldsymbol{C}$를 구하라.

$$\boldsymbol{A}=\begin{bmatrix} a_{11} & a_{12} \\ a_{21} & a_{22} \end{bmatrix},\ \boldsymbol{C}=\begin{bmatrix} c_{11} & c_{12} \\ c_{21} & c_{22} \end{bmatrix}$$

풀이

$$\boldsymbol{A}+\boldsymbol{C}=\begin{bmatrix} a_{11}+c_{11} & a_{12}+c_{12} \\ a_{21}+c_{21} & a_{22}+c_{22} \end{bmatrix}$$

$$\boldsymbol{AC}=\begin{bmatrix} a_{11} & a_{12} \\ a_{21} & a_{22} \end{bmatrix}\begin{bmatrix} c_{11} & c_{12} \\ c_{21} & c_{22} \end{bmatrix}=\begin{bmatrix} a_{11}c_{11}+a_{12}c_{21} & a_{11}c_{12}+a_{12}c_{22} \\ a_{21}c_{11}+a_{22}c_{21} & a_{21}c_{12}+a_{22}c_{22} \end{bmatrix}$$

$$k\boldsymbol{C}=k\begin{bmatrix} c_{11} & c_{12} \\ c_{21} & c_{22} \end{bmatrix}=\begin{bmatrix} kc_{11} & kc_{12} \\ kc_{21} & kc_{22} \end{bmatrix}$$

예제 5

$$\boldsymbol{A}=\begin{bmatrix} 0 & 1 \\ 0 & 2 \end{bmatrix},\ \boldsymbol{B}=\begin{bmatrix} 1 & 1 \\ 3 & 4 \end{bmatrix},\ \boldsymbol{C}=\begin{bmatrix} 2 & 5 \\ 3 & 4 \end{bmatrix},\ \boldsymbol{D}=\begin{bmatrix} 2 & 4 \\ 0 & 0 \end{bmatrix}$$

일 때 $\boldsymbol{AB}$, $\boldsymbol{AC}$ 및 $\boldsymbol{AD}$를 구하라.

풀이

$$\boldsymbol{AB}=\begin{bmatrix} 0 & 1 \\ 0 & 2 \end{bmatrix}\begin{bmatrix} 1 & 1 \\ 3 & 4 \end{bmatrix}=\begin{bmatrix} 3 & 4 \\ 6 & 8 \end{bmatrix}$$

$$\boldsymbol{AC}=\begin{bmatrix} 0 & 1 \\ 0 & 2 \end{bmatrix}\begin{bmatrix} 2 & 5 \\ 3 & 4 \end{bmatrix}=\begin{bmatrix} 3 & 4 \\ 6 & 8 \end{bmatrix}$$

$$\boldsymbol{AD}=\begin{bmatrix} 0 & 1 \\ 0 & 2 \end{bmatrix}\begin{bmatrix} 2 & 4 \\ 0 & 0 \end{bmatrix}=\begin{bmatrix} 0 & 0 \\ 0 & 0 \end{bmatrix}$$

예제 5에서 알 수 있듯이 $\boldsymbol{A}$의 모든 원소가 0인 행렬(=영행렬)이 아니고, $\boldsymbol{A}\neq\mathbf{O}$, $\boldsymbol{AB}=\boldsymbol{AC}$라 할지라도 $\boldsymbol{B}\neq\boldsymbol{C}$일 수 있으며, $\boldsymbol{AD}=\mathbf{O}$이라도 $\boldsymbol{A}$와 $\boldsymbol{D}$ 모두가 영행렬(2.3절 참조)이 아닐 수 있다는 점에 유의하자.

예제 6

$$\boldsymbol{u}=[u_1\ u_2\ u_3\ u_4],\ \boldsymbol{v}=\begin{bmatrix} v_1 \\ v_2 \\ v_3 \\ v_4 \end{bmatrix}$$ 일 때 $\boldsymbol{uv}$와 $\boldsymbol{vu}$를 구하라.

풀이

$$\boldsymbol{uv}=[u_1\ u_2\ u_3\ u_4]\begin{bmatrix} v_1 \\ v_2 \\ v_3 \\ v_4 \end{bmatrix}=[\sum_{i=1}^{4}u_iv_i]$$

$$\boldsymbol{vu}=\begin{bmatrix} v_1 \\ v_2 \\ v_3 \\ v_4 \end{bmatrix}[u_1\ u_2\ u_3\ u_4]=\begin{bmatrix} v_1u_1 & v_1u_2 & v_1u_3 & v_1u_4 \\ v_2u_1 & v_2u_2 & v_2u_3 & v_2u_4 \\ v_3u_1 & v_3u_2 & v_3u_3 & v_3u_4 \\ v_4u_1 & v_4u_2 & v_4u_3 & v_4u_4 \end{bmatrix}$$

예제 7

다음과 같은 연립방정식이 주어졌을 때 이를 행렬로 표현하라.

$$\begin{aligned} a_{11}x_1+a_{12}x_2+\cdots+a_{1n}x_n&=b_1 \\ a_{21}x_1+a_{22}x_2+\cdots+a_{2n}x_n&=b_2 \\ \vdots \qquad \vdots \qquad\qquad \vdots \quad & \ \ \vdots \\ a_{m1}x_1+a_{m2}x_2+\cdots+a_{mn}x_n&=b_m \end{aligned}$$

풀이

$$\boldsymbol{A}=\begin{bmatrix} a_{11} & a_{12} & \cdots & a_{1n} \\ a_{21} & a_{22} & \cdots & a_{2n} \\ \vdots & \vdots & & \vdots \\ a_{m1} & a_{m2} & \cdots & a_{mn} \end{bmatrix}_{m\times n},\quad \boldsymbol{x}=\begin{bmatrix} x_1 \\ x_2 \\ \vdots \\ x_n \end{bmatrix}_{n\times 1},\quad \boldsymbol{b}=\begin{bmatrix} b_1 \\ b_2 \\ \vdots \\ b_m \end{bmatrix}_{m\times 1}$$

라 하면 주어진 연립방정식은 $\boldsymbol{Ax}=\boldsymbol{b}$로 표현된다. 또는 $\boldsymbol{A}$의 제 j 열을 $\boldsymbol{a}_j$로 표현하면, 주어진 연립방정식을 아래와 같이 표현할 수 있다.

$$x_1\boldsymbol{a}_1+x_2\boldsymbol{a}_2+\cdots+x_n\boldsymbol{a}_n=\boldsymbol{b}$$

행렬의 연산법을 앞의 (1)~(3)으로 정의하면 행렬연산법은 다음의 성질을 갖는다.

정리 2-2-1

행렬의 연산이 가능하도록 행렬들의 크기가 주어졌다고 가정하자. $\boldsymbol{A}$, $\boldsymbol{B}$, $\boldsymbol{C}$를 주어진 행렬이라 하고 k_1과 k_2가 스칼라일 때 다음의 성질이 성립한다.

(1) $\boldsymbol{A}+\boldsymbol{B}=\boldsymbol{B}+\boldsymbol{A}$

(2) $\boldsymbol{A}+(\boldsymbol{B}+\boldsymbol{C})=(\boldsymbol{A}+\boldsymbol{B})+\boldsymbol{C}$

(3) $\boldsymbol{A}(\boldsymbol{BC})=(\boldsymbol{AB})\boldsymbol{C}$

(4) $\boldsymbol{A}(\boldsymbol{B}\pm\boldsymbol{C})=\boldsymbol{AB}\pm\boldsymbol{AC}$ (복호동순)

(5) $(\boldsymbol{B}\pm\boldsymbol{C})\boldsymbol{A}=\boldsymbol{BA}\pm\boldsymbol{CA}$ (복호동순)

(6) $k_1(\boldsymbol{B}\pm\boldsymbol{C})=k_1\boldsymbol{B}\pm k_1\boldsymbol{C}$ (복호동순)

(7) $(k_1\pm k_2)\boldsymbol{C}=k_1\boldsymbol{C}\pm k_2\boldsymbol{C}$ (복호동순)

(8) $(k_1k_2)\boldsymbol{C}=k_1(k_2\boldsymbol{C})$

(9) $k_1(\boldsymbol{BC})=(k_1\boldsymbol{B})\boldsymbol{C}=\boldsymbol{B}(k_1\boldsymbol{C})$

2.3 특수한 행렬들

(1) 대각행렬

대각행렬(diagonal matrix)이란 대각원소 이외의 모든 원소가 0인 정방행렬을 말한다.

$$\underset{n\times n}{\boldsymbol{D}}=[d_{ij}],\ i\neq j\text{이면 } d_{ij}=0,\ (i,\ j=1,\ 2,\ \cdots,\ n)$$

대각행렬의 대각원소를 d_{ii}라 하면, 대각행렬을 $\text{diag}\{d_{11}, d_{22}, \cdots, d_{nn}\}$으로

표시하기도 한다.

예를 들어,

$$\begin{bmatrix} 1 & 0 \\ 0 & 2 \end{bmatrix}, \begin{bmatrix} a_1 & 0 \\ 0 & a_2 \end{bmatrix}, \begin{bmatrix} 0 & 0 \\ 0 & 0 \end{bmatrix}$$

등은 대각행렬이다.

두 개의 대각행렬을 서로 빼거나, 더하거나 혹은 곱하여도 대각행렬이 된다.

(2) 영행렬

영행렬(zero matrix 혹은 null matrix)이란 모든 원소가 0인 행렬을 말한다.

$$\underset{m \times n}{\mathbf{O}} = [a_{ij}],\ a_{ij}=0\ (i=1,\ 2,\ \cdots, m \quad j=1,\ 2,\ \cdots,\ n)$$

예를 들어,

$$[0], \begin{bmatrix} 0 & 0 \\ 0 & 0 \end{bmatrix}, \begin{bmatrix} 0 & 0 \\ 0 & 0 \end{bmatrix}$$

등은 영행렬이다.

(3) 단위행렬

단위행렬(unit matrix) 혹은 항등행렬(identity matrix)이란 대각원소가 모두 1이고 그 이외의 원소는 모두 0인 정방행렬을 말한다. n차의 단위행렬은 $\boldsymbol{I}_n$으로 표시하며 $\boldsymbol{I}_n=[\delta_{ij}]$라 하면,

$$\delta_{ij}=\begin{cases} 1, & i=j \\ 0, & i \neq j \end{cases}$$

예를 들어,

$$\boldsymbol{I}_1=[1],\ \boldsymbol{I}_2=\begin{bmatrix} 1 & 0 \\ 0 & 1 \end{bmatrix},\ \boldsymbol{I}_3=\begin{bmatrix} 1 & 0 & 0 \\ 0 & 1 & 0 \\ 0 & 0 & 1 \end{bmatrix}$$

등은 단위행렬이다.

단위행렬의 중요한 성질의 하나는 $\boldsymbol{A}$가 $m \times n$행렬일 때 항상 $\boldsymbol{I}_m\boldsymbol{A}=\boldsymbol{A}$와 $\boldsymbol{A}\boldsymbol{I}_n=\boldsymbol{A}$가 성립한다. 따라서 $\boldsymbol{A}$를 필요에 의해 $\boldsymbol{I}_m\boldsymbol{A}$ 혹은 $\boldsymbol{A}\boldsymbol{I}_n$으로 바꾸어 쓸 수 있다.

(4) 전치행렬

하나의 행렬 $\boldsymbol{A}$의 전치행렬(transpose matrix)은 $\boldsymbol{A}$의 제 i 행을 제 i 열로 바꾸어 놓은 행렬을 말하며, 기호로 $\boldsymbol{A}'$ 혹은 $\boldsymbol{A}^t$로 쓴다. 이 책에서는 주로 $\boldsymbol{A}'$를 사용하나 다른 기호(도함수 등)와 혼돈이 생길 우려가 있을 때는 $\boldsymbol{A}^t$를 사용한다.

$$\underset{m\times n}{\boldsymbol{A}}=[a_{ij}]\text{이면 }\underset{n\times m}{\boldsymbol{A}'}=[a_{ji}],\ i=1,\ 2,\ \cdots,\ m,\ \ j=1,\ 2,\ \cdots,\ n$$

예를 들어,

$$\boldsymbol{A}=\begin{bmatrix} 3 & 4 \\ 5 & 6 \end{bmatrix},\ \boldsymbol{B}=\begin{bmatrix} 1 & 2 & 3 \\ 4 & 5 & 6 \end{bmatrix}$$

의 전치행렬은 다음과 같다.

$$\boldsymbol{A}'=\begin{bmatrix} 3 & 5 \\ 4 & 6 \end{bmatrix},\ \boldsymbol{B}'=\begin{bmatrix} 1 & 4 \\ 2 & 5 \\ 3 & 6 \end{bmatrix}$$

전치행렬은 다음과 같은 성질을 갖고 있다.

(1) $(\boldsymbol{A}')'=\boldsymbol{A}$

(2) $(\boldsymbol{A}+\boldsymbol{B})'=\boldsymbol{A}'+\boldsymbol{B}'$

(3) $(\boldsymbol{A}\boldsymbol{B})'=\boldsymbol{B}'\boldsymbol{A}'$

(4) $(k\boldsymbol{A})'=k\boldsymbol{A}'$

(5) 대칭행렬

$\boldsymbol{A}=\boldsymbol{A}'$를 만족시키는 행렬을 대칭행렬(symmetric matrix)이라 한다. 대칭행렬이 정방행렬이 되는 것은 자명하다. 예를 들어, 대각행렬과 단위행렬

은 하나의 대칭행렬이다. 이들 외에도 다음 행렬 $\boldsymbol{A}$와 $\boldsymbol{B}$는 대칭행렬이다.

$$\boldsymbol{A}=\begin{bmatrix} 1 & 4 & 5 \\ 4 & 2 & 6 \\ 5 & 6 & 3 \end{bmatrix},\ \boldsymbol{B}=\begin{bmatrix} 1 & 4 \\ 4 & 3 \end{bmatrix}$$

(6) 멱등행렬

행렬 $\boldsymbol{A}$가 $\boldsymbol{AA}=\boldsymbol{A}^2=\boldsymbol{A}$인 성질을 만족시키면 $\boldsymbol{A}$를 멱등행렬(idempotent matrix)이라 부른다. 멱등행렬도 정방행렬이어야만 되는 것은 자명하다. 멱등행렬의 예로서는 $\boldsymbol{I}_n$, $\underset{n\times n}{\mathbf{O}}$ 등이 있다. 다음과 같은 행렬 $\boldsymbol{A}$도 멱등행렬의 예가 된다.

$$\boldsymbol{A}=\begin{bmatrix} 6 & 10 \\ -3 & -5 \end{bmatrix}$$

$$\boldsymbol{AA}=\begin{bmatrix} 6 & 10 \\ -3 & -5 \end{bmatrix}\begin{bmatrix} 6 & 10 \\ -3 & -5 \end{bmatrix}=\begin{bmatrix} 6 & 10 \\ -3 & -5 \end{bmatrix}=\boldsymbol{A}$$

(7) 치환행렬

정방행렬 $\boldsymbol{P}$의 각 행과 열의 한 원소만 1이고, 나머지의 모든 원소는 0인 경우 $\boldsymbol{P}$를 치환행렬(permutation matrix)이라 부른다. 다음 행렬들은 치환행렬이다.

$$\begin{bmatrix} 1 & 0 \\ 0 & 1 \end{bmatrix},\ \begin{bmatrix} 0 & 1 \\ 1 & 0 \end{bmatrix},\ \begin{bmatrix} 0 & 1 & 0 \\ 1 & 0 & 0 \\ 0 & 0 & 1 \end{bmatrix}$$

치환행렬은 하나의 주어진 행렬 $\boldsymbol{A}$에 전승(premultiply) 혹은 후승(post-multiply)함으로써 $\boldsymbol{A}$의 행 혹은 열의 위치를 바꾸는 역할을 한다.

예를 들어,

$$\boldsymbol{P}=\begin{bmatrix} 0 & 0 & 1 \\ 0 & 1 & 0 \\ 1 & 0 & 0 \end{bmatrix},\ \boldsymbol{A}=\begin{bmatrix} a_{11} & a_{12} & a_{13} \\ a_{21} & a_{22} & a_{23} \\ a_{31} & a_{32} & a_{33} \end{bmatrix}$$

라 하면,

$$PA=\begin{bmatrix} a_{31} & a_{32} & a_{33} \\ a_{21} & a_{22} & a_{23} \\ a_{11} & a_{12} & a_{13} \end{bmatrix},\ AP=\begin{bmatrix} a_{13} & a_{12} & a_{11} \\ a_{23} & a_{22} & a_{21} \\ a_{33} & a_{32} & a_{31} \end{bmatrix}$$

즉, $\boldsymbol{PA}$는 $\boldsymbol{A}$의 제 1 행과 제 3 행의 위치를 바꾸어 놓은 행렬이고, $\boldsymbol{AP}$는 $\boldsymbol{A}$의 제 1 열과 제 3 열의 위치를 바꾸어 놓은 것이 된다.

(8) 역행렬

$\boldsymbol{A}$가 정방행렬이고 또한 $\boldsymbol{AB}=\boldsymbol{BA}=\boldsymbol{I}$인 행렬 $\boldsymbol{B}$가 존재한다면 $\boldsymbol{B}$를 $\boldsymbol{A}$의 역행렬(inverse matrix)이라 한다. 이 때 $\boldsymbol{A}$의 역행렬 $\boldsymbol{B}$를 $\boldsymbol{A}^{-1}$라 표시한다.

예를 들어, 행렬 $\boldsymbol{A}$의 역행렬 $\boldsymbol{A}^{-1}$는 아래와 같다.

$$\boldsymbol{A}=\begin{bmatrix} a & b \\ c & d \end{bmatrix},\ \boldsymbol{A}^{-1}=\frac{1}{ad-bc}\begin{bmatrix} d & -b \\ -c & a \end{bmatrix}\ (\text{단, } ad-bc\neq 0)$$

위와 같은 2차행렬의 역행렬은 공식으로 암기해 두는 것이 편리하다. 역행렬을 구하는 방법과 그 성질들은 행렬식을 배운 후에 설명하기로 한다.

예제 8

다음과 같이 주어지는 $n\times n$행렬 $\boldsymbol{M}$은 멱등행렬인 것을 보여라.

$$\boldsymbol{M}=\boldsymbol{I}_n-\boldsymbol{X}(\boldsymbol{X}'\boldsymbol{X})^{-1}\boldsymbol{X}'\ (\text{단, } \boldsymbol{X}\text{는 } n\times r\text{행렬임})$$

풀이

$$\begin{aligned}\boldsymbol{M}^2&=[\boldsymbol{I}-\boldsymbol{X}(\boldsymbol{X}'\boldsymbol{X})^{-1}\boldsymbol{X}'][\boldsymbol{I}-\boldsymbol{X}(\boldsymbol{X}'\boldsymbol{X})^{-1}\boldsymbol{X}']\\&=\boldsymbol{I}-\boldsymbol{X}(\boldsymbol{X}'\boldsymbol{X})^{-1}\boldsymbol{X}'-\boldsymbol{X}(\boldsymbol{X}'\boldsymbol{X})^{-1}\boldsymbol{X}'+\boldsymbol{X}(\boldsymbol{X}'\boldsymbol{X})^{-1}\underbrace{\boldsymbol{X}'\boldsymbol{X}(\boldsymbol{X}'\boldsymbol{X})^{-1}}_{=\boldsymbol{I}_r}\boldsymbol{X}'\\&=\boldsymbol{I}-\boldsymbol{X}(\boldsymbol{X}'\boldsymbol{X})^{-1}\boldsymbol{X}'=\boldsymbol{M}\end{aligned}$$

따라서 $\boldsymbol{M}$은 멱등행렬이다.

(9) 직교행렬

$\boldsymbol{A}$가 정방행렬이고 또한 $\boldsymbol{AA'}=\boldsymbol{A'A}=\boldsymbol{I}$이면 $\boldsymbol{A}$를 직교행렬(orthogonal matrix)이라 한다. 즉, $\boldsymbol{A'}=\boldsymbol{A}^{-1}$일 때 $\boldsymbol{A}$는 직교행렬이 된다.

모든 치환행렬은 직교행렬이며, 다음 행렬 $\boldsymbol{A}$도 직교행렬의 한 예이다.

$$\boldsymbol{A}=\begin{bmatrix} \frac{3}{\sqrt{10}} & \frac{1}{\sqrt{10}} \\ \frac{1}{\sqrt{10}} & \frac{-3}{\sqrt{10}} \end{bmatrix}$$

$$\boldsymbol{AA'}=\begin{bmatrix} \frac{3}{\sqrt{10}} & \frac{1}{\sqrt{10}} \\ \frac{1}{\sqrt{10}} & \frac{-3}{\sqrt{10}} \end{bmatrix}\begin{bmatrix} \frac{3}{\sqrt{10}} & \frac{1}{\sqrt{10}} \\ \frac{1}{\sqrt{10}} & \frac{-3}{\sqrt{10}} \end{bmatrix}=\begin{bmatrix} 1 & 0 \\ 0 & 1 \end{bmatrix}$$

$\boldsymbol{A}$가 $n\times n$직교행렬이고 $\boldsymbol{a}_i$를 $\boldsymbol{A}$의 제 i 열이라 하면, 다음 관계가 성립한다.

$$\boldsymbol{A'A}=\begin{bmatrix} \boldsymbol{a}_1' \\ \boldsymbol{a}_2' \\ \vdots \\ \boldsymbol{a}_n' \end{bmatrix}[\boldsymbol{a}_1\ \boldsymbol{a}_2\ \cdots\ \boldsymbol{a}_n]=\begin{bmatrix} \boldsymbol{a}_1'\boldsymbol{a}_1 & \boldsymbol{a}_1'\boldsymbol{a}_2 & \cdots & \boldsymbol{a}_1'\boldsymbol{a}_n \\ \boldsymbol{a}_2'\boldsymbol{a}_1 & \boldsymbol{a}_2'\boldsymbol{a}_2 & \cdots & \boldsymbol{a}_2'\boldsymbol{a}_n \\ \vdots & \vdots & & \vdots \\ \boldsymbol{a}_n'\boldsymbol{a}_1 & \boldsymbol{a}_n'\boldsymbol{a}_2 & \cdots & \boldsymbol{a}_n'\boldsymbol{a}_n \end{bmatrix}_{n\times n}=\boldsymbol{I}_n$$

$\boldsymbol{A}$는 직교행렬이므로 $i=j$이면 $\boldsymbol{a}_i'\boldsymbol{a}_j=1$이고, $i\neq j$이면 $\boldsymbol{a}_i'\boldsymbol{a}_j=0$이 된다.

따라서 $\boldsymbol{A}$가 직교행렬인 경우 $\boldsymbol{A}$의 모든 열(행)의 길이는 1이며, 각 열(행)들은 서로 직교함을 알 수 있다.

(10) 분할행렬

$\boldsymbol{A}$를 $m\times n$행렬이라 하고 $\boldsymbol{A}$를 수평선과 수직선을 사용해서 적당히 소행렬(submatrix)로 분할했을 때 $\boldsymbol{A}$를 분할행렬(partitioned matrix)이라 한다.

예를 들어 $\boldsymbol{A}$의 m_1번째 행 밑에 수평선을 긋고 $\boldsymbol{A}$의 n_1번째 열 오른쪽에 수직선을 그으면, $\boldsymbol{A}$는 다음과 같은 소행렬로 분할된다.

$$\underset{m\times n}{\boldsymbol{A}}=\left[\begin{array}{c|c} \boldsymbol{A}_{11} & \boldsymbol{A}_{12} \\ \hline \underbrace{\boldsymbol{A}_{21}}_{n_1} & \underbrace{\boldsymbol{A}_{22}}_{n-n_1} \end{array}\right]\begin{array}{l} \}\ m_1 \\ \}\ m-m_1 \end{array}$$

여기서 소행렬 $\boldsymbol{A}_{11}$, $\boldsymbol{A}_{12}$, $\boldsymbol{A}_{21}$, $\boldsymbol{A}_{22}$는 각각 $m_1 \times n_1$, $m_1 \times (n-n_1)$, $(m-m_1) \times n_1$, $(m-m_1) \times (n-n_1)$행렬이다. 물론 $\boldsymbol{A}$를 분할하는 방법이 한 가지만 있는 것이 아니라, m_1과 n_1의 선택에 따라 여러 가지 방법들이 있다.

예를 들어,

$$\boldsymbol{A} = \begin{bmatrix} 1 & 2 & 3 & 4 & 5 \\ 6 & 7 & 8 & 9 & 10 \\ 5 & 4 & 3 & 2 & 1 \end{bmatrix} = \left[\begin{array}{cc|ccc} 1 & 2 & 3 & 4 & 5 \\ 6 & 7 & 8 & 9 & 10 \\ \hline 5 & 4 & 3 & 2 & 1 \end{array}\right] = \left[\begin{array}{ccc|cc} 1 & 2 & 3 & 4 & 5 \\ \hline 6 & 7 & 8 & 9 & 10 \\ 5 & 4 & 3 & 2 & 1 \end{array}\right]$$

등과 같이 다양하게 분할할 수 있다.

(11) 크로네커적

크로네커적은 행렬의 특수한 형태는 아니지만, 분할행렬과 관련되어 있는 행렬 곱셈의 중요한 형태의 하나이다. $\boldsymbol{A}$가 $m \times n$행렬이고 $\boldsymbol{B}$가 $p \times q$행렬일 때 크로네커적(Kronecker product) $\boldsymbol{A} \otimes \boldsymbol{B}$는 다음과 같이 정의한다.

$$\underset{m \times n}{\boldsymbol{A}} \otimes \underset{p \times q}{\boldsymbol{B}} = \left[\begin{array}{c|c|c|c} a_{11}\boldsymbol{B} & a_{12}\boldsymbol{B} & \cdots & a_{1n}\boldsymbol{B} \\ \hline a_{21}\boldsymbol{B} & a_{22}\boldsymbol{B} & \cdots & a_{2n}\boldsymbol{B} \\ \hline \vdots & \vdots & \ddots & \vdots \\ \hline a_{m1}\boldsymbol{B} & a_{m2}\boldsymbol{B} & \vdots & a_{mn}\boldsymbol{B} \end{array}\right]_{mp \times nq}$$

예를 들어,

$$\boldsymbol{A} = \boldsymbol{I}_2 = \begin{bmatrix} 1 & 0 \\ 0 & 1 \end{bmatrix}, \ \boldsymbol{B} = \begin{bmatrix} b_{11} & b_{12} \\ b_{21} & b_{22} \end{bmatrix}$$

이면

$$\underset{2 \times 2}{\boldsymbol{A}} \otimes \underset{2 \times 2}{\boldsymbol{B}} = \left[\begin{array}{cc|cc} b_{11} & b_{12} & 0 & 0 \\ b_{21} & b_{22} & 0 & 0 \\ \hline 0 & 0 & b_{11} & b_{12} \\ 0 & 0 & b_{21} & b_{22} \end{array}\right]_{4 \times 4}$$

이 된다.

연습문제

1. $m \times n$이 행렬의 크기를 나타낸다고 하자. 만약 행렬의 곱이 정의되면 그 곱의 크기를 구하라.

(1) $(4\times2)(2\times5)$ (2) $(3\times6)(5\times4)$ (3) $(4\times5)(5\times8)$

2. $\boldsymbol{A}=\begin{bmatrix}1 & 2\\ 3 & 4\end{bmatrix}$, $\boldsymbol{B}=\begin{bmatrix}4 & -2 & 5\\ 6 & 3 & 2\end{bmatrix}$일 때 $\boldsymbol{AB}$와 $\boldsymbol{BA}$를 구하라.

3. $\boldsymbol{A}=\begin{bmatrix}1 & 3 & 5\\ 2 & 0 & 4\end{bmatrix}$일 때 $\boldsymbol{A'A}$와 $\boldsymbol{AA'}$를 구하라.

4. $\boldsymbol{A}=\begin{bmatrix}1 & 0\\ 2 & 5\end{bmatrix}$일 때 $\boldsymbol{A}^2$와 $\boldsymbol{A}^2-2\boldsymbol{A}+\boldsymbol{I}_2$를 구하라.

5. 다음 행렬 $\boldsymbol{A}$는 멱등행렬임을 보여라.

$$\boldsymbol{A}=\frac{1}{4}\begin{bmatrix}2 & 4\\ 1 & 2\end{bmatrix}$$

6. $\boldsymbol{A}=\begin{bmatrix}1 & 2\\ 3 & 4\end{bmatrix}$, $\boldsymbol{B}=\begin{bmatrix}2 & 0\\ 0 & 3\end{bmatrix}$일 때 아래 사항에 답하라.

(1) $\boldsymbol{A}\otimes\boldsymbol{B}$를 구하라.

(2) $(\boldsymbol{A}\otimes\boldsymbol{B})'$를 구하라.

(3) $\boldsymbol{A}'\otimes\boldsymbol{B}'$를 구하라.

7. $\boldsymbol{P}=\begin{bmatrix}1 & 0 & 0\\ 0 & 0 & 1\\ 0 & 1 & 0\end{bmatrix}$라 할 때 $\boldsymbol{P}^2$을 구하라.

8. $A=\begin{bmatrix} \cos\theta & \sin\theta \\ -\sin\theta & \cos\theta \end{bmatrix}$일 때 A^{-1}를 구하라.

9. $A=\begin{bmatrix} 1 & 2 \\ 3 & 5 \end{bmatrix}$, $B=\begin{bmatrix} 3 & 2 \\ 0 & 1 \end{bmatrix}$, $C=\begin{bmatrix} 3 & 5 \\ 4 & 6 \end{bmatrix}$, $a=2$, $b=4$일 때 아래 식이 성립하는 것을 보여라.

(1) $A+(B+C)=(A+B)+C$

(2) $(AB)C=A(BC)$

(3) $(a+b)C=aC+bC$

(4) $a(BC)=(aB)C=B(aC)$

(5) $A(B-C)=AB-AC$

10. A가 n차 정방행렬일 때 A의 거듭제곱을 다음과 같이 정의한다.

$$A^2=AA,\ A^3=A^2A,\ \cdots,\ A^0=I_n$$

또한,

$$f(x)=a_0+a_1x+a_2x^2+\cdots+a_nx^n$$

일 때 행렬 A의 다항식 $f(A)$를 다음과 같이 정의한다.

$$f(A)=a_0I_n+a_1A+a_2A^2+\cdots+a_nA^n$$

물론 $f(A)$는 n차정방행렬이다.

$A=\begin{bmatrix} 2 & 2 \\ 6 & 4 \end{bmatrix}$일 때 아래 사항에 답하라.

(1) $f(x)=x^2-4x+5$일 때 $f(A)$를 구하라.

(2) $g(x)=2x^2+3x+3$일 때 $g(A)$를 구하라.

제 3 장

행 렬 식

3.1 행렬식의 정의

변수 x와 $f(x)$가 모두 실수일 때, 함수 $f(x)$란 x가 가질 수 있는 실수치 하나와 하나의 실수 $f(x)$를 대응시키는 것을 말한다. 행렬식도 기본적으로 행렬변수 $\boldsymbol{X}$에 하나의 실수 $f(\boldsymbol{X})$를 대응시키는 것인데 이것을 정의하기 위해서는 먼저 순열(permutation)을 설명할 필요가 있다.

자연수의 집합 $\{1,\ 2,\ \cdots,\ n\}$이 있을 때 이것을 반복하거나 빠뜨리지도 않고 배열하는 것을 순열이라 하고, 이 때 배열하는 방법의 수는 $n!$이다.

자연수의 집합 $\{1,\ 2,\ \cdots,\ n\}$의 순열을 일반적으로 $\{j_1,\ j_2,\ \cdots,\ j_n\}$으로 표시하자. 여기서 j_1은 순열에서 첫번째 자연수, j_2는 두번째 자연수를 각각 나타낸다. 하나의 순열 $\{j_1,\ j_2,\ \cdots,\ j_n\}$이 주어졌을 때, 만약 큰 자연수가 작은 자연수보다 앞에 있으면 크기의 순서가 뒤바뀌어 있게 되는데 이를 전도(inversion)되어 있다고 한다. 하나의 주어진 순열에서 크기의 순서가 뒤바뀐 횟수를 그 순열의 전도의 갯수라고 하며, 전도의 갯수가 짝수인 순열을 우순열, 홀수인 순열을 기순열이라 한다.

예를 들어 순열 $\{1,\ 2,\ 3,\ 4\}$는 크기순으로 배열되어 있으므로 전도의 갯수가 0인 우순열인 반면에 순열 $\{4,\ 3,\ 1,\ 2\}$는 전도의 갯수가 5인 기순열이다. 왜냐하면 4는 3, 1, 2보다 앞에 있고 또한 3은 1, 2보다 앞에 있으므로 이 순열의 전도의 갯수는 5가 되기 때문이다.

이제 우순열과 기순열을 이용하여 행렬식을 정의하자.

[정의 3-1-1] 행렬식

n차의 정방행렬 $\boldsymbol{A}=[a_{ij}](i,\ j=1,\ 2,\ \cdots,\ n)$의 행렬식(determinant)은 $|\boldsymbol{A}|$ 혹은 det($\boldsymbol{A}$)라 쓰고 다음과 같이 정의한다.

$$|\boldsymbol{A}|=\det(\boldsymbol{A})=\sum(\pm)a_{1j_1}a_{2j_2}\cdots a_{nj_n}$$

여기서 합계($\sum$)의 표시는 두번째 첨자의 모든 순열에 관하여 합하는 것을 의미한다. 또한 ($\pm$) 기호는 만약 두번째 첨자로 된 순열 $\{j_1,\ j_2,\ \cdots,\ j_n\}$이 우순열이면 (+)이고, 기순열이면 (−)인 것을 의미한다.

$\sum(\pm)a_{1j_1}a_{2j_2}\cdots a_{nj_n}$을 살펴보면 두번째 첨자 $\{j_1,\ j_2,\ \cdots,\ j_n\}$을 나열하는 방법의 수가 $n!$이므로 더하는 항의 수는 $n!$이 되며, 또한 $a_{1j_1}a_{2j_2}\cdots a_{nj_n}$은 $\boldsymbol{A}$의 각 행과 열에서 반드시 하나의 원소씩만을 뽑아서 만들어진 것임을 알 수 있다. n차행렬식을 구하는 방법을 정의했으므로 $n=1,\ 2,\ 3$인 경우의 행렬식을 차례로 정의해 보자.

(1) 1차행렬($n=1$)

1차행렬의 행렬식은 그 원소 자체이다. 즉, $[a]$의 행렬식은 $|a|=a$이다.

(2) 2차행렬($n=2$)

2차행렬

$$\boldsymbol{A}=\begin{bmatrix} a_{11} & a_{12} \\ a_{21} & a_{22} \end{bmatrix}$$

의 행렬식은 아래와 같다.

$$|\boldsymbol{A}|=\begin{vmatrix} a_{11} & a_{12} \\ a_{21} & a_{22} \end{vmatrix}=a_{11}a_{22}-a_{12}a_{21}$$

$n=2$이므로 더하는 항의 수는 $2!=2$이며, $\{1,\ 2\}$를 나열하는 방법은 $\{1,\ 2\}$와 $\{2,\ 1\}$이다. $\{1,\ 2\}$의 경우 전도의 갯수가 0이므로 $a_{11}a_{22}$의 부호는 (+)

이고, {2, 1}의 경우에는 전도의 갯수가 1, 즉 홀수이므로 $a_{12}a_{21}$의 부호는 (−)가 된다. 따라서 정의에 의해 $|\boldsymbol{A}|=a_{11}a_{22}-a_{12}a_{21}$이 된다.

(3) 3 차행렬($n=3$)

3차행렬

$$\boldsymbol{A}=\begin{bmatrix} a_{11} & a_{12} & a_{13} \\ a_{21} & a_{22} & a_{23} \\ a_{31} & a_{32} & a_{33} \end{bmatrix}$$

의 행렬식 $|\boldsymbol{A}|$의 값은 다음과 같이 정의된다.

$$|\boldsymbol{A}|=a_{11}a_{22}a_{33}+a_{12}a_{23}a_{31}+a_{13}a_{21}a_{32}-a_{13}a_{22}a_{31}-a_{12}a_{21}a_{33}-a_{11}a_{23}a_{32}$$

$|\boldsymbol{A}|$에 포함된 6개 항을 자세히 보면, 모두 $a_{1j_1}\,a_{2j_2}\,a_{3j_3}$의 형태를 취하고 있으며 각 항들의 차이는 두번째 첨자 j_1, j_2, j_3가 다를 뿐이다. {1, 2, 3}을 나열하는 방법은 {1, 2, 3}, {2, 3, 1}, {3, 1, 2}, {3, 2, 1}, {2, 1, 3}, {1, 3, 2}로 6가지 방법이 있고, 각 순열의 전도의 갯수는 각각 0, 2, 2, 3, 1, 1이다. 행렬식의 정의에 의해 처음 3개의 순열은 우순열이므로 $a_{11}a_{22}a_{33}$, $a_{12}a_{23}a_{31}$, $a_{13}a_{21}a_{32}$의 부호는 (+)이고, 마지막 3개의 순열은 기순열이므로 이들 순열을 두번째 첨자로 하고 있는 $a_{13}a_{22}a_{31}$, $a_{12}a_{21}a_{33}$, $a_{11}a_{23}a_{32}$의 부호는 (−)가 되어 3차행렬의 행렬식의 값은 아래와 같이 계산한다.

$$|\boldsymbol{A}|=a_{11}a_{22}a_{33}+a_{12}a_{23}a_{31}+a_{13}a_{21}a_{32}-a_{13}a_{22}a_{31}-a_{12}a_{21}a_{33}-a_{11}a_{23}a_{32}$$

특히 2차 및 3차행렬식을 쉽게 구할 수 있는 방법이 있다. [그림 3-1]에서 화살표가 오른쪽으로 내려오는 것에 있는 원소들의 곱은 더하고, 오른쪽으로 올라가는 화살표에 있는 원소들의 곱은 빼주면 2차행렬식을 구할 수 있다.

3차행렬식의 값을 계산하는 방법은 다음과 같다. [그림 3-2]와 같이 제 1 행의 각 원소들은 실선화살표를 통해서 다른 2개의 원소와 연결되어 있다. 즉, $a_{11}\rightarrow a_{22}\rightarrow a_{33}$, $a_{12}\rightarrow a_{23}\rightarrow a_{31}$ 및 $a_{13}\rightarrow a_{32}\rightarrow a_{21}$으로 연결되어 있다. 이렇게 연결된 세 원소의 곱 $a_{11}a_{22}a_{33}$, $a_{12}a_{23}a_{31}$ 및 $a_{13}a_{32}a_{21}$은 $|\boldsymbol{A}|$의

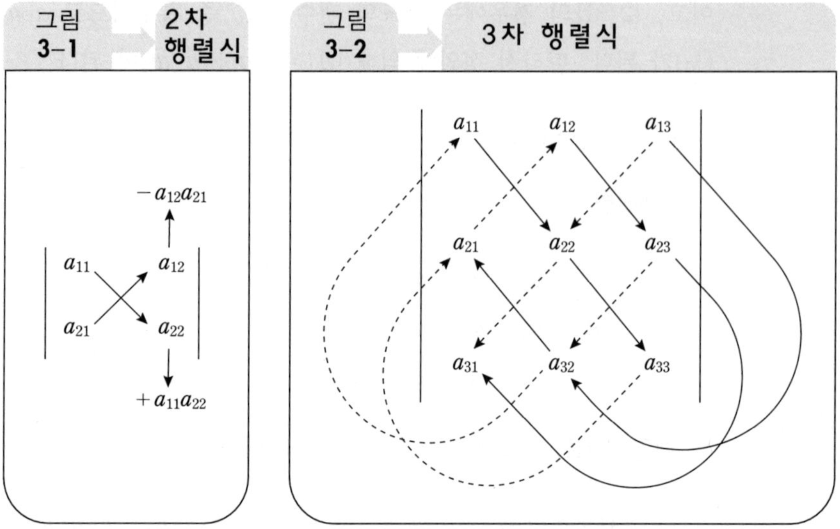

처음 3개의 항이 된다.

한편, 제3 열의 각 원소들은 점선화살표를 통해서 다른 두 개의 원소와 연결되어 있다. 즉, $a_{13} \to a_{22} \to a_{31}$, $a_{23} \to a_{32} \to a_{11}$ 및 $a_{33} \to a_{21} \to a_{12}$로 연결되어 있다. 이렇게 연결된 세 원소의 곱 $a_{13}a_{22}a_{31}$, $a_{11}a_{23}a_{32}(=a_{23}a_{32}a_{11})$ 및 $a_{12}a_{21}a_{33}(=a_{33}a_{21}a_{12})$에 마이너스를 붙인 것이 $|\boldsymbol{A}|$의 나머지 3개의 항이 된다.

따라서 실선화살표로 연결된 세 원소의 곱들은 더해주고, 반면에 점선화살표로 연결된 세 원소의 곱들은 빼주면 3차행렬식 $|\boldsymbol{A}|$를 얻을 수 있다.

예제_1

다음 행렬식의 값을 구하라.

(i) $\begin{vmatrix} 2 & 8 \\ 7 & 6 \end{vmatrix}$ (ii) $\begin{vmatrix} 2 & 1 & 0 \\ 3 & 4 & 2 \\ 1 & 0 & 1 \end{vmatrix}$ (iii) $\begin{vmatrix} 1 & 0 & 0 \\ 4 & 2 & 0 \\ 8 & 5 & 3 \end{vmatrix}$

풀이

(i) $\begin{vmatrix} 2 & 8 \\ 7 & 6 \end{vmatrix} = 2\times6-7\times8=12-56=-44$

(ii) $\begin{vmatrix} 2 & 1 & 0 \\ 3 & 4 & 2 \\ 1 & 0 & 1 \end{vmatrix} = 2\cdot4\cdot1+1\cdot2\cdot1+0\cdot3\cdot0-(1\cdot4\cdot0+0\cdot2\cdot2+1\cdot3\cdot1)=7$

(iii) $\begin{vmatrix} 1 & 0 & 0 \\ 4 & 2 & 0 \\ 8 & 5 & 3 \end{vmatrix} = 6$

한 가지 유의해야 할 점은 화살표 방향에 의한 행렬식의 계산방법은 2차와 3차행렬식을 계산할 때에만 사용될 수 있다는 것이다. 따라서 4차 이상의 행렬식의 값은 행렬식의 정의에 의해 구하여야 한다. 그러나 행렬식의 정의에 의해서 구하는 방법은 계산이 매우 복잡함을 알 수 있다. 가령 $n=4$인 경우라도 $4!=24$개의 항을 더해야 하고 또한 24개의 순열이 우순열인가 기순열인가를 확인해야 하는 계산상의 어려움이 있다. 이러한 어려움을 극복하기 위해 4차 이상의 행렬식을 계산할 때는 행렬식을 구하는 또다른 방법인 여인수전개(cofactor expansion) 방법이 사용되므로 이 방법에 대해서 알아보자.

3.2 여인수전개

여인수전개 방법을 소개하기 위해 소행렬식과 여인수의 정의가 필요하므로 이들을 먼저 정의하자.

[정의 3-2-1] 소행렬식과 여인수

$A=[a_{ij}]$가 $n\times n$행렬일 때 원소 a_{ij}의 소행렬식(minor)은 M_{ij}로 표시하며, 이것은 A에서 제 i 행과 제 j 열을 제거한 후에 만들어진 $(n-1)\times(n-1)$ 소행렬의 행렬식이다. 또한 원소 a_{ij}의 여인수(cofactor)는 C_{ij}라 표시하며, $C_{ij}=(-1)^{i+j}M_{ij}$라 정의한다.

예제 2

다음 행렬의 a_{11}과 a_{23}의 소행렬식과 여인수를 구하라.

$$A=\begin{bmatrix} 2 & 1 & 0 \\ 3 & 4 & 2 \\ 1 & 0 & 1 \end{bmatrix}$$

풀이

$$M_{11}=\begin{vmatrix} 2 & 1 & 0 \\ 3 & 4 & 2 \\ 1 & 0 & 1 \end{vmatrix}=\begin{vmatrix} 4 & 2 \\ 0 & 1 \end{vmatrix}=4,\ C_{11}=(-1)^{1+1}M_{11}=1\times 4=4$$

$$M_{23}=\begin{vmatrix} 2 & 1 & 0 \\ 3 & 4 & 2 \\ 1 & 0 & 1 \end{vmatrix}=\begin{vmatrix} 2 & 1 \\ 1 & 0 \end{vmatrix}=-1,\ C_{23}=(-1)^{2+3}M_{23}=(-1)\times(-1)=1$$

일반적으로 원소 a_{ij}의 소행렬식 M_{ij}와 여인수 C_{ij}의 절대값은 같고, $(i+j)$가 짝수이면 $C_{ij}=M_{ij}$이며, $(i+j)$가 홀수이면 $C_{ij}=-M_{ij}$이다. 예를 들어 $C_{11}=M_{11}$, $C_{16}=-M_{16}$, $C_{22}=M_{22}$, $C_{72}=-M_{72}$이다.

여인수전개 방법을 일반적으로 정의하기 전에 3차행렬의 행렬식을 이용하여 행렬식과 여인수와의 관계를 살펴보자.

A가 3×3행렬이라 하자. 즉,

$$A=\begin{bmatrix} a_{11} & a_{12} & a_{13} \\ a_{21} & a_{22} & a_{23} \\ a_{31} & a_{32} & a_{33} \end{bmatrix}$$

이면,

$$\begin{aligned}\det(A)=|A|&=a_{11}a_{22}a_{33}+a_{12}a_{23}a_{31}+a_{13}a_{21}a_{32}\\&\quad-(a_{13}a_{22}a_{31}+a_{12}a_{21}a_{33}+a_{11}a_{23}a_{32})\\&=a_{11}(a_{22}a_{33}-a_{23}a_{32})+a_{12}(a_{23}a_{31}-a_{21}a_{33})+a_{13}(a_{21}a_{32}-a_{22}a_{31})\end{aligned}$$

이다.

위의 식에서 각 괄호 속을 살펴보면 각각 C_{11}, C_{12}, C_{13}임을 알 수 있다.

예를 들어 C_{12}를 구하면 다음과 같다.

$$C_{12} = -M_{12} = -\begin{vmatrix} a_{11} & a_{12} & a_{13} \\ a_{21} & a_{22} & a_{23} \\ a_{31} & a_{32} & a_{33} \end{vmatrix} = -\begin{vmatrix} a_{21} & a_{23} \\ a_{31} & a_{33} \end{vmatrix} = a_{23}a_{31} - a_{21}a_{33}$$

따라서

$$\det(\boldsymbol{A}) = |\boldsymbol{A}| = a_{11}C_{11} + a_{12}C_{12} + a_{13}C_{13}$$

로 표시할 수 있는데 이를 제 1 행에 관한 여인수전개라 한다.

우리가 원한다면 $\det(\boldsymbol{A}) = |\boldsymbol{A}|$를 다음과 같이 다시 쓸 수도 있다.

$$\begin{aligned}\det(\boldsymbol{A}) &= |\boldsymbol{A}| \\ &= a_{11}(a_{22}a_{33} - a_{23}a_{32}) + a_{21}(a_{13}a_{32} - a_{12}a_{33}) + a_{31}(a_{12}a_{23} - a_{13}a_{22})\end{aligned}$$

이 경우 각 괄호 안은 C_{11}, C_{21} 및 C_{31}이 되어

$$\det(\boldsymbol{A}) = |\boldsymbol{A}| = a_{11}C_{11} + a_{21}C_{21} + a_{31}C_{31}$$

으로 표시할 수도 있는데 이를 제 1 열에 관한 여인수전개라 한다. 일반적으로 어떤 행 혹은 열을 택하여 전개해도 행렬식의 값은 같다.

$\boldsymbol{A}$가 2×2인 경우도 여인수전개 방법에 의해 행렬식을 구할 수 있다.

$$\boldsymbol{A} = \begin{bmatrix} a_{11} & a_{12} \\ a_{21} & a_{22} \end{bmatrix}$$

이면 $|\boldsymbol{A}| = a_{11}a_{22} - a_{12}a_{21}$인 것은 알고 있다. 그런데

$$C_{11} = a_{22},\ C_{12} = -a_{21},\ C_{21} = -a_{12},\ C_{22} = a_{11}$$

이므로

$$\det(\boldsymbol{A})=|\boldsymbol{A}|=a_{11}C_{11}+a_{12}C_{12}(\text{제 1 행에 관한 여인수전개})$$
$$=a_{21}C_{21}+a_{22}C_{22}(\text{제 2 행에 관한 여인수전개})$$
$$=a_{11}C_{11}+a_{21}C_{21}(\text{제 1 열에 관한 여인수전개})$$
$$=a_{12}C_{12}+a_{22}C_{22}(\text{제 2 열에 관한 여인수전개})$$

예제 3

제 1 열과 제 3 행에 관한 여인수전개에 의해 $|\boldsymbol{A}|$를 구하라.

$$\boldsymbol{A}=\begin{bmatrix}1 & -1 & 8\\ 3 & 5 & 9\\ 4 & 0 & 0\end{bmatrix}$$

풀이

$$\det(\boldsymbol{A})=|\boldsymbol{A}|=a_{11}C_{11}+a_{21}C_{21}+a_{31}C_{31}(\text{제 1 열에 관한 여인수전개})$$
$$=1\begin{vmatrix}5 & 9\\ 0 & 0\end{vmatrix}-3\begin{vmatrix}-1 & 8\\ 0 & 0\end{vmatrix}+4\begin{vmatrix}-1 & 8\\ 5 & 9\end{vmatrix}$$
$$=0+0+(-196)=-196$$

$$\det(\boldsymbol{A})=|\boldsymbol{A}|=a_{31}C_{31}+a_{32}C_{32}+a_{33}C_{33}(\text{제 3 행에 관한 여인수전개})$$
$$=4\begin{vmatrix}-1 & 8\\ 5 & 9\end{vmatrix}-0\begin{vmatrix}1 & 8\\ 3 & 9\end{vmatrix}+0\begin{vmatrix}1 & -1\\ 3 & 5\end{vmatrix}$$
$$=4\times(-9-40)=4\times(-49)=-196$$

위의 결과에서 알 수 있듯이 가능한 0이 많은 행 혹은 열을 택하여 여인수전개하면 0에 해당하는 여인수를 구할 필요가 없으므로 행렬식의 계산이 훨씬 간단해지는 것을 알 수 있다.

지금까지 2차 및 3차행렬식과 여인수와의 관계를 설명했다. 이것을 연장하여 $\boldsymbol{A}$가 $n\times n$행렬일 때 여인수전개에 의한 행렬식을 구하는 방법을 [정리 3-2-1]로 증명없이 소개한다.

정리 3-2-1 여인수전개

$\boldsymbol{A}$가 $n\times n$행렬일 때 $|\boldsymbol{A}|$는 다음과 같이 계산할 수 있다.

$$|\boldsymbol{A}|=a_{1j}C_{1j}+a_{2j}C_{2j}+\cdots+a_{nj}C_{nj}=\sum_{i=1}^{n}a_{ij}C_{ij} \quad \text{(제 } j \text{ 열에 관한 여인수전개)}$$

$$|\boldsymbol{A}|=a_{i1}C_{i1}+a_{i2}C_{i2}+\cdots+a_{in}C_{in}=\sum_{j=1}^{n}a_{ij}C_{ij} \quad \text{(제 } i \text{ 행에 관한 여인수전개)}$$

예제 4

다음 행렬 $\boldsymbol{A}$의 $|\boldsymbol{A}|$를 구하라.

$$\boldsymbol{A}=\begin{bmatrix} 1 & 2 & 0 & 4 \\ 3 & 4 & 0 & 0 \\ 3 & 2 & 0 & 1 \\ -6 & -5 & 1 & 7 \end{bmatrix}$$

풀이

제3 열에 관해 여인수전개하면, $|\boldsymbol{A}|$는 다음과 같이 표현된다.

$$\begin{aligned} |\boldsymbol{A}| &= a_{13}C_{13}+a_{23}C_{23}+a_{33}C_{33}+a_{43}C_{43} \\ &= 0\times C_{13}+0\times C_{23}+0\times C_{33}+1\times C_{43} \\ &= C_{43} = -\begin{vmatrix} 1 & 2 & 4 \\ 3 & 4 & 0 \\ 3 & 2 & 1 \end{vmatrix} \end{aligned}$$

C_{43}를 제2 행에 관해 여인수전개하면,

$$\begin{aligned} |\boldsymbol{A}| = C_{43} &= -\left(-3\begin{vmatrix} 2 & 4 \\ 2 & 1 \end{vmatrix} +4\begin{vmatrix} 1 & 4 \\ 3 & 1 \end{vmatrix} -0\begin{vmatrix} 1 & 2 \\ 3 & 2 \end{vmatrix} \right) \\ &= -(-3\times(-6)+4\times(-11))=26 \end{aligned}$$

특별한 경우를 제외하고는, 일반적으로 2차 혹은 3차행렬식은 여인수전개 방법보다는 앞에서 설명한 화살표 방향에 의한 계산방법이 빠르고 정확하다. 즉, 예제 4에서도 화살표 방향에 의한 계산방법을 사용하여 C_{43}를 구하면 아래와 같다.

$$C_{43}=-(1\cdot4\cdot1+2\cdot0\cdot3+4\cdot3\cdot2-3\cdot4\cdot4-2\cdot0\cdot1-1\cdot3\cdot2)$$
$$=-(4+0+24-48-0-6)=26$$

3.3 행렬식의 성질

n차행렬의 행렬식은 $n!$개의 항을 더해야 하기 때문에 행렬식의 정의에 의해 행렬식을 구하는 것은 쉬운 일이 아니다. 또한 앞에서 여인수전개 방법을 소개했으나 이 방법 역시 n이 큰 경우에는 많은 계산을 해야 한다. 그러나 행렬식의 몇 가지 기본성질을 이용하면 행렬식을 좀더 쉽게 구할 수 있으므로 행렬식의 성질을 알아보자.

(1) 행렬식에서 행과 열을 바꾸어 놓아도 행렬식의 값은 변하지 않는다. 즉,

$$|\boldsymbol{A}|=|\boldsymbol{A}'|$$

예제 5

$$\boldsymbol{A}=\begin{bmatrix} a & b \\ c & d \end{bmatrix}$$

일 때 $|\boldsymbol{A}|$와 $|\boldsymbol{A}'|$를 구하라.

풀이

$$|\boldsymbol{A}|=ad-bc,\ |\boldsymbol{A}'|=ad-bc$$
$$\therefore\ |\boldsymbol{A}|=|\boldsymbol{A}'|$$

이 성질에 의하여 "행"이란 낱말을 포함하는 행렬식에 관한 모든 정리는 "행" 대신 "열"로 바꾸어도 그대로 성립한다.

(2) 한 행(열)의 모든 원소에 공통인 인수는 행렬식 밖으로 나올 수 있다. 즉,

$$\begin{vmatrix} ka & kb \\ c & d \end{vmatrix} = k \begin{vmatrix} a & b \\ c & d \end{vmatrix}$$

예제 6

다음 행렬들의 행렬식의 값을 구하라.

$$\boldsymbol{A} = \begin{bmatrix} 1 & 2 \\ 3 & 4 \end{bmatrix}, \ \boldsymbol{B} = \begin{bmatrix} 5 & 10 \\ 3 & 4 \end{bmatrix}, \ 5\boldsymbol{A} = \begin{bmatrix} 5 & 10 \\ 15 & 20 \end{bmatrix}$$

풀이

$$|\boldsymbol{A}| = -2, \ |\boldsymbol{B}| = 5|\boldsymbol{A}| = -10, \ |5\boldsymbol{A}| = 5^2|\boldsymbol{A}| = -50.$$

여기서 주의할 점은 $k|\boldsymbol{A}|$와 $|k\boldsymbol{A}|$는 완전히 다른 개념이라는 것이다. 일반적으로 $\boldsymbol{A}$가 $n \times n$행렬인 경우 $k\boldsymbol{A}$는 $\boldsymbol{A}$의 모든 원소에 k를 곱해준 것이므로 모든 행(열)은 공통인수 k를 갖고 있다. 따라서 $|k\boldsymbol{A}|$를 구하기 위해 각 행(열)의 공통인수를 밖으로 나오게 하면 k의 갯수가 n개이므로 $|k\boldsymbol{A}| = k^n|\boldsymbol{A}|$가 된다.

(3) 두 행(열)의 위치를 서로 바꾸면 행렬식의 값은 부호만 달라진다.

$$\begin{vmatrix} a_{11} & a_{12} & a_{13} \\ a_{21} & a_{22} & a_{23} \\ a_{31} & a_{32} & a_{33} \end{vmatrix} = - \begin{vmatrix} a_{21} & a_{22} & a_{23} \\ a_{11} & a_{12} & a_{13} \\ a_{31} & a_{32} & a_{33} \end{vmatrix} \quad \text{(제 1 행과 제 2 행을 바꿀 때)}$$

$$\begin{vmatrix} a_{11} & a_{12} & a_{13} \\ a_{21} & a_{22} & a_{23} \\ a_{31} & a_{32} & a_{33} \end{vmatrix} = - \begin{vmatrix} a_{13} & a_{12} & a_{11} \\ a_{23} & a_{22} & a_{21} \\ a_{33} & a_{32} & a_{31} \end{vmatrix} \quad \text{(제 1 열과 제 3 열을 바꿀 때)}$$

예제 7

$$\begin{vmatrix} c & d \\ a & b \end{vmatrix} = -\begin{vmatrix} a & b \\ c & d \end{vmatrix} = bc - ad$$

(4) 두 행(열)이 같거나 비례하면 행렬식의 값은 0이다.

예제 8

$$\boldsymbol{A} = \begin{bmatrix} a & b \\ ka & kb \end{bmatrix}$$

이면

$$|\boldsymbol{A}| = k(ab - ab) = 0$$

(5) 한 행(열)이 두 수의 합이라면 하나의 행렬식은 두 행렬식의 합으로 나누어진다. 즉,

$$\begin{vmatrix} a_{11}+k_1 & a_{12}+k_2 \\ a_{21} & a_{22} \end{vmatrix} = \begin{vmatrix} a_{11} & a_{12} \\ a_{21} & a_{22} \end{vmatrix} + \begin{vmatrix} k_1 & k_2 \\ a_{21} & a_{22} \end{vmatrix}$$

$$\begin{vmatrix} a_{11}+k_1 & a_{12} \\ a_{21}+k_2 & a_{22} \end{vmatrix} = \begin{vmatrix} a_{11} & a_{12} \\ a_{21} & a_{22} \end{vmatrix} + \begin{vmatrix} k_1 & a_{12} \\ k_2 & a_{22} \end{vmatrix}$$

이 성질은 여인수전개 방법에 의해 쉽게 증명된다. 그러나 일반적으로 $|\boldsymbol{A}+\boldsymbol{B}| \neq |\boldsymbol{A}| + |\boldsymbol{B}|$임에 유의해야 한다.

(6) 한 행(열)의 각 원소에 같은 수를 곱하여 이를 다른 행(열)의 대응하는 원소에 더해 주어도 행렬식의 값은 변하지 않는다. 즉,

$$\begin{vmatrix} a & b \\ c & d \end{vmatrix} = \begin{vmatrix} a+kc & b+kd \\ c & d \end{vmatrix} = \begin{vmatrix} a & b \\ c & d \end{vmatrix} + \begin{vmatrix} kc+kd \\ c \quad d \end{vmatrix} \quad (\because \text{ 성질 } (5))$$

$$= \begin{vmatrix} a & b \\ c & d \end{vmatrix} + 0 \quad (\because \text{ 성질 } (4))$$

이 성질은 행렬식을 구하는 데 가장 많이 사용된다. 그 이유는, 이 성질을 반복해서 사용하면 한 행(열)의 모든 원소가 한 원소를 제외하고는 0이 되도록 만들 수 있기 때문이다. 이 성질은 사용한 후 여인수전개 방법을 쓰면, 한 개의 여인수만 구하면 되므로 계산이 훨씬 간단해진다.

예제 9

다음 행렬식의 값을 계산하라.

$$|\boldsymbol{A}| = \begin{vmatrix} 1 & 2 & 2 & 2 \\ 0 & 3 & 2 & 1 \\ -2 & 1 & 2 & 3 \\ 2 & 8 & 9 & 11 \end{vmatrix}$$

풀이

제 1 열에 0이 한 개 있으므로 제 1 열에 관한 여인수전개 방법을 직접 사용하면 3×3행렬의 여인수를 3개 구해야 한다. 그러나 성질 (6)을 사용해서 제 1 열의 한 개의 원소를 제외한 다른 모든 원소를 0으로 만들면 한 개의 여인수만 구하게 되므로 계산이 훨씬 쉬워진다. 제 1 행에 2를 곱하여 제 3 행에 더해 주고, 제 1 행에 (−2)를 곱하여 제 4 행에 더해 준 후 $|\boldsymbol{A}|$를 구하면 아래와 같다.

$$|\boldsymbol{A}| = \begin{vmatrix} 1 & 2 & 2 & 2 \\ 0 & 3 & 2 & 1 \\ 0 & 5 & 6 & 7 \\ 0 & 4 & 5 & 7 \end{vmatrix} = \begin{vmatrix} 3 & 2 & 1 \\ 5 & 6 & 7 \\ 4 & 5 & 7 \end{vmatrix}$$

$$=(3\cdot 6\cdot 7+2\cdot 7\cdot 4+1\cdot 5\cdot 5)-(1\cdot 6\cdot 4+7\cdot 5\cdot 3+7\cdot 5\cdot 2)=8$$

(7) 두 정방행렬 $\boldsymbol{A}$와 $\boldsymbol{B}$의 곱 $\boldsymbol{AB}$의 행렬식은 행렬식 $|\boldsymbol{A}|$와 $|\boldsymbol{B}|$의 곱과 같다. 즉,

$$|\boldsymbol{AB}| = |\boldsymbol{A}|\,|\boldsymbol{B}|$$

예제 10

$$A=\begin{bmatrix}1 & 3\\ 5 & 6\end{bmatrix},\ B=\begin{bmatrix}2 & 1\\ -2 & 5\end{bmatrix}$$

일 때

$$|A|=-9,\ |B|=12,\ |A||B|=-108,$$
$$AB=\begin{bmatrix}-4 & 16\\ -2 & 35\end{bmatrix}$$

$|AB|=-108$, 즉 $|AB|=|A||B|$가 성립한다.

(8) 행렬 A의 한 행(열)의 모든 원소가 0이면 A의 행렬식은 0이다. 이 성질은 행렬식의 정의를 사용하거나 여인수전개 방법을 생각해 보면 알 수 있다.

(9) 행렬 A의 대각선 위쪽 혹은 아래쪽의 원소가 모두 0인 행렬을 삼각형행렬(triangular matrix)이라 하는데 이러한 삼각형행렬의 행렬식은 대각선에 있는 원소들의 곱이다. 즉,

$$\begin{vmatrix}a_{11} & 0 & 0 & 0\\ a_{21} & a_{22} & 0 & 0\\ a_{31} & a_{32} & a_{33} & 0\\ a_{41} & a_{42} & a_{43} & a_{44}\end{vmatrix}=a_{11}a_{22}a_{33}a_{44}$$

$$\begin{vmatrix}a_{11} & a_{12} & a_{13}\\ 0 & a_{22} & a_{23}\\ 0 & 0 & a_{33}\end{vmatrix}=a_{11}a_{22}a_{33}$$

행렬식의 성질들을 이용하여 행렬식의 값을 구하는 요령은 다음과 같다. 첫째, 주어진 행렬의 행과 열을 살펴보아 하나의 행(열)이 다른 행(열)과 비례관계가 있는가를 알아본다. 둘째, 행(열)들을 서로 교환하여 삼각형행렬로 만들 수 있는가를 알아본다. 셋째, 4차행렬 이상의 행렬식은 먼저 성질

(6)을 사용하여 한 행(열)을 하나의 원소를 제외하고는 모두 0이 되도록 변환한 후에 여인수전개 방법을 사용한다. 넷째, 여인수전개 방법을 사용할 때는 가능한 한 0이 많은 행 혹은 열을 택하여 전개한다.

예제 11

다음 행렬식의 값을 구하라.

$$|\boldsymbol{A}|=\begin{vmatrix} 0 & 0 & 0 & 0 & 10 \\ 0 & 0 & 0 & 2 & 0 \\ 0 & 0 & 4 & 0 & 0 \\ 0 & 6 & 0 & 0 & 0 \\ 1 & 0 & 0 & 0 & 0 \end{vmatrix}=(-1)^2\begin{vmatrix} 10 & 0 & 0 & 0 & 0 \\ 0 & 2 & 0 & 0 & 0 \\ 0 & 0 & 4 & 0 & 0 \\ 0 & 0 & 0 & 6 & 0 \\ 0 & 0 & 0 & 0 & 1 \end{vmatrix}$$

$$=10\times2\times4\times6\times1=480$$

풀이

제 1 열과 제 5 열을 바꾼 후, 다시 제 2 열과 제 4 열을 바꾸면 오른쪽과 같은 삼각형행렬이 된다. 열을 바꾼 횟수가 두 번이므로 부호는 (−)에서 다시 (+)로 바뀐다.

예제 12

다음 행렬식의 값을 구하라.

$$\begin{vmatrix} 3 & 4 & 5 & 6 \\ 7 & 8 & 9 & 10 \\ 5 & 6 & 3 & 2 \\ 6 & 8 & 10 & 12 \end{vmatrix}=\begin{vmatrix} 3 & 4 & 5 & 6 \\ 7 & 8 & 9 & 10 \\ 5 & 6 & 3 & 2 \\ 0 & 0 & 0 & 0 \end{vmatrix}=0$$

풀이

제 1 행에 (−2)를 곱하여 제 4 행에 더해주면 제 4 행의 모든 원소는 0이 되어 행렬식의 값은 0이 된다.

3.4 역행렬을 구하는 방법

정방행렬 $\boldsymbol{A}$의 역행렬 $\boldsymbol{A}^{-1}$가 존재하면, $\boldsymbol{A}^{-1}\boldsymbol{A}=\boldsymbol{A}\boldsymbol{A}^{-1}=\boldsymbol{I}$가 되는 것을 안다. 역행렬 $\boldsymbol{A}^{-1}$를 구하기 위해서는 $\boldsymbol{A}$의 여인수행렬과 $\boldsymbol{A}$의 수반행렬의 정의가 필요하므로, 먼저 두 행렬을 정의하자.

[정의 3-4-1] 여인수행렬과 수반행렬

$\boldsymbol{A}$가 $n\times n$행렬이며, C_{ij}를 a_{ij}의 여인수라 하면, 행렬

$$\boldsymbol{C}=\begin{bmatrix} C_{11} & C_{12} & \cdots & C_{1n} \\ C_{21} & C_{22} & \cdots & C_{2n} \\ \vdots & \vdots & & \vdots \\ C_{n1} & C_{n2} & \cdots & C_{nn} \end{bmatrix}_{n\times n}$$

를 $\boldsymbol{A}$의 여인수행렬(cofactor matrix)이라 한다. 또한 이 행렬의 전치행렬 $\boldsymbol{C}'$를 $\boldsymbol{A}$의 수반행렬(adjoint matrix)이라 하며, $adj(\boldsymbol{A})$라 표시한다. 즉, $adj(\boldsymbol{A})=\boldsymbol{C}'$.

예제 13

다음 행렬 $\boldsymbol{A}$의 수반행렬 $adj(\boldsymbol{A})$를 구하라.

$$\boldsymbol{A}=\begin{bmatrix} 1 & 0 & 1 \\ 1 & 6 & 3 \\ 0 & 2 & 1 \end{bmatrix}$$

풀이

$$C_{11}=\begin{vmatrix} 6 & 3 \\ 2 & 1 \end{vmatrix}=0,\ C_{12}=-\begin{vmatrix} 1 & 3 \\ 0 & 1 \end{vmatrix}=-1,\ C_{13}=\begin{vmatrix} 1 & 6 \\ 0 & 2 \end{vmatrix}=2$$

$$C_{21}=-\begin{vmatrix} 0 & 1 \\ 2 & 1 \end{vmatrix}=2,\ C_{22}=\begin{vmatrix} 1 & 1 \\ 0 & 1 \end{vmatrix}=1,\ C_{23}=-\begin{vmatrix} 1 & 0 \\ 0 & 2 \end{vmatrix}=-2$$

$$C_{31}=\begin{vmatrix} 0 & 1 \\ 6 & 3 \end{vmatrix}=-6,\ C_{32}=-\begin{vmatrix} 1 & 1 \\ 1 & 3 \end{vmatrix}=-2,\ C_{33}=\begin{vmatrix} 1 & 0 \\ 1 & 6 \end{vmatrix}=6$$

$$\boldsymbol{C}=\begin{bmatrix} 0 & -1 & 2 \\ 2 & 1 & -2 \\ -6 & -2 & 6 \end{bmatrix} \text{이므로, } adj(\boldsymbol{A})=\boldsymbol{C}'=\begin{bmatrix} 0 & 2 & -6 \\ -1 & 1 & -2 \\ 2 & -2 & 6 \end{bmatrix}$$

역행렬을 얻기 위해 여인수가 갖는 중요한 성질 하나를 알아보자. 우리는 $\boldsymbol{A}$가 $n\times n$행렬일 때 제 i 행에 관한 여인수전개 방법을 사용하면,

$$|\boldsymbol{A}|=a_{i1}C_{i1}+a_{i2}C_{i2}+\cdots+a_{in}C_{in}=\sum_{j=1}^{n}a_{ij}C_{ij}$$

가 되는 것을 안다. 그러나 이 식에서 a_{ij} 대신에 $a_{kj}(k\neq i,\ j=1,\ 2,\ \cdots,\ n)$로 바꾸면 이 식의 값은 얼마가 될 것인가? 결론부터 말하면,

$$a_{k1}C_{i1}+a_{k2}C_{i2}+\cdots+a_{kn}C_{in}=\sum_{j=1}^{n}a_{kj}C_{ij}=0 \quad (k\neq i)$$

이 된다. 왜냐하면, $\sum_{j=1}^{n}a_{kj}C_{ij}\,(k\neq i)$는 사실상 $\boldsymbol{A}$의 제 i 행을 지우고 그 대신 $\boldsymbol{A}$의 제 k 행을 대입하여 새롭게 만들어진 행렬 $\boldsymbol{B}$의 행렬식 $|\boldsymbol{B}|$를 구한 것이 되는데, 행렬 $\boldsymbol{B}$의 제 k 행과 제 i 행은 완전히 같으므로 행렬식의 성질 (4)에 의해 $|\boldsymbol{B}|=0$이 되기 때문이다. 이 때 $\sum_{j=1}^{n}a_{kj}C_{ij}\,(k\neq i)$는 행렬 $\boldsymbol{B}$의 제 i 행에 관해서 정상적으로 여인수전개하여 $|\boldsymbol{B}|$를 구한 것이 된다. 물론 여인수 $C_{ij}\,(j=1, 2, \cdots, n)$는 제 i 행의 값들과는 무관하므로 $\boldsymbol{A}$와 $\boldsymbol{B}$의 제 i 행의 여인수 C_{ij}는 완전히 동일하다.

또한 $\sum_{j=1}^{n}a_{kj}C_{ij}\,(k\neq i)$는 $|\boldsymbol{A}|$를 구할 때 제 k 행에 관해 여인수전개를 하면서 여인수는 제 i 행의 여인수를 사용한 것과도 동일하므로, 타여인수(alien cofactor)에 의해 (C_{kj} 대신 C_{ij}를 사용하여) 행렬식을 전개하면 그 값은 항상 0이 된다는 결론을 얻게 된다. 이러한 성질은 열에 관해서도 성립하므로 다음 식을 얻는다.

$$\sum_{i=1}^{n}a_{ik}C_{ij}=0 \quad (k\neq j)$$

예제 14

$$A=\begin{bmatrix} a_{11} & a_{12} & a_{13} \\ a_{21} & a_{22} & a_{23} \\ a_{31} & a_{32} & a_{33} \end{bmatrix}$$

일 때 $\sum_{j=1}^{3} a_{1j} C_{2j}$ 및 $\sum_{i=1}^{3} a_{i1} C_{i3}$는 모두 0인 것을 보여라.

풀이

$$\sum_{j=1}^{3} a_{1j} C_{2j}=a_{11}C_{21}+a_{12}C_{22}+a_{13}C_{23}$$

$$=-a_{11}\begin{vmatrix} a_{12} & a_{13} \\ a_{32} & a_{33} \end{vmatrix}+a_{12}\begin{vmatrix} a_{11} & a_{13} \\ a_{31} & a_{33} \end{vmatrix}-a_{13}\begin{vmatrix} a_{11} & a_{12} \\ a_{31} & a_{32} \end{vmatrix}$$

위의 식은 다음 행렬식 $|B|$를 제 2 행에 관한 여인수전개에 의해 구한 것과 같다.

$$\sum_{j=1}^{3} a_{1j} C_{2j}=|B|=\begin{vmatrix} a_{11} & a_{12} & a_{13} \\ a_{11} & a_{12} & a_{13} \\ a_{31} & a_{32} & a_{33} \end{vmatrix}=0 \text{(∵ 행렬식의 성질 (4)에 의해)}.$$

$$\sum_{i=1}^{3} a_{i1} C_{i3}=a_{11}C_{13}+a_{21}C_{23}+a_{31}C_{33}$$

$$=a_{11}\begin{vmatrix} a_{21} & a_{22} \\ a_{31} & a_{32} \end{vmatrix}-a_{21}\begin{vmatrix} a_{11} & a_{12} \\ a_{31} & a_{32} \end{vmatrix}+a_{31}\begin{vmatrix} a_{11} & a_{12} \\ a_{21} & a_{22} \end{vmatrix}$$

위의 식은 다음 행렬식 $|B|$를 제 3 열에 관한 여인수전개에 의해 구한 것과 같다.

$$\sum_{i=1}^{3} a_{i1} C_{i3}=|B|=\begin{vmatrix} a_{11} & a_{12} & a_{11} \\ a_{21} & a_{22} & a_{21} \\ a_{31} & a_{32} & a_{31} \end{vmatrix}=0$$

정리 3-4-1 역행렬

$\boldsymbol{A}$가 $n \times n$행렬이고, $\boldsymbol{A}$의 역행렬 $\boldsymbol{A}^{-1}$가 존재한다면

$$\boldsymbol{A}^{-1} = \frac{1}{|\boldsymbol{A}|} adj(\boldsymbol{A})$$

이다.

증 명

먼저 다음 식이 성립하는 것을 보이자.

$$\boldsymbol{A}\ adj(\boldsymbol{A}) = |\boldsymbol{A}|\boldsymbol{I}_n$$

$$\boldsymbol{A}\ adj(\boldsymbol{A}) = \begin{bmatrix} a_{11} & a_{12} & \cdots & a_{1n} \\ a_{21} & a_{22} & \cdots & a_{2n} \\ \vdots & \vdots & & \vdots \\ a_{n1} & a_{n2} & \cdots & a_{nn} \end{bmatrix} \begin{bmatrix} C_{11} & C_{21} & \cdots & C_{n1} \\ C_{12} & C_{22} & \cdots & C_{n2} \\ \vdots & \vdots & & \vdots \\ C_{1n} & C_{2n} & \cdots & C_{nn} \end{bmatrix}$$

$$= \begin{bmatrix} \sum_{j=1}^{n} a_{1j} C_{1j} & \sum_{j=1}^{n} a_{1j} C_{2j} & \cdots & \sum_{j=1}^{n} a_{1j} C_{nj} \\ \sum_{j=1}^{n} a_{2j} C_{1j} & \sum_{j=1}^{n} a_{2j} C_{2j} & \cdots & \sum_{j=1}^{n} a_{2j} C_{nj} \\ \vdots & \vdots & & \vdots \\ \sum_{j=1}^{n} a_{nj} C_{1j} & \sum_{j=1}^{n} a_{nj} C_{2j} & \cdots & \sum_{j=1}^{n} a_{nj} C_{nj} \end{bmatrix}$$

그런데 $\sum_{j=1}^{n} a_{ij} C_{ij} = |\boldsymbol{A}|$, $\sum_{j=1}^{n} a_{kj} C_{ij} = 0\ (k \neq i)$이므로

$$\boldsymbol{A}\ adj(\boldsymbol{A}) = \begin{bmatrix} |\boldsymbol{A}| & 0 & \cdots & 0 \\ 0 & |\boldsymbol{A}| & \cdots & 0 \\ \vdots & \vdots & & \vdots \\ 0 & 0 & \cdots & |\boldsymbol{A}| \end{bmatrix} = |\boldsymbol{A}| \begin{bmatrix} 1 & 0 & \cdots & 0 \\ 0 & 1 & \cdots & 0 \\ \vdots & \vdots & & \vdots \\ 0 & 0 & \cdots & 1 \end{bmatrix} = |\boldsymbol{A}|\boldsymbol{I}_n$$

$\boldsymbol{A}$의 역행렬 $\boldsymbol{A}^{-1}$가 존재한다면 $|\boldsymbol{A}| \neq 0$이다. 왜냐하면 $\boldsymbol{A}^{-1}\boldsymbol{A} = \boldsymbol{I}$이므로 행렬식의 성질 (7)에 의해 $|\boldsymbol{A}^{-1}||\boldsymbol{A}| = |\boldsymbol{I}| = 1$이다. 따라서 $|\boldsymbol{A}| \neq 0$이다. 또한

$|\boldsymbol{A}|\neq0$이면 $\boldsymbol{A}^{-1}$가 존재하며, $|\boldsymbol{A}|=0$이면 $\boldsymbol{A}^{-1}$가 존재하지 않는다.

$$\boldsymbol{A}\ adj(\boldsymbol{A})=|\boldsymbol{A}|\boldsymbol{I}_n$$

을 변환하면,

$$\boldsymbol{I}_n=\frac{1}{|\boldsymbol{A}|}[\boldsymbol{A}\ adj(\boldsymbol{A})] \text{ 또는 } \boldsymbol{I}_n=\boldsymbol{A}[\frac{1}{|\boldsymbol{A}|}\ adj(\boldsymbol{A})]$$

양변에 $\boldsymbol{A}^{-1}$를 전승해 주면

$$\boldsymbol{A}^{-1}\boldsymbol{I}_n=\boldsymbol{A}^{-1}=\frac{1}{|\boldsymbol{A}|}[\boldsymbol{A}^{-1}\boldsymbol{A}\ adj(\boldsymbol{A})]=\frac{1}{|\boldsymbol{A}|}adj(\boldsymbol{A})$$

Q.E.D.

예제 15

예제 13의 행렬 $\boldsymbol{A}$의 역행렬을 구하라.

풀이

$$\boldsymbol{A}=\begin{bmatrix}1&0&1\\1&6&3\\0&2&1\end{bmatrix} \text{의 } adj(\boldsymbol{A})=\begin{bmatrix}0&2&-6\\-1&1&-2\\2&-2&6\end{bmatrix}$$

이고, $|\boldsymbol{A}|=2$가 되므로

$$\boldsymbol{A}^{-1}=\frac{1}{|\boldsymbol{A}|}adj(\boldsymbol{A})=\frac{1}{2}\begin{bmatrix}0&2&-6\\-1&1&-2\\2&-2&6\end{bmatrix}$$

우리가 구한 $\boldsymbol{A}^{-1}$가 옳은 답인가를 검산하기 위해서는 $\boldsymbol{A}^{-1}\boldsymbol{A}=\boldsymbol{I}$가 성립하는 것을 확인하면 된다.

끝으로 역행렬의 성질들을 열거하면 다음과 같다. 이 성질들의 증명은 독자 스스로 해보기 바란다.

$\boldsymbol{A}$와 $\boldsymbol{B}$의 역행렬이 존재한다면,

(1) $(\boldsymbol{A}^{-1})^{-1}=\boldsymbol{A}$

(2) $(\boldsymbol{AB})^{-1}=\boldsymbol{B}^{-1}\boldsymbol{A}^{-1}$

(3) $(\boldsymbol{A}')^{-1}=(\boldsymbol{A}^{-1})'$

(4) $(\boldsymbol{A}^{n})^{-1}=(\boldsymbol{A}^{-1})^{n}$ (단, $n=0,\ 1,\ 2,\ \cdots$)

(5) $k\neq 0$인 스칼라이면 $(k\boldsymbol{A})^{-1}=\dfrac{1}{k}\boldsymbol{A}^{-1}$

3.5 트레이스

$\boldsymbol{A}$가 $n\times n$행렬일 때 $\boldsymbol{A}$의 대각선에 있는 원소들의 합을 $\boldsymbol{A}$의 트레이스(trace)라 하고 기호 $\mathrm{tr}(\boldsymbol{A})$로 표시한다.

$$\mathrm{tr}(\boldsymbol{A})=\sum_{i=1}^{n}a_{ii}$$

예를 들어

$$\boldsymbol{A}=\begin{bmatrix}3 & 4\\ 5 & 6\end{bmatrix}$$

이면 $\mathrm{tr}(\boldsymbol{A})=3+6=9$가 된다.

n차의 정방행렬 $\boldsymbol{A}$의 트레이스는 다음 성질들을 갖고 있다.

(1) $\mathrm{tr}(\boldsymbol{I}_n)=n$, $\mathrm{tr}(\underset{n\times n}{\mathbf{O}})=0$

(2) $\mathrm{tr}(\boldsymbol{A}')=\mathrm{tr}(\boldsymbol{A})$

(3) $\mathrm{tr}(\boldsymbol{A}'\boldsymbol{A})=\mathrm{tr}(\boldsymbol{A}\boldsymbol{A}')=\sum_{i=1}^{n}\sum_{j=1}^{n}a_{ij}^2$

(4) $\mathrm{tr}(k\boldsymbol{A})=k\mathrm{tr}(\boldsymbol{A})$

(5) 만약 $\boldsymbol{A}+\boldsymbol{B}$가 정의되면, $\mathrm{tr}(\boldsymbol{A}+\boldsymbol{B})=\mathrm{tr}(\boldsymbol{A})+\mathrm{tr}(\boldsymbol{B})$

(6) 만약 $\boldsymbol{AB}$와 $\boldsymbol{BA}$가 정의되면, $\mathrm{tr}(\boldsymbol{AB})=\mathrm{tr}(\boldsymbol{BA})$

(7) 만약 $\boldsymbol{ABC}$, $\boldsymbol{BCA}$, $\boldsymbol{CAB}$가 모두 정의되면,

$$\mathrm{tr}(\boldsymbol{ABC})=\mathrm{tr}(\boldsymbol{BCA})=\mathrm{tr}(\boldsymbol{CAB})$$

(8) $\mathrm{tr}(\boldsymbol{A}\otimes\boldsymbol{B})=\mathrm{tr}(\boldsymbol{A})\mathrm{tr}(\boldsymbol{B})$

연습문제

1. 다음 순열들의 전도의 갯수를 구하라.

(1) $\{6, 5, 4, 3, 2, 1\}$ (2) $\{4, 2, 1, 3, 5, 6\}$ (3) $\{5, 6, 2, 1, 4, 3\}$

2. 다음 행렬식의 값을 구하라.

(1) $\begin{vmatrix} 4 & 7 & 8 \\ 2 & 6 & -2 \\ 3 & 7 & 5 \end{vmatrix}$ (2) $\begin{vmatrix} k & 2 & 3 \\ 1 & 4 & k+1 \\ 2 & k & 5 \end{vmatrix}$ (3) $\begin{vmatrix} 3 & 5 & 2 \\ 8 & 10 & 5 \\ -2 & 6 & 3 \end{vmatrix}$

3. $|\boldsymbol{A}|=0$이 되는 모든 λ의 값을 구하라.

(1) $\boldsymbol{A}=\begin{bmatrix} 1-\lambda & 2 \\ 2 & 3-\lambda \end{bmatrix}$ (2) $\boldsymbol{A}=\begin{bmatrix} 3-\lambda & 0 & 0 \\ 0 & 4-\lambda & \sqrt{3} \\ 0 & \sqrt{3} & 6-\lambda \end{bmatrix}$

4. $\boldsymbol{A}=\begin{bmatrix} a & b & c \\ d & e & f \\ g & h & i \end{bmatrix}$이며 $|\boldsymbol{A}|=10$일 때 다음 행렬식의 값을 구하라.

(1) $\begin{vmatrix} d & e & f \\ g & h & i \\ a & b & c \end{vmatrix}$ (2) $\begin{vmatrix} -a & -b & -c \\ 3d & 3e & 3f \\ g & h & i \end{vmatrix}$ (3) $\begin{vmatrix} a-g & b-h & c-i \\ g & h & i \\ -d & -e & -f \end{vmatrix}$

(4) $|4\boldsymbol{A}|$ (5) $|5\boldsymbol{A}^{-1}|$ (6) $|(6\boldsymbol{A})^{-1}|$

5. 다음 행렬식의 값을 구하라.

(1) $\begin{vmatrix} 0 & 2 & 0 & 0 & 0 \\ 0 & 0 & 0 & 8 & 0 \\ 0 & 0 & 4 & 0 & 0 \\ 0 & 0 & 0 & 0 & 5 \\ 6 & 0 & 0 & 0 & 0 \end{vmatrix}$ (2) $\begin{vmatrix} 1 & 2 & 3 & 4 \\ 0 & 4 & 2 & 1 \\ 5 & 3 & 3 & 5 \\ 0 & 2 & 4 & 8 \end{vmatrix}$

6. $A=\begin{bmatrix} 2 & 3 & 6 \\ 1 & 7 & 4 \\ 3 & 1 & 5 \end{bmatrix}$일 때 다음을 계산하라.

(1) $\boldsymbol{M}_{13}$ (2) $\boldsymbol{C}_{23}$ (3) $adj(\boldsymbol{A})$ (4) $|\boldsymbol{A}|$ (5) $\boldsymbol{A}^{-1}$ (6) $tr(\boldsymbol{A})$

7. $A=\begin{bmatrix} a_{11} & 0 & 0 \\ a_{21} & a_{22} & 0 \\ a_{31} & a_{32} & a_{33} \end{bmatrix}$ 일 때 $\boldsymbol{A}^{-1}$를 구하라(단, $a_{11}a_{22}a_{33} \neq 0$).

8. 다음 행렬 $\boldsymbol{A}$와 $\boldsymbol{B}$의 역행렬을 구하라.

$$\boldsymbol{A}=\begin{bmatrix} \cos\theta & \sin\theta & 0 \\ -\sin\theta & \cos\theta & 0 \\ 0 & 0 & 1 \end{bmatrix}, \quad \boldsymbol{B}=\begin{bmatrix} 3 & 4 & 5 \\ 6 & 8 & 10 \\ 1 & 2 & 3 \end{bmatrix}$$

9. $\boldsymbol{A}$의 역행렬이 존재하면 그 역행렬은 유일함을 증명하라.

10. $n \times n$행렬 $\boldsymbol{A}$의 역행렬이 존재한다고 가정하자. 또한 행렬 $\boldsymbol{A}$를 다음과 같이 분할했다고 가정하자.

$$\boldsymbol{A}=\begin{bmatrix} \boldsymbol{A}_{11} & \boldsymbol{A}_{12} \\ \boldsymbol{A}_{21} & \boldsymbol{A}_{22} \end{bmatrix}$$

여기서 $\boldsymbol{A}_{11}$은 $s \times s$, $\boldsymbol{A}_{12}$는 $s \times (n-s)$, $\boldsymbol{A}_{21}$은 $(n-s) \times s$, $\boldsymbol{A}_{22}$는 $(n-s) \times (n-s)$이다. $\boldsymbol{A}_{11}$과 $\boldsymbol{A}_{22}$의 역행렬이 존재한다고 가정하자. $\boldsymbol{A}$의 역행렬 $\boldsymbol{A}^{-1}$는 다음과 같은 것을 증명하라

$$\boldsymbol{A}^{-1}=\begin{bmatrix} \boldsymbol{E} & \boldsymbol{F} \\ \boldsymbol{G} & \boldsymbol{H} \end{bmatrix}$$

여기서 $\boldsymbol{E}=(\boldsymbol{A}_{11}-\boldsymbol{A}_{12}\boldsymbol{A}_{22}^{-1}\boldsymbol{A}_{21})^{-1}$

$$\boldsymbol{F} = -\boldsymbol{E}\boldsymbol{A}_{12}\boldsymbol{A}_{22}^{-1}$$
$$\boldsymbol{G} = -\boldsymbol{A}_{22}^{-1}\boldsymbol{A}_{21}\boldsymbol{E}$$
$$\boldsymbol{H} = \boldsymbol{A}_{22}^{-1} + \boldsymbol{A}_{22}^{-1}\boldsymbol{A}_{21}\boldsymbol{E}\boldsymbol{A}_{12}\boldsymbol{A}_{22}^{-1}$$

11. 행렬 $\boldsymbol{A}$의 역행렬을 다음과 같이 분할하여 구하라.

$$\boldsymbol{A} = \left[\begin{array}{c:cc} 3 & 2 & -1 \\ \hdashline 1 & 6 & 3 \\ 2 & -4 & 0 \end{array}\right]$$

제 4 장

연립 1차방정식

4.1 가우스－조르단 소거법

역행렬과 크래머 공식(4.2 참조)을 이용한 연립방정식의 해법은 계수행렬의 역행렬이 존재하는 경우에만 적용할 수 있다. 계수행렬의 역행렬이 존재하는 경우뿐만 아니라 역행렬이 존재하지 않는 경우에도 연립방정식을 체계적으로 푸는 방법인 가우스－조르단(Gauss-Jordan) 소거법에 대하여 알아보자.

다음과 같은 m개의 방정식과 n개의 미지수로 구성된 연립1차방정식이 있다고 하자.

$$\begin{aligned} a_{11}x_1 + a_{12}x_2 + \cdots + a_{1n}x_n &= b_1 \\ a_{21}x_1 + a_{22}x_2 + \cdots + a_{2n}x_n &= b_2 \qquad \text{또는} \quad \boldsymbol{Ax} = \boldsymbol{b} \\ \vdots \qquad \vdots \qquad\quad & \vdots \quad \vdots \\ a_{m1}x_1 + a_{m2}x_2 + \cdots + a_{mn}x_n &= b_m \end{aligned}$$

만약 x_i, $+$, $=$의 위치를 항상 마음속에 기억하고 있다면 위의 연립1차방정식체계를 계수와 상수항으로 이루어진 다음의 행렬로 요약할 수 있다.

$$A_b = [A \quad b] = \begin{bmatrix} a_{11} & a_{12} & \cdots & a_{1n} & b_1 \\ a_{21} & a_{22} & \cdots & a_{2n} & b_2 \\ \vdots & \vdots & \ddots & \vdots & \vdots \\ a_{m1} & a_{m2} & \cdots & a_{mn} & b_m \end{bmatrix}_{m \times (n+1)}$$

행렬 A_b를 확대행렬이라 한다. 예를 들면 2개의 방정식과 미지수로 된 다음의 연립1차방정식을 살펴보자.

$$\begin{aligned} 2x_1 + 5x_2 &= 19 \\ x_1 + x_2 &= 5 \end{aligned}$$

이 연립방정식에서 확대행렬은 다음과 같다.

$$A_b = \begin{bmatrix} 2 & 5 & 19 \\ 1 & 1 & 5 \end{bmatrix}$$

연립1차방정식을 푸는 방법은 다음 세 가지 연산을 반복하여 미지수를 체계적으로 소거함으로써 보다 풀기 쉬운 방정식 체계로 변환하는 것이다.

① 한 방정식에 0이 아닌 상수를 곱한다.
② 두 방정식의 위치를 바꾼다.
③ 한 방정식에 상수를 곱하여 다른 방정식에 더한다.

①~③을 기본행연산이라 하며, 이 연산은 확대행렬의 행에 대한 다음의 연산에 해당한다.

① 한 행에 0이 아닌 상수를 곱한다.
② 두 행의 위치를 바꾼다.
③ 한 행의 상수배를 다른 행에 더한다.

예제 1

다음의 연립1차방정식을 연립방정식 체계와 확대행렬에 대한 기본행연산을 하여 풀어라.

$$2x_1+5x_2=19 \quad \cdots\cdots(1)$$
$$x_1+x_2=5 \quad \cdots\cdots(2)$$

$$A_b=\begin{bmatrix}2 & 5 & 19\\ 1 & 1 & 5\end{bmatrix}$$

풀이

(1)식과 (2)식의 위치를 바꾸면 (→ 제1행과 2행의 위치를 바꾸면)

$$x_1+x_2=5 \quad \cdots\cdots(1)'$$
$$2x_1+5x_2=19 \quad \cdots\cdots(2)'$$

$$\begin{bmatrix}1 & 1 & 5\\ 2 & 5 & 19\end{bmatrix}$$

$(1)'\times(-2)+(2)'$ (→ 제1행에 (-2)를 곱하여 제2행에 더하면)

$$x_1+x_2=5 \quad \cdots\cdots(1)''$$
$$0x_1+3x_2=9 \quad \cdots\cdots(2)''$$

$$\begin{bmatrix}1 & 1 & 5\\ 0 & 3 & 9\end{bmatrix}$$

$(2)''\times(\frac{1}{3})$ (→ 제2행에 $\frac{1}{3}$을 곱하면)

$$x_1+x_2=5 \quad \cdots\cdots(1)'''$$
$$0x_1+x_2=3 \quad \cdots\cdots(2)'''$$

$$\begin{bmatrix}1 & 1 & 5\\ 0 & 1 & 3\end{bmatrix}$$

$(2)'''\times(-1)+(1)'''$ (→ 제2행에 (-1)을 곱하여 제1행에 더하면)

$$x_1+0x_2=2$$
$$0x_1+x_2=3$$

$$F=\begin{bmatrix}1 & 0 & 2\\ 0 & 1 & 3\end{bmatrix}$$

따라서 $x_1=2$, $x_2=3$

가우스-조르단 소거법은 확대행렬에 기본행연산을 반복하여 마지막 행렬이 축약사다리꼴(reduced echelon form)이 되도록 만들어 연립방정식을 푸는 것을 말한다.

[정의 4-1-1] 축약사다리꼴 행렬

축약사다리꼴 행렬이란 다음 4개의 조건을 만족시키는 행렬이다.

① 모든 원소가 0이 아닌 행에서 0이 아닌 첫 번째 원소는 1이다(이 원소를 선도 1이라 부름).

② 모든 원소가 0인 행은 행렬 맨 아래에 위치한다.

③ 제i+1행의 선도 1 왼쪽에 있는 0이 개수는 제i행의 선도 1 왼쪽의 0의 개수보다 많다.

④ 선도 1을 포함하는 열의 모든 원소는 선도 1을 제외하고 모두 0이다.

[예제 1]의 행렬 $\boldsymbol{F}$는 축약사다리꼴 행렬이 됨을 쉽게 알 수 있다. 따라서 [예제 1]은 가우스-조르단 소거법에 의하여 1차연립방정식을 푼 것이 된다. 축약사다리꼴 행렬은 일반적으로 다음과 같은 형태를 취한다.

$$\begin{bmatrix} 0 & 0 & 1 & 0 & * & 0 & * & * \\ 0 & 0 & 0 & 1 & * & 0 & * & * \\ 0 & 0 & 0 & 0 & 0 & 1 & * & * \\ 0 & 0 & 0 & 0 & 0 & 0 & 0 & 0 \\ 0 & 0 & 0 & 0 & 0 & 0 & 0 & 0 \end{bmatrix}$$

여기서 *는 임의의 수를 나타낸다.

기본행연산의 과정을 간략히 표현하기 위하여 제i행에 0이 아닌 상수 C를 곱하는 것을 $R_i(C)$, 제i행과 제j행의 위치를 바꾸는 것을 R_{ij}, 제i행에 상수 C를 곱하여 제j행에 더하는 것을 $R_{ij}(C)$로 표기하기로 한다.

예제 2

다음 연립1차방정식을 가우스-조르단 소거법으로 풀어라.

$$2x_1+x_3=10$$
$$2x_2=x_3$$
$$x_3-3x_2=6x_1$$

풀이

주어진 연립1차방정식의 각 방정식을 동일한 변수의 순서가 되도록 다시 쓰면,

$$\begin{aligned} 2x_1 \qquad\quad +x_3&=10 \\ 2x_2-x_3&=0 \\ -6x_1-3x_2+x_3&=0 \end{aligned}$$

확대행렬을 쓰고 기본행연산을 하면

$$A_b=\begin{bmatrix}2&0&1&10\\0&2&-1&0\\-6&-3&1&0\end{bmatrix}\xrightarrow{R_1(\frac{1}{2})}\begin{bmatrix}1&0&\frac{1}{2}&5\\0&2&-1&0\\-6&-3&1&0\end{bmatrix}\xrightarrow{R_{13}(6)}\begin{bmatrix}1&0&\frac{1}{2}&5\\0&2&-1&0\\0&-3&4&30\end{bmatrix}$$

$$\xrightarrow{R_2(\frac{1}{2})}\begin{bmatrix}1&0&\frac{1}{2}&5\\0&1&-\frac{1}{2}&0\\0&-3&4&30\end{bmatrix}\xrightarrow{R_{23}(3)}\begin{bmatrix}1&0&\frac{1}{2}&5\\0&1&-\frac{1}{2}&0\\0&0&\frac{5}{2}&30\end{bmatrix}\xrightarrow{R_3(\frac{2}{5})}\begin{bmatrix}1&0&\frac{1}{2}&5\\0&1&-\frac{1}{2}&0\\0&0&1&12\end{bmatrix}$$

$$\xrightarrow{R_{31}(-\frac{1}{2}),\ R_{32}(\frac{1}{2})}\begin{bmatrix}1&0&0&-1\\0&1&0&6\\0&0&1&12\end{bmatrix}$$

따라서 $x_1=-1$, $x_2=6$, $x_3=12$

가우스-조르단 소거법을 사용하여 연립1차방정식을 풀 경우, $\boldsymbol{A}$의 역행렬이 존재하면 축약사다리꼴 행렬에서 $\boldsymbol{A}$는 단위행렬 $\boldsymbol{I}$로 변하는 것을 알 수 있다([예제 1], [예제 2] 참조).

주어진 행렬 $\boldsymbol{A}$에 대하여 기본행연산을 하는 것은 기본행렬을 전승하는 것과 동일하므로 기본행렬을 정의한다.

[정의 4-1-2] 기본행렬(elementary matrix)

단위행렬에 기본행연산을 한 번 행하여 얻어진 행렬을 기본행렬이라 한다.

$\boldsymbol{E}_i(C)$를 단위행렬 $\boldsymbol{I}$의 제i행에 0이 아닌 상수 C를 곱하여 만든 행렬이라 하고, $\boldsymbol{E}_{ij}$를 단위행렬 $\boldsymbol{I}$의 제i행과 제j행의 위치를 바꾸어 만든 행렬이라 하자. 또한 $\boldsymbol{E}_{ij}(C)$를 단위행렬 $\boldsymbol{I}$의 제i행에 C를 곱하여 제j행에 더하여 만든 행렬이라 하자. 예를 들어 단위행렬 $\boldsymbol{I}$가 3×3 행렬인 경우 $\boldsymbol{E}_{12}$, $\boldsymbol{E}_2(3)$, $\boldsymbol{E}_{13}(4)$는 각각 다음과 같다.

$$\begin{bmatrix} 1 & 0 & 0 \\ 0 & 1 & 0 \\ 0 & 0 & 1 \end{bmatrix} \xrightarrow{R_{12}} \begin{bmatrix} 0 & 1 & 0 \\ 1 & 0 & 0 \\ 0 & 0 & 1 \end{bmatrix} = \boldsymbol{E}_{12}$$

$$\begin{bmatrix} 1 & 0 & 0 \\ 0 & 1 & 0 \\ 0 & 0 & 1 \end{bmatrix} \xrightarrow{R_{2}(3)} \begin{bmatrix} 1 & 0 & 0 \\ 0 & 3 & 0 \\ 0 & 0 & 1 \end{bmatrix} = \boldsymbol{E}_{2}(3)$$

$$\begin{bmatrix} 1 & 0 & 0 \\ 0 & 1 & 0 \\ 0 & 0 & 1 \end{bmatrix} \xrightarrow{R_{13}(4)} \begin{bmatrix} 1 & 0 & 0 \\ 0 & 1 & 0 \\ 4 & 0 & 1 \end{bmatrix} = \boldsymbol{E}_{13}(4)$$

예제 3

$$\boldsymbol{A} = \begin{bmatrix} 1 & 2 \\ 3 & 4 \\ 5 & 6 \end{bmatrix} \text{ 일 때}$$

기본행연산 R_{12}, $R_2(3)$, $R_{13}(4)$는 각각 행렬 $\boldsymbol{E}_{12}$, $\boldsymbol{E}_2(3)$, $\boldsymbol{E}_{13}(4)$를 행렬 $\boldsymbol{A}$에 전승하는 것임을 보여라.

풀이

$$\begin{bmatrix} 1 & 2 \\ 3 & 4 \\ 5 & 6 \end{bmatrix} \xrightarrow{R_{12}} \begin{bmatrix} 3 & 4 \\ 1 & 2 \\ 5 & 6 \end{bmatrix}$$

$$\boldsymbol{E}_{12}\boldsymbol{A} = \begin{bmatrix} 0 & 1 & 0 \\ 1 & 0 & 0 \\ 0 & 0 & 1 \end{bmatrix} \begin{bmatrix} 1 & 2 \\ 3 & 4 \\ 5 & 6 \end{bmatrix} = \begin{bmatrix} 3 & 4 \\ 1 & 2 \\ 5 & 6 \end{bmatrix}$$

$$\begin{bmatrix} 1 & 2 \\ 3 & 4 \\ 5 & 6 \end{bmatrix} \xrightarrow{R_{2}(3)} \begin{bmatrix} 1 & 2 \\ 9 & 12 \\ 5 & 6 \end{bmatrix}$$

$$\boldsymbol{E}_{2}(3)\boldsymbol{A} = \begin{bmatrix} 1 & 0 & 0 \\ 0 & 3 & 0 \\ 0 & 0 & 1 \end{bmatrix} \begin{bmatrix} 1 & 2 \\ 3 & 4 \\ 5 & 6 \end{bmatrix} = \begin{bmatrix} 1 & 2 \\ 9 & 12 \\ 5 & 6 \end{bmatrix}$$

$$\begin{bmatrix} 1 & 2 \\ 3 & 4 \\ 5 & 6 \end{bmatrix} \xrightarrow{R_{13}(4)} \begin{bmatrix} 1 & 2 \\ 3 & 4 \\ 9 & 14 \end{bmatrix}$$

$$\boldsymbol{E}_{13}(4)\boldsymbol{A} = \begin{bmatrix} 1 & 0 & 0 \\ 0 & 1 & 0 \\ 4 & 0 & 1 \end{bmatrix} \begin{bmatrix} 1 & 2 \\ 3 & 4 \\ 5 & 6 \end{bmatrix} = \begin{bmatrix} 1 & 2 \\ 3 & 4 \\ 9 & 14 \end{bmatrix}$$

일반적으로 행렬 $\boldsymbol{A}$에 기본행연산을 한 번 행하여 얻은 행렬은 단위행렬에 동일한 기본행연산을 한 번 행하여 얻은 기본행렬을 행렬 $\boldsymbol{A}$의 좌측에 곱한 행렬과 같다. 따라서 가우스-조르단 소거법은 확대행렬 $\boldsymbol{A}_b$의 좌측에 기본행렬을 반복적으로 곱하여 $\boldsymbol{A}_b$를 축약사다리꼴 행렬로 변환하여 푸는 방법이라 할 수 있다.

4.2 크래머 공식

다음과 같은 n개의 미지수와 n개의 방정식으로 구성된 연립방정식이 있다고 하자.

$$\begin{aligned} a_{11}x_1 + a_{12}x_2 + \cdots + a_{1n}x_n &= b_1 \\ a_{21}x_1 + a_{22}x_2 + \cdots + a_{2n}x_n &= b_2 \\ \vdots \quad\quad \vdots \quad\quad\quad\quad \vdots \quad &\quad \vdots \\ a_{n1}x_1 + a_{n2}x_2 + \cdots + a_{nn}x_n &= b_n \end{aligned}$$

주어진 연립방정식을 행렬로 표현하면 다음과 같다.

$$\boldsymbol{Ax} = \boldsymbol{b}$$

여기서 $\underset{n\times n}{\boldsymbol{A}} = [a_{ij}]$ $(i,\ j=1,\ 2,\ \cdots,\ n)$이며, $\underset{n\times 1}{\boldsymbol{x}} = [x_1,\ x_2,\ \cdots,\ x_n]$, $\underset{n\times 1}{\boldsymbol{b}} = [b_1,\ b_2,\ \cdots,\ b_n]$이다.

$\boldsymbol{A}^{-1}$가 존재한다면, $\boldsymbol{x}=\boldsymbol{A}^{-1}\boldsymbol{b}$가 되는데 $\boldsymbol{A}^{-1}\boldsymbol{b}$를 우리가 이미 알고 있는 $\boldsymbol{A}$

와 $\boldsymbol{b}$로 표현해 보자.

$$\boldsymbol{x}=\boldsymbol{A}^{-1}\boldsymbol{b}=\frac{1}{|\boldsymbol{A}|}adj\ (\boldsymbol{A})\ \boldsymbol{b}$$

$$=\frac{1}{|\boldsymbol{A}|}\begin{bmatrix} C_{11} & C_{21} & \cdots & C_{n1} \\ C_{12} & C_{22} & \cdots & C_{n2} \\ \vdots & \vdots & & \vdots \\ C_{1n} & C_{2n} & \cdots & C_{nn} \end{bmatrix}\begin{bmatrix} b_1 \\ b_2 \\ \vdots \\ b_n \end{bmatrix}=\frac{1}{|\boldsymbol{A}|}\begin{bmatrix} \sum_{i=1}^{n} C_{i1}b_i \\ \sum_{i=1}^{n} C_{i2}b_i \\ \vdots \\ \sum_{i=1}^{n} C_{in}b_i \end{bmatrix}$$

즉,

$$x_j=\frac{1}{|\boldsymbol{A}|}\sum_{i=1}^{n} C_{ij}b_i=\frac{1}{|\boldsymbol{A}|}\sum_{i=1}^{n} b_iC_{ij}\quad (j=1,\ 2,\ \cdots,\ n)$$

$|\boldsymbol{A}|$를 제 j열에 관해 여인수전개하면 아래와 같다.

$$|\boldsymbol{A}|=\sum_{i=1}^{n} a_{ij}C_{ij}$$

$\sum_{i=1}^{n} a_{ij}C_{ij}$와 $\sum_{i=1}^{n} b_iC_{ij}$를 비교해 보면, $\sum_{i=1}^{n} b_iC_{ij}$는 $\boldsymbol{A}$의 제j열을 $\boldsymbol{b}$로 대체하여 만들어진 행렬의 행렬식인 것을 알 수 있다. 즉,

$$\boldsymbol{A}_j=\begin{bmatrix} a_{11} & a_{12} & \cdots & a_{1j-1} & b_1 & a_{1j+1} & \cdots & a_{1n} \\ a_{21} & a_{22} & \cdots & a_{2j-1} & b_2 & a_{2j+1} & \cdots & a_{2n} \\ \vdots & \vdots & & \vdots & \vdots & \vdots & & \vdots \\ a_{n1} & a_{n2} & \cdots & a_{nj-1} & b_n & a_{nj+1} & \cdots & a_{nn} \end{bmatrix}$$

이라 하면 $\sum_{i=1}^{n} b_iC_{ij}=|\boldsymbol{A}_j|$이다. 따라서 연립방정식 $\boldsymbol{Ax}=\boldsymbol{b}$의 해 $x_j(j=1,\ 2,\ \cdots,\ n)$는 다음과 같이 표현할 수 있는데, 이를 크래머공식(Cramer's rule)이라 부른다.

$$x_j=\frac{1}{|\boldsymbol{A}|}\sum_{i=1}^{n} b_iC_{ij}=\frac{|\boldsymbol{A}_j|}{|\boldsymbol{A}|}\quad j=1,\ 2,\ \cdots,\ n$$

n개의 미지수와 n개의 방정식으로 구성된 연립방정식의 해를 구하기 위해서는 $n\times n$행렬의 행렬식을 $n+1$개나 구해야 하므로, $n>3$인 연립방정식을 크래머 공식으로 해를 구하려면 많은 계산을 해야 한다. 따라서 $n>3$인

경우에는 연립방정식의 해를 소거법에 의해 구하는 것이 보다 효율적이다. 그러나 크래머 공식은 연립방정식의 해에 관한 공식이므로 우리가 연립방정식을 명시적으로 풀지 않고서도 해의 성질들을 분석할 수 있다는 큰 장점이 있다. 한편 역행렬을 구하여 해 $\boldsymbol{x}=\boldsymbol{A}^{-1}\boldsymbol{b}$를 구하는 방법은 $\boldsymbol{A}$는 같으나 $\boldsymbol{b}$가 다른 여러 개의 연립방정식을 동시에 풀어야 하는 경우에 매우 효율적인 방법이다.

예제 4

다음 연립방정식을 크래머 공식에 의해 풀어라.

$$\begin{aligned} 2x_1 + x_2 + x_3 &= 7 \\ -x_2 + x_3 &= 1 \\ -x_1 \quad + 2x_3 &= 5 \end{aligned}$$

풀이

$$\boldsymbol{A}=\begin{bmatrix} 2 & 1 & 1 \\ 0 & -1 & 1 \\ -1 & 0 & 2 \end{bmatrix},\ \boldsymbol{b}=\begin{bmatrix} 7 \\ 1 \\ 5 \end{bmatrix},\ \boldsymbol{A}_1=\begin{bmatrix} 7 & 1 & 1 \\ 1 & -1 & 1 \\ 5 & 0 & 2 \end{bmatrix},$$

$$\boldsymbol{A}_2=\begin{bmatrix} 2 & 7 & 1 \\ 0 & 1 & 1 \\ -1 & 5 & 2 \end{bmatrix},\ \boldsymbol{A}_3=\begin{bmatrix} 2 & 1 & 7 \\ 0 & -1 & 1 \\ -1 & 0 & 5 \end{bmatrix}$$

$|\boldsymbol{A}|=-6,\ |\boldsymbol{A}_1|=-6,\ |\boldsymbol{A}_2|=-12,\ |\boldsymbol{A}_3|=-18$이므로

$$x_1=\frac{|\boldsymbol{A}_1|}{|\boldsymbol{A}|}=1,\ x_2=\frac{|\boldsymbol{A}_2|}{|\boldsymbol{A}|}=2,\ x_3=\frac{|\boldsymbol{A}_3|}{|\boldsymbol{A}|}=3.$$

예제 5

한 재화시장의 시장수요곡선과 시장공급곡선이 다음과 같이 주어졌을 때 균형가격 p^*와 균형수급량 q^*를 역행렬과 크래머 공식을 사용하여 구하라.

$$q^d = 20 - 2p$$
$$q^s = -10 + 3p$$

여기서 q^d, q^s 및 p는 각각 재화의 수요량, 공급량 및 가격을 나타낸다.

풀이

균형수급량과 균형가격을 각각 q^* 및 p^*라 하자. 균형가격이란 수요량과 공급량을 일치시키는 가격이므로 p^*에서 $q^d = q^s = q^*$가 된다. 따라서 균형하에서는 주어진 수요함수와 공급함수를 다음과 같이 바꾸어 쓸 수 있다.

$$q^* = 20 - 2p^*$$
$$q^* = -10 + 3p^*$$

행렬로 표시하면 다음과 같다.

$$\begin{bmatrix} 1 & 2 \\ 1 & -3 \end{bmatrix} \begin{bmatrix} q^* \\ p^* \end{bmatrix} = \begin{bmatrix} 20 \\ -10 \end{bmatrix}$$

역행렬을 구하여 q^*와 p^*를 구하면 아래와 같다.

$$\begin{bmatrix} q^* \\ p^* \end{bmatrix} = \begin{bmatrix} 1 & 2 \\ 1 & -3 \end{bmatrix}^{-1} \begin{bmatrix} 20 \\ -10 \end{bmatrix} = -\frac{1}{5} \begin{bmatrix} -3 & -2 \\ -1 & 1 \end{bmatrix} \begin{bmatrix} 20 \\ -10 \end{bmatrix} = \begin{bmatrix} 8 \\ 6 \end{bmatrix}$$

크래머 공식을 사용하기 위해 $\boldsymbol{A}$, $\boldsymbol{A}_1$ 및 $\boldsymbol{A}_2$를 다음과 같이 정의하자.

$$\boldsymbol{A} = \begin{bmatrix} 1 & 2 \\ 1 & -3 \end{bmatrix}, \ \boldsymbol{A}_1 = \begin{bmatrix} 20 & 2 \\ -10 & -3 \end{bmatrix}, \ \boldsymbol{A}_2 = \begin{bmatrix} 1 & 20 \\ 1 & -10 \end{bmatrix}$$

$|\boldsymbol{A}| = -5$, $|\boldsymbol{A}_1| = -40$, $|\boldsymbol{A}_2| = -30$이므로,

$$q^* = \frac{|\boldsymbol{A}_1|}{|\boldsymbol{A}|} = 8, \ p^* = \frac{|\boldsymbol{A}_2|}{|\boldsymbol{A}|} = 6.$$

4.3 가우스-조르단 소거법에 의한 역행렬 계산

$n \times n$ 행렬 $\boldsymbol{A}$의 역행렬이 존재하는 경우, 기본행연산을 반복하여 $\boldsymbol{A}$를 축약사다리꼴 행렬로 만들면 단위행렬 $\boldsymbol{I}_n$이 된다. 주어진 행렬 $\boldsymbol{A}$에 대하여 기본행연산을 하는 것은 기본행렬을 전승하는 것과 동일하다. 따라서 $\boldsymbol{E}_s$를 s번째 기본행연산에 관련된 기본행렬이라면,

$$\boldsymbol{E}_s\boldsymbol{E}_{s-1}\cdots\boldsymbol{E}_1\boldsymbol{A}=\boldsymbol{I}_n \text{ 또는 } (\boldsymbol{E}_s\boldsymbol{E}_{s-1}\cdots\boldsymbol{E}_1)\boldsymbol{A}=\boldsymbol{I}_n$$

은 s회의 기본행연산을 $\boldsymbol{A}$에 대하여 시행함으로써 축약사다리꼴 행렬 $\boldsymbol{I}_n$을 얻은 것이 된다. 위의 식으로부터

$$\boldsymbol{A}^{-1}=\boldsymbol{E}_s\boldsymbol{E}_{s-1}\cdots\boldsymbol{E}_1=\boldsymbol{E}_s\boldsymbol{E}_{s-1}\cdots\boldsymbol{E}_1\boldsymbol{I}_n$$

이다. 즉, $\boldsymbol{A}$의 역행렬은 $\boldsymbol{A}$를 축약사다리꼴 행렬로 만들기 위하여 사용된 기본행연산을 단위행렬 $\boldsymbol{I}_n$에 똑같이 시행하면 얻을 수 있다. 이 과정을 쉽게 수행하기 위하여 $\boldsymbol{A}$에 단위행렬 $\boldsymbol{I}_n$을 추가하여 새로운 행렬 $n \times 2n$인 $\boldsymbol{A}_I$를 만든다.

$$\boldsymbol{A}_I=[\boldsymbol{A} \,\vdots\, \boldsymbol{I}_n]$$

$\boldsymbol{A}_I$에 대하여 기본행연산을 반복하여 $\boldsymbol{A}$가 단위행렬이 되도록 하면 다음과 같이 $\boldsymbol{A}^{-1}$을 얻는다.

$$\boldsymbol{E}_s\boldsymbol{E}_{s-1}\cdots\boldsymbol{E}_1[\boldsymbol{A} \,\vdots\, \boldsymbol{I}_n]=[\boldsymbol{I}_n \,\vdots\, \boldsymbol{E}_s\boldsymbol{E}_{s-1}\cdots\boldsymbol{E}_1\boldsymbol{I}_n]=[\boldsymbol{I}_n \,\vdots\, \boldsymbol{A}^{-1}]$$

예제 6

다음 행렬 $\boldsymbol{A}$의 역행렬을 가우스-조르단 소거법을 이용하여 구하라.

$$\boldsymbol{A}=\begin{bmatrix} 1 & 2 \\ 3 & 4 \end{bmatrix}$$

풀이

$$A_I=\left[\begin{array}{cc:cc} 1 & 2 & 1 & 0 \\ 3 & 4 & 0 & 1 \end{array}\right]$$

A_I를 축약사다리꼴 행렬로 만들면,

$$\left[\begin{array}{cc:cc} 1 & 2 & 1 & 0 \\ 3 & 4 & 0 & 1 \end{array}\right] \xrightarrow{R_{12}(-3)} \left[\begin{array}{cc:cc} 1 & 2 & 1 & 0 \\ 0 & -2 & -3 & 1 \end{array}\right] \xrightarrow{R_2(-\frac{1}{2})}$$

$$\left[\begin{array}{cc:cc} 1 & 2 & 1 & 0 \\ 0 & 1 & \frac{3}{2} & -\frac{1}{2} \end{array}\right] \xrightarrow{R_{21}(-2)} \left[\begin{array}{cc:cc} 1 & 0 & -2 & 1 \\ 0 & 1 & \frac{3}{2} & -\frac{1}{2} \end{array}\right].$$

따라서

$$A^{-1}=\begin{bmatrix} -2 & 1 \\ \frac{3}{2} & -\frac{1}{2} \end{bmatrix}$$

이다.

4. 4 선형독립과 기저

R^n에 있는 벡터 v_1, v_2, $\cdots$, v_m이 주어졌다고 하자. 또한, $k_i(i=1,\ 2,\ \cdots,\ m)$가 스칼라일 때

$$v=\sum_{k=1}^{m} k_i v_i$$

를 벡터 v_1, v_2, $\cdots$, v_m의 선형결합(linear combination)이라 한다.

$S=\{v_1,\ v_2,\ \cdots,\ v_m\}$을 R^n에 있는 벡터들의 집합이라 할 때

$$\sum_{i=1}^{m} k_i v_i = k_1 v_1 + k_2 v_2 + \cdots + k_m v_m = \underset{n\times 1}{\mathbf{0}}$$

을 만족시키는 해가 반드시 1개(즉, $k_1=k_2=\cdots=k_m=0$)는 존재한다. 만약 이 해가 유일한 해일 때 집합 S는 선형독립(linearly independent) 또는 1차 독립인 집합이라 하며, 또다른 해가 존재한다면 집합 S는 선형종속(linearly dependent) 또는 1차종속인 집합이라고 한다.

집합 $S=\{\boldsymbol{v}_1, \boldsymbol{v}_2, \cdots, \boldsymbol{v}_m\}$이 선형종속이라면, 정의에 의해

$$k_1\boldsymbol{v}_1+k_2\boldsymbol{v}_2+\cdots+k_m\boldsymbol{v}_m=\mathbf{0}$$

을 만족시키는 해가 $k_1=k_2=\cdots=k_m=0$ 외에 다른 해가 존재한다. 예를 들어, $k_1\neq0$이라면 $\boldsymbol{v}_1$은 다음과 같이 표현된다.

$$\boldsymbol{v}_1=\left(-\frac{k_2}{k_1}\right)\boldsymbol{v}_2+\cdots+\left(-\frac{k_m}{k_1}\right)\boldsymbol{v}_m$$

즉, $\boldsymbol{v}_1$은 나머지 벡터의 선형결합으로 표시될 수 있음을 알 수 있다. 따라서 선형독립과 선형종속을 정의하는 또다른 방법은 다음과 같다.

벡터의 집합 $\{\boldsymbol{v}_1, \boldsymbol{v}_2, \cdots, \boldsymbol{v}_m\}$ 중에서 적어도 하나의 벡터가 나머지 벡터들의 선형결합으로 표시될 수 있을 때 이 벡터들의 집합은 선형종속이라 하며, 그렇지 않은 경우를 선형독립이라 한다.

예제 7

$\boldsymbol{R}^3$에 있는 벡터 $\boldsymbol{v}_1=[1,\ 2,\ 3]$, $\boldsymbol{v}_2=[3,\ 4,\ 5]$, $\boldsymbol{v}_3=[5,\ 6,\ 7]$은 선형종속임을 보여라.

풀이

$k_1\boldsymbol{v}_1+k_2\boldsymbol{v}_2+k_3\boldsymbol{v}_3=\mathbf{0}$을 구체적으로 쓰면 다음과 같다.

$$k_1\begin{bmatrix}1\\2\\3\end{bmatrix}+k_2\begin{bmatrix}3\\4\\5\end{bmatrix}+k_3\begin{bmatrix}5\\6\\7\end{bmatrix}=\begin{bmatrix}0\\0\\0\end{bmatrix}$$

주어진 연립방정식을 가우스-조르단 소거법을 이용하여 풀어보자. 확대행렬을 쓰고 기본행연산을 하면,

$$A_b=\begin{bmatrix}1&3&5&0\\2&4&6&0\\3&5&7&0\end{bmatrix}\xrightarrow{R_{12}(-2),\,R_{13}(-3)}\begin{bmatrix}1&3&5&0\\0&-2&-4&0\\0&-4&-8&0\end{bmatrix}$$

$$\xrightarrow{R_2(-\frac{1}{2})}\begin{bmatrix}1&3&5&0\\0&1&2&0\\0&-4&-8&0\end{bmatrix}\xrightarrow{R_{21}(-3),\,R_{23}(4)}\begin{bmatrix}1&0&-1&0\\0&1&2&0\\0&0&0&0\end{bmatrix}$$

따라서, $k_1=k_3$, $k_2=-2k_3$를 얻는다. 만약 k_3가 임의의 값 t를 가지면 연립방정식의 해는 다음과 같다.

$$k_1=t,\ k_2=-2t,\ k_3=t$$

t는 임의의 값이므로 $k_1\boldsymbol{v}_1+k_2\boldsymbol{v}_2+k_3\boldsymbol{v}_3=\boldsymbol{0}$을 만족시키는 해는 무수히 많다. 예를 들어 $t=1$이면 $\boldsymbol{v}_1-2\boldsymbol{v}_2+\boldsymbol{v}_3=\boldsymbol{0}$이 되므로, $\boldsymbol{v}_1$, $\boldsymbol{v}_2$, $\boldsymbol{v}_3$는 선형종속이다.

예제 8

$\boldsymbol{e}_1=[1,\ 0,\ 0,\ 0]$, $\boldsymbol{e}_2=[0,\ 1,\ 0,\ 0]$, $\boldsymbol{e}_3=[0,\ 0,\ 1,\ 0]$, $\boldsymbol{e}_4=[0,\ 0,\ 0,\ 1]$은 선형독립임을 보여라.

풀이

$$\begin{aligned}k_1\boldsymbol{e}_1+k_2\boldsymbol{e}_2+k_3\boldsymbol{e}_3+k_4\boldsymbol{e}_4&=[k_1,0,0,0]+[0,k_2,0,0]+[0,0,k_3,0]+[0,0,0,k_4]\\&=[k_1,k_2,k_3,k_4]=[0,0,0,0]\end{aligned}$$

에서 위의 식을 만족시키는 유일한 해는 $k_1=k_2=k_3=k_4=0$이므로 $\boldsymbol{e}_1$, $\boldsymbol{e}_2$, $\boldsymbol{e}_3$, $\boldsymbol{e}_4$는 선형독립이다.

$\boldsymbol{R}^2$에 있는 두 벡터 $\boldsymbol{e}_1=[1,\ 0]$, $\boldsymbol{e}_2=[0,\ 1]$은 선형독립이며, $\boldsymbol{R}^2$에 있는 모든 벡터는 $\boldsymbol{e}_1$과 $\boldsymbol{e}_2$의 선형결합으로 나타낼 수 있다. 예를 들어 $\boldsymbol{v}=[2,\ 3]$이면 $\boldsymbol{v}=2\boldsymbol{e}_1+3\boldsymbol{e}_2$가 된다.

또다른 두 벡터 $\boldsymbol{v}_1=[0,\ 1]$, $\boldsymbol{v}_2=[1,\ 1]$도 선형독립이며, $\boldsymbol{R}^2$에 있는 모든 벡터를 $\boldsymbol{v}_1$과 $\boldsymbol{v}_2$의 선형결합으로 표시할 수 있다. 즉, $\boldsymbol{R}^2$에 있는 임의의 벡터를 $\boldsymbol{v}=[b_1,\ b_2]$라 하면 $k_1\boldsymbol{v}_1+k_2\boldsymbol{v}_2=[b_1,\ b_2]$가 되는 k_1과 k_2를 구하면 된다. k_1

과 k_2를 구하면 아래와 같다.

$$k_1\begin{bmatrix}0\\1\end{bmatrix}+k_2\begin{bmatrix}1\\1\end{bmatrix}=\begin{bmatrix}b_1\\b_2\end{bmatrix}\Rightarrow\begin{bmatrix}0&1\\1&1\end{bmatrix}\begin{bmatrix}k_1\\k_2\end{bmatrix}=\begin{bmatrix}b_1\\b_2\end{bmatrix}$$

$$\begin{bmatrix}k_1\\k_2\end{bmatrix}=\begin{bmatrix}0&1\\1&1\end{bmatrix}^{-1}\begin{bmatrix}b_1\\b_2\end{bmatrix}=\begin{bmatrix}-1&1\\1&0\end{bmatrix}\begin{bmatrix}b_1\\b_2\end{bmatrix}=\begin{bmatrix}b_2&-b_1\\&b_1\end{bmatrix}$$

마찬가지로, $\boldsymbol{v}_1$, $\boldsymbol{v}_2$, $\boldsymbol{v}_3\in\boldsymbol{R}^3$이고 $\boldsymbol{v}_1$, $\boldsymbol{v}_2$ 및 $\boldsymbol{v}_3$가 선형독립이면 $\boldsymbol{R}^3$의 모든 벡터를 $\boldsymbol{v}_1$, $\boldsymbol{v}_2$ 및 $\boldsymbol{v}_3$의 선형결합으로 표시할 수 있으며, $\boldsymbol{R}^n$에 있는 모든 벡터는 n개의 선형독립인 벡터 $\boldsymbol{v}_1$, $\boldsymbol{v}_2$, $\cdots$, $\boldsymbol{v}_n\in\boldsymbol{R}^n$의 선형결합으로 표시될 수 있다.

$\boldsymbol{R}^n$에 있는 모든 벡터를 n개의 선형독립인 벡터 $\boldsymbol{v}_1$, $\boldsymbol{v}_2$ $\cdots$, $\boldsymbol{v}_n\in\boldsymbol{R}^n$의 선형결합으로 표시할 수 있을 때, 벡터 $\boldsymbol{v}_1$, $\boldsymbol{v}_2$ $\cdots$, $\boldsymbol{v}_n$은 $\boldsymbol{R}^n$을 생성(span)한다고 한다. 이렇게 $\boldsymbol{R}^n$을 생성하는 선형독립인 벡터의 집합 $S=\{\boldsymbol{v}_1, \boldsymbol{v}_2, \cdots, \boldsymbol{v}_n\}$을 $\boldsymbol{R}^n$의 기저(basis)라 부른다.

예제 9

$\boldsymbol{i}=[1, 0, 0]$, $\boldsymbol{j}=[0, 1, 0]$, $\boldsymbol{k}=[0, 0, 1]$이라 하면 $\boldsymbol{i}$, $\boldsymbol{j}$, $\boldsymbol{k}$는 선형독립이고, 또한 $\boldsymbol{R}^3$에 있는 임의의 벡터 $\boldsymbol{u}=[u_1, u_2, u_3]$는 $\boldsymbol{u}=u_1\boldsymbol{i}+u_2\boldsymbol{j}+u_3\boldsymbol{k}$로 표현되므로 $\boldsymbol{i}$, $\boldsymbol{j}$, $\boldsymbol{k}$는 $\boldsymbol{R}^3$에 대한 하나의 기저가 된다.

4.5 계 수

행렬 $\boldsymbol{A}$의 계수(rank)는 $\rho(\boldsymbol{A})$로 표시하며, 행렬 $\boldsymbol{A}$에 있는 선형독립인 행(혹은 열)들의 (최대)수를 말한다.

일반적으로 $\boldsymbol{A}$가 $m\times n$행렬일 때 $\boldsymbol{A}$의 열들은 $\boldsymbol{R}^m$에 있는 n개의 벡터를 정의한다. 또한 $\boldsymbol{A}$의 행들은 $\boldsymbol{R}^n$에 있는 m개의 벡터를 정의한다. 만약 행렬 $\boldsymbol{A}$의 m개의 행들 중에서 선형독립인 벡터의 수가 k개라면(혹은 n개의 열들 중에서 선형독립인 벡터의 수가 k개라 하면) $\rho(\boldsymbol{A})=k$가 된다.

예를 들어

$$B=\begin{bmatrix} 1 & 2 & 2 & 1 \\ 1 & 0 & 0 & 1 \\ 3 & 2 & 2 & 3 \end{bmatrix}$$

일 때 제1행과 제2행은 선형독립인 것을 쉽게 알 수 있으며, 제1행과 제3행 역시 선형독립임을 알 수 있다. 그러나 제1행+2×(제2행)−제3행, 즉 [1 2 2 1]+2[1 0 0 1]−[3 2 2 3]=[0 0 0 0]이 되므로 3개의 행은 선형종속이다. 따라서 행렬 $\boldsymbol{B}$가 갖고 있는 독립된 행의 수는 2개이므로 $\rho(\boldsymbol{B})=2$가 된다.

행렬 $\boldsymbol{B}$의 열들은 $\boldsymbol{R}^3$에 있는 4개의 벡터를 정의한다. 4개의 열 중에서 제1열과 제2열은 선형독립이다. 그러나 제1열=제4열 및 제2열=제3열이므로 선형독립인 벡터는 [1, 1, 3]과 [2, 0, 2] 2개 뿐이다. 따라서 $\rho(\boldsymbol{B})=2$가 된다.

위의 예에서 알 수 있듯이 주어진 행렬의 계수를 선형독립인 행의 수로 구하든, 선형독립인 열의 수로 구하든 그 결과는 같다.

행렬의 계수에 관한 또다른 정의는 다음과 같다. 행렬 $\boldsymbol{A}$가 $m\times n$행렬이고 $\boldsymbol{A}$의 행들과 열들로써 행렬식을 만들었을 때 $\boldsymbol{A}$의 $k+1$차로 된 모든 행렬의 행렬식은 0이며, 적어도 한 개의 k차로 된 행렬의 행렬식이 0이 아니면, $\rho(\boldsymbol{A})=k$라 정의한다.

위의 정의에 의하여 앞에서 예로 든 행렬 $\boldsymbol{B}$의 계수를 다시 구해 보자. 행렬 $\boldsymbol{B}$의 제1열=제4열이고, 제2열=제3열이므로 임의의 3×3행렬을 만들면 그 행렬식은 0이 된다. 그러나 $\boldsymbol{B}$의 제1행과 제2행 및 제1열과 제2열로 만든 하나의 2×2행렬을 $\boldsymbol{B}_1$이라 하자.

$$\boldsymbol{B}_1=\begin{bmatrix} 1 & 2 \\ 1 & 0 \end{bmatrix}$$

$|\boldsymbol{B}_1|=-2\neq 0$이므로 $\rho(\boldsymbol{B})=2$가 된다.

계수에 대한 두번째 정의에 의하면, $\boldsymbol{A}$가 $m\times n$행렬인 경우 $\boldsymbol{A}$의 계수는 m과 n 중에서 작은 쪽보다 클 수는 없다. 왜냐하면 행렬식은 정방행렬에 대해서만 정의되며, $\boldsymbol{A}$가 $m \times n$행렬이고 $m < n$인 경우 $\boldsymbol{A}$의 행들과 열들로써 만들 수 있는 가장 큰 정방행렬은 $m \times m$행렬이기 때문이다. 이것을 기호로 다음과 같이 표시한다.

$$\rho(\boldsymbol{A}) \leqq \min\{m, n\}$$

즉, 행렬 $\boldsymbol{A}$의 계수는 두 수 m과 n으로 구성된 집합의 최소값보다 작거나 같다.

특히, $\boldsymbol{A}$가 $n \times n$행렬인 경우에는 $|\boldsymbol{A}| \neq 0$이면 계수에 대한 두번째 정의에 의해 $\rho(\boldsymbol{A}) = n$임을 알 수 있다. 즉, $|\boldsymbol{A}| \neq 0$이면 $\boldsymbol{A}^{-1}$가 존재할 뿐 아니라 $\boldsymbol{A}$의 열(행)들은 선형독립이다.

예제 10

다음 행렬의 계수를 구하라.

$$\text{(i)}\ \boldsymbol{A} = \begin{bmatrix} 1 & 2 \\ 3 & 4 \end{bmatrix}$$

$|\boldsymbol{A}| = -2 \neq 0$이므로 $\rho(\boldsymbol{A}) = 2$.

$$\text{(ii)}\ \boldsymbol{A} = \begin{bmatrix} 1 & 3 \\ 2 & 6 \end{bmatrix}$$

$|\boldsymbol{A}| = 0$이지만, 1×1행렬 $[1]$의 행렬식은 0이 아니므로 $\rho(\boldsymbol{A}) = 1$.

$$\text{(iii)}\ \boldsymbol{A} = \begin{bmatrix} 1 & 2 & 3 \\ 2 & 4 & 6 \\ 3 & 1 & 2 \end{bmatrix}$$

$|\boldsymbol{A}| = 0$이지만, 2×2행렬 $\boldsymbol{A}_1 = \begin{bmatrix} 1 & 2 \\ 3 & 1 \end{bmatrix}$의 행렬식 $|\boldsymbol{A}_1| = -5 \neq 0$이므로 $\rho(\boldsymbol{A}) = 2$.

$$\text{(iv) } \boldsymbol{A}=\begin{bmatrix} 0 & 0 & 0 & 0 \\ 0 & 0 & 0 & 0 \\ 0 & 0 & 0 & 0 \end{bmatrix},\ \rho(\boldsymbol{A})=0.$$

행렬의 계수는 다음과 같은 성질들을 갖고 있다.

(1) $\rho(\boldsymbol{A})=\rho(\boldsymbol{A}')=\rho(\boldsymbol{A}'\boldsymbol{A})=\rho(\boldsymbol{A}\boldsymbol{A}')$

(2) 만약 $\boldsymbol{AB}$가 정의되면, $\rho(\boldsymbol{AB})\leqq\min\{\rho(\boldsymbol{A}),\ \rho(\boldsymbol{B})\}$

(3) 만약 $\boldsymbol{A}$가 멱등행렬이면, $\rho(\boldsymbol{A})=\mathrm{tr}(\boldsymbol{A})$

(4) $\boldsymbol{A}$와 $\boldsymbol{B}$가 정방행렬이면, $\rho(\boldsymbol{A}\otimes\boldsymbol{B})=\rho(\boldsymbol{A})\rho(\boldsymbol{B})$

4.6 연립1차방정식의 해의 형태

일반적으로 연립1차방정식의 해는 세 가지 형태, 즉 1개인 경우, 무수히 많은 경우, 혹은 존재하지 않는 경우가 있다. 여기서는 m개의 방정식과 n개의 미지수로 구성된 연립방정식에 대하여 해가 존재하기 위한 조건을 생각해 보자.

m개의 방정식과 n개의 미지수로 된 연립방정식을 다음과 같이 행렬로 표시하였다고 하자.

$$\underset{m\times n}{\boldsymbol{A}}\ \underset{n\times 1}{\boldsymbol{x}} = \underset{m\times 1}{\boldsymbol{b}}$$

$\boldsymbol{A}$의 제 j열을 $\boldsymbol{a}_j$라 하면 연립방정식을 다음과 같이 표현할 수 있다.

$$x_1\boldsymbol{a}_1+x_2\boldsymbol{a}_2+\cdots+x_n\boldsymbol{a}_n=\boldsymbol{b}$$

위의 식으로부터 연립방정식의 해 x_1, x_2, $\cdots$, x_n은 $\boldsymbol{b}$를 $\boldsymbol{a}_j(j=1,\ 2,\ \cdots,\ n)$의 선형결합으로 나타낼 수 있으면 해가 존재하며, 그렇지 않은 경우는 해가 존재하지 않음을 알 수 있다.

행렬 $\boldsymbol{A}$에 $\boldsymbol{b}$를 추가하여 새로운 $m\times(n+1)$ 확대행렬 $\boldsymbol{A}_b$를 정의하자.

$$\boldsymbol{A}_b=[\boldsymbol{A} \,\vdots\, \boldsymbol{b}]=\begin{bmatrix} a_{11} & a_{12} & \cdots & a_{1n} & b_1 \\ a_{21} & a_{22} & \cdots & a_{2n} & b_2 \\ \vdots & \vdots & & \vdots & \vdots \\ a_{m1} & a_{m2} & \cdots & a_{mn} & b_m \end{bmatrix}_{m\times(n+1)}$$

$\boldsymbol{A}_b$는 $\boldsymbol{A}$에 $\boldsymbol{b}$를 추가한 행렬이므로 $\boldsymbol{A}$에 의해 만들 수 있는 모든 소행렬들은 $\boldsymbol{A}_b$에 의해서도 만들 수 있다. 따라서 $\rho(\boldsymbol{A})$는 $\rho(\boldsymbol{A}_b)$보다 크지는 않다. $\rho(\boldsymbol{A})$와 $\rho(\boldsymbol{A}_b)$를 비교해 보면 다음 두 가지 경우가 가능하다.

(i) $\rho(\boldsymbol{A})<\rho(\boldsymbol{A}_b)$

(ii) $\rho(\boldsymbol{A})=\rho(\boldsymbol{A}_b)$

만약 $\rho(\boldsymbol{A})<\rho(\boldsymbol{A}_b)$이면 $\rho(\boldsymbol{A}_b)=\rho(\boldsymbol{A})+1$이 되어 $\boldsymbol{b}$는 $\boldsymbol{A}$의 열들과 선형독립이다. 따라서 $\boldsymbol{b}$는 $\boldsymbol{A}$의 열들의 선형결합으로 표시될 수 없으므로 해가 존재하지 않는다. 이렇게 연립방정식의 해가 존재하지 않을 때 주어진 연립방정식체계는 모순된다고 한다.

$\rho(\boldsymbol{A})=\rho(\boldsymbol{A}_b)=k$이면 $\boldsymbol{A}_b$의 모든 열들은 $\boldsymbol{A}$에서 얻을 수 있는 k개의 선형독립된 열들의 선형결합으로 표현될 수 있으므로 적어도 1개의 해가 언제나 존재한다. $\boldsymbol{A}$의 열들 중에 제1열부터 제k열이 선형독립이라 가정하면

$$\sum_{j=1}^{k} x_i \boldsymbol{a}_j=\boldsymbol{b}$$

를 만족시키는 x_j가 존재하므로 주어진 연립방정식은 적어도 1개의 해를 갖는다. 예를 들어 $\sum_{j=1}^{k} x_i\boldsymbol{a}_j=\boldsymbol{b}$의 해를 $x_j=\alpha_j(j=1,\ 2,\ \cdots,\ k)$, $x_j=0\ (j=k+1,\ k+2,\ \cdots,\ n)$이라 놓으면, $\boldsymbol{x}=[\alpha_1,\ \alpha_2,\ \cdots,\ \alpha_k,\ 0,\ \cdots,\ 0]$은 주어진 연립방정식에 대한 하나의 해가 된다.

$\rho(\boldsymbol{A})=\rho(\boldsymbol{A}_b)=k<m$이면 $\boldsymbol{A}$와 $\boldsymbol{A}_b$에는 k개의 선형독립인 행만 있으므로, 주어진 연립방정식에는 k개의 선형독립인 방정식만 있을 뿐이다. 즉, $(m-k)$개의 방정식은 k개의 선형독립인 방정식들의 선형결합으로 표시될 수 있으므로 주어진 연립방정식에 대하여 행조작을 하면 $(m-k)$개의 방정식들의 계수들은 모두 0으로 만들 수 있다. 사실상 이들 $(m-k)$개의 방정식들은 변수들에 대하여 추가적인 제약을 하지 않으므로 이들 방정식들은 제거해도 해

가 달라지지 않는다. 따라서 $(m-k)$개의 방정식들은 불필요(redundant)한 것들이 된다.

또한 $\rho(\boldsymbol{A})=\rho(\boldsymbol{A}_b)=k<n$이면, 즉 선형독립인 방정식의 수가 미지수의 수보다 작으면 연립방정식은 무수히 많은 해를 갖는다. 그 이유는 다음과 같다.

$\rho(\boldsymbol{A})=\rho(\boldsymbol{A}_b)=k<n$이므로 m개의 방정식에는 k개의 독립된 방정식만 있다. 일반성을 잃지 않고 처음 k개의 방정식이 선형독립인 방정식이라 가정하자. 이렇게 가정하면 연립방정식의 해를 구하기 위해서는 처음 k개의 방정식만 생각하면 된다. 또한 일반성을 잃지 않고 $\boldsymbol{A}$의 처음 k열(제1열부터 제k열까지)이 선형독립이라 가정하면 $\boldsymbol{A}$의 처음 k행과 처음 k열로 만들어진 행렬 $\boldsymbol{A}_1$의 행렬식은 0이 아니다. 즉, $|\boldsymbol{A}_1|\neq 0$이므로 $\boldsymbol{A}_1^{-1}$가 존재하게 된다. 처음 k개의 방정식을 다음과 같이 행렬로 표현하자.

$$\boldsymbol{A}_1\boldsymbol{x}_\alpha+\boldsymbol{A}_2\boldsymbol{x}_\beta=\boldsymbol{b}^*$$

여기서

$$\boldsymbol{A}_1=\begin{bmatrix} a_{11} & a_{12} & \cdots & a_{1k} \\ a_{21} & a_{22} & \cdots & a_{2k} \\ \vdots & \vdots & & \vdots \\ a_{k1} & a_{k2} & \cdots & a_{kk} \end{bmatrix}_{k\times k} \qquad \boldsymbol{x}_\alpha=\begin{bmatrix} x_1 \\ x_2 \\ \vdots \\ x_k \end{bmatrix}_{k\times 1}$$

$$\boldsymbol{A}_2=\begin{bmatrix} a_{1k+1} & \cdots & a_{1n} \\ a_{2k+1} & \cdots & a_{2n} \\ \vdots & & \vdots \\ a_{kk+1} & \cdots & a_{kn} \end{bmatrix}_{k\times(n-k)} \qquad \boldsymbol{x}_\beta=\begin{bmatrix} x_{k+1} \\ x_{k+2} \\ \vdots \\ x_n \end{bmatrix}_{(n-k)\times 1}$$

$$\boldsymbol{b}^*=\begin{bmatrix} b_1 \\ b_2 \\ \vdots \\ b_k \end{bmatrix}_{k\times 1}$$

가정에 의해 $\boldsymbol{A}_1^{-1}$가 존재하므로 $\boldsymbol{A}_1^{-1}$를 양변에 전승하고 정리하면 다음을 얻는다.

$$\boldsymbol{x}_\alpha = \boldsymbol{A}_1^{-1}\boldsymbol{b}^* - \boldsymbol{A}_1^{-1}\boldsymbol{A}_2\boldsymbol{x}_\beta$$

$\boldsymbol{A}_1^{-1}$, $\boldsymbol{b}^*$ 및 $\boldsymbol{A}_2$가 유일하므로 $\boldsymbol{x}_\beta$의 값이 임의로 주어지면 $\boldsymbol{x}_\alpha$를 유일하게 결정할 수 있다. 따라서 $\rho(\boldsymbol{A})=\rho(\boldsymbol{A}_b)=k<n$인 경우에는 $\boldsymbol{x}_\beta$에 있는 $(n-k)$개의 변수들이 임의의 값을 가질 수 있으므로 무수히 많은 해가 존재한다. 반면에 $\rho(\boldsymbol{A})=\rho(\boldsymbol{A}_b)=n$이면 주어진 방정식은 1개의 해만 갖는다.

지금까지의 논의를 요약해 보면

(i) $\rho(\boldsymbol{A})<\rho(\boldsymbol{A}_b)$이면 해가 존재하지 않는다.

(ii) $\rho(\boldsymbol{A})=\rho(\boldsymbol{A}_b)=k<n$이면 무수히 많은 해가 존재한다.

(iii) $\rho(\boldsymbol{A})=\rho(\boldsymbol{A}_b)=n$이면 1개의 해만 존재한다.

우리가 다룬 연립방정식 $\boldsymbol{Ax}=\boldsymbol{b}$는 $\boldsymbol{b}$가 어떠한 상수도 될 수 있다. 특히 $\boldsymbol{b}=\boldsymbol{0}$일 때 연립방정식은 다음과 같이 표현된다.

$$\underset{m\times n}{\boldsymbol{A}}\ \underset{n\times 1}{\boldsymbol{x}} = \underset{m\times 1}{\boldsymbol{0}}$$

$\boldsymbol{b}=\boldsymbol{0}$인 특별한 경우를 동차방정식체계(homogeneous equation system)라 한다. 이러한 동차방정식체계는 $\rho(\boldsymbol{A})=\rho(\boldsymbol{A}_b)$이므로 언제나 해가 존재한다. 즉, $\boldsymbol{Ax}=\boldsymbol{0}$은 언제나 해가 존재하므로 연립방정식 체계가 모순되는 경우는 없다. 따라서 주어진 동차방정식체계는 해가 1개이든가 혹은 무수히 많은 두 가지의 경우밖에 없다. 만약 $\rho(\boldsymbol{A})=n$이면 유일한 해는 $\boldsymbol{x}=\boldsymbol{0}$이며, $\rho(\boldsymbol{A})=k<n$이면 $(n-k)$개의 변수들은 임의의 값을 가질 수 있으므로 $\boldsymbol{x}\neq\boldsymbol{0}$인 무수히 많은 해가 존재한다.

만약, $m<n$이면 $\rho(\boldsymbol{A})\leq\min\{m, n\}$에 의해 $\rho(\boldsymbol{A})=k\leq m<n$이 성립하므로 동차방정식체계에서는 방정식의 수가 미지수의 수보다 작으면($m<n$) 무수히 많은 해를 얻을 수 있음을 알 수 있다. 또한 $m=n$인 동차연립방정식 체계에서 $\boldsymbol{x}\neq\boldsymbol{0}$인 해를 얻기 위한 필요충분조건은 $|\boldsymbol{A}|=0$이다. 왜냐하면 $|\boldsymbol{A}|=0$이면 n개의 방정식 중 적어도 한 개는 나머지 방정식의 선형결합이 되어 $\rho(\boldsymbol{A})=k<n$이 성립하기 때문이다.

예제 11

다음 연립방정식의 해가 존재하는가를 밝혀라.

(i) $x_1+2x_2=5$
$2x_1+4x_2=12$

(ii) $x_1+2x_2=5$
$2x_1+4x_2=10$

풀이

(i) $\boldsymbol{A}=\begin{bmatrix}1&2\\2&4\end{bmatrix}$, $\rho(\boldsymbol{A})=1$, $\boldsymbol{A}_b=\begin{bmatrix}1&2&5\\2&4&12\end{bmatrix}$, $\boldsymbol{A}_1=\begin{bmatrix}1&5\\2&12\end{bmatrix}$

이면, $|\boldsymbol{A}_1|=2\neq0$이므로 $\rho(\boldsymbol{A}_b)=2$, 따라서 해가 존재하지 않는다.

(ii) $\boldsymbol{A}=\begin{bmatrix}1&2\\2&4\end{bmatrix}$, $\rho(\boldsymbol{A})=1$, $\boldsymbol{A}_b=\begin{bmatrix}1&2&5\\2&4&10\end{bmatrix}$, $\rho(\boldsymbol{A}_b)=1$

따라서 무수히 많은 해가 존재한다.

지금까지 배운 행렬식, 역행렬, 선형독립, 계수 및 연립방정식의 해의 형태 사이에는 다음 정리가 성립한다.

정리 4-6-1

$\boldsymbol{A}$가 $n\times n$행렬이면 다음과 같은 동치관계가 성립한다.

(1) $\boldsymbol{A}$의 역행렬 $\boldsymbol{A}^{-1}$가 존재한다.
(2) $|\boldsymbol{A}|\neq0$
(3) $\boldsymbol{A}$의 행(열)들은 선형독립이다.
(4) $\rho(\boldsymbol{A})=n$
(5) $\boldsymbol{Ax}=\underset{n\times1}{\boldsymbol{b}}$의 해 $\boldsymbol{x}=\boldsymbol{A}^{-1}\boldsymbol{b}$는 1개 뿐이다.
(6) $\boldsymbol{Ax}=\underset{n\times1}{\boldsymbol{0}}$의 해는 $\boldsymbol{x}=\underset{n\times1}{\boldsymbol{0}}$ 1개 뿐이다.

주어진 벡터 $\boldsymbol{v}_1$, $\boldsymbol{v}_2$, …, $\boldsymbol{v}_n$으로 정방행렬은 만들 수 있는 경우 이들 벡터가 선형독립인가의 판정은 이들 벡터들로 만들어진 $n\times n$행렬 $\boldsymbol{A}$의 행렬식 $|\boldsymbol{A}|$를 구하여 $|\boldsymbol{A}|\neq0$이면 선형독립이고, $|\boldsymbol{A}|=0$이면 선형종속이라 판정할 수 있다.

4.7 완전시장과 조건부청구권

금융자산 중에는 장차 전개될 상황(state)에 따라 그 가치가 달라지는 위험한 자산이 있다. 예를 들어 k가지의 상황들 s_1, s_2, …, s_k가 존재하는 경우를 생각해 보자. s_i 상황이 발생할 때 c_i의 상금을 받는 복권이라는 자산의 보수벡터는

$$\boldsymbol{c}=[c_1 \quad c_2 \ \cdots \ c_k]'$$

로 나타낼 수 있다.

한 경제에 n개의 서로 다른 자산이 자유롭게 거래되며 k가지 상황이 존재한다고 가정하자. 또한 2기간 ($t=0$, 1) 모형을 가정하여 이번 기를 0기라 하고, 상황이 결정되는 다음 기를 1기라 하자. 각 자산의 0기의 시장가격벡터는

$$\boldsymbol{p}=[p_1 \quad p_2 \ \cdots \ p_n]'$$

으로 주어졌다고 하자. a_{si}를 s상황일 때 자산 i 1단위의 보수라 하면 자산 i 1단위의 보수벡터 $\boldsymbol{a}_i$는 다음과 같다.

$$\boldsymbol{a}_i=\begin{bmatrix} a_{1i} \\ a_{2i} \\ \vdots \\ a_{ki} \end{bmatrix}=[a_{1i} \quad a_{2i} \ \cdots \ a_{ki}]'$$

따라서 n개의 모든 자산 각 1단위의 보수행렬(payoff matrix) $\boldsymbol{A}$는 다음과 같다.

$$\boldsymbol{A}=\begin{bmatrix} a_{11} & a_{12} & \cdots & a_{1n} \\ a_{21} & a_{22} & \cdots & a_{2n} \\ \vdots & \vdots & \ddots & \vdots \\ a_{k1} & a_{k2} & \cdots & a_{kn} \end{bmatrix}=[\boldsymbol{a}_1 \quad \boldsymbol{a}_2 \ \cdots \ \boldsymbol{a}_n]$$

설명을 단순화하기 위하여 $n=k$이며, $k\times k$ 행렬 $\boldsymbol{A}$는 $|\boldsymbol{A}|\neq 0$ 또는 $\rho(\boldsymbol{A})=k$라 하자. $|\boldsymbol{A}|\neq 0$이면 한 개인은 목표로 하는 상황별 보수벡터(=상황별 목표 보수벡터)를 얻을 수 있는 k개의 자산으로 된 포트폴리오(portfolio)를 0기에 구입하여 제1기에 상황별 목표 보수벡터를 얻을 수 있다.

예를 들어 상황별 목표 보수벡터가

$$\boldsymbol{w}=[w_1 \quad w_2 \ \cdots \ w_k]'$$

일 때 0기에 구입해야 되는 포트폴리오를 $\boldsymbol{n}$이라 하자.

$$\boldsymbol{n}=[n_1 \quad n_2 \ \cdots \ n_k]'$$

$\boldsymbol{n}$은 다음 연립1차방정식을 만족시켜야 한다.

$$\underset{(k\times k)}{\boldsymbol{A}} \ \underset{(k\times 1)}{\boldsymbol{n}} = \underset{(k\times 1)}{\boldsymbol{w}}$$

즉,

$$\boldsymbol{n}=\boldsymbol{A}^{-1}\boldsymbol{w}$$

이다. 이렇게 1기에 임의의 상황별 목표 보수를 얻을 수 있는 포트폴리오 $\boldsymbol{n}$이 존재하는 시장을 완전시장이라 한다. 0기의 각 자산의 시장가격이 $\boldsymbol{p}=[p_1 \ p_2 \ \cdots \ p_k]'$이므로 무위험차익거래의 기회가 존재하지 않는 시장이라 가정하면, 0기에 포트폴리오 $\boldsymbol{n}$의 시장가격은 $\boldsymbol{p}'\boldsymbol{n}$이다.

설명의 편의를 위하여 $n=k$로 가정하였으나, $n>k$인 경우에도 $\rho(\boldsymbol{A})=k$이면 이 시장은 완전시장이 된다. $\boldsymbol{A}$는 $k\times n$ 행렬, $\boldsymbol{n}$은 $n\times 1$ 열벡터, $\boldsymbol{w}$은 $k\times 1$열벡터로 된 다음의 연립1차방정식이 주어졌다고 하자.

$$\underset{(k\times n)}{\boldsymbol{A}}\ \underset{(n\times 1)}{\boldsymbol{n}} = \underset{(k\times 1)}{\boldsymbol{w}}$$

$n>k$이고, $\rho(\boldsymbol{A})=k$이면 $k\times(n+1)$인 확대행렬 $\boldsymbol{A}_w=[\boldsymbol{A} \vdots \boldsymbol{w}]$의 계수도 k이다. 즉 $\rho(\boldsymbol{A})=\rho(\boldsymbol{A}_w)=k<n$이므로 무수히 많은 해가 존재한다. 이 경우 선형종속인 $n-k$개의 자산들의 구입량은 0으로 하고 (또는 선형종속인 자산은 제거하고) 선형독립인 k개의 자산으로 포트폴리오 $\boldsymbol{n}$을 구성하여 $\boldsymbol{w}$을 얻을 수 있으므로 이 경우도 완전시장이다.

그러나 $\rho(\boldsymbol{A})<k$이면

$$\rho(\boldsymbol{A})<\rho(\boldsymbol{A}_w)=\rho(\boldsymbol{A})+1$$

인 경우, 즉 연립방정식을 만족시키는 해가 존재하지 않는 경우가 있으므로 이 시장은 불완전하다.

완전시장의 가정 하에서 상황별 목표 보수벡터의 특별한 경우인 애로우-드브루 증권(Arrow-Debreu security)을 정의하자. 상황 s_j의 애로우-드브루 증권은 상황 s_j에서 1단위 보수가 있고 다른 상황에서의 보수는 0인 조건부청구권(contingent claim)으로 정의된다. 즉, 상황 s_j의 조건부청구권은

$$\boldsymbol{w}=[w_1\ w_2\ \cdots\ w_j\ \cdots\ w_k]'=[0\ 0\ \cdots\ 1\ \cdots\ 0]'=\boldsymbol{e}_j,\ j=1,\ 2,\ \cdots,\ k$$

이다. 표준단위벡터 $\boldsymbol{e}_j$를 얻기 위하여 구입하여야 하는 포트폴리오를

$$\boldsymbol{n}_j=[n_{1j}\ n_{2j}\ \cdots\ n_{kj}]'$$

라 하면

$$\boldsymbol{n}_j=\boldsymbol{A}^{-1}\boldsymbol{e}_j,\qquad j=1,\ 2,\ \cdots,\ k$$

이다. 포트폴리오 $\boldsymbol{n}_j$의 가격을 ϕ_j라 할 때 완전시장 하에서는

$$\phi_j=\boldsymbol{p}'\boldsymbol{n}_j,\qquad j=1,\ 2,\ \cdots,\ k$$

이며, ϕ_j를 상황 s_j의 상황가격이라 한다.

위의 관계를 행렬로 표기하면 다음과 같다. 가능한 상황이 k개이므로, k

개의 애로우-드브루 증권집합은

$$\boldsymbol{I}_k=[\boldsymbol{e}_1 \quad \boldsymbol{e}_2 \ \cdots \ \boldsymbol{e}_k]$$

이다. 애로우-드브루 증권 $\boldsymbol{e}_j$에 대응하여 0기에 구입하여야 하는 포트폴리오를

$$\boldsymbol{n}_j=[n_{1j} \ n_{2j} \ \cdots \ n_{kj}]'$$

라 하면, $\boldsymbol{I}_k$에 대응하는 k개의 포트폴리오 집합 $\boldsymbol{N}$은 다음과 같다.

$$\boldsymbol{N}=[\boldsymbol{n}_1 \quad \boldsymbol{n}_2 \ \cdots \ \boldsymbol{n}_k]=\boldsymbol{A}^{-1}[\boldsymbol{e}_1 \quad \boldsymbol{e}_2 \ \cdots \ \boldsymbol{e}_k]=\boldsymbol{A}^{-1}$$

상황가격벡터 $\boldsymbol{\phi}=[\phi_1 \quad \phi_2 \ \cdots \ \phi_k]'$는

$$\boldsymbol{\phi}'=\boldsymbol{p}'\boldsymbol{N}=\boldsymbol{p}'\boldsymbol{A}^{-1}$$

이다.

또한 상황가격벡터 $\boldsymbol{\phi}$가 주어졌을 때 1기에 상황별 보수가

$$\boldsymbol{w}=[w_1 \quad w_2 \ \cdots \ w_k]'$$

인 새로운 자산 $\boldsymbol{w}$의 가격을 ϕ_w라 하면

$$\phi_w=\boldsymbol{\phi}'\boldsymbol{w}$$

이다. $\boldsymbol{w}$를 얻기 위한 포트폴리오 $\boldsymbol{n}$은

$$\boldsymbol{n}=\boldsymbol{A}^{-1}\boldsymbol{w}$$

이므로, 다음의 관계가 성립한다.

$$\phi_w=\boldsymbol{\phi}'\boldsymbol{w}=\boldsymbol{p}'\boldsymbol{A}^{-1}\boldsymbol{w}=\boldsymbol{p}'\boldsymbol{n}$$

$\boldsymbol{w}$의 특별한 경우로 1기에 모든 상황에서 1단위의 보수를 지급하는 자산(=무위험자산) $\boldsymbol{c}$의 가격을 구하여보자. 이 경우

$$\boldsymbol{c}=[1 \quad 1 \ \cdots \ 1]'=\mathbf{1}$$

즉 $\boldsymbol{c}$는 합벡터 $\mathbf{1}$이다. 무위험자산 $\boldsymbol{c}$의 가격을 ϕ_c라 하면

$$\phi_c=\boldsymbol{\phi}'\boldsymbol{c}=\sum_{i=1}^{k}\phi_i$$

이다. 0기에 무위험자산 1단위를 ϕ_c에 구입하면 1기에 1단위의 확실한 보수를 얻을 수 있으므로 이 경제의 무위험수익률 r_f는 다음 식을 만족시킨다.

$$\phi_c(1+r_f)=1 \quad \text{또는} \quad \phi_c=\frac{1}{1+r_f}$$

예를 들어, 2기간 모형을 가정하여 이번 기를 0기라 하고 다음 기를 1기라 하자. 1기에 경제는 불황 또는 호황의 두 가지 상황이 발생할 수 있다. 경제에는 1기의 상황에 따라 보수가 달라지는 채권과 주식이라는 두 가지의 조건부청구권인 자산이 존재하여 0기 초에 거래된다고 가정하자. 채권과 주식 각각 1단위의 1기의 상황에 따른 보수는 다음과 같다.

상황 \ 자산	채권	주식
불황	1	0
호황	1	3

보수행렬은 다음과 같이 나타낼 수 있다.

$$\boldsymbol{A}=\begin{bmatrix} 1 & 0 \\ 1 & 3 \end{bmatrix}$$

채권과 주식의 0기의 시장가격은 각각 0.9와 1.2라고 하자. 시장가격은 $\boldsymbol{p}=[0.9 \quad 1.2]'$로 나타내자. 개인은 포트폴리오를 구성하여 다양한 1기의 상황에 따른 보수를 실현할 수 있다. 가령 채권 2단위와 주식 3단위로 구성된 포트폴리오는 $\boldsymbol{n}=[2 \quad 3]'$로 나타낼 수 있고, 이 포트폴리오의 보수는 다음과 같다.

$$\boldsymbol{A}\boldsymbol{n}=[2 \quad 11]'$$

즉, 이 포트폴리오의 불황일 경우의 보수는 2, 호황일 경우의 보수는 11이고, 이 포트폴리오의 0기의 시장가격은

$$\boldsymbol{p}'\boldsymbol{n}=5.4$$

이다.

각 개인이 1기의 각 상황에서 원하는 소비의 단위는 개인의 선호에 따라 결정된다. 예를 들어, 1기에 불황이면 소득이 -1이고 호황이면 소득이 3인 A가 1기의 상황에 상관없이 1의 소비를 원할 때 A가 0기에 구입해야 되는 포트폴리오 $\boldsymbol{n}$과 그 가격을 구하는 문제를 생각해 보자.

1기의 소득이 $\boldsymbol{y}=[-1 \quad 3]'$이므로 상황에 관계없이 소비 $\boldsymbol{c}=[1 \quad 1]'$를 얻기 위하여 상황별 목표 보수벡터 $\boldsymbol{w}=[w_1 \quad w_2]'$는 다음 식을 만족시켜야 된다.

$$\boldsymbol{y}+\boldsymbol{w}=\boldsymbol{c} \quad \text{또는} \quad \begin{bmatrix} -1 \\ 3 \end{bmatrix}+\begin{bmatrix} w_1 \\ w_2 \end{bmatrix}=\begin{bmatrix} 1 \\ 1 \end{bmatrix}$$

따라서,

$$\boldsymbol{w}=[2 \quad -2]'$$

이다. $\boldsymbol{w}$를 얻기 위하여 0기에 구입하여야 하는 포트폴리오를 $\boldsymbol{n}$이라 하면

$$\boldsymbol{n}=\boldsymbol{A}^{-1}\boldsymbol{w}=\frac{1}{3}\begin{bmatrix} 3 & 0 \\ -1 & 1 \end{bmatrix}\begin{bmatrix} 2 \\ -2 \end{bmatrix}=\begin{bmatrix} 2 \\ -\frac{4}{3} \end{bmatrix}$$

이다. 포트폴리오 $\boldsymbol{n}$은 0기에

$$\boldsymbol{p}'\boldsymbol{n}=[0.9 \quad 1.2]\begin{bmatrix} 2 \\ -\frac{4}{3} \end{bmatrix}=0.2$$

에 거래된다. 따라서 0기에 0.2의 부가 있으면 2단위의 채권을 사고, $\frac{4}{3}$ 단위만큼의 주식을 공매도(short-selling)(즉, 0기에 $\frac{4}{3}$단위의 주식을 빌려 판매하고 1기에 $\frac{4}{3}$단위의 주식을 구입하여 되갚는 거래)를 한다.

또한 상황가격벡터 $\boldsymbol{\phi}=[\phi_1 \quad \phi_2]'$, 즉 불황과 호황의 상황가격은

$$\boldsymbol{\phi}'=\boldsymbol{p}'\boldsymbol{A}^{-1}=[0.9 \quad 1.2]\begin{bmatrix} 1 & 0 \\ \frac{-1}{3} & \frac{1}{3} \end{bmatrix}=[0.5 \quad 0.4]$$

이다. 따라서 이 경제에서는 1기에 불황인 상황에서만 1단위 보수를 청구할 수 있는 권리의 가격은 0기에 0.5단위이며, 1기에 호황인 상황에서만 1단위 보수를 청구할 수 있는 권리의 가격은 0기에 0.4단위이다.

이 경제에서 채권은 1기에 모든 상황에서 1단위의 보수를 지급하는 무위험자산이다. 이 때, 0기의 채권 가격 0.9는 불황과 호황의 상황가격의 합임을 알 수 있다. 또한 0기에 0.9 단위를 지불하여 1기에 1단위를 확실히 얻을 수 있으므로 무위험수익률 r_f는 0.11임을 알 수 있다.

연습문제

1. 다음 연립방정식을 가우스－조르단 소거법을 이용하여 풀어라.

(1) $2x_1-4x_2=6$
$x_1-2x_2=3$
$2x_1-4x_2=6$

(2) $3x_1+2x_2+4x_3=0$
$2x_1+x_2+x_3=0$

(3) $x_1+x_2+2x_3=9$
$2x_1+4x_2-3x_3=1$
$3x_1+6x_2-5x_3=0$

2. 다음 연립방정식을 크래머 공식을 사용하여 풀어라.

(1) $x_1-3x_2+x_3=4$
$2x_1-x_2=-2$
$4x_1-3x_3=0$

(2) $x+5y+2z=1$
$11x+y+2z=3$
$4x+5y=2$

(3) $x_1+x_2+x_3=3$
$2x_1-x_2+2x_3=9$
$x_1-x_2+5x_3=2$

3. 문제 2를 역행렬을 구하여 풀어라.

4. 다음 벡터들은 선형독립인지의 여부를 밝혀라.

(1) $\boldsymbol{a}_1=[1, 2, 3]$, $\boldsymbol{a}_2=[3, 7, 9]$, $\boldsymbol{a}_3=[3, 4, 7]$

(2) $\boldsymbol{a}_1=[1, 2, -3]$, $\boldsymbol{a}_2=[1, -3, 2]$, $\boldsymbol{a}_3=[2, -1, 5]$

(3) $\boldsymbol{a}_1=[1, 5, 7]$, $\boldsymbol{a}_2=[4, 0, 6]$, $\boldsymbol{a}_3=[1, 0, 0]$

(4) $\boldsymbol{a}_1=[2, 4, 7]$, $\boldsymbol{a}_2=[1, 0, 0]$, $\boldsymbol{a}_3=[1, 0, 1]$, $\boldsymbol{a}_4=[0, 1, 0]$

5. $\boldsymbol{a}_1=[1, 2, 1]$, $\boldsymbol{a}_2=[2, 9, 0]$, $\boldsymbol{a}_3=[3, 3, 4]$이라면 집합 $S=\{\boldsymbol{a}_1, \boldsymbol{a}_2, \boldsymbol{a}_3\}$는 $\boldsymbol{R}^3$의 기저가 되는 것을 보여라.

6. 다음 연립방정식의 해가 한 개인 경우, 무수히 많은 경우 및 해가 존재하지 않는 경우가 되기 위한 a의 값을 결정하라.

$x_1+2x_2-3x_3=4$
$3x_1-x_2+5x_3=2$
$4x_1+x_2+(a^2-14)x_3=a+2$

제 5 장

고 유 근

5.1 고유근과 고유벡터

일반적으로 임의의 $m\times n$행렬 $\boldsymbol{A}$를 사용하여 $\boldsymbol{R}^n$에 있는 임의의 점 $\boldsymbol{x}$를 $\boldsymbol{R}^m$에 있는 점 $\boldsymbol{y}$로 변환시킬 수 있다. 즉,

$$\boldsymbol{y}=f(\boldsymbol{x})=\boldsymbol{Ax}$$

는 $f: \boldsymbol{R}^n \rightarrow \boldsymbol{R}^m$이라 할 수 있다. 또한 이 변환은 $\boldsymbol{u}$, $\boldsymbol{v}\in\boldsymbol{R}^n$이며, k가 스칼라일 때

$$f(\boldsymbol{u}+\boldsymbol{v})=\boldsymbol{A}(\boldsymbol{u}+\boldsymbol{v})=\boldsymbol{Au}+\boldsymbol{Av}=f(\boldsymbol{u})+f(\boldsymbol{v})$$
$$f(k\boldsymbol{u})=\boldsymbol{A}(k\boldsymbol{u})=k\boldsymbol{Au}=kf(\boldsymbol{u})$$

가 성립하며, 위의 두 조건이 성립하는 변환을 선형변환(linear transformation)이라 한다.

$n\times n$행렬 $\boldsymbol{A}$의 고유벡터 $\boldsymbol{x}$란 $\boldsymbol{x}$에 행렬 $\boldsymbol{A}$를 전승하여 변환시켰을 때, $\lambda\boldsymbol{x}$ ($\lambda\in\boldsymbol{R}$)가 되게 하는 벡터를 말한다(단, $\boldsymbol{x}\neq\boldsymbol{0}$, $\boldsymbol{x}\in\boldsymbol{R}^n$). 즉,

$$\boldsymbol{Ax}=\lambda\boldsymbol{x}$$

를 만족시키는 벡터 $\boldsymbol{x}(\boldsymbol{x}\neq\boldsymbol{0}$, $\boldsymbol{x}\in\boldsymbol{R}^n)$를 $\boldsymbol{A}$의 고유벡터(eigenvector) 또는 특

성벡터라 하며, 스칼라 λ를 고유근(eigenvalue) 또는 특성근이라 한다.

고유근의 문제는 $\boldsymbol{A}$가 n차 정방행렬일 때 방정식

$$\boldsymbol{Ax}=\lambda\boldsymbol{x}$$

가 $\boldsymbol{x}\neq\boldsymbol{0}(\boldsymbol{x}\in\boldsymbol{R}^n)$인 해를 갖게 하기 위한 스칼라 λ를 결정하는 문제인데, 이러한 문제는 수학, 통계학 및 계량경제학에서 자주 접하게 된다.

$\boldsymbol{A}$가 $n\times n$행렬일 때 $\boldsymbol{A}$의 고유근을 찾기 위해서 $\boldsymbol{Ax}=\lambda\boldsymbol{x}$를 다음과 같이 바꾸어 쓰자.

$$\boldsymbol{Ax}=\lambda\boldsymbol{Ix}(\boldsymbol{I}\text{는 } n\times n\text{항등행렬}).$$

위 식을 변형하면 아래와 같다.

$$(\boldsymbol{A}-\lambda\boldsymbol{I})\boldsymbol{x}=\boldsymbol{0} \text{ 또는 } (\lambda\boldsymbol{I}-\boldsymbol{A})\boldsymbol{x}=\boldsymbol{0}$$

λ가 고유근이 되기 위해서는 위의 동차방정식체계의 해가 $\boldsymbol{0}$이 아니어야 한다. 그런데 n개의 미지수와 n개의 방정식으로 된 동차방정식체계에서 $\boldsymbol{x}\neq\boldsymbol{0}$인 해를 갖기 위한 필요충분조건은 $|\boldsymbol{A}-\lambda\boldsymbol{I}|=0$ 또는 $|\lambda\boldsymbol{I}-\boldsymbol{A}|=0$이므로 (4.6 참조) 이 조건을 이용해서 λ들을 구할 수 있다.

$|\boldsymbol{A}-\lambda\boldsymbol{I}|=0$을 $\boldsymbol{A}$의 고유방정식이라 하는데, 이 식은 $\boldsymbol{A}$가 $n\times n$행렬일 때 λ에 관한 n차다항식이므로 n개의 근 λ_1, λ_2, $\cdots$, λ_n을 갖는다. 물론 n개의 근은 실근도 될 수 있고 허근도 될 수 있으며, 어떤 근은 중근이 될 가능성도 있다. 그러나 $\boldsymbol{A}$가 대칭행렬이면 그 고유근은 반드시 실근이라는 사실이 알려져 있으며, 특히 고유근의 문제가 경제학 또는 통계학에 응용되는 경우에는 $\boldsymbol{A}$가 대칭행렬일 때가 대부분이므로 앞으로의 논의에서는 자주 $\boldsymbol{A}$를 대칭행렬이라 가정한다.

고유방정식 $|\boldsymbol{A}-\lambda\boldsymbol{I}|=0$을 풀어 n개의 고유근을 구한 후 하나의 고유근 λ_i를 대입하여 얻은 $\boldsymbol{Ax}=\lambda_i\boldsymbol{x}$는 n개의 미지수와 n개의 방정식으로 된 동차방정식체계가 되고 이로부터 해 $\boldsymbol{x}^i(\neq\boldsymbol{0})$를 구할 수 있는데, 이를 λ_i에 대응하는 고유벡터라 한다. 고유방정식 $|\boldsymbol{A}-\lambda\boldsymbol{I}|=0$으로부터 n개의 고유근을 구할 수 있으므로 n개의 고유벡터를 구할 수 있다.

예제 1

$$A=\begin{bmatrix}4 & 2\\2 & 1\end{bmatrix}$$

일 때 고유근과 고유벡터를 구하라.

풀이

$$A-\lambda I=\begin{bmatrix}4 & 2\\2 & 1\end{bmatrix}-\lambda\begin{bmatrix}1 & 0\\0 & 1\end{bmatrix}=\begin{bmatrix}4-\lambda & 2\\2 & 1-\lambda\end{bmatrix}$$

$$|A-\lambda I|=(4-\lambda)(1-\lambda)-4=\lambda^2-5\lambda=0$$

$$\therefore\ \lambda_1=5,\ \lambda_2=0.$$

$\lambda_1=5$이면 $(A-\lambda_1 I)\boldsymbol{x}=\mathbf{0}$은 다음과 같이 된다.

$$\begin{bmatrix}-1 & 2\\2 & -4\end{bmatrix}\begin{bmatrix}x_1\\x_2\end{bmatrix}=\begin{bmatrix}0\\0\end{bmatrix}$$

위 식을 풀면 $x_1=2x_2$가 된다. $x_2=c_1$이라면 $x_1=2c_1$이므로(c_1은 0이 아닌 임의의 상수) λ_1에 대응하는 고유벡터 $\boldsymbol{x}^1$은 다음과 같다.

$$\boldsymbol{x}^1=\begin{bmatrix}2c_1\\c_1\end{bmatrix}=c_1\begin{bmatrix}2\\1\end{bmatrix}$$

같은 방법으로, $\lambda_2=0$일 때 $(A-\lambda_2 I)\boldsymbol{x}=\mathbf{0}$은 다음과 같다.

$$\begin{bmatrix}4 & 2\\2 & 1\end{bmatrix}\begin{bmatrix}x_1\\x_2\end{bmatrix}=\begin{bmatrix}0\\0\end{bmatrix}$$

이 식을 풀면 $x_2=-2x_1$이 된다. $x_1=c_2$라면 $x_2=-2c_2$가 되어(c_2는 0이 아닌 임의의 상수) λ_2에 대응하는 고유벡터 $\boldsymbol{x}^2$는 아래와 같다.

$$\boldsymbol{x}^2=\begin{bmatrix}c_2\\-2c_2\end{bmatrix}=c_2\begin{bmatrix}1\\-2\end{bmatrix}$$

λ_1과 λ_2에 대응하는 고유벡터들은 일반적으로 유일하지 않다. 임의의 상수를 제거하는 방법으로서 관행상 정규화(normalization) 방법을 사용하는데 이는 고유벡터의 길이를 1로 만드는 것이다. 즉, $\lambda_1=5$의 경우 $x_1=2x_2$에 $x_1^2+x_2^2=1$이라는 제약조건을 추가하면 고유벡터 $\boldsymbol{x}^1$은 아래와 같다.

$$\boldsymbol{x}^1=\begin{bmatrix}\frac{2}{\sqrt{5}}\\ \frac{1}{\sqrt{5}}\end{bmatrix}$$

같은 방법으로, $\lambda_2=0$인 경우 $x_2=-2x_1$에 $x_1^2+x_2^2=1$이라는 제약조건을 추가하면 고유벡터 $\boldsymbol{x}^2$는 다음과 같다.

$$\boldsymbol{x}^2=\begin{bmatrix}\frac{1}{\sqrt{5}}\\ \frac{-2}{\sqrt{5}}\end{bmatrix}$$

물론 정규화방법을 사용해도 고유벡터는 유일하지 않다. 예를 들어

$$\boldsymbol{x}^1=\begin{bmatrix}\frac{-2}{\sqrt{5}}\\ \frac{-1}{\sqrt{5}}\end{bmatrix},\quad \boldsymbol{x}^2=\begin{bmatrix}\frac{-1}{\sqrt{5}}\\ \frac{2}{\sqrt{5}}\end{bmatrix}$$

도 정규화된 고유벡터가 될 수 있다. 끝으로, $\boldsymbol{A}$가 대칭행렬이므로 $\boldsymbol{A}$의 고유근 λ_1과 λ_2는 실근이 되는 점에 유의하자.

5.2 대칭행렬의 대각화

[정의 5-2-1] 대각화가능행렬

정방행렬 $\boldsymbol{A}$가 주어졌을 때,

$$\boldsymbol{P}^{-1}\boldsymbol{A}\boldsymbol{P}$$

가 대각행렬이 되게 하는 정방행렬 $\boldsymbol{P}(|\boldsymbol{P}| \neq 0)$가 존재한다면, 행렬 $\boldsymbol{A}$를 대각화(diagonalization)할 수 있는 행렬이라고 하며, 행렬 $\boldsymbol{P}$는 $\boldsymbol{A}$를 대각화시킨다고 말한다. 특히, $\boldsymbol{P}$가 직교행렬이면($\boldsymbol{P}^{-1}=\boldsymbol{P}'$) 행렬 $\boldsymbol{A}$는 직교행렬에 의한 대각화가 가능한 행렬이라고 한다(5.2에서 $\boldsymbol{P}$가 직교행렬인 경우에는 $\boldsymbol{P}$를 $\boldsymbol{X}$로 표시하기도 한다).

예를 들어 $\boldsymbol{A}$가 아래와 같다고 하자(예제 1 참조).

$$\boldsymbol{A}=\begin{bmatrix} 4 & 2 \\ 2 & 1 \end{bmatrix}$$

만일 $\boldsymbol{X}$가

$$\boldsymbol{X}=[\boldsymbol{x}^1\ \boldsymbol{x}^2]=\begin{bmatrix} \frac{2}{\sqrt{5}} & \frac{1}{\sqrt{5}} \\ \frac{1}{\sqrt{5}} & \frac{-2}{\sqrt{5}} \end{bmatrix}$$

이면 $|\boldsymbol{X}| \neq 0$이고, $\boldsymbol{A}$는 직교행렬 $\boldsymbol{X}$에 의한 대각화가 가능한 행렬이다. 즉, $\boldsymbol{X}^{-1}=\boldsymbol{X}'$ 임을 보일 수 있으며,

$$\boldsymbol{X}^{-1}\boldsymbol{A}\boldsymbol{X}=\boldsymbol{X}'\boldsymbol{A}\boldsymbol{X}=\begin{bmatrix} \frac{2}{\sqrt{5}} & \frac{1}{\sqrt{5}} \\ \frac{1}{\sqrt{5}} & \frac{-2}{\sqrt{5}} \end{bmatrix}\begin{bmatrix} 4 & 2 \\ 2 & 1 \end{bmatrix}\begin{bmatrix} \frac{2}{\sqrt{5}} & \frac{1}{\sqrt{5}} \\ \frac{1}{\sqrt{5}} & \frac{-2}{\sqrt{5}} \end{bmatrix}$$

$$=\begin{bmatrix} 5 & 0 \\ 0 & 0 \end{bmatrix}=\begin{bmatrix} \lambda_1 & 0 \\ 0 & \lambda_2 \end{bmatrix}$$

이므로 직교행렬 $\boldsymbol{X}$는 $\boldsymbol{A}$를 대각화시킨다.

일반적으로, $n\times n$행렬 $\boldsymbol{A}$가 대각화될 수 있기 위한 필요충분조건은 행렬 $\boldsymbol{A}$가 n개의 선형독립인 고유벡터를 가져야 한다는 사실과 또한 모든 대칭행렬 $\boldsymbol{A}$는 직교행렬에 의한 대각화가 가능하다는 사실이 알려져 있다.

대칭행렬의 중요한 성질 중의 하나는 $\boldsymbol{A}$의 서로 다른 고유근에 대응하는 고유벡터는 서로 직교(orthogonal)한다는 사실이다.

정리 5-2-1

$\boldsymbol{A}$가 대칭행렬이며 $\boldsymbol{A}$의 고유근 λ_i에 대응하는 고유벡터를 $\boldsymbol{x}^i$, λ_j에 대응하는 고유벡터를 $\boldsymbol{x}^j$라 하면, $\boldsymbol{x}^{j'}\boldsymbol{x}^i=0$이다(단, $\lambda_i\neq\lambda_j$).

증 명

가정에 의해 λ_i와 λ_j가 고유근이고 $\boldsymbol{x}^i$와 $\boldsymbol{x}^j$가 각각 그에 대응하는 고유벡터이므로 다음 식이 성립한다.

$$\boldsymbol{A}\boldsymbol{x}^i=\lambda_i\boldsymbol{x}^i \tag{1}$$
$$\boldsymbol{A}\boldsymbol{x}^j=\lambda_j\boldsymbol{x}^j \tag{2}$$

식 (1)의 양변에 $\boldsymbol{x}^{j'}$, 식 (2)의 양변에 $\boldsymbol{x}^{i'}$을 전승하자.

$$\boldsymbol{x}^{j'}\boldsymbol{A}\boldsymbol{x}^i=\lambda_i\boldsymbol{x}^{j'}\boldsymbol{x}^i$$
$$\boldsymbol{x}^{i'}\boldsymbol{A}\boldsymbol{x}^j=\lambda_j\boldsymbol{x}^{i'}\boldsymbol{x}^j$$

$\boldsymbol{A}$가 대칭행렬이므로($\boldsymbol{A}=\boldsymbol{A}'$), $\underset{1\times n}{\boldsymbol{x}^{j'}}\ \underset{n\times n}{\boldsymbol{A}}\ \underset{n\times 1}{\boldsymbol{x}^{i}}$와 $\underset{1\times n}{\boldsymbol{x}^{i'}}\ \underset{n\times n}{\boldsymbol{A}}\ \underset{n\times 1}{\boldsymbol{x}^{j}}$는 스칼라이며 동일하다. 따라서 다음이 성립한다.

$$(\lambda_i-\lambda_j)(\boldsymbol{x}^{j'}\boldsymbol{x}^i)=0$$

그런데, 가정에 의하여 $\lambda_i\neq\lambda_j$이므로 다음이 성립한다.

$$\boldsymbol{x}^{j\prime}\boldsymbol{x}^{i}=0 \qquad \text{Q.E.D.}$$

예제 1에서 $\boldsymbol{A}$는 대칭행렬이며 고유근을 구하면 $\lambda_1 \neq \lambda_2$이므로,

$$\boldsymbol{x}^{1\prime}\boldsymbol{x}^{2}=\begin{bmatrix} \frac{2}{\sqrt{5}} & \frac{1}{\sqrt{5}} \end{bmatrix}\begin{bmatrix} \frac{1}{\sqrt{5}} \\ \frac{-2}{\sqrt{5}} \end{bmatrix}=0$$

이 되어 [정리 5−2−1]이 성립하는 것을 확인할 수 있다.

n차의 대칭행렬 $\boldsymbol{A}$가 서로 다른 n개의 고유근 λ_1, λ_2, …, λ_n을 가진다면, n개의 서로 독립이며 서로 직교하는 고유벡터 $\boldsymbol{x}^1$, $\boldsymbol{x}^2$, …, $\boldsymbol{x}^n$을 가질 것이다. 그러나, 고유근 중에 중근이 있는 경우에도 서로 직교하는 n개의 벡터가 존재한다는 사실이 알려져 있다. 즉, $\boldsymbol{A}$가 n차의 대칭행렬이면 다음이 성립한다.

$$\boldsymbol{x}^{i\prime}\boldsymbol{x}^{j}=0 \quad (i\neq j,\ i,\ j=1,\ 2,\ \cdots,\ n)$$

이들 각 고유벡터를 다음과 같이 정규화하면,

$$\boldsymbol{x}^{i\prime}\boldsymbol{x}^{i}=1 \text{ 또는 } \|\boldsymbol{x}^{i}\|=1 \quad (i=1,\ 2,\ \cdots,\ n)$$

그러면 $\boldsymbol{x}^{i\prime}\boldsymbol{x}^{j}$는 다음과 같이 표현될 수 있다.

$$\boldsymbol{x}^{i\prime}\boldsymbol{x}^{j}=\delta_{ij},\ \delta_{ij}=\begin{cases} 0 & i\neq j \\ 1 & i=j \end{cases}$$

여기서 정규화된 고유벡터 $\boldsymbol{x}^1$, $\boldsymbol{x}^2$, …, $\boldsymbol{x}^n$을 열로 하는 n차행렬을 $\boldsymbol{X}$라 정의하면,

$$\boldsymbol{X}=[\boldsymbol{x}^1\ \boldsymbol{x}^2\ \cdots\ \boldsymbol{x}^n]$$

이고, $\boldsymbol{X}$는 직교행렬이 된다. 즉 $\boldsymbol{X}\boldsymbol{X}'=\boldsymbol{X}'\boldsymbol{X}=\boldsymbol{I}$ 또는 $\boldsymbol{X}^{-1}=\boldsymbol{X}'$ 이다.

정리 5-2-2

직교행렬 $\boldsymbol{X}=[\boldsymbol{x}^1\ \boldsymbol{x}^2\ \cdots\ \boldsymbol{x}^n]$는 n차의 대칭행렬 $\boldsymbol{A}$를 대각화시킨다. 즉,

$$\boldsymbol{X}'\boldsymbol{AX}=\boldsymbol{X}^{-1}\boldsymbol{AX}=\Lambda=\text{diag}\{\lambda_1,\ \lambda_2,\ \cdots,\ \lambda_n\}$$

증 명

임의의 고유근과 고유벡터 λ_j와 $\boldsymbol{x}^j$에 대하여 다음 식이 성립한다.

$$\boldsymbol{Ax}^j=\lambda_j\boldsymbol{x}^j \quad (j=1,\ 2,\ \cdots,\ n)$$

$\boldsymbol{x}^{i\prime}$을 전승하면,

$$\boldsymbol{x}^{i\prime}\boldsymbol{Ax}^j=\lambda_j\boldsymbol{x}^{i\prime}\boldsymbol{x}^j=\lambda_j\delta_{ij},\quad \delta_{ij}=\begin{cases}0 & i\neq j\\ 1 & i=j.\end{cases}$$

그런데, $\boldsymbol{x}^{i\prime}\boldsymbol{Ax}^j(=\lambda_j\boldsymbol{x}^{i\prime}\boldsymbol{x}^j)$는 $\boldsymbol{X}'\boldsymbol{AX}$의 제$i$행, 제$j$열의 원소($ij$번째 원소)를 나타내므로, 모든 i, j에 대해서 모으면,

$$\boldsymbol{X}'\boldsymbol{AX}=\Lambda=\begin{bmatrix}\lambda_1 & 0 & \cdots & 0\\ 0 & \lambda_2 & \cdots & 0\\ \vdots & \vdots & \ddots & \vdots\\ 0 & 0 & \cdots & \lambda_n\end{bmatrix}$$

이 된다. Q.E.D.

지금까지의 논의를 요약해 보면 다음과 같다. 행렬 $\boldsymbol{A}$가 대각화가 가능한 행렬이면 n개의 선형독립인 고유벡터를 구할 수 있고, 이들 고유벡터를 열로 하는 n차행렬을 $\boldsymbol{P}$라 하면, $\boldsymbol{P}=[\boldsymbol{x}^1\ \boldsymbol{x}^2\ \cdots\ \boldsymbol{x}^n]$는 $\boldsymbol{A}$를 대각화시킨다. 특히, $\boldsymbol{A}$가 대칭행렬인 경우에는 정규화된 고유벡터 $\boldsymbol{x}^1$, $\boldsymbol{x}^2$, $\cdots$, $\boldsymbol{x}^n$을 열로 하는 n차행렬 $\boldsymbol{X}(=\boldsymbol{P})$는 $\boldsymbol{A}$를 대각화시킨다.

끝으로 고유근에 관련된 두 가지의 정리를 증명하자.

정리 5-2-3

고유근들의 합은 $\boldsymbol{A}$의 대각원소들의 합과 같다. 즉,

$$\sum_{i=1}^{n} \lambda_i = \mathrm{tr}(\boldsymbol{A})$$

| 증 명 |

이 정리는 $\boldsymbol{A}$가 대칭행렬이 아닐 때도 성립하지만, $\boldsymbol{A}$가 대칭행렬일 때 그 증명이 간단하므로 $\boldsymbol{A}$는 대칭행렬이라 가정한다. $\boldsymbol{A}$가 대칭행렬이므로 [정리 5-2-2]에 의해 다음 식이 성립한다.

$$\boldsymbol{X}'\boldsymbol{A}\boldsymbol{X} = \Lambda$$

$$\begin{aligned}\mathrm{tr}(\Lambda) &= \mathrm{tr}(\boldsymbol{X}'\boldsymbol{A}\boldsymbol{X}) \\ &= \mathrm{tr}(\boldsymbol{A}\boldsymbol{X}\boldsymbol{X}') \quad \text{(3.5의 (7) 참조)} \\ &= \mathrm{tr}(\boldsymbol{A}) \quad (\because \boldsymbol{X}\boldsymbol{X}' = \boldsymbol{I})\end{aligned}$$

즉,

$$\lambda_1 + \lambda_2 + \cdots + \lambda_n = a_{11} + a_{22} + \cdots + a_{nn}$$ Q.E.D.

정리 5-2-4

고유근들의 곱은 행렬 $\boldsymbol{A}$의 행렬식과 같다. 즉,

$$\lambda_1 \lambda_2 \cdots \lambda_n = |\boldsymbol{A}|.$$

| 증 명 |

이 성질도 정방행렬 $\boldsymbol{A}$가 어떠한 행렬일 때도 성립하지만, $\boldsymbol{A}$가 대칭행렬일 때 그 증명이 간단하므로 $\boldsymbol{A}$는 대칭행렬이라 가정한다. $\boldsymbol{X}$가 직교행렬이므로 다음 성질이 만족된다.

$$\boldsymbol{X}'\boldsymbol{X} = \boldsymbol{I}_n$$

행렬식의 성질에 의해(3.3의 (7) 참조) 다음이 성립한다.

$$|\boldsymbol{X}'|\,|\boldsymbol{X}|=|\boldsymbol{I}_n|=1$$

그런데 $|\boldsymbol{X}|=|\boldsymbol{X}'|$이므로(3.3의 (1) 참조). $|\boldsymbol{X}|=\pm 1$이 된다.
$\boldsymbol{A}$가 대칭행렬이므로 [정리 5-2-2]에 의해 다음 식이 성립한다.

$$\boldsymbol{X}'\boldsymbol{A}\boldsymbol{X}=\Lambda$$

행렬식의 성질에 의해 다음 식이 성립한다.

$$|\boldsymbol{X}'|\,|\boldsymbol{A}|\,|\boldsymbol{X}|=|\Lambda|$$

$|\boldsymbol{X}'|\,|\boldsymbol{X}|=1$이므로

$$|\boldsymbol{A}|=\lambda_1\lambda_2\cdots\lambda_n$$

이 된다. Q.E.D.

예제 1을 이용하여 [정리 5-2-3]과 [정리 5-2-4]가 성립하는 것을 보일 수 있다. 즉, $\lambda_1+\lambda_2=5+0=\mathrm{tr}(\boldsymbol{A})=4+1=5$이며, $\lambda_1\lambda_2=5\times 0=|\boldsymbol{A}|=4-4=0$이 되어 두 정리가 성립한다.

예제 2

$$\boldsymbol{A}=\begin{bmatrix}1 & -1 & 0\\ -1 & 2 & -1\\ 0 & -1 & 1\end{bmatrix}$$

를 대각화시키는 직교행렬 $\boldsymbol{X}$를 구하라.

풀이

먼저 고유근과 고유벡터를 구하자.

$$|\boldsymbol{A}-\lambda\boldsymbol{I}|=\begin{bmatrix}1-\lambda & -1 & 0\\ -1 & 2-\lambda & -1\\ 0 & -1 & 1-\lambda\end{bmatrix}=-\lambda^3+4\lambda^2-3\lambda=0$$

즉,

$$-\lambda(\lambda^2-4\lambda+3)=-\lambda(\lambda-1)(\lambda-3)=0$$
$$\therefore\ \lambda_1=0,\ \lambda_2=1,\ \lambda_3=3$$

$\lambda_1=0$일 때의 고유벡터를 $\boldsymbol{x}^1$이라면

$$(\boldsymbol{A}-0\boldsymbol{I})\boldsymbol{x}^1=\begin{bmatrix}1 & -1 & 0\\ -1 & 2 & -1\\ 0 & -1 & 1\end{bmatrix}\begin{bmatrix}x_1\\ x_2\\ x_3\end{bmatrix}=\begin{bmatrix}0\\ 0\\ 0\end{bmatrix}$$

위의 연립방정식으로부터 다음을 얻는다.

$$\boldsymbol{x}^1=c_1[1,\ 1,\ 1]$$

같은 방법으로 $\lambda_2=1$, $\lambda_3=3$에 대응하는 고유벡터 $\boldsymbol{x}^2$와 $\boldsymbol{x}^3$를 구하면 다음과 같다.

$$\boldsymbol{x}^2=c_2[1,\ 0,\ -1],\ \boldsymbol{x}_3=c_3[1,\ -2,\ 1]$$

$\boldsymbol{A}$가 대칭행렬이며 $\lambda_i\neq\lambda_j$이므로 각 고유벡터는 서로 직교한다([정리 5-2-1] 참조).

0이 아닌 임의의 상수 c_i를 제거하기 위해 정규화하자.

$$\boldsymbol{x}^1=\begin{bmatrix}\frac{1}{\sqrt{3}}\\ \frac{1}{\sqrt{3}}\\ \frac{1}{\sqrt{3}}\end{bmatrix},\ \boldsymbol{x}^2=\begin{bmatrix}\frac{1}{\sqrt{2}}\\ 0\\ \frac{-1}{\sqrt{2}}\end{bmatrix},\ \boldsymbol{x}^3=\begin{bmatrix}\frac{1}{\sqrt{6}}\\ \frac{-2}{\sqrt{6}}\\ \frac{1}{\sqrt{6}}\end{bmatrix}$$

정규화된 고유벡터 $\boldsymbol{x}^1$, $\boldsymbol{x}^2$, $\boldsymbol{x}^3$를 열로 하는 행렬을 $\boldsymbol{X}$로 정의하자.

$$\boldsymbol{X}=[\boldsymbol{x}^1\ \boldsymbol{x}^2\ \boldsymbol{x}^3]=\begin{bmatrix}\frac{1}{\sqrt{3}} & \frac{1}{\sqrt{2}} & \frac{1}{\sqrt{6}}\\ \frac{1}{\sqrt{3}} & 0 & \frac{-2}{\sqrt{6}}\\ \frac{1}{\sqrt{3}} & \frac{-1}{\sqrt{2}} & \frac{1}{\sqrt{6}}\end{bmatrix}$$

예제 2에서 직교행렬 $\boldsymbol{X}$는 $\boldsymbol{A}$를 대각화시키는 것을 보일 수 있다.

$$\boldsymbol{X'AX}=\begin{bmatrix}\frac{1}{\sqrt{3}} & \frac{1}{\sqrt{3}} & \frac{1}{\sqrt{3}}\\ \frac{1}{\sqrt{2}} & 0 & \frac{-1}{\sqrt{2}}\\ \frac{1}{\sqrt{6}} & \frac{-2}{\sqrt{6}} & \frac{1}{\sqrt{6}}\end{bmatrix}\begin{bmatrix}1 & -1 & 0\\ -1 & 2 & -1\\ 0 & -1 & 1\end{bmatrix}\begin{bmatrix}\frac{1}{\sqrt{3}} & \frac{1}{\sqrt{2}} & \frac{1}{\sqrt{6}}\\ \frac{1}{\sqrt{3}} & 0 & \frac{-2}{\sqrt{6}}\\ \frac{1}{\sqrt{3}} & \frac{-1}{\sqrt{2}} & \frac{1}{\sqrt{6}}\end{bmatrix}$$

$$=\begin{bmatrix}\lambda_1 & 0 & 0\\ 0 & \lambda_2 & 0\\ 0 & 0 & \lambda_3\end{bmatrix}=\begin{bmatrix}0 & 0 & 0\\ 0 & 1 & 0\\ 0 & 0 & 3\end{bmatrix}=\Lambda$$

또한 $\lambda_1+\lambda_2+\lambda_3=0+1+3=\mathrm{tr}(\boldsymbol{A})=1+2+1=4$가 되며, $\lambda_1\lambda_2\lambda_3=|\boldsymbol{A}|=0$이 되어 [정리 5-2-3]과 [정리 5-2-4]가 성립하는 것을 보여준다.

한 가지 유의할 점은 $\boldsymbol{X}=[\boldsymbol{x}^1\ \boldsymbol{x}^2\ \boldsymbol{x}^3]$ 대신 순서를 바꾸어

$$\boldsymbol{X}^*=[\boldsymbol{x}^2\ \boldsymbol{x}^1\ \boldsymbol{x}^3]$$

로 정의하면,

$$\boldsymbol{X}^{*\prime}\boldsymbol{AX}^*=\Lambda^*=\mathrm{diag}\{\lambda_2,\ \lambda_1,\ \lambda_3\}$$

가 된다(독자 스스로가 확인하라).

연습문제

1. $\boldsymbol{A}=\begin{bmatrix} a_{11} & a_{12} \\ a_{12} & a_{22} \end{bmatrix}$ 일 때 고유근은 실수임을 보여라.

2. 다음 행렬을 대각화시키는 직교행렬 $\boldsymbol{X}$를 구하라.

(1) $\boldsymbol{A}=\begin{bmatrix} 3 & 1 \\ 1 & 3 \end{bmatrix}$

(2) $\boldsymbol{A}=\begin{bmatrix} -7 & 24 \\ 24 & 7 \end{bmatrix}$

(3) $\boldsymbol{A}=\begin{bmatrix} 1 & 0 & 0 \\ 0 & 2 & 0 \\ 0 & 0 & 3 \end{bmatrix}$

(4) $\boldsymbol{A}=\begin{bmatrix} 1 & 0 & 0 \\ 0 & 1 & 1 \\ 0 & 1 & 1 \end{bmatrix}$

3. $b \neq 0$일 때 $\boldsymbol{A}$를 대각화시키는 직교행렬을 구하라.

$$\boldsymbol{A}=\begin{bmatrix} a & b \\ b & a \end{bmatrix}$$

4. 멱등행렬(idempotent matrix)의 고유근은 0 또는 1임을 보여라.

5. 멱등행렬의 계수는 그 행렬의 트레이스와 같음을 증명하라.

제 6 장

점집합의 성질

근대수학의 모든 분야에서 가장 기초가 되는 개념이 집합인데, 직관적으로 정의하면 집합이란 내용규정이 명확한 개체들의 모임이라 할 수 있다. 집합의 표시법, 집합 간의 관계, 집합의 연산법 등은 독자들이 이미 잘 알고 있다고 간주하고, 집합의 원소들이 $\boldsymbol{R}^n$에 있는 점(벡터)들로 이루어진 집합, 즉 점집합(point set)의 성질들에 관해서 설명하기로 한다. 여기서는 점집합의 성질들을 설명할 예정이므로 벡터라는 용어 대신에 점(point)이라는 용어를 사용하기로 한다.

점집합의 예를 들면 $X=\{(x_1,\ x_2) \mid x_1^2+x_2^2<5\}$, $A=\{1,\ 2,\ 3,\ 4,\ 5\}$ 또는 $\boldsymbol{R}^n$ 등이 있는데, 위의 예에서 알 수 있는 것과 같이 점집합의 원소가 무한히 많을 수도 있고 유한할 수도 있다.

점집합의 여러 가지 성질 중에서 폐쇄성(closedness), 유계성(boundedness) 및 볼록성(convexity)을 중심으로 살펴보기로 한다.

6.1 개집합과 폐집합

개집합과 폐집합을 정의하기 위해 이들을 정의하는 데 필요한 몇 가지의 개념을 먼저 설명하자.

1.2에서 $\boldsymbol{u}$, $\boldsymbol{v} \in \boldsymbol{R}^n$일 때 두 점(벡터) $\boldsymbol{u}$와 $\boldsymbol{v}$의 「유클리드」 거리를 $\|\boldsymbol{u}-\boldsymbol{v}\| = [(\boldsymbol{u}-\boldsymbol{v})'(\boldsymbol{u}-\boldsymbol{v})]^{\frac{1}{2}}$라 정의하였다. $\boldsymbol{x}$, $\boldsymbol{a} \in \boldsymbol{R}^n$이며 $\boldsymbol{x}$가 변할 수 있는 점일 때, 집합 X를 다음과 같이 정의하면

$$X = \{\boldsymbol{x} \mid \|\boldsymbol{x}-\boldsymbol{a}\| = \varepsilon\} \text{ (단, 스칼라 } \varepsilon > 0)$$

집합 X는 점 $\boldsymbol{a}$로부터 거리가 ε인 점들의 집합이 된다.

기하학적으로 $\boldsymbol{R}^2$에서 집합 X는

$$[(x_1-a_1)^2+(x_2-a_2)^2]^{\frac{1}{2}} = \varepsilon \text{ 또는 } (x_1-a_1)^2+(x_2-a_2)^2 = \varepsilon^2$$

을 만족시키는, 즉 중심이 (a_1, a_2)이고 반지름이 ε인 원 위의 점들의 집합이 된다. $\boldsymbol{R}^3$에서의 X는 구 위의 점들의 집합이 되는 것을 알 수 있다. 이것을 $\boldsymbol{R}^n$의 경우로 확장하여 초구를 다음과 같이 정의한다.

[정의 6-1-1] 초 구

$\boldsymbol{R}^n$에서 중심이 점 $\boldsymbol{a}$이고 반지름이 $\varepsilon(>0)$인 초구(hypersphere)는 다음 집합 X로 정의한다.

$$X = \{\boldsymbol{x} \mid \boldsymbol{x} \in \boldsymbol{R}^n, \ \|\boldsymbol{x}-\boldsymbol{a}\| = \varepsilon\}$$

정의에 의해 $\boldsymbol{R}^n$에서의 초구를 나타내는 방정식은 다음과 같이 쓸 수 있다.

$$\|\boldsymbol{x}-\boldsymbol{a}\| = \varepsilon \text{ 또는 } \sum_{i=1}^{n}(x_i-a_i)^2 = \varepsilon^2$$

우리는 $\boldsymbol{R}^n$에 속하는 한 점 $\boldsymbol{a}$에 가까운 점들에 대해서 관심이 있을 때가 있다. 점 $\boldsymbol{a}$에 가까운 점들은 중심이 $\boldsymbol{a}$인 어떤 초구의 내부에 있다고 생각할 수 있다. 그런데, $\boldsymbol{R}^2$에서의 원과 $\boldsymbol{R}^3$에서의 구의 내부를 $(x_1-a_1)^2+(x_2-a_2)^2<\varepsilon^2$ 및 $(x_1-a_1)^2+(x_2-a_2)^2+(x_3-a_3)^2<\varepsilon^2$으로 각각 표시할 수 있으므로 이것을 $\boldsymbol{R}^n$으로 확장하면 중심이 점 $\boldsymbol{a}$이고 반지름이 $\varepsilon>0$인 초구의 내부는 다음의 집합 S가 된다.

$$S = \{\boldsymbol{x} \mid \boldsymbol{x} \in \boldsymbol{R}^n, \ \|\boldsymbol{x}-\boldsymbol{a}\| < \varepsilon\}$$

초구의 내부에 있는 점들의 집합 S를 점 $\boldsymbol{a}$의 ε-근방(ε-neighborhood)이라 하며 $N\varepsilon(\boldsymbol{a})$로 나타낸다. 즉,

$$N\varepsilon(\boldsymbol{a})\equiv\{\boldsymbol{x}|\boldsymbol{x}\in\boldsymbol{R}^n,\ \|\boldsymbol{x}-\boldsymbol{a}\|<\varepsilon\} \text{ 또는 } N\varepsilon(\boldsymbol{a})\equiv\{\boldsymbol{x}|\boldsymbol{x}\in\boldsymbol{R}^n,\ d(\boldsymbol{x},\ \boldsymbol{a})<\varepsilon\}$$

$a\in\boldsymbol{R}$일 때 $N\varepsilon(a)$는 개구간이 된다. 즉,

$$N\varepsilon(a)=\{x|a-\varepsilon<x<a+\varepsilon,\ x\in\boldsymbol{R}\}$$

이다. 흔히 ε-근방을 논의할 때 ε을 작은 양수로 가정하지만, 일반적으로 ε은 어떠한 양수도 될 수 있다.

$\boldsymbol{R}^2$와 $\boldsymbol{R}^3$에서는, 한 집합에 속하는 점이 그 집합의 내부에 있는 점(내부점)인가 혹은 경계에 있는 점(경계점)인가는 직관적으로 명백하지만, $\boldsymbol{R}^n$에서는 직관적으로 알 수 없으므로 이를 위해 내부점 및 경계점에 대한 분석적인 정의가 필요하다.

[정의 6-1-2] 내 부 점

$\boldsymbol{a}\in A$일 때 $N\varepsilon(\boldsymbol{a})\subset A$를 만족시키는 하나의 ε-근방이 존재한다면 점 $\boldsymbol{a}$를 집합 A의 내부점(interior point)이라 한다. 즉, $\varepsilon(>0)$이 아무리 작을지라도 점 $\boldsymbol{a}$의 ε-근방이 집합 A의 부분집합이 되는 $\varepsilon(>0)$이 존재하면 점 $\boldsymbol{a}$는 집합 A의 내부점이 된다.

[정의 6-1-3] 경 계 점

점 $\boldsymbol{a}$의 모든 ε-근방이 집합 A에 있는 점들 뿐만 아니라 집합 A에 있지 않은 점들까지도 포함하면 점 $\boldsymbol{a}$를 집합 A의 경계점(boundary point)이라 한다.

경계점의 정의에서 특히 유의할 점은 점 $\boldsymbol{a}$가 반드시 집합 A의 원소일 필요는 없다는 것이다. 즉, 경계점을 정의하는 데 있어서는 $\boldsymbol{a}\in A$라는 말이 포함되어 있지 않음에 유의하라. 내부점과 경계점을 이용하여 개집합과 폐집합을 다음과 같이 정의한다.

[정의 6-1-4] 개 집 합

집합 A의 모든 점들이 내부점이면 A를 개집합(open set)이라 한다.

[정의 6-1-5] 폐 집 합

만약 집합 A가 집합 A의 모든 경계점을 포함하고 있다면 집합 A를 폐집합(closed set)이라 한다.

예제 1

$A_1=\{x|3\leq x\leq 5\}$, $A_2=\{x|2\leq x\}$일 때 A_1과 A_2는 폐집합임을 보여라.

풀이

A_1의 경계점은 3과 5뿐인데 모두 A_1에 포함되어 있고, A_2의 경계점은 2뿐인데 역시 A_2에 포함되어 있다. 따라서 두 집합은 모두 폐집합이다.

예제 2

$A_1=\{x|3<x<4\}$, $A_2=\{x|x<4\}$일 때 A_1과 A_2의 점들은 모두 내부점이므로 A_1과 A_2는 개집합이다.

예제 3

$A_1=\{(x_1,\ x_2)|x_1^2+x_2^2\leq 1\}$, $A_2=\{(x_1,\ x_2)|x_1^2+x_2^2<1\}$, $A_3=\{(x_1,\ x_2)|x_1^2+x_2^2\leq 1,\ x_2\geq 0;\ x_1^2+x_2^2<1,\ x_2<0\}$일 때 A_1은 폐집합, A_2는 개집합, A_3는 폐집합도 아니며 개집합도 아닌 것을 보여라.

풀이

A_1과 A_2의 경계점들은 방정식 $x_1^2+x_2^2=1$을 만족시키는 점, 즉 원둘레 위의 점들이다.

[그림 6-1]의 (a)에서 볼 수 있듯이, 원둘레상의 임의의 점 $\boldsymbol{a}$의 ε_1 및 ε_2-근방은 집합 A_1에 속하는 점들과 속하지 않는 점들을 포함하고 있다. 이것은 그림 (b)의 원둘레상의 점 $\boldsymbol{a}_1$의 경우도 마찬가지

그림
6-1

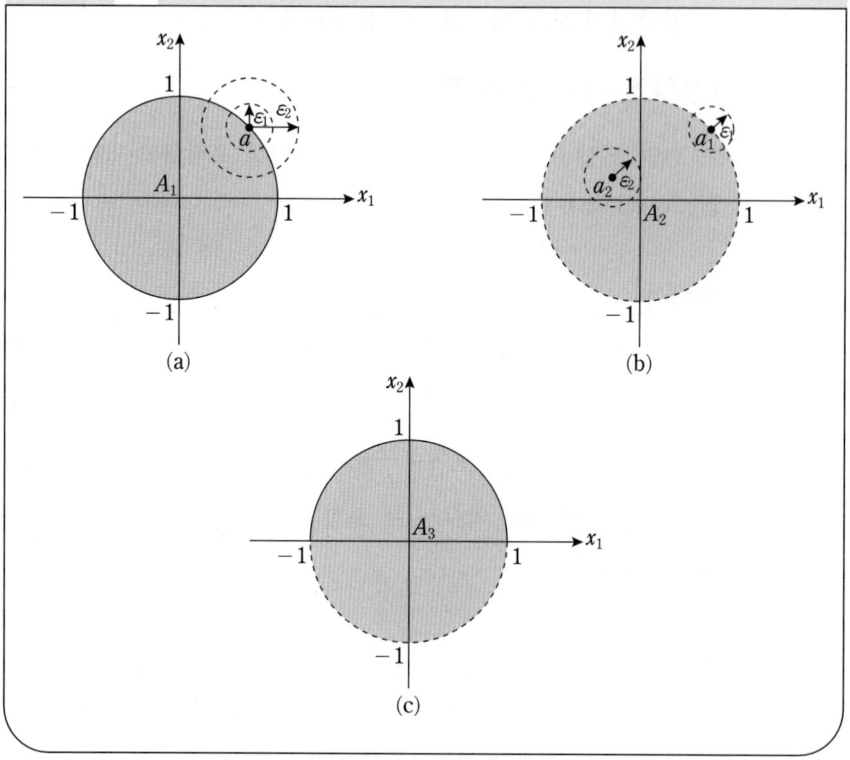

다. 그러나 $\boldsymbol{a}_1 \notin A_2$임에 유의하라.

A_1은 A_1의 모든 경계점들을 포함하고 있으므로 폐집합이고 반면에 A_2의 모든 점은 내부점이므로 A_2는 개집합이다.

끝으로, 그림 (c)의 집합 A_3와 같이 x_1축의 위쪽에 있는 반원의 둘레는 포함하고, 아래쪽에 있는 반원의 둘레를 포함하지 않아 집합 A_3는 폐집합도 개집합도 모두 아니다. 그 이유는, A_3는 모든 경계점들을 포함하지는 않았으므로(아래쪽 반원의 둘레) 폐집합이 될 수 없고 또한 A_3의 모든 점들이 내부점인 것은 아니므로(위 반원의 둘레에 있는 점들은 경계점들이므로) A_3는 개집합도 될 수 없다.

$\boldsymbol{R}^n$의 한 부분집합 A가 폐집합이 아닐 경우에는 집합 A에 가능한 최소한의 점들을 합하여 A를 폐집합으로 만들 수 있다. 예를 들어 예제 3의 집합

A_3에 아래 반원의 둘레에 있는 점들을 합하면 A_1이 되어 폐집합이 된다. 한 집합 A에 가능한 최소한의 점들을 합하여 만들어진 폐집합은 A를 포함하는 최소의 폐집합이 되는데, 이 집합을 집합 A의 폐포(closure)라 부르며 $\bar{A}$ 또는 cl A로 표시한다. 정의에 의하여 A가 어떤 집합이든지 $\bar{A} \supset A$가 되며, 집합 A가 폐집합이 되기 위한 필요충분조건은 $A = \bar{A}$인 것은 자명하다.

집합 A의 내부점들만 표현하고자 할 때는 int A로 표시한다. 예제 3에서 int $A_1 = A_2$가 됨을 알 수 있다.

예제 4

$\boldsymbol{R}^n$은 개집합인 동시에 폐집합이다.

풀이

$\boldsymbol{R}^n$에 있는 임의의 점 $\boldsymbol{a}$의 ε-근방은 $\boldsymbol{R}^n$에 포함되므로 $\boldsymbol{R}^n$은 개집합이다. 또한 $\boldsymbol{R}^n$은 경계점을 갖지 않으므로 $\boldsymbol{R}^n$은 $\boldsymbol{R}^n$의 모든 경계점을 포함하는 것이 되어 폐집합이 된다.

예제 3의 집합 A_3와 예제 4의 $\boldsymbol{R}^n$을 통해서 한 집합이 폐집합이 아니라고 해서 자동적으로 그 집합이 개집합이 되는 것은 아니라는 것을 알 수 있다. 그러나 두 개념은 보집합(complement)을 도출하는 과정에서 상호 밀접하게 연관되어 있다.

$A \subset \boldsymbol{R}^n$이며 A^c를 A의 보집합이라 하자. 보집합의 정의로부터 $A \cup A^c = \boldsymbol{R}^n$, $A \cap A^c = \phi$임을 안다. 더욱이 점 $\boldsymbol{a}$가 A의 경계점이면, 점 $\boldsymbol{a}$는 또한 A^c의 경계점이 된다. 역으로 점 $\boldsymbol{a}$가 A^c의 경계점이면, 점 $\boldsymbol{a}$는 또한 A의 경계점이다. 따라서 A가 폐집합이면 A^c는 개집합이 되며, 반대로 A가 개집합이면 A^c는 폐집합이 된다. 이 사실을 이용하면 개집합을 다음과 같이 정의할 수 있다.

[정의 6-1-6] 개 집 합

$A \subset \boldsymbol{R}^n$일 때, 집합 A의 보집합 A^c가 폐집합이면 A를 개집합이라 한다.

예제 5

ϕ는 개집합인 동시에 폐집합이다.

풀이

이것은 [정의 6-1-6]과 예제 4를 이용하면 자명해진다.

개집합과 폐집합을 정의하는 데 내부점과 경계점을 이용하여 정의하였으나 같은 내용을 수열의 극한개념을 이용하여 정의하면 폐집합에 관련된 정리들을 증명하는 데 편리하다. 따라서 수열의 극한개념을 이용한 폐집합의 정의를 간단히 살펴보자.

수열(sequence) 중에서 우리가 관심있는 것은 무한수열이므로 무한수열 및 수열의 극한을 정의하자.

[정의 6-1-7] 무한수열

정의역이 자연수의 집합 N이고, X를 임의의 집합이라 할 때 함수

$$s : N \to X$$

를 무한수열이라 하며, s_1, s_2, s_3, $\cdots$, s_n, $\cdots$ 또는 $\{s_n\}$으로 표시한다.

[정의 6-1-8] 수열의 극한과 수렴

수열 $\{s_n\}$이 어떠한 양수 ε에 대해서도 이 ε에 따라 자연수 N이 정해져서 $n \geq N$인 모든 자연수 n에 대하여

$$|s_n - l| < \varepsilon$$

을 성립하도록 하는 실수 l을 가지면 l을 수열 $\{s_n\}$의 극한이라 하고, 기호로는 다음과 같이 표시한다.

$$\lim_{n \to \infty} s_n = l \text{ 또는 } \lim_{n \to \infty} |s_n - l| = 0$$

또한 $\lim_{n \to \infty} s_n$이 존재하면, 즉 $\lim_{n \to \infty} s_n = l$이면 수열 $\{s_n\}$은 수렴한다고 하고, 수렴하지 않는 수열은 발산한다고 말한다.

수렴하는 수열의 기본성질 중의 하나는 수열의 극한은 유일하다는 것인

데 이 성질의 증명은 생략한다.

[정의 6-1-8]은 $\boldsymbol{R}$에서의 수열의 극한과 수렴을 정의했는데 이 개념을 자연스럽게 $\boldsymbol{R}^n$까지 확장할 수 있다.

[정의 6-1-9]

$\boldsymbol{x}^1$, $\boldsymbol{x}^2$, $\cdots$, $\boldsymbol{x}^v$, $\cdots$, 즉 $\{\boldsymbol{x}^v\}$가 $\boldsymbol{R}^n$에 있는 점들의 수열을 나타낸다고 하자.

$$\lim_{v\to\infty} \boldsymbol{x}^v = \boldsymbol{a} \text{ 또는 } \lim_{v\to\infty} d(\boldsymbol{x}^v, \boldsymbol{a}) = 0 \ (\text{단, } \boldsymbol{a}\in\boldsymbol{R}^n)$$

일 때 $\boldsymbol{R}^n$에 있는 점들의 수열 $\{\boldsymbol{x}^v\}$는 점 $\boldsymbol{a}$에 수렴한다고 하고 점 $\boldsymbol{a}$를 수열 $\{\boldsymbol{x}^v\}$의 극한이라고 한다.

직관적으로, $\lim_{v\to\infty} \boldsymbol{x}^v = \boldsymbol{a}$가 되기 위해서는 $\boldsymbol{x}^v$의 모든 성분들이 각각 $\boldsymbol{a}$의 성분들에 수렴해야 한다. 즉,

$$\lim_{v\to\infty} x_i^v = a_i \text{ 또는 } x_i^v \to a_i \ (i=1, 2, \cdots, n)$$

[정의 6-1-9]를 이용하여 폐집합을 다시 정의하면 아래와 같다.

[정의 6-1-10] 폐 집 합

$\boldsymbol{x}^v \in A(v=1, 2, \cdots)$일 때, $\boldsymbol{x}^v$들로 구성된 임의의 수렴하는 수열 $\{\boldsymbol{x}^v\}$의 극한 $\boldsymbol{a}$가 집합 A에 속하면 A는 폐집합이 된다.

예제 6

$A\subset\boldsymbol{R}$이며 $A=\{x\,|\,3\leqq x\leqq 4\}$일 때 A는 폐집합인 것을 수열을 이용하여 보여라.

풀이

$x_i\in A(i=1, 2, \cdots)$이고, $\lim_{i\to\infty} x_i = \alpha$라 하자. $x_i\in A$이므로

$$3\leqq x_i\leqq 4$$

이 된다. 극한을 취하면

$$3 \leqq \lim_{i\to\infty} x_i \leqq 4, \text{ 즉 } 3 \leqq \alpha \leqq 4$$

$\alpha \in A$이므로 A는 폐집합이다.

정리 6-1-1

(1) 폐집합 $X_\lambda(\lambda \in \Lambda)$들의 교집합 $X = \bigcap_{\lambda\in\Lambda} X_\lambda$ 역시 폐집합이다.

(2) 유한개의 폐집합들 $X_k(k=1, 2, \cdots, s)$의 합집합 $X = \bigcup_{k=1}^{s} X_k$도 역시 폐집합이다.

증 명

(1) $\lim_{v\to\infty} \boldsymbol{x}^v = \boldsymbol{a}$이며 $\boldsymbol{x}^v \in X(v=1, 2, \cdots)$라 하자. 모든 $\lambda \in \Lambda$에 대하여 $X \subset X_\lambda$이므로 $\{\boldsymbol{x}^v\}$도 X_λ에 있는 점들의 수열이다. X_λ는 폐집합이고 수열 $\{\boldsymbol{x}^v\}$는 $\boldsymbol{a}$에 수렴하므로, $\boldsymbol{a} \in X_\lambda$.

λ는 Λ의 어떤 원소도 될 수 있으므로

$$\boldsymbol{a} \in \bigcap_{\lambda\in\Lambda} X_\lambda = X$$

$\therefore$ X는 폐집합이다.

(2) (1)과 비슷하나 복잡하므로 생각한다. Q.E.D.

6.2 유계집합

S가 실수의 부분집합이라 하자. 즉, $S \subset \boldsymbol{R}$일 때 만약 모든 $x \in S$에 대하여 $x \leqq a$를 만족시키는 실수 $a \in \boldsymbol{R}$가 존재하면(a가 반드시 S의 원소일 필요는 없다) 집합 S는 위로 유계(bounded above)되었다고 하며, a를 집합 S의 상계(upper bound)이라 한다. 마찬가지로 모든 $x \in S$에 대하여 $x \geqq b$를 만족시키는 실수 $b \in \boldsymbol{R}$가 존재한다면(b가 반드시 S의 원소일 필요는 없다) 집합 S는 아래로 유계(bounded below)되었다고 하며 b를 집합 S의 하계

(lower bound)라 한다. 한 집합 S가 상계 및 하계를 모두 가질 때 집합 S를 유계집합(bounded set)이라 한다. 또한, 상계나 하계는 주어진 하나의 실수의 집합에 대해서 무수히 많이 있다. S의 상계 중에서 최소값을 α라 하면 α를 집합 S의 상한(least upper bound, lub, 또는 supremum)이라고 하며

$$\sup_{x\in S} x=\alpha,\ \sup S=\alpha,\ \text{또는 lub } S=\alpha$$

로 표기한다. 반면에 S의 하계 중에서 최대값을 β라 하면 β를 집합 S의 하한(greatest lower bound, glb 또는 infimum)이라고 하며

$$\inf_{x\in S} x=\beta,\ \inf S=\beta,\ \text{또는 glb } S=\beta$$

로 표기한다.

상한과 하한은 매우 중요한 개념이다. 만약 집합 S가 α와 β를 포함하고 있다면 상한은 최대값, 하한은 최소값과 완전히 일치한다. 그러나, 최대값 또는 최소값이 존재하지 않는 경우에 상한과 하한의 개념들이 이들을 대체하여 사용될 수 있다. 예를 들어, $S=\{x|x<1\}$이면 S의 최대값은 존재하지 않으나 $\sup_{x\in S} x=1$은 존재한다.

유계집합의 개념을 $\boldsymbol{R}^n$으로 확장하자. $A\subset\boldsymbol{R}^n$일 때 모든 $\boldsymbol{a}\in A$에 대하여 $\|\boldsymbol{a}\|<r$을 성립시키는 양수 r이 존재하면 집합 A는 유계집합이라고 한다.

그림 6-2 한 점과 집합과의 거리

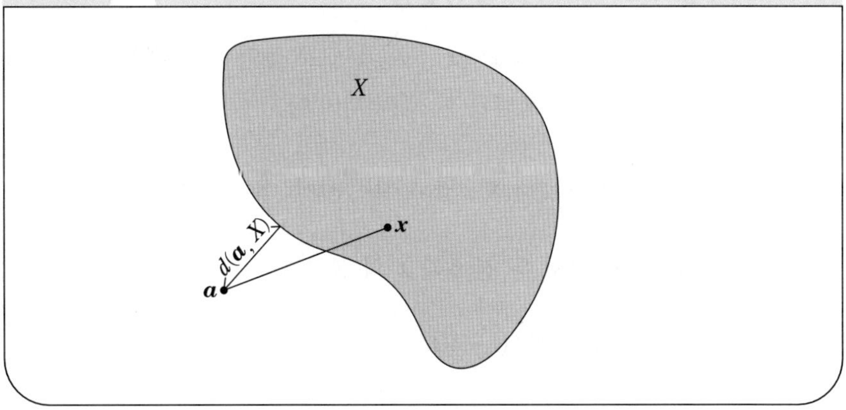

특히 $A \subset \boldsymbol{R}^n$일 때 유계인 폐집합을 콤팩트 집합(compact set)이라 한다.

집합 X와 점 $\boldsymbol{a}$와의 거리는 다음과 같이 정의한다([그림 6-2] 참조).

$$d(\boldsymbol{a}, X) = \inf_{x \in X} d(\boldsymbol{a}, \boldsymbol{x})$$

만약, 거리가 최소인 점 $\boldsymbol{x}$가 집합 X의 원소이면

$$d(\boldsymbol{a}, X) = \min_{x \in X} d(\boldsymbol{a}, \boldsymbol{x})$$

로 표현할 것이나 이것이 가능한 경우는 특별한 집합인 경우에 한하므로, 일반적으로 집합과 점과의 거리는 최소값 대신에 하한을 이용하여 정의한다.

예제 7

$A = \{x \mid -4 < x < 8,\ x \in \boldsymbol{R}\}$일 때 $\inf A = -4$, $\sup A = 8$이다.

6.3 볼록집합

볼록집합에 관한 이론은 경제학, 선형계획법, 게임이론 등에서 광범위하게 응용되므로 이 개념을 명백히 이해할 필요가 있다. 볼록집합을 정의하기 전에 선형결합의 특수한 형태인 볼록결합을 정의하자.

[정의 6-3-1] 볼록결합

m개의 점(벡터) $\boldsymbol{x}^1, \boldsymbol{x}^2, \cdots, \boldsymbol{x}^m \in \boldsymbol{R}^n$들의 볼록결합(convex combination)은 다음과 같이 정의된 한 점(벡터)이다.

$$\boldsymbol{w} = \sum_{i=1}^{m} \lambda_i \boldsymbol{x}^i, \text{ 단 } \lambda_i \geq 0 \quad (i = 1, 2, \cdots, m), \ \sum_{i=1}^{m} \lambda_i = 1$$

$\boldsymbol{R}^2$와 $\boldsymbol{R}^3$에서 두 점 $\boldsymbol{x}^1$과 $\boldsymbol{x}^2$의 볼록결합

$$\boldsymbol{w} = \lambda \boldsymbol{x}^1 + (1 - \lambda)\boldsymbol{x}^2, \ 0 \leq \lambda \leq 1$$

그림 6-3 볼록결합

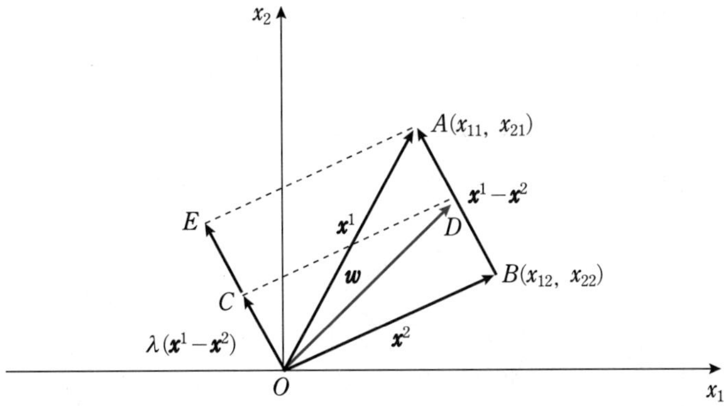

은 두 점 $\boldsymbol{x}^1$과 $\boldsymbol{x}^2$를 연결한 선분 위의 점이 된다. 예를 들어 $\boldsymbol{x}^1$과 $\boldsymbol{x}^2$가 $\boldsymbol{R}^2$에 있는 점들이라 하자. 즉,

$$\boldsymbol{x}^1=\begin{bmatrix} x_{11} \\ x_{21} \end{bmatrix},\ \boldsymbol{x}^2=\begin{bmatrix} x_{12} \\ x_{22} \end{bmatrix} \text{ 또는 } \boldsymbol{x}^1=(x_{11},\ x_{21}),\ \boldsymbol{x}^2=(x_{12},\ x_{22})$$

$\boldsymbol{w}=\lambda\boldsymbol{x}^1+(1-\lambda)\boldsymbol{x}^2=\boldsymbol{x}^2+\lambda(\boldsymbol{x}^1-\boldsymbol{x}^2)$인데 [그림 6-3]에서 $\boldsymbol{x}^1=\overrightarrow{OA}$, $\boldsymbol{x}^2=\overrightarrow{OB}$, $\boldsymbol{x}^1-\boldsymbol{x}^2=\overrightarrow{BA}=\overrightarrow{OE}$, $\lambda(\boldsymbol{x}^1-\boldsymbol{x}^2)=\overrightarrow{OC}$이므로 $\boldsymbol{w}=\overrightarrow{OD}$가 되어, 기하학적으로 볼록결합 $\boldsymbol{w}$는 점 A와 점 B를 연결한 선분 AB 위에 놓이게 된다.

[정의 6-3-2] 볼록집합

임의의 두 점(벡터) $\boldsymbol{x}^1\in S$ 및 $\boldsymbol{x}^2\in S$와 $0\leqq\lambda\leqq 1$인 모든 실수 λ에 대해서 다음 조건이 만족되면 집합 S를 볼록집합(convex set)이라 한다.

$$\boldsymbol{w}=\lambda\boldsymbol{x}^1+(1-\lambda)\boldsymbol{x}^2\in S,\ 0\leqq\lambda\leqq 1$$

기하학적으로 S가 $\boldsymbol{R}^2$ 또는 $\boldsymbol{R}^3$의 부분집합일 때 집합 S에 있는 임의의 두 점을 연결한 선분이 집합 S에 완전히 포함된다면 집합 S는 볼록집합이 된다. 그러나, 이러한 기하학적 의미는 4차원 이상의 공간에서는 명확하지 않으므로 한 집합이 볼록집합인가의 여부를 밝히기 위해서는 [정의 6-3-2]와 같은 대수적 정의가 필요하다.

관행상 한 개의 점으로 된 집합과 공집합은 볼록집합이라고 말한다.

예제 8

다음의 집합 A는 볼록집합이지만, 집합 B는 볼록집합이 아니다.

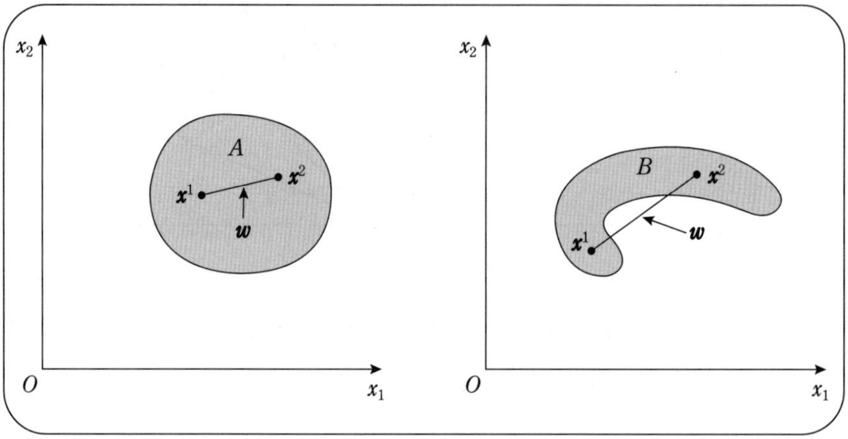

예제 9

$\boldsymbol{R}^n$의 비부상한(non-negative orthant) $\boldsymbol{R}^n_+$는 볼록집합이다.

$$\boldsymbol{R}^n_+ = \{\boldsymbol{x} | \boldsymbol{x} \geqq \boldsymbol{0}\}$$

풀이

$\boldsymbol{x}^1$, $\boldsymbol{x}^2 \in \boldsymbol{R}^n_+$이면, $\boldsymbol{x}^1 \geqq \boldsymbol{0}$, $\boldsymbol{x}^2 \geqq \boldsymbol{0}$. $\boldsymbol{x}^1$과 $\boldsymbol{x}^2$의 볼록결합을 $\boldsymbol{w}$라 하면,

$$\boldsymbol{w} = \lambda \boldsymbol{x}^1 + (1-\lambda)\boldsymbol{x}^2 \geqq \lambda \boldsymbol{0} + (1-\lambda)\boldsymbol{0} = \boldsymbol{0}$$

$$\therefore\ \boldsymbol{w} \in \boldsymbol{R}^n_+$$

따라서 $\boldsymbol{R}^n_+$는 볼록집합이다.

예제 10

$\boldsymbol{R}^2$에서 방정식 $p_1x_1 + p_2x_2 = \alpha$ (단, p_1, p_2, α는 상수)는 직선을 나타내고, $\boldsymbol{R}^3$에서 방정식 $p_1x_1 + p_2x_2 + p_3x_3 = \alpha$ (단, p_1, p_2, p_3, α는 상수)는 평면을 나타

낸다. 이것을 $\boldsymbol{R}^n$으로 확장했을 때, 방정식 $p_1x_1+p_2x_2+\cdots+p_nx_n=\alpha$ (단, p_1, p_2, ⋯, p_n, α는 상수)는 초평면(hyperplane)을 나타내는 식이라 한다.

p_i가 동시에 0이 아닐 때 초평면을 이루는 점들의 집합
$X=\{(x_1, x_2, \cdots, x_n) \mid p_1x_1+p_2x_2+ \cdots +p_nx_n=\alpha\}$는 볼록집합임을 보여라.

풀이

X를 벡터로 표시하면 다음과 같다.

$$X=\{\boldsymbol{x} \mid \boldsymbol{p}'\boldsymbol{x}=\alpha\}$$

단, $\boldsymbol{p}\neq\boldsymbol{0}$, α는 상수, $\boldsymbol{p}=[p_1, p_2, \cdots, p_n]$, $\boldsymbol{x}=[x_1, x_2, \cdots, x_n]$.
$\boldsymbol{x}^1$과 $\boldsymbol{x}^2$가 초평면에 있는 임의의 두 점이라면, 즉 $\boldsymbol{x}^1$, $\boldsymbol{x}^2\in X$라면,

$$\boldsymbol{p}'\boldsymbol{x}^1=\alpha,\ \boldsymbol{p}'\boldsymbol{x}^2=\alpha \qquad (1)$$

$\boldsymbol{w}$를 $\boldsymbol{x}^1$과 $\boldsymbol{x}^2$의 볼록결합이라 하면,

$$\boldsymbol{w}=\lambda\boldsymbol{x}^1+(1-\lambda)\boldsymbol{x}^2,\ 0\leqq\lambda\leqq1 \qquad (2)$$

$$\begin{aligned}\boldsymbol{p}'\boldsymbol{w}&=\boldsymbol{p}'[\lambda\boldsymbol{x}^1+(1-\lambda)\boldsymbol{x}^2]\\&=\lambda\boldsymbol{p}'\boldsymbol{x}^1+(1-\lambda)\boldsymbol{p}'\boldsymbol{x}^2 \quad (\because\ \lambda\text{와 } (1-\lambda)\text{는 스칼라})\\&=\lambda\,\alpha+(1-\lambda)\,\alpha \quad ((1)\text{에 의해})\\&=\alpha.\end{aligned}$$

즉, $\boldsymbol{p}'\boldsymbol{w}=\alpha$이므로, $\boldsymbol{w}\in X$가 되어 X는 볼록집합이다.

위의 결과로부터 $\boldsymbol{R}^2$에서의 직선과 $\boldsymbol{R}^3$에서의 평면을 이루는 점들의 집합 역시 볼록집합인 것을 유추할 수 있다.

정리 6-3-1

$\boldsymbol{R}^n$의 부분집합 S_1과 S_2(S_1, $S_2\subset\boldsymbol{R}^n$)가 볼록집합이면
(1) $S_1\cap S_2$는 볼록집합이다.
(2) $S_1+S_2=\{\boldsymbol{z} \mid \boldsymbol{z}=\boldsymbol{x}+\boldsymbol{y},\ \boldsymbol{x}\in S_1,\ \boldsymbol{y}\in S_2\}$는 볼록집합이다.
(3) $S_1-S_2=\{\boldsymbol{z} \mid \boldsymbol{z}=\boldsymbol{x}-\boldsymbol{y},\ \boldsymbol{x}\in S_1,\ \boldsymbol{y}\in S_2\}$는 볼록집합이다.

증 명

(1) $\boldsymbol{x}$, $\boldsymbol{y} \in S_1 \cap S_2$ 이면,

$$\boldsymbol{x},\ \boldsymbol{y} \in S_1 \text{ 및 } \boldsymbol{x},\ \boldsymbol{y} \in S_2$$

S_1과 S_2는 볼록집합이므로, $\boldsymbol{x}$와 $\boldsymbol{y}$의 볼록결합을 $\boldsymbol{w}$라 하면,

$$\boldsymbol{w} = \lambda \boldsymbol{x} + (1-\lambda)\boldsymbol{y} \in S_1,\ \boldsymbol{w} = \lambda \boldsymbol{x} + (1-\lambda)\boldsymbol{y} \in S_2,\ 0 \leqq \lambda \leqq 1$$

따라서,

$$\boldsymbol{w} = \lambda \boldsymbol{x} + (1-\lambda)\boldsymbol{y} \in S_1 \cap S_2,\ 0 \leqq \lambda \leqq 1$$

이므로 $S_1 \cap S_2$는 볼록집합이다.

(2) $\boldsymbol{z}^1$, $\boldsymbol{z}^2 \in S_1 + S_2$이면

$$\boldsymbol{z}^1 = \boldsymbol{x}^1 + \boldsymbol{y}^1,\ \boldsymbol{z}^2 = \boldsymbol{x}^2 + \boldsymbol{y}^2,\ \text{여기서 } \boldsymbol{x}^1,\ \boldsymbol{x}^2 \in S_1,\ \boldsymbol{y}^1,\ \boldsymbol{y}^2 \in S_2.$$

그런데 S_1과 S_2가 볼록집합이므로,

$$\boldsymbol{w}^1 = \lambda \boldsymbol{x}^1 + (1-\lambda)\boldsymbol{x}^2 \in S_1,\ \boldsymbol{w}^2 = \lambda \boldsymbol{y}^1 + (1-\lambda)\boldsymbol{y}^2 \in S_2$$

$\boldsymbol{z}^1$과 $\boldsymbol{z}^2$의 볼록결합을 $\boldsymbol{w}$라 하면,

$$\begin{aligned}\boldsymbol{w} = \lambda \boldsymbol{z}^1 + (1-\lambda)\boldsymbol{z}^2 &= \lambda(\boldsymbol{x}^1 + \boldsymbol{y}^1) + (1-\lambda)(\boldsymbol{x}^2 + \boldsymbol{y}^2) \quad (0 \leqq \lambda \leqq 1) \\ &= [\lambda \boldsymbol{x}^1 + (1-\lambda)\boldsymbol{x}^2] + [\lambda \boldsymbol{y}^1 + (1-\lambda)\boldsymbol{y}^2] \\ &= \boldsymbol{w}^1 + \boldsymbol{w}^2\end{aligned}$$

따라서 $\boldsymbol{w} = \boldsymbol{w}^1 + \boldsymbol{w}^2$이며, $\boldsymbol{w}^1 \in S_1$, $\boldsymbol{w}^2 \in S_2$이므로 $\boldsymbol{z}^1$과 $\boldsymbol{z}^2$의 볼록결합인 $\boldsymbol{w} \in S_1 + S_2$가 되어 S_1과 S_2의 직합(direct sum) $S_1 + S_2$는 볼록집합이다.

(3) (2)의 증명법과 유사하므로 생략한다. Q.E.D.

볼록집합에 관련된 두 가지 용어를 정의하자.

[정의 6-3-3] 극 점

볼록집합 X의 한 점 $\boldsymbol{x}\in X$가 집합 X에 속하는 임의의 서로 다른 두 점의 볼록결합으로 표시될 수 없을 때, 점 $\boldsymbol{x}$를 볼록집합 X의 극점(extreme point)이라 한다. 즉, $\boldsymbol{x}\in X$에 대해

$$\boldsymbol{x}=\lambda\boldsymbol{x}^1+(1-\lambda)\boldsymbol{x}^2 \text{ (단, } \boldsymbol{x}^1,\ \boldsymbol{x}^2\in X,\ \boldsymbol{x}^1\neq\boldsymbol{x}^2,\ 0<\lambda<1)$$

를 만족시키는 점, $\boldsymbol{x}^1$과 $\boldsymbol{x}^2$가 집합 X내에 존재하지 않는다면, $\boldsymbol{x}$는 볼록집합 X에 있는 하나의 극점이다.

예제 11

집합 $X=\{(x_1,\ x_2)\,|\,x_1^2+x_2^2\leqq 25\}$는 볼록집합이며, 원둘레 $x_1^2+x_2^2=25$ 위의 점들은 집합 X의 극점들이다.

예제 12

다음 집합 A에서 a, b, c는 극점이나 d는 극점이 아니다.

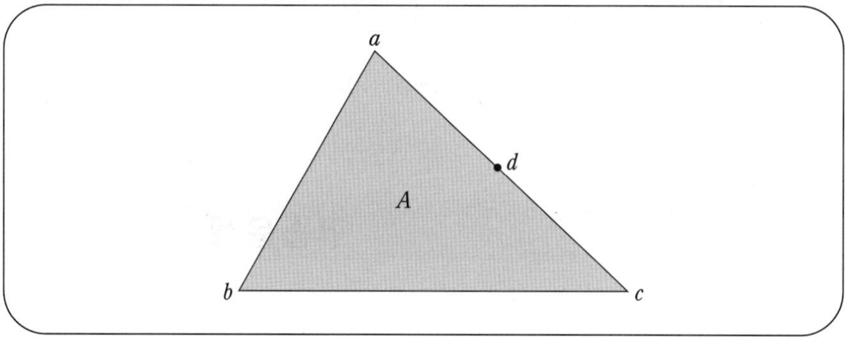

[정의 6-3-4] 볼록외포

$X\subset\boldsymbol{R}^n$이라 하자. 집합 X를 포함하는 최소의 볼록집합을 집합 X의 볼록외포(convex hull)라 하고, $[X]$ 또는 $H(X)$로 표시한다. 즉, $[X]$는 $\boldsymbol{R}^n$의 부분집합이면서 동시에 X를 포함하는 모든 볼록집합들의 교집합이다.

예제 13

비볼록집합 A가 파란 부분일 때 볼록외포 $[A]$는 파란 부분과 검정 부분의 합이다.

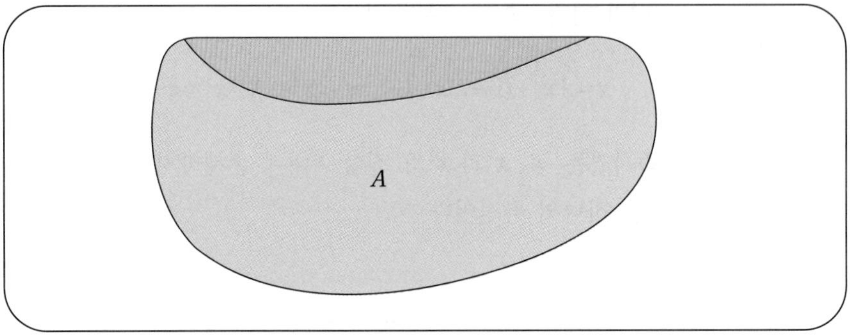

예제 14

$A=\{(x_1, x_2) \mid x_1^2+x_2^2=1\}$일 때, $[A]=\{(x_1, x_2) \mid x_1^2+x_2^2 \leqq 1\}$이다.

예제 15

$A=\{x_1, x_2\} \subset \boldsymbol{R}$일 때, $[A]$는 두 점 x_1과 x_2를 잇는 선분이다. 즉,

$$[A]=\{x \mid x=\lambda x_1+(1-\lambda)x_2, \ 0 \leqq \lambda \leqq 1\}.$$

연습문제

1. 다음 집합 $X=\{1, 2, 3, 4\} \subset \boldsymbol{R}$은 폐집합임을 증명하라.

2. $X_1=\{(x_1, x_2) \mid 2x_1-x_2 \geqq 5\} \subset \boldsymbol{R}^2$

$X_2=\{(x_1, x_2) \mid 2x_1-x_2 \leqq 5\} \subset \boldsymbol{R}^2$

$X_3=\{(x_1, x_2) \mid 2x_1-x_2 = 5\} \subset \boldsymbol{R}^2$

$X_4=\{(x_1, x_2) \mid 2x_1-x_2 > 5\} \subset \boldsymbol{R}^2$

$X_5 = \{(x_1, x_2) \mid 2x_1 - x_2 < 5\} \subset \boldsymbol{R}^2$

일 때 집합 X_1, X_2 및 X_3는 폐집합이고 집합 X_4와 X_5는 개집합인 것을 보여라.

3. $X = \{1, \frac{1}{2}, \cdots, \frac{1}{n}, \cdots\}$일 때 X의 폐포 $\bar{X}$를 구하라.

4. 다음을 구하라.

(1) $\inf_{x \in R} 2^{-x}$　　(2) $\inf_{x \in R} \sin x$　　(3) $\sup_{x \in R} \sin x$

5. 다음 집합 중 어느 집합이 볼록집합인가?

(1) $A = \{(x, y) \mid x^2 - y^2 \geqq 4\}$　　(2) $B = \{(x, y) \mid x^2 - y^2 \leqq 4\}$

(3) $C = \{(x, y) \mid x^2 + y^2 \geqq 4\}$　　(4) $D = \{(x, y) \mid x^2 + y^2 \leqq 4\}$

(5) $E = \{(x, y) \mid x^2 + y^2 = 4\}$　　(6) $F = \{(x, y) \mid x \geqq 2, y \leqq 3\}$

(7) $G = \{(x, y) \mid xy \leqq 1, x \geqq 0, y \geqq 0\}$

6. $\boldsymbol{A}$가 $m \times n$행렬이고 $\boldsymbol{b}$가 $m \times 1$열벡터라 할 때

$$X = \{\boldsymbol{x} \mid \boldsymbol{x} \in \boldsymbol{R}^n, \boldsymbol{Ax} \leqq \boldsymbol{b}\}$$

는 폐집합인 동시에 볼록집합인 것을 증명하라.

제2부
미분 · 적분법

제 7 장

대수함수의 미분법

7.1 극한의 정의

미적분학은 극한의 개념에 기초를 둔 수학이론이므로, 미적분학을 보다 정확히 이해하기 위해서는 먼저 극한의 개념을 배울 필요가 있다.

실수 a와 b를 직선 위의 두 점으로 나타내었다고 하자. 그러면 $|a-b|$는 a와 b 사이의 거리를 나타낸다([그림 7-1] 참조).

$|a-b|$의 값이 작을 때, 즉 a와 b 사이의 거리가 작을 때 b는 a에 가까이 있다고 말한다. 물론 $|a-b|$의 값이 작으면 작을수록 두 점은 더욱 가까이 있다고 말할 수 있다.

함수 $f(x)=x^2+1$에서 변수 x가 1에 가까워지면 가까워질수록 x^2+1은 2에 점점 더 가까워질 것이다. 예를 들어,

그림 7-1 두 점 사이의 거리

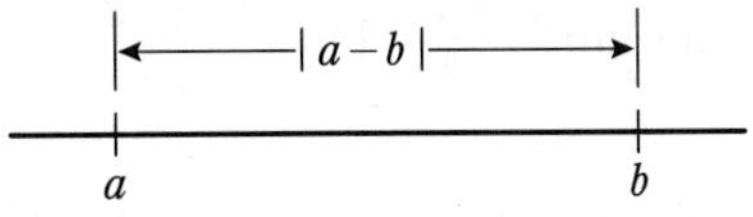

$x=1.2$이면 $x^2+1=2.44$, $|(x^2+1)-2|=0.44$,
$x=0.95$이면 $x^2+1=1.9025$, $|(x^2+1)-2|=0.0975$,
$x=0.999$이면 $x^2+1=1.998001$, $|(x^2+1)-2|=0.001999$.

따라서 x가 충분히 1에 가까운 값을 갖도록 한다면 x^2+1과 2와의 차이, $|(x^2+1)-2|$는 마음먹은 대로 얼마든지 작게 만들 수 있다. 이러한 사실을, x가 1에 접근할 때 x^2+1은 극한값 2를 갖는다고 한다. 직관적으로 극한을 정의하면 다음과 같다.

[정의 7-1-1] 극한값 또는 극한

함수 $f(x)$가 $x=a$의 근방에서 정의되어 있고, x가 a의 좌우편으로부터 충분히 a에 가까이 접근할 때, $f(x)$의 값이 어느 일정한 값 l에 접근하면 함수 $f(x)$는 x가 a에 접근할 때 극한값 또는 극한 l을 갖는다고 하고

$$x \to a \text{일 때 } f(x) \to l \text{ 또는 } \lim_{x \to a} f(x) = l$$

로 나타낸다.

이 정의에서 주의할 점은 기호 $x \to a$는 x가 a에 가까워지지만 같지는 않다($x \neq a$)는 사실을 의미할 때에 한해서 사용된다는 것이다. 따라서, 함수 $f(x)$가 $x=a$에서 정의조차 되지 않는 경우에도 $x \to a$일 때 함수 $f(x)$의 극한값이 존재할 수 있다.

예제 1

다음 극한값을 구하라.

풀이

(i) $\lim_{x \to 1}(5x+5)=10$

(ii) $\lim_{x \to 2}\dfrac{x^2-4}{x-2}=\lim_{x \to 2}\dfrac{(x-2)(x+2)}{x-2}=\lim_{x \to 2}(x+2)=4$

$x=2$에서는 함수가 정의되지 않는다. 그런데 $x \to 2$는 x가 2에 가까

워지지만 $x \neq 2$임을 의미하므로 $(x-2)$를 분모와 분자에서 나누어 주면 극한값은 존재한다.

$$\text{(iii)}\ f(x)=\begin{cases} 2x+1 & (x\neq 1) \\ 0 & (x=1) \end{cases}$$

일 때 $\lim_{x\to 1} f(x)=3$인 것은 그래프를 사용하면 쉽게 알 수 있다.

$$\text{(iv)}\ \lim_{x\to 0}\frac{1}{x^2}=\infty$$

여기서 주의할 점은 ∞는 수가 아니라 단지 무한히 커지는 것을 나타내는 기호일 뿐이라는 점이다. 물론 이 경우의 극한값은 존재하지 않는다.

극한의 개념이 포함된 문제를 수학적으로 엄밀하게 해석하기 위해 극한을 구체적으로 정의하면 다음과 같다.

[정의 7－1－2]

x가 a에 접근할 때 함수 $f(x)$가 극한값 l에 접근한다는 것은 임의의 양수

그림 7-2 함수의 극한

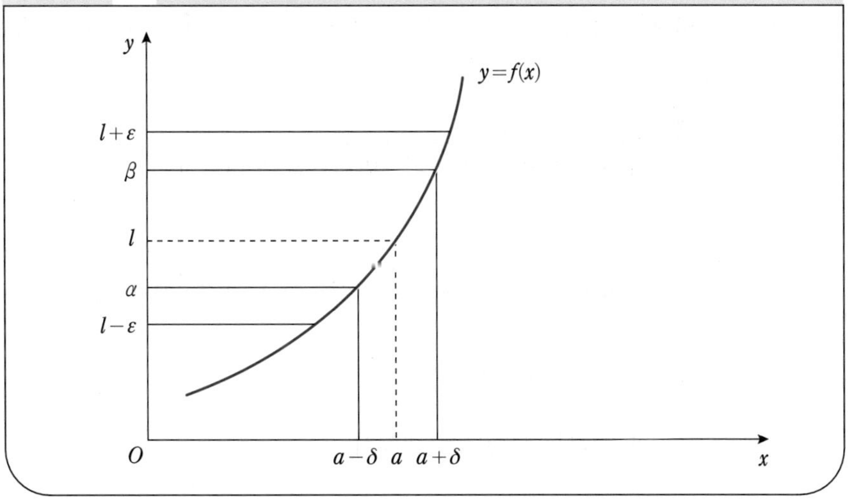

ε에 대응하여 어떤 양수 δ가 정해져서, $0<|x-a|<\delta$에 속하는 모든 x에 대해서 부등식 $|f(x)-l|<\varepsilon$이 만족되는 것을 말한다. 이를 기호

$$\lim_{x \to a} f(x) = l$$

로 표시한다.

[정의 7-1-2]를 ε-δ방법에 의한 함수의 극한에 대한 정의라 한다. ε-δ 방법에 의한 극한의 정의로부터 [정의 7-1-1]을 유도할 수 있다. ε은 임의의 양수이므로 ε을 임의의 큰 수로부터 아주 작은 수, 예를 들어 $\varepsilon=0.0000001$로 줄여가면 부등식 $|f(x)-l|<\varepsilon$을 만족시킬 수 있는 δ의 값도 점점 작아져 결국 ε과 비슷한 아주 작은 δ만이 부등식을 만족시킬 것이다. δ가 점점 작아지는 과정은 사실상 x가 a에 접근하는 것을 의미하고, ε이 아주 작은 양수가 되는 것은 $f(x)$에 l과는 아주 가깝다는 것, 즉 $f(x)$가 l에 접근한다는 것을 뜻한다.

[정의 7-1-2]를 그래프로 예시하면 [그림 7-2]와 같다. [그림 7-2]에서 x가 구간 $0<|x-a|<\delta$에 있을 때, 이 구간에 대응하는 $f(x)$는 구간 $\alpha<f(x)<\beta$에 있으므로 부등식 $|f(x)-l|<\varepsilon$을 만족시킨다.

일반적으로 δ는 ε의 선택에 따라 변한다. 즉, δ는 ε에 대하여 상대적으로 결정되므로 δ는 ε의 함수($\delta=\delta(\varepsilon)$)이다. 따라서, 특정의 ε에 대하여 가장 좋은 δ가 존재하는 것은 아니다. 하나의 δ가 부등식 $|f(x)-l|<\varepsilon$을 만족시키면 이보다 작은 모든 δ값들로 부등식 $|f(x)-l|<\varepsilon$을 만족시킨다.

예제 2

$\lim_{x \to 1}(5x+5)=10$인 것을 $\varepsilon-\delta$방법으로 증명하라.

풀이

임의의 양수 ε에 대응하여 $\delta(>0)$가 정해져서 변역

$$0<|x-1|<\delta$$

에 속하는 모든 x에 대해서

$$|5(x+1)-10|<\varepsilon \text{ 또는 } 5|x-1|<\varepsilon$$

이 성립하는 것을 보이면 된다. 위의 식의 양변을 5로 나누면

$$|x-1|<\frac{\varepsilon}{5}$$

가 된다. $\delta=\frac{\varepsilon}{5}$으로 선택하면, $0<|x-1|<\frac{\varepsilon}{5}$일 때 반드시 $|5(x+1)-10|=5|x-1|<5\cdot\frac{\varepsilon}{5}=\varepsilon$이 성립하므로 $\lim_{x\to 1}(5x+5)=10$.

[정의 7-1-2]를 사용하면 극한의 몇 가지 중요한 기본정리들을 증명할 수 있다. 이 중에서 (1)만 증명한다.

정리 7-1-1

$\lim_{x\to a}f(x)=l_1$, $\lim_{x\to a}g(x)=l_2$일 때

(1) $\lim_{x\to a}[f(x)+g(x)]=l_1+l_2$

(2) $\lim_{x\to a}f(x)\cdot g(x)=\lim_{x\to a}f(x)\cdot\lim_{x\to a}g(x)=l_1l_2$

(3) $\lim_{x\to a}\frac{f(x)}{g(x)}=\frac{\lim_{x\to a}f(x)}{\lim_{x\to a}g(x)}=\frac{l_1}{l_2}$ (단, $l_2\neq 0$)

증 명

(1)을 증명하려면 임의의 $\varepsilon(>0)$에 대하여 어떤 $\delta(>0)$가 정해져서 $0<|x-a|<\delta$일 때 언제나 $|f(x)+g(x)-(l_1+l_2)|<\varepsilon$이 만족되는 것을 보이면 된다. 가정에 의해 $\lim_{x\to a}f(x)=l_1$ $\lim_{x\to a}g(x)=l_2$이므로, ε을 임의의 양수라 하면, $\frac{\varepsilon}{2}$에 대하여

$$0<|x-a|<\delta_1\text{이면, } |f(x)-l_1|<\frac{\varepsilon}{2}$$

$$0<|x-a|<\delta_2\text{이면, } |g(x)-l_2|<\frac{\varepsilon}{2}$$

가 만족되는 $\delta_1(>0)$과 $\delta_2(>0)$가 존재한다. δ_1과 δ_2 중 작은 것을 δ라 하면, 즉

$$\delta = \min\{\delta_1,\ \delta_2\}$$

이면 δ는 양수이고, $0<|x-a|<\delta$일 때 다음 부등식이 성립한다.

$$|f(x)+g(x)-(l_1+l_2)| = |(f(x)-l_1)+(g(x)-l_2)| \leqq |f(x)-l_1| + |g(x)-l_2| < \frac{\varepsilon}{2}+\frac{\varepsilon}{2}=\varepsilon$$

Q.E.D.

때때로 어떤 함수의 경우에는 x가 a의 오른쪽에서 접근할 때 얻은 $f(x)$의 극한값(이를 우방극한값이라 한다)과 a의 왼쪽에서 접근할 때 얻은 $f(x)$의 극한값(이를 좌방극한값이라 한다)이 서로 다른 경우가 있다. 이 때는 물론 $x\to a$일 때 $f(x)$의 극한값은 존재하지 않는다. 그러나 우방극한값과 좌방극한값은 존재한다.

함수의 우방극한값(right hand limit)은 기호로 다음과 같이 표시한다.

$$\lim_{x\to a+} f(x) = l_1$$

함수의 좌방극한값(left hand limit)은 기호로 다음과 같이 표시한다.

$$\lim_{x\to a-} f(x) = l_2$$

극한의 정의에 의해 $x\to a$일 때 함수 $f(x)$가 극한값 l을 갖기 위한 필요충분조건은

$$\lim_{x\to a+} f(x) = \lim_{x\to a-} f(x) = l_1 = l_2 = l$$

임을 알 수 있다.

예를 들어 $\lim_{x\to 0}\frac{x}{|x|}$의 극한값은 존재하지 않는다. 왜냐하면 우방극한 값을 구하면 $\lim_{x\to 0+}\frac{x}{|x|}=\lim_{x\to 0+}\frac{x}{x}=1$이고, 반면에 좌방극한값을 구하면 $\lim_{x\to 0-}\frac{x}{|x|}=\lim_{x\to 0-}\frac{x}{-x}=-1$이 되어 우방극한값과 좌방극한값이 같지 않기 때문이다. 물론 우방극한값과 좌방극한값은 각각 존재한다.

7.2 함수의 연속성

임의의 함수 $f(x)$에서 점 a가 $f(x)$의 정의역에 있는 한 점일 때 반드시 $\lim_{x \to a} f(x)=f(a)$가 성립하는 것은 아니다. 그러나 $\lim_{x \to a} f(x)=f(a)$가 만족되면 함수 $f(x)$는 $x=a$에서 연속이라 한다. 함수 $f(x)$가 $x=a$에서 연속이 아닐 때 $f(x)$는 $x=a$에서 불연속이라 하고, a를 불연속점이라고 한다. 함수 $f(x)$의 그래프는 연속인 점에서는 이어져 있고, 불연속인 점에서는 끊어져 있다.

함수 $f(x)$가 $x=a$에서 연속($\lim_{x \to a} f(x)=f(a)$)이기 위해서는 다음 세 가지 조건이 만족되어야 한다.

(i) $\lim_{x \to a} f(x)=l$이 존재한다.
(ii) $f(a)$가 존재한다. 즉, $f(a)$가 정의된다.
(iii) $l=f(a)$

$\varepsilon-\delta$ 방법으로 극한을 정의할 수 있으므로, $\varepsilon-\delta$ 방법을 사용하면 함수 $f(x)$가 $x=a$에서 연속($\lim_{x \to a} f(x)=f(a)$)이라는 것을 다음과 같이 정의할 수 있다.

함수 $f(x)$가 a와 a의 근방에서 정의되어 있을 때, 임의의 양수 ε에 대응하여 어떤 양수 δ가 정해져서 변역 $|x-a|<\delta$에 속하는 모든 x가 부등식 $|f(x)-f(a)|<\varepsilon$을 만족시키면, 함수 $f(x)$는 $x=a$에서 연속이라 한다.

극한을 정의할 때는 a를 제거한 a의 δ-근방,

$$N_\delta^*(a)=\{x \mid 0<|x-a|<\delta\}=N_\delta(a)-\{a\}$$

이 사용되었으나, 연속을 정의할 때는 a의 δ-근방,

$$N_\delta(a)=\{x \mid |x-a|<\delta\}$$

이 사용되어야 한다는 점에 유의하자. 왜냐하면 극한을 정의할 때는 점 a가 함수 $f(x)$의 정의역내의 점이 아닐 수도 있기 때문에 a를 제거하지만, 함수

$f(x)$가 $x=a$에서 연속이기 위해서는 $f(a)$가 정의되어야 하므로, 즉 a는 반드시 정의역내의 점이어야 되므로, 연속을 정의할 때는 a의 δ-근방($N_\delta(a)$)이 사용되어야 한다.

예제 3

함수 $f(x)=x$는 $x=1$에서 연속인 것을 보여라.

풀이

$$\lim_{x\to 1} f(x) = \lim_{x\to 1} x = 1 = f(1)$$

이므로 $f(x)$는 $x=1$에서 연속이다.

예제 4

함수 $f(x)=\dfrac{x^2-9}{x-3}$는 $x=3$에서 불연속인 것을 보여라.

풀이

$\lim_{x\to 3}\dfrac{x^2-9}{x-3}=6$. 그러나 $f(x)$는 $x=3$에서 정의되지 않으므로 $x=3$에서 불연속이다.

예제 5

ε-δ 방법을 사용하여 함수 $f(x)=x$가 임의의 점 $x=a$에서 연속인 것을 증명하라.

풀이

임의의 $\varepsilon>0$에 대응하여 $\delta(>0)$가 정해져서 변역

$$|x-a|<\delta$$

에 속하는 모든 x에 대해서

$$|f(x)-f(a)|=|x-a|<\varepsilon$$

이 성립하는 것을 보이면 된다. $\delta=\varepsilon$로 선택하면 위의 관계가 성립하

므로 $x=a$에서 함수 $f(x)=x$는 연속이다.

예제 6

ε-δ 방법을 사용하여 함수 $f(x)=x^2+2x-1$이 $x=1$에서 연속인 것을 보여라.

풀이

$f(1)=2$이므로 다음이 성립한다.

$$f(x)-f(1)=(x^2+2x-1)-2=(x-1)^2+4(x-1)$$

$0<\delta\leqq1$이고 $|x-1|<\delta$라 하면,

$$|f(x)-f(1)|=|(x-1)^2+4(x-1)|\leqq|x-1|^2+4|x-1|<\delta^2+4\delta\leqq \delta+4\delta=5\delta\leqq\varepsilon$$

인 $\delta>0$을 찾아야 한다($\because$ $0<\delta\leqq1$이므로 $\delta^2\leqq\delta$). 따라서 δ를 $\frac{\varepsilon}{5}$와 1 중에서 작은 값으로 선택하면, 즉 $\delta=\min\left\{\frac{\varepsilon}{5},\ 1\right\}$이라 하면, $|x-1|<\delta$를 만족시키는 모든 x에 대하여 $|f(x)-f(1)|<5\delta\leqq\varepsilon$이 성립한다. 따라서 $f(x)$는 $x=1$에서 연속이다.

예제 7

함수 $f(x)$가 $x=a$에서 연속이고, $f(a)>0$이면, $|x-a|<\delta$를 만족시키는 모든 x에 대하여 $f(x)>0$을 만족시키는 양수 δ가 존재하는 것을 증명하라.

풀이

가정에 의하여 $f(x)$가 $x=a$에서 연속이므로,

$$\lim_{x\to a}f(x)=f(a)$$

이다. 따라서 임의의 양수 ε에 대응하여 $|x-a|<\delta$에 속하는 모든 x에 대하여 $|f(x)-f(a)|<\varepsilon$를 만족시키는 양수 δ를 찾을 수 있다.
특히, $\varepsilon=\frac{f(a)}{2}$라 하면 이에 대응하는 양수 δ도 찾을 수 있다. 이 때

의 δ에 대하여도, $|x-a|<\delta$에 속하는 모든 x는

$$|f(x)-f(a)|<\frac{f(a)}{2}, \text{ 즉 } f(a)-\frac{f(a)}{2}=\frac{f(a)}{2}<f(x)<f(a)+\frac{f(a)}{2}=\frac{3}{2}f(a)$$

를 만족시킨다. 따라서 $f(a)>0$이므로 $|x-a|<\delta$에 속하는 모든 x는

$$0<\frac{f(a)}{2}<f(x) \qquad (\text{부등식의 왼쪽})$$

따라서 $f(x)>0$를 만족시킨다. 즉, $f(x)$가 $x=a$에서 연속이고 $f(a)>0$ 일 때 x를 a에 충분히 가깝게 취하면 언제나 $f(x)>0$이 성립한다.

예제 7에서 알 수 있듯이 함수 $f(x)$가 $x=a$에서 연속이고, $f(a)<0$이면 $|x-a|<\delta$를 만족시키는 모든 x에 대해서 $f(x)<0$을 만족시키는 양수 δ가 존재한다.

함수 $f(x)$가 개구간 $a<x<b$ 또는 (a, b)에 있는 모든 점에서 연속이면 $f(x)$는 그 구간에서 연속이라고 한다.

또한 함수 $f(x)$가 다음 세 가지 조건을 만족하면 $f(x)$는 폐구간 $a\leqq x\leqq b$ 또는 $[a, b]$에서 연속이라 한다.

(i) $f(x)$가 개구간 $a<x<b$에서 연속이다.
(ii) $\lim_{x\to a+} f(x)=f(a)$
(iii) $\lim_{x\to b-} f(x)=f(b)$

조건 (ii)와 (iii)은 점 a와 b가 반드시 $f(x)$의 정의역내에 있는 점이어야 한다는 것을 의미한다.

함수 $f(x)$가 정의역에 있는 모든 점에서 연속이라면 $f(x)$는 그 정의역에서 연속이라 한다. 예를 들어, $f(x)=x^2$과 $g(x)=x+1$은 정의역 R에서 연속인 함수이다.

7.3 도 함 수

경제학에서 한계(marginal)라는 용어가 자주 사용되는데, 예를 들면 한계효용(marginal utility: MU), 한계비용(marginal cost: MC), 한계수입(marginal revenue: MR) 등이 있다. 경제학에서 사용되는 한계라는 개념은 수학에서의 함수의 변화율에 해당하므로 함수의 변화율에 대해서 살펴보자.

함수 $y=f(x)$의 그래프가 [그림 7-3]과 같다고 하자. $x=x_0$일 때 함수 $f(x)$의 값은 $f(x_0)$이다. 만약 x가 x_0에서 $x_0+\Delta x$로 변하면 함수 $f(x)$의 값은 $f(x_0)$에서 $f(x_0+\Delta x)$로 변한다. 여기서 Δx를 x의 증분이라 하고,
$f(x_0+\Delta x)-f(x_0)$를 y의 증분이라 하며, Δy로 나타낸다. 즉,

$$\Delta y=f(x_0+\Delta x)-f(x_0)$$

또한 Δy를 Δx로 나눈 것을 **평균변화율**이라 하며, 기호로 표시하면 다음과 같다.

그림 7-3 미분계수의 기하학적 의미

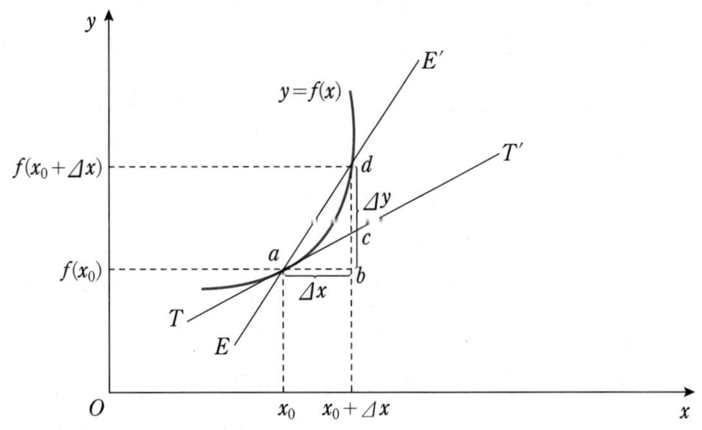

$$\frac{\Delta y}{\Delta x}=\frac{f(x_0+\Delta x)-f(x_0)}{\Delta x}$$

$\Delta x \to 0$일 때, 평균변화율 $\frac{\Delta y}{\Delta x}$의 극한값이 존재하면 그 극한값, 즉

$$\lim_{\Delta x \to 0}\frac{\Delta y}{\Delta x}=\lim_{\Delta x \to 0}\frac{f(x_0+\Delta x)-f(x_0)}{\Delta x}$$

를 $x=x_0$에서의 $f(x)$의 순간변화율, 변화율 또는 미분계수라 하고

$$f'(x_0),\ y'_{x=x_0},\ \left[\frac{dy}{dx}\right]_{x=x_0}$$

로 나타낸다.

만약 $x_0+\Delta x=x$라 놓으면 변화율 $f'(x_0)$를

$$f'(x_0)=\lim_{x \to x_0}\frac{f(x)-f(x_0)}{x-x_0}$$

와 같이 정의할 수도 있다. 또는 $\Delta x=h$로 놓아 변화율 $f'(x_0)$를

$$f'(x_0)=\lim_{h \to 0}\frac{f(x_0+h)-f(x_0)}{h}$$

와 같이 바꾸어 쓰기도 한다.

기하학적으로 설명하면 $\frac{\Delta y}{\Delta x}$는 [그림 7-3]에서 직선 EE'의 기울기가 되며, $f'(x_0)$는 점 a에서의 접선 TT'의 기울기가 된다. Δx가 점점 작아짐에 따라 직선 EE'의 기울기는 접선 TT'의 기울기에 접근함을 알 수 있다.

함수 $f(x)$가 $x=x_0$에서의 변화율 $f'(x_0)$는 존재하지만, x의 다른 값에서는 $f'(x)$가 존재하지 않을 수도 있다. 만약, $f'(x_0)$가 존재하면 $f(x)$는 $x=x_0$에서 미분가능하다고 말한다.

일반적으로, 어떤 구간의 모든 x에 대해서 $f'(x)$가 존재하면 $f(x)$는 그 구간에서 미분가능하다고 말한다. 이 때 $f'(x)$는 그 구간에서 정의되는 함수가 되며, 이를 함수 $f(x)$의 도함수(derivative)라 한다. 즉, x가 $f(x)$의 정의역(domain)에 있는 임의의 고정된 한 점이며, 또한 함수 $f(x)$가 x에서 미분가

능하면, $f(x)$의 도함수 $f'(x)$를 다음과 같이 정의한다.

$$f'(x)=\lim_{\Delta x\to 0}\frac{\Delta y}{\Delta x}=\lim_{\Delta x\to 0}\frac{f(x+\Delta x)-f(x)}{\Delta x}$$

함수 $f(x)$의 도함수를 알면 $x=x_0$에서의 변화율 $f'(x_0)$는 도함수 $f'(x)$에 $x=x_0$를 대입하여 얻을 수 있다.

함수 $y=f(x)$의 도함수를 나타내는 기호로는 $f'(x)$ 외에

$$\frac{dy}{dx},\ y',\ \frac{d}{dx}(y),\ \frac{d}{dx}f(x),\ \frac{df(x)}{dx},\ D_x(y)$$

등이 있다. 또한 함수 $f(x)$에서 도함수 $f'(x)$를 구하는 것을 $f(x)$를 x에 관하여 미분한다고 말하고, 그 계산법을 미분법이라 한다.

미분계수의 기하학적 의미가 한 점 $x=x_0$에서의 접선의 기울기이므로 도함수의 기하학적 의미는 임의의 점에서의 기울기가 된다.

예제 8

$y=\sqrt{x}+1$일 때 $f'(16)$을 구하라.

풀이

$$f'(x)=\lim_{\Delta x\to 0}\frac{\Delta y}{\Delta x}=\lim_{\Delta x\to 0}\frac{\sqrt{x+\Delta x}+1-(\sqrt{x}+1)}{\Delta x}=\lim_{\Delta x\to 0}\frac{\sqrt{x+\Delta x}-\sqrt{x}}{\Delta x}$$

$$=\lim_{\Delta x\to 0}\frac{(\sqrt{x+\Delta x}-\sqrt{x})}{\Delta x}\frac{(\sqrt{x+\Delta x}+\sqrt{x})}{(\sqrt{x+\Delta x}+\sqrt{x})}=\lim_{\Delta x\to 0}\frac{(x+\Delta x)-x}{\Delta x(\sqrt{x+\Delta x}+\sqrt{x})}$$

$$=\lim_{\Delta x\to 0}\frac{\Delta x}{\Delta x(\sqrt{x+\Delta x}+\sqrt{x})}=\lim_{\Delta x\to 0}\frac{1}{\sqrt{x+\Delta x}+\sqrt{x}}=\frac{1}{2\sqrt{x}}$$

따라서 $f'(16)=\frac{1}{2\sqrt{16}}=\frac{1}{8}$

정리 7-3-1

$x=x_0$에서 $f'(x)$가 존재하면 $f(x)$는 $x=x_0$에서 연속이다.

증 명

$x \neq x_0$일 때 다음 항등식이 성립한다.

$$f(x) \equiv \frac{f(x)-f(x_0)}{x-x_0}(x-x_0)+f(x_0)$$

우변에 $x \to x_0$일 때의 극한을 취하면

$$\lim_{x \to x_0} f(x) = \lim_{x \to x_0} \frac{f(x)-f(x_0)}{x-x_0} \cdot \lim_{x \to x_0}(x-x_0) + \lim_{x \to x_0} f(x_0)$$

$$= f'(x_0) \cdot 0 + f(x_0) = f(x_0)$$

따라서, $f(x)$는 $x=x_0$에서 연속이다. Q.E.D.

그러나 [정리 7-3-1]의 역은 반드시 성립하지는 않는다. 즉, 함수 $f(x)$가 $x=x_0$에서 연속이라 해도 $x=x_0$에서 미분가능하지 않을 수도 있다.

예제 9

$f(x)=|x|$는 $x=0$에서 연속이지만 $f'(0)$은 존재하지 않는 것을 보여라.

풀이

$\lim_{x \to 0} f(x) = f(0) = 0$이므로, $f(x)$는 $x=0$에서 연속이다. 그러나,

$$f'(0) = \lim_{h \to 0} \frac{|0+h|-|0|}{h} = \lim_{h \to 0} \frac{|h|}{h}$$

여기서 $\lim_{h \to 0+} \frac{|h|}{h} = 1$, $\lim_{h \to 0-} \frac{|h|}{h} = -1$이므로 $f'(0)$은 존재하지 않는다. 따라서 $f(x)$는 $x=0$에서 미분불가능하다.

함수 $f(x)$가 $a<x<b$에서 미분가능하면, 그 구간에서는 물론 연속이며

$f(x)$의 그래프는 $a<x<b$에서 부드럽고 끊어지지 않는 곡선이 된다.

7.4 미분법의 기본공식

도함수의 정의에 따라 도함수를 구하는 방법은 계산이 매우 복잡하므로 실제로는 여러 가지의 기본공식들을 이용하여 도함수를 구한다. 이들 공식들은 도함수의 정의와 극한의 기본성질들로부터 유도된다. 기본공식을 열거하면 아래와 같다.

> $u=f(x)$와 $v=g(x)$는 미분가능한 x의 함수이며 c는 상수라 하자.
>
> [공식 1] $\frac{d}{dx}(c)=0$
>
> [공식 2] $\frac{d}{dx}(cu)=c\frac{du}{dx}$
>
> [공식 3] $\frac{d}{dx}x^n=nx^{n-1}$ (단, n은 실수)
>
> [공식 4] $\frac{d}{dx}(u\pm v)=\frac{du}{dx}\pm\frac{dv}{dx}$ (복호동순)
>
> [공식 5] $\frac{d}{dx}(uv)=u\frac{dv}{dx}+v\frac{du}{dx}$
>
> [공식 6] $\frac{d}{dx}\left(\frac{u}{v}\right)=\frac{v\frac{du}{dx}-u\frac{dv}{dx}}{v^2}$ (단, $v\neq0$)

예제 10

[공식 6]을 도함수의 정의에 의해 유도하라.

풀이

$y=\frac{u}{v}$라 하고 x의 증분 Δx에 대응하는 y, u 및 v의 증분을 각각 Δy, Δu 및 Δv라 하자.

$$y+\Delta y=\frac{u+\Delta u}{v+\Delta v}$$

$y=\frac{u}{v}$를 빼면 다음 식을 얻는다.

$$\Delta y=\frac{u+\Delta u}{v+\Delta v}-\frac{u}{v}=\frac{v\Delta u-u\Delta v}{v(v+\Delta v)}$$

Δx로 나누면,

$$\frac{\Delta y}{\Delta x}=\frac{v\frac{\Delta u}{\Delta x}-u\frac{\Delta v}{\Delta x}}{v(v+\Delta v)}$$

$\Delta x\to 0$일 때,

$$\lim_{\Delta x\to 0}\frac{\Delta u}{\Delta x}=\frac{du}{dx}$$

$$\lim_{\Delta x\to 0}\frac{\Delta v}{\Delta x}=\frac{dv}{dx}$$

$$\lim_{\Delta x\to 0}\Delta v=\lim_{\Delta x\to 0}\frac{\Delta v}{\Delta x}\cdot\Delta x=\frac{dv}{dx}\cdot 0=0$$

$$\lim_{\Delta x\to 0}v(v+\Delta v)=\lim_{\Delta x\to 0}v\lim_{\Delta x\to 0}(v+\Delta v)=v^2\neq 0$$

이 성립하므로, $\frac{\Delta y}{\Delta x}=\frac{v\frac{\Delta u}{\Delta x}-u\frac{\Delta v}{\Delta x}}{v(v+\Delta v)}$의 양변에 $\Delta x\to 0$일 때의 극한을 취하면,

$$\frac{dy}{dx}=\lim_{\Delta x\to 0}\frac{\Delta y}{\Delta x}=\frac{\lim_{\Delta x\to 0}\left(v\frac{\Delta u}{\Delta x}-u\frac{\Delta v}{\Delta x}\right)}{\lim_{\Delta x\to 0}v(v+\Delta v)}=\frac{v\frac{du}{dx}-u\frac{dv}{dx}}{v^2}$$

예제 11

$y=(x^2+4x+4)(x^3+2x+1)$일 때 $\dfrac{dy}{dx}$를 구하라.

풀이

$$y' = (x^2+4x+4)\frac{d}{dx}(x^3+2x+1)+(x^3+2x+1)\frac{d}{dx}(x^2+4x+4)$$
$$= (x^2+4x+4)(3x^2+2)+(x^3+2x+1)(2x+4)$$

만약 u_1, u_2, $\cdots$, u_n이 x에 관해서 미분가능한 함수일 때 [공식 5]를 반복해서 사용하면,

$$\frac{d}{dx}(u_1u_2\cdots u_n)=\frac{d}{dx}(u_1)u_2\cdots u_n+u_1\frac{d}{dx}(u_2)u_3\cdots u_n+\cdots$$
$$+u_1u_2\cdots\frac{d}{dx}(u_n)$$

이 된다.

예제 12

$y=(x^2+2)/(x^2+1)$일 때 y'를 구하라.

풀이

$$y' = \frac{(x^2+1)\frac{d}{dx}(x^2+2)-(x^2+2)\frac{d}{dx}(x^2+1)}{(x^2+1)^2}$$
$$= \frac{(x^2+1)(2x)-(x^2+2)(2x)}{(x^2+1)^2}$$
$$= \frac{-2x}{(x^2+1)^2}$$

함수 $y=f(x)$가 미분가능할 때 도함수 $f'(x)$를 1차도함수(first-order derivative)라 하며, 만약 이 도함수가 미분가능하면 1차도함수의 도함수 $\{f'(x)\}'$를 구할 수 있다. 1차도함수를 다시 미분하여 얻은 도함수를 $f(x)$의 2차도함수(second-order derivative)라 한다. 즉, 2차도함수는 $\dfrac{d}{dx}\left(\dfrac{dy}{dx}\right)$로

정의되며 다음과 같이 나타낸다.

$$y'',\ f''(x),\ \frac{d^2y}{dx^2},\ \frac{d^2}{dx^2}f(x)$$

2차도함수가 미분가능할 때, 이 2차도함수를 다시 미분한 것을 3차도함수라 하며, $f'''(x)$로 표시한다. 일반적으로 n차도함수는 $y=f(x)$가 x에 관하여 n번 미분가능할 때 x에 관하여 n번 계속하여 미분한 것으로서, 다음과 같이 나타낸다.

$$y^{(n)},\ f^{(n)}(x),\ \frac{d^ny}{dx^n},\ \frac{d^n}{dx^n}f(x)$$

예제 13

$y=\dfrac{1+x}{1-x}$일 때 y', y'', y''' 및 $y^{(4)}$를 구하라.

풀이

$$y'=\frac{2}{(1-x)^2}$$

$$y''=\frac{4}{(1-x)^3}$$

$$y'''=\frac{12}{(1-x)^4}$$

$$y^{(4)}=\frac{48}{(1-x)^5}$$

7.5 합성함수의 미분법(연쇄법칙)

y가 u에 관한 미분가능함수이며, $y=f(u)$, u는 x에 관한 미분가능함수로서 $u=g(x)$라 하자. 그러면 $y=f(u)=f(g(x))$가 되며, 이 때 $\dfrac{dy}{dx}$는 다음과 같다.

[공식 7] $\frac{dy}{dx}=\frac{dy}{du}\cdot\frac{du}{dx}$

증 명

$y=f(u)$가 미분가능함수이면, u의 증분 Δu에 대응하는 y의 증분 Δy는 다음과 같이 표현된다(7.9의 미분 참조).

$$\Delta y=\frac{dy}{du}\Delta u+\varepsilon_1\Delta u \text{ (단, } \Delta u\to 0\text{일 때 } \varepsilon_1\to 0)$$

마찬가지로 $u=g(x)$가 미분가능함수이면, Δx에 대응하는 Δu는 다음과 같이 표현된다.

$$\Delta u=\frac{du}{dx}\Delta x+\varepsilon_2\Delta x \text{ (단, } \Delta x\to 0\text{일 때 } \varepsilon_2\to 0)$$

Δu를 앞 식에 대입하면

$$\Delta y=\frac{dy}{du}\cdot\frac{du}{dx}\Delta x+\frac{dy}{du}\varepsilon_2\Delta x+\varepsilon_1\Delta u$$

양변을 Δx로 나누면

$$\frac{\Delta y}{\Delta x}=\frac{dy}{du}\cdot\frac{du}{dx}+\frac{dy}{du}\varepsilon_2+\frac{\Delta u}{\Delta x}\varepsilon_1$$

$\Delta x\to 0$일 때 $\Delta u\to 0$이므로 $\Delta x\to 0$일 때 $\varepsilon_1\to 0$, $\varepsilon_2\to 0$. 양변에 $\Delta x\to 0$일 때의 극한을 취하면

$$\frac{dy}{dx}=\frac{dy}{du}\cdot\frac{du}{dx}$$

Q.E.D.

직관적으로 설명하면 x의 증분 Δx에 의해 u의 증분 Δu가 결정되고, Δu에 의해 Δy가 결정된다. 이러한 증분들은 다음 항등식을 만족한다.

$$\frac{\Delta y}{\Delta x}\equiv\frac{\Delta y}{\Delta u}\cdot\frac{\Delta u}{\Delta x}$$

양변에 $\Delta x \to 0$일 때의 극한을 취하면

$$\frac{dy}{dx} = \frac{dy}{du} \cdot \frac{du}{dx}$$

예제 14

$y = (x^2 + 3x + 1)^{100}$의 도함수를 구하라.

풀이

$u = x^2 + 3x + 1$이라 하면

$$\frac{dy}{dx} = \frac{dy}{du} \cdot \frac{du}{dx} = (100u^{99})(2x+3) = 100(x^2+3x+1)^{99}(2x+3)$$

예제 15

$y = \sqrt{1+\sqrt{1+x}}$ 의 도함수를 구하라.

풀이

$v = 1 + x$, $u = 1 + \sqrt{v}$라 놓으면

$$y = \sqrt{u} = u^{\frac{1}{2}}$$

연쇄법칙을 두 번 반복해서 사용하면

$$\frac{dy}{dx} = \frac{dy}{du} \cdot \frac{du}{dv} \cdot \frac{dv}{dx}$$

$$= \left(\frac{1}{2}u^{-\frac{1}{2}}\right)\left(\frac{1}{2}v^{-\frac{1}{2}}\right)(1)$$

$$= \frac{1}{4(\sqrt{1+\sqrt{1+x}})(\sqrt{1+x})}$$

7.6 역함수의 미분법

일반적으로 함수 f가 일대일 함수인 동시에 공변역과 치역이 같으면, 이 함수를 일대일 대응이라 한다. 함수 $f: X \to Y$가 일대일 대응일 때 그 역대응

$$g: Y \to X$$

도 하나의 함수가 된다. 이때 g를 f의 역함수라 부르고 f^{-1}로 나타낸다.

일대일 대응에서 f의 정의역 X에 있는 임의의 원소 x와 g의 정의역 Y에 있는 임의의 원소 y에 대하여 $y=f(x)$가 되기 위한 필요충분조건은 $x=g(y)$임을 알 수 있다.

역함수 $x=g(y)$에서 y를 $f(x)$로 바꾸면, 모든 $x \in X$에 대하여

$$g(f(x))=x$$

가 성립하고, $y=f(x)$에서 x를 $g(y)$로 바꾸면, 모든 $y \in Y$에 대하여

$$f(g(y))=y$$

가 성립한다. 즉 y에 대하여 함수 g를 적용한 후 다시 함수 f를 적용하면 다시 y가 되어 f는 g가 한 것을 원상으로 복귀시키는 역할을 한다.

예를 들어,

$$y=f(x)=2x-4$$

의 역함수는

$$x=\frac{1}{2}y+2$$

이다.

함수란 투입물과 산출물 사이에 설정된 관계에 의하여 결정되는 것이지, 함수의 독립변수를 표기하기 위하여 사용된 문자에 의해서 결정되는 것이

아니다. 예를 들어 $f(x)=3x$와 $f(y)=3y$는 서로 다른 문자를 독립변수로 사용하고 있으나 똑같은 공식을 사용하고 있으므로 동일한 함수를 정의하고 있다. 즉, 어떠한 표기법을 사용해도 $f(2)=6$이다.

경우에 따라 f와 그의 역함수 f^{-1}의 독립변수를 동일한 변수로 사용하기도 하고, 다른 변수로 사용하기도 한다. 그러나 f와 f^{-1}를 표기할 때 통상적으로 동일한 독립변수를 사용한다. 예를 들어,

$$y=f(x)=2x-4$$

의 역함수는

$$x=g(y)=f^{-1}(y)=\frac{1}{2}y+2$$

이다(단, 이 경우 x는 종속변수이고 y가 독립변수임). 만약 역함수의 독립변수를 f와 마찬가지로 x로 사용하고 종속변수를 y로 사용한다면 $y=f(x)=2x-4$의 역함수는

$$y=f^{-1}(x)=\frac{1}{2}x+2$$

이다. 물론 $x=\frac{1}{2}y+2$와 $y=\frac{1}{2}x+2$의 그래프의 모양은 동일하다([그림 7-4] 참조).

f와 f^{-1}의 독립변수를 동일한 x로 사용하는 경우 역함수 f^{-1}를 구하는 방

그림 7-4

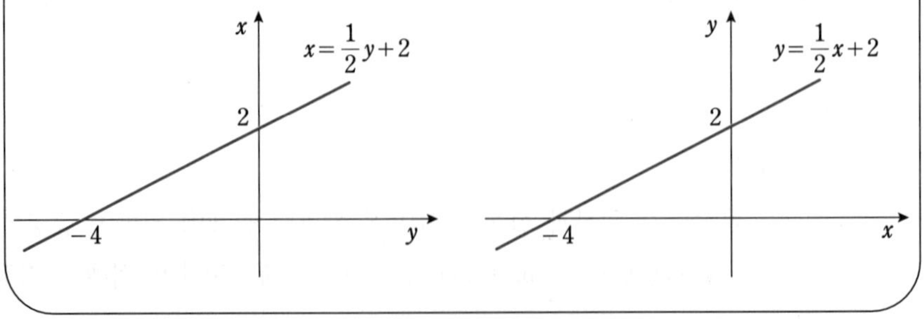

법은 두 가지가 있다.

첫째, $y=f(x)$에서 x를 y에 관하여 푼 후 y를 x로 대체한다. 즉, $x=f^{-1}(y)$를 구한 후 $y=f^{-1}(x)$로 쓴다.

둘째, $y=f(x)$로 주어진 함수를 x와 y로 바꾼 후 y를 x에 관하여 푼다. 즉, $x=f(y)$로 놓은 후 y를 x에 관하여 풀어 $y=f^{-1}(x)$를 얻는다.

예를 들어 $y=f(x)=2x-4$인 경우 두 번째 방법을 사용하면 다음과 같다. 주어진 함수에서 x와 y를 바꾸면

$$x=2y-4$$

이고, 이를 y에 관하여 풀면

$$y=\frac{1}{2}x+2$$

가 되어 첫 번째 방법과 동일한 결과를 얻는다. 특히 f와 f^{-1}의 그래프 관계를 분석하기 위해서는 두 함수 모두 동일한 독립변수(예를 들어 x)를 사용하는 것이 바람직하다.

$y=f(x)=2x-4$와 역함수 $y=f^{-1}(x)=g(x)=\frac{1}{2}x+2$의 그래프를 그리면 $f(x)$와 $g(x)$의 그래프는 $y=x$에 관하여 대칭이다([그림 7-5] 참조).

일반적으로 f와 g가 서로 역함수인 경우 점 (a, b)가 f의 그래프에 있다면 $b=f(a)$이다. g가 f의 역함수라면 $a=g(b)$가 성립하여 점 (b, a)는 g의 그래프 위에 있다. 점 (a, b)와 점 (b, a)는 직선 $y=x$에 관하여 대칭이므로 f와 g의 그래프는 $y=x$에 관하여 대칭인 것을 알 수 있다.

정의역과 치역에 대한 관점을 달리하면 $y=f(x)$와 역함수 $x=g(y)=f^{-1}(y)$의 그래프를 동일하게 그릴 수 있다.

즉, $y=f(x)$와 $x=f^{-1}(y)$의 그래프를 동일하게 그린 후 역함수의 정의역을 y축(x축이 아니라)으로 잡고 치역을 x축으로 생각하면 f의 그래프는 f^{-1}의 그래프이기도 하다([그림 7-6] 참조).

경제학에서는 가격(P)을 수직축에 그리고, 수요량(Q^d)과 공급량(Q^s)은 수평축에 그리는 것이 관례로 되어 있다. 따라서 수요함수가 $Q^d=f(P)$인 경우 정의역은 수직축이고 치역은 수평축이다([그림 7-7(a)] 참조).

그림 7-5

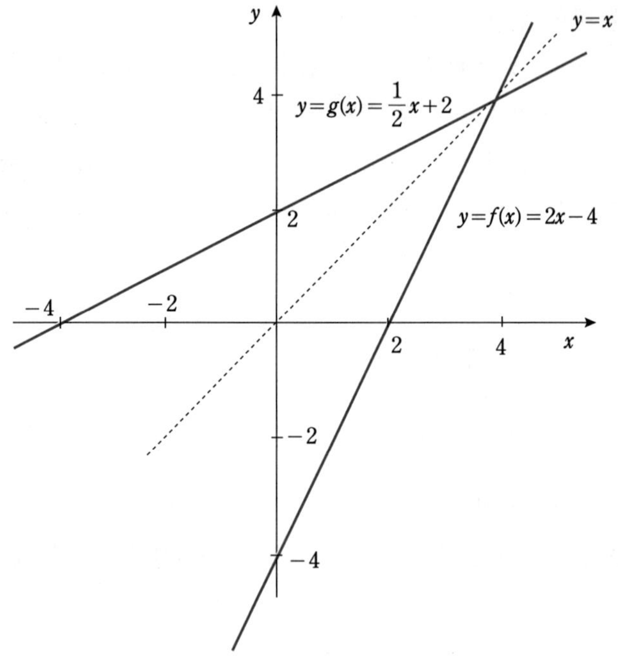

그림 7-6

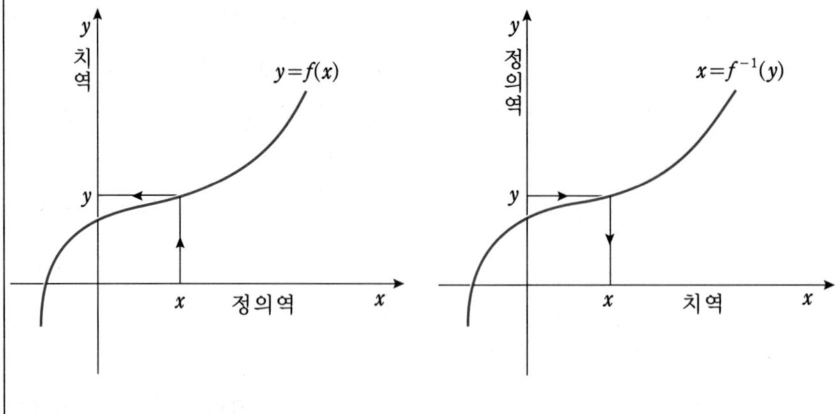

(a) $y=f(x)$ (b) 역함수 $x=f^{-1}(y)$

그림 7-7 **수요함수와 역수요함수**

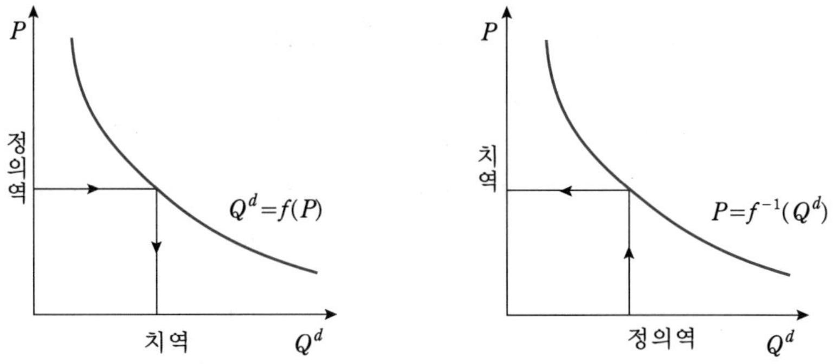

(a) 수요함수　　(b) 역수요함수

또한 역수요함수는 $P=f^{-1}(Q^d)$로 표기한다. 이 경우에도 가격은 수직축, 수요량은 수평축에 잡아 그린다. 따라서 $Q^d=f(P)$의 그래프와 $P=f^{-1}(Q^d)$의 그래프는 동일하다. 다만 역수요함수 $P=f^{-1}(Q^d)$에서는 수평축이 정의역이고 수직축이 치역으로 바뀐다([그림 7-7(b)] 참조).

경제학의 관례대로 수직축에 가격(P), 수평축에 수요량(Q^d)이 고정된 경우 두 역함수 $Q^d=f(P)$와 $P=f^{-1}(Q^d)$의 그래프는 동일하며, 결코 $P=Q^d$에 대해서 대칭인 그래프를 그리지 않는다. 단지 가격(P)을 수직축에, 수요량(Q^d)을 수평축에 고정시켜 그린 하나의 그래프를 가지고, 정의역을 필요에 따라서 수직축(통상적 수요함수의 경우), 수평축(역수요함수의 경우)으로 잡고 그래프를 읽으면 된다.

$y=f(x)$가 미분가능하고 그 역함수가 $x=g(y)$(y를 독립변수로 볼 때)라 하자. $x=g(y)$에 $y=f(x)$를 대입하면 다음 항등식을 얻는다.

$$x=g(f(x))$$

위의 항등식을 연쇄법칙을 이용하여 x에 관하여 미분하면,

$$1=g'(f(x))f'(x)=g'(y)f'(x)$$

이다. $f'(x)\neq 0$일 때

$$g'(y)=\frac{1}{f'(x)} \quad (\text{단, } y=f(x))$$

이다. 따라서 다음과 같은 역함수에 대한 공식을 얻는다.

> **[공식 8]** 함수 f가 구간 I에서 역함수 g를 갖는다. 만약 I의 내부점 x_0에서 f가 미분가능하고 g는 $y_0=f(x_0)$에서 미분가능하다면 다음이 성립한다(단, $f'(x_0)\neq 0$).
>
> $$g'(y_0)=\frac{1}{f'(x_0)}$$

[그림 7-8]은 공식

$$g'(y_0)=\frac{1}{f'(x_0)} \quad (\text{단, } y_0=f(x_0))$$

의 기하학적 설명이다. f와 g는 서로 역함수이다. 점 P에서 접선의 기울기가 $k=f'(x_0)$라 하자(단, $k\neq 0$). 점 Q의 x축 좌표는 $f(x_0)$이고, $f(x_0)$에서의 함

그림 7-8

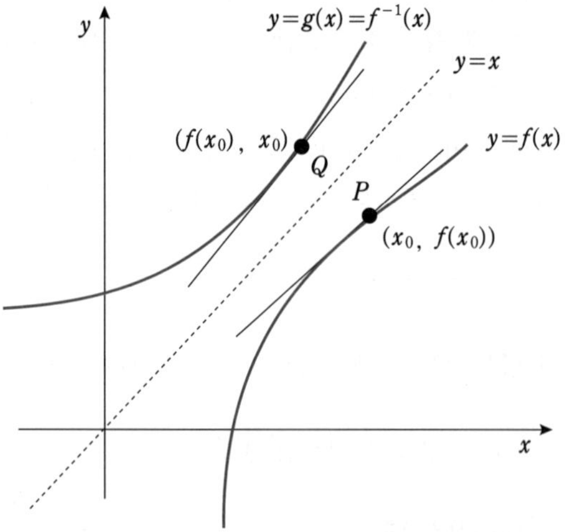

수 g의 접선의 기울기는 $g'(f(x_0))$이며 그 값은 $\frac{1}{k}$이다.

예제 16

$f(x)=3x^9+x^3-6x^2+12x-8$이고 $f(0)=-8$이다. g가 $f(x)$의 역함수일 때 $g'(-8)$을 구하라.

풀이

$$f'(0)=12$$

따라서 $g'(-8)=\frac{1}{f'(0)}=\frac{1}{12}$

[예제 16]은 $f(x)$로부터 역함수 g를 명시적으로 풀 수 없다고 할지라도 $g'(-8)$를 구할 수 있는 것을 보여 주고 있다.

예제 17

$y=\sqrt{x}\,(x>0,\ y>0)$의 도함수를 역함수의 미분법에 의해 구하라.

풀이

$y=\sqrt{x}$의 역함수는 $x=y^2$이다. 이것을 y에 관하여 미분하면, $\frac{dx}{dy}=2y$가 된다. 따라서,

$$\frac{dy}{dx}=\frac{1}{dx/dy}=\frac{1}{2y}=\frac{1}{2\sqrt{x}}$$

7.7 매개변수로 표시된 함수의 미분법

곡선 위에 있는 한 점의 직교좌표가 공통변수 t의 함수로서

$$y=u(t),\ x=v(t)$$

와 같이 표시될 수 있을 때, 방정식 $y=u(t)$와 $x=v(t)$를 곡선의 매개방정식이라 하며, 공통변수 t를 매개변수라 한다. t의 값이 t_0로 주어지면 y와 x의 값은 각각 $y_0=u(t_0)$, $x_0=v(t_0)$로 정해진다. 우리는 이 관계를 각각의 x값 x_0에 각각의 y값 y_0를 대응시키는, 즉 y는 x의 함수로서 해석할 수 있다.

만약 y를 x의 함수로 생각하고, 또한 x는 t의 함수로 보면 연쇄법칙에 의해

$$\frac{dy}{dt}=\frac{dy}{dx}\cdot\frac{dx}{dt}$$

가 된다. $\dfrac{dy}{dx}$에 관하여 풀면 다음과 같다.

> [공식 9] $\dfrac{dy}{dx}=\dfrac{dy/dt}{dx/dt}=\dfrac{u'(t)}{v'(t)}$ 단, $v'(t)\neq 0$

예제 18

$x=3t$, $y=t-\dfrac{1}{3}t^3$일 때 $\dfrac{dy}{dx}$를 구하라.

풀이

$$\frac{dy}{dx}=\frac{dy/dt}{dx/dt}=\frac{1-t^2}{3}$$

매개변수로 표시된 함수의 미분을 구할 때 매개변수가 쉽게 소거되면, 먼저 매개변수를 소거한 다음 도함수를 구해도 같은 결과를 얻는다. 예제 18에서 t를 소거하면

$$y=\frac{x}{3}-\frac{1}{3}\left(\frac{x}{3}\right)^3$$

$$\frac{dy}{dx}=\frac{1}{3}-\left(\frac{x}{3}\right)^2\cdot\frac{1}{3}=\frac{1-t^2}{3}$$

이 된다.

7.8 음함수의 미분법

지금까지 취급한 $y=f(x)$의 형태는 $y=x+2$와 같이 y가 x로써 명시적으로 표현되는 함수였다. 그러나, y가 x로써 명시적으로 표현되지 않은 방정식을 때때로 접하게 된다. 예를 들면,

$$x^2+y^2=1,\ y^2=x,\ x^2+xy+y^2=5$$

등이 있다.

적당한 조건하에서 두 개의 변수 x와 y에 관한 방정식

$$F(x,\ y)=0$$

으로부터 y를 x에 관해서, 혹은 x를 y에 관해서 해를 얻을 수 있다. 이 해들은 방정식에 의해서 암시적으로 정의된 함수들이다. x의 함수 y가 방정식 $F(x,\ y)=0$의 형태로 주어졌을 때 y를 x의 음함수(implicit function)라 하고, $y=f(x)$의 형태로 주어졌을 때 y를 x의 양함수(explicit function)라 한다. 방정식

$$y^3+7y=x^3$$

이 주어졌을 때 y를 x에 관하여 풀 수는 없다. 그러나 하나의 x에 대하여 하나의 y가 대응한다. 예를 들어 $x=2$일 때 위의 식을 만족시키는 유일한 수는 $y=1$이다. 이렇게 x의 값이 주어지면 방정식 $y^3+7y=x^3$은 그에 대응하는

y값을 결정한다. 이러한 경우 이 방정식이 음함수 $y=y(x)$를 정의한다고 한다(함수를 $y=y(x)$로 표시한 경우, y는 종속변수와 함수의 두 가지 의미로 사용됨).

x에 관한 미지의 함수를 $y(x)$라 하면 위의 방정식을 다음과 같이 바꾸어 쓸 수 있다.

$$y(x)^3+7y(x)=x^3$$

연쇄법칙을 이용하여 양변을 x에 관하여 미분하면

$$3y^2\frac{dy}{dx}+7\frac{dy}{dx}=3x^2$$

$$\frac{dy}{dx}=\frac{3x^2}{3y^2+7}$$

여기서 $\frac{dy}{dx}$를 표현할 때 x와 y가 동시에 사용되고 있음에 유의하자. 그러나 x와 y의 좌표를 아는 점에서 곡선의 기울기를 구하는 것이 목적이라면 아무런 문제가 될 것이 없다.

즉, 점 (2, 1)에서 기울기를 구하면

$$\frac{dy}{dx}=\frac{6}{5}$$

이다.

주어진 방정식을 풀어서 y를 x의 항들로 나타내는 과정을 거치지 않고서 도함수 $\frac{dy}{dx}$를 구하는 방법을 음함수 미분법이라 한다.

예제 19

방정식이

$$4x^2y-3y=x^3-1$$

로 주어질 때 y를 x에 관하여 푼 후 도함수를 구하고, 이 도함수가 음함수 미분법을 사용하여 구한 것과 동일함을 보여라.

풀이

주어진 방정식을 y를 x에 관하여 풀면

$$y=\frac{x^3-1}{4x^2-3}$$

이다. 도함수를 구하면

$$\frac{dy}{dx}=\frac{3x^2(4x^2-3)-(x^3-1)8x}{(4x^2-3)^2}=\frac{4x^4-9x^2+8x}{(4x^2-3)^2}$$

y를 x의 함수로 생각하고 양변을 x에 관하여 미분하면

$$8xy+4x^2\frac{dy}{dx}-3\frac{dy}{dx}=3x^2$$

$$\frac{dy}{dx}=\frac{3x^2-8xy}{4x^2-3}$$

만약 $y=\dfrac{x^3-1}{4x^2-3}$을 위의 식에 대입하면

$$\frac{dy}{dx}=\frac{3x^2-8x\dfrac{x^3-1}{4x^2-3}}{4x^2-3}=\frac{4x^4-9x^2+8x}{(4x^2-3)^2}$$

로 두 결과는 동일하다.

예제 20

방정식이

$$xy=10$$

일 때 음함수 미분법을 이용하여 $\dfrac{dy}{dx}$와 $\dfrac{d^2y}{dx^2}$를 구하라.

풀이

$xy=10$은 하나의 x에 대하여 유일한 y가 결정된다. 위의 방정식에 의하여 암묵적으로 정의된 함수를 $y(x)$라 하고 $y(x)$를 위의 식에 대입

하면

$$xy(x)=10$$

이다. 이는 x만의 함수로 모든 x에 대하여 $xy(x)$의 값은 10이다. x에 관하여 미분하면 그 도함수는 모든 x에 관하여 0이 된다. 즉,

$$y(x)+x\frac{dy}{dx}=0$$

$$\frac{dy}{dx}=-\frac{y(x)}{x}$$

$\frac{d^2y}{dx^2}$를 구하기 위해서

$$y(x)+x\frac{dy}{dx}=0$$

을 다시 한번 미분하면

$$\frac{dy}{dx}+\frac{dy}{dx}+x\frac{d^2y}{dx^2}=0$$

$\frac{dy}{dx}=-\frac{y}{x}$를 대입한 후 $\frac{d^2y}{dx^2}$를 구하면

$$\frac{d^2y}{dx^2}=\frac{2y}{x^2}$$

물론 주어진 방정식이 단순한 경우 y를 x에 관하여 풀어 도함수를 얻을 수 있다.

$$y=\frac{10}{x}$$

을 이용하여 $\frac{dy}{dx}$와 $\frac{d^2y}{dx^2}$를 구하면

$$\frac{dy}{dx}=\frac{-10}{x^2}=\frac{-y}{x} \quad (\because\ y=\frac{10}{x}\text{를 대입})$$

이다.

$$\frac{dy}{dx}=\frac{-10}{x^2}$$

을 다시 미분하면,

$$\frac{d^2y}{dx^2}=\frac{10\cdot 2x}{x^4}=\frac{20}{x^3}=\frac{2y}{x^2} \quad (\because\ y=\frac{10}{x}\text{를 대입})$$

이다. 두 방법 모두 동일한 결과를 얻는다는 것을 확인할 수 있다. 그러나 음함수 미분법의 장점은 y를 x에 관하여 명시적으로 풀지 못한다고 할지라도 $\frac{dy}{dx}$를 구할 수 있다는 데 있다.

예제 21

방정식 $x^3+y^3-2x^2y^2-xy+1=0$에 의해서 y가 x의 함수로서 암시적으로 정의된다고 하자. 이 때 $\frac{dy}{dx}$를 구하라. 또한 점 (1, 1)에서 곡선의 기울기를 구하라.

풀이

주어진 방정식의 양변을 x에 관해서 미분하면 다음과 같다.

$$3x^2+3y^2\frac{dy}{dx}-4xy^2-4x^2y\frac{dy}{dx}-y-x\frac{dy}{dx}+0=0$$

$$(3y^2-4x^2y-x)\frac{dy}{dx}=-3x^2+4xy^2+y$$

$$\frac{dy}{dx}=\frac{-3x^2+4xy^2+y}{3y^2-4x^2y-x}$$

점 (1, 1)에서 기울기를 구하면

$$\left.\frac{dy}{dx}\right|_{(1,\ 1)}=\frac{-3+4+1}{3-4-1}=-1$$

이 된다.

7.9 미 분

함수 $y=f(x)$가 주어졌을 때, 변수 x의 임의의 변화 Δx에 대응하는 y의 실제의 변화는 정의에 의해 y의 증분 Δy이다.

y의 증분 Δy와 구별되어 사용되는 y의 미분 dy는 다음과 같이 정의된다.

$$dy=f'(x_0)\Delta x$$

즉, dy는 x가 x_0에서 $x_0+\Delta x$로 변하는 동안 y는 고정된 비율 $f'(x_0)$로 변한다고 가정했을 때의 y의 변화분을 나타낸다.

기하학적으로 dy를 설명하자. [그림 7-9]의 점 a에서의 접선의 기울기가 $f'(x_0)$이므로 y의 미분 $dy=f'(x_0)\Delta x$는 y가 접선 TT'를 따라 변한다고 가정했을 때 Δx에 대응하는 y의 변화분이다. 사실상 미분 dy는 실제변화분 Δy의 선형근사치로 볼 수 있다.

한편, x의 미분 dx는 x의 증분으로 정의하며, $dx=\Delta x$, 그 정의역은 $(-\infty, \infty)$이다. x의 미분 dx를 위와 같이 정의하면 y의 미분 dy를 다음과

그림 7-9 y의 증분과 미분

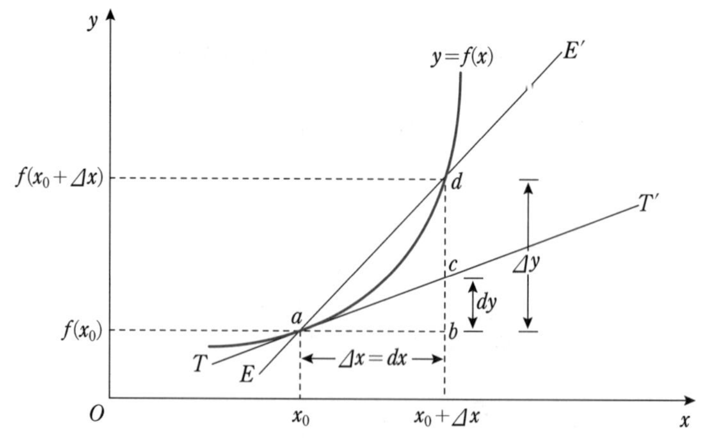

같이 바꾸어 쓸 수 있다.

$$dy=f'(x_0)\,dx$$

$f(x)$가 x의 어떤 정의역 D의 모든 점에서 미분가능하면 y의 미분 dy를 다음과 같이 나타낸다.

$$dy=f'(x)\,dx$$

특히, x의 증분(또는 미분)이 매우 작은 경우 Δy의 근사치로서 dy를 사용할 수 있다. [그림 7-9]에서 Δy와 dy는 각각 bd와 bc로 표현된다. 그림에서 알 수 있듯이 Δx가 작으면 작을수록 Δy와 dy의 차는 작아진다. 즉, $\Delta x\to 0$일 때 $(\Delta y-dy)\to 0$이다. 더욱이 $\Delta x\to 0$일 때 $(\Delta y-dy)$는 Δx보다 더 빨리 0에 수렴한다. 이 사실을 대수적으로 유도하면 아래와 같다.

극한의 개념으로부터 $\lim_{\Delta x\to 0}\frac{\Delta y}{\Delta x}=f'(x)$란, $\frac{\Delta y}{\Delta x}$와 $f'(x)$와의 차는 $\Delta x\to 0$일 때 0에 접근한다는 것을 의미한다. 즉,

$$\frac{\Delta y}{\Delta x}-f'(x)=\varepsilon$$

라 하면 $\Delta x\to 0$일 때 $\varepsilon\to 0$이다. 위의 식을 변환하면

$$\Delta y=f'(x)\Delta x+\varepsilon\Delta x \text{ 또는 } \Delta y=dy+\varepsilon\Delta x$$

우변의 dy를 좌변으로 이항하면,

$$\Delta y-dy=\varepsilon\Delta x$$

을 얻는다. $\Delta x\to 0$일 때 $\varepsilon\to 0$이므로, 만약 $|\Delta x|$가 매우 작다면 $|\varepsilon\Delta x|$, 즉 $|\Delta y-dy|$는 $|\Delta x|$보다 훨씬 더 작은 수가 된다. 따라서 $(\Delta y-dy)$는 Δx보다 더 빨리 0에 수렴한다.

일반적으로 dy는 실제변화 Δy보다 쉽게 계산될 수 있으므로 Δy의 근사치로 자주 사용된다. 특히 주의할 점은 미분 dx와 dy를 반드시 작은 값으로 가정할 필요는 없다는 것이다. 사실상 dx는 어떠한 값도 될 수 있다.

함수 $f(x)$가 주어졌을 때 $|\Delta x|$가 작으면 $\Delta y=f(x+\Delta x)-f(x)$는 dy와 근

사적으로 같다. 따라서 Δy 대신 dy로 대입한 후 변형하면 다음 식을 얻는다.

$$f(x+\Delta x) \fallingdotseq f(x)+dy=f(x)+f'(x)\Delta x$$

즉, 점 x에서의 함수의 값과 그 점에서의 변화율을 알면 x 근방에 있는 점 $x+\Delta x$에서의 함수의 값 $f(x+\Delta x)$를 근사적으로 계산할 수 있다.

예제 22

다음 함수의 미분을 구하라.

$$y=\frac{x}{x+1}$$

풀이

$$dy=\frac{(x+1)dx-xd(x+1)}{(x+1)^2}=\frac{(x+1)dx-xdx}{(x+1)^2}=\frac{dx}{(x+1)^2}$$

예제 23

미분을 이용하여 $(122)^{\frac{2}{3}}$를 추정하라(단, $(125)^{\frac{2}{3}}=25$).

풀이

우리는 $y=f(x)=x^{\frac{2}{3}}$로 표시되는 함수에서 $x=122$일 때 y의 값을 추정하고자 한다.

$$f'(x)=\frac{2}{3}x^{-\frac{1}{3}}$$

$x=125$, $\Delta x=122-125=-3$이라 놓으면,

$$f'(125)=\frac{2}{3}(125)^{-\frac{1}{3}}=\frac{2}{3}(5^3)^{-\frac{1}{3}}=\frac{2}{3}\left(\frac{1}{5}\right)=\frac{2}{15}$$

$$dy=f'(x)\Delta x=f'(125)\cdot(-3)=\frac{2}{15}\times(-3)=-\frac{2}{5}=-0.4$$

$f(x+\Delta x) \fallingdotseq f(x)+f'(x)\Delta x$를 이용하면

$$(122)^{\frac{2}{3}}=f(122)\fallingdotseq f(125)+dy=25-0.4=24.6$$

실제로 $(122)^{\frac{2}{3}}$는 약 24.59838이 되어, 미분을 이용한 근사치는 실제치와 매우 근사하다. 즉, dy는 $x=125$에서 $x=122$로 변할 때의 실제 변화 Δy의 좋은 추정치가 된다.

한 가지 유의할 점은 함수 $y=f(x)$가 주어졌을 때, 도함수 $\frac{dy}{dx}$를 알면 미분 dy는 도함수 $\frac{dy}{dx}$에 dx를 곱해 주면 얻을 수 있고, 또한 미분 dy를 알면 도함수는 dy를 dx로 나누어 줌으로써 얻을 수 있다. 즉,

$$dy\div dx=\frac{f'(x)dx}{dx}=f'(x)=\frac{dy}{dx}$$

이다. 이렇게 도함수와 미분과는 밀접한 관계가 있기 때문에 수학에서는 도함수(derivative)를 구하는 과정이나 미분(differential)을 구하는 과정을 모두 미분(differentiation)이라 부른다.

2차도함수와 관련하여 y의 2차미분 d^2y를 정의할 수 있다.

$$d^2y=d(dy)=d(f'(x)dx)=f''(x)(dx)^2=f''(x)dx^2$$

d^2y는 y의 2차미분을 의미하여 $(dx)^2\equiv dx^2$은 x의 1차미분의 제곱을 나타내는 데 유의하자.

연습문제

1. 다음 극한값을 구하라.

(1) $\lim_{x\to2}\frac{x^2-4}{x-2}$　　(2) $\lim_{x\to3}\frac{x-3}{\sqrt{x-2}-\sqrt{4-x}}$

(3) $\lim_{x\to1}\frac{1-1/x^2}{1-1/x^3}$　　(4) $\lim_{x\to0}\frac{1+1/x^2}{1+2/x^2}$

(5) $\lim_{x\to\infty} \frac{1+1/x}{1+2/x}$

(6) $\lim_{x\to\infty} \frac{1+2x+3x^2}{1+2x+3x^3}$

(7) $\lim_{x\to 0+} \frac{x^2+1}{x^2+2x}$

(8) $\lim_{x\to 0-} \frac{|x|}{x+x^3}$

2. $\lim_{x\to a} f(x)$가 존재한다면 그것은 유일함을 증명하라.

3. 다음 함수들은 $x=1$에서 연속임을 보여라.

(1) $f(x)=2x+3$

(2) $f(x)=\frac{2x+3}{(x-2)(x-3)}$

(3) $f(x)=|x-1|$

4. 다음 함수들이 미분가능한가의 여부를 밝혀라.

(1) $f(x)=\frac{1}{x-2}$일 때 $x=2$에서 미분가능한가?

(2) $f(x)=x^{\frac{1}{3}}$일 때 $x=0$에서 미분가능한가?

5. 다음 함수들의 $\frac{dy}{dx}$를 구하라,

(1) $y=(3x^2+2x)^4(x+3x^2)^3$

(2) $y=(x^3+x)(2x^2+1)^{-1}$

(3) $y=\frac{(x+3)^2}{(x-1)^3}$

(4) $y=(x+1)(x-2)(x+3)^{10}$

(5) $y=[(x+2)^2+(x+1)^{-2}]^2$

(6) $y=\frac{(x+1)^2+(x-2)^3}{(x+3)^2}$

(7) $x=(3y^5+y^3)^3$

(8) $x^2=\frac{y-x}{y+x}$

(9) $\frac{x^2}{a^2}+\frac{y^2}{b^2}=1$

(10) $x^{-1}+y^{-1}+2xy=4$

6. 다음 각 곡선에 대하여 매개변수를 써서 $\dfrac{dy}{dx}$를 구하라.

(1) $x=3t-1,\ y=1-3t^2$ (2) $x=\dfrac{1}{1+t},\ y=\dfrac{1}{(1+t)^2}$

(3) $x=\sqrt{1-t},\ y=t^2-2t$ (4) $x=\dfrac{2}{1+t^2},\ y=\dfrac{2}{t(1+t^2)}$

7. $x=2/t^2,\ y=t^3-1$일 때 $\dfrac{d^2y}{dx^2}$를 구하라.

8. 곡선의 매개방정식 $x=f(t),\ y=g(t)$가 주어졌을 때 다음을 증명하라.

$$\frac{d^2y}{dx^2}=\frac{\dfrac{dx}{dt}\dfrac{d^2y}{dt^2}-\dfrac{dy}{dt}\dfrac{d^2x}{dt^2}}{\left(\dfrac{dx}{dt}\right)^3}\left(\frac{dx}{dt}\neq 0\right)$$

9. $x=1$에서 다음 함수들의 접선의 방정식을 구하라.

(1) $y=x^4-4x^3$ (2) $y=(x^2+1)^3(x^4+7)^2$

10. 다음 주어진 점에서의 접선의 방정식을 구하라.

(1) $x^3+y^3=9\ (1,\ 2)$

(2) $x^2-2xy+y^2+2x+y-6=0\ (2,\ 2)$

11. 다음 함수들의 $f'''(x)$와 $f'''(1)$을 구하라.

(1) $f(x)=6x^3+4x^2+2$ (2) $f(x)=\dfrac{1}{x^2}$ (3) $f(x)=\dfrac{1}{\sqrt{x}}$

12. 다음 함수들의 n차 도함수를 구하라.

(1) $y=\dfrac{1}{x^2}$ (2) $y=\dfrac{1-x}{1+x}$

13. 다음 함수들의 미분 dy를 구하라.

(1) $y=x^3+2x^2+4x-3$　　(2) $y^2=(3x^2+1)^{\frac{3}{2}}$

(3) $xy^2+x^2y=4$　　(4) $y=\dfrac{2x}{1+x^2}$

14. 미분을 이용하여 다음의 근사치를 계산하라.

(1) $\sqrt{145}$　(2) $(2.1)^3$　(3) $\sqrt{98}$　(4) $\sqrt[3]{1005}$　(5) $\sqrt[4]{17}$

15. n이 자연수일 때 $\dfrac{d}{dx}(x^n)=nx^{n-1}$인 것을 증명하라($n$이 실수일 때의 증명은 8.2의 예제 2 참조).

16. [공식 4]와 [공식 5]를 도함수의 정의에 의해서 유도하라.

제 8 장

초월함수의 미분법

지금까지는 한 변수에 가감승제와 개평을 유한번하여 얻어지는 대수함수의 미분법을 설명하였다. 이제 대수함수가 아닌 함수, 즉 초월함수의 미분법에 대하여 살펴보자.

8.1 지수함수와 로그함수

a가 1이 아닌 양수일 때

$$y=a^x$$

로 정의되는 함수 y를 x의 지수함수(exponential function)라 한다.

[그림 8-1]은 $0<a<1$과 $a>1$인 경우를 그려놓은 것이다. 그림에서 알 수 있듯이 $a>1$인 경우의 a^x는 모든 점에서 미분가능한 단조증가함수이며, 정의역은 $(-\infty,\ \infty)$이고 치역은 $(0,\ \infty)$이다. 반면에 $0<a<1$인 경우의 a^x는 정의역과 치역은 $a>1$인 경우와 같으나 단지 단조감소함수라는 점이 다르다.

로그의 정의에 의하면 $y=a^x$(단, $a>0$, $a\neq 1$, $y>0$)는

$$x=\log_a y$$

그림 8-1 지수함수

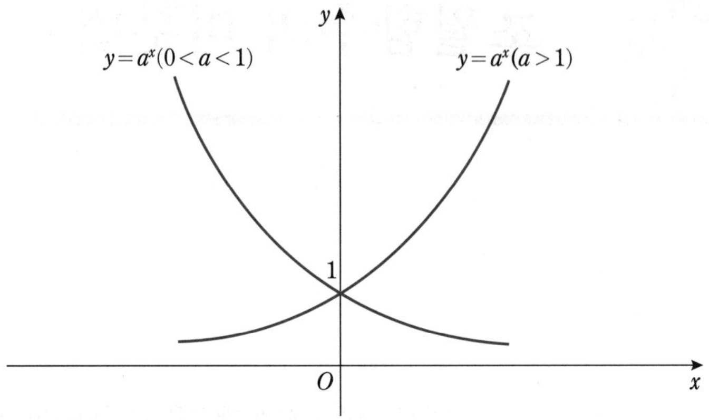

가 된다. 즉, x는 a를 밑으로 하는 y의 로그이다.

또한, $y=a^x$는 서로 다른 x값에 대하여 y가 항상 서로 다른 값을 갖는 함수이므로, 함수 y는 역함수를 갖게 되며 그 역함수는 바로 $x=\log_a y$이다. 함수 $x=\log_a y$에서 y를 독립변수로 보고 x를 종속변수로 보면, 정의역은 $(0, \infty)$, 치역은 $(-\infty, \infty)$가 된다.

역함수의 표기에 있어서 일반적인 관습이 독립변수는 x로, 종속변수는 y로 나타내므로 $x=\log_a y$에서 x와 y를 서로 바꾸어, $y=a^x$의 역함수를 $y=\log_a x$로 나타낸다.

a가 1이 아닌 양수일 때

$$y=\log_a x$$

로 정의되는 함수 y를 x의 로그함수라 한다. 수학에서는 두 종류의 log가 많이 쓰인다. 계산상의 문제에서는 10을 밑으로 하는 log를 사용하는데, 이러한 log를 상용로그(common log)라 하고, $\log_{10}$ 또는 단지 log로 표시한다. 반면에 이론적인 연구에서는 e를 밑으로 하는 log를 사용하는데 이러한 log를 자연로그(natural log)라 하며, ln으로 표시한다.

무리수 e가 지수함수에서 사용될 때 그 함수를 자연지수함수(natural exponential function)라 한다. 예를 들면 다음과 같은 것들이 있다.

$$y=e^x,\ y=Ae^{rx}$$

이 함수들은 다른 표기법을 사용하여 다음과 같이 나타낼 수 있다.

$$y=\exp(x),\ y=A\exp(rx)$$

무리수 e의 값은

$$e=2.71828\cdots$$

로서 e는 다음 극한으로 정의된 것이다.

$$e\equiv\lim_{z\to 0}(1+z)^{\frac{1}{z}}$$

위의 정의식에서 $m=\dfrac{1}{z}$이라 놓으면, z가 0에 접근할 때 m은 무한히 커지므로 e를 다음과 같이 정의할 수도 있다.

$$e\equiv\lim_{m\to\infty}\left(1+\frac{1}{m}\right)^m$$

이론적 연구에서 e를 밑수로 하는 log가 많이 사용되는 이유는, 앞으로

그림 8-2 로그함수와 지수함수

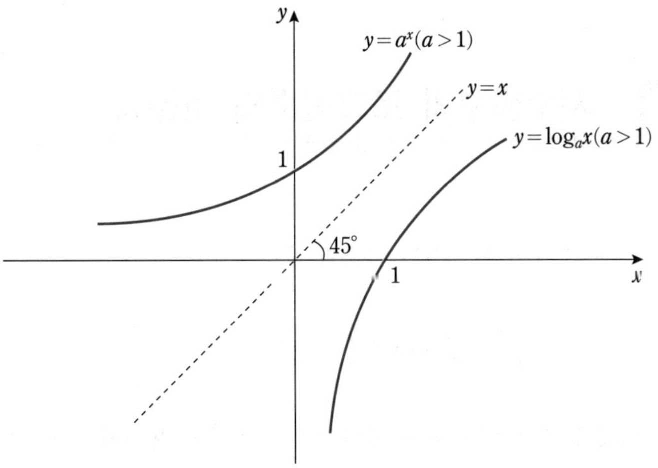

배우겠지만 e^x의 도함수는 그 함수 자체인 e^x가 되는 중요한 성질을 갖고 있기 때문이다. 즉,

$$\frac{d}{dx}(e^x)=e^x$$

무리수 e는 경제적 의미도 갖고 있다. 예를 들어 원금 A원을 t년 동안 연이율 r로 투자한다고 하자. 또한 연간 m회 이자를 지급한다고 가정하면, 각 회마다의 이자율은 $\frac{r}{m}$이 되고 t년 후의 원리금 $V(m)$은 다음과 같다.

$$V(m)=A\left(1+\frac{r}{m}\right)^{mt}$$

위의 식에서 $k\equiv\frac{m}{r}$이라 놓으면

$$V(m)=A\left[\left(1+\frac{1}{k}\right)^{k}\right]^{rt}$$

만약 연간 연속적으로 복리계산을 한다면, 즉 m이 무한히 커진다면 원리금은 얼마나 될까? $m\to\infty$일 때 $k\to\infty$이므로 e의 정의에 의해 원리금 V는 다음과 같다.

$$V\equiv\lim_{m\to\infty}V(m)=\lim_{k\to\infty}A\left[\left(1+\frac{1}{k}\right)^{k}\right]^{rt}=Ae^{rt}$$

8.2 지수함수와 로그함수의 미분법

$y=\ln x$의 도함수는 다음과 같다.

$$\frac{dy}{dx}=\frac{d}{dx}\ln x=\frac{1}{x}$$

이것을 증명하기 위해 도함수의 정의를 사용하자. x와 y의 증분을 각각 Δx 및 Δy라 하면,

$$\frac{\Delta y}{\Delta x}=\frac{\ln(x+\Delta x)-\ln x}{\Delta x}=\frac{1}{\Delta x}\ln\frac{x+\Delta x}{x}$$

$$=\frac{1}{\Delta x}\ln\left(1+\frac{\Delta x}{x}\right)$$

$z=\frac{\Delta x}{x}$라 놓으면

$$\frac{\Delta y}{\Delta x}=\frac{1}{\Delta x}\ln\left(1+\frac{\Delta x}{x}\right)=\frac{1}{x}\cdot\frac{1}{z}\ln(1+z)=\frac{1}{x}\ln(1+z)^{\frac{1}{z}}$$

$\Delta x\to 0$일 때 $z\to 0$이므로, 양변에 $z\to 0$일 때의 극한을 취하면

$$\frac{dy}{dx}=\frac{1}{x}\lim_{z\to 0}\ln(1+z)^{\frac{1}{z}}=\frac{1}{x}\ln e=\frac{1}{x}$$

이 된다.

자연지수함수 $y=e^x$의 도함수는

$$\frac{dy}{dx}=\frac{d}{dx}e^x=e^x$$

가 되는 것도 쉽게 보일 수 있다.

$y=e^x$의 역함수는 $x=\ln y$(y를 독립변수로 볼 때)가 되며 $\frac{dx}{dy}=\frac{1}{y}$임을 알고 있다. 역함수의 미분법에 의해

$$\frac{dy}{dx}=\frac{1}{dx/dy}=\frac{1}{1/y}=y=e^x$$

위의 두 미분공식은 연쇄법칙을 사용하여 다음과 같이 일반화시킬 수 있다. 함수 $u=f(x)$가 미분가능한 함수라면 다음 공식이 성립한다.

[공식 10] $\frac{d}{dx}\ln u=\frac{1}{u}\cdot\frac{du}{dx}$

[공식 11] $\frac{d}{dx}e^u=e^u\cdot\frac{du}{dx}$

밑수가 a인 로그함수와 지수함수의 도함수는 다음과 같다.

$$\frac{d}{dx}\log_a x = \frac{1}{\ln a} \cdot \frac{1}{x}$$

$$\frac{d}{dx}a^x = (\ln a)a^x$$

위의 도함수는 log의 기본성질을 이용하면 증명할 수 있다.

$$\log_a x = \frac{\log_e x}{\log_e a} = \frac{\ln x}{\ln a}$$

이므로

$$\frac{d}{dx}\log_a x = \frac{d}{dx}\left(\frac{1}{\ln a}\ln x\right) = \frac{1}{\ln a} \cdot \frac{1}{x}$$

이 된다.

항등식 $a \equiv e^{\ln a}$를 이용하면,

$$\frac{d}{dx}a^x = \frac{d}{dx}e^{x \ln a} = e^{x \ln a} \cdot \ln a = a^x \ln a = (\ln a)a^x$$

이다.

함수 $u = f(x)$가 미분가능함수라면 다음 두 공식이 성립한다.

[공식 12] $\frac{d}{dx}\log_a u = \frac{1}{\ln a} \cdot \frac{1}{u} \cdot \frac{du}{dx}$

[공식 13] $\frac{d}{dx}a^u = (\ln a)\, a^u \frac{du}{dx}$

예제 1

$y = \ln \frac{\sqrt{x^2+1}}{\sqrt[3]{x^3+1}}$일 때 $\frac{dy}{dx}$를 구하라.

풀이

주어진 함수를 직접 미분하면 매우 복잡하므로 log의 성질을 이용하여 단순화시킨 후에 미분하자.

$$y=\ln\frac{\sqrt{x^2+1}}{\sqrt[3]{x^3+1}}=\frac{1}{2}\ln(x^2+1)-\frac{1}{3}\ln(x^3+1)$$

$$\frac{dy}{dx}=\frac{1}{2}\left(\frac{2x}{x^2+1}\right)-\frac{1}{3}\left(\frac{3x^2}{x^3+1}\right)$$

$$=\frac{x}{x^2+1}-\frac{x^2}{x^3+1}$$

예제 2

$y=x^n(x>0)$이며 n이 임의의 실수일 때 $\frac{dy}{dx}$를 구하라.

풀이

$x^n=e^{n\ln x}$이므로

$$\frac{d}{dx}x^n=\frac{d}{dx}e^{n\ln x}=e^{n\ln x}\cdot n\frac{1}{x}=x^n\cdot n\cdot\frac{1}{x}=nx^{n-1}$$

이것은 7.4(공식 3)의 증명이 된다.

log의 중요한 특징의 하나는 곱셈을 덧셈으로, 나눗셈을 뺄셈으로 바꿀 수 있다는 데 있다. 복잡한 곱이나 몫으로 주어진 함수를 미분할 때, 주어진 함수에 자연로그를 취하여 미분하면 편리한 경우가 있다.

예제 3

$y=\frac{\sqrt{(x^2+1)^3}}{\sqrt[3]{(x^3+1)^4}}$일 때 $\frac{dy}{dx}$를 구하라.

풀이

양변에 ln을 취하면,

$$\ln y=\frac{3}{2}\ln(x^2+1)-\frac{4}{3}\ln(x^3+1)$$

양변을 x에 관하여 미분하면(음함수의 미분법을 적용하면),

$$\frac{1}{y}\frac{dy}{dx}=\frac{3}{2}\frac{1}{x^2+1}\cdot 2x-\frac{4}{3}\frac{1}{x^3+1}\cdot 3x^2$$

양변에 y를 곱하여 $\frac{dy}{dx}$를 구하면,

$$\frac{dy}{dx}=\left(\frac{3x}{x^2+1}-\frac{4x^2}{x^3+1}\right)\frac{\sqrt{(x^2+1)^3}}{\sqrt[3]{(x^3+1)^4}}$$

예제 4

$y=x^{x+1}$일 때 $\frac{dy}{dx}$를 구하라.

풀이

양변에 ln을 취하면,

$$\ln y=\ln(x^{x+1})=(x+1)\ln x$$

양변을 x에 관하여 미분하면(음함수의 미분법을 적용하면),

$$\frac{1}{y}\frac{dy}{dx}=\ln x+(x+1)\frac{1}{x}=\ln x+1+\frac{1}{x}$$

양변에 $y=x^{x+1}$을 곱하면,

$$\frac{dy}{dx}=\left(\ln x+1+\frac{1}{x}\right)x^{x+1}$$

8.3 삼각함수의 미분법

각도를 측정하는 데는 두 가지 방법이 있다. 첫번째 방법은 우리가 보통 사용하는 도를 사용하여 측정하는 것이고, 두번째 방법은 래디안(radian)을 사용하여 측정하는 것이다.

그림 8-3 **1 래디안**

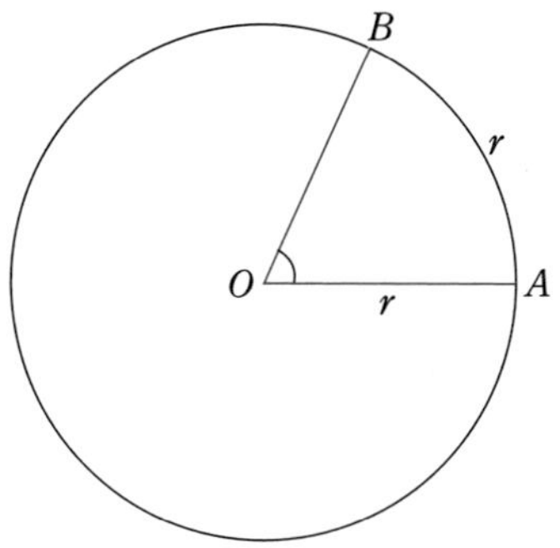

[그림 8-3]에서와 같이 반지름 r인 원 위에 길이 r인 호 AB를 잡을 때, 이 호에 대한 중심각 $\angle AOB$는 반지름 r의 길이와 관계 없이 항상 일정하게 된다. 이와 같이 반지름 r과 호 AB의 길이가 같을 때, $\angle AOB$의 크기를 1래디안(radian)이라 정의한다. 반지름 r인 원의 둘레는 $2\pi r$이고, 이것은 반지름의 2π배이므로 2π 래디안은 $360°$에 해당한다. 실제 계산상의 문제에서는 도를 많이 사용하며, 이론적인 연구에서는 래디안을 사용하는 것이 편리하다.

삼각함수의 미분공식을 유도하기 위해 다음 정리를 먼저 증명하자.

정리 8-3-1

각 θ가 래디안으로 측정되었다면,

$$\lim_{\theta \to 0} \frac{\sin\theta}{\theta} = 1.$$

증 명

[그림 8-4]에서와 같이 θ는 반지름이 $r=1$인 원 위에 잡은 호 PQ에 대한 중심각이며, 작은 양의 각이라 하자. 즉, $0<\theta<\frac{\pi}{2}$. PT는 점 P에서 원과 접하게 그려져 있다. 기하학적으로 다음 부등식이 성립한다.

그림 8-4

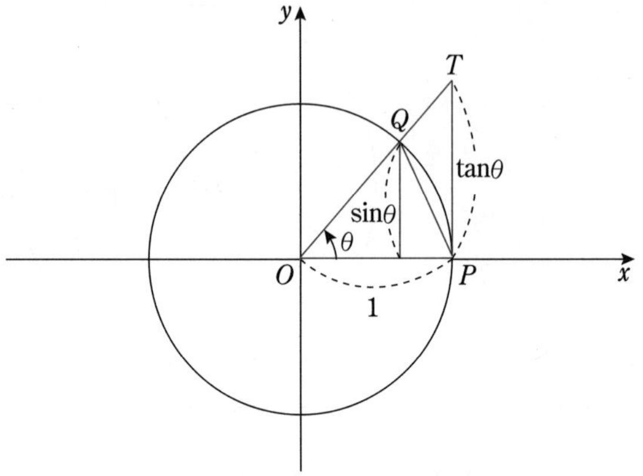

$$\triangle OPQ < \text{부채꼴}(\triangledown)OPQ < \triangle OPT$$

그런데

$$\triangle OPQ = \frac{1}{2}\ \overline{OP}\cdot \sin\theta = \frac{1}{2}\sin\theta$$

$$\triangledown OPQ = \frac{1}{2}r^2\theta = \frac{1}{2}\theta$$

$$\triangle OPT = \frac{1}{2}\ \overline{OP}\cdot\overline{PT} = \frac{1}{2}\tan\theta$$

이들을 대입하면,

$$\frac{1}{2}\sin\theta < \frac{1}{2}\theta < \frac{1}{2}\tan\theta \left(\text{단, } 0<\theta<\frac{\pi}{2}\right)$$

$0<\theta<\frac{\pi}{2}$이므로 $\sin\theta$는 플러스이다. 세 개의 항을 $\frac{1}{2}\sin\theta$로 나누면 부등호의 방향은 변하지 않고 다음과 같이 된다.

$$1 < \frac{\theta}{\sin\theta} < \frac{1}{\cos\theta} \left(0<\theta<\frac{\pi}{2}\right)$$

각 항의 역수를 취하면,

$$1 > \frac{\sin\theta}{\theta} > \cos\theta \left(0 < \theta < \frac{\pi}{2}\right)$$

$\lim_{\theta\to 0}\cos\theta = 1$이므로 $\frac{\sin\theta}{\theta}$는 θ가 양의 방향에서 0에 접근할 때($\theta \to 0^+$) 1에 접근하는 두 값 사이에 놓이게 된다.

$$\therefore \lim_{\theta\to 0^+}\frac{\sin\theta}{\theta} = 1$$

이 관계식은 θ가 음의 각인 경우에도 성립한다. 즉, $\theta<0$일 때 $\theta=-\alpha$라 놓으면(단, $\alpha>0$),

$$\frac{\sin\theta}{\theta} = \frac{\sin(-\alpha)}{-\alpha} = \frac{-\sin\alpha}{-\alpha} = \frac{\sin\alpha}{\alpha}$$

$\theta\to 0^-$일 때의 극한을 취하면

$$\lim_{\theta\to 0^-}\frac{\sin\theta}{\theta} = \lim_{\alpha\to 0^+}\frac{\sin\alpha}{\alpha} = 1$$

따라서

$$\lim_{\theta\to 0^+}\frac{\sin\theta}{\theta} = \lim_{\theta\to 0^-}\frac{\sin\theta}{\theta} = 1$$

이므로

$$\lim_{\theta\to 0}\frac{\sin\theta}{\theta} = 1$$ Q.E.D.

만약 θ가 래디안으로 측정되지 않고 도(°)로 측정되었다면,

$$\lim_{\theta\to 0}\frac{\sin\theta^\circ}{\theta} = \lim_{\theta\to 0}\frac{\sin\frac{\pi}{180}\theta}{\theta} = \lim_{\theta\to 0}\frac{\sin\frac{\pi}{180}\theta}{\frac{\pi}{180}\theta}\cdot\frac{\pi}{180}$$

$$= 1\cdot\frac{\pi}{180} = \frac{\pi}{180}$$

가 된다. 미적분에서 래디안을 쓰는 이유는 미적분과정에서 $\frac{\pi}{180}$라는 요소를 제거하기 위함이다.

이제 삼각함수의 도함수를 유도하자. $y=\sin x$일 때 x의 증분을 Δx라 하고, y의 증분을 Δy라 하자. 정의에 의해 $\frac{\Delta y}{\Delta x}$ 는 아래와 같다.

$$\frac{\Delta y}{\Delta x}=\frac{\sin(x+\Delta x)-\sin x}{\Delta x}$$

삼각함수의 기본공식인 $\sin\alpha-\sin\beta=2\cos\frac{\alpha+\beta}{2}\sin\frac{\alpha-\beta}{2}$를 이용하면 다음과 같다.

$$\frac{\Delta y}{\Delta x}=\frac{2\cos\left(x+\frac{\Delta x}{2}\right)\sin\frac{\Delta x}{2}}{\Delta x}=\cos\left(x+\frac{\Delta x}{2}\right)\frac{\sin\frac{\Delta x}{2}}{\frac{\Delta x}{2}}$$

$$=\cos(x+\theta)\frac{\sin\theta}{\theta}\ \left(\text{단, } \theta=\frac{\Delta x}{2}\right)$$

$\Delta x\to 0$일 때 $\theta\to 0$이므로,

$$\frac{dy}{dx}=\lim_{\Delta x\to 0}\frac{\Delta y}{\Delta x}=\lim_{\theta\to 0}\cos(x+\theta)\lim_{\theta\to 0}\frac{\sin\theta}{\theta}=\cos x$$

이다.

일반적으로 $u=f(x)$가 미분가능함수이면, 연쇄법칙에 의해 다음 공식이 성립한다.

[공식 14] $\frac{d}{dx}\sin u=\cos u\cdot\frac{du}{dx}$

$y=\cos u$의 도함수는 $\sin u$의 미분법을 이용하면 쉽게 구해진다.

$$\frac{d}{dx}\cos u=\frac{d}{dx}\sin\left(\frac{\pi}{2}-u\right)=\cos\left(\frac{\pi}{2}-u\right)\frac{d}{dx}\left(\frac{\pi}{2}-u\right)$$

$$=-\sin u\frac{du}{dx}$$

[공식 15] $\dfrac{d}{dx}\cos u = -\sin u \cdot \dfrac{du}{dx}$

나머지 삼각함수들은 sine나 cosine으로 표시되므로 다음 공식을 얻을 수 있다.

[공식 16] $\dfrac{d}{dx}\tan u = \sec^2 u \cdot \dfrac{du}{dx}$

[공식 17] $\dfrac{d}{dx}\cot u = -\csc^2 u \cdot \dfrac{du}{dx}$

[공식 18] $\dfrac{d}{dx}\sec u = \sec u \cdot \tan u \cdot \dfrac{du}{dx}$

[공식 19] $\dfrac{d}{dx}\csc u = -\csc u \cdot \cot u \cdot \dfrac{du}{dx}$

예제 5

$y=\tan x$의 도함수를 구하라.

풀이

$$y=\tan x=\frac{\sin x}{\cos x}$$

$$\frac{dy}{dx}=\frac{\cos x\cos x-\sin x(-\sin x)}{\cos^2 x}=\frac{\cos^2 x+\sin^2 x}{\cos^2 x}$$

$$=\frac{1}{\cos^2 x}=\sec^2 x$$

예제 6

$y=\sin 2x\cos 3x$일 때 $\dfrac{dy}{dx}$를 구하라.

풀이

$$\frac{dy}{dx}=(\cos 2x)(2)(\cos 3x)+(\sin 2x)(-\sin 3x)(3)$$

$$=2\cos 3x\cos 2x-3\sin 3x\sin 2x$$

예제 7

$y=e^{3x}\cos 4x$의 도함수를 구하라.

풀이

$$\begin{aligned} y' &= (e^{3x})'\cos 4x + e^{3x}(\cos 4x)' = 3e^{3x}\cos 4x + e^{3x}(-4\sin 4x) \\ &= e^{3x}(3\cos 4x - 4\sin 4x) \end{aligned}$$

8.4 역삼각함수의 미분법

일반적인 관습에 따라 독립변수를 x로 놓고 종속변수를 y로 놓을 때 $y=f(x)$의 역함수는 x와 y를 바꾼 $x=f(x)$를 y에 관해서 풀어 얻는다는 것과 이때 한 쌍의 역함수의 그래프는 $y=x$에 관해서 대칭임을 알고 있다. 이러한 절차를 밟아 역삼각함수를 정의하자.

$y=\sin x$의 역함수는 x와 y를 바꾸어 y가 $\sin y=x$에 의해 결정되는 x의 함수일 때의 함수로서 이 함수를 역**sine**함수라 하고 다음과 같이 표시한다.

$$y=\arcsin x \text{ 또는 } y=\sin^{-1}x$$

마찬가지로

$$\cos y=x\text{이면 } y=\cos^{-1}x$$
$$\tan y=x\text{이면 } y=\tan^{-1}x$$

라 정의하여 이와 같은 함수들을 역삼각함수라 한다.

[그림 8-5]는 $y=\sin x$를 $y=x$에 관해서 대칭이동시켜 얻은 $y=\sin^{-1}x$의 그래프이다. 이 그래프에서 알 수 있듯이 역sine함수는 $-1\leqq x\leqq 1$에서 정의되는 연속다가함수이다. 즉, 각각의 x에 대해서 무수히 많은 y가 대응된다. 그러나 한 함수의 미분을 생각하려면 하나의 x에 하나의 y만 대응되는 일가함수이어야 한다. 그래서 y의 값에 제한을 두어 역삼각함수를 정의할 필요가 있다. 만약 y를 $-\frac{\pi}{2}\leqq y\leqq\frac{\pi}{2}$로 제한한다면, 즉 곡선 AB만 고려한다면

그림 8-5 $y=\sin^{-1}x$

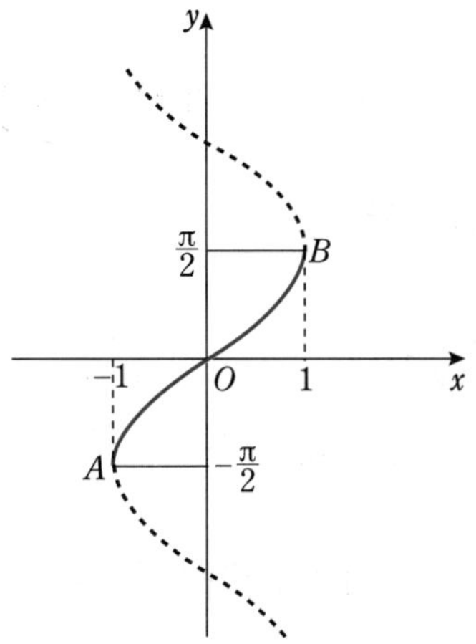

하나의 x에 하나의 y만 대응하게 되어 역sine함수는 다음과 같이 정의된다.

$$y=\sin^{-1}x, \qquad -1\leqq x\leqq 1, \qquad -\frac{\pi}{2}\leqq y\leqq\frac{\pi}{2}$$

마찬가지로 나머지 역삼각함수는 다음과 같이 정의된다.

$$y=\cos^{-1}x, \qquad -1\leqq x\leqq 1, \qquad 0\leqq y\leqq\pi$$

$$y=\tan^{-1}x, \qquad -\frac{\pi}{2}<y<\frac{\pi}{2}$$

$$y=\sec^{-1}x, \qquad |x|\geqq 1, \qquad 0\leqq y\leqq\pi$$

$$y=\csc^{-1}x, \qquad |x|\geqq 1, \qquad -\frac{\pi}{2}<y<\frac{\pi}{2}$$

$$y=\cot^{-1}x, \qquad 0<y<\pi$$

이제 역삼각함수의 도함수를 유도하자.

$$y=\sin^{-1}x \qquad \left(-\frac{\pi}{2}\leqq y\leqq\frac{\pi}{2}\right)$$

라 하면

$$\sin y = x$$

가 되고, 양변을 x에 관하여 미분하면(음함수의 미분법을 적용하면),

$$(\cos y)\frac{dy}{dx} = 1$$

즉, $\dfrac{dy}{dx} = \dfrac{1}{\cos y} = \dfrac{1}{\sqrt{1-\sin^2 y}} = \dfrac{1}{\sqrt{1-x^2}}$

위에서 $\cos y = \pm\sqrt{1-\sin^2 y}$이나, $-\dfrac{\pi}{2} \leqq y \leqq \dfrac{\pi}{2}$이면 $\cos y \geqq 0$이므로 플러스만 택한다.

만약 $u = f(x)$가 미분가능함수이면 $\sin^{-1}u$의 도함수는 다음과 같다.

[공식 20] $\dfrac{d}{dx}(\sin^{-1}u) = \dfrac{1}{\sqrt{1-u^2}} \cdot \dfrac{du}{dx}(-1 < u < 1)$

같은 방법으로 다음 공식들을 유도할 수 있다.

[공식 21] $\dfrac{d}{dx}(\cos^{-1}u) = -\dfrac{1}{\sqrt{1-u^2}} \cdot \dfrac{du}{dx}$ $(-1 < u < 1)$

[공식 22] $\dfrac{d}{dx}(\tan^{-1}u) = \dfrac{1}{1+u^2} \cdot \dfrac{du}{dx}$ (u의 모든 값에 대하여)

[공식 23] $\dfrac{d}{dx}(\csc^{-1}u) = -\dfrac{1}{|u|\sqrt{u^2-1}} \cdot \dfrac{du}{dx}$ $(|u| > 1)$

[공식 24] $\dfrac{d}{dx}(\sec^{-1}u) = \dfrac{1}{|u|\sqrt{u^2-1}} \cdot \dfrac{du}{dx}$ $(|u| > 1)$

[공식 25] $\dfrac{d}{dx}(\cot^{-1}u) = -\dfrac{1}{1+u^2} \cdot \dfrac{du}{dx}$ (u의 모든 값에 대하여)

예제 8

$y = \sin^{-1}(4x+1)$일 때 $\dfrac{dy}{dx}$를 구하라.

풀이

$$\frac{dy}{dx}=\frac{1}{\sqrt{1-(4x+1)^2}}\,\frac{d}{dx}(4x+1)=\frac{4}{\sqrt{-16x^2-8x}}$$

예제 9

$y=\sin^{-1}(\cos x)$일 때 $\frac{dy}{dx}$를 구하라.

풀이

$$\frac{dy}{dx}=\frac{1}{\sqrt{1-\cos^2 x}}\cdot\frac{d}{dx}\cos x=-\frac{\sin x}{\sqrt{\sin^2 x}}=-\frac{\sin x}{|\sin x|}$$

8.5 쌍곡선함수의 미분법

삼각함수와 비슷한 성질을 갖고 있는 여섯 개의 지수함수를 정의하고 그 도함수를 구하자. 그 정의는 아래와 같다.

$$\sinh x=\frac{e^x-e^{-x}}{2},\quad \operatorname{csch} x=\frac{1}{\sinh x}$$

$$\cosh x=\frac{e^x+e^{-x}}{2},\quad \operatorname{sech} x=\frac{1}{\cosh x}$$

$$\tanh x=\frac{e^x-e^{-x}}{e^x+e^{-x}},\quad \coth x=\frac{1}{\tanh x}=\frac{\cosh x}{\sinh x}$$

이들의 읽는 방법은, 예를 들어 $\sinh x$는 'hyperbolic sine x' 라 읽는다.

삼각함수의 용어와 부호가 쌍곡선함수에서 사용되는 주된 이유는 쌍곡선함수의 성질들이 삼각함수의 성질들과 매우 비슷하기 때문이다. 예를 들어

$$\sinh(-x)=-\sinh x$$
$$\cosh(-x)=\cosh x$$
$$\tanh(-x)=-\tanh x$$
$$\cosh^2 x-\sinh^2 x=1$$

$$\sinh(x \pm y) = \sinh x \cdot \cosh y \pm \cosh x \cdot \sinh y \text{(복호동순)}$$
$$\cosh(x \pm y) = \cosh x \cdot \cosh y \pm \sinh x \cdot \sinh y \text{(복호동순)}$$
$$\sinh 2x = 2\sinh x \cdot \cosh x$$
$$\cosh 2x = \cosh^2 x + \sinh^2 x$$

등과 같이 삼각함수와 매우 유사한 성질들을 만족한다.

우리는 이미 지수함수의 미분법을 알고 있으므로 쌍곡선함수의 도함수는 쉽게 구할 수 있다.

$u = f(x)$가 미분가능함수이면 $\sinh u$의 도함수는 다음과 같다.

$$\frac{d}{dx}\sinh u = \frac{d}{dx}\left(\frac{1}{2}e^u - \frac{1}{2}e^{-u}\right) = \left(\frac{1}{2}e^u + \frac{1}{2}e^{-u}\right)\frac{du}{dx}$$
$$= \cosh u \cdot \frac{du}{dx}$$

[공식 26] $\frac{d}{dx}\sinh u = \cosh u \cdot \frac{du}{dx}$

같은 방법으로 다음과 같은 공식들을 얻을 수 있다.

[공식 27] $\frac{d}{dx}\cosh u = \sinh u \cdot \frac{du}{dx}$

[공식 28] $\frac{d}{dx}\tanh u = \text{sech}^2 u \cdot \frac{du}{dx}$

[공식 29] $\frac{d}{dx}\coth u = -\text{csch}^2 u \cdot \frac{du}{dx}$

[공식 30] $\frac{d}{dx}\text{sech}\, u = -\text{sech}\, u \cdot \tanh u \cdot \frac{du}{dx}$

[공식 31] $\frac{d}{dx}\text{csch}\, u = -\text{csch}\, u \cdot \coth u \cdot \frac{du}{dx}$

예제 10

$y = \sinh(\cosh x)$일 때 $\frac{dy}{dx}$를 구하라.

풀이

$$\frac{dy}{dx}=\cosh(\cosh x)\cdot\frac{d}{dx}(\cosh x)=\cosh(\cosh x)\cdot\sinh x$$

예제 11

$y=e^{\sinh^2 x}$의 도함수를 구하라.

풀이

$$\begin{aligned}\frac{dy}{dx}&=e^{\sinh^2 x}\cdot\frac{d}{dx}(\sinh^2 x)\\&=e^{\sinh^2 x}(2\sinh x\cdot\cosh x)\\&=\sinh 2x\cdot e^{\sinh^2 x}\end{aligned}$$

연습문제

1. 다음 함수들의 도함수를 구하라.

(1) $y=\ln(x^2+2x+2)$

(2) $y=x\ln x$

(3) $y=\ln(\ln x)$

(4) $y=\dfrac{1+\ln x}{1-\ln x}$

(5) $y=(\ln x^2)^3$

(6) $y=\log_3(2x^3-3x+4)$

2. 다음 함수들의 $\dfrac{dy}{dx}$를 구하라.

(1) $y=e^{x^2+2x+4}$

(2) $y=10^{2x}$

(3) $y=x^2e^{x^2}$

(4) $y=x^e$

(5) $y=e^{x}(1-x^{0})$

3. 다음 함수들의 $\dfrac{d^2y}{dx^2}$를 구하라.

(1) $y=e^{-(1/x)}$

(2) $y=\dfrac{e^x-e^{-x}}{e^x+e^{-x}}$

(3) $y=\ln\dfrac{3-x}{3+x}$

(4) $y=e^x \ln x$

4. 다음 함수들의 도함수를 구하라.

(1) $y=x^{\ln x}$

(2) $y=\sqrt[5]{\dfrac{(x^2+2)(x-1)}{(x^2-2)^2}}$

(3) $y=(1/x)^x$

(4) $y=(\ln x)^x$

(5) $y=x^{x2+1}$

5. 다음을 증명하라.

(1) $(\log_e b)(\log_b e)=1$

(2) $\log_b a=(\ln a)/(\ln b)$

6. $\lim\limits_{\theta\to 0}\dfrac{\sin\theta}{\theta}=1$인 것을 이용하여 다음의 극한값을 구하라.

(1) $\lim\limits_{x\to 0}\dfrac{\sin 5x}{x}$

(2) $\lim\limits_{x\to 0}\dfrac{\sin 3x}{\sin 5x}$

(3) $\lim\limits_{x\to 0}\dfrac{\tan x}{x}$

7. 다음 함수들의 도함수를 구하라.

(1) $y=\sin(3x^2+1)$

(2) $y=2\sin(3x-1)+3\tan\dfrac{x}{2}-6\cos x^{-1}$

(3) $y=\sin 2x\cos 3x$

(4) $y=\cos[\sin(x^2+3x+2)]$

8. 다음 함수들의 도함수를 구하라.

(1) $y=x\sin^{-1}x$

(2) $y=\cos^{-1}\left(\dfrac{x^2-1}{x^2+1}\right)\ (x>0)$

(3) $y=\tan^{-1}\left(\dfrac{1+x}{1-x}\right)$

(4) $y=x^2\cot^{-1}x$

9. 다음 함수들의 $\frac{dy}{dx}$를 구하라.

(1) $y=\sinh(3x+1)$

(2) $y=\cosh x^2$

(3) $y=\cosh^2 5x-\sinh^2 5x$

(4) $y=\tanh 2x$

10. 다음 함수들의 도함수를 구하라.

(1) $y=\ln \sin x$

(2) $y=e^{\sin x}$

(3) $y=xe^x(\cos x+\sin x)$

(4) $y=(\ln x)^{\sin x}$

(5) $y=a^{\sin x}$

(6) $y=e^{4x}\log(\sin 2x)$

제 9 장

1변수함수의 극대와 극소

9.1 극치의 정의

c에 매우 가까운 모든 x에 대하여

$$f(x) \leqq f(c)$$

가 성립하면 함수 $f(x)$는 $x=c$에서 상대적 혹은 국부적 극대가 된다고 하고, $f(c)$를 극대값이라 한다. 같은 방법으로 α에 매우 가까운 모든 x에 대하여

$$f(x) \geqq f(\alpha)$$

가 성립하면 함수 $f(x)$는 $x=\alpha$에서 상대적 혹은 국부적 극소가 된다고 하고, $f(\alpha)$를 극소값이라 한다. 극대값과 극소값 모두를 공통적으로 극치 또는 극값이라 부른다.

함수 $f(x)$의 정의역을 D라 할 때 D에 있는 모든 x에 대하여

$$f(x) \leqq f(c)$$

를 만족하는 c가 D에 존재하면 함수 $f(x)$는 $x=c$에서 절대적 극대값 혹은 최대값 $f(c)$를 갖는다고 하며, 반면에 D에 있는 모든 x에 대하여

그림 9-1 극 값

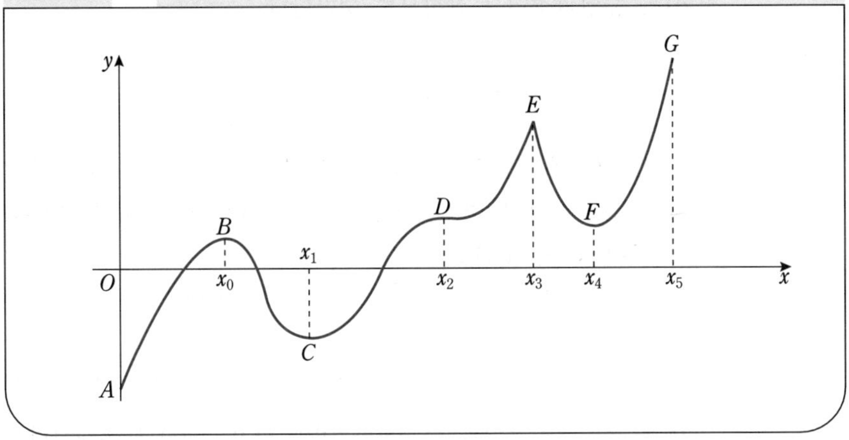

$$f(x) \geqq f(\alpha)$$

를 만족하는 α가 D에 존재하면 함수 $f(x)$는 $x=\alpha$에서 절대적 극소값 혹은 최소값 $f(\alpha)$를 갖는다고 한다.

함수 $f(x)$는 $0 \leqq x \leqq x_5$에서 정의되고, 그 그래프는 [그림 9-1]과 같다고 하자. 정의에 의해 $f(x)$는 $x=x_0$, x_3, x_5에서 극대값을 갖고, $x=0$, x_1, x_4에서 극소값을 갖는다. 또한 구간 $0 \leqq x \leqq x_5$의 모든 x에 대하여 $f(x) \leqq f(x_5)$이고, $f(x) \geqq f(0)$이므로 $f(x)$는 $x=x_5$에서 최대값을 갖고 $x=0$에서 최소값을 갖는다. 정의에 의해서 알 수 있듯이, 절대적 극치는 항상 (상대적) 극치가 되지만 (상대적) 극치가 반드시 절대적 극치가 되는 것은 아니다.

극대값과 극소값이 존재하기 위한 충분조건을 보여주는 극치의 정리와 $x=c$에서 함수 $f(x)$가 극대 또는 극소가 되기 위한 1차필요조건은 $f'(c)=0$이라는 두 개의 정리를 소개한다.

정리 9-1-1 극치의 정리

폐구간 $a \leqq x \leqq b$에서 연속인 함수 $f(x)$는 이 구간내에서 최대값 M과 최소값 m을 갖는다. 즉, $f(\alpha)=M$, $f(\beta)=m$ 및 $[a, b]$에 있는 모든 x에 대하여 $m \leqq f(x) \leqq M$을 만족시키는 두 수 α와 β가 $[a, b]$에 존재한다.

이 정리의 증명은 실수의 집합 $\boldsymbol{R}$에 대한 여러 가지 성질을 이용하여 증명되나, 증명과정이 복잡하므로 생략한다.

정리 9-1-2

함수 $f(x)$가 $a \leqq x \leqq b$에서 정의되고, $f(x)$는 $x=c$에서 상대적 극대 혹은 극소가 된다고 하자. 또한 c는 구간의 내부점($a<c<b$)이며 $f'(c)$가 존재하면, $f'(c)=0$이다.

증 명

예를 들어 $f(c)$가 상대적 극대값이라 하자. $f'(c)$가 존재한다는 것은 다음의 우방극한값과 좌방극한값이 존재하며 두 극한값은 $f'(c)$가 됨을 의미한다.

$$\lim_{h \to 0+} \frac{f(c+h)-f(c)}{h} = \lim_{h \to 0-} \frac{f(c+h)-f(c)}{h} = f'(c)$$

$f(c)$가 극대값이면, 0에 가까운 모든 h에 대하여

$$f(c) \geqq f(c+h)$$

임을 안다.
만약, $h>0$이면

$$\frac{f(c+h)-f(c)}{h} \leqq 0.$$

$h<0$이면

$$\frac{f(c+h)-f(c)}{h} \geqq 0.$$

위의 두 식에 극한을 취하면,

$$f'(c) = \lim_{h \to 0+} \frac{f(c+h)-f(c)}{h} \leqq \lim_{h \to 0+} 0 = 0$$

$$f'(c)=\lim_{h\to 0-}\frac{f(c+h)-f(c)}{h}\geq \lim_{h\to 0-} 0=0$$

이 된다. 위의 두 식으로부터 $f'(c)=0$이다. 같은 방법으로 $f(c)$가 극소값인 경우에도 $f'(c)=0$인 것을 보일 수 있다. Q.E.D.

그러나, 위 정리의 역은 성립하지 않는다. 즉, $f'(c)=0$이라 해도 $f(c)$가 반드시 극치가 되는 것은 아니다. 예를 들어 함수 $f(x)=x^3$일 때 $f'(0)=0$이 되지만 $f(0)$은 극치가 아니다. 따라서 함수 $f(x)$가 개구간에서 미분가능할 때 $f'(c)=0$인 조건은 극치를 갖기 위한 필요조건에 불과하고 충분조건은 아니다.

또한 함수 $f(x)$는 $f'(x)$가 존재하지 않는 점에서도 극치를 가질 수 있다는 점에 유의하자([그림 9-1]의 점 E 참조).

$f(x)$의 정의역내의 어떤 값 c에 대해서 $f'(c)=0$이거나 또는 $f'(c)$가 존재하지 않을 때, c를 $f(x)$의 임계값(critical value)이라 하며, 이에 대응하는 $y=f(x)$ 곡선상의 점 $(c, f(c))$를 임계점(critical point)이라 한다.

[정리 9-1-1]과 [정리 9-1-2] 및 [그림 9-1]을 이용하면 다음과 같은 결론을 얻을 수 있다. 함수 $f(x)$가 $a\leq x\leq b$에서 연속이면 최대값과 최소값을 가지며, 이들 최대값과 최소값은 구간의 맨 끝점에 존재하든가, 혹은 $f'(x)$가 존재하지 않는 곳에 존재하든가, 혹은 $f'(x)=0$인 내부점에 존재하게 된다. 즉, 최대값과 최소값을 구하기 위해서는 임계값에서의 함수값과 구간의 맨 끝점에서의 함수값을 구하여 이들 중에서 가장 큰 값을 최대값, 가장 작은 값을 최소값으로 결정하면 된다.

9.2 극치판정법

지금까지 극치가 존재할 수 있는 가능한 점들은 $f'(x)=0$이거나 $f'(x)$가 존재하지 않는 점인 것을 배웠으나, 실제로 이들 점에서 극대가 되는가 혹은 극소가 되는가를 판정하는 기준은 모른다. 그러나, 주어진 함수는 임계점이 아닌 곳에서는 극대 혹은 극소가 되지 않으므로, 함수의 극치를 구하는 첫 단계는 임계값을 구하는 것이다. 임계값을 구했다고 가정하고, 극치의 판정기준들을 증명없이 소개한다.

(1) 1차도함수의 판정법

c는 함수 $f(x)$의 임계값이라 하자. 또한 함수 $f(x)$는 $x=c$에서 연속이며 $a<x<c$와 $c<x<b$에서 미분가능하다고 하자.

(i) x가 c를 지날 때 $f'(x)$의 부호가 $(+)$에서 $(-)$로 변하면 $f(c)$는 극대값이다.

(ii) x가 c를 지날 때 $f'(x)$의 부호가 $(-)$에서 $(+)$로 변하면 $f(c)$는 극소값이다.

(iii) x가 c를 지날 때 $f'(x)$의 부호가 변하지 않으면 $f(c)$는 극대값도 극소값도 아니다.

1차도함수 판정법을 예시하면 다음과 같다.

[그림 9-2]와 [그림 9-4]는 $f'(c)=0$인 경우 각각 극대값과 극소값을 나타내고 있다. [그림 9-3]은 $f'(c)$가 존재하지 않으나 $a<x<c$에서 $f'(x)>0$이고, $c<x<b$에서는 $f'(x)<0$이 되어 $f(c)$는 극대값이 되는 것을 나타낸다. [그림 9-5]는 $f'(c)=0$이지만 $a<x<c$일 때 $f'(x)>0$이고 $c<x<b$일 때 역시 $f'(x)>0$이 되어 $f(c)$는 극대값도 극소값도 아닌 것을 보여준다.

특히, $f''(c)=0$이거나 혹은 $f''(c)$가 존재하지 않으면서 x가 c를 지날 때 $f''(x)$의 부호가 변하면 $f(x)$는 $x=c$에서 변곡점을 갖는다고 한다. [그림 9-5]의 점 E는 변곡점이다.

만약, $f'(x)$가 $x=c$에서 미분가능하다면 2차도함수를 이용하여 극치를 판정할 수 있다. [그림 9-2]에서 알 수 있듯이 $f'(x)$가 미분가능한 경우 $f'(x)$가 $x=c$의 근방에서 $(+)\to 0\to(-)$로 변한다는 것은 $f''(c)<0$을 의미하고, 반면 [그림 9-4]에서와 같이 $f'(x)$가 $x=c$의 근방에서 $(-)\to 0\to(+)$로 변한다는 것은 $f''(c)>0$을 의미하므로 다음과 같이 2차도함수를 이용한 새로운 판정법을 얻는다(자세한 설명은 18.2 참조).

그림 9-2 극 대

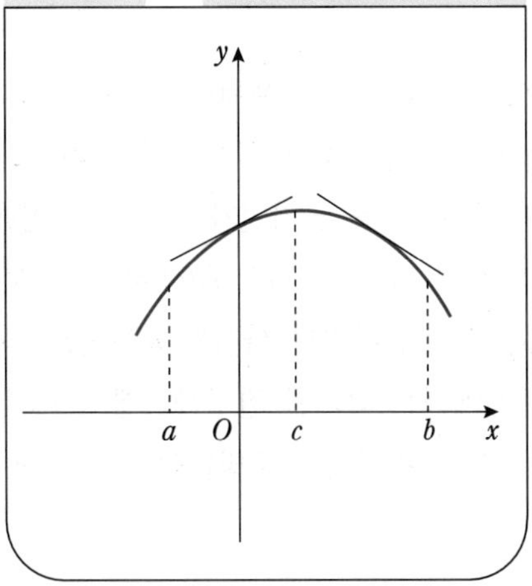

그림 9-3 극 대

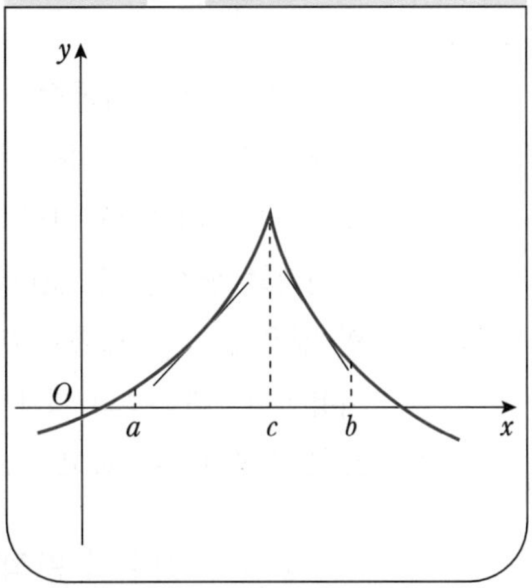

그림 9-4 극 소

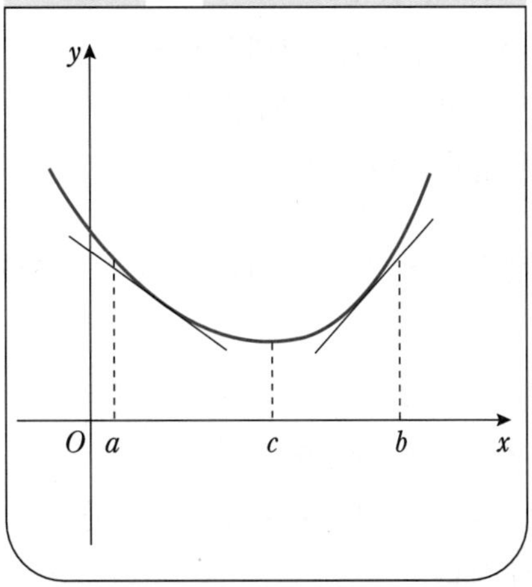

그림 9-5 변곡점

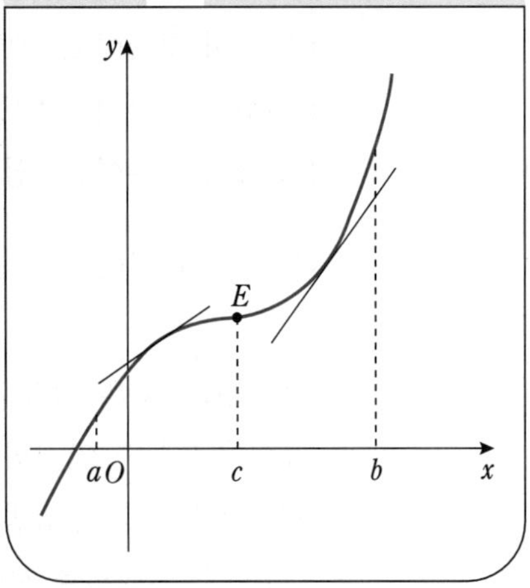

(2) 2차도함수의 판정법

$f'(x)$가 $x=c$에서 연속이고 $f'(c)=0$이라 하자.

(i) $f''(c)<0$이면, $f(c)$는 $f(x)$의 극대값이다. 즉, 함수 $f(x)$가 $x=c$에서 극대값을 갖기 위한 충분조건은 $f'(c)=0$과 $f''(c)<0$이다.

(ii) $f''(c)>0$이면, $f(c)$는 $f(x)$의 극소값이다. 즉, 함수 $f(x)$가 $x=c$에서 극소값을 갖기 위한 충분조건은 $f'(c)=0$과 $f''(c)>0$이다.

(iii) $f''(c)=0$ 혹은 $f''(c)$가 존재하지 않으면 2차도함수 판정법을 사용할 수 없다.

일반적으로 2차도함수 판정법은 $x=c$의 좌우에서 1차도함수의 부호를 검토할 필요가 없으므로 1차도함수 판정법보다 사용하기는 편리하지만, $f'(c)=0$인 동시에 $f''(c)=0$인 경우에는 $f(c)$가 극치인가 혹은 변곡점을 나타내는 값인가를 판정할 수 없다는 단점이 있다. 따라서 $f'(c)=0$인 동시에 $f''(c)=0$인 경우에는 1차도함수 판정법을 이용하거나 다음의 n차도함수의 판정법을 사용한다. 대부분의 경제학문제에서는 극치를 결정하는데 2차도함수 판정법으로 충분하지만 참고로 n차도함수 판정법을 증명없이 소개한다.

(3) n차도함수의 판정법

함수 $f(x)$가 있을 때 $f'(c)=f''(c)=\cdots=f^{(n-1)}(c)=0$이고, n차도함수에서 $f^{(n)}(c)\neq 0$이 처음으로 나타난다고 하자.

(i) n이 짝수이고 $f^{(n)}(c)<0$이면, $f(c)$는 극대값이다.

(ii) n이 짝수이고 $f^{(n)}(c)>0$이면, $f(c)$는 극소값이다.

(iii) n이 홀수이면, 점 $(c, f(c))$는 변곡점이다.

예를 들기 전에 주어진 함수의 극치를 구하는 요령을 약술하면 다음과 같다.

(i) 함수 $f(x)$의 임계값을 구한다.

(ii) 2차도함수 판정법을 가능하면 사용해 본다.

(iii) 2차도함수 판정법이 실패할 경우에는 n차도함수 판정법 혹은 1차도함수 판정법을 사용해 본다.

(iv) 만약 (ii)와 (iii)이 모두 실패하면 임계값 c와 매우 가까운 x에서 $f(x)$가 어떻게 변하는가를 조사한다. 즉, 극치의 정의를 사용하여 판정한다.

예제 1

$f(x)=x^4-8x^3+22x^2-24x+12$일 때 극대값과 극소값을 구하라.

풀이

$f'(x)=4x^3-24x^2+44x-24=4(x-1)(x-2)(x-3)=0$.
임계값을 구하면 $x=1, 2, 3$.

$$f'(x)=12x^2-48x+44$$
$$f''(1)=8, \qquad f''(2)=-4, \qquad f''(3)=8$$

이므로 2차도함수 판정법에 의해 $x=2$일 때 극대값 $f(2)=4$를 갖고, $x=1$과 $x=3$일 때 각각 극소값 $f(1)=3$, $f(3)=3$을 갖는다.

예제 2

$f(x)=(x-1)^4(x+2)^3$일 때 극대값과 극소값을 구하라.

풀이

$f'(x)=4(x-1)^3(x+2)^3+3(x-1)^4(x+2)^2=(x-1)^3(x+2)^2(7x+5)=0$.
임계값을 구하면, $x=1$, $x=-2$, $x=-\frac{5}{7}$.

$$f''(x)=12(x-1)^2(x+2)^3+12(x-1)^3(x+2)^2+12(x-1)^3(x+2)^2$$
$$+6(x-1)^4(x+2)$$

가 되어, $f''\left(-\frac{5}{7}\right)$의 계산은 매우 복잡하다. 더욱이 $f''(1)=f''(-2)=0$이 되어 2차도함수 판정법은 사용할 수 없다.

또한 n차도함수 판정법을 사용하면 항의 수가 많아 그 계산은 더욱 복잡해지므로 1차도함수 판정법을 사용하자.

(i) $x=1$인 경우

x가 1에 가까우나 1보다 작으면 $f'(x)<0$,
x가 1에 가까우나 1보다 크면 $f'(x)>0$.
따라서 $f(x)$는 $x=1$일 때 극소값 $f(1)=0$을 갖는다.

(ii) $x=-2$일 경우

x가 -2에 가깝고 -2보다 작으면 $f'(x)>0$,

x가 -2에 가깝고 -2보다 크면 $f'(x)>0$.

따라서 함수 $f(x)$는 $x=-2$일 때 극대값도 극소값도 갖지 않는다.

(iii) $x=-\frac{5}{7}$일 경우

x가 $-\frac{5}{7}$에 가깝고 $-\frac{5}{7}$보다 작으면 $f'(x)>0$,

x가 $-\frac{5}{7}$에 가깝고 $-\frac{5}{7}$보다 크면 $f'(x)<0$.

따라서 $f(x)$는 $x=-\frac{5}{7}$일 때 극대값 $f\left(-\frac{5}{7}\right)=(4^4\cdot 3^{10})/7^7$을 갖는다.

예제 3

$f(x)=\frac{x^{126}}{126}-\frac{x^3}{3}$에서 임계값을 구하고 임계값에서 극대값, 극소값 혹은 변곡점을 갖는가를 판정하라.

풀이

$$f'(x)=x^{125}-x^2=x^2(x^{123}-1)=0$$

임계값을 구하면 $x=0$, $x=1$.

$f''(x)=125x^{124}-2x$에서, $f''(1)=125-2=123>0$이므로 $x=1$에서 극소값을 갖는다.

$f''(0)=0$이므로, n차도함수 판정법을 사용하자.

$f'''(x)=125\times 124x^{123}-2$에서, $f'''(0)=-2\neq 0$이다. n이 홀수이므로 $x=0$에서 변곡점을 갖는다.

예제 4

$f(x)=(x+1)^{1/2}x$일 때 임계값을 구하라. 또한 극대값과 극소값을 구하라.

풀이

$$f'(x)=\frac{1}{2}(x+1)^{-1/2}x+(x+1)^{1/2}=\frac{x}{2\sqrt{x+1}}+\sqrt{x+1}=\frac{3x+2}{2\sqrt{x+1}}$$

$f'(-1)$은 존재하지 않고, $x=-\frac{2}{3}$일 때 $f'(x)=0$이 되므로 $x=-\frac{2}{3}$와 $x=-1$이 함수 $f(x)$의 임계값이 된다.

$$f''(x)=\frac{3\sqrt{x+1}-(3x+2)\left(\frac{1}{2}\right)(x+1)^{-1/2}}{2(\sqrt{x+1})^2}$$ 에서 $$f''\left(-\frac{2}{3}\right)=\frac{3\sqrt{\frac{1}{3}}}{2\cdot\left(\frac{1}{3}\right)}=\frac{3\sqrt{3}}{2}>0$$

이므로 $x=-\frac{2}{3}$일 때 극소값 $f\left(-\frac{2}{3}\right)=-\frac{2}{3\sqrt{3}}$을 갖는다.

$x=-1$일 때 1차, 2차 혹은 n차도함수 판정법을 사용할 수 없다. 사실 $f''(-1)$은 존재하지도 않을 뿐만 아니라 $f'(x)$가 $x\leqq-1$에서 정의되지 않으므로 $x=-1$에서 $f'(x)$의 부호가 어떻게 변한다는 말을 할 수도 없다. 따라서 우리는 함수 $f(x)$를 직접 분석해야 한다.

함수 $f(x)$는 $x\geqq-1$에서 정의된다. $f(-1)=0$이고 x가 -1에 가깝고 -1보다 클 때 $f(x)<0$이므로 $f(x)<f(0)$이다. 따라서 $f(x)$는 $x=-1$일 때 극대값 $f(-1)=0$을 갖는다.

예제 5

$y=xe^{-x}$의 변곡점을 구하라.

풀이

$$f'(x)=e^{-x}-xe^{-x}=(1-x)e^{-x}$$
$$f''(x)=-e^{-x}-(1-x)e^{-x}=(x-2)e^{-x}$$

$f''(x)=0$으로 놓으면 $x=2$, x가 2보다 작으면 $f''(x)<0$, x가 2보다 크면 $f''(x)>0$이다. 이 때, $f(2)=2e^{-2}$이므로 구하는 변곡점은 $(2,\ 2e^{-2})$이다.

연습문제

1. 다음 함수들의 극대값과 극소값을 구하라.

(1) $f(x)=\ln x^x$　　(2) $f(x)=xe^x$

(3) $f(x)=6x+3x^2-4x^3$　　(4) $y=x+\dfrac{1}{x}$

(5) $f(x)=e^x\sin x\ \ (0\leqq x\leqq 2\pi)$　　(6) $y=x^{\frac{2}{3}}(x-1)$

2. 다음 함수들의 임계값을 구하라.

(1) $f(x)=(x-2)^2(x-3)$　　(2) $f(x)=|x+1|+x^2$

(3) $f(x)=x^{\frac{2}{3}}$

3. $f(x)=\dfrac{1}{2x-1}$은 임계값을 갖지 않는 것을 증명하라.

4. 다음과 같은 함수를 통계학에서 정규확률밀도함수라 한다.

$$f(x)=\frac{1}{\sqrt{2\pi}\sigma}e^{-\frac{1}{2\sigma^2}(x-\mu)^2},\quad -\infty<x<\infty\ \text{(단, } \pi,\ \sigma,\ \mu\text{는 주어진 상수)}$$

위 함수는 $x=\mu$에서 극대값을 갖고, $x=\mu\pm\sigma$에서 변곡점을 갖는 것을 보여라.

5. 다음 함수들의 임계값을 구하고, 이들 임계값에서 극대점, 극소점, 변곡점을 갖는가를 결정하라.

(1) $y=x(12-x)^2$　　(2) $y=(x-2)^2(x+4)^2$

(3) $y=x^3+\dfrac{48}{x}$　　(4) $y=\dfrac{x^9}{9}+\dfrac{x^7}{7}$

6. 다음 각 함수의 변곡점을 구하라.

(1) $y=x^{\frac{1}{3}}$　　(2) $y=xe^x$

제10장

평균치의 정리, 로피탈의 법칙 및 테일러의 정리

10.1 평균치의 정리

[정리 7-1-1]에서 $\lim_{x \to a} f(x) = l_1$, $\lim_{x \to a} g(x) = l_2$이면

$$\lim_{x \to a} \frac{f(x)}{g(x)} = \frac{\lim_{x \to a} f(x)}{\lim_{x \to a} g(x)} = \frac{l_1}{l_2} \quad (\text{단, } l_2 \neq 0)$$

인 것을 배웠다. 이 정리는 많이 이용되는 정리이지만 $\lim_{x \to a} g(x) = 0$인 경우에는 사용될 수 없다. $\lim_{x \to a} g(x) = 0$인 경우에는 로피탈의 법칙을 사용해야 되는데 이 법칙을 유도하기 위해서 필요한 로올의 정리와 평균치의 정리를 살펴보자.

정리 10-1-1 로올의 정리(Rolle's theorem)

함수 $f(x)$가 폐구간 $a \leqq x \leqq b$에서 연속이고 개구간 $a < x < b$에서 미분 가능하며 $f(a) = f(b) = k$이면,

$$f'(c) = 0 \quad (a < c < b)$$

인 c가 적어도 하나는 존재한다.

증 명

$f(x)$가 $a \leqq x \leqq b$에서 상수함수이면, $f(x)=k$(단, k는 상수). 이 구간 전체에서 $f'(x)=0$이므로 정리는 증명된다.

$a \leqq x \leqq b$에서 상수함수가 아니라고 하자($f(x) \neq k$). $f(x)$는 이 구간에서 연속이므로 함수 $f(x)$는 [정리 9-1-1]에 의해 최대치 M과 최소치 m을 갖는다. $f(x) \neq k$이므로 M과 m 중에서 적어도 하나는 k가 아니다($\because$ $f(x) \neq k$이고, $f(x)$가 M과 m을 모두 가지므로). 예를 들어 $M \neq k$이고 $f(c)=M$이라 하자. $f(a)=f(b)=k$이며, $f(c)=M \neq k$이므로 c는 a도 아니며 또한 b도 아니다. 따라서 c는 a와 b 사이에 있고($a<c<b$), $f(x)$는 $a<x<b$에서 미분가능하며, $x=c$에서 최대치(물론 이것은 극대값임)를 가지므로 [정리 9-1-2]에 의해 $f'(c)=0$이다.

같은 방법으로 $m \neq k$이고 $f(c)=m$이면 $f'(c)=0$이다. Q.E.D.

로올의 정리를 직관적으로 설명하면 함수 $f(x)$가 $[a,\ b]$에서 연속이고 $(a,\ b)$에서 미분가능하며 $f(a)=f(b)$이면, 함수 $f(x)$를 나타내는 곡선에 대한 접선 중 x축과 평행한 접선이 구간 $(a,\ b)$에서 적어도 한 개는 존재한다는 것이다([그림 10-1] 참조).

이제 로올의 정리를 이용하여 평균치의 정리를 증명하도록 하자.

그림 10-1 로올의 정리

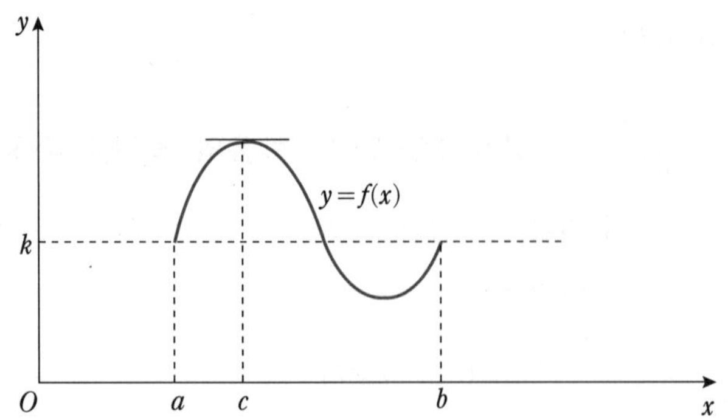

정리 10-1-2 평균치의 정리(mean-value theorem)

함수 $f(x)$가 폐구간 $a \leqq x \leqq b$에서 연속이며 개구간 $a<x<b$에서 미분가능하면,

$$\frac{f(b)-f(a)}{b-a}=f'(c) \quad (a<c<b)$$

를 만족하는 c가 적어도 하나는 존재한다.

증 명

$a<x<b$에 있는 임의의 점 x에서 곡선 ACB와 직선 AB와의 거리를 $F(x)$라 하면([그림 10-2] 참조),

$$F(x)=f(x)-f(a)-(x-a)\frac{f(b)-f(a)}{b-a}$$

$f(x)$가 연속이며 미분가능하므로 $F(x)$는 연속이며 미분가능하다. 또한, $F(a)=F(b)=0$이므로 로올의 정리를 이용하면 다음 식을 만족하는 c가 존재한다는 것을 알 수 있다.

$$F'(c)=f'(c)-\frac{f(b)-f(a)}{b-a}=0 \quad (a<c<b)$$

따라서

$$f'(c)=\frac{f(b)-f(a)}{b-a} \quad (a<c<b) \qquad \text{Q.E.D.}$$

평균치의 정리를 직관적으로 설명하면 $y=f(x)$의 그래프에서 두 점 A와 B를 잇는 직선 AB에 평행한 접선의 접점이 호 ACB 위에 적어도 하나는 존재한다는 것이다([그림 10-2] 참조). 또한 로올의 정리는 평균치의 정리의 특별한 경우, 즉 $f(a)=f(b)$인 경우임을 알 수 있다.

평균치의 정리의 결과를 다른 형태로 바꾸어 쓸 수 있다. 즉, 위의 분수

그림 10-2 **평균치의 정리**

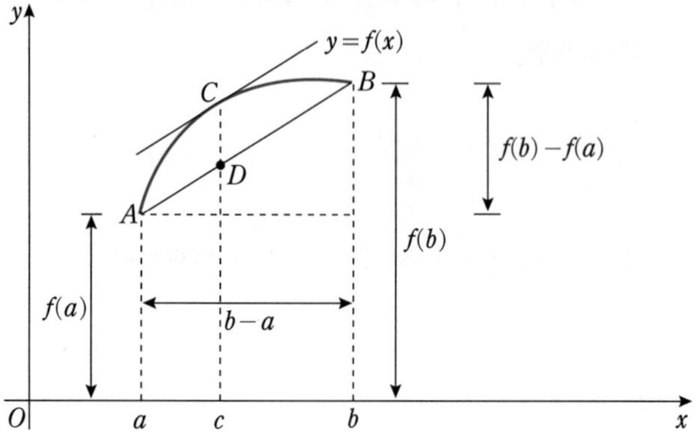

식은

$$f(b)=f(a)+(b-a)f'(c)$$

로도 쓸 수 있으며, 또한 위의 식에서 b 대신 $a+h$, c 대신 $a+\theta h(0<\theta<1)$로 바꾸어 주면 평균치의 정리의 다른 형태를 얻을 수 있다.

$$f(a+h)=f(a)+hf'(a+\theta h),\ 0<\theta<1$$

끝으로 코시의 일반화된 평균치의 정리를 증명하자.

정리 10-1-3 코시의 정리(Cauthy's theorem)

함수 $f(x)$와 $g(x)$가 폐구간 $a\leqq x\leqq b$에서 연속이고, 개구간 $a<x<b$에서 미분가능하다고 하자. 또한 $g'(x)\neq 0$이면

$$\frac{f(b)-f(a)}{g(b)-g(a)}=\frac{f'(c)}{g'(c)}\ (a<c<b)$$

를 만족하는 점 c가 적어도 하나는 존재한다.

증 명

$g(b)=g(a)$이면 로올의 정리로부터 $g'(c)=0(a<c<b)$인 c가 존재한다. 그러나 이것은 $g'(x)\neq 0$이라는 전제와 모순된다. 따라서 $g(b)\neq g(a)$.

$$G(x)\equiv f(x)-f(a)-\frac{f(b)-f(a)}{g(b)-g(a)}[g(x)-g(a)]$$

로 놓으면 $f(x)$와 $g(x)$는 연속이며 미분가능하므로 $G(x)$도 연속이며 미분가능하다. 또한 $G(a)=G(b)=0$이므로 $G(x)$에 로올의 정리를 적용하면 다음 식을 만족하는 c가 존재한다.

$$G'(c)\equiv f'(c)-\frac{f(b)-f(a)}{g(b)-g(a)}g'(c)=0 \quad (a<c<b)$$

가정에 의해 $g'(c)\neq 0$이므로 다음을 만족한다.

$$\frac{f'(c)}{g'(c)}=\frac{f(b)-f(a)}{g(b)-g(a)} \quad (a<c<b)$$ Q.E.D.

한 가지 유의할 점은 평균치의 정리는 코시의 정리의 특별한 경우, 즉 $g(x)=x$인 경우라는 것이다.

예제 1

$f(x)=x^2$일 때 폐구간 $[-1,\ 3]$에서 평균치의 정리를 만족시키는 c의 값을 구하라.

풀이

$f(x)=x^2$에서 $f'(x)=2x$이다. 평균치의 정리를 이용하면,

$$\frac{f(3)-f(-1)}{3-(-1)}=\frac{9-1}{4}=2c \quad (-1<c<3)$$

위의 식을 만족시키는 c를 구하면 $c=1$.

예제 2

$f(x)=x^2$, $g(x)=2x$, $a=4$, $b=6$일 때 코시의 정리가 성립하는 것을 보여라.

풀이

$f(x)$와 $g(x)$는 $4 \leqq x \leqq 6$에서 연속이며, $4<x<6$에서 미분가능하다. 코시의 정리가 성립하는 것을 보이기 위해서는

$$\frac{f'(c)}{g'(c)}=\frac{f(6)-f(4)}{g(6)-g(4)}, \quad \text{또는} \quad \frac{2c}{2}=\frac{36-16}{12-8}=\frac{20}{4}$$

를 만족시키는 c가 4와 6 사이에 있는가를 확인해야 한다. 위의 식에서 c를 구하면 $c=5$가 되므로 코시의 정리가 성립한다.

10.2 로피탈의 법칙

코시의 정리를 이용하여 로피탈의 법칙을 증명하자.

정리 10-2-1 로피탈의 법칙(L'Hospital's rule)

함수 $f(x)$와 $g(x)$가 $x=x_0$에서 0이라 하자. 즉, $f(x_0)=g(x_0)=0$, 또한 함수 $f(x)$와 $g(x)$가 x_0를 포함하는 개구간 $a<x<b$에서 미분가능하다고 하자(단, $x=x_0$는 제외될 수 있다). 마지막으로 $x \neq x_0$일 때 개구간 $a<x<b$에서 $g'(x) \neq 0$이라 하자. 만약 $\lim\limits_{x \to x_0} \frac{f'(x)}{g'(x)}$가 존재하기만 하면,

$$\lim_{x \to x_0} \frac{f(x)}{g(x)}=\lim_{x \to x_0} \frac{f'(x)}{g'(x)}$$

이다.

증 명

x가 x_0의 오른쪽에 있다고 하자. $[x_0, x]$의 구간에서 코시의 정리를 이용하면

$$\frac{f'(c)}{g'(c)} = \frac{f(x)-f(x_0)}{g(x)-g(x_0)} \quad (x_0 < c < x)$$

그러나, 가정에서 $f(x_0)=g(x_0)=0$이므로

$$\frac{f(x)}{g(x)} = \frac{f'(c)}{g'(c)} \quad (x_0 < c < x)$$

c는 x_0와 x 사이에 있으므로 $x \to x_0$일 때 $c \to x_0$이다. 따라서

$$\lim_{x \to x_0^+} \frac{f(x)}{g(x)} = \lim_{x \to x_0^+} \frac{f'(c)}{g'(c)} = \lim_{c \to x_0^+} \frac{f'(c)}{g'(c)}$$

$$= \lim_{x \to x_0^+} \frac{f'(x)}{g'(x)} \quad (c\text{를 } x\text{로 바꾼 것임})$$

같은 방법으로 $[x, x_0]$의 구간에서 코시의 정리를 이용하면

$$\lim_{x \to x_0^-} \frac{f(x)}{g(x)} = \lim_{x \to x_0^-} \frac{f'(x)}{g'(x)}$$

가정에서 $\lim_{x \to x_0} \frac{f'(x)}{g'(x)}$가 존재하므로

$$\lim_{x \to x_0^+} \frac{f'(x)}{g'(x)} = \lim_{x \to x_0^-} \frac{f'(x)}{g'(x)}$$

따라서

$$\lim_{x \to x_0} \frac{f(x)}{g(x)} = \lim_{x \to x_0} \frac{f'(x)}{g'(x)}$$ Q.E.D.

로피탈의 법칙은 $x \to x_0$일 때 $f(x)$와 $g(x)$가 ∞에 접근하는 경우도 사용되는데, 이에 관한 증명은 복잡하므로 생략하고 다음 정리로 요약하자.

정리 10-2-2 로피탈의 법칙

$\lim_{x\to x_0} f(x)=\lim_{x\to x_0} g(x)=\infty$이고 $\lim_{x\to x_0}\dfrac{f'(x)}{g'(x)}$가 존재하면 다음이 성립한다.

$$\lim_{x\to x_0}\frac{f(x)}{g(x)}=\lim_{x\to x_0}\frac{f'(x)}{g'(x)}$$

더욱이 로피탈의 법칙은 $x\to x_0^+$, $x\to x_0^-$, $x\to+\infty$ 혹은 $x\to-\infty$일 때도 성립한다.

로피탈의 법칙은 여러 가지 형태의 부정형, 예를 들어 $\dfrac{0}{0}$, $\dfrac{\infty}{\infty}$, $0\cdot(\pm\infty)$, $\infty-\infty$, 0^0, ∞^0 등과 같은 부정형의 극한을 구하는 데 사용된다. 이 경우 [정리 10-2-1] 또는 [정리 10-2-2]를 이용할 수 있도록 로그를 취하는 등 약간의 조작을 통해서 극한값을 구한다.

예제 3

$\lim_{x\to 0}\dfrac{\cos x-1}{x}$의 극한값을 구하라.

풀이

위의 분수식은 $x=0$에 대하여 $\dfrac{0}{0}$의 부정형을 가지므로 로피탈의 법칙을 적용하면 다음과 같다.

$$\lim_{x\to 0}\frac{\cos x-1}{x}=\lim_{x\to 0}\frac{\frac{d}{dx}(\cos x-1)}{\frac{d}{dx}(x)}=\lim_{x\to 0}\frac{-\sin x}{1}=0.$$

예제 4

$\lim_{x\to\infty}\dfrac{x}{e^x}$의 극한값을 구하라.

풀이

위의 분수식은 $\dfrac{\infty}{\infty}$의 부정형을 가지므로 로피탈의 법칙을 사용하면,

$$\lim_{x\to\infty}\frac{x}{e^x}=\lim_{x\to\infty}\frac{\frac{d}{dx}(x)}{\frac{d}{dx}e^x}=\lim_{x\to\infty}\frac{1}{e^x}=0.$$

예제 5

$\lim_{x\to 0}\dfrac{\sqrt{1+x}-\frac{1}{2}x-1}{x^2}$의 극한값을 구하라.

풀이

위의 분수식은 $x=0$에서 $\frac{0}{0}$의 부정형을 가지므로 로피탈의 법칙을 사용하면 다음과 같다.

$$\lim_{x\to 0}\frac{\sqrt{1+x}-\frac{1}{2}x-1}{x^2}=\lim_{x\to 0}\frac{\frac{1}{2}(1+x)^{\frac{-1}{2}}-\frac{1}{2}}{2x}$$

그러나 아직도 우변이 $\frac{0}{0}$의 부정형이므로 다시 한번 로피탈의 법칙을 사용하면 다음과 같다.

$$\lim_{x\to 0}\frac{\frac{1}{2}(1+x)^{\frac{-1}{2}}-\frac{1}{2}}{2x}=\lim_{x\to 0}\frac{-\frac{1}{4}(1+x)^{\frac{-3}{2}}}{2}=-\frac{1}{8}$$

로피탈의 법칙을 반복적으로 사용하는 경우에 유의할 점은 분모나 분자 중 하나라도 0이 아닌 극한값을 가지면 로피탈의 법칙의 적용을 중지해야 된다는 것이다.

10.3 테일러의 정리

n차의 다항함수

$$P(x)=c_0+c_1x+c_2x^2+\cdots+c_nx^n$$

의 값은 단지 덧셈과 곱셈으로 그 함수값을 쉽게 구할 수 있다. 반면에 제 8 장에서 배운 초월함수, 예를 들어 $\ln x$, e^x, $\cos x$들의 함수값은 x가 특별한 값일 때는 알지만, 임의의 x에서 그 함수값이 얼마인지 혹은 어떻게 구하는지를 모른다. 결론부터 말하면 다음의 테일러정리를 이용하여 주어진 함수 $f(x)$와 매우 근사한 다항함수를 구하고 그 다항함수값으로 함수 $f(x)$의 근사치를 구할 수 있다.

정리 10-3-1 테일러의 정리(Taylor's theorem)

$f(x)$ 및 처음 n차의 도함수가 폐구간 $a \leqq x \leqq b$에서 연속이며, $a<x<b$에서 $f^{(n+1)}(x)$가 존재하면 다음이 성립한다.

$$f(b)=f(a)+(b-a)f'(a)+\frac{(b-a)^2}{2!}f''(a)+\cdots+\frac{(b-a)^n}{n!}f^{(n)}(a)$$

$$+\frac{(b-a)^{n+1}}{(n+1)!}f^{(n+1)}(c) \text{ (단, } a<c<b) \qquad (1)$$

| 증 명 |

다음과 같은 보조함수를 생각해 보자.

$$H(x)=f(b)-f(x)-(b-x)f'(x)-\frac{(b-x)^2}{2!}f''(x)-\cdots$$

$$-\frac{(b-x)^n}{n!}f^{(n)}(x)-(b-x)^{n+1}A \qquad (2)$$

식 (2)에서 A는 결정되지 않은 상수이다. 또한 $H(x)$는 식 (1)에서 a를 x로 바꾼 후 오른쪽 항들을 왼쪽으로 이항해서 얻은 것이다.

식 (2)에서 $H(b)=0$, 또한 $H(a)=0$으로 만들기 위해 A를 다음과 같이 택하자($H(a)=0$을 A에 관해 푼다).

$$A=\frac{f(b)-f(a)-(b-a)f'(a)-\cdots-\dfrac{(b-a)^n}{n!}f^{(n)}(a)}{(b-a)^{n+1}} \qquad (3)$$

$H(b)=H(a)=0$이므로 로올의 정리에 의해 $H'(x)$는 a와 b 사이의 적어도 한 값 c에 대하여 반드시 0이다. 즉,

$$H'(c)=0 \ (a<c<b) \qquad (4)$$

또는

$$H'(c)=-f'(c)+f'(c)-(b-c)f''(c)+(b-c)f''(c)-\cdots$$
$$-\frac{(b-c)^{n-1}}{(n-1)!}f^{(n)}(c)+\frac{(b-c)^{n-1}}{(n-1)!}f^{(n)}(c)$$
$$-\frac{(b-c)^{n}}{n!}f^{(n+1)}(c)+(n+1)(b-c)^{n}A=0\quad(a<c<b)\qquad(5)$$

식 (5)로부터

$$A=\frac{f^{(n+1)}(c)}{(n+1)!}\quad(a<c<b)\qquad(6)$$

식 (6)을 식 (3)에 대입한 후 정리하면 식 (1)을 얻는다. Q.E.D.

관계식 (1)을 테일러의 공식이라고 하며, 만약 $n=0$이면 테일러의 공식은 평균치의 정리가 되는 것을 알 수 있다.

관계식 (1)을 다음과 같이 표시하기도 한다. $b=x$로 놓으면,

$$\begin{aligned}f(x)&=f(a)+f'(a)(x-a)+\frac{f''(a)}{2!}(x-a)^2+\cdots+\frac{f^{(n)}(a)}{n!}(x-a)^n+R_n(x)\\&=P_n(x)+R_n(x)\end{aligned}\qquad(7)$$

여기서 $R_n=\frac{f^{(n+1)}(c)}{(n+1)!}(x-a)^{n+1}$ (단, $a<c<x$).

일반적으로 n이 변하면 c도 변한다. 만약 폐구간 $[a, b]$에 있는 모든 x와 c에 대해서 $\lim_{n\to\infty}R_n(x)=0$이면 식 (7)은 다음과 같이 쓸 수 있다.

$$f(x)=f(a)+f'(a)(x-a)+\frac{f''(a)}{2!}(x-a)^2+\frac{f'''(a)}{3!}(x-a)^3+\cdots\qquad(8)$$

식 (8)을 함수 $f(x)$의 테일러급수(Taylor series) 혹은 테일러전개(Taylor expansion)라 하며, 특히 $a=0$인 경우를 함수 $f(x)$의 매클로린급수(Maclaurin series) 혹은 매클로린전개(Maclaurin expansion)라 한다.

만약 $\lim_{n\to\infty}R_n(x)=0$이면 $f(x)=\lim_{n\to\infty}P_n(x)$이므로, n을 충분히 크게만 택하면 주어진 함수 $f(x)$의 근사치를 얼마든지 정확하게 구할 수 있다.

예제 6

$f(x)=e^x$는 $a=0$일 때 모든 x에 대하여 $\lim_{n\to\infty} R_n(x)=0$인 것으로 알려져 있다. e^x의 매클로린급수를 구하라.

풀이

$$f^{(k)}(x)=e^x, \qquad k\geqq 0$$
$$f^{(k)}(0)=1, \qquad k\geqq 0$$

이므로,

$$f(x)=e^x=1+x+\frac{x^2}{2!}+\frac{x^3}{3!}+\cdots+\frac{x^n}{n!}+\cdots$$

예제 7

$f(x)=\ln x$일 때 $a=1$에서 처음 n항까지의 테일러급수를 구하라.

풀이

$$f(x)=\ln x \qquad f(1)=0$$
$$f'(x)=\frac{1}{x} \qquad f'(1)=1$$
$$f''(x)=-\frac{1}{x^2} \qquad f''(1)=-1$$
$$f'''(x)=(-1)^2\frac{2!}{x^3} \qquad f'''(1)=(-1)^2 2!$$
$$\cdots\cdots\cdots\cdots\cdots$$
$$f^{(n)}(x)=(-1)^{n-1}\frac{(n-1)!}{x^n} \qquad f^{(n)}(1)=(-1)^{n-1}(n-1)!$$

따라서 $\ln x$를 제 n항까지 테일러전개하면

$$f(x)=\ln x=\sum_{i=1}^{n}\frac{(-1)^{i-1}}{i}(x-1)^i$$

예제 8

e의 근사치를 테일러전개에 의해 구하라.

풀이

$$e^x = 1 + x + \frac{x^2}{2!} + \frac{x^3}{3!} + \frac{x^4}{4!} + \frac{x^5}{5!} + \cdots$$

을 이용하자. $x=1$인 경우

$$e = 1 + 1 + \frac{1}{2!} + \frac{1}{3!} + \frac{1}{4!} + \frac{1}{5!} + \cdots \fallingdotseq 2.71828$$

몇 가지 중요한 매클로린전개를 요약하면 다음과 같다.

$$e^x = 1 + x + \frac{x^2}{2!} + \frac{x^3}{3!} + \cdots + \frac{x^n}{n!} + \cdots, \quad -\infty < x < \infty$$

$$\ln(1+x) = x - \frac{x^2}{2} + \frac{x^3}{3} - \cdots + \frac{(-1)^{n-1}x^n}{n} + \cdots, \quad -1 < x \leqq 1$$

$$\sin x = x - \frac{x^3}{3!} + \frac{x^5}{5!} - \cdots + \frac{(-1)^{n-1}x^{2n-1}}{(2n-1)!} + \cdots, \quad -\infty < x < \infty$$

$$\cos x = 1 - \frac{x^2}{2!} + \frac{x^4}{4!} - \cdots + \frac{(-1)^n x^{2n}}{2n!} + \cdots, \quad -\infty < x < \infty$$

x가 허수일 때도 e^x의 매클로린전개가 성립한다고 가정하고, $x=i\theta$로 놓으면 다음을 얻을 수 있다.

$$\begin{aligned} e^{i\theta} &= 1 + i\theta + \frac{(i\theta)^2}{2!} + \frac{(i\theta)^3}{3!} + \frac{(i\theta)^4}{4!} + \frac{(i\theta)^5}{5!} + \cdots \\ &= 1 + i\theta - \frac{\theta^2}{2!} - \frac{i\theta^3}{3!} + \frac{\theta^4}{4!} + \frac{i\theta^5}{5!} - \cdots \\ &= \left(1 - \frac{\theta^2}{2!} + \frac{\theta^4}{4!} - \cdots\right) + i\left(\theta - \frac{\theta^3}{3!} + \frac{\theta^5}{5!} - \cdots\right) \end{aligned}$$

$\cos\theta$와 $\sin\theta$를 매클로린전개하면

$$\cos\theta = 1 - \frac{\theta^2}{2!} + \frac{\theta^4}{4!} - \frac{\theta^6}{6!} + \cdots$$

$$\sin\theta = \theta - \frac{\theta^3}{3!} + \frac{\theta^5}{5!} - \frac{\theta^7}{7!} + \cdots$$

이 되므로

$$e^{i\theta} = \cos\theta + i\sin\theta$$

가 된다.

같은 방법으로 다음의 관계식을 얻는다.

$$e^{-i\theta} = \cos\theta - i\sin\theta$$

위의 두 공식을 오일러 공식(Euler's formula)이라 하는데, 이들은 허수의 지수함수를 그와 동치인 cos과 sin의 결합으로 변환시키는 것을 가능하게 하고, 또한 그 역변환도 가능하게 한다. 이 공식은 고계미분방정식의 해를 구하는 데 사용할 것이다.

연습문제

1. 다음 각 함수에 대하여 주어진 구간에서 평균치의 정리를 만족시키는 c의 값을 구하라.

(1) $f(x) = x^3$ $[0,\ 3\sqrt{3}]$　　(2) $f(x) = \ln x$ $[1,\ e]$

(3) $f(x) = x^2$ $[a,\ b]$　　(4) $f(x) = \sqrt{x}$ $[1,\ 9]$

2. 평균치의 정리를 이용하여 $x > 0$일 때

$$e^x > \ln(1+x)$$

임을 증명하라.

3. 로피탈의 법칙을 사용하여 다음의 극한값을 구하라.

(1) $\lim_{x \to 3} \dfrac{x^2-9}{x^3-5x-12}$ (2) $\lim_{x \to 0} \dfrac{xe^{2x}-x}{1-\cos x}$

(3) $\lim_{x \to 1} \dfrac{\ln x}{x-1}$ (4) $\lim_{x \to \infty} \dfrac{x^7}{e^x}$

(5) $\lim_{x \to \infty} x^{1/x}$ (6) $\lim_{x \to 0} \dfrac{x-\sin x}{x^3}$

4. n차의 다항함수가 다음과 같이 주어졌다고 하자.

$$f(x)=c_0+c_1x+c_2x^2+\cdots+c_nx^n$$

(1) $f(x)$의 매클로린급수를 구하라.

(2) $x=a$에서 $f(x)$를 전개하라.

5. $f(x)=\sin x$의 매클로린급수를 구하라.

6. $f(x)=\cos x$의 매클로린급수를 구하라.

7. 다음의 근사치를 계산하라.

(1) $\cos 31^\circ$ (2) $\ln 1.25$ (3) $\cos 69$

제11장

미분법의 경제학에의 응용

11.1 탄 력 도

함수 $y=f(x)$가 주어졌을 때 탄력도 e란 다음과 같이 정의된다.

$$e=\frac{\text{종속변수의 변동률}}{\text{독립변수의 변동률}}=\frac{\Delta y/y}{\Delta x/x}=\frac{\Delta y}{\Delta x}\cdot\frac{x}{y}$$

이렇게 정의된 탄력도를 호탄력도(arc elasticity)라 한다. 함수 $f(x)$가 선형함수이면 $\frac{\Delta y}{\Delta x}$는 일정하지만, 비선형함수인 경우에는 $\frac{\Delta y}{\Delta x}$의 크기는 독립변수 x가 변하는 방향과 크기에 따라 결정되어 유일한 값을 갖지 못하므로, 일반적으로 한 점에서의 호탄력도는 유일한 값이 되지 못하는 단점이 있다.

경제학에서는 이러한 단점을 극복하기 위해 $\Delta x\to 0$일 때 $\frac{\Delta y}{\Delta x}\cdot\frac{x}{y}$의 극한값을 점탄력도(point elasticity)로 정의하여 호탄력도보다 점탄력도를 널리 사용하고 있다. 점탄력도는 호탄력도의 정의에서 $\frac{\Delta y}{\Delta x}$를 $\frac{dy}{dx}$로 바꾸어 다음과 같이 정의한다.

$$e=\frac{dy/y}{dx/x}=\frac{dy}{dx}\cdot\frac{x}{y}=\frac{d\ln y}{d\ln x}$$

위의 식이 성립하는 이유는 다음과 같다. $\ln y$가 $\ln x$의 함수인 경우 다음의 연쇄법칙이 성립한다.

$$\frac{d \ln y}{dx} = \frac{d \ln y}{d \ln x} \frac{d \ln x}{dx}$$

위의 식을 미분하면,

$$\frac{1}{y} \frac{dy}{dx} = \frac{d \ln y}{d \ln x} \frac{1}{x}$$

또는

$$\frac{d \ln y}{d \ln x} = \frac{dy}{dx} \frac{x}{y} = e$$

이다.

즉, 탄력도는 $\ln y$를 $\ln x$에 관해서 미분하면 얻을 수 있는데, 이 방법은 주어진 함수가 곱셈이나 나눗셈의 형태로 주어진 경우의 탄력도를 구하는데 자주 사용된다.

탄력도의 정의에 의해 독립변수와 종속변수의 변동률을 %로 측정했다면

$$e = \frac{dy/y}{dx/x} = \frac{dy/y \times 100}{dx/x \times 100}$$

이 되므로, 탄력도란 독립변수 x가 1% 변동할 때 종속변수 y가 몇 % 변동하는가를 나타내는 것으로 x와 y의 측정단위와는 전혀 관계없는 순수한 수치인 점에 유의할 필요가 있다.

개별소비자가 주어진 소득 I로써 극대의 만족을 얻기 위해 n개의 재화 x_1, x_2, …, x_n을 소비한다고 가정하자. 또한 재화 $x_i(i=1, 2, \cdots, n)$의 단위당 가격을 $p_i(i=1, 2, \cdots, n)$라고 하면, 재화 x_i의 수요함수는 다음과 같은 $n+1$개의 변수들의 함수(다변수함수는 제12장 참조)가 된다.

$$x_i = f_i(p_1, p_2, \cdots, p_n, I), \ i=1, 2, \cdots, n$$

해당재화의 가격 이외의 여타의 변수들은 일정하다고 가정하면 여타의 변수들은 모두 상수로 취급되어 다음과 같은 간단한 수요함수를 얻는다.

$$x_i = x_i(p_i), \ i=1, 2, \cdots, n$$

수요의 가격탄력도(price elasticity of demand)란 해당재화의 가격변동률에 대한 수요량의 변동률의 비율로 정의된다.

$$e_{ii}=\frac{dx_i/x_i}{dp_i/p_i}=\frac{d\ln x_i}{d\ln p_i}=\frac{dx_i}{dp_i}\cdot\frac{p_i}{x_i},\ i=1,\ 2,\ \cdots,\ n$$

수요의 가격탄력도와 관련하여 한 가지 유의할 점은, 수요곡선은 일반적으로 우하향하므로 $\frac{dx_i}{dp_i}<0$이 되어 수요의 가격탄력도 e_{ii}는 음이 된다. 그러나 음수보다는 양수가 다루기 편리하므로 수요의 가격탄력도를 양의 값으로 만들기 위해 원래의 정의에 (−)부호를 붙인 것을 수요의 가격탄력도로 정의하기도 한다.

$$e_{ii}=(-)\frac{dx_i}{dp_i}\cdot\frac{p_i}{x_i}=(-)\frac{d\ln x_i}{d\ln p_i},\ i=1,\ 2,\ \cdots,\ n$$

이 책에서는 원래의 정의에 (−)부호를 붙인 것을 수요의 가격탄력도로 정의하기로 한다.

경제학에서는 어떤 특정한 점에서의 함수가 탄력적인지의 여부를 결정할 때에 관례적으로 탄력도의 절대값이 사용된다. 예를 들어 수요함수의 경우에는 어떤 한 점에서 $|e_{ii}|>1$, $|e_{ii}|=1$ 및 $|e_{ii}|<1$일 때 수요는 각각 탄력적(elastic), 단위탄력적(unitary elastic), 비탄력적(inelastic)이라 한다.

특정재화에 대한 수요의 가격탄력도의 크기가 중요한 이유 중의 하나는, 이것이 한 재화의 가격변동이 있을 때 해당 재화에 대한 지출액의 변화를 결정하는 요인이 되기 때문이다. 한 재화 x의 수요함수를 $x=x(p)$라 하자. 즉, p는 재화 x의 가격이며 해당 재화의 가격 이외의 여타의 변수는 일정하다고 하자. 재화 x에 대한 총지출 E는 다음과 같다. 물론 총지출은 판매자의 입장에서는 총수입 R이 된다.

$$E(p)=px=p\cdot x(p)$$

E는 p에 관한 함수이므로, E를 p에 관해 미분하면 총지출과 수요의 가격탄력도와의 관계를 얻을 수 있다.

$$\frac{dE(p)}{dp}=x+p\cdot\frac{dx}{dp}=x\left(1+\frac{p}{x}\cdot\frac{dx}{dp}\right)=x(1-e_d)$$

여기서 e_d는 수요의 가격탄력도이다. 위의 관계식으로부터

$$\left.\begin{aligned} e_d>1(\text{탄력적}) \\ e_d=1(\text{단위탄력적}) \\ 0<e_d<1(\text{비탄력적}) \end{aligned}\right\}\text{일 때 } p\text{가 상승(하락)하면 }\begin{pmatrix}\text{총지출}\\ \text{총수입}\end{pmatrix}\text{은 }\begin{cases}\text{감소(증가)}\\ \text{불변}\\ \text{증가(감소)}\end{cases}$$

한다.

예를 들어 $e_d>1$인 경우에는 $x(1-e_d)<0$이므로 $\frac{dE(p)}{dp}<0$이다. 이때는 가격과 총지출과는 반대방향으로 움직이므로, 가격이 상승하면 총지출은 감소하고, 반면에 가격이 하락하면 총지출은 증가된다. 직관적으로도, 수요의 가격탄력도가 탄력적이면 가격의 상승률보다도 수요량의 감소율이 크므로 가격이 상승할 때는 총지출이 감소된다는 것을 알 수 있다.

예제 1

다음과 같은 선형의 수요함수가 주어졌을 때 수요의 가격탄력도를 구하라.

$$x^d=a-bp \quad (a,\ b>0)$$

풀이

$$e_d=(-)\frac{dx^d}{dp}\cdot\frac{p}{x^d}=b\cdot\frac{p}{x^d}=b\cdot\frac{p}{a-bp}$$

예제 2

이론 및 실증적 연구에서 자주 사용되는 함수가 다음의 대수선형함수(loglinear function)이다. 이것은 각 변수의 로그에 관해서 선형관계를 갖는 함수이다. 예를 들어 수요함수가 $x^d=Ap^{-\alpha}$일 때 양변에 ln을 취하면

$$\ln x^d=\ln A-\alpha\ln p$$

와 같이 각 변수의 ln에 관해서 선형이므로 $x^d=Ap^{-\alpha}$는 대수선형함수이다. 위의 함수에서 수요의 가격탄력도를 구하라.

풀이

$$e_d=(-)\frac{dx^d}{dp}\cdot\frac{p}{x^d}=A\alpha p^{-\alpha-1}\frac{p}{Ap^{-\alpha}}=\alpha$$

또는 $\ln x^d$를 $\ln p$로 직접 미분하여 수요의 가격탄력도를 구할 수 있다.

$$e_d=-\frac{d\ln x^d}{d\ln p}=\alpha$$

예제 2의 경우는 수요곡선상의 어느 점에서 측정해도 수요의 가격탄력도는 α로 일정하다. 그러나 예제 1에서와 같이 일반적으로 수요의 가격탄력도는 수요곡선상의 어느 점에서 측정하는가에 따라 그 크기가 달라진다.

공급함수에 대해서도 탄력도를 정의할 수 있다. 예를 들어, 공급함수 $x^s=f(p)$가 주어졌다면 공급의 가격탄력도(price elasticity of supply)는 가격의 변동률에 대한 공급량의 변동률의 비율이라고 정의할 수 있다.

$$e_s=\frac{dx^s/x^s}{dp/p}=\frac{dx^s}{dp}\cdot\frac{p}{x^s}$$

경제학에는 수요함수와 공급함수를 그래프로 표시할 때 가격 p를 y축에, 수요량과 공급량을 x축에 나타내는 것이 관례로 되어 있다(수학에서 독립변수를 x축에, 종속변수를 y축에 나타내는 것과는 반대임). 만약 이 관례를 따른다면, 수요곡선과 공급곡선의 기울기가 급하면 급할수록 보다 비탄력적인 수요곡선 및 공급곡선이 된다. 그 이유는 $\frac{dx}{dp}$의 절대값이 작을수록 $\frac{dp}{dx}$의 절대값은 커지므로 기울기는 급해지기 때문이다.

극단적인 경우, 수요곡선과 공급곡선이 수직선이 되면 각각 탄력도는 0이 되고, 반면에 수평선이 되면 수요곡선의 가격탄력도와 공급곡선의 가격탄력도는 ∞가 된다.

11.2 한계와 평균의 개념

수학에서 중요한 개념 중의 하나인 도함수를 배웠다. 경제학에서는 이 개념이 한계(marginal)라는 이름으로 나타난다. 예를 들어 소비자이론에서는 한계효용(marginal utility: *MU*), 생산이론에서는 한계생산물(marginal product: *MP*), 한계비용(marginal cost: *MC*), 한계수입(marginal revenue: *MR*) 등의 개념에서 한계라는 용어가 사용된다. 또한 이들 한계개념에 대응해서 평균개념을 정의할 수 있다.

한계개념과 평균개념 사이에는 일반적으로 다음과 같은 관계가 성립한다. 평균량이 증가할 때는 한계량이 평균량보다 크며 평균량이 변화하지 않을 때는 한계량과 평균량은 같다. 또한 평균량이 감소할 때는 한계량은 평균량보다 작다.

기하학적으로 평균곡선을 A라 하고 한계곡선을 M이라 하면, A가 증가하는 한 M은 A보다 위에 있고 반대로 감소하는 한 M은 A보다 아래에 놓이게 된다. 따라서 평균곡선 A가 극대값을 가지면 한계곡선 M은 A의 극대점을 통과하며([그림 11-1] 참조), A가 극소값을 가지면 M은 A의 극소점을 통과한다([그림 11-2] 참조). 또한 A가 x축에 평행한 직선이면 M도 x축에 평행한 직선인 동시에 A와 M은 완전히 일치한다([그림 11-3] 참조).

한계개념과 평균개념 사이에 존재하는 일반적인 관계를 보이기 위해 한계비용과 평균비용을 예로 들어 설명하자. 한 기업의 산출량 q와 총비용(total cost: *TC*)과의 관계를 나타내는 총비용함수가 $TC(q)=f(q)+F$로 주어졌다고 하자. 여기서 $f(q)$는 총가변비용(total variable cost: *TVC*)이며, F는 총고정비용(total fixed cost: *TFC*)이다. 한계비용은 산출량 한 단위를 추가로 생산할 때의 총비용의 증가분을 나타내며, 평균비용 *AC*는 총비용을 산출량으로 나눈 것이므로, *MC*와 *AC*를 대수적으로 표현하면 다음과 같다.

$$MC(q)=\frac{d(TC(q))}{dq}=\frac{d(TVC(q))}{dq}=f'(q)$$

그림 11-1 그림 11-2 그림 11-3

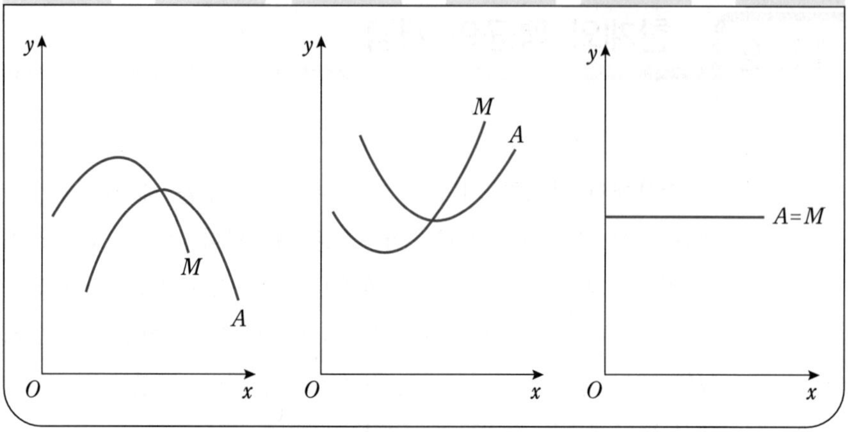

$$AC(q)=\frac{TC(q)}{q}=\frac{f(q)+F}{q}$$

기하학적으로 MC는 각 산출량수준에서 TC곡선 또는 TVC곡선의 기울기를 나타낸다.

AC를 q에 관해서 미분하여 MC와 AC와의 관계를 얻을 수 있다.

$$\frac{d(AC)}{dq}=\frac{d}{dq}\left(\frac{f(q)+F}{q}\right)=\frac{1}{q^2}[f'(q)q-f(q)-F]$$

$$=\frac{1}{q}\left[f'(q)-\frac{f(q)+F}{q}\right]=\frac{1}{q}[MC-AC]$$

또는 위의 식을 변형하면 다음을 얻는다.

$$MC=q\frac{d(AC)}{dq}+AC$$

위의 관계식에서 알 수 있듯이, 다음과 같은 관계를 얻을 수 있다.

AC가 증가하면 $\left(\frac{d(AC)}{dq}>0\right)$, $\quad MC>AC$

AC가 감소하면 $\left(\frac{d(AC)}{dq}<0\right)$, $\quad MC<AC$

$$AC\text{가 변화하지 않으면 } \left(\frac{d(AC)}{dq}=0\right),\quad MC=AC$$

만약, AC가 경제학에서 통상적으로 가정하듯이 U자형을 취하면 $MC=AC$일 때 AC함수는 극소값을 갖는다. 이러한 한계비용과 평균비용의 관계를 나타내면 [그림 11-2]와 같다.

한계비용과 관련하여 중요한 개념 중의 하나가 한계수입이다. 한 개별기업이 직면한 시장형태가 완전경쟁시장, 독점시장 혹은 과점시장이든 상관없이 극대의 이윤을 얻기 위한 산출량은 항상 $MR=MC$인 점에서 결정된다. 여기서 MR을 우리가 배운 수요의 가격탄력도와 연관시켜 구체적으로 살펴보자.

한 개별 기업의 총수입(total revenue: TR)은 단순히 단위당 가격 p에 판매량 q를 곱한 것으로 정의된다.

$$TR=p\cdot q$$

또한 수요함수를 $q=g(p)$, $g'(p)<0$이라 하자. 만약 수요함수의 역함수가 존재한다면, 가격 p를 수요량 q의 함수로 나타낼 수 있다.

$$p=g^{-1}(q)=p(q),\ p'(q)<0$$

이것을 TR에 대입하면 TR은 다음과 같다.

$$TR(q)=p\cdot q=p(q)\cdot q$$

한계수입 MR은 판매량을 한 단위 증가시킬 때 얻을 수 있는 총수입의 증가분으로서 대수적으로는 다음과 같이 표현된다.

$$MR=\frac{d(TR)}{dq}$$

TR을 q에 관해서 미분하면 MR을 다음과 같이 구할 수 있다.

$$MR(q)=\frac{d}{dq}(p\cdot q)=p+q\frac{dp}{dq}=p\left(1+\frac{q}{p}\cdot\frac{dp}{dq}\right)$$

$$=p\left(1-\frac{1}{e_d}\right)$$

여기서 e_d는 수요의 가격탄력도이다.

특히 한 개별기업이 직면한 시장이 완전경쟁시장인 경우에는 개별기업이 직면한 수요곡선은 q축에 평행하므로, 즉 수요의 가격탄력도가 ∞가 되므로 $MR=p$가 성립하며, 평균수입(average revenue: AR)은 $AR=\frac{TR}{q}=\frac{pq}{q}=p$이므로 $MR=AR=p$가 된다.

$MR=p\left(1-\frac{1}{e_d}\right)$로부터 $e_d>1$(탄력적)이면 $MR>0$이므로, 판매량이 증가(가격이 하락)할 때 총수입은 증가하며, 반대로 $0<e_d<1$(비탄력적)이면 $MR<0$이므로, 판매량이 증가(가격이 하락)함에 따라 총수입은 감소한다. 이 결과는 이미 11.1에서 총지출(총수입)과 수요의 가격탄력도와의 관계에서 살펴본 것과 동일한 결과이다.

예제 3

경제학에서는 많은 경우에 MC곡선과 AC곡선의 형태가 U자형이라고 가정한다. 이들 곡선들이 U자형을 갖기 위해 흔히 총비용함수를 다음과 같은 3차함수로 가정한다.

$$TC=aq^3+bq^2+cq+F$$

이 때 AC와 MC를 도출하라. AC와 MC함수가 U자형을 취하고, 경제적인 의미를 갖기 위해서는 파라미터 a, b, c 및 F에 어떤 제약조건을 부여해야 하는가를 설명하라.

풀이

$$AC=\frac{TC}{q}=aq^2+bq+c+\frac{F}{q}$$

$$MC=\frac{d(TC)}{dq}=3aq^2+2bq+c$$

AC와 MC가 모두 U자형을 취하기 위해서는 $a>0$. 또한 $q>0$일 때 MC는 항상 양이 되어야 한다. 이를 만족시키기 위해서는 MC함

수가 허근을 가지면 되므로

$$4b^2-4(3a)c<0,\ 즉\ b^2<3ac$$

$a>0$이므로 $b^2<3ac$가 성립하기 위해 $c>0$.

MC는 $q=\dfrac{-2b}{6a}$에서 극소값을 가지나 $q>0$이어야 되므로, 즉 $q=\dfrac{-2b}{6a}>0$. 그런데 $a>0$이므로 $b<0$.

F는 고정비용을 나타내므로 단기에서는 $F>0$, 장기에서는 $F=0$이므로 일반적으로 $F\geqq 0$.

파라미터에 대한 제약조건들을 요약하면 다음과 같다.

$$a>0,\ b<0,\ c>0,\ F\geqq 0,\ b^2<3ac$$

11.3 극대와 극소의 응용

1변수함수의 극대와 극소에 관한 응용은 구체적인 예를 들어 설명하기로 한다.

예제 4

한 기업이 직면한 수요곡선은 $p=K-aq(K>0,\ a>0)$이고, 총비용함수는 $TC(q)=b_0+b_1q+b_2q^2\ (b_0,\ b_1,\ b_2>0)$일 때

(i) 극대의 이윤을 얻기 위해 산출량 q^*를 결정하라.

(ii) 총수입을 극대화시키기 위해 산출량 $\hat{q}$를 구하라.

풀이

(i) 이윤을 π라 하면, π는 다음과 같다.

$$\pi(q)=TR(q)-TC(q)$$

1차필요조건을 구하면,

$$\pi'(q) = TR'(q) - TC'(q)$$
$$= MR(q) - MC(q) = 0$$

즉, $MR(q) = MC(q)$에서 산출량 q^*를 결정한다. 직관적으로도 $MR > MC$이면 1단위를 더 생산하여 팔 때 얻을 수 있는 총수입의 증가분이 1단위를 추가로 생산할 때의 총비용의 증가분보다 크므로, 산출량을 증가시키면 이윤이 커지고, 반면에 $MR < MC$일 때는 산출량을 1단위 감소시키면 총비용의 감소분이 총수입의 감소분보다 크므로 역시 이윤이 증가한다. 따라서, 이윤이 극대화될 때는 $MR = MC$가 된다. q^*에서 $\pi(q)$가 극대값을 갖기 위해서는 다음의 2차충분조건이 만족되어야 한다.

$$\pi''(q^*) = MR'(q^*) - MC'(q^*) < 0 \text{ 또는 } MR'(q^*) < MC'(q^*)$$

즉, 균형산출량 q^*에서 MC의 기울기가 대수적으로 MR의 기울기보다 커야 한다.

이제 구체적인 예를 살펴보자.

$$TR = p \cdot q = (K - aq)q = Kq - aq^2$$

이므로

$$\pi = TR - TC = (Kq - aq^2) - (b_0 + b_1 q + b_2 q^2)$$

$$\frac{d\pi}{dq} = MR - MC = (K - 2aq) - (b_1 + 2b_2 q) = 0$$

$$q^* = \frac{K - b_1}{2(a + b_2)}$$

$$\frac{d^2\pi}{dq^2} = -2a - 2b_2 = -2(a + b_2) < 0 \quad (\because\ a,\ b_2 > 0)$$

$\frac{d^2\pi}{dq^2} < 0$이므로 극대값을 갖기 위한 충분조건이 만족된다. 따라서 $q^* = \frac{K - b_1}{2(a + b_2)}$에서 극대의 이윤을 얻으며 이 때의 가격은 $p^* = K - aq^*$로 정해진다.

그림 11-4

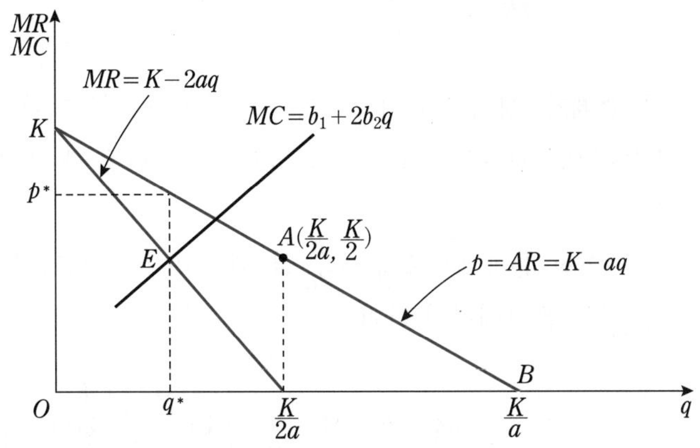

그래프로 그려 보면 [그림 11-4]와 같다. 특히, 수요곡선이 직선 $p=K-aq$인 경우에, MR곡선 역시 $MR=K-2aq$로 주어지는 직선이 된다. 즉, MR곡선의 가격축에 대한 절편은 수요곡선과 같이 K이나, 기울기의 절대값은 수요곡선의 기울기의 절대값의 두 배가 된다. 수요곡선이 $p=K-aq$로 주어지는 경우

$$AR=\frac{TR}{q}=\frac{pq}{q}=K-aq$$

이므로 수요곡선 자체가 AR곡선이 된다.

(ii) $TR(q)=Kq-aq^2$에서

$TR(q)$를 q를 관해서 미분하면,

$$\frac{d(TR)}{dq}=MR=K-2aq=0$$

$$\hat{q}=\frac{K}{2a}$$

$\hat{q}$에서 $\frac{d^2(TR)}{dq^2}=-2a<0$이므로, $\hat{q}$에서 총수입이 극대화되기 위한 2차충분조건이 만족된다.

일반적으로

$$MR = p\left(1 - \frac{1}{e_d}\right)$$

의 관계가 성립한다(11.2 참조). TR이 극대화되기 위한 1차필요조건은 $MR=0$이므로 위의 식으로부터 TR이 극대화될 때 수요의 가격탄력도 $e_d=1$이 된다.

주어진 문제에서도 $\hat{q} = \frac{K}{2a}$일 때 수요곡선의 탄력도를 구해 보면([그림 11-4]의 점 A에서의 탄력도),

$$e_d = -\frac{dq}{dp} \cdot \frac{p}{q} = \frac{1}{a} \cdot \frac{p}{\frac{K}{2a}} = \left(\frac{1}{a}\right) \frac{K - a\left(\frac{K}{2a}\right)}{\frac{K}{2a}} = 1$$

특히 수요곡선이 직선인 경우의 수요의 가격탄력도는 다음과 같이 표현할 수 있다.

[그림 11-5]의 점 B에서 수요의 가격탄력도를 구해 보자.

$$e_d = -\frac{dq}{dp} \cdot \frac{p}{q} = \frac{OC}{OK} \cdot \frac{DB}{OD} = \frac{DC}{DB} \cdot \frac{DB}{OD} = \frac{DC}{OD} = \frac{BC}{KB} > 1$$

그림 11-5 그림 11-6

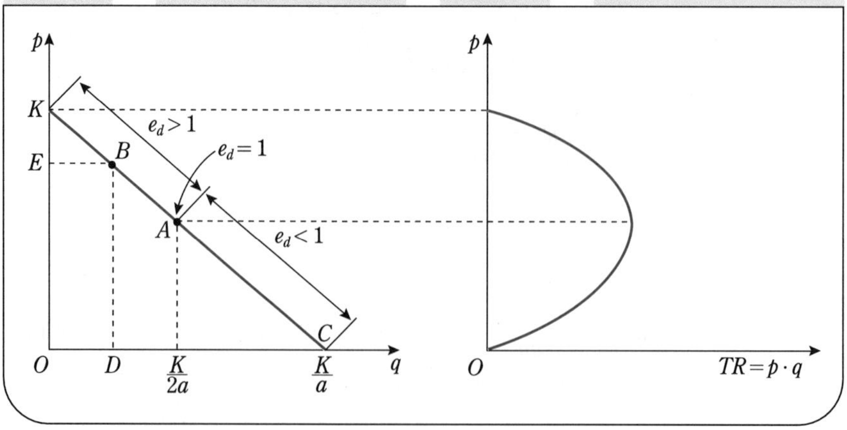

즉, 수요곡선상의 KA영역에서는 $e_d>1$이며 점 A에서는 $e_d=1$이다. 또한 AC영역에서는 $e_d<1$이다.

탄력적인 영역에서는 가격이 하락하면 총수입은 증가하고, 반면에 비탄력적인 영역에서는 가격이 하락하면 총수입은 감소하므로(11.1 참조), 우리가 K에서 출발하여 수요곡선을 따라 내려오면(이것은 가격이 점점 하락하는 것을 의미) 총수입은 점 A까지 증가하다가 점 A에서는 변하지 않는다. 그러나 점 A를 통과하여 AC영역(비탄력적 영역)을 지날 때는 총수입이 감소한다. 즉, 총수입은 증가→불변→감소로 변하므로 점 A, 즉 $e_d=1$(단위탄력적)일 때 총수입은 극대가 된다([그림 11-6] 참조).

예제 5

한 기업의 총비용함수가 다음과 같을 때 AC가 극소가 되는 산출량 q^*를 구하라.

$$TC=a_0+a_1q+a_2q^2 \ (\text{단}, \ a_0, \ a_1, \ a_2>0)$$

풀이

$$AC=\frac{TC}{q}=\frac{a_0}{q}+a_1+a_2q$$

1차필요조건을 만족시키는 q^*를 구하면 다음과 같다.

$$\frac{d(AC)}{dq}=\frac{-a_0}{q^2}+a_2=0$$

$$q^*=\left(\frac{a_0}{a_2}\right)^{\frac{1}{2}}>0$$

q^*에서 AC는 극소값을 갖는가를 판정하기 위해 2차조건을 구하면,

$$\frac{d^2(AC)}{dq^2}=\frac{a_0(2q)}{(q^2)^2}=\frac{2a_0}{q^3}$$

그런데 $q>0$이면 $\frac{d^2(AC)}{dq^2}>0$이므로 $q^*=\left(\frac{a_0}{a_2}\right)^{\frac{1}{2}}>0$에서 AC는 극소값을 갖는다.

예제 6

한 기업의 총비용함수가

$$TC=a_0+a_1q-a_2q^2+a_3q^3 \text{ (단, } a_0,\ a_1,\ a_2,\ a_3>0,\ a_2^2<3a_1a_3)$$

일 때 한계비용이 극소가 되는 생산량을 구하라.

풀이

$$MC=\frac{d(TC)}{dq}=a_1-2a_2q+3a_3q^2$$

1차필요조건을 만족시키는 q^*를 구하자.

$$\frac{d(MC)}{dq}=-2a_2+6a_3q=0$$

$$q^*=\frac{a_2}{3a_3}$$

q^*에서 극소값을 갖는가를 판정하기 위해 2차조건을 구하면 다음과 같다.

$$\frac{d^2(MC)}{dq^2}=6a_3>0$$

따라서, $q^*=\dfrac{a_2}{3a_3}$에서 MC는 극소값을 갖는다.

예제 7

완전경쟁하에 있는 한 기업의 총비용함수는 아래와 같다.

$$TC=6q+(3-q)^2q+10$$

(i) 평균가변비용 AVC, 평균비용 AC 및 한계비용 MC를 도출하고 그림으로 표시하라.
(ii) 가격을 p라 할 때 이 기업의 단기공급곡선을 도출하라.
(iii) 만약 정부가 $100t\%$의 이윤세를 부과하면 이 기업의 공급곡선은 어

떠한 영향을 받는가? (단, $0<t<1$)

(iv) 만약 정부가 산출물 단위당 t원의 조세를 부과하면 공급곡선은 어떠한 영향을 받는가?

풀이

(i) $AVC=\dfrac{TVC}{q}=\dfrac{6q+(3-q)^2q}{q}=6+(3-q)^2$

$$AC=\frac{TC}{q}=6+(3-q)^2+\frac{10}{q}$$

$$MC=\frac{d(TC)}{dq}=6+(3-q)^2+2(3-q)(-1)q=6+(3-q)(3-3q)$$

AVC와 MC가 극소값을 갖는 q를 구해 보면

$$\frac{d}{dq}(AVC)=2(3-q)(-1)=0,\ q=3$$

$$\frac{d^2}{dq^2}(AVC)=2>0$$

$\therefore\ q=3$에서 극소값 6을 갖는다.

그림 11-7

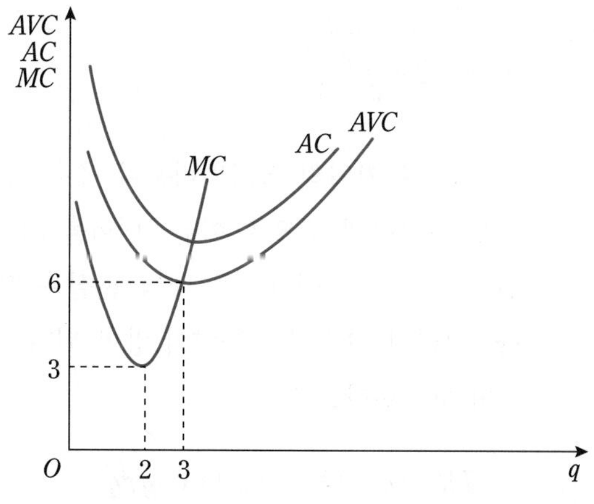

$$\frac{d}{dq}(MC)=(-1)(3-3q)+(3-q)(-3)=-12+6q=0,\ q=2$$

$$\frac{d^2}{dq^2}(MC)=6>0$$

$\therefore\ q=2$에서 극소값 3을 갖는다.

(ii) 이윤을 π라 하자.

$$\pi=TR-TC=pq-6q-q(3-q)^2-10$$

$$\frac{d\pi}{dq}=p-6-(3-q)^2+2q(3-q)$$

$$=p-MC(q)=0$$

$\frac{d\pi}{dq}=0$을 q에 관하여 풀면 다음과 같다.

$$q^s=2\pm\sqrt{\frac{p-3}{3}}$$

극대값을 갖기 위한 2차충분조건은 $\frac{d^2\pi}{dq^2}<0$이므로

$$\frac{d^2\pi}{dq^2}=-MC'(q)=-6q+12<0$$

위의 식이 만족되기 위해서는 $q>2$이다. 따라서 구하는 공급함수는 아래와 같다.

$$q^s=2+\sqrt{\frac{p-3}{3}}$$

그러나 기업의 총가변비용이 총수입을 능가하면 손실이 총고정비용을 능가하게 되므로 이윤극대화를 기업목표로 행동하는 기업은 조업을 중단할 것이다. 이 때의 손실은 단지 기업의 총고정비용이 된다. 따라서 기업의 산출량이 양이 되기 위해서는 $TR>TVC$조건이 성립하여야 한다. 즉,

$$TR=pq>TVC=6q+(3-q)^2q$$

그림 11-8

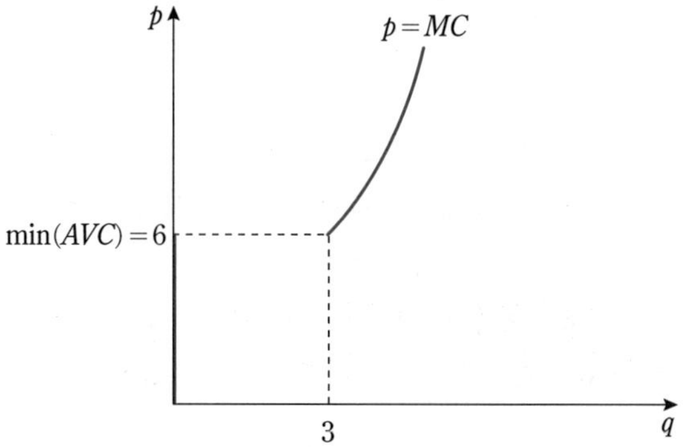

양변을 q로 나누면,

$$p \geqq 6+(3-q)^2=AVC$$

그런데 AVC의 극소값은 6이므로, 구하는 공급함수는 아래와 같다.

$$p \geqq 6\text{일 때 } q^s=2+\sqrt{\frac{p-3}{3}}$$

$$p<6\text{일 때 } q^s=0$$

$p=6$일 때는 $TR=TVC$가 되어 조업을 중단하든, 또는 $q=3$단위를 생산하든 손실은 총고정비용이 된다.

일반적으로 개별 기업의 공급곡선은 $p>\min(AVC)$(AVC의 극소점)일 때는 MC곡선 자체가 되고 $p \leq \min(AVC)$일 때는 $q^s=0$이 된다. 주어진 문제의 공급곡선을 그리면 [그림 11-8]이 된다.

(iii) 이윤세 부과 후의 이윤을 π^A라 하면, π^A는 다음과 같다.

$$\pi^A=(1-t)\pi=(1-t)[pq-6q-q(3-q)^2-10]$$

1차필요조건과 2차충분조건을 구하면,

$$\frac{d\pi^A}{dq}=(1-t)\frac{d\pi}{dq}=0 \text{ 또는 } \frac{d\pi}{dq}=0 \quad (\because\ 0<t<1)$$

$$\frac{d^2\pi^A}{dq^2}=(1-t)\frac{d^2\pi}{dq^2}<0 \text{ 또는 } \frac{d^2\pi}{dq^2}<0 \quad (\because\ 0<t<1)$$

즉, 극대이윤을 얻기 위한 1차필요조건과 2차충분조건은 변화가 없으므로 이윤세의 부과는 공급곡선에 전혀 영향을 미치지 않고, 다만 기업의 이윤만 감소한다.

(iv) 정부가 조세를 부과하지 않을 때는 소비자지불가격 p와 공급자영수가격 p^p는 같다. 그러나, 판매 단위당 일정액 t원의 조세(정액세)가 부과되면 p 중에서 t원만큼 조세로 납부되어야 하므로 p^p는 p에서 t를 뺀 나머지가 되어 p와 p^p는 서로 다르게 된다. 즉, 다음 관계가 성립한다.

$$p^p \equiv p-t \text{ 또는 } p \equiv p^p+t$$

조세부과 후의 이윤을 π^A라 하면, π^A는 다음과 같다.

$$\pi^A=pq-TC-tq$$

1차필요조건을 구하면,

$$\frac{d\pi^A}{dq}=(p-t)-MC(q)=0 \text{ 또는 } p=MC(q)+t$$

가 되므로, (ii)에서 얻은 공급곡선을 모든 산출량 수준에서 t원만큼 위로 평행이동시키면 조세부과 후의 공급곡선이 된다.

새로운 공급함수는 (ii)에서 얻은 공급함수에서 p 대신 공급자영수가격 $(p-t)$로 바꾸면 된다($\because\ p-t=MC(q)$이므로). 즉,

$$p-t \geqq \min(AVC)=6\text{일 때 또는 } p \geqq 6+t\text{일 때 } q^s=2+\sqrt{\frac{(p-t)-3}{3}}$$

$$p-t<\min(AVC)=6\text{일 때 } p<6+t\text{일 때 } q^s=0$$

예제 8

완전경쟁하에 있는 한 산업(또는 시장)의 역수요함수와 역공급함수가 다음과 같이 주어졌다고 가정하자.

역수요함수: $p=a_0-a_1q_d$
역공급함수: $p=-b_0+b_1q_s$

여기서 a_0, a_1, b_0, $b_1>0$이며 q_d, q_s 및 p는 수요량, 공급량 및 가격을 나타낸다.

(i) 균형가격 p^*와 균형수급량 q^*를 구하라.

(ii) 만약 정부가 재화 1단위 판매에 대하여 공급자에게 t원의 조세를 부과할 때 새로운 균형가격과 균형수급량을 구하라.

(iii) (ii)에서 정부가 조세수입 T를 극대화하기 위한 조세액 t를 구하라.

풀이

(i) 균형상태에서는 $q_d=q_s=q^*$이므로, 이것을 대입하면 다음 식이 성립한다.

$$p^*=a_0-a_1q^*=-b_0+b_1q^*$$

$$q^*=\frac{a_0+b_0}{a_1+b_1}$$

$$p^*=a_0-a_1\cdot\frac{a_0+b_0}{a_1+b_1}=\frac{a_0b_1-a_1b_0}{a_1+b_1}$$

(ii) 판매세 t원이 공급자에게 부과되므로 과세 후 시장공급함수는 $p=-b_0+b_1q_s+t$가 된다. 새로운 균형가격과 균형수급량을 각각 p_1^* 및 q_1^*라 하면 다음 식이 성립한다.

$$p_1^*=a_0-a_1q_1^*=-b_0+b_1q_1^*+t$$

$$q_1^*=\frac{a_0+b_0-t}{a_1+b_1}$$

$$p_1^*=a_0-a_1\cdot\frac{a_0+b_0-t}{a_1+b_1}=\frac{a_0b_1-a_1b_0+a_1t}{a_1+b_1}$$

(iii) 조세수입을 T라 하면,

$$T=tq=tq_1^*=t\frac{(a_0+b_0-t)}{a_1+b_1}=\frac{1}{a_1+b_1}[(a_0+b_0)t-t^2]$$

1차필요조건을 구하면,

$$\frac{dT}{dt}=\frac{1}{a_1+b_1}(a_0+b_0-2t)=0$$

위의 식을 풀면,

$$t^*=\frac{a_0+b_0}{2}$$

2차충분조건을 구하면,

$$\frac{d^2T}{dt^2}=\frac{-2}{a_1+b_1}<0$$

이 되므로, $t^*=\dfrac{a_0+b_0}{2}$일 때 조세수입은 극대가 된다.

예제 9

한 기업의 생산함수가 다음과 같은 콥-더글라스형의 생산함수라 가정하자.

$$q=f(L,\ K)=AL^{\alpha}K^{\beta}\quad \text{단, } A>0,\ 0<\alpha,\ \beta<1$$

또한 생산요소 L과 K의 단위당 가격이 각각 W와 R로 일정하며, 이 기업이 생산을 위해 지출할 수 있는 비용 역시 M으로 고정되어 있다고 하자. 주어진 비용 M으로 극대의 생산량을 생산하기 위한 L과 K를 구하라.

풀이

주어진 문제를 수학적으로 표현하면 다음과 같다.

극 대 화: $q=AL^{\alpha}K^{\beta}$
제약조건: $W\cdot L+R\cdot K=M$

독립변수가 두 개 이상인 경우는 제19장에서 배울 라그랑지 승수법을 사용하면 풀 수 있다. 그러나 독립변수가 두 개인 동시에 제약조건이 등식으로 주어진 경우에는 대입법을 사용하면 독립변수가 1개인 극대화 문제로 바꾸어 풀 수 있다.

제약조건을 K에 관해 풀어 q에 대입하면 다음의 문제로 바꾸어 쓸 수 있다.

$$\text{극대화: } q=AL^{\alpha}\left(\frac{M-WL}{R}\right)^{\beta}=AR^{-\beta}L^{\alpha}(M-WL)^{\beta}$$

$$\frac{dq}{dL}=AR^{-\beta}\alpha L^{\alpha-1}(M-WL)^{\beta}+AR^{-\beta}\beta L^{\alpha}(M-WL)^{\beta-1}(-W)=0$$

양변을 $AR^{-\beta}L^{\alpha-1}(M-WL)^{\beta-1}$로 나누면,

$$\alpha(M-WL)-\beta WL=0$$

위의 식을 풀면 다음을 얻는다.

$$L^{*}=\frac{\alpha M}{(\alpha+\beta)W}$$

극대값을 갖기 위해서는 $L^{*}=\dfrac{\alpha M}{(\alpha+\beta)W}$일 때 $\dfrac{d^2q}{dL^2}<0$이 만족되어야 한다. 위의 조건은 만족되는데 이것은 독자 스스로 풀어 보기로 하자.

극대값을 갖기 위한 K^{*}를 구하면 다음과 같다.

$$K^{*}=\frac{M-WL^{*}}{R}=\frac{M-W\left[\dfrac{\alpha M}{(\alpha+\beta)W}\right]}{R}=\frac{\beta M}{(\alpha+\beta)R}$$

연습문제

1. 한 재화시장의 시장수요곡선과 시장공급곡선이 다음과 같이 주어졌다고 하자.

$$q_d = 36 - \frac{1}{3}p \quad (\text{수요곡선})$$

$$q_s = -9 + \frac{1}{2}p \quad (\text{공급곡선})$$

단, q_d: 수요량, q_s: 공급량, p: 가격
한 시장의 균형은 의도한 수요량(q_d)과 의도한 공급량(q_s)이 같을 때 이루어진다.

(1) 균형가격과 균형수급량을 그래프로 풀어 구하라.
(2) 역행렬을 구하여 균형가격과 균형수급량을 구하라.
(3) 크래머 공식을 사용하여 균형가격과 균형수급량을 구하라.
(4) 균형점에서 수요와 공급의 가격탄력도를 구하라.
(5) 만약 정부가 조세수입을 얻기 위해 판매단위당 정액세 10원의 조세를 부과한다고 하자. 이 경우 새로운 균형가격 및 균형수급량을 구하라.
(6) (5)의 균형점에서 수요와 공급의 가격탄력도를 구하라.
(7) 조세 10원 중 소비자가 부담한 몫을 구하라.

2. 상호 연관된 두 재화시장의 시장수요함수와 시장공급함수가 다음과 같이 주어졌을 때 두 시장에서 동시에 균형을 달성시키는 균형가격과 균형수급량을 결정하라.

$q_{d1} = 8 - 2p_1 + p_2$ (q_{d1}=재화 1의 수요량, p_1=재화 1의 가격)
$q_{d2} = 16 + p_1 - p_2$ (q_{d2}=재화 2의 수요량, p_2=재화 2의 가격)
$q_{s1} = -5 + 3p_1$ (q_{s1}=재화 1의 공급량)

$$q_{s2}=-1+2p_2 \qquad (q_{s2}=\text{재화 2의 공급량})$$

3. 총비용함수가 $TC(q)=aq^b+c(a>0,\ b>1,\ c\geqq 0)$일 때, AC, MC를 구하고 그래프로 나타내라. 또한 MC가 AC의 극소점을 통과하는 것을 보여라.

4. 한 독점기업은 이윤을 극대화하기 위해서 합리적으로 행동한다고 가정하자. 이 독점기업이 직면한 수요함수와 평균비용함수가 다음과 같을 때 아래 사항에 답하라.

수요함수: $q+2p=40$

평균비용함수: $AC=\dfrac{20}{q}+4$

(1) 이윤극대화를 위한 산출량 q를 결정하라.
(2) 이윤이 극대화되는 산출량 수준에서 수요의 가격탄력도를 구하라.
(3) 만약 정부가 일괄세(lump-sum tax) $T=58$만큼 부과하면 이윤극대화를 위한 산출량은 얼마인가?
(4) 총수입이 극대화될 때 산출량과 그 때의 수요의 가격탄력도를 구하라.

5. 한 재화시장의 역수요함수와 역공급함수가 다음과 같다고 가정하자.

역수요함수: $p=30-2q_d^2$
역공급함수: $p=3+q_s^2$

정부가 판매세를 판매 단위당 t원을 부과한다고 가정하자. 조세수입이 극대화되는 t를 결정하라.

제12장

편미분법

12.1 편도함수

지금까지는 독립변수가 한 개인 경우에 국한하여 도함수를 구하는 방법을 배웠다. 독립변수가 두 개 이상인 다변수함수의 미분법을 배우기 위해 먼저 다변수함수를 정의한 후, 다변수함수의 극한과 연속에 대해서 설명한다. 설명의 단순화와 기하학적인 의미를 부여하기 위해 독립변수가 두 개 혹은 세 개인 경우를 택하여 논의를 전개한 후, 여기서 얻은 결론을 독립변수가 n개인 경우로 확장시키는 방법을 택하기로 하자.

D가 $\boldsymbol{R}^2$의 한 영역이며 D 내부에 있는 순서쌍(x, y)에 대하여 단 하나의 값 z를 대응시켜 주는 규칙 f가 정해져 있을 때, z를 영역 D에서 정의된 두 변수 x와 y의 함수라 하고

$$z=f(x, y)$$

로 나타낸다. 즉, 2변수함수는 $\boldsymbol{R}^2$에서 $\boldsymbol{R}$로의 함수이다.

$$f: \boldsymbol{R}^2 \longrightarrow \boldsymbol{R}$$

2변수함수 $z=f(x, y)$를 때때로 $z=z(x, y)$로 표시하기도 하는데, 이 경우 z는 함수와 종속변수의 두 가지 의미로 사용되었다고 생각하면 된다.

같은 방법으로 n개의 변수 $x_1, x_2, \cdots, x_n$에 대하여 하나의 실수 y가 결정되는 대응을 n변수함수라 하며,

$$y=f(x_1, x_2, \cdots, x_n)$$

으로 나타낸다. 즉, n변수함수는 $\boldsymbol{R}^n$에서 $\boldsymbol{R}$로의 함수이다.

$$f: \boldsymbol{R}^n \longrightarrow \boldsymbol{R}$$

함수 $z=f(x, y)$에서 (x, y)가 (a, b)에 충분히 가깝게 접근할 때 $f(x, y)$가 일정한 값 L에 접근하면, 이 값 L을 (x, y)가 (a, b)에 접근할 때 함수 $f(x, y)$의 극한값이라 하고,

$$\lim_{(x, y)\to(a, b)} f(x, y)=L$$

로 나타낸다. 또한 $f(a, b)$가 존재하고, (x, y)가 (a, b)에 접근할 때 $f(x, y)$가 $f(a, b)$에 접근하면, 즉

$$\lim_{(x, y)\to(a, b)} f(x, y)=f(a, b)$$

이면 함수 f는 (a, b)에서 연속이라 한다.

독립변수가 한 개인 함수, $y=f(x)$의 도함수를

$$\frac{dy}{dx}=\lim_{\Delta x\to 0}\frac{f(x+\Delta x)-f(x)}{\Delta x}$$

로 정의하였다. 마찬가지로 독립변수가 두 개인 함수 $z=f(x, y)$에 대해서도 x와 y의 각각의 변화에 대한 z의 도함수를 생각할 수 있다.

$z=f(x, y)$에서 먼저 y의 값은 고정시키고 x의 값만 변화시킨다고 하자. y를 고정시키면 z는 x만의 함수가 되므로 도함수를 구할 수 있다. 이와 같이 구한 도함수를 x에 관한 z의 편도함수(partial derivative)라 하고 $\frac{\partial z}{\partial x}$로 나타낸다(기호 ∂를 round라 읽음). 즉,

$$\frac{\partial z}{\partial x}=\lim_{\Delta x\to 0}\frac{f(x+\Delta x, y)-f(x, y)}{\Delta x}$$

마찬가지로 x를 고정시키고 y를 변화시켰을 때, y의 변화에 대한 z의 순간변화율은 y에 관한 z의 편도함수가 되며, $\frac{\partial z}{\partial y}$는 다음과 같이 정의된다.

$$\frac{\partial z}{\partial y}=\lim_{\Delta y \to 0}\frac{f(x,\ y+\Delta y)-f(x,\ y)}{\Delta y}$$

독립변수가 한 개인 경우에는 도함수의 기호를 $\frac{dy}{dx}$로 사용했으나, 독립변수가 두 개 이상인 경우의 도함수는 도함수를 구하는 과정에서 여타의 변수는 일정하다는 것을 상기시키기 위해 $\frac{\partial z}{\partial x}$라는 기호를 사용한다.

2변수함수 $z=f(x,\ y)$의 편도함수를 나타내는 데는 다음과 같은 여러 가지 기호가 사용된다.

$$\frac{\partial z}{\partial x},\ \frac{\partial f}{\partial x},\ \frac{\partial}{\partial x}f(x,\ y),\ f_x(x,\ y),\ f_x$$

$$\frac{\partial z}{\partial y},\ \frac{\partial f}{\partial y},\ \frac{\partial}{\partial y}f(x,\ y),\ f_y(x,\ y),\ f_y$$

일반적으로 n변수함수 $y=f(x_1,\ x_2,\ \cdots,\ x_n)$의 $x_i(i=1,\ 2,\ \cdots,\ n)$에 관한 y의 편도함수는 다음과 같이 정의된다.

$$\frac{\partial f}{\partial x_i}\equiv f_i=\lim_{\Delta x_i \to 0}\frac{f(x_1,\ x_2,\cdots,\ x_{i-1},\ x_i+\Delta x_i,\ x_{i+1},\cdots,x_n)-f(x_1,\ x_2,\cdots,\ x_n)}{\Delta x_i}$$

편도함수를 구하는 과정을 편미분(partial differentiation)이라 하는데, 편미분과 미분과의 차이는 편미분과정에서는 한 개의 독립변수만 변화를 허용하고 나머지의 독립변수들은 일정하게 고정시킨다는 데 있다. 이 의미는 편도함수를 구하기 위해서는 한 개의 독립변수 외에 여타의 독립변수들은 상수로 취급하고 한 개의 독립변수에 관해서만 도함수를 구한다는 것이다.

함수 $z=f(x,\ y)$의 편도함수 $f_x(x,\ y)$와 $f_y(x,\ y)$는 그 자체가 x와 y의 함수이므로 이들을 다시 x와 y에 관하여 편미분할 수 있다. 이 편도함수가 존재하면 이것을 z의 2차편도함수라 하고 각각 다음과 같이 나타낸다.

$$(f_x)_x=f_{xx}=\frac{\partial f_x}{\partial x}=\frac{\partial}{\partial x}\left(\frac{\partial f}{\partial x}\right)=\frac{\partial^2 f}{\partial x^2},$$

$$(f_x)_y = f_{xy} = \frac{\partial f_x}{\partial y} = \frac{\partial}{\partial y}\left(\frac{\partial f}{\partial x}\right) = \frac{\partial^2 f}{\partial y \partial x},$$

$$(f_y)_x = f_{yx} = \frac{\partial f_y}{\partial x} = \frac{\partial}{\partial x}\left(\frac{\partial f}{\partial y}\right) = \frac{\partial^2 f}{\partial x \partial y},$$

$$(f_y)_y = f_{yy} = \frac{\partial f_y}{\partial y} = \frac{\partial}{\partial y}\left(\frac{\partial f}{\partial y}\right) = \frac{\partial^2 f}{\partial y^2}.$$

위에서 f_{xy}와 f_{yx}를 각각 정의했지만 f_{xy}와 f_{yx}가 연속이기만 하면 $f_{xy}=f_{yx}$라는 사실이 고등미적분학에 증명되어 있는데 이 정리를 영의 정리(Young's theorem)라 한다. 이 정리에 의하면 편미분을 구하는 순서는 문제가 되지 않는다는 것을 알 수 있다.

2차편도함수도 x와 y의 함수이므로 이들을 또다시 편미분하면 3차 혹은 그 이상의 편도함수를 구할 수 있다. 또한 이 경우에도 영의 정리에 의해 모든 편도함수가 연속이기만 하면, 고차편도함수를 구하는 데 있어서 각 변수에 관하여 어떤 순서로 미분하더라도 같은 결과를 얻는다.

예제 1

$f(x, y) = x^2 + 2xy^2 - y^3$일 때 1차 및 2차편도함수를 구하라. 또한 $f_{xy}(1, 1)$을 구하라.

풀이

$$f_x = \frac{\partial f}{\partial x} = 2x + 2y^2 \quad (y\text{를 상수로 취급})$$

$$f_y = \frac{\partial f}{\partial y} = 4xy - 3y^2 \quad (x\text{를 상수로 취급})$$

$$f_{xx} = \frac{\partial^2 f}{\partial x^2} = 2$$

$$f_{yy} = \frac{\partial^2 f}{\partial y^2} = 4x - 6y$$

$$f_{xy} = f_{yx} = 4y$$

$$f_{xy}(1, 1) = 4$$

예제 2

$y=f(x_1, x_2)=x_1^{\alpha}x_2^{\beta}$일 때 1차 및 2차편도함수를 구하라(단, α와 β는 상수).

풀이

$$\frac{\partial f}{\partial x_1}=f_1=\alpha x_1^{\alpha-1}x_2^{\beta}, \qquad \frac{\partial f}{\partial x_2}=f_2=\beta x_1^{\alpha}x_2^{\beta-1}$$

$$\frac{\partial^2 f}{\partial x_1^2}=f_{11}=\alpha(\alpha-1)x_1^{\alpha-2}x_2^{\beta}, \quad \frac{\partial^2 f}{\partial x_2^2}=f_{22}=\beta(\beta-1)x_1^{\alpha}x_2^{\beta-2}$$

$$\frac{\partial^2 f}{\partial x_2 \partial x_1}=f_{12}=\alpha\beta x_1^{\alpha-1}x_2^{\beta-1}, \quad \frac{\partial^2 f}{\partial x_1 \partial x_2}=f_{21}=\alpha\beta x_1^{\alpha-1}x_2^{\beta-1}$$

12.2 벡터함수

n변수함수는 $\boldsymbol{R}^n$에서 $\boldsymbol{R}$로의 함수임을 배웠다. 반면에 스칼라의 벡터치함수(vector-valued function) 또는 벡터함수란 $\boldsymbol{R}$에서 $\boldsymbol{R}^n$으로의 함수를 말한다. 즉,

$$f: \boldsymbol{R} \longrightarrow \boldsymbol{R}^n$$

설명의 단순화를 위하여 $n=3$인 경우의 벡터함수를 정의하여 설명하기로 하자.

$x(t)$, $y(t)$, $z(t)$가 구간 I에서 정의된 실수치함수일 때 각각의 $t \in I$에 대하여 벡터 $\boldsymbol{r}(t)$를 만들 수 있다.

$$\boldsymbol{r}(t)=(x(t),\ y(t),\ z(t))=x(t)\boldsymbol{i}+y(t)\boldsymbol{j}+z(t)\boldsymbol{k}$$

여기서 $\boldsymbol{r}(t)$를 t의 벡터함수 또는 벡터치함수라 한다. 즉 벡터함수는 구간 I에 있는 실수 t를 벡터 $\boldsymbol{r}(t)$에 대응시키는 규칙이라 생각할 수 있다.

벡터함수의 극한, 연속, 도함수 및 적분은 실수치함수와 거의 같은 방법으로 정의한다. 이들을 차례로 정의하면 아래와 같다.

벡터함수 $\boldsymbol{r}(t)$의 각 성분이 $t=t_0$에서 극한값을 가지면 함수 $\boldsymbol{r}(t)$는 t_0에서

극한값을 갖는다고 한다. 즉,

$$\lim_{t\to t_0} \boldsymbol{r}(t)=(\lim_{t\to t_0} x(t))\boldsymbol{i}+(\lim_{t\to t_0} y(t))\boldsymbol{j}+(\lim_{t\to t_0} z(t))\boldsymbol{k}$$

에서 오른쪽의 각 성분이 극한값을 가지면 벡터함수 $\boldsymbol{r}(t)$는 t_0에서 극한값을 갖는다.

벡터함수 $\boldsymbol{r}(t)$는

$$\lim_{t\to t_0} \boldsymbol{r}(t)=\boldsymbol{r}(t_0)$$

가 성립하면 $t=t_0$에서 연속이다. 즉, $x(t)$, $y(t)$, $z(t)$가 $t=t_0$에서 모두 연속이면 $\boldsymbol{r}(t)$는 $t=t_0$에서 연속이라 한다.

벡터함수 $\boldsymbol{r}(t)$의 모든 성분이 점 t에서 미분가능하면 $\boldsymbol{r}(t)$는 t에서 미분가능하다 하고

$$\boldsymbol{r}'(t)=x'(t)\boldsymbol{i}+y'(t)\boldsymbol{j}+z'(t)\boldsymbol{k}$$

로 표시하고 $\boldsymbol{r}'(t)$를 점 t에서 $\boldsymbol{r}(t)$의 도함수라 한다. 즉

$$\boldsymbol{r}'(t)=\lim_{h\to 0}\frac{\boldsymbol{r}(t+h)-\boldsymbol{r}(t)}{h}$$

의 극한값이 존재하면 $\boldsymbol{r}'(t)$를 벡터함수의 도함수라 한다.

벡터함수의 적분은 미분의 역과정을 밟으면 되므로 각 성분을 t에 관하여 적분하면 된다.

$$\int_a^b \boldsymbol{r}(t)dt=\left(\int_a^b x(t)dt\right)\boldsymbol{i}+\left(\int_a^b y(t)dt\right)\boldsymbol{j}+\left(\int_a^b z(t)dt\right)\boldsymbol{k}$$

예제 3

$\boldsymbol{r}(t)=\cos(t+\pi)\boldsymbol{i}+\dfrac{\sin t}{t}\boldsymbol{j}+e^{-t^2}\boldsymbol{k}$일 때 $\lim_{t\to 0}\boldsymbol{r}(t)$를 구하라.

풀이

$$\lim_{t\to 0}\boldsymbol{r}(t)=[\lim_{t\to 0}\cos(t+\pi)]\boldsymbol{i}+[\lim_{t\to 0}\frac{\sin t}{t}]\boldsymbol{j}+[\lim_{t\to 0}e^{-t^2}]\boldsymbol{k}=-\boldsymbol{i}+\boldsymbol{j}+\boldsymbol{k}$$

예제 4

$\boldsymbol{r}(t)=t\boldsymbol{i}+\sqrt{t+1}\boldsymbol{j}-e^t\boldsymbol{k}$일 때 $\boldsymbol{r}'(t)$를 구하라.

풀이

$$\boldsymbol{r}'(t)=\boldsymbol{i}+\frac{1}{2\sqrt{t+1}}\boldsymbol{j}-e^t\boldsymbol{k}$$

일반적으로 구간 I에서 미분가능한 벡터함수

$$\boldsymbol{r}(t)=x(t)\boldsymbol{i}+y(t)\boldsymbol{j}+z(t)\boldsymbol{k}$$

는 t가 구간 I에서 변함에 따라 벡터 $\boldsymbol{r}(t)$의 끝점은 공간에 있는 곡선 C를 그리게 되므로 [그림 12-1]에서 볼 수 있듯이 벡터함수 $\boldsymbol{r}(t)$는 한 곡선 C의 매개방정식으로 생각할 수 있다.

예를 들어, 선형벡터함수

$$\boldsymbol{r}(t)=\boldsymbol{r}_0+t\boldsymbol{d} \quad -\infty<t<\infty$$

는 점 $\boldsymbol{r}_0$를 통과하고 벡터 $\boldsymbol{d}\neq\boldsymbol{0}$에 평행한 직선을 나타내고, z좌표가 0인 다음의 벡터함수

그림 12-1

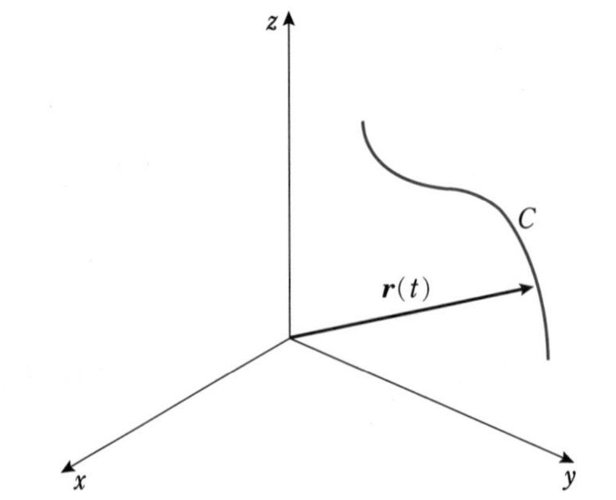

그림 12-2

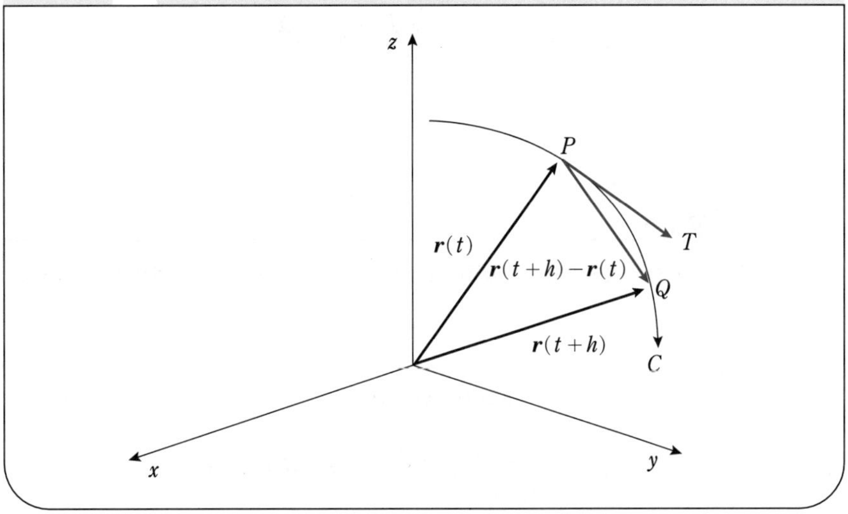

$$\boldsymbol{r}(t) = \cos t\boldsymbol{i} + \sin t\boldsymbol{j} \quad t \in [0,\ 2\pi]$$

는 xy평면에서 반지름이 1인 원을 나타내는 매개방정식이 되는 것을 알 수 있다.

$\boldsymbol{r}(t)$가 미분가능한 곡선을 나타낼 때 벡터함수의 도함수 $\boldsymbol{r}'(t)$는 $\boldsymbol{r}'(t) \neq \boldsymbol{0}$이면 $\boldsymbol{r}(t)$의 끝점에서 접하는 벡터가 되는 기하학적 의미를 가지고 있다.

[그림 12-2]에서 알 수 있듯이 h가 작아질수록 점 Q는 P에 접근하여 벡터 $\overrightarrow{PQ}$는 벡터 $\overrightarrow{PT}$의 방향과 일치하게 된다. 벡터

$$\frac{1}{h}[\boldsymbol{r}(t+h) - \boldsymbol{r}(t)]$$

는 각각의 h값에서 벡터 $\overrightarrow{PQ}[=\boldsymbol{r}(t+h) - \boldsymbol{r}(t)]$와 평행하고 크기가 $\left|\frac{1}{h}\right|$배인 벡터이므로 극한값

$$\boldsymbol{r}'(t) = \lim_{h \to 0} \frac{1}{h}[\boldsymbol{r}(t+h) - \boldsymbol{r}(t)]$$

는 기하학적으로 $\boldsymbol{r}(t)$의 끝점에서 접하는 벡터가 된다.

곡선에 접하는 단위벡터를 $\boldsymbol{t}$라 하면

$$\boldsymbol{t}=\frac{\boldsymbol{r}'(t)}{\|\boldsymbol{r}'(t)\|}=\frac{x'\boldsymbol{i}+y'\boldsymbol{j}+z'\boldsymbol{k}}{\sqrt{(x')^2+(y')^2+(z')^2}}$$

로 정의된다.

예제 5

$\boldsymbol{r}(t)=\cos t\boldsymbol{i}+\sin t\boldsymbol{j}$일 때 $t=0$에서 접하는 단위벡터를 구하라.

풀이

$$\boldsymbol{r}'(t)=-\sin t\boldsymbol{i}+\cos t\boldsymbol{j}$$

$$\boldsymbol{t}=\frac{-\sin t\boldsymbol{i}+\cos t\boldsymbol{j}}{\sqrt{\sin^2 t+\cos^2 t}}=-\sin t\boldsymbol{i}+\cos t\boldsymbol{j}$$

$t=0$일 때 $\boldsymbol{t}=\boldsymbol{j}$

예제 6

$\boldsymbol{r}(t)=\rho\cos t\boldsymbol{i}+\rho\sin t\boldsymbol{j}\quad t\in[0,\ 2\pi]$일 때 $\boldsymbol{r}(t)$는 반지름이 ρ인 원의 매개방정식이다. 이 원에 접하는 벡터는 반지름 벡터와 직교하는 것을 보여라.

풀이

$$\boldsymbol{r}'(t)=-\rho\sin t\boldsymbol{i}+\rho\cos t\boldsymbol{j}$$

$$\begin{aligned}\boldsymbol{r}(t)\cdot\boldsymbol{r}'(t)&=(\rho\cos t\boldsymbol{i}+\rho\sin t\boldsymbol{j})\cdot(-\rho\sin t\boldsymbol{i}+\rho\cos t\boldsymbol{j})\\&=-\rho^2\cos t\sin t+\rho^2\cos t\sin t=0\end{aligned}$$

따라서 원의 반지름 벡터 $\boldsymbol{r}(t)$와 이 원에 접하는 벡터 $\boldsymbol{r}'(t)$는 서로 직교한다.

12. 3 편도함수의 기하학적 의미

$z=f(x, y)$를 [그림 12-3]과 같은 곡면의 방정식이라 하자. 곡면상의 한 점 P에서 $f_x(a, b)$와 $f_y(a, b)$를 생각해 보자.

곡면상의 한 점 $P(a, b, f(a, b))$는 xy평면의 점 $Q(a, b, 0)$에 대응되는 점이다. xz평면과 평행인 수직평면 $y=b$와 곡면 $z=f(x, y)$가 교차하는 점들은 곡면상에서 하나의 곡선을 형성한다. 그 곡선은 APB이며, 함수로 표현하면 $z=f(x, b)$가 된다. 즉 이 곡선을 따라 움직이면 x와 z의 값은 변하지만, y의 값은 b로 고정되어 있다. 곡선 APB상의 한 점 P에서 접선 T_x를 그린 후 곡선 APB와 접선 T_x를 xz평면에 투시하면 [그림 12-4]를 얻는다.

[그림 12-3]의 점 $P(a, b, f(a, b))$에서의 접선 T_x의 기울기는 [그림 12-4]의 점 P'에서의 기울기와 같다. 그런데 점 P'에서의 기울기는 독립변수가 한 개인 경우에 해당하므로 그 기울기를 쉽게 구할 수 있다. 점 P'에서의

그림 12-3

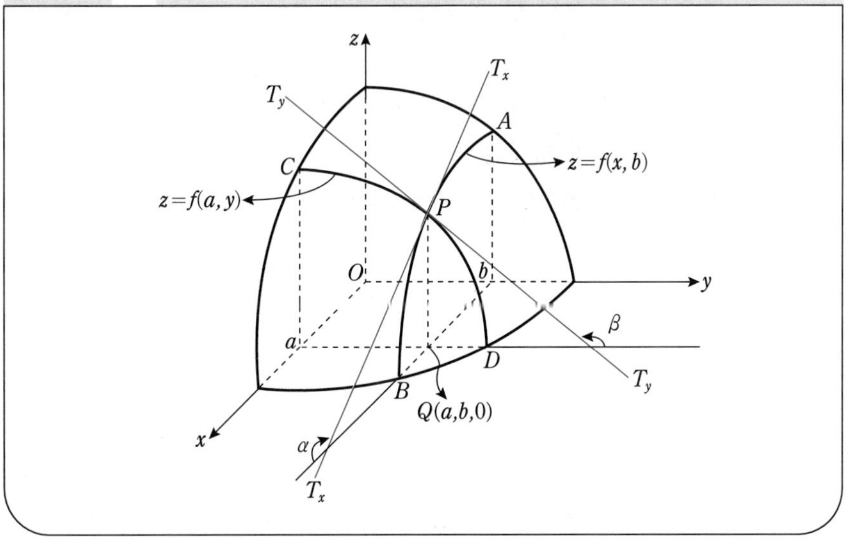

그림 12–4

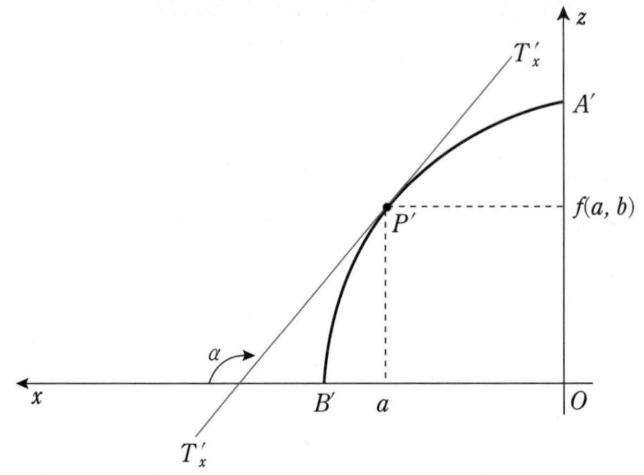

기울기는

$$\lim_{\Delta x \to 0} \frac{f(a+\Delta x,\ b)-f(a,\ b)}{\Delta x} = \tan \alpha$$

인데, 이것은 바로 점 $(a,\ b)$에서 편도함수의 값 $f_x(a,\ b)$를 나타낸다. 따라서 $f_x(a,\ b)$는 xz평면과 평행한 수직평면 $y=b$와 곡면 $z=f(x,\ y)$가 교차하여 형성된 곡선상의 한 점 P에서 그은 접선의 기울기라는 기하학적 의미를 갖고 있다.

같은 방법으로 $f_y(a,\ b)$는 yz평면과 평행한 수직평면 $x=a$와 곡면 $z=f(x,\ y)$가 교차하여 형성된 곡선상의 한 점([그림 12–3]의 곡선 CPD상의 한 점) P에서 그은 접선의 기울기가 된다. 즉,

$$f_y(a,\ b) = \lim_{\Delta y \to 0} \frac{f(a,\ b+\Delta y)-f(a,\ b)}{\Delta y} = \tan \beta$$

[그림 12–4]에 의하면 $f_x(a,\ b)$는 음의 값이다. 또한 x의 값이 커짐에 따라 접선의 기울기 값이 대수적으로 점점 작아지므로 $f_{xx}(a,\ b)$도 음의 값이 된다.

지금까지 곡면상의 한 점 P에서의 두 개의 접선에 대해서 설명하였다. 이 두 개의 접선을 이용하여 접평면을 정의하자. 두 개의 접선 T_x와 T_y는

하나의 평면을 결정한다. 만약 곡면이 점 $P(a, b, f(a, b))$의 근방에서 매끈하다면 이 평면은 곡면상의 점 P에 접하게 되는데 이 평면을 접평면(tangent plane)이라 한다. T_y와 평행하면서 y의 좌표가 1인 벡터를 $\boldsymbol{v}_1$이라 하면 $\boldsymbol{v}_1$은 yz평면과 평행하므로 $\boldsymbol{v}_1$의 x좌표는 0이고 z좌표는 $f_y(a, b)$이다.

$$\boldsymbol{v}_1=(0, 1, f_y(a, b))$$

또한 T_x와 평행하면서 x의 좌표가 1인 벡터를 $\boldsymbol{v}_2$라 하면 $\boldsymbol{v}_2$는 xz평면과 평행하므로 $\boldsymbol{v}_2$의 y좌표는 0이고 z좌표는 $f_x(a, b)$이다.

$$\boldsymbol{v}_2=(1, 0, f_x(a, b))$$

$\boldsymbol{v}_1$과 $\boldsymbol{v}_2$에 수직인 벡터를 $\boldsymbol{n}$이라 하면

$$\boldsymbol{n}=\boldsymbol{v}_1\times\boldsymbol{v}_2=(f_x(a, b), f_y(a, b), -1)$$

이다. 따라서 접평면을 나타내는 방정식은 점 $P(a, b, f(a, b))$를 지나고 법선벡터가 $\boldsymbol{n}=(f_x(a, b), f_y(a, b), -1)$인 평면의 방정식이므로

$$f_x(a, b)(x-a)+f_y(a, b)(y-b)-(z-f(a, b))=0$$

으로 표시된다. 이는 독립변수가 1개인 경우의 접선의 방정식과 비슷하게 표현된다.

예제 7

$z=f(x, y)=\dfrac{1}{1+x-y}$일 때 곡면 위의 점 $(2, 1, \dfrac{1}{2})$과 접하는 평면의 방정식을 구하라.

풀이

$$f_x(x, y)=\frac{-1}{(1+x-y)^2}$$

$$f_y(x, y)=\frac{1}{(1+x-y)^2}$$

$f_x(2,\ 1)=-\frac{1}{4}$, $f_y(2,\ 1)=\frac{1}{4}$이므로, 구하는 접평면의 방정식은 다음과 같다.

$$\frac{-1}{4}(x-2)+\frac{1}{4}(y-1)-(z-\frac{1}{2})=0$$

위의 식을 정리하면, 다음을 얻을 수 있다.

$$z=-\frac{1}{4}x+\frac{1}{4}y+\frac{3}{4}$$

12. 4 전 미 분

우리는 7.9에서 독립변수가 한 개인 경우의 미분에 대해서 배웠다. 이러한 미분의 개념을 다변수함수의 경우로 확장시킬 수 있다.

2변수함수 $z=f(x,\ y)$에서 x와 y가 임의의 증분 Δx, Δy만큼 변하면, 주어진 함수 z는

$$\Delta z=f(x+\Delta x,\ y+\Delta y)-f(x,\ y)$$

만큼 변한다. 함수의 증분 Δz는 일반적으로 다음 정리에서와 같이 나타낼 수 있다.

정리 12-4-1

함수 $z=f(x,\ y)$가 점 $(a,\ b)$를 포함하는 다음과 같은 직사각형 영역 R에서 연속인 1차 편도함수를 갖는다고 가정하자.

$$R=\{(x,\ y)\,|\,|x-a|<h,\ |y-b|<k\}$$

그러면 Δz는 다음과 같이 표현된다.

$$\Delta z=f_x(a,\ b)\Delta x+f_y(a,\ b)\Delta y+\varepsilon_1\Delta x+\varepsilon_2\Delta y \qquad (1)$$

여기서 ε_1과 ε_2는 Δx와 Δy의 함수이며, $\Delta x \to 0$, $\Delta y \to 0$일 때 $\varepsilon_1 \to 0$, $\varepsilon_2 \to 0$이다.

증 명

영역 R을 [그림 12-5]와 같이 잡고, 점 (a, b), $(a+\Delta x, b)$, $(a, b+\Delta y)$, $(a+\Delta x, b+\Delta y)$가 모두 R에 포함되도록 Δx와 Δy를 충분히 작게 택하자.

(x, y)가 점 $A(a, b)$에서 점 $B(a+\Delta x, b+\Delta y)$로 변하면 Δz는 아래와 같이 쓸 수 있다.

$$\begin{aligned}\Delta z &= f(B)-f(A)=[f(C)-f(A)]+[f(B)-f(C)]\\ &=[f(a+\Delta x, b)-f(a, b)]+\\ &\quad [f(a+\Delta x, b+\Delta y)-f(a+\Delta x, b)] \qquad (2)\end{aligned}$$

식 (2)의 첫째 항은 (x, y)가 A에서 C로 변화했을 때 z의 변화를 나타내며, 둘째 항은 C에서 B로 변화했을 때 z의 변화를 각각 나타낸다.

$y=b$로 고정되어 있는 첫째 항은 독립변수가 x인 미분가능한 함수의 증분을 나타내므로 평균치의 정리를 이용하여 다음 식을 얻는다.

그림 12-5

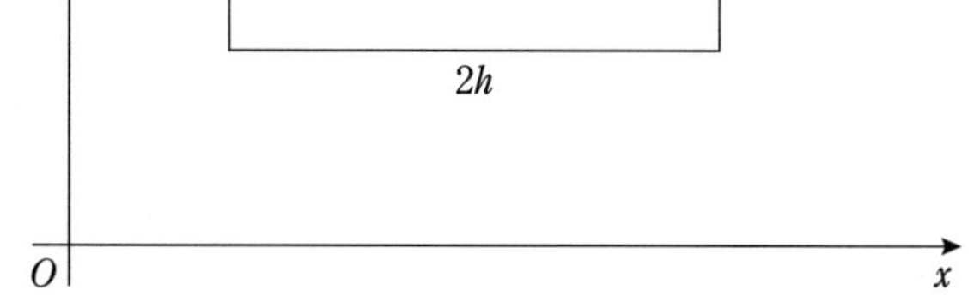

$$f(a+\Delta x,\ b)-f(a,\ b)=f_x(x_1,\ b)\Delta x \quad (\text{단},\ a<x_1<a+\Delta x) \qquad (3)$$

같은 방법으로, x가 $x=a+\Delta x$로 고정되어 있는 둘째 항은 독립변수가 y인 미분가능한 함수의 증분을 나타내므로 평균치의 정리를 이용하면 다음 식을 얻는다(단, $b<y_1<b+\Delta y$).

$$f(a+\Delta x,\ b+\Delta y)-f(a+\Delta x,\ b)=f_y(a+\Delta x,\ y_1)\Delta y \qquad (4)$$

식 (3)과 식 (4)를 식 (2)에 대입하면(단, $a<x_1<a+\Delta x$, $b<y_1<b+\Delta y$),

$$\Delta z=f_x(x_1,\ b)\Delta x+f_y(a+\Delta x,\ y_1)\Delta y \qquad (5)$$

가정에 의해 f_x와 f_y는 $(a,\ b)$에서 연속이므로, 연속의 정의에 의해 Δx와 $\Delta y \to 0$일 때

$$f_x(x_1,\ b) \to f_x(a,\ b) \qquad (6)$$

$$f_y(a+\Delta x,\ y_1) \to f_y(a,\ b) \qquad (7)$$

따라서

$$f_x(x_1,\ b)=f_x(a,\ b)+\varepsilon_1 \qquad (8)$$

$$f_y(a+\Delta x,\ y_1)=f_y(a,\ b)+\varepsilon_2 \qquad (9)$$

라 하면, 식 (6)과 식 (7)에 의해 Δx와 $\Delta y \to 0$일 때 ε_1과 ε_2는 0에 접근한다.

식 (8)과 식 (9)를 식 (5)에 대입하면 다음을 얻을 수 있다.

$$\begin{aligned}\Delta z&=[f_x(a,\ b)+\varepsilon_1]\Delta x+[f_y(a,\ b)+\varepsilon_2]\Delta y\\&=f_x(a,\ b)\Delta x+f_y(a,\ b)\Delta y+\varepsilon_1\Delta x+\varepsilon_2\Delta y\end{aligned}$$

여기서 Δx와 $\Delta y \to 0$일 때 ε_1과 $\varepsilon_2 \to 0$. Q.E.D.

식 (1)에서 Δx와 Δy가 충분히 작은 수이면 ε_1과 ε_2도 작은 수가 되고, $\varepsilon_1\Delta x$와 $\varepsilon_2\Delta y$는 더욱 더 작은 수가 되므로, Δx와 Δy가 작은 경우에는 Δz의 근사값으로 $f_x(a,\ b)\Delta x+f_y(a,\ b)\Delta y$를 사용할 수 있다. 이 식을 $(a,\ b)$에

서 z의 전미분(total differential)이라 하며 dz 혹은 df로 표시한다.

임의의 점 (x, y)에서 z의 전미분은 다음과 같이 표시한다.

$$dz \equiv df = f_x(x, y)\Delta x + f_y(x, y)\Delta y$$

혹은 더욱 간단하게 다음과 같이 표시할 수도 있다.

$$dz \equiv df = \frac{\partial f}{\partial x}\Delta x + \frac{\partial f}{\partial y}\Delta y$$

또한 전미분을 표시할 때 Δx 대신에 dx, Δy 대신에 dy로 바꿔 쓰는 것이 관례로 되어 있다. 만약 이 관례에 따른다면 전미분은 다음과 같이 표시된다.

$$dz = \frac{\partial f}{\partial x}dx + \frac{\partial f}{\partial y}dy = f_x dx + f_y dy$$

한 가지 유의할 점은 전미분을 위와 같이 표시할 때 dx와 dy가 작다는 의미는 전혀 포함되어 있지 않고, 단지 dz는 변수 dx와 dy의 선형함수임을 나타낸다는 것이다. 즉, dz는 x와 y가 각각 dx 및 dy만큼 변화했을 때 실제의 변화 Δz에 대한 선형근사식이다.

2변수함수의 결과를 n변수함수의 경우로 확장하면,

$$y = f(x_1, x_2, \cdots, x_n)$$

의 전미분은 다음과 같다.

$$dy = f_1 dx_1 + f_2 dx_2 + \cdots + f_n dx_n = \sum_{i=1}^{n} f_i dx_i$$

1변수함수와 마찬가지로 고차전미분을 생각할 수 있다. 함수 $z = f(x, y)$일 때 2차전미분 d^2z는 다음과 같이 구한다.

$$\begin{aligned} d^2z &= d(dz) = d(f_x dx + f_y dy) = (df_x)dx + (df_y)dy \\ &= \left[\frac{\partial}{\partial x}(f_x)dx + \frac{\partial}{\partial y}(f_x)dy\right]dx + \left[\frac{\partial}{\partial x}(f_y)dx + \frac{\partial}{\partial y}(f_y)dy\right]dy \end{aligned}$$

$$=[f_{xx}dx+f_{xy}dy]dx+[f_{yx}dx+f_{yy}dy]dy$$

$(dx)^2=dx^2$, $(dy)^2=dy^2$이라 쓰면,

$$d^2z=f_{xx}dx^2+2f_{xy}dxdy+f_{yy}dy^2 \ (\because f_{xy}=f_{yx})$$

n변수함수 $y=f(x_1, x_2, \cdots, x_n)$의 경우 2차전미분은 다음과 같다.

$$\begin{aligned} d^2y &= d(\sum_{i=1}^{n} f_i dx_i) = \sum_{i=1}^{n} (df_i)dx_i \\ &= \sum_{i=1}^{n} \left[\frac{\partial}{\partial x_1}(f_i)dx_1 + \frac{\partial}{\partial x_2}(f_i)dx_2 + \cdots + \frac{\partial}{\partial x_n}(f_i)dx_n\right]dx_i \\ &= \sum_{i=1}^{n} [f_{i1}dx_1 + f_{i2}dx_2 + \cdots + f_{in}dx_n]dx_i \\ &= \sum_{i=1}^{n} \sum_{j=1}^{n} f_{ij}\, dx_i dx_j \end{aligned}$$

특히 $z=f(x, y)$가 복잡한 함수일 때 z의 선형근사식을 이용하면 z의 근사치를 얻을 수 있다. $\Delta z \fallingdotseq dz$이므로 전미분을 이용하면

$$f(x, y)=f(a, b)+\Delta z \fallingdotseq f(a, b)+dz$$
$$f(x, y) \fallingdotseq f(a, b)+f_x(a, b)(x-a)+f_y(a, b)(y-b)=L(x, y)$$

여기서 오른쪽 식 $L(x, y)$는 $f(x, y)$의 선형근사식이다.

예제 8

선형근사식을 이용하여 $\sqrt{2(2.02)^3+(2.97)^2}$을 구하라.

풀이

$f(x, y)=(2x^3+y^2)^{1/2}$, $a=2$, $b=3$이라 하자.

$f_x=\frac{1}{2}(2x^3+y^2)^{-1/2}\cdot 6x^2$, $f_y=\frac{1}{2}(2x^3+y^2)^{-1/2}\cdot 2y$

$f(2, 3)=5$, $f_x(2, 3)=\frac{1}{2}\cdot\frac{1}{5}\cdot 24=\frac{12}{5}$, $f_y(2, 3)=\frac{3}{5}$

선형근사식을 구하면,

$$L(x,\ y)=5+\frac{12}{5}(x-2)+\frac{3}{5}(x-3)$$

$$\sqrt{2(2.02)^3+(2.97)^2}=f(2.02,\ 2.97)\fallingdotseq L(2.02,\ 2.97)$$
$$=5+\frac{12}{5}(0.02)+\frac{3}{5}(-0.03)=5.03.$$

$\sqrt{2(2.02)^3+(2.97)^2}$은 5.030479로 두 값은 거의 비슷하다.

예제 9

$y=\ln(x_1^2+x_2^2+x_3^2)$일 때 dy를 구하라.

풀이

$$dy=(2x_1dx_1+2x_2dx_2+2x_3dx_3)/(x_1^2+x_2^2+x_3^2)$$

12.5 합성함수의 편미분법

7.5의 [공식 7]에서 독립변수가 한 개인 경우의 합성함수의 미분법을 배웠다. 즉, $y=f(g(x))$의 도함수는

$$\frac{dy}{dx}=f'(g(x))g'(x)$$

임을 안다. 이러한 연쇄법칙을 다변수함수의 경우로 확장해 보자.

함수 $z=f(x,\ y)$에서 x와 y가 다른 변수 t의 함수라 하자. 즉, $x=g(t)$, $y=h(t)$. 합성함수 $z=f(g(t),\ h(t))$는 한 개의 독립변수 t의 함수가 된다. 여기서 z를 종속변수, x와 y를 중개변수, t를 독립변수라 부른다. 함수의 형태가 단순한 경우에는 $f(g(t),\ h(t))$를 직접 t에 관하여 미분하여 $\frac{dz}{dt}$를 구할 수 있으나, 때때로 이 방법은 복잡한 계산을 해야 되므로 다음 정리에 의해서 $\frac{dz}{dt}$를 구한다.

정리 12-5-1 합성함수의 편미분법 (연쇄법칙)

함수 $z=f(x,\ y)$가 연속인 1차편도함수를 갖는다고 하자. 또한 $x=g(t)$와 $y=h(t)$가 미분가능함수이면 $\frac{dz}{dt}$는 다음과 같다.

$$\frac{dz}{dt}=\frac{\partial z}{\partial x}\frac{dx}{dt}+\frac{\partial z}{\partial y}\frac{dy}{dt} \tag{1}$$

증 명

[정리 12-4-1]에 의해 $\varDelta z$는 다음과 같이 표시된다.

$$\varDelta z=f_x\varDelta x+f_y\varDelta y+\varepsilon_1\varDelta x+\varepsilon_2\varDelta y \text{(단, } \varDelta x\text{와 } \varDelta y\to 0\text{일 때 } \varepsilon_1\text{과 } \varepsilon_2\to 0) \tag{2}$$

또한 x와 y의 증분, $\varDelta x$와 $\varDelta y$는 다음과 같이 쓸 수 있다.

$$\varDelta x=g'(t)\varDelta t+\S_1\varDelta t \tag{3}$$

$$\varDelta y=h'(t)\varDelta t+\S_2\varDelta t \quad \text{(단, } \varDelta t\to 0\text{일 때 } \S_1\text{과 } \S_2\to 0) \tag{4}$$

식 (3)과 식 (4)를 (2)에 대입한 후 정리하면,

$$\varDelta z=f_xg'(t)\varDelta t+f_yh'(t)\varDelta t+(f_x\S_1+f_y\S_2+\varepsilon_1g'(t)+\varepsilon_1\S_1+\varepsilon_2h'(t)+\varepsilon_2\S_2)\varDelta t \tag{5}$$

$\varDelta t\to 0$일 때 $\varDelta x$와 $\varDelta y\to 0$이므로, $\varDelta t\to 0$일 때 $\S_1,\ \S_2,\ \varepsilon_1,\ \varepsilon_2\to 0$.
식 (5)를 $\varDelta t$로 나누고, 양변에 $\varDelta t\to 0$일 때의 극한값을 구하면,

$$\frac{dz}{dt}=f_xg'(t)+f_yh'(t)=\frac{\partial z}{\partial x}\frac{dx}{dt}+\frac{\partial z}{\partial y}\frac{dy}{dt}. \qquad \text{Q.E.D.}$$

예제 10

$y=x_1^2e^{x_2}$, $x_1=\ln t$, $x_2=t^2$일 때 $\frac{dy}{dt}$를 구하라.

풀이

x_1과 x_2를 대입하면,

$$y=(\ln t)^2 e^{t^2}$$

$$\frac{dy}{dt}=e^{t^2}(2\ln t)\frac{1}{t}+(\ln t)^2(2te^{t^2}).$$

또는 연쇄법칙을 사용하면,

$$\frac{dy}{dt}=\frac{\partial y}{\partial x_1}\frac{dx_1}{dt}+\frac{\partial y}{\partial x_2}\frac{dx_2}{dt}=2x_1e^{x_2}\frac{1}{t}+x_1^2e^{x_2}(2t)$$

$$=2\ln t(e^{t^2})\frac{1}{t}+(\ln t)^2e^{t^2}(2t).$$

예상했던 것과 같이 두 방법 모두 같은 결과를 얻는다.

위의 정리를 n변수함수의 경우로 확장하면 다음과 같다. $y=f(x_1, x_2, \cdots, x_n)$에서 $x_1, x_2, \cdots, x_n$이 모두 t의 함수이면,

$$\frac{dy}{dt}=f_1\frac{dx_1}{dt}+f_2\frac{dx_2}{dt}+\cdots+f_n\frac{dx_n}{dt}=\sum_{i=1}^{n}f_i\frac{dx_i}{dt}$$

이 때 $\frac{dy}{dt}$를 y의 t에 관한 전도함수(total derivative)라 한다.

이제 중개변수가 두 개이고 독립변수가 두 개인 경우를 생각해 보자. 함수 $z=f(x, y)$에서 $x=x(u, v)$, $y=y(u, v)$라 하자. x와 y를 $z=f(x, y)$에 대입하면 $z=f(x(u, v), y(u, v))=F(u, v)$가 되어, z는 u와 v의 함수가 된다. 이 때 우리는 $\frac{\partial z}{\partial u}$와 $\frac{\partial z}{\partial v}$를 구하고자 한다. $\frac{\partial z}{\partial u}$를 구하기 위해 v를 상수로 취급하면 x, y 및 z는 u만의 함수로 생각할 수 있으므로 [정리 12-5-1]을 적용하여 다음을 얻는다.

$$\frac{\partial z}{\partial u}=\frac{\partial z}{\partial x}\frac{\partial x}{\partial u}+\frac{\partial z}{\partial y}\frac{\partial y}{\partial u}.$$

같은 방법으로 $\frac{\partial z}{\partial v}$를 구하면 아래와 같다.

$$\frac{\partial z}{\partial v}=\frac{\partial z}{\partial x}\frac{\partial x}{\partial v}+\frac{\partial z}{\partial y}\frac{\partial y}{\partial v}.$$

여기서 $\frac{\partial z}{\partial u}$ 및 $\frac{\partial z}{\partial v}$를 편전도함수(partial total derivative)라 한다.

때때로 x와 y가 u와 v의 함수인 동시에 f가 u와 v를 독립변수로 포함하는 경우가 있다. 즉,

$$z=f(x, y, u, v)=f(x(u, v), y(u, v), u, v)$$

일 때 편전도함수 $\frac{\partial z}{\partial u}$를 구하면

$$\frac{\partial z}{\partial u}=\frac{\partial z}{\partial x}\frac{\partial x}{\partial u}+\frac{\partial z}{\partial y}\frac{\partial y}{\partial u}+\frac{\partial z}{\partial u}$$

로 표기되어 왼쪽의 편전도함수 $\frac{\partial z}{\partial u}$와 오른쪽의 편도함수 $\frac{\partial z}{\partial u}$가 구별이 되지 않는다. 이 경우 편전도함수를 다른 기호를 사용할 필요가 있다. 편전도함수를 $\frac{dz}{du}$라 하면

$$\frac{dz}{du}=\frac{\partial z}{\partial x}\frac{\partial x}{\partial u}+\frac{\partial z}{\partial y}\frac{\partial y}{\partial u}+\frac{\partial z}{\partial u}$$

이다. 여기서 $\frac{dz}{du}$는 z가 일변수함수일 때의 도함수와 같은 기호를 사용하여 혼돈의 여지가 있다. 그러나 주어진 문제에서 z가 다변수함수인 것이 명확하므로 다변수함수에서 $\frac{dz}{du}$는 편도함수 $\frac{\partial z}{\partial u}$와 구별할 필요가 있을 때 사용되는 편전도함수를 나타내는 기호로 사용하기로 한다.

편전도함수를 나타내는 또다른 방법은 z를 다음과 같은 새로운 함수로 정의한 후 편전도함수를 구하는 것이다.

$$z=f^*(u, v)=f(x(u, v), y(u, v), u, v)$$

라 정의하면 z의 u에 관한 편전도함수는 $\frac{\partial f^*}{\partial u}$가 된다. 즉,

$$\frac{\partial f^*}{\partial u}=f_x\frac{\partial x}{\partial u}+f_y\frac{\partial y}{\partial u}+f_u$$

끝으로 중개변수가 n개이고 독립변수가 m개인 경우로 연쇄법칙을 확장해 보자. 함수 $y=f(x_1, x_2, \cdots, x_n)$에서

$$x_i=x_i(t_1, t_2, \cdots, t_m) \quad (i=1, 2, \cdots, n)$$

이라 하자. x_i를 함수 $y=f(x_1, x_2, \cdots, x_n)$에 대입하면,

$$y=f(x_1, x_2, \cdots, x_n)=f[x_1(t_1, t_2, \cdots, t_m), x_2(t_1, t_2, \cdots, t_m), \cdots, x_n(t_1, t_2, \cdots, t_m)]$$
$$=F(t_1, t_2, \cdots, t_m)$$

이 된다. $\dfrac{\partial y}{\partial t_j}$를 구하기 위해 t_j를 제외한 여타의 독립변수는 일정하다고 가정하고 연쇄법칙을 사용하면, $\dfrac{\partial y}{\partial t_j}$는 아래와 같다.

$$\frac{\partial y}{\partial t_j}=\frac{\partial y}{\partial x_1}\frac{\partial x_1}{\partial t_j}+\frac{\partial y}{\partial x_2}\frac{\partial x_2}{\partial t_j}+\cdots+\frac{\partial y}{\partial x_n}\frac{\partial x_n}{\partial t_j}\quad (j=1, 2, \cdots, m)$$

예제 11

$z=f(x, y)$, $x=r\cos\theta$, $y=r\sin\theta$일 때 $\dfrac{\partial z}{\partial r}$와 $\dfrac{\partial z}{\partial \theta}$를 구하라.

풀이

$$\frac{\partial z}{\partial r}=\frac{\partial z}{\partial x}\frac{\partial x}{\partial r}+\frac{\partial z}{\partial y}\frac{\partial y}{\partial r}=\frac{\partial z}{\partial x}\cos\theta+\frac{\partial z}{\partial y}\sin\theta,$$

$$\frac{\partial z}{\partial \theta}=\frac{\partial z}{\partial x}\frac{\partial x}{\partial \theta}+\frac{\partial z}{\partial y}\frac{\partial y}{\partial \theta}=-\frac{\partial z}{\partial x}r\sin\theta+\frac{\partial z}{\partial y}r\cos\theta.$$

예제 12

방정식 $F(x, y, z)=0$에 의해서 함수 $z=f(x, y)$가 암시적으로 정의된다고 하자. 또한 F는 연속적인 편도함수를 가지며 $F_z(x, y, z)\neq 0$일 때

$$\frac{\partial z}{\partial x}=-\frac{F_x}{F_z}$$

임을 보여라.

풀이

$z=f(x, y)$를 $F(x, y, z)=0$에 대입하면 $F(x, y, f(x, y))=0$이 된다. 즉, $W=F(x, y, f(x, y))$라 놓으면 W는 항등적으로 0이 된다. W가 항등적으로 0이므로 양변을 x에 관해 편미분하면,

$$0 \equiv \frac{\partial W}{\partial x} = \frac{\partial F}{\partial x}\frac{\partial x}{\partial x} + \frac{\partial F}{\partial y}\frac{\partial y}{\partial x} + \frac{\partial F}{\partial z}\frac{\partial z}{\partial x}$$

$$= (F_x)(1) + (F_y)(0) + (F_z)\left(\frac{\partial z}{\partial x}\right)$$

따라서

$$\frac{\partial z}{\partial x} = -\frac{F_x}{F_z}$$

12.6 행렬의 미분

n변수함수 $y=f(x_1,\ x_2\ \cdots,\ x_n)$은 벡터를 사용하면 다음과 같이 간단히 쓸 수 있다.

$$y=f(x_1,\ x_2\ \cdots,\ x_n)=f(\boldsymbol{x})$$

여기서 $\boldsymbol{x}=[x_1,\ x_2\ \cdots,\ x_n]$은 $n\times 1$열벡터이다.

벡터와 행렬이 포함된 경우의 미분법에 대해서 살펴보자. 먼저 스칼라를 벡터로 미분하는 경우를 생각해 보자.

$$\boldsymbol{a}'\boldsymbol{x}=[a_1\ a_2\ \cdots\ a_n][x_1,\ x_2,\ \cdots,\ x_n]=a_1x_1+a_2x_2+\cdots+a_nx_n$$

일 때 $\boldsymbol{a}'\boldsymbol{x}$를 $x_i(i=1,\ 2,\ \cdots,\ n)$에 관하여 편미분하면 다음과 같다.

$$\frac{\partial(\boldsymbol{a}'\boldsymbol{x})}{\partial x_1}=a_1$$

$$\frac{\partial(\boldsymbol{a}'\boldsymbol{x})}{\partial x_2}=a_2$$

$$\vdots$$

$$\frac{\partial(\boldsymbol{a}'\boldsymbol{x})}{\partial x_n}=a_n$$

즉, n개의 편도함수는 모두 벡터 $\boldsymbol{a}$의 원소임을 알 수 있다. 만약 이러한

n개의 편도함수를 순서대로 배열하여 하나의 열벡터로 만들면 다음과 같은 정의를 얻는다.

$$\frac{\partial(\boldsymbol{a}'\boldsymbol{x})}{\partial\boldsymbol{x}}=\boldsymbol{a}$$

물론 이들 n개의 편도함수로 하나의 행벡터를 만들 수도 있다. 즉,

$$\frac{\partial(\boldsymbol{a}'\boldsymbol{x})}{\partial\boldsymbol{x}}=\boldsymbol{a}'$$

그러나 이 책에서는 열벡터로 만들었다고 가정한다. 다만 벡터의 미분에서 유의할 점은 편도함수로 구성된 벡터나 행렬이 더해지거나 곱해질 수 있도록 그 형태를 일관성 있게 유지해야 한다는 것이다.

n개의 변수 x_1, x_2, $\cdots$, x_n과 $n\times n$대칭행렬 $\boldsymbol{A}=\boldsymbol{A}'$로 정의된 2차식 $\underset{1\times n}{\boldsymbol{x}'}\ \underset{n\times n}{\boldsymbol{A}}\ \underset{n\times 1}{\boldsymbol{x}}$를 x_1, x_2, $\cdots$, x_n에 관한 2차형식(quadratic form)이라 한다. 2차형식도 스칼라인데 이것을 벡터 $\boldsymbol{x}$로 미분해 보자.

$$\begin{aligned}q(x_1,\ x_2,\ \cdots,\ x_n)=q(\boldsymbol{x})=\boldsymbol{x}'\boldsymbol{A}\boldsymbol{x}&=[x_1\ \ x_2\ \ \cdots\ \ x_n]\begin{bmatrix}a_{11}&a_{12}&\cdots&a_{1n}\\a_{12}&a_{22}&\cdots&a_{2n}\\\vdots&&&\vdots\\a_{1n}&a_{2n}&\cdots&a_{nn}\end{bmatrix}\begin{bmatrix}x_1\\x_2\\\vdots\\x_n\end{bmatrix}\\&=a_{11}x_1^2+2a_{12}x_1x_2+2a_{13}x_1x_3+\cdots+2a_{1n}x_1x_n\\&\quad+\quad a_{22}x_2^2+2a_{23}x_2x_3+\cdots+2a_{2n}x_2x_n\\&\qquad\qquad\qquad\vdots\\&\qquad\qquad\qquad+a_{nn}x_n^2\end{aligned}$$

$q(\boldsymbol{x})$를 $\boldsymbol{x}$의 원소들에 관하여 편미분하면 다음과 같다.

$$\begin{aligned}\frac{\partial}{\partial x_1}(\boldsymbol{x}'\boldsymbol{A}\boldsymbol{x})&=2(a_{11}x_1+a_{12}x_2+a_{13}x_3+\cdots+a_{1n}x_n)=2\boldsymbol{a}^1\boldsymbol{x}\\\frac{\partial}{\partial x_2}(\boldsymbol{x}'\boldsymbol{A}\boldsymbol{x})&=2(a_{12}x_1+a_{22}x_2+a_{23}x_3+\cdots+a_{2n}x_n)=2\boldsymbol{a}^2\boldsymbol{x}\\\vdots\qquad&\qquad\qquad\vdots\qquad\qquad\qquad\qquad\vdots\\\frac{\partial}{\partial x_n}(\boldsymbol{x}'\boldsymbol{A}\boldsymbol{x})&=2(a_{1n}x_1+a_{2n}x_2+a_{3n}x_3+\cdots+a_{nn}x_n)=2\boldsymbol{a}^n\boldsymbol{x}\end{aligned}$$

여기서 $\boldsymbol{a}^i$는 $\boldsymbol{A}$의 제i행을 나타낸다.

위 식의 우변에서 괄호 안의 배열들을 보면, 행렬 $\boldsymbol{A}$와 벡터 $\boldsymbol{x}$의 곱 $\boldsymbol{Ax}$로 되어 있는 것을 알 수 있다. $\boldsymbol{Ax}$는 n개의 원소를 갖는 열벡터가 된다. 따라서 스칼라 $\boldsymbol{x}'\boldsymbol{Ax}$를 $n\times1$열벡터 $\boldsymbol{x}$로 미분하면 다음을 얻는다.

$$\frac{\partial(\boldsymbol{x}'\boldsymbol{Ax})}{\partial\boldsymbol{x}}=2\boldsymbol{Ax}$$

물론 위의 우변을 n개의 원소를 갖는 행벡터로 간주하면,

$$\frac{\partial(\boldsymbol{x}'\boldsymbol{Ax})}{\partial\boldsymbol{x}}=2\boldsymbol{x}'\boldsymbol{A}$$

가 된다. 그러나 앞에서와 같이 일관성을 갖기 위해 스칼라를 열벡터로 미분하면 열벡터가 된다고 하자.

지금까지 배운 행렬의 미분법을 n변수함수 $y=f(\boldsymbol{x})$에 응용해 보자.

$$\frac{\partial y}{\partial\boldsymbol{x}}=\frac{\partial f(\boldsymbol{x})}{\partial\boldsymbol{x}}=\nabla f(\boldsymbol{x})=\begin{bmatrix}\frac{\partial f(\boldsymbol{x})}{\partial x_1}\\ \frac{\partial f(\boldsymbol{x})}{\partial x_2}\\ \vdots\\ \frac{\partial f(\boldsymbol{x})}{\partial x_n}\end{bmatrix}=\begin{bmatrix}f_1\\ f_2\\ \vdots\\ f_n\end{bmatrix}\ \text{또는}\ \nabla f(\boldsymbol{x})=[f_1\ f_2\ \cdots\ f_n]$$

인데 이 n차의 벡터를 $f(\boldsymbol{x})=f(x_1,\ x_2,\ \cdots,\ x_n)$의 기울기 벡터(gradient vector)라 한다.

이제 벡터를 벡터에 관해서 미분해 보자. 일반적으로 $m\times1$열벡터를 $n\times1$열벡터로 미분하면 $m\times n$행렬이 된다.

예를 들어

$$\boldsymbol{g}(\boldsymbol{x})=\begin{bmatrix}g^1(\boldsymbol{x})\\ g^2(\boldsymbol{x})\\ \vdots\\ g^m(\boldsymbol{x})\end{bmatrix}_{m\times1}$$

는 m개의 함수로 된 열벡터이며 각 함수의 독립변수 $\boldsymbol{x}$는 $n\times 1$열벡터라 하자. $\boldsymbol{g}(\boldsymbol{x})$를 $\boldsymbol{x}$에 관하여 미분하면 다음과 같은 $m\times n$행렬을 얻는데 이 행렬을 $m\times n$야코비행렬(Jacobian matrix)이라 한다.

$$\frac{\partial \boldsymbol{g}(\boldsymbol{x})}{\partial \boldsymbol{x}}=\begin{bmatrix} \frac{\partial g^1(\boldsymbol{x})}{\partial x_1} & \frac{\partial g^1(\boldsymbol{x})}{\partial x_2} & \cdots & \frac{\partial g^1(\boldsymbol{x})}{\partial x_n} \\ \frac{\partial g^2(\boldsymbol{x})}{\partial x_1} & \frac{\partial g^2(\boldsymbol{x})}{\partial x_2} & \cdots & \frac{\partial g^2(\boldsymbol{x})}{\partial x_n} \\ \vdots & \vdots & \vdots & \vdots \\ \frac{\partial g^m(\boldsymbol{x})}{\partial x_1} & \frac{\partial g^m(\boldsymbol{x})}{\partial x_2} & \cdots & \frac{\partial g^m(\boldsymbol{x})}{\partial x_n} \end{bmatrix}_{m\times n}$$

특히 $m=n$인 경우에는 n차행렬식을 구할 수 있는데 이를 야코비행렬식 또는 야코비안(Jacobian)이라 하고 기호는

$$\boldsymbol{J}(x_1,\ x_2,\ \cdots,\ x_n)=\frac{\partial(g^1,\ g^2,\ \cdots,\ g^n)}{\partial(x_1,\ x_2,\ \cdots,\ x_n)}$$

으로 나타낸다.

예를 들어, $f(\boldsymbol{x})$의 기울기벡터 $\nabla f(\boldsymbol{x})$를 $n\times 1$열벡터로 가정하고 $\nabla f(\boldsymbol{x})$를 벡터 $\boldsymbol{x}$에 관하여 미분하면 다음과 같은 $n\times n$대칭행렬 $\boldsymbol{H}$를 얻는다. 이 행렬 $\boldsymbol{H}$를 헤시안행렬(Hessian matrix)이라 하고 행렬식 $|\boldsymbol{H}|$를 이 함수의 헤시안행렬식(Hessian determinant) 또는 간단히 헤시안(Hessian)이라고 한다.

$$\frac{\partial}{\partial \boldsymbol{x}}(\nabla f(\boldsymbol{x}))=\frac{\partial^2 f(\boldsymbol{x})}{\partial \boldsymbol{x}^2}=\boldsymbol{H}=\begin{bmatrix} f_{11} & f_{12} & \cdots & f_{1n} \\ f_{21} & f_{22} & \cdots & f_{2n} \\ \vdots & \vdots & & \vdots \\ f_{n1} & f_{n2} & \cdots & f_{nn} \end{bmatrix}_{n\times n}$$

끝으로 벡터를 스칼라로 미분하여 보자. 열벡터(행벡터)를 스칼라로 미분하면 역시 열벡터(행벡터)가 된다. 예를 들어 열벡터 $\boldsymbol{x}$의 원소 x_i가 스칼라 t의 함수이면 $\frac{d\boldsymbol{x}}{dt}$는 다음과 같이 얻을 수 있다.

$$\frac{d(\boldsymbol{x})}{dt}=\left[\frac{dx_1}{dt},\ \frac{dx_2}{dt},\ \cdots,\ \frac{dx_n}{dt}\right]$$

예제 13

$\boldsymbol{e}=\boldsymbol{y}-\boldsymbol{Xb}$이며 $\boldsymbol{e}$와 $\boldsymbol{y}$는 $n\times1$행렬이고, $\boldsymbol{X}$와 $\boldsymbol{b}$는 각각 $n\times p$ 및 $p\times1$행렬이라 하자. 스칼라 $\boldsymbol{e}'\boldsymbol{e}$를 $\boldsymbol{b}$에 관해서 미분하라.

풀이

$$\begin{aligned}\boldsymbol{e}'\boldsymbol{e}&=(\boldsymbol{y}-\boldsymbol{Xb})'(\boldsymbol{y}-\boldsymbol{Xb})=(\boldsymbol{y}'-\boldsymbol{b}'\boldsymbol{X}')(\boldsymbol{y}-\boldsymbol{Xb})\\&=\boldsymbol{y}'\boldsymbol{y}-\boldsymbol{y}'\boldsymbol{Xb}-\boldsymbol{b}'\boldsymbol{X}'\boldsymbol{y}+\boldsymbol{b}'\boldsymbol{X}'\boldsymbol{Xb}\\&=\boldsymbol{y}'\boldsymbol{y}-2\boldsymbol{b}'\boldsymbol{X}'\boldsymbol{y}+\boldsymbol{b}'\boldsymbol{X}'\boldsymbol{Xb}\ \ (\boldsymbol{y}'\boldsymbol{Xb}=\boldsymbol{b}'\boldsymbol{X}'\boldsymbol{y}\text{는 스칼라이므로 같다})\end{aligned}$$

$$\frac{\partial(\boldsymbol{e}'\boldsymbol{e})}{\partial\boldsymbol{b}}=-2\boldsymbol{X}'\boldsymbol{y}+2\boldsymbol{X}'\boldsymbol{Xb}\ \ (\boldsymbol{X}'\boldsymbol{X}\text{는 대칭행렬이므로})$$

위의 식에 $\frac{\partial(\boldsymbol{e}'\boldsymbol{e})}{\partial\boldsymbol{b}}=0$으로 놓아 얻은 식, $(\boldsymbol{X}'\boldsymbol{X})\boldsymbol{b}=\boldsymbol{X}'\boldsymbol{y}$를 계량경제학에서 정규방정식(normal equations)이라 부른다. $\boldsymbol{X}'\boldsymbol{X}$의 역행렬이 존재하면 $\boldsymbol{b}=(\boldsymbol{X}'\boldsymbol{X})^{-1}\boldsymbol{X}'\boldsymbol{y}$로 표현된다.

예제 14

$f(\boldsymbol{x})=f(x_1,\ x_2,\ x_3)=x_1^2+x_2^2+x_3^2+x_1x_2$일 때 기울기 벡터 $\nabla f(\boldsymbol{x})$와 헤시안 행렬 $\boldsymbol{H}$ 및 헤시안 $|\boldsymbol{H}|$를 구하라.

풀이

$f_1=2x_1+x_2,\ f_2=2x_2+x_1,\ f_3=2x_3$

$f_{11}=2,\ f_{12}=1,\ f_{13}=0$

$f_{21}=1,\ f_{22}=2,\ f_{23}=0$

$f_{31}=0,\ f_{32}=0,\ f_{33}=2$이므로

$$\frac{\partial f(\boldsymbol{x})}{\partial\boldsymbol{x}}=\nabla f(\boldsymbol{x})=\begin{bmatrix}2x_1+x_2\\2x_2+x_1\\2x_3\end{bmatrix},\ \ \frac{\partial^2 f(\boldsymbol{x})}{\partial\boldsymbol{x}^2}=\boldsymbol{H}=\begin{bmatrix}2&1&0\\1&2&0\\0&0&2\end{bmatrix},$$

$|\boldsymbol{H}|=6.$

12.7 방향도함수와 기울기벡터[1)]

3변수함수 $y=f(\boldsymbol{x})=f(x_1, x_2, x_3)$의 편도함수는 각각 다음과 같이 정의하였다.

$$f_1=\lim_{h\to 0}\frac{f(x_1+h, x_2, x_3)-f(x_1, x_2, x_3)}{h}$$

$$f_2=\lim_{h\to 0}\frac{f(x_1, x_2+h, x_3)-f(x_1, x_2, x_3)}{h}$$

$$f_3=\lim_{h\to 0}\frac{f(x_1, x_2, x_3+h)-f(x_1, x_2, x_3)}{h}$$

위의 식을 표준단위벡터 $\boldsymbol{i}=(1, 0, 0)$, $\boldsymbol{j}=(0, 1, 0)$, $\boldsymbol{k}=(0, 0, 1)$을 사용하여 바꾸어 쓰면,

$$f_1=\lim_{h\to 0}\frac{f(\boldsymbol{x}+h\boldsymbol{i})-f(\boldsymbol{x})}{h}$$

$$f_2=\lim_{h\to 0}\frac{f(\boldsymbol{x}+h\boldsymbol{j})-f(\boldsymbol{x})}{h}$$

$$f_3=\lim_{h\to 0}\frac{f(\boldsymbol{x}+h\boldsymbol{k})-f(\boldsymbol{x})}{h}$$

편도함수 f_1, f_2, f_3는 단위벡터 $\boldsymbol{u}$가 각각 $\boldsymbol{i}$, $\boldsymbol{j}$, $\boldsymbol{k}$일 때,

$$\lim_{h\to 0}\frac{f(\boldsymbol{x}+h\boldsymbol{u})-f(\boldsymbol{x})}{h}$$

의 극한값이다. 함수 f가 $\boldsymbol{x}$의 근방에서 정의된다면 단위벡터 $\boldsymbol{u}$가 $\boldsymbol{i}$, $\boldsymbol{j}$, $\boldsymbol{k}$로 제한될 필요가 없으며 h가 작을 때 임의의 단위벡터 $\boldsymbol{u}$에 대하여 위의 극한

1) 이 절에서는 설명의 편의를 위하여 기울기벡터 ∇f를 행벡터로 표기한다.

값은 의미가 있다. 임의의 단위벡터 $\boldsymbol{u}$에 대하여 극한값

$$D_{\boldsymbol{u}}f(x_1, x_2, x_3)=\lim_{h\to 0}\frac{f(\boldsymbol{x}+h\boldsymbol{u})-f(\boldsymbol{x})}{h}$$

가 존재하면, 이것을 점 $\boldsymbol{x}$에서 $\boldsymbol{u}$방향에 대한 f의 방향도함수(directional derivative)라 하고 이를 $D_{\boldsymbol{u}}f(x_1, x_2, x_3)$라 표기하기로 한다.

방향도함수의 정의에 의하여 편도함수 역시 방향도함수이며 이들은 각각

$$f_1=D_{\boldsymbol{i}}f(x_1, x_2, x_3),\ f_2=D_{\boldsymbol{j}}f(x_1, x_2, x_3),\ f_3=D_{\boldsymbol{k}}f(x_1, x_2, x_3)$$

이다.

함수 $f(\boldsymbol{x})$가 미분 가능할 때 기울기벡터를 이용하면 방향도함수를 구할 수 있다. 함수 $f(x_1, x_2, x_3)$가 연속인 1차편도함수를 갖고

$$\boldsymbol{r}(t)=x_1(t)\boldsymbol{i}+x_2(t)\boldsymbol{j}+x_3(t)\boldsymbol{k}=(x_1(t),\ x_2(t),\ x_3(t))$$

는 미분가능한 벡터함수라 하자.

$$f(\boldsymbol{r}(t))=f(x_1(t),\ x_2(t),\ x_3(t))$$

는 미분가능한 t의 함수이며 t에 관한 도함수는

$$\frac{d}{dt}f(\boldsymbol{r}(t))=f_1\frac{dx_1}{dt}+f_2\frac{dx_2}{dt}+f_3\frac{dx_3}{dt}$$

$$=\nabla f\cdot\frac{d}{dt}\boldsymbol{r}(t)=\nabla f\cdot\boldsymbol{r}'(t)$$

이다.

$$\boldsymbol{r}(t)=(x_1+tu_1,\ x_2+tu_2,\ x_3+tu_3)=\boldsymbol{x}+t\boldsymbol{u}$$

이며, $\boldsymbol{u}=(u_1, u_2, u_3)$는 임의의 단위벡터라 하자.

$$\boldsymbol{r}(0)=(x_1,\ x_2,\ x_3)=\boldsymbol{x}$$
$$\boldsymbol{r}'(0)=(u_1,\ u_2,\ u_3)=\boldsymbol{u}$$

가 되므로

$$\begin{aligned} D_{\boldsymbol{u}}f(x_1,\ x_2,\ x_3) &= \lim_{t\to 0}\frac{f(\boldsymbol{x}+t\boldsymbol{u})-f(\boldsymbol{x})}{t} \\ &= \lim_{t\to 0}\frac{f(\boldsymbol{r}(t))-f(\boldsymbol{r}(0))}{t} \\ &= \frac{d}{dt}f(\boldsymbol{r}(t))\big|_{t=0} \\ &= \nabla f(\boldsymbol{r}(0))\cdot \boldsymbol{r}'(0) \\ &= \nabla f(\boldsymbol{x})\cdot \boldsymbol{u} \end{aligned}$$

함수 $f(\boldsymbol{x})$가 미분가능할 때 임의의 단위벡터 $\boldsymbol{u}$에 대한 방향도함수 $D_{\boldsymbol{u}}f(\boldsymbol{x})$는 $f(\boldsymbol{x})$의 기울기벡터, $\nabla f(\boldsymbol{x})$와 단위벡터 $\boldsymbol{u}$의 내적으로 구한다. 즉,

$$D_{\boldsymbol{u}}f(\boldsymbol{x})=\nabla f(\boldsymbol{x})\cdot\boldsymbol{u}$$

위의 식을 이용하면 기울기벡터 $\nabla f(\boldsymbol{x})$는 함수 $f(\boldsymbol{x})$가 가장 빨리 증가하는 방향을 나타내는 것을 보일 수 있다. 점 $P(x_1^\circ,\ x_2^\circ,\ x_3^\circ)$에서 ∇f와 $\boldsymbol{u}$가 이루는 각을 θ라 하면

$$D_{\boldsymbol{u}}f(P)=\nabla f(P)\cdot\boldsymbol{u}=\|\nabla f(P)\|\|\boldsymbol{u}\|\cos\theta=\|\nabla f(P)\|\cos\theta$$

이다. $D_{\boldsymbol{u}}f(P)$의 최대값은 $\cos\theta=1$, 즉 $\theta=0$일 때이므로, 단위벡터 $\boldsymbol{u}$가 $\dfrac{\nabla f(P)}{\|\nabla f(P)\|}$이면 $D_{\boldsymbol{u}}f(P)$는 최대가 되고 그 값은 $\|\nabla f(P)\|$이다. 따라서 $\nabla f(P)$는 함수 f가 가장 빨리 증가하는 방향을 나타내며, 기울기 벡터의 길이, $\|\nabla f(P)\|$는 함수 f의 $\nabla f(P)$방향 (즉, $\boldsymbol{u}=\dfrac{\nabla f(P)}{\|\nabla f(P)\|}$일 때)에 대한 방향도함수이다.

정리 12-7-1

함수 $y=f(x_1,\ x_2,\ x_3)$는 연속인 편도함수를 갖는다고 하자. 점 $P_\circ(x_1^\circ,\ x_2^\circ,\ x_3^\circ)$는 $f(x_1,\ x_2,\ x_3)=\bar{y}$인 등위면(level surface)에 있는 한 점이며 $\nabla f(P_\circ)\neq\mathbf{0}$이라 하자. 또한 $\boldsymbol{r}(t)$는 이 곡면상에 정의된 미분가능

한 곡선이며, $\boldsymbol{r}(t_\circ)=(x_1^\circ, x_2^\circ, x_3^\circ)$라면

$$\nabla f(P_\circ)\cdot\boldsymbol{r}'(t_\circ)=0$$

이다. 즉 $\nabla f(P_\circ)$는 접선벡터 $\boldsymbol{r}'(t_\circ)$와 수직이다.

| 증 명 |

$\boldsymbol{r}(t)$가 $f(x_1, x_2, x_3)=\overline{y}$ 곡면상에 있으므로 모든 t에 대하여 $f(\boldsymbol{r}(t))=\overline{y}$이다. 따라서,

$$\frac{d}{dt}f(\boldsymbol{r}(t))=\nabla f(\boldsymbol{r}(t))\cdot\boldsymbol{r}'(t)=0$$

특히

$$\frac{d}{dt}f(\boldsymbol{r}(t_\circ))=\nabla f(\boldsymbol{r}(t_\circ))\cdot\boldsymbol{r}'(t_\circ)=\nabla f(P_\circ)\cdot\boldsymbol{r}'(t_\circ)=0 \qquad \text{Q.E.D.}$$

특히 $y=(x_1, x_2)$라 할 때 y가 k로 일정하다면 $k=f(x_1, x_2)$로 표시되는 등고선상의 한 점 (x_1^*, x_2^*)에서 기울기벡터 $\nabla f(x_1^*, x_2^*)$는 등고선의 접선벡터와 직교한다([그림 12-6] 참조).

그림 12-6 등고선의 접선벡터와 직교하는 기울기 벡터

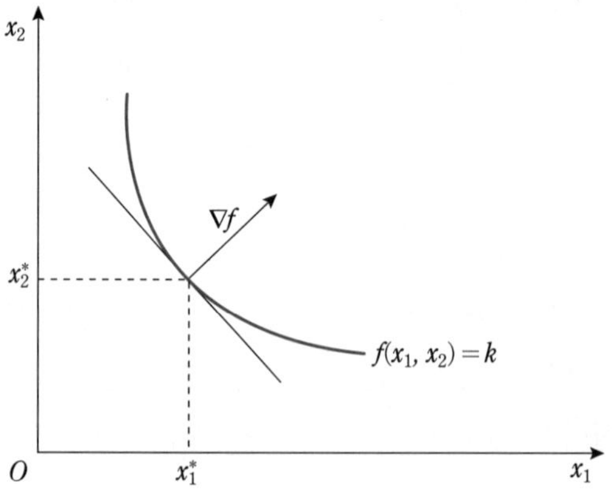

$\nabla f(P_\circ) \neq \mathbf{0}$이 $f(x_1,\ x_2,\ x_3)=\overline{y}$ 곡면상의 점 $P_\circ$를 통과하는 모든 곡선의 접선과 수직이므로 $\nabla f(P_\circ)$는 점 $P_\circ$에서 곡면에 대한 법선벡터가 된다. 따라서 점 $P_\circ(x_1^\circ,\ x_2^\circ,\ x_3^\circ)$에서 곡면 $f(x_1,\ x_2,\ x_3)=\overline{y}$에 대한 접평면의 방정식은

$$f_1(x_1^\circ,\ x_2^\circ,\ x_3^\circ)(x_1-x_1^\circ)+f_2(x_1^\circ,\ x_2^\circ,\ x_3^\circ)(x_2-x_2^\circ)$$
$$+f_3(x_1^\circ,\ x_2^\circ,\ x_3^\circ)(x_3-x_3^\circ)=0$$

이 된다.

예제 15

$f(x,\ y,\ z)=x^2-2yz$일 때 $\boldsymbol{v}=(2,\ 2,\ 1)$방향에 관한 방향도함수를 구하라. 또한 점 (1, 2, 3)에서 함수 f는 $\boldsymbol{v}$방향에 관하여 얼마큼 증가하는가?

풀이

$\boldsymbol{v}$는 단위벡터가 아니므로 $\boldsymbol{v}$를 단위벡터로 만든 것을 $\boldsymbol{u}$라 하자.

$$\boldsymbol{u}=\frac{\boldsymbol{v}}{\|\boldsymbol{v}\|}=\left(\frac{2}{3},\ \frac{2}{3},\ \frac{1}{3}\right)$$

$$D_{\boldsymbol{u}}f(x,\ y,\ z)=(2x,\ -2z,\ -2y)\cdot\left(\frac{2}{3},\ \frac{2}{3},\ \frac{1}{3}\right)=\frac{1}{3}(4x-2y-4z)$$

$$D_{\boldsymbol{u}}f(1,\ 2,\ 3)=\frac{1}{3}(4-4-12)=-4$$

이므로 함수 f는 $\boldsymbol{v}$(또는 $\boldsymbol{u}$) 방향으로 움직일 때마다 4단위씩 감소한다.

예제 16

점 (2, −3, −1)에서 $2x^2+4y^2+z^2-45=0$과 접하는 평면의 방정식을 구하라.

풀이

$\nabla f(x,\ y,\ z)=(4x,\ 8y,\ 2z)$이므로

$$\nabla f(2,\ -3,\ -1)=(8,\ -24,\ -2)$$

따라서 접평면의 방정식은

$$8(x-2)-24(y+3)-2(z+1)=0$$

지금까지의 논리를 n변수함수의 경우로 쉽게 확장할 수 있다. 단위벡터 $\boldsymbol{u}\in\boldsymbol{R}^n$일 때 점 $\boldsymbol{x}$에서 $\boldsymbol{u}$방향에 대한 방향도함수 $D_{\boldsymbol{u}}f(\boldsymbol{x})$로 표기하며 $f(\boldsymbol{x})$가 미분가능할 때,

$$D_{\boldsymbol{u}}f(\boldsymbol{x})=\nabla f\cdot\boldsymbol{u}$$

이다. $\bar{y}=f(\boldsymbol{x})$인 곡면상의 한 점 $\boldsymbol{x}^*$에 접하는 초평면의 방정식은

$$\nabla f(\boldsymbol{x}^*)\cdot(\boldsymbol{x}-\boldsymbol{x}^*)=0$$

이 되는 것을 알 수 있다.

12.8 음함수정리

우리는 7.8에서 음함수의 정의와 하나의 주어진 방정식이 음함수를 정의한다고 가정하고서 그 미분법을 배웠다. 그러나 $2x^2+2y^2+5=0$과 같이 하나의 주어진 방정식이 반드시 음함수를 정의하는 것은 아니므로 주어진 방정식이 음함수를 정의하기 위한 충분조건을 나타내는 음함수정리(implicit function theorem)에 대해서 살펴보자. 이 정리에 대한 증명은 다음을 참조하라.[2)]

방정식 $F(y, x_1, x_2, \ , x_n)=0$이 주어졌을 때 이 방정식이 음함수 $y=f(x_1, x_2, \cdots, x_n)$을 정의하기 위한 충분조건은 다음과 같다.

(i) F의 연속인 편도함수 $F_y, F_1, \cdots, F_n$이 존재한다.

(ii) $F(y, x_1, x_2, \cdots, x_n)=0$을 만족하는 점 $(y_0, x_{10}, x_{20}, \cdots, x_{n0})$에서

2) W. Rudin, *Principles of Mathematical Analysis*, 2nd ed., McGraw-Hill, Inc., 1964.

$F_y(y_0, x_{10}, \cdots, x_{n0}) \neq 0$이면, 점 $(x_{10}, x_{20}, \cdots, x_{n0})$의 n차원근방 N에 있는 임의의 점 $(x_1, x_2, \cdots, x_n)$에 대해서 $F(y, x_1, x_2, \cdots, x_n)=0$을 만족시키는 유일한 y가 존재한다. 즉, 음함수 $y=f(x_1, x_2, \cdots, x_n)$이 n차원근방 N에서 존재한다. 또한 이 음함수 f는 연속이며 연속인 편도함수 $f_1, f_2, \cdots, f_n$을 갖는다.

음함수정리에 대해서 몇 가지 유의할 점이 있다.

첫째, 이 정리는 음함수가 존재하기 위한 충분조건이므로 $F_y(y_0, x_{10}, \cdots, x_{n0})=0$이라 하더라도 점 $(x_{10}, x_{20}, \cdots, x_{n0})$의 근방에서 음함수가 존재할 수 있다. 예를 들어, 방정식 $F(x, y)=(x-y)^2=0$은 해 $y=x$를 갖는다. 그러나 $F(x, y)=0$을 만족시키는 모든 (x, y)에 대하여 $F_y=-2(x-y)=0$이 되는 것을 알 수 있다.

둘째, 음함수가 존재하기 위한 충분조건이 만족되어 음함수가 존재한다는 것을 알지라도 음함수 f가 정의되는 구체적인 근방 N이라든가, 혹은 음함수 f의 구체적인 형태에 대해서는 이 정리가 아무런 정보도 제공해 주지 못한다. 경우에 따라서는 음함수 f를 구하는 것이 매우 어렵거나 불가능할지도 모른다. 그러나, 이 정리는 편도함수 $f_1, f_2, \cdots, f_n$이 존재하는 것을 보장해 주기 때문에 비록 음함수 f의 형태를 모를 경우에도 음함수의 도함수에 관해 논의하는 것은 의미가 있다.

셋째, 방정식 $F(y, x_1, x_2, \cdots, x_n)=0$이 주어졌을 때, 이 방정식에 대해서 음함수 $y=f(x_1, x_2, \cdots, x_n)$이 존재하기 위한 충분조건이 만족된다고 하자. 음함수 f를 방정식 F에 대입하면 n차원의 근방 N에서 F는 항등적으로 0이 된다. 즉,

$$F(f(x_1, x_2, \cdots, x_n), x_1, x_2, \cdots, x_n) \equiv 0$$

이 성질을 이용하면 음함수 f를 명시적으로 풀 수 없다고 할지라도 f에 관한 편도함수를 다음과 같이 구할 수 있다.

우변이 항등적으로 0이므로 양변을 전미분해도 양변이 같다는 성질을 이용하면, 음함수의 도함수를 얻을 수 있다. 근방 N에서

$$F(f(x_1, x_2, \cdots, x_n), x_1, x_2, \cdots, x_n) \equiv 0$$

이 되므로 양변을 전미분하면 다음을 얻는다.

$$F_y dy + F_1 dx_1 + F_2 dx_2 + \cdots + F_i dx_i + \cdots + F_n dx_n = 0.$$

$dy = f_1 dx_1 + f_2 dx_2 + \cdots + f_n dx_n$을 대입하면,

$$F_y(f_1 dx_1 + f_2 dx_2 + \cdots + f_n dx_n) + F_1 dx_1 + F_2 dx_2 + \cdots + F_i dx_i + \cdots + F_n dx_n = 0$$

x_i만 가변적이라면($dx_j = 0$, $j \neq i$), 위의 식은

$$F_y f_i dx_i + F_i dx_i = (F_y f_i + F_i) dx_i = 0$$

$dx_i \neq 0$이므로 dx_i로 나누면,

$$F_y f_i + F_i = 0$$

즉,

$$\frac{\partial y}{\partial x_i} \equiv f_i = -\frac{F_i}{F_y} \quad (F_y \neq 0) \qquad (i = 1,\ 2,\ \cdots,\ n)$$

또는 12.5의 예제 12처럼 직접 편미분해도 동일한 결과를 얻을 수 있다.

$$\frac{\partial F}{\partial y}\frac{\partial y}{\partial x_i} + \frac{\partial F}{\partial x_i}\frac{\partial x_i}{\partial x_i} = F_y \frac{\partial y}{\partial x_i} + F_i = 0$$

$$\frac{\partial y}{\partial x_i} = -\frac{F_i}{F_y} \quad (F_y \neq 0)$$

물론 음함수 f를 명시적으로 풀 수 있는 경우에는 f를 구하여 f_i를 구하든, 혹은 전미분해서 f_i를 구하든 그 결과는 같다.

연립방정식체계로 음함수들이 정의될 때, 음함수들이 존재하기 위한 충분조건을 나타내는 일반화된 음함수정리를 [정리 12-8-1]로 증명없이 소개한다.

정리 12-8-1 음함수정리

다음과 같은 m개의 방정식으로 구성된 연립방정식체계가 있다고 하자. 또한 각 방정식은 n개의 변수 $\boldsymbol{x}=(x_1, x_2, \cdots, x_n)$을 갖고, $m<n$이라고 하자.

$$F^j(x_1, x_2, \cdots, x_n)=F^j(\boldsymbol{x})=0 \quad (j=1, 2, \cdots, m) \qquad (1)$$

각 함수 $F^j(\boldsymbol{x})(j=1, 2, \cdots, m)$들은 연속이며, 연속인 1차편도함수를 갖는다고 하자$\left(\text{단, } F_i^j \equiv \dfrac{\partial F^j}{\partial x_i}\right)$.

(1)을 만족하는 점 $(x_1^*, x_2^*, \cdots, x_n^*)$에서 다음의 야코비안 $J(x_1, x_2, \cdots, x_m)$이 0이 아니라면,

$$\frac{\partial(F^1, F^2, \cdots, F^m)}{\partial(x_1, x_2, \cdots, x_m)} \equiv \begin{vmatrix} \dfrac{\partial F^1}{\partial x_1} & \dfrac{\partial F^1}{\partial x_2} & \cdots & \dfrac{\partial F^1}{\partial x_m} \\ \dfrac{\partial F^2}{\partial x_1} & \dfrac{\partial F^2}{\partial x_2} & \cdots & \dfrac{\partial F^2}{\partial x_m} \\ \vdots & \vdots & & \vdots \\ \dfrac{\partial F^m}{\partial x_1} & \dfrac{\partial F^m}{\partial x_2} & \cdots & \dfrac{\partial F^m}{\partial x_m} \end{vmatrix} \equiv \begin{vmatrix} F_1^1 & F_2^1 & \cdots & F_m^1 \\ F_1^2 & F_2^2 & \cdots & F_m^2 \\ \vdots & \vdots & & \vdots \\ F_1^m & F_2^m & \cdots & F_m^m \end{vmatrix} \neq 0$$

점 $(x_{m+1}^*, x_{m+2}^*, \cdots, x_n^*)$의 $(n-m)$차원근방 N에서 변수 $x_{m+1}, x_{m+2}, \cdots, x_n$에 관한 다음과 같은 m개의 음함수들이 존재한다.

$$x_j=\phi^j(x_{m+1}, x_{m+2}, \cdots, x_n) \quad (j=1, 2, \cdots, m) \qquad (2)$$

더욱이 이 음함수 $\phi^j(j=1, 2, \cdots, m)$는 연속이며 $x_{m+1}, x_{m+2}, \cdots, x_n$에 관하여 연속인 편도함수를 갖는다.

단일방정식의 경우와 같이 음함수 ϕ^j의 편도함수들은 ϕ^j를 구할 필요 없이 직접 (1)의 m개 방정식을 전미분하여 얻을 수 있다. 이는 $(x_{m+1}^*, x_{m+2}^*, \cdots, x_n^*)$의 근방 N에서 (1)의 각 방정식은 항등식이 된다는 사실을 이용한다.

(1)의 각 식을 전미분하면, j번째 식은 다음과 같이 표현된다.

$$dF^j = 0 \quad (j=1,\ 2,\ \cdots,\ m)$$

또는

$$F_1^j dx_1 + F_2^j dx_2 + \cdots + F_n^j dx_n = 0 \left(단,\ F_i^j \equiv \frac{\partial F^j}{\partial x_i},\ j=1,\ 2,\ \cdots,\ m\right) \quad (3)$$

(3)에서 dx_i 중 $i \geqq m+1$인 항들을 등호의 우변으로 이항하자.

$$\begin{aligned} &F_1^j dx_1 + F_2^j dx_2 + \cdots + F_m^j dx_m \\ &\quad = -(F_{m+1}^j dx_{m+1} + F_{m+2}^j dx_{m+2} + \cdots + F_n^j dx_n) \quad (j=1,\ 2,\ \cdots,\ m) \end{aligned} \quad (4)$$

(4)의 각 식을 $j=1,\ 2,\ \cdots,\ m$까지 순서대로 나열하면 방정식의 수가 m개인 연립방정식체계를 얻는다. 이 연립방정식체계로부터 다음과 같은 m개의 편도함수, $\frac{\partial x_1}{\partial x_{m+1}},\ \frac{\partial x_2}{\partial x_{m+1}},\ \cdots,\ \frac{\partial x_m}{\partial x_{m+1}}$을 구해 보자.

x_{m+1}만 가변적이라면, 즉 미분 $dx_{m+1},\ dx_{m+2},\ \cdots,\ dx_n$ 중 dx_{m+1}을 제외한 여타의 미분을 0으로 놓고($dx_{m+1} \neq 0,\ dx_{m+2} = dx_{m+3} = \cdots = dx_n = 0$), 식 (4)의 양변을 dx_{m+1}로 나누면($dx_{m+1} \neq 0$이므로),

$$F_1^j \frac{\partial x_1}{\partial x_{m+1}} + F_2^j \frac{\partial x_2}{\partial x_{m+1}} + \cdots + F_m^j \frac{\partial x_m}{\partial x_{m+1}} = -F_{m+1}^j \quad (j=1,\ 2,\ \cdots,\ m) \quad (5)$$

그런데, 편도함수 $F_i^j \equiv \frac{\partial F_j}{\partial x_i}$ $(i=1,\ 2,\ \cdots,\ n,\ j=1,\ 2,\ \cdots,\ m)$들은 점 $(x_1^*,\ x_2^*,\ \cdots,\ x_n^*)$에서 일정한 값을 가지므로 식 (5)를 $j=1,\ 2,\ \cdots,\ m$까지 순서대로 나열하면 방정식의 수가 m개이고, 미지수의 수가 m개$\left(\frac{\partial x_1}{\partial x_{m+1}},\ \frac{\partial x_2}{\partial x_{m+1}},\ \cdots,\ \frac{\partial x_m}{\partial x_{m+1}}\right)$인 아래와 같은 선형의 연립방정식체계가 된다.

$$\begin{aligned} &F_1^1\left(\frac{\partial x_1}{\partial x_{m+1}}\right) + F_2^1\left(\frac{\partial x_2}{\partial x_{m+1}}\right) + \cdots + F_m^1\left(\frac{\partial x_m}{\partial x_{m+1}}\right) = -F_{m+1}^1 \\ &F_1^2\left(\frac{\partial x_1}{\partial x_{m+1}}\right) + F_2^2\left(\frac{\partial x_2}{\partial x_{m+1}}\right) + \cdots + F_m^2\left(\frac{\partial x_m}{\partial x_{m+1}}\right) = -F_{m+1}^2 \\ &\quad \vdots \qquad\qquad\qquad \vdots \qquad\qquad\qquad\qquad \vdots \qquad\qquad\qquad \vdots \\ &F_1^m\left(\frac{\partial x_1}{\partial x_{m+1}}\right) + F_2^m\left(\frac{\partial x_2}{\partial x_{m+1}}\right) + \cdots + F_m^m\left(\frac{\partial x_m}{\partial x_{m+1}}\right) = -F_{m+1}^m \end{aligned} \quad (6)$$

식 (6)을 행렬 기호로 나타내면 다음과 같다.

$$\boldsymbol{A}=\begin{bmatrix} F_1^1 & F_2^1 & \cdots & F_m^1 \\ F_1^2 & F_2^2 & \cdots & F_m^2 \\ \vdots & \vdots & & \vdots \\ F_1^m & F_2^m & \cdots & F_m^m \end{bmatrix}_{m\times m}, \quad \boldsymbol{b}=\begin{bmatrix} \dfrac{\partial x_1}{\partial x_{m+1}} \\ \dfrac{\partial x_2}{\partial x_{m+1}} \\ \vdots \\ \dfrac{\partial x_m}{\partial x_{m+1}} \end{bmatrix}_{m\times 1}, \quad \boldsymbol{c}=\begin{bmatrix} -F_{m+1}^1 \\ -F_{m+1}^2 \\ \vdots \\ -F_{m+1}^m \end{bmatrix}_{m\times 1}$$

이라면,

$$\boldsymbol{Ab}=\boldsymbol{c}$$

여기서 $\boldsymbol{A}$는 야코비행렬 $\boldsymbol{J}(x_1,\ x_2,\ \cdots,\ x_m)$과 같고, 가정에 의해 $\boldsymbol{J}(x_1,\ x_2,\ \cdots,\ x_m)\neq 0$이므로 $\boldsymbol{A}^{-1}$가 존재하여 $\boldsymbol{b}$는 유일한 해를 갖는다.

$$\boldsymbol{b}=\boldsymbol{A}^{-1}\boldsymbol{c}$$

크래머 공식을 이용하면

$$\frac{\partial x_i}{\partial x_{m+1}}=\frac{|\boldsymbol{A}_i|}{|\boldsymbol{A}|} \quad (i=1,\ 2,\ \cdots,\ m)$$

여기서 $\boldsymbol{A}_i$는 $\boldsymbol{A}$의 제i열을 $\boldsymbol{c}$로 대체하여 만든 행렬이다. 물론 여타의 편도함수, 예를 들어 $\dfrac{\partial x_i}{\partial x_n}(i=1,\ 2,\ \cdots,\ m)$도 $\boldsymbol{b}$와 $\boldsymbol{c}$를 적절히 바꾸어 주면 얻을 수 있다.

끝으로 함수적 종속관계(functionally dependent)가 존재하는지의 여부를 검증하기 위한 야코비안 판정법을 소개하자.

n개의 변수를 갖는 n개의 미분가능함수가 다음과 같다고 하자.

$$\begin{aligned} y_1&=g^1(x_1,\ x_2,\ \cdots,\ x_n) \\ y_2&=g^2(x_1,\ x_2,\ \cdots,\ x_n) \\ &\ \vdots \qquad \vdots \\ y_n&=g^n(x_1,\ x_2,\ \cdots,\ x_n) \end{aligned}$$

$n \times n$야코비행렬을 $J(x_1, x_2, \cdots, x_m)$라 하면 다음의 야코비안을 얻는다.

$$J(x_1, x_2, \cdots, x_m) = \frac{\partial(g^1, g^2, \cdots, g^n)}{\partial(x_1, x_2, \cdots, x_n)}$$

n개의 함수 $y_1, y_2, \cdots, y_n$이 함수적으로(선형 또는 비선형으로) 종속관계이기 위한 필요충분조건은, 정의된 야코비안 $J(x_1, x_2, \cdots, x_m)$가 모든 $x_1, x_2, \cdots, x_n$의 값에 대해서 항등적으로 0이 되어야 한다는 사실이 알려져 있다.

예제 17

두 개의 연립방정식

$$F^1(x_1, x_2, y_1, y_2) = a_{11}y_1 + a_{12}y_2 - x_1 \qquad = 0$$
$$F^2(x_1, x_2, y_1, y_2) = a_{21}y_1 + a_{22}y_2 \qquad - x_2 = 0$$

에 의하여 y_1과 y_2가 x_1과 x_2에 관한 2변수함수로 정의될 조건을 구하라(단, a_{ij}는 상수이며 0이 아님).

풀이

음함수정리를 모른다고 했을 때, y_1과 y_2가 x_1과 x_2의 함수로 표현되기 위한 조건을 F^1과 F^2를 정리하여 구하여 보자. x_1과 x_2를 등호의 우변으로 이항하고 정리한 후 행렬로 표시하면,

$$\begin{bmatrix} a_{11} & a_{12} \\ a_{21} & a_{22} \end{bmatrix} \begin{bmatrix} y_1 \\ y_2 \end{bmatrix} = \begin{bmatrix} x_1 \\ x_2 \end{bmatrix}$$

혹은

$$\boldsymbol{Ay} = \boldsymbol{x}$$

만약 $\boldsymbol{A}^{-1}$가 존재한다면(혹은 $|\boldsymbol{A}| \neq 0$이면),

$$\boldsymbol{y} = \boldsymbol{A}^{-1}\boldsymbol{x}$$

즉,

$$y_1 = \frac{1}{a_{11}a_{22} - a_{12}a_{21}}\ (a_{22}x_1 - a_{12}x_2)$$

$$y_2 = \frac{1}{a_{11}a_{22} - a_{12}a_{21}}\ (-a_{21}x_1 + a_{11}x_2)$$

로 유일한 해를 갖는다는 것을 안다.

음함수정리를 이용하면,

$$J(y_1,\ y_2) = \frac{\partial(F^1,\ F^2)}{\partial(y_1,\ y_2)} = \begin{vmatrix} \frac{\partial F^1}{\partial y_1} & \frac{\partial F^1}{\partial y_2} \\ \frac{\partial F^2}{\partial y_1} & \frac{\partial F^2}{\partial y_2} \end{vmatrix} = \begin{vmatrix} a_{11} & a_{12} \\ a_{21} & a_{22} \end{vmatrix} = |\boldsymbol{A}| \neq 0$$

이 되어, 선형의 연립방정식체계에서 야코비안 $\boldsymbol{J}(y_1,\ y_2) \neq 0$이라는 것은 $|\boldsymbol{A}| \neq 0$을 의미한다.

예제 18

다음의 연립방정식에 의해 y_1과 y_2는 각각 x_1과 x_2의 2변수함수로 정의된다고 하자.

$$F(x_1,\ x_2,\ y_1,\ y_2) = x_1x_2 - y_1y_2 = 0$$
$$G(x_1,\ x_2,\ y_1,\ y_2) = x_1^2 + x_2^2 - y_1 - y_2 = 0$$

일 때 $\frac{\partial y_1}{\partial x_1}$, $\frac{\partial y_1}{\partial x_2}$, $\frac{\partial y_2}{\partial x_1}$ 및 $\frac{\partial y_2}{\partial x_2}$를 구하라.

풀이

F와 G를 전미분하자.

$$x_2dx_1 + x_1dx_2 - y_2dy_1 - y_1dy_2 = 0$$
$$2x_1dx_1 + 2x_2dx_2 - dy_1 - dy_2 = 0$$

두 식에 -1을 각각 곱하고 dx_1과 dx_2를 포함하는 항들을 우변으로 옮긴 후 행렬로 표시하면,

$$\begin{bmatrix} y_2 & y_1 \\ 1 & 1 \end{bmatrix}\begin{bmatrix} dy_1 \\ dy_2 \end{bmatrix}=\begin{bmatrix} x_2dx_1+x_1dx_2 \\ 2x_1dx_1+2x_2dx_2 \end{bmatrix}$$

가정에 의해 $J(y_1,\ y_2)\neq 0$이므로 $J(y_1,\ y_2)=y_2-y_1\neq 0$이다. x_1만 가변적이라면($dx_1\neq 0$), $dx_2=0$으로 놓은 후 두 식을 $dx_1(\neq 0)$으로 나누고 정리하면,

$$\begin{bmatrix} y_2 & y_1 \\ 1 & 1 \end{bmatrix}\begin{bmatrix} \dfrac{\partial y_1}{\partial x_1} \\ \dfrac{\partial y_2}{\partial x_1} \end{bmatrix}=\begin{bmatrix} x_2 \\ 2x_1 \end{bmatrix}$$

역행렬을 구하거나 혹은 크래머 공식을 사용하여 $\dfrac{\partial y_1}{\partial x_1}$, $\dfrac{\partial y_2}{\partial x_1}$를 구하면,

$$\frac{\partial y_1}{\partial x_1}=\frac{x_2-2x_1y_1}{y_2-y_1},\ \frac{\partial y_2}{\partial x_1}=\frac{-x_2+2x_1y_2}{y_2-y_1}.$$

같은 방법으로 x_2만 가변적이라면($dx_2\neq 0$), $dx_1=0$으로 놓은 후 두 식을 $dx_2(\neq 0)$로 나누어 주면,

$$\begin{bmatrix} y_2 & y_1 \\ 1 & 1 \end{bmatrix}\begin{bmatrix} \dfrac{\partial y_1}{\partial x_2} \\ \dfrac{\partial y_2}{\partial x_2} \end{bmatrix}=\begin{bmatrix} x_1 \\ 2x_2 \end{bmatrix}$$

역행렬을 구하여 $\dfrac{\partial y_1}{\partial x_2}$, $\dfrac{\partial y_2}{\partial x_2}$를 구하면 다음과 같다.

$$\begin{bmatrix} \dfrac{\partial y_1}{\partial x_2} \\ \dfrac{\partial y_2}{\partial x_2} \end{bmatrix}=\begin{bmatrix} y_2 & y_1 \\ 1 & 1 \end{bmatrix}^{-1}\begin{bmatrix} x_1 \\ 2x_2 \end{bmatrix}=\frac{1}{y_2-y_1}\begin{bmatrix} 1 & -y_1 \\ -1 & y_2 \end{bmatrix}\begin{bmatrix} x_1 \\ 2x_2 \end{bmatrix}=\begin{bmatrix} \dfrac{x_1-2x_2y_1}{y_2-y_1} \\ \dfrac{-x_1+2x_2y_2}{y_2-y_1} \end{bmatrix}$$

$$\frac{\partial y_1}{\partial x_2}=\frac{x_1-2x_2y_1}{y_2-y_1},\ \frac{\partial y_2}{\partial x_2}=\frac{-x_1+2x_2y_2}{y_2-y_1}.$$

예제 19

두 개의 2변수함수가

$$z=z(x, y)=x+y$$
$$w=w(x, y)=x^2+2xy+y^2$$

일 때 두 함수는 함수적으로 종속임을 보여라.

풀이

주어진 식으로부터 $w=z^2$임을 쉽게 알 수 있다. 야코비안을 구해 보면

$$J(x, y)=\frac{\partial(z, w)}{\partial(x, y)}=\begin{vmatrix} 1 & 1 \\ 2x+2y & 2x+2y \end{vmatrix}=0$$

이 되어, 함수적으로 종속이기 위한 필요충분조건은 $J(x, y)=0$임을 확인할 수 있다.

12.9 동차함수와 오일러의 정리

함수 $y=f(x_1, x_2, \cdots, x_n)=f(\boldsymbol{x})$에서 $x_1, x_2, \cdots, x_n$에 양수 t를 곱할 때 그 함수의 값이 t^r배만큼 변하면, 즉

$$f(tx_1, tx_2, \cdots, tx_n)\equiv t^r f(x_1, x_2, \cdots, x_n) \text{ 혹은 } f(t\boldsymbol{x})\equiv t^r f(\boldsymbol{x})$$

이면, 이 함수를 변수 $x_1, x_2, \cdots, x_n$에 관하여 r차동차함수라 한다. 특히 $r=1$인 경우를 1차동차 또는 선형동차함수(linearly homogeneous function)라 부른다.

함수 $y=f(\boldsymbol{x})$가 있을 때 새로운 함수 V를 다음과 같이 정의하자.

$$V=F(y)=F(f(\boldsymbol{x}))=V(\boldsymbol{x}) \text{ (단, } F'(y)>0)$$

이 경우 함수 V는 y와 언제나 똑같은 방향으로 변하게 된다. 함수 V를 y의 단조증가함수(monotonically increasing function)라 하며, 이러한 변환을 단조증가변환이라 한다.

함수 $y=f(\boldsymbol{x})$가 r차동차함수이며, 함수 y의 단조증가변환으로 얻는 함수를 V라 하자. 함수 $V(\boldsymbol{x})$를 동조함수(homothetic function)라 한다. 정의에 의해 동차함수이면 반드시 동조함수가 된다. 왜냐하면 $V=y$는 단조증가변환의 특별한 경우, 즉 $V'(y)=1$인 경우가 되므로 동차함수이면 반드시 동조함수가 되기 때문이다. 그러나 그 역은 성립하지 않는다. 즉, 동조함수가 반드시 동차함수가 되는 것은 아니다.

예제 20

$y=f(x_1,\ x_2)=x_1^{\alpha}x_2^{\beta}$일 때 y가 동차함수인가의 여부를 밝혀라. 만약 동차함수라면 그 차수를 구하라.

풀이

각 변수를 t배 하면,

$$f(tx_1,\ tx_2)=(tx_1)^{\alpha}(tx_2)^{\beta}=t^{\alpha+\beta}x_1^{\alpha}x_2^{\beta}=t^{\alpha+\beta}f(x_1,\ x_2)$$

즉, y는 $(\alpha+\beta)$차 동차함수가 된다.

예제 21

$V=V(x_1,\ x_2)=4x_1+3x_2+7$일 때 V는 동조함수이나 동차함수가 아님을 보여라.

풀이

$y=f(x_1,\ x_2)=4x_1+3x_2$라 하고 각 변수를 t배 하면,

$$f(tx_1,\ tx_2)=4(tx_1)+3(tx_2)=t(4x_1+3x_2)=tf(x_1,\ x_2)$$

따라서 y는 1차동차함수이다. 그런데,

$$V=f(x_1,\ x_2)+7=y+7\text{이며, }\ \frac{\partial V}{\partial y}=1>0$$

이므로, 즉 V는 1차동차함수 y의 단조증가변환이므로 동조함수가 된다.

V의 각 변수에 t배 하면,

$$V(tx_1,\ tx_2)=4(tx_1)+3(tx_2)+7\neq tV(x_1,\ x_2)$$

가 되어 V는 동차함수가 아니다.

함수 $y=f(x_1,\ x_2,\ \cdots,\ x_n)$이 r차동차함수라면 다음의 정리가 성립한다.

정리 12-9-1

함수 $y=f(x_1,\ x_2,\ \cdots,\ x_n)$이 r차동차함수라면, y의 1차편도함수 $f_1,\ f_2,\ \cdots,\ f_n$은 $(r-1)$차동차함수이다.

증 명

가정에 의해 다음이 성립한다.

$$f(tx_1,\ tx_2,\ \cdots,\ tx_n)\equiv t^r f(x_1,\ x_2,\ \cdots,\ x_n)$$

이 항등식은 양변을 x_i에 관해서 편미분해도 성립한다.

$$f_i(tx_1,\ tx_2,\ \cdots,\ tx_n)\cdot\frac{\partial(tx_i)}{\partial x_i}\equiv t^r\cdot f_i(x_1,\ x_2,\ \cdots,\ x_n)$$

여기서 $\frac{\partial(tx_i)}{\partial x_i}=t$이고 위의 항등식을 t로 나누면,

$$f_i(tx_1,\ tx_2,\ \cdots,\ tx_n)\equiv t^{r-1}f_i(x_1,\ x_2,\ \cdots,\ x_n).$$

즉, $f_i(x_1,\ x_2,\ \cdots,\ x_n)$에 있는 모든 변수를 t배 해주면 그 함수값은 t^{r-1}만큼 변하므로 $f_i(i=1,\ 2,\ \cdots,\ n)$은 $(r-1)$차동차함수이다. Q.E.D.

정리 12-9-2 오일러의 정리(Euler's theorem)

함수 $y=f(x_1, x_2, \cdots, x_n)$이 r차동차함수이면 다음이 성립한다.

$$\frac{\partial f}{\partial x_1}x_1+\cdots+\frac{\partial f}{\partial x_n}x_n \equiv rf(x_1, x_2, \cdots, x_n)$$

증 명

동차함수의 정의로부터

$$f(tx_1, tx_2, \cdots, tx_n) \equiv t^r f(x_1, x_2, \cdots, x_n)$$

또는

$$f(t\boldsymbol{x}) \equiv t^r f(\boldsymbol{x})$$

위의 항등식은 $x_1, x_2, \cdots, x_n$ 및 t의 모든 값에 대하여 성립하므로 양변을 t에 관해서 미분하면 다음을 얻는다.

$$f_1(t\boldsymbol{x})\frac{\partial(tx_1)}{\partial t}+\cdots+f_n(t\boldsymbol{x})\frac{\partial(tx_n)}{\partial t} \equiv rt^{r-1}f(x_1, x_2, \cdots, x_n)$$

$\frac{\partial(tx_i)}{\partial t}=x_i$이므로 다음과 같이 변형된다.

$$f_1(t\boldsymbol{x})x_1+\cdots+f_n(t\boldsymbol{x})x_n \equiv rt^{r-1}f(x_1, x_2, \cdots, x_n)$$

위의 항등식은 모든 $x_1, x_2, \cdots, x_n$ 및 t에 관해서 성립하므로, $t=1$로 놓으면 다음 식을 얻는다.

$$f_1x_1+\cdots+f_nx_n \equiv rf(x_1, x_2, \cdots, x_n) \qquad \text{Q.E.D.}$$

예제 22

$y=f(x_1, x_2, \cdots, x_n)$이 r차동차함수일 때 1차편도함수의 비율 $\frac{f_j}{f_i}(i \neq j)$는 0차동차함수임을 보여라.

풀이

[정리 12-9-1]에 의해 $f_i(i=1, 2, \cdots, n)$은 $(r-1)$차동차함수이다. 즉,

$$f_i(tx_1, tx_2, \cdots, tx_n) \equiv t^{r-1} f_i(x_1, x_2, \cdots, x_n)$$

이므로,

$$\frac{f_j(tx_1, tx_2, \cdots, tx_n)}{f_i(tx_1, tx_2, \cdots, tx_n)} \equiv \frac{t^{r-1} f_j(x_1, x_2, \cdots, x_n)}{t^{r-1} f_i(x_1, x_2, \cdots, x_n)} \equiv \frac{f_j(x_1, x_2, \cdots, x_n)}{f_i(x_1, x_2, \cdots, x_n)}$$
$$\equiv t^0 \frac{f_j(x_1, x_2, \cdots, x_n)}{f_i(x_1, x_2, \cdots, x_n)}$$

즉, $\frac{f_j}{f_i}$의 각 변수를 t배 하더라도 그 함수의 값은 변하지 않으므로 $(t^0=1)$, $\frac{f_j}{f_i}$는 0차동차함수이다.

일반적으로 함수 $V=V(x_1, x_2, \cdots, x_n)$이 동조함수이면 이 함수의 1차편도함수의 비율 $\frac{V_j}{V_i}$는 0차동차함수이다. 그 이유는 다음과 같다.

함수 $y=f(x_1, x_2, \cdots, x_n)$이 r차동차함수라 하자.

$$V=F(y)=F(f(x_1, x_2, \cdots, x_n)) \quad (\text{단, } F'(y)>0)$$

라 하면,

$$V_i=F'(y)f_i \quad (i=1, 2, \cdots, n)$$

따라서

$$\frac{V_j}{V_i}=\frac{F'(y)f_j}{F'(y)f_i}=\frac{f_j}{f_i} \quad (\text{단, } i \neq j)$$

이것은 예제 22와 같은 결과가 된다.

예제 23

$y=f(x_1, x_2)=x_1^{\alpha}x_2^{\beta}$일 때 $f_i(i=1, 2)$는 $(\alpha+\beta-1)$차동차함수임을 보여라.

또한 오일러의 정리가 성립하는 것을 보여라.

풀이

$$f_1(x_1,\ x_2)=\alpha x_1^{\alpha-1}x_2^{\beta}$$

f_1의 변수 x_1과 x_2를 t배 하면,

$$f_1(tx_1,\ tx_2)=\alpha(tx_1)^{\alpha-1}(tx_2)^{\beta}=t^{\alpha+\beta-1}(\alpha x_1^{\alpha-1}x_2^{\beta})$$

f가 $(\alpha+\beta)$차동차함수인 것을 예제 20으로부터 알고 있었다. 위의 식에서 f_1은 $(\alpha+\beta-1)$차동차함수이므로, [정리 12-9-1]이 성립한다. 같은 방법으로 $f_2(x_1,\ x_2)=\beta x_1^{\alpha}x_2^{\beta-1}$ 역시 $(\alpha+\beta-1)$차동차함수가 된다.

또한

$$\begin{aligned} f_1x_1+f_2x_2&=\alpha x_1^{\alpha-1}x_2^{\beta}(x_1)+\beta x_1^{\alpha}x_2^{\beta-1}(x_2)\\ &=\alpha x_1^{\alpha}x_2^{\beta}+\beta x_1^{\alpha}x_2^{\beta}=(\alpha+\beta)x_1^{\alpha}x_2^{\beta}=(\alpha+\beta)f(x_1,\ x_2) \end{aligned}$$

가 되어 오일러의 정리가 성립한다.

연습문제

1. 다음 함수의 편도함수를 구하라.

(1) $z=xy-\ln xy$ (2) $z=\sin xy$

(3) $z=ye^{x/y}$ (4) $z=\ln\left(\dfrac{x_2-y_2}{x_2+y_2}\right)$

2. 다음 함수에서 $f_{xy}=f_{yx}$임을 보여라.

(1) $f(x,\ y)=xy+xe^{1/y}$ (2) $f(x,\ y)=\dfrac{x+y}{x-y}$

(3) $f(x,\ y)=2x^2-2y^2-3x-4xy^2$

3. 다음 함수의 $f_{xx}(0, 1)$, $f_{yy}(0, 1)$ 및 $f_{xy}(0, 1)$을 구하라.

$$f(x, y)=x^4-4x^3y+8xy^3-y^4$$

4. 다음 함수의 전미분 dw를 구하라.

(1) $w=x^3+x^2y-y^3$ (2) $w=e^{xyz}$

(3) $x^2+y^2+w^2=10$

5. $w=x^2+y^2+z^2$이며, $x=r\cos t$, $y=r\sin t$, $z=r$일 때, dw를 구하라.

6. $w=x^2+y^2+z^2$이며, $x=e^t\cos t$, $y=e^t\sin t$, $z=e^t$일 때, $\dfrac{dw}{dt}$를 구하라.

7. $w=\ln(x^2+y^2+2z)$이며, $x=r+s$, $y=r-s$, $z=2rs$일 때, $\dfrac{\partial w}{\partial r}$와 $\dfrac{\partial w}{\partial s}$를 구하라.

8. $e^x\sin y+e^y\cos x=1$일 때, $\dfrac{dy}{dx}$를 구하라.

9. 다음 방정식은 z를 x와 y의 함수로 암시적으로 정의한다고 가정하고 $\dfrac{\partial z}{\partial x}$와 $\dfrac{\partial z}{\partial y}$를 구하라.

(1) $ze^x+e^y-ye^z=0$ (2) $e^x+e^y+e^z=e^{x+y+z}$

10. $L(\boldsymbol{x}, \boldsymbol{y})=\boldsymbol{c}'\boldsymbol{x}+\boldsymbol{y}'(\boldsymbol{b}-\boldsymbol{A}\boldsymbol{x})$이라 하자. 여기서 $\boldsymbol{c}$와 $\boldsymbol{x}$는 $n\times 1$열벡터, $\boldsymbol{b}$와 $\boldsymbol{y}$는 $m\times 1$열벡터, $\boldsymbol{A}$는 $m\times n$행렬일 때,

$\dfrac{\partial L}{\partial \boldsymbol{x}}=\boldsymbol{c}-\boldsymbol{A}'\boldsymbol{y}$ 및 $\dfrac{\partial L}{\partial \boldsymbol{y}}=\boldsymbol{b}-\boldsymbol{A}\boldsymbol{x}$임을 보여라.

11. $f(\boldsymbol{x})=x_1+x_2+x_1x_3-x_1^2-x_2^2+x_3^2$일 때,

기울기 벡터 $\nabla f(\boldsymbol{x})$, 헤시안 행렬 $\boldsymbol{H}$ 및 헤시안 $|\boldsymbol{H}|$를 구하라.

12. 다음 두 개의 함수는 함수적으로 종속임을 보여라.

$$y_1 = 2x_1 + x_2^2$$
$$y_2 = 4x_1^2 + 4x_1x_2^2 + x_2^4$$

13. 다음 두 개의 연립방정식은 x_1과 x_2를 y_1과 y_2의 함수로 표현할 수 없음을 보여라.

$$y_1 = x_1^2 + 10x_1x_2 + 25x_2^2$$
$$y_2 = x_1 + 5x_2$$

14. $F(u, v) = 3u^2 - uv$, $G(u, v) = 2uv^2 + v^3$일 때, $\dfrac{\partial(F, G)}{\partial(u, v)}$를 구하라.

15. $F = x + 3y^2 - z^3$, $G = 2x^2yz$, $H = 2z^2 - xy$일 때, 점 $(1, -1, 0)$에서 $\dfrac{\partial(F, G, H)}{\partial(x, y, z)}$를 구하라.

16. 연립방정식

$$F(x, y, u, v) = 0, \ G = (x, y, u, v) = 0$$

에 의하여 u와 v가 x와 y에 관한 2변수함수로 정의된다고 가정하자. 즉,

$$J(u, v) = \frac{\partial(F, G)}{\partial(u, v)} = \begin{vmatrix} F_u & F_v \\ G_u & G_v \end{vmatrix} \neq 0$$

일 때

$$\frac{\partial u}{\partial x} = -\frac{\dfrac{\partial(F, G)}{\partial(x, v)}}{\dfrac{\partial(F, G)}{\partial(u, v)}}, \quad \frac{\partial u}{\partial y} = -\frac{\dfrac{\partial(F, G)}{\partial(y, v)}}{\dfrac{\partial(F, G)}{\partial(u, v)}}$$

$$\frac{\partial v}{\partial x}=-\frac{\dfrac{\partial(F,\ G)}{\partial(u,\ x)}}{\dfrac{\partial(F,\ G)}{\partial(u,\ v)}},\quad \frac{\partial v}{\partial y}=-\frac{\dfrac{\partial(F,\ G)}{\partial(u,\ y)}}{\dfrac{\partial(F,\ G)}{\partial(u,\ v)}}$$

임을 보여라.

17. $u^2-v=3x+y,\ u-2v^2=x-2y$일 때,
$\dfrac{\partial u}{\partial x},\ \dfrac{\partial u}{\partial y},\ \dfrac{\partial v}{\partial x}$ 및 $\dfrac{\partial v}{\partial y}$를 구하라.

18. 다음 함수들이 동차함수인지의 여부를 밝혀라. 만약 동차함수이면 그 차수를 구하고 오일러의 정리가 성립하는 것을 보여라.

(1) $f(x,\ y)=2x^4+2x^2y^2+7y^4$　　(2) $f(x,\ y)=\dfrac{x^2y^2}{x^4+y^4}$

(3) $f(x,\ y)=3e^x+3e^y$　　(4) $f(x,\ y)=\dfrac{xy^2+y}{x^3}$

(5) $f(x,\ y)=3x^2y+4xy^2+y^3+10$

19. $xy+yz+zx=11$로 만들어지는 곡면 위의 점 (1, 2, 3)에서 접하는 평면의 방정식을 구하라.

20. $z=3xy-x^3-y^3$으로 만들어지는 곡면 위의 점 p에서 구한 접평면이 xy 평면과 평행하다고 할 때 점 p를 구하라.

21. $f(x,\ y)=x^2+y^2$일 때 점(1, 2)에서 (2, −3) 방향으로 방향도함수를 구하라.

22. $w=100-x^2-y^2$일 때 점 (3, 4)에서 어느 방향으로 움직이면 w가 가장 빨리 증가하는가?

제13장

편미분법의 경제학에의 응용

13.1 무차별곡선과 등량곡선

일반적으로 소비자는 여러 종류의 재화를 소비함으로써 만족을 얻으므로 소비자의 기호를 나타내는 효용함수는 다변수함수가 된다. 또한 어떤 재화를 생산하기 위해서는 노동, 자본재의 서비스 등, 둘 혹은 그 이상의 생산요소가 필요하므로 생산함수도 다변수함수로 표현된다.

독립변수가 세 개 이상인 경우에는 함수를 그림으로 표현할 수 없으므로 그림에 의한 경제문제의 분석이 불가능하다. 따라서 이 경우에는 대수적인 분석방법을 택한다. 그러나 독립변수가 두 개인 2변수함수의 경우에는 대수적인 분석과 기하학적인 분석이 동시에 가능하므로, 많은 경우에 2변수함수를 가정하여 설명한 후 n변수함수의 경우로 확장하는 절차를 밟는다. 먼저 2변수함수를 평면에 어떻게 나타낼 수 있는가를 알아보자.

2변수함수 $y=f(x_1, x_2)$가 있을 때 이 함수를 그림으로 나타내기 위해서는 x_1축, x_2축 및 y축으로 구성된 3차원의 공간이 필요하며, 그 그림은 하나의 곡면이 될 것이다. 그러나 하나의 함수가 주어졌을 때 그 함수로부터 직접 곡면의 모양을 상상하기 어려울 뿐만 아니라 그리기가 매우 어렵다. 따라서 2변수함수를 평면상에 표현하는 방법을 찾을 필요가 있다.

평면 위에 그리는 방법은 변수 y, x_1, x_2 중에 하나를 상수로 놓으면 된

그림 13-1 등고선

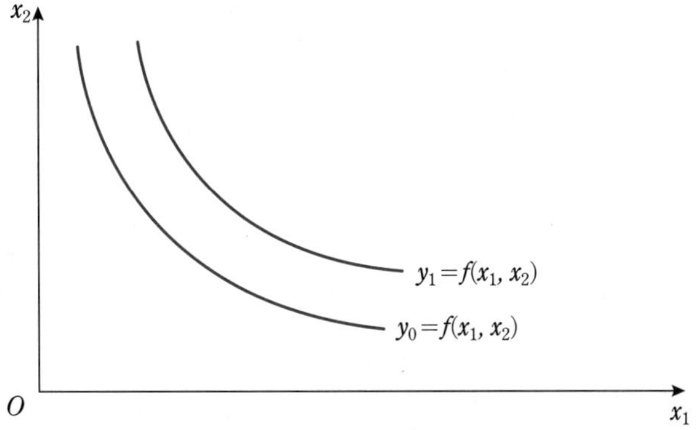

다. 예를 들어 y를 상수로 놓으면 함수 $y=f(x_1, x_2)$는 $y_0=f(x_1, x_2)$가 되어, 함수값이 y_0가 되는 x_1과 x_2의 배합을 x_1x_2평면에 그릴 수 있다. 만약, y_0수준을 계속 y_1, y_2, …, y_n 등으로 바꾸어 가면 각 수준에 대응하는 x_1과 x_2의 배합을 그릴 수 있다([그림 13-1] 참조). 이것은 마치 등고선을 지도 위에 그리는 방법과 같다.

$y_0=f(x_1, x_2)$를 x_1x_2평면에 그렸을 때 수학자들은 이 곡선을 등고선(contour 혹은 level curve)이라 부르지만, 경제학자들은 $y=f(x_1, x_2)$가 효용함수를 나타내는 경우에는 무차별곡선(indifference curve)이라 부르고, $y=f(x_1, x_2)$가 생산함수일 경우에는 이를 등량곡선(isoquant)이라 한다. 즉, 무차별곡선은 동일한 만족수준을 줄 수 있는 재화 x_1과 x_2의 배합을 의미하고, 등량곡선은 동일한 산출량을 낳게 하는 두 생산요소 x_1과 x_2의 배합을 나타낸다.

방정식 $y_0=f(x_1, x_2)$는 두 개의 미지수 x_1과 x_2로 구성된 하나의 방정식이다. 만약 이 방정식이 하나의 음함수 $x_2=x_2(x_1)$을 정의한다면(12.8의 음함수정리를 참조하라) 이를 방정식에 대입하여 다음의 항등식을 얻을 수 있다.

$$f(x_1,\ x_2(x_1))\equiv y_0$$

위의 식을 x_1에 관해서 미분하면

$$\frac{\partial f}{\partial x_1}\frac{dx_1}{dx_1}+\frac{\partial f}{\partial x_2}\frac{dx_2}{dx_1}\equiv 0$$

즉,

$$-\frac{dx_2}{dx_1}\equiv\frac{f_1}{f_2}$$

만약 $y=f(x_1, x_2)$가 효용함수를 나타낸다면 $f_i\equiv\frac{\partial f}{\partial x_i}\equiv MU_i(i=1, 2)$를 재화 x_i의 한계효용(marginal utility: MU)이라 하는데, 이것은 다른 여타 재화의 소비량은 일정수준에 놓고 재화 x_i의 소비만을 한 단위 증가시킬 때의 효용의 증가분을 나타낸다.

동일한 만족수준을 얻기 위해서는 한 재화의 소비를 증가시키면 반드시 다른 재화의 소비를 감소시켜야 하므로 무차별곡선의 기울기 $\frac{dx_2}{dx_1}$는 항상 부의 값을 갖게 된다(각 재화의 소비를 조금이라도 증가하면 만족수준은 증가한다고 가정한다. 즉, 각 재화의 한계효용은 양임을 가정하자).

경제학에서는 무차별곡선의 기울기에 마이너스를 붙인 값, $-\frac{dx_2}{dx_1}$를 한계대체율(marginal rate of substitution: MRS)이라 부르며, 이 값은 두 재화의 한계효용비율 $\frac{f_1}{f_2}$과 같다. 한계대체율의 경제적 의미는 개별 소비자가 동일한 만족수준을 유지하면서 재화 x_1을 한 단위 더 소비하기 위해 포기하려는 최대한의 재화 x_2의 양, 즉 개별 소비자가 재화 x_2의 양으로 평가한 재화 x_1의 주관적 가치를 뜻한다.

만약 $y=f(x_1, x_2)$가 생산함수를 나타낸다면, $f_i\equiv MP_i$는 생산요소 x_i의 한계생산물(marginal product of x_i)이라 부르며, 등량곡선의 기울기에 마이너스를 붙인 값, $-\frac{dx_2}{dx_1}=\frac{f_1}{f_2}$을 기술적 한계대체율(marginal rate of technical substitution: $MRTS$)이라 정의한다. 기술적 한계대체율이란 생산요소 x_1의 투입량을 한 단위 증대시키면서 생산량을 일정 수준으로 유지시키기 위해 필요한 생산요소 x_2 투입량의 감소분을 의미한다.

일반적으로 무차별곡선과 등량곡선은 원점에 대해서 볼록(convex)하다고 가정한다. 또는 한계대체율 혹은 기술적 한계대체율이 체감한다고 가정하는데, 이 가정은 앞으로 배우겠지만 최적화 문제에서 2차충분조건을 만족시켜 주는 역할을 한다.

수학적으로 무차별곡선(또는 등량곡선)이 원점에 볼록하다는 것은 곡선을 따라 아래로 이동할 때 $\frac{dx_2}{dx_1}$가 증가($\frac{dx_2}{dx_1}$의 값이 음인데 그 절대값이 작아지므로)하는 것, 즉

$$\frac{d}{dx_1}\left(\frac{dx_2}{dx_1}\right)=\frac{d^2x_2}{dx_1^2}>0$$

을 말한다. $\frac{d^2x_2}{dx_1^2}$를 편도함수로 표현하면 아래와 같다.

$$\begin{aligned}
\frac{d}{dx_1}\left(\frac{dx_2}{dx_1}\right)&=\frac{d}{dx_1}\left(-\frac{f_1(x_1,\ x_2(x_1))}{f_2(x_1,\ x_2(x_1))}\right)\\
&=-\left\{f_2\frac{d}{dx_1}[f_1(x_1,\ x_2(x_1))]-f_1\frac{d}{dx_1}[f_2(x_1,\ x_2(x_1))]\right\}\frac{1}{f_2^2}\\
&=-\left\{f_2\left(\frac{\partial f_1}{\partial x_1}\frac{dx_1}{dx_1}+\frac{\partial f_1}{\partial x_2}\frac{dx_2}{dx_1}\right)-f_1\left(\frac{\partial f_2}{\partial x_1}\frac{dx_1}{dx_1}+\frac{\partial f_2}{\partial x_2}\frac{dx_2}{dx_1}\right)\right\}\frac{1}{f_2^2}\\
&=-\left\{f_2\left(f_{11}+f_{12}\frac{dx_2}{dx_1}\right)-f_1\left(f_{21}+f_{22}\frac{dx_2}{dx_1}\right)\right\}\frac{1}{f_2^2}
\end{aligned}$$

$\frac{dx_2}{dx_1}=-\frac{f_1}{f_2}$을 대입하면,

$$\begin{aligned}
\frac{d^2x_2}{dx_1^2}&=-\left\{f_2\left(f_{11}+f_{12}\left(-\frac{f_1}{f_2}\right)\right)-f_1\left(f_{21}+f_{22}\left(-\frac{f_1}{f_2}\right)\right)\right\}\frac{1}{f_2^2}\\
&=\left(-f_2f_{11}+2f_1f_{12}\ -\frac{f_1^2f_{22}}{f_2}\right)\frac{1}{f_2^2}\qquad (f_{12}=f_{21}\text{이므로})\\
&=(-f_{11}f_2^2+2f_{12}f_1f_2-f_{22}f_1^2)\ \frac{1}{f_2^3}>0
\end{aligned}$$

한계효용 혹은 한계생산물이 양인 것을 가정하면, $\frac{d^2x_2}{dx_1^2}>0$은

$$-f_{11}f_2^2+2f_{12}f_1f_2-f_{22}f_1^2>0 \text{ 또는 } f_{11}f_2^2-2f_{12}f_1f_2+f_{22}f_1^2<0$$

을 의미한다. 한계대체율 혹은 기술적 한계대체율이 체감한다는 것은 $\frac{d}{dx_1}\left(-\frac{dx_2}{dx_1}\right)<0$을 의미하므로, 양변에 (-1)을 곱하면 $\frac{d}{dx_1}\left(\frac{dx_2}{dx_1}\right)>0$이 되어 무차별곡선 혹은 등량곡선이 원점에 대해서 볼록하다는 것과 동일한 의미를 갖는다.

무차별곡선과 관련하여 한 가지 유의할 점은 한계효용이 체감한다는 것과 무차별곡선이 원점에 대해서 볼록하다는 것은 전혀 별개의 개념이라는 것이다. 한계효용이 체감한다는 것은 다른 재화의 소비량은 일정수준으로 놓고 단지 한 재화의 소비만을 증가시킬 때, 즉 하나의 무차별곡선으로부터 다른 무차별곡선으로 움직일 때 총효용이 어떻게 변화는지를 나타내는 반면에, 무차별곡선이 원점에 대하여 볼록하다는 것은 무차별곡선을 따라서 움직일 때 한 재화를 다른 재화의 양으로 표현한 주관적 가치, 즉 *MRS*가 어떻게 변하는가를 나타낼 때 사용되는 개념이라는 것이다.

더욱이 한계효용이 체감한다고 해서 반드시 무차별곡선이 원점에 대해서 볼록한 것은 아니다. 그 이유는 f_{11}과 f_{22}가 0보다 작다고 해서 $f_{11}f_2^2-2f_{12}f_1f_2+f_{22}f_1^2<0$이라는 보장은 없고, $\frac{d^2x_2}{dx_1^2}$의 부호는 f_{12}의 부호와 상대적 크기에 의해 결정되기 때문이다. 특히 $f_{11}<0$ 및 $f_{22}<0$이라는 조건은 무차별곡선이 원점에 대해서 볼록하기 위한 필요조건도 아닐 뿐더러 충분조건도 아니라는 사실에 유의하자.

12.9에서 함수 $V=V(x_1, x_2, \cdots, x_n)$이 동조함수이면 이 함수의 1차 편도함수의 비율 $\frac{V_j}{V_i}$는 0차동차함수인 것을 배웠다. 독립변수가 두 개인 동조함수를 $y=f(x_1, x_2)$라 하면 이 함수의 무차별곡선(y가 효용함수인 경우) 혹은

그림 13-2 동조함수

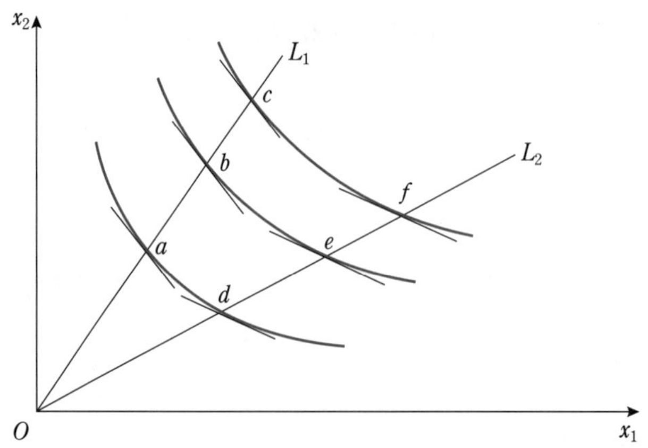

등량곡선(y가 생산함수인 경우)의 기울기 $\frac{dx_2}{dx_1}=-\frac{f_1}{f_2}$은 0차동차함수, 즉

$$\frac{f_1(tx_1,\ tx_2)}{f_2(tx_1,\ tx_2)}=\frac{f_1(x_1,\ x_2)}{f_2(x_1,\ x_2)}$$

이므로, 점 $(x_1,\ x_2)$에서의 기울기와 점 $(tx_1,\ tx_2)$에서의 기울기가 같게 된다.

[그림 13-2]에서 원점을 통과하는 두 개의 직선을 OL_1과 OL_2라 하면 OL_1 위의 점 a, b 및 c에서의 무차별(등량)곡선의 기울기는 같고 또한 OL_2 위의 점 d, e 및 f에서의 기울기는 같다. 따라서 동조(동차함수를 포함해서) 효용함수(생산함수)의 무차별곡선(등량곡선)은 만족수준(산출량수준)과 관계없이 동일한 형태를 가지며 그 기울기는 x_1과 x_2의 비율 $\frac{x_2}{x_1}$에 달려 있다. 즉,

$$\frac{f_1}{f_2}=\phi\left(\frac{x_2}{x_1}\right)$$

예제 1

생산함수가

$$Q=f(L,\ K)=AL^{\alpha}K^{1-\alpha}\quad (\text{단, } A>0,\ 0<\alpha<1)$$

형태일 때 이러한 생산함수를 콥-더글라스(Cobb-Douglas) 생산함수라 한다. 여기서 Q는 생산량, L은 노동투입량, K는 자본투입량을 나타낸다. 이 생산함수로부터 $MRTS$를 구하고, $MRTS$는 $\frac{K}{L}$의 함수임을 보여라. 또한 등량곡선은 원점에 대해서 볼록함을 보여라.

풀이

$$MP_L=f_L=A\alpha L^{\alpha-1}K^{1-\alpha}$$
$$MP_K=f_K=A(1-\alpha)L^{\alpha}K^{-\alpha}$$
$$MRTS=-\frac{dK}{dL}=\frac{f_L}{f_K}=\frac{A\alpha L^{\alpha-1}K^{1-\alpha}}{A(1-\alpha)L^{\alpha}K^{-\alpha}}=\frac{\alpha}{(1-\alpha)}\,\frac{K}{L}=\phi\left(\frac{K}{L}\right)$$

가 되어 $MRTS$는 $\frac{K}{L}$의 함수이다. $\frac{d^2K}{dL^2}$를 일반적인 공식에 대입하

여 얻을 수 있지만 계산이 복잡하므로 직접 구하면 다음과 같다. 산출량이 Q_0일 때 등량곡선은 다음 식으로 표현된다.

$$Q_0=AL^{\alpha}K^{1-\alpha}$$

위의 식을 K에 관하여 풀면,

$$K=[Q_0A^{-1}L^{-\alpha}]^{\frac{1}{1-\alpha}}=K(L)$$

즉, K는 L의 함수이다.

$$\frac{d}{dL}\left(\frac{dK}{dL}\right)=\frac{d}{dL}(-MRTS)=\frac{d}{dL}\left(-\frac{\alpha}{1-\alpha}\frac{K(L)}{L}\right)$$

$$=-\frac{\alpha}{1-\alpha}\frac{1}{L^2}\left(\frac{dK(L)}{dL}L-K\right)$$

$$=-\frac{\alpha}{1-\alpha}\frac{1}{L^2}\left(-\frac{\alpha}{1-\alpha}\frac{K}{L}L-K\right)$$

$$=\frac{K}{L^2}\left(\frac{\alpha}{1-\alpha}+1\right)\frac{\alpha}{1-\alpha}=\frac{\alpha}{(1-\alpha)^2}\cdot\frac{K}{L^2}>0$$

즉, 등량곡선은 원점에 대하여 볼록하다.

13.2 선형동차생산함수의 성질

경제학에서 자주 응용되는 생산함수가 1차동차 또는 선형동차함수이므로 선형동차생산함수의 성질을 살펴보자. 정의에 의해 $Y=F(L, K)$가 선형동차생산함수라면,

$$F(tL, tK)\equiv tF(L, K)$$

$t=\frac{1}{L}$이라 놓으면,

$$F\left(1,\ \frac{K}{L}\right) \equiv \frac{1}{L}F(L,\ K) \equiv \frac{Y}{L}$$

노동의 평균생산물을 $\frac{Y}{L}=y$라 하고, 자본-노동비율을 $\frac{K}{L}=k$라 하면, 노동의 평균생산물은 단지 k만의 함수로 표현된다.

$$y=F\left(1,\ \frac{K}{L}\right)=F(1,\ k)=f(k)$$

또한 노동의 한계생산물 MP_L 및 자본의 한계생산물 MP_K도 k만의 함수로 표현된다. $y=f(k)$에서 양변에 L을 곱한 후 L과 K에 관해서 편미분하면 MP_L 및 MP_K를 구할 수 있다.

$$\begin{aligned} MP_L \equiv \frac{\partial Y}{\partial L} = \frac{\partial}{\partial L}\Big(Lf(k)\Big) &= f(k) + L\frac{df(k)}{dk}\cdot\frac{\partial k}{\partial L} \\ &= f(k) + Lf'(k)\frac{\partial}{\partial L}\left(\frac{K}{L}\right) \\ &= f(k) + Lf'(k)\left(\frac{-K}{L^2}\right) \\ &= f(k) - kf'(k) \end{aligned}$$

$$\begin{aligned} MP_K \equiv \frac{\partial Y}{\partial K} = \frac{\partial}{\partial K}(Lf(k)) &= L\frac{\partial f(k)}{\partial K} = L\frac{df(k)}{dk}\cdot\frac{\partial k}{\partial K} \\ &= Lf'(k)\frac{\partial}{\partial K}\left(\frac{K}{L}\right) = Lf'(k)\frac{1}{L} = f'(k) \end{aligned}$$

위에서 구한 MP_L과 MP_K를 이용하여 오일러의 정리가 성립하는 것을 보일 수 있다.

$$\begin{aligned} \frac{\partial Y}{\partial L}L + \frac{\partial Y}{\partial K}K &= [f(k) - kf'(k)]L + f'(k)K \\ &= Lf(k) = Y \end{aligned}$$

위 식의 경제적 의미는 다음과 같다. 규모에 대한 수확불변의 조건하에서, 만약 각 요소의 한 단위 사용에 대한 보수를 한계생산물만큼 지불하면 총생산물은 모든 요소의 분배몫으로 완전분배된다는 것이다.

생산함수의 중요한 특성 중의 하나로서 투입요소간의 대체가능성 정도를 측정하는 요소의 대체탄력도(elasticity of substitution: σ)라는 개념이 있다.

요소의 대체탄력도 σ 란 생산량을 동일수준으로 유지하면서 요소간 기술적 한계대체율$\left(MRTS=-\frac{dK}{dL}=\frac{MP_L}{MP_K}\right)$을 1% 변동시킬 때 두 요소의 결합비율$\left(\frac{K}{L}\right)$이 몇 % 변동하는가를 나타내는 것으로 다음과 같이 정의된다.

$$\sigma=\frac{\left(\frac{K}{L}\right)\text{의 변동률}}{MRTS\text{의 변동률}}=\frac{d\ln\left(\frac{K}{L}\right)}{d\ln(MRTS)}=\frac{\dfrac{d\left(\frac{K}{L}\right)}{\left(\frac{K}{L}\right)}}{\dfrac{d\left(\frac{MP_L}{MP_K}\right)}{\left(\frac{MP_L}{MP_K}\right)}}=\frac{d\left(\frac{K}{L}\right)\Big/\left(\frac{K}{L}\right)}{d\left(\frac{F_L}{K_K}\right)\Big/\left(\frac{F_L}{F_K}\right)}$$

노동 한 단위의 가격을 W라 하고, 자본의 단위당 가격을 R이라 하자. 비용의 극소화(또는 산출량의 극대화)를 위해서는

$$\frac{MP_L}{MP_K}=\frac{W}{R}=w(\text{노동의 상대가격})$$

가 성립해야 하므로 σ를 다음과 같이 정의할 수도 있다.

$$\sigma=\frac{\left(\frac{K}{L}\right)\text{의 변동률}}{\left(\frac{W}{R}\right)\text{의 변동률}}=\frac{d\ln k}{d\ln w}=\frac{\dfrac{d\left(\frac{K}{L}\right)}{\left(\frac{K}{L}\right)}}{\dfrac{d\left(\frac{W}{R}\right)}{\left(\frac{W}{R}\right)}}$$

예제 2

콥-더글라스 생산함수가 다음과 같이 주어졌다고 하자.

$$Q=AL^{\alpha}K^{\beta}\ (\text{단},\ A>0,\ \alpha>0,\ \beta>0)$$

이 때 대체탄력도를 구하라.

풀이

$$MRTS \equiv \frac{MP_L}{MP_K} = \frac{A\alpha A^{\alpha-1}K^{\beta}}{A\beta L^{\alpha}K^{\beta-1}} = \frac{\alpha}{\beta}\left(\frac{K}{L}\right)$$

양변에 ln을 취하면,

$$\ln(MRTS) = \ln\frac{\alpha}{\beta} + \ln\left(\frac{K}{L}\right)$$

또는

$$\ln\left(\frac{K}{L}\right) = \ln MRTS - \ln\frac{\alpha}{\beta}$$

$\ln\left(\frac{K}{L}\right)$를 $\ln MRTS$에 관하여 미분하면,

$$\sigma = \frac{d\ln\left(\frac{K}{L}\right)}{d\ln(MRTS)} = 1$$

예제 3

다음의 생산함수를 요소대체탄력도불변 생산함수(constant elasticity of substitution production function) 혹은 **CES** 생산함수라 한다.

$$Y = A[\delta L^{-\rho} + (1-\delta)K^{-\rho}]^{-\frac{1}{\rho}}$$

여기서 $A > 0$: 능률파라미터(efficiency parameter)

$0 < \delta < 1$: 분배파라미터(distribution parameter)

$0 \neq \rho > -1$: 대체탄력도파라미터(elasticity of substitution parameter)

(i) CES 생산함수는 1차동차함수임을 보여라.

(ii) CES 생산함수의 등량곡선은 원점에 대해서 볼록한 것을 보여라. 또한 이 함수의 대체탄력도를 구하라.

(iii) $\rho \to -1(\sigma \to \infty)$이면 CES 생산함수는 선형생산함수가 되는 것을 보여라.

풀이

(i) L과 K를 t배 해 주면 다음이 성립한다.

$$\begin{aligned} f(tL,\ tK) &= A[\delta(tL)^{-\rho}+(1-\delta)(tK)^{-\rho}]^{-\frac{1}{\rho}} \\ &= tA[\delta L^{-\rho}+(1-\delta)K^{-\rho}]^{-\frac{1}{\rho}} \end{aligned}$$

즉, CES 생산함수는 1차동차함수이다.

(ii) $MP_L \equiv \dfrac{\partial Y}{\partial L} = A\left(-\dfrac{1}{\rho}\right)[\cdots]^{-\frac{1+\rho}{\rho}}(\delta)(-\rho)L^{-\rho-1}$

$\qquad = \delta A[\cdots]^{-\frac{1+\rho}{\rho}} \cdot L^{-(1+\rho)}$ (단, $[\cdots]=[\delta L^{-\rho}+(1-\delta)K^{-\rho}]$)

같은 방법으로

$$MP_K \equiv \frac{\partial Y}{\partial K} = (1-\delta)A[\cdots]^{-\frac{1+\rho}{\rho}} \cdot K^{-(1+\rho)}$$

$$MRTS \equiv -\frac{dK}{dL} \equiv \frac{MP_L}{MP_K} = \frac{\delta}{1-\delta}\left(\frac{K}{L}\right)^{1+\rho}$$

$$\begin{aligned} \frac{d^2K}{dL^2} &= \frac{d}{dL}(-MRTS) \\ &= -\frac{\delta}{1-\delta}(1+\rho)\left(\frac{K}{L}\right)^{\rho}\frac{1}{L^2}\left(\frac{dK}{dL}L-K\right) \\ &= -\frac{\delta}{1-\delta}(1+\rho)\left(\frac{K}{L}\right)^{\rho}\frac{1}{L^2}\left(\frac{-\delta}{1-\delta}\left(\frac{K}{L}\right)^{1+\rho}L-K\right) \\ &= \frac{\delta}{1-\delta}(1+\rho)\left(\frac{K}{L}\right)^{\rho}\frac{1}{L^2}\left(\frac{\delta}{1-\delta}\left(\frac{K}{L}\right)^{1+\rho}L+K\right)>0 \end{aligned}$$

따라서 등량곡선은 원점에 대해 볼록하다.

$MRTS = \dfrac{\delta}{1-\delta}\left(\dfrac{K}{L}\right)^{1+\rho}$의 양변에 ln를 취하면,

$$\ln(MRTS) = \ln\frac{\delta}{1-\delta} + (1+\rho)\ln\left(\frac{K}{L}\right)$$

또는

$$\ln\left(\frac{K}{L}\right) = \frac{1}{1+\rho}\ln(MRTS) - \frac{1}{1+\rho}\ln\frac{\delta}{1-\delta}$$

$\ln\left(\frac{K}{L}\right)$를 $\ln(MRTS)$에 관하여 미분하면,

$$\sigma = \frac{d\ln\left(\frac{K}{L}\right)}{d\ln(MRTS)} = \frac{1}{1+\rho}$$

$\rho \to -1$이면 $\sigma \to \infty$ 이고 $\rho \to +\infty$이면 $\sigma \to 0$ 이므로 대체탄력도 σ는 0과 $+\infty$ 사이의 값이 될 수 있다.

(iii) $\rho \to -1$인 경우에는 단순히 CES 생산함수에 $\rho = -1$을 대입하면

$$Y = A[\delta L + (1-\delta)K]$$

가 되어 선형의 생산함수를 얻는다. 이 경우는 두 요소간에 대체탄력도가 ∞, 즉 두 생산요소는 서로 완전한 대체요소가 되며 등량곡선은 직선이 된다.

13. 3 일반함수모형의 비교정태분석

비교정태분석의 설명을 위해서 먼저 경제모형에 관련된 몇 가지 용어들을 설명하자.

사회과학의 분석대상인 사회현상이나 자연과학의 분석대상인 자연현상은 매우 복잡하게 서로 얽혀 있기 때문에 그 자체를 직접 관찰하여 그들의 인과관계를 파악한다든가 혹은 현실을 설명하고 예측한다는 것은 거의 불가능한 일이다. 따라서 현실을 설명하고 예측하기 위해서는 현실을 단순화하고 추상화시켜야 한다. 이렇게 현실로부터 추상화된 간단한 세계를 모형(model)이라 한다.

경제모형(economic model)은 실제 경제를 의도적으로 단순화시킨 분석의 틀로서, 그 구성은 많은 경우에 단일방정식 또는 방정식체계로 되어 있다. 설명의 편의를 위해 다음과 같은 간단한 국민소득결정모형을 예로 들자.

소비함수: $C=100+0.8Y$ 혹은 $C=a+bY(a>0,\ 0<b<1)$

투자함수: $I=\bar{I}=50$

생산함수: $Y_s=Y$

총 수 요: $Y_d=C+I$

균형조건: $Y_s=Y_d$

위의 방정식체계는 5개의 변수 C, Y, I, Y_s, Y_d와 5개의 방정식으로 구성되어 있다. 5개의 변수 중 C, Y, Y_s 및 Y_d와 같은 변수는 모형 내부에서 결정되는 변수인데 이를 내생변수(endogenous variable)라 하며, $I=\bar{I}=50$과 같이 모형 안에서 결정되지 않고 모형 밖에서 결정되는 변수를 외생변수(exogenous variable)라 한다.

경우에 따라서는 시차를 갖는 내생변수가 방정식체계 속에 포함될 수 있다. 이 때에는 외생변수와 내생변수의 시차변수(예를 들어 t시점의 소비가 $(t-1)$시점의 소득에 의존하는 경우 $C_t=\alpha Y_{t-1}$로 표현되는데 이때 Y_{t-1}을 시차변수라 한다)를 사전결정변수(predetermined variable)라 하고 시차를 갖지 않는 내생변수만을 공동결정변수(jointly determined variable)라 부른다.

크기가 변할 수 있는 변수와는 반대로 변하지 않는 양을 상수(constant)라 하며, 상수와 변수가 결합될 때의 상수를 그 변수의 계수(coefficient)라고 한다. 계수를 수로써 표시할 수 있지만 일반성을 얻기 위해 기호로 표시할 수 있다. 예를 들어, 소비함수를 $C=100+0.8Y$ 대신에 $C=a+bY$로 표기하여 균형국민소득을 얻으면, a 혹은 b가 변할 때 새로운 균형국민소득을 처음부터 다시 계산할 필요없이 단지 a와 b에 특정한 값을 대입하면 즉시 해를 얻을 수 있는 장점이 있다. 이렇게 계수를 기호로 표기하면, 그것은 주어진 상수를 나타내지만 어떤 특정한 값을 지정하지 않았으므로 실제로는 어떤 값도 가질 수 있다. 즉, 변할 수 있는 상수인데 이를 모델의 모수 또는 파라미터(parameter)라 부른다. 우리의 예에서는 a와 b가 파라미터이다.

한편 하나의 파라미터에 여러 다른 값이 지정될 수 있을지라도 하나의 모형에서의 파라미터는 주어진 여건으로 간주되어야 하므로 파라미터를 단순히 상수라 부르기도 한다. 또한 파라미터나 외생변수는 모두 모형 밖에서 주어진다는 공통된 특성을 갖고 있으므로 많은 저자들은 양자 모두를 간단하게 파라미터라 부르기도 한다.

한 모형은 몇 가지 유형의 방정식, 예를 들어 행태방정식, 제도방정식, 기술방정식, 정의방정식, 균형방정식으로 구성되어 있다.

행태방정식(behavioral equation)이란 경제주체의 행태에 관한 가정으로부터 변수들 간의 관계를 표시한 것으로 소비함수를 예로 들 수 있다.

제도방정식(institutional equation)이란 경제제도에 의하여 결정된 변수들 간의 관계를 나타내는 방정식을 말한다. 예를 들어, 은행이 법에 의하여 요구불예금 D의 $100r\%$를 지불준비금으로 보유하도록 되어 있다면, 필요지불준비금 R을 나타내는 방정식 $R=rD$는 하나의 제도방정식이 된다.

기술방정식(technological equation)이란 변수간에 존재하는 기술적인 관계를 나타내는 방정식을 말한다. 예를 들어, 한 국민경제의 산출량 Y_s가 노동투입량 N에 달려 있다면, 생산함수 $Y_s=f(N)$은 하나의 기술방정식이다.

정의방정식(definitional equation)은 정의에 의해 변수들 간에 성립하는 관계를 나타내는 방정식이다. 예를 들어, 총수요 Y_d를 소비수요 C와 투자수요 I의 합으로 정의한다면, 식 $Y_d \equiv C+I$는 하나의 정의방정식이다.

균형방정식(equilibrium equation)이란 균형을 달성하기 위해 필요한 조건을 나타내는 식이다. 예를 들어 총수요와 총공급이 같을 때 균형이 달성된다면, $Y_d=Y_s$ 또는 $Y=C+I$는 하나의 균형방정식이 된다.

일반적으로 하나의 경제모형은 방정식의 유형 중 일부 혹은 전부를 포함한다. 앞에서 예로 든 국민소득결정모형은 다섯 가지 방정식의 유형 중 제도방정식을 제외한 4개의 유형을 포함하고 있다. 특히, 이 방정식들은 주어진 모형의 구조를 정의하고 있으므로 이들을 구조방정식(structural equation)이라 한다.

구조방정식들을 대입하여 Y에 관해서 풀면,

$$
\begin{aligned}
Y &= C+I \\
&= a+bY+\bar{I}
\end{aligned}
$$

즉,

$$Y=\frac{a+\bar{I}}{1-b}$$

를 얻는다. 이렇게 내생변수 Y를 모형에 포함된 모든 외생변수와 파라미터의 함수로 나타낸 방정식을 축소형방정식(reduced-form equation)이라 한다. 시차변수를 포함하는 보다 복잡한 모형에서의 축소형방정식이란 내생변수를 모형에 포함된 모든 사전결정변수들의 함수로 나타낸 것을 말한다.

비교정태분석(comparative static analysis)이란, 이 용어가 시사하듯이 서로 다른 두 개의 균형상태를 비교하는 것이다. 즉, 이 분석은 하나의 균형상태로부터 또다른 균형상태로 도달하는 과정은 고려에 넣지 않고 단순히 새로운 균형상태가 정의되어 달성될 수 있다고 가정하고서 두 균형상태를 비교하는 것이다.

예를 들어 국민소득결정모형에서 외생변수(투자) 또는 파라미터(a 또는 b)가 변하면 균형국민소득은 어떻게 변할 것인가, 또는 한 재화시장에 판매세가 부과되면 균형가격과 균형수급량은 어떻게 변할 것인가 등의 문제들이 바로 비교정태분석에 관한 문제들이다. 비교정태분석은 본질적으로 파라미터 또는 외생변수의 변화에 대응하는 내생변수의 균형값의 변화율을 구하는 문제이므로 우리가 배운 도함수의 개념이 널리 이용된다.

예제 4

앞에서 예로 든 국민소득결정모형에서 $a=100$, $b=0.8$일 때 2억원의 투자가 증가하면 균형국민소득은 얼마나 증가하는가?

풀이

균형국민소득을 Y^*라 하면,

$$Y^*=\frac{a+\bar{I}}{1-b}$$

$$\frac{\partial Y^*}{\partial \bar{I}}=\frac{1}{1-b}=\frac{1}{1-0.8}=5$$

따라서 $\Delta Y=5\times 2=10$(억원)

예제 4에서 d 대신 ∂를 사용한 것은 여타의 파라미터와 외생변수(여기서는 외생변수가 I뿐이지만)는 일정하다고 가정하기 때문이다. 또한 경제학에서는 이렇게 지출의 변화에 의하여 초래된 균형국민소득의 변화를 지출의 변화로 나눈값 $\frac{\partial Y^*}{\partial \bar{I}}=\frac{1}{1-b}$을 승수(multiplier)라 한다.

예제 5

한 재화시장의 수요함수와 공급함수가 다음과 같이 주어졌을 때, 축소형 방정식을 구하고 소득 Y의 증가는 균형가격과 균형수급량에 어떻게 영향을 미치는가를 설명하라.

수요함수: $Q_d=a_1+b_1P+c_1Y$ (단, $a_1>0$, $b_1<0$, $c_1>0$)

공급함수: $Q^s=a_2+b_2P+c_2R$ (단, $a_2>0$, $b_2>0$, $c_2<0$)

균형조건: $Q^d=Q^s$

여기서 Q^d, Q^s, P, Y 및 R은 각각 수요량, 공급량, 가격, 소득수준 및 강우량을 나타낸다. 또한 소득수준 Y와 강우량 R은 외생변수들이며 Q^d, Q^s 및 P는 내생변수들이다.

풀이

$Q^d=Q^s=Q$라 놓으면 다음 두 개의 방정식으로 축소된다.

$$\begin{matrix} Q=a_1+b_1P+c_1Y \\ Q=a_2+b_2P+c_2R \end{matrix} \quad \text{또는} \quad \begin{matrix} Q-b_1P=a_1+c_1Y+0R \\ Q-b_2P=a_2+0Y+c_2R \end{matrix}$$

대입법에 의하여 P와 Q를 파라미터와 외생변수의 함수로 표시한 축소형방정식을 구하는 것이 행렬을 이용하는 것보다 빠르지만 행렬의 이용법을 익히기 위해 행렬을 사용하자.

행렬로 표시하면 다음과 같다.

$$\begin{bmatrix} 1 & -b_1 \\ 1 & -b_2 \end{bmatrix}\begin{bmatrix} Q \\ P \end{bmatrix}=\begin{bmatrix} a_1 & c_1 & 0 \\ a_2 & 0 & c_2 \end{bmatrix}\begin{bmatrix} 1 \\ Y \\ R \end{bmatrix}$$

$$\begin{bmatrix} Q \\ P \end{bmatrix}=\begin{bmatrix} 1 & -b_1 \\ 1 & -b_2 \end{bmatrix}^{-1}\begin{bmatrix} a_1 & c_1 & 0 \\ a_2 & 0 & c_2 \end{bmatrix}\begin{bmatrix} 1 \\ Y \\ R \end{bmatrix}$$

$$=\frac{1}{b_1-b_2}\begin{bmatrix}-b_2 & b_1\\ -1 & 1\end{bmatrix}\begin{bmatrix}a_1 & c_1 & 0\\ a_2 & 0 & c_2\end{bmatrix}\begin{bmatrix}1\\ Y\\ R\end{bmatrix}$$

$$=\frac{1}{b_1-b_2}\begin{bmatrix}a_2b_1-a_1b_2 & -b_2c_1 & b_1c_2\\ a_2-a_1 & -c_1 & c_2\end{bmatrix}\begin{bmatrix}1\\ Y\\ R\end{bmatrix}$$

즉,

$$Q=\frac{a_1b_2-a_2b_1}{b_2-b_1}+\frac{b_2c_1}{b_2-b_1}Y-\frac{b_1c_2}{b_2-b_1}R$$

$$P=\frac{a_1-a_2}{b_2-b_1}+\frac{c_1}{b_2-b_1}Y-\frac{c_2}{b_2-b_1}R$$

$$\frac{\partial Q}{\partial Y}=\frac{b_2c_1}{b_2-b_1}>0(\because\ b_2>0,\ b_1<0,\ c_1>0)$$

$$\frac{\partial P}{\partial Y}=\frac{c_1}{b_2-b_1}>0(\because\ b_2>0,\ b_1<0,\ c_1>0)$$

예제 4와 예제 5에서 다룬 문제는 방정식들이 선형의 방정식이므로 명시적으로 축약형의 해를 얻을 수 있는 경우이다. 그러나 방정식이 일반함수로 주어진 경우, 예를 들어 소비함수가 $C=f(Y)$의 형태로 주어지면 Y를 명시적으로 파라미터와 외생변수의 함수로 표현할 수 없고, 우리가 배운 음함수정리와 전미분을 이용한 새로운 분석방법을 적용해야 된다.

예제 6

한 재화시장의 수요함수와 공급함수가 다음과 같이 일반함수 형태로 주어졌을 때 소득 Y의 증가는 균형가격과 균형수급량에 어떻게 영향을 미치는가를 설명하라. 또한 강우량 R의 증가는 균형가격과 균형수급량에 어떻게 영향을 미치는가 설명하라.

수요함수: $Q^d=D(P,\ Y)$ (단, $D_p<0,\ D_y>0$)
공급함수: $Q^s=S(P,\ R)$ (단, $S_p>0,\ S_r<0$)
균형조건: $Q^d=Q^s$

여기서 Q^d, Q^s, P, Y 및 R은 예제 5에서 정의한 것과 동일하다.

풀이

$Q^d=Q^s=Q$라 놓으면 다음 두 개의 방정식으로 축소된다.

$$Q=D(P,\ Y) \tag{1}$$

$$Q=S(P,\ R) \tag{2}$$

식 (1)과 식 (2)를 바꾸어 F와 G를 다음과 같이 정의하자.

$$F(P,\ Q,\ Y,\ R)=Q-D(P,\ Y)=0 \tag{3}$$

$$G(P,\ Q,\ Y,\ R)=Q-S(P,\ R)=0 \tag{4}$$

$$\frac{\partial(F,\ G)}{\partial(P,\ Q)}=\begin{vmatrix} -D_p & 1 \\ -S_p & 1 \end{vmatrix}=S_p-D_p>0$$

이므로 다음 2개의 음함수가 정의된다.

$$P=P(Y,\ R) \tag{5}$$

$$Q=Q(Y,\ R) \tag{6}$$

식 (5)와 식 (6)을 식 (3)과 식 (4)에 대입하면 다음의 항등식을 얻는다.

$$F(P(Y,\ R),\ Q(Y,\ R),\ Y,\ R)=Q(Y,\ R)-D(P(Y,\ R),\ Y)\equiv 0 \tag{7}$$

$$G(P(Y,\ R),\ Q(Y,\ R),\ Y,\ R)=Q(Y,\ R)-S(P(Y,\ R),\ R)\equiv 0 \tag{8}$$

식 (7)과 식 (8)을 Y에 관하여 편미분한 후 정리하면,

$$\begin{bmatrix} -D_p & 1 \\ -S_p & 1 \end{bmatrix}\begin{bmatrix} \dfrac{\partial P}{\partial Y} \\ \dfrac{\partial Q}{\partial Y} \end{bmatrix}=\begin{bmatrix} D_y \\ 0 \end{bmatrix} \tag{9}$$

식 (9)를 풀면,

$$\frac{\partial P}{\partial Y}=\frac{D_y}{S_p-D_p}>0,\quad \frac{\partial Q}{\partial Y}=\frac{D_yS_p}{S_p-D_p}>0$$

즉, 다른 조건이 일정하다면 소득 Y의 증가는 균형가격과 균형수급량을 증가시킨다. 같은 방법으로 식 (7)과 식 (8)을 R에 관하여 편미분 한 후 정리하면,

$$\begin{bmatrix} -D_p & 1 \\ -S_p & 1 \end{bmatrix}\begin{bmatrix} \frac{\partial P}{\partial R} \\ \frac{\partial Q}{\partial R} \end{bmatrix}=\begin{bmatrix} 0 \\ S_r \end{bmatrix} \tag{10}$$

식 (10)을 풀면,

$$\frac{\partial P}{\partial R}=\frac{-S_r}{S_p-D_p}>0,\quad \frac{\partial Q}{\partial R}=\frac{-S_rD_p}{S_p-D_p}<0$$

즉, 다른 조건이 일정할 때 강우량의 증가는 균형가격을 상승시키지만 균형수급량은 감소시킨다.

예제 7

한 개별기업이 직면한 역수요함수는 $p=f(q)(f'(q)<0)$로 표시되며 총비용함수는 $TC=g(q)$라 하자. 또한 이윤극대화를 위한 2차충분조건이 만족된다고 가정하자. 정부가 판매단위당 t원의 조세를 부과하면, 재화의 판매량은 q는 감소하고 가격 p는 상승하는 것, 즉 $\frac{dq}{dt}<0$ 및 $\frac{dp}{dt}>0$임을 보여라.

풀이

주어진 문제의 역수요함수와 총비용함수가 명시적으로 표현되었다면 편미분을 이용하여 $\frac{dp}{dt}>0$을 쉽게 보일 수 있다. 그러나, 이들이 일반함수로 표현되어 있으므로 음함수정리와 전미분을 이용하여 $\frac{dp}{dt}>0$임을 보이자. 특히 역수요함수와 총비용함수가 일반함수로 표현되어 있으므로 우리가 얻은 결론은 한 기업이 직면한 시장이 어떠한 형태이든 관계 없이 똑같이 적용된다.

조세가 부과된 후의 이윤을 π라 하면,

$$\pi(q)=TR(q)-TC(q)-tq=pq-g(q)-tq$$
$$=f(q)q-g(q)-tq$$

이윤극대화를 위한 1차필요조건을 구하면,

$$\frac{d\pi}{dq}=MR(q)-MC(q)-t=qf'(q)+f(q)-g'(q)-t=0 \tag{1}$$

식 (1)로부터 다음을 얻는다.

$$MR(q)=MC(q)+t \text{ 또는 } qf'(q)+f(q)=g'(q)+t \tag{2}$$

즉, 기업은 MC에 t를 더한 것이 MR과 일치하는 점에서 q를 결정한다.

$$F(q,\ t)=qf'(q)+f(q)-g'(q)-t$$

라 하면, 식 (1)로부터

$$F(q,\ t)=0 \tag{3}$$

방정식 (3)은 음함수 $q=q(t)$를 정의하기 위한 충분조건을 만족시킨다고 가정하자. $q=q(t)$가 정의되는 근방에서 $q=q(t)$를 식 (3)에 대입하면 식 (3)은 다음과 같은 항등식으로 바뀐다.

$$f(q(t),\ t)\equiv q(t)f'[q(t)]+f[q(t)]-g'[q(t)]-t\equiv 0 \tag{4}$$

식 (4)가 항등식이므로 양변을 전미분해도 같아야 한다. 식 (4)를 전미분하면(또는 합성함수의 편미분법을 이용하면),

$$F_q dq+F_t dt=0 \tag{5}$$

식 (5)로부터 다음을 구할 수 있다.

$$\frac{dq}{dt}=-\frac{F_t}{F_q}=\frac{1}{qf''(q)+2f'(q)-g''(q)}(\because\ F_q\neq 0) \tag{6}$$

$\frac{dq}{dt}$의 부호를 결정하기 위해 이윤극대화를 위한 2차충분조건을 구해보자.

$$\frac{d^2\pi}{dq^2}=MR'(q)-MC'(q)$$
$$=f'(q)+qf''(q)+f'(q)-g''(q)$$
$$=qf''(q)+2f'(q)-g''(q)$$

가정에 의해 이윤극대화를 위한 2차충분조건이 충족되므로 $\frac{d^2\pi}{dq^2}<0$. 그런데 $qf''(q)+2f'(q)-g''(q)$는 $\frac{dq}{dt}$의 분모와 같으므로

$$\frac{dq}{dt}=\frac{(+)}{(-)}<0.$$

또한

$$\frac{dp}{dt}=\frac{d}{dt}f(q)=\frac{df(q)}{dq}\cdot\frac{dq}{dt}=f'(q)\frac{dq}{dt}=(-)\times(-)>0.$$

조세의 부과가 판매량과 가격에 미치는 효과를 동시에 분석할 수도 있다. H와 G를 다음과 같이 정의하자.

$$H(q,\ p,\ t)=qf'(q)+f(q)-g'(q)-t=0 \qquad (7)$$
$$G(q,\ p,\ t)=p-f(q)=0 \qquad (8)$$

$$\frac{\partial(H,\ G)}{\partial(q,\ p)}=\begin{vmatrix} qf''(q)+2f'(q)-g''(q) & 0 \\ -f'(q) & 1 \end{vmatrix}=qf''(q)+2f'(q)-g''(q)<0$$

이므로 다음 두 개의 음함수를 정의한다.

$$q=q(t) \qquad (9)$$
$$p=p(t) \qquad (10)$$

식 (9)와 식 (10)을 식 (7)과 식 (8)에 대입하면 식 (7)과 식 (8)은 항등식이 된다. 식 (7)과 식 (8)을 t에 관하여 미분한 후 정리하면,

$$\begin{bmatrix} qf''(q)+2f'(q)-g''(q) & 0 \\ -f'(q) & 1 \end{bmatrix} \begin{bmatrix} \dfrac{dq}{dt} \\ \dfrac{dp}{dt} \end{bmatrix} = \begin{bmatrix} 1 \\ 0 \end{bmatrix} \quad (11)$$

식 (11)을 풀면,

$$\frac{dq}{dt}=\frac{1}{qf''(q)+2f'(q)-g''(q)}<0, \quad \frac{dp}{dt}=\frac{f'(q)}{qf''(q)+2f'(q)-g''(q)}>0$$

위의 결과는 한 개의 방정식으로부터 $\frac{dq}{dt}$를 구한 후, $p=f(q)$를 이용하여 $\frac{dp}{dt}$를 구한 결과와 정확히 같다.

예제 8

다음과 같은 단순한 케인즈 모형이 있다고 하자.

$Y=C+I$ (균형조건)

$C=f(Y)$ (소비함수)

두 식을 결합하면,

$$Y=f(Y)+I$$

이다. 이 식이 Y를 I에 관한 함수를 암묵적으로 정의할 때 $\frac{dY}{dI}$와 $\frac{d^2Y}{dI^2}$을 구하라.

풀이

$$Y=f(Y)+I$$

를 I에 관하여 미분하면

$$\frac{dY}{dI}=f'\frac{dY}{dI}+1$$

$$\frac{dY}{dI}=\frac{1}{1-f'}$$

이다.

$$\frac{dY}{dI}=f'\frac{dY}{dI}+1$$

을 I에 관하여 다시 미분하면

$$\frac{d^2Y}{dI^2}=f''\left(\frac{dy}{dI}\right)^2+f'\frac{d^2Y}{dI^2}$$

이다. 이 식에 $\frac{dY}{dI}=\frac{1}{1-f'}$을 대입한 후 $\frac{d^2Y}{dI^2}$에 대하여 풀면

$$\frac{d^2Y}{dI^2}=\frac{f''\frac{1}{(1-f')^2}}{1-f'}=\frac{f''}{(1-f')^3}$$

이다.

예제 9

수요함수와 공급함수는 다음과 같다.

수요함수: $D=f(P)$
공급함수: $S=g(P)$

f와 g는 미분가능하며 $f'<0$, $g'>0$이다. 정부가 소비자에게 판매 단위당 t원의 세금을 부과한다면 수요함수는 다음과 같이 변한다.

$$D=f(P+t)$$

이 경우 균형조건은

$$f(P+t)=g(P)$$

이다. 위의 방정식이 암묵적으로 P를 t의 함수로 정의할 때

$\frac{dP}{dt}$와 $\frac{d(P+t)}{dt}$

의 부호를 결정하라.

풀이

P를 t에 관한 함수로 생각하고 t에 관하여 균형식

$$f(P+t)=g(P)$$

를 미분하면,

$$f'\left(\frac{dP}{dt}+1\right)=g'\frac{dP}{dt}$$

이다. $\frac{dP}{dt}$를 구하면

$$\frac{dP}{dt}=\frac{f'}{g'-f'}<0$$

이다. 따라서 생산자가 받은 가격 P는 t가 상승하면 하락한다.

소비자가 지불하는 가격 $P+t$가 t가 증가할 때 어떻게 변하는가를 보기 위하여 $P+t$를 t에 관하여 미분하면

$$\frac{d(P+t)}{dt}=\frac{dP}{dt}+1=\frac{f'}{g'-f'}+1=\frac{g'}{g'-f'}>0$$

이다. 따라서 t의 증가는 소비자가 지불하는 가격을 상승시킨다.

13. 4 음함수정리를 이용한 *IS–LM*분석[1)]

음함수정리가 경제학에 어떻게 응용되는가를 보기 위하여 다음과 같은 *IS–LM* 모형을 생각해 보자.

재화시장: $y=c(y-t)+I(r)+g$ (단, $0<c'<1$, $I'<0$) (1)

화폐시장: $M=l(y, r)$ (단, $l_y>0$, $l_r>0$) (2)

1) 이 절에서 사용된 *IS–LM* 모형은 전형적인 거시모형이므로 모형에 대한 설명은 생략한다. 예를 들어 c, I, l은 각각 소비함수, 투자함수 및 화폐수요함수이고, y, r, g, t, M은 각각 국민소득, 이자율, 정부지출, 조세 및 화폐 공급액이다.

식 (1)은 미지수가 y, r, t, g로 된 방정식이다. 식 (1)을

$$F(y,\ r,\ t,\ g)=y-c(y-t)-I(r)-g=0 \tag{3}$$

로 놓고 F_r을 구하면

$$F_r=-I'>0$$

이므로, 음함수정리를 사용할 수 있다. 즉 식 (1) 또는 식 (3)은 암묵적으로

$$r=r(y,\ t,\ g) \tag{4}$$

를 정의한다. 물론

$$F_y=1-c'>0$$

이므로 식 (1)은 암묵적으로

$$y=y(r,\ t,\ g) \tag{5}$$

를 정의한다고 할 수도 있다. 통상적으로 *IS–LM* 모형에서는 종축에 r을 측정하므로 식 (1)이 식 (4)를 정의한다고 하자. 식 (4)를 그래프로 표현하려면 4차원의 공간이 필요하다. 따라서 식 (4)를 평면에 그리기 위해서는 나머지 두 개의 변수를 일정하게 놓아야 한다. *IS*곡선은 t와 g를 일정수준에 고정시키고서 재화시장을 균형으로 만드는 r과 y의 조합을 평면에 그린 것이다. 식 (4)에서는 y가 독립변수이고 r이 종속변수라는 의미가 포함되어 있지 않다(식 (5)처럼 언제든지 r과 y의 역할을 바꿀 수 있음). r과 y는 식 (1)과 식 (2)에 의하여 동시에 결정되는 내생변수이다. 식 (4)를 식 (3)에 대입하면 항등식이 되며 편미분 또는 전미분을 이용하면 *IS*곡선의 기울기를 구할 수 있다. *IS*곡선의 기울기를 구하면,

$$\frac{\partial r}{\partial y}=-\frac{F_y}{F_r}=\frac{(1-c')}{I'}<0$$

이다. *IS*곡선은 t와 g를 일정하다고 가정하고 재화시장을 균형시키는 r과 y의 배합이므로 t와 g가 변하면 *IS*곡선은 좌측 또는 우측으로 이동한다. 변

화의 방향을 알기 위하여 $\frac{\partial r}{\partial g}$과 $\frac{\partial r}{\partial t}$을 구하면 다음과 같다.

$$\frac{\partial r}{\partial g} = -\frac{F_g}{F_r} = \frac{-1}{I'} > 0$$

$$\frac{\partial r}{\partial t} = -\frac{F_t}{F_r} = \frac{c'}{I'} < 0$$

즉 y가 일정할 때 g만 증가하면 이자율이 $\frac{-1}{I'}dg$만큼 상승하므로, 위 식은 ry평면에서 이자율 r축을 기준으로 볼 때, IS곡선은 위쪽으로 이동하고, 반면에 t만 증가하면 IS곡선은 아래쪽으로 이동하는 것을 보여준다([그림 13-3] 참조).

위의 결과를 전미분을 이용하여 구할 수 있다. 식 (3)을 전미분하면

$$dy - c'(dy - dt) - I'dr - dg = 0$$

이다.

dr에 관하여 정리하면,

$$dr = \frac{(1-c')}{I'}dy + \frac{c'}{I'}dt - \frac{1}{I'}dg$$

그림 13-3 정부지출과 조세가 증가한 경우 이자율의 변화

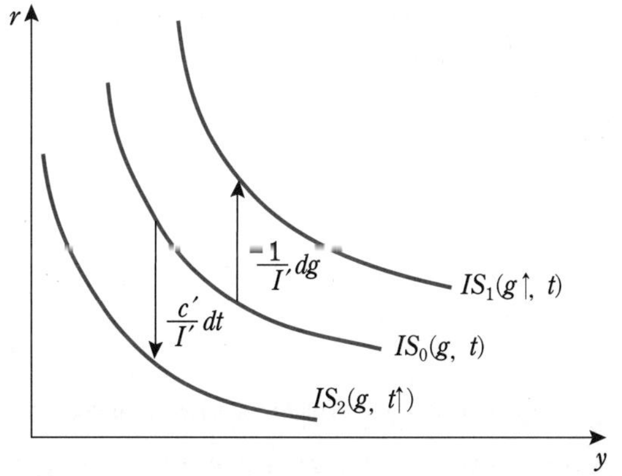

이다. 예를 들어 $dy=dt=0$일 때 g가 dg만큼 변하면 이자율은

$$dr=\frac{-1}{I'}dg$$

만큼 변한다. 양변을 dg로 나누어 주면

$$\frac{\partial r}{\partial g}=\frac{-1}{I'}$$

이 되어 편미분법을 이용하여 구한 결과와 정확히 같다.

g 또는 t가 변할 때 국민소득이 어떻게 변하는가를 분석하기 위해서는 식 (3)을 전미분한 후 dy에 대하여 정리하면,

$$dy=\frac{I'}{1-c'}\ dr-\frac{c'}{1-c'}dt+\frac{1}{1-c'}dg$$

이다. r과 t가 일정할 때($dr=dt=0$) g만 증가하면 y는 $\frac{1}{1-c'}dg$만큼 증가한다. 즉

$$dy=\frac{1}{1-c'}dg$$

양변을 dg로 나누면 $\frac{\partial y}{\partial g}=\frac{1}{1-c'}$이다. 반면에 r과 g가 일정할 때 t가 증가하면 y는 $\frac{c'}{1-c}dt$만큼 감소한다. 즉,

$$dy=\frac{-c'}{1-c'}dt$$

양변을 dt로 나누면,

$$\frac{\partial y}{\partial t}=\frac{-c'}{1-c'}$$

이다.

g가 증가하면 ry평면에서 국민소득 y축을 기준으로 볼 때, IS곡선은 오른쪽으로 이동하고, t가 증가하면 IS곡선은 왼쪽으로 이동한다([그림 13-4]

그림 13-4 정부지출이 증가한 경우 국민소득의 변화

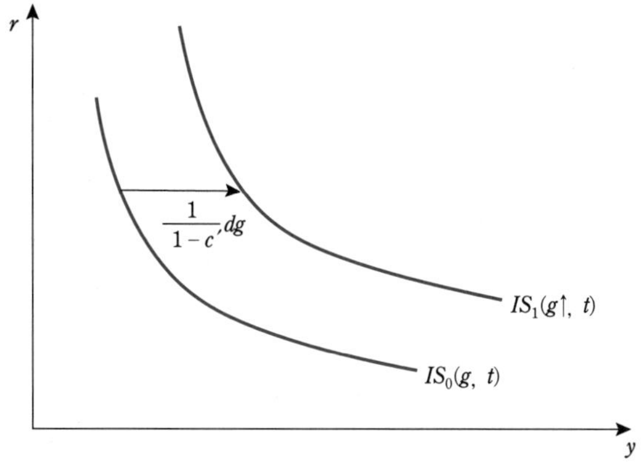

참조).

물론 위의 결과도 편미분법을 이용하면 동일한 결과를 얻는다. 즉,

$$\frac{\partial y}{\partial g} = -\frac{F_g}{F_y} = \frac{1}{1-c'}$$

$$\frac{\partial y}{\partial t} = -\frac{F_t}{F_y} = \frac{-c'}{1-c'}$$

화폐시장의 균형을 나타내는 식

$$M = l(y, r)$$

은 미지수가 y, r, M으로 된 방정식이다. 위의 식을

$$G(y, r, M) = M - l(y, r) = 0 \tag{6}$$

로 놓고 G_r을 구하면

$$G_r = -l_r > 0$$

이므로, 음함수정리를 사용할 수 있다. 식 (6)은 암묵적으로

$$r = r(y, M) \tag{7}$$

그림 13-5 화폐공급이 증가한 경우 국민소득과 이자율의 변화

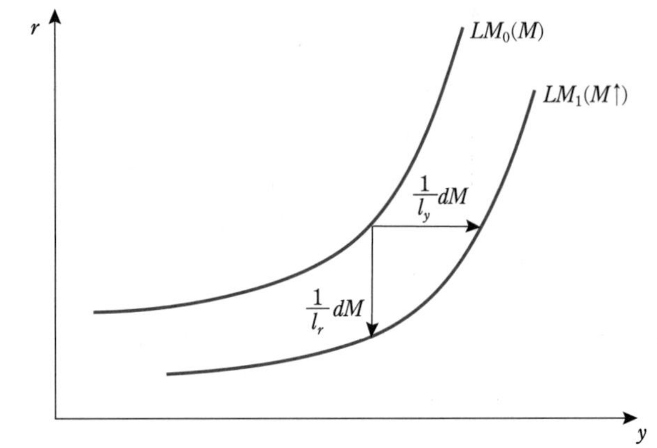

을 정의한다. 식 (7)을 평면에 그리기 위하여 M을 일정하다고 가정하여 화폐시장을 균형으로 만드는 r과 y의 조합을 ry평면에 그린 것이 LM곡선이다. IS곡선의 분석과정과 동일한 방법으로 편미분 또는 전미분을 이용하면 아래의 결과를 얻는다.

$$\frac{\partial r}{\partial y} = -\frac{G_y}{G_r} = -\frac{l_y}{l_r} > 0$$

$$\frac{\partial r}{\partial M} = -\frac{G_M}{G_r} = \frac{1}{l_r} < 0 \ (\text{또는},\ dr = \frac{1}{l_r}dM)$$

$$\frac{\partial y}{\partial M} = -\frac{G_M}{G_y} = \frac{1}{l_y} < 0 \ (\text{또는},\ dy = \frac{1}{l_y}dM)$$

따라서 LM곡선은 ry평면에서 우상향하고, M이 증가하면 LM곡선은 아래쪽(또는 오른쪽)으로 이동한다([그림 13-5] 참조).

IS–LM곡선을 이용하여 내생변수 r과 y가 동시에 어떻게 결정되는가를 분석하기 위해서는 IS–LM곡선을 동시에 그리면 된다.

[그림 13-6]과 [그림 13-7]에서 알 수 있는 바와 같이 균형이자율과 균형국민소득은 $(r_0,\ y_0)$에서 결정되고 정부지출(g)이 증가하면 균형국민소득과 균형이자율이 동시에 상승하고, 화폐공급(M)이 증가하면 균형국민소득

그림 13-6 **정부지출이 증가한 경우**

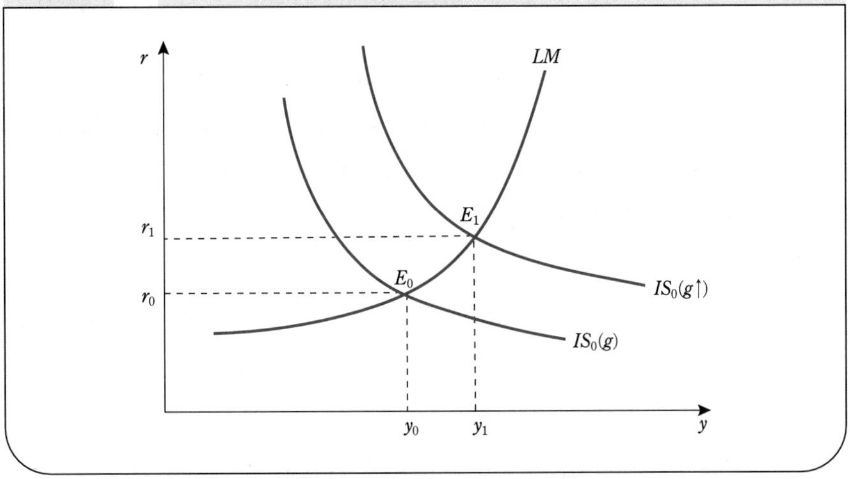

그림 13-7 **화폐공급이 증가한 경우**

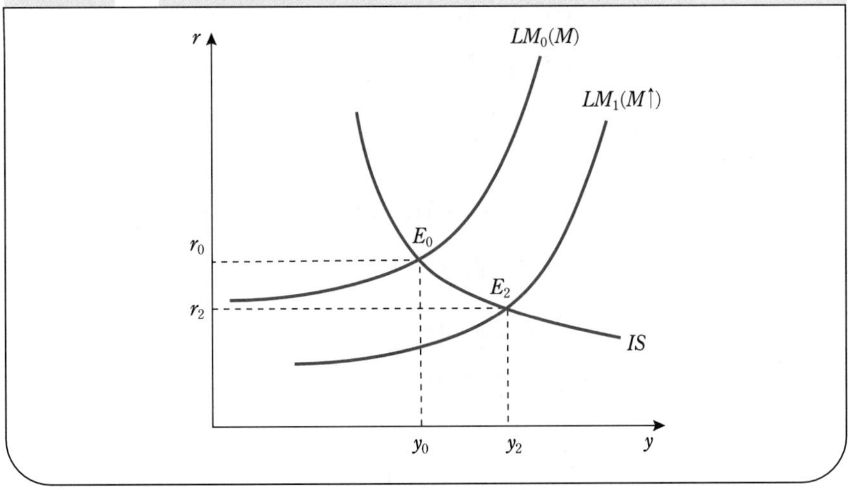

은 증가하나 균형이자율은 하락한다.

정부지출, 화폐공급의 증가가 균형국민소득과 균형이자율에 주는 영향을 음함수정리를 이용하여 대수적으로 분석해 보자.

재화시장과 화폐시장의 균형을 나타내는 2개의 연립방정식을 다시 쓰면 다음과 같다.

$$F(y, r, t, g, M) = y - c(y-t) - I(r) - g = 0 \quad (\text{단, } 0 < c' < 1,\ I' < 0)$$
$$G(y, r, t, g, M) = M - l(y, t) = 0 \qquad (\text{단, } l_y > 0,\ l_r < 0)$$

IS–LM 모형은 외생변수 t, g, M이 변할 때 내생변수 y와 r이 어떻게 변하는가를 분석하고자 한다. 음함수정리를 사용할 수 있는 충분조건을 생각해 보자. $(y_0, r_0, t_0, g_0, M_0)$에서 위의 연립방정식이 만족되고 F와 G는 모든 변수에 관하여 연속인 편도함수를 갖는다고 하자. 또한

$$J(y, r) = \frac{\partial(F, G)}{\partial(y, r)} = \begin{vmatrix} 1-c' & -I' \\ -l_y & -l_r \end{vmatrix} = -[(\underset{\oplus}{1-c'})\underset{\ominus}{l_r} + \underset{\ominus}{I'}\,\underset{\oplus}{l_y}] > 0$$

이다.

$J(y, r) > 0$은 $(y_0, r_0, t_0, g_0, M_0)$에서도 성립하여 음함수정리 사용할 수 있다. 음함수정리 의하여 주어진 연립방정식은 두 개의 음함수를 정의한다.

$$y = y(t, g, M)$$
$$r = r(t, g, M)$$

두 음함수를 주어진 연립방정식에 대입하면 다음의 항등식을 얻는다.

$$y(t, g, M) - c(y(t, g, M) - t) - I(r(t, g, M)) - g \equiv 0$$
$$M - l(y(t, g, M), r(t, g, M)) \equiv 0$$

g의 증가가 y와 r에 미치는 효과를 분석하기 위하여 두 항등식을 g에 관하여 편미분하면 다음과 같다.

$$\frac{\partial y}{\partial g} - c'\frac{\partial y}{\partial g} - I'\frac{\partial r}{\partial g} - 1 = 0$$

$$-l_y\frac{\partial y}{\partial g} - l_r\frac{\partial r}{\partial g} = 0$$

행렬로 표시하면,

$$\begin{bmatrix} 1-c' & -I' \\ -l_y & -l_r \end{bmatrix} \begin{bmatrix} \dfrac{\partial y}{\partial g} \\ \dfrac{\partial r}{\partial g} \end{bmatrix} = \begin{bmatrix} 1 \\ 0 \end{bmatrix}$$

크래머공식 또는 역행렬을 이용하여 풀면,

$$\frac{\partial y}{\partial g} = \frac{l_r}{(1-c')l_r + I' l_y} > 0$$

$$\frac{\partial r}{\partial g} = \frac{-l_y}{(1-c')l_r + I' l_y} > 0$$

이다. 즉, 정부지출이 증가하면 균형국민소득과 균형이자율이 동시에 증가한다.

같은 방법으로 통화량의 증대효과를 분석하기 위해 주어진 연립방정식을 M에 관하여 편미분한 후, $\frac{\partial y}{\partial M}$과 $\frac{\partial r}{\partial M}$을 구하면,

$$\frac{\partial y}{\partial M} = \frac{I'}{(1-c')l_r + I' l_y} > 0$$

$$\frac{\partial r}{\partial M} = \frac{1-c'}{(1-c')l_r + I' l_y} < 0$$

이다. 즉, 통화공급의 증대는 균형국민소득을 증가시키고, 균형이자율은 하락시킨다. 음함수정리를 이용한 대수적 분석의 결과는 그래프를 이용한 분석의 결과와 동일함을 알 수 있다.

편미분법은 하나의 외생변수가 변할 때 내생변수가 어떻게 변하는가를 분석할 때 편리하다. 반면에 두 개 이상의 외생변수가 동시에 내생변수에 미치는 효과를 분석하기 위해서는 전미분법에 의한 분석을 해야 한다.

$$y - c(y-t) - I(r) - g = 0$$
$$M - 1(y, r) = 0$$

을 전미분하면,

$$dy - c'(dy - dt) - I' dr - dg = 0$$

$$dM - l_y dy - l_r dr = 0$$

이다. 행렬로 다시 쓰면,

$$\begin{bmatrix} 1-c' & -I' \\ -l_y & -l_r \end{bmatrix} \begin{bmatrix} dy \\ dr \end{bmatrix} = \begin{bmatrix} -c'dt+dg \\ -dM \end{bmatrix}$$

이다. 크래머공식 또는 역행렬을 이용하여 dy와 dr을 구하면

$$\begin{bmatrix} dy \\ dr \end{bmatrix} = \frac{1}{(1-c')l_r + I'l_y} \begin{bmatrix} l_r(-c'dt+dg) + I'dM \\ -l_y(-c'dt+dg) + (1-c')dM \end{bmatrix}$$

이다. 전미분 dy를 알면, 함수 $y=y(t,\ g,\ M)$의 모든 편도함수를 구할 수 있고, 전미분 dr을 알면 함수 $r=r(r,\ g,\ M)$의 모든 편도함수를 구할 수 있다. 예를 들어,

$$dy = \frac{1}{(1-c')l_r + I'l_y}\ [l_r(-c'dt+dg) + I'dM]$$

일 때 $\frac{\partial y}{\partial g}$는 $dt=dM=0$으로 놓고 양변을 dg로 나누면

$$\frac{\partial y}{\partial g} = \frac{l_r}{(1-c')l_r + I'l_y} > 0$$

을 얻는다. 같은 방법으로

$$dr = \frac{1}{(1-c')l_r + I'l_y}[-l_y(-c'dt+dg) + (1-c')dM]$$

을 이용하여 $\frac{\partial r}{\partial M}$을 구할 수 있다. 즉 $dt=dg=0$으로 놓은 후 양변을 dM으로 나누면,

$$\frac{\partial r}{\partial M} = \frac{1-c'}{(1-c')l_r + I'l_y} < 0$$

이다.

전미분을 이용하면 2개 이상의 외생변수가 동시에 변할 때 내생변수에 미치는 효과를 분석할 수 있다. 예를 들어 $dM=0$이나 동액의 정부지출과 조세를 증가시킬 때 균형국민소득에 미치는 효과를 분석해 보자. 전미분 dy의 식에서 $dM=0$, $dt=dg>0$로 놓고 정리하면,

$$dy=\frac{l_r(-c'dt+dg)}{(1-c')l_r+I'l_y}=\frac{l_r(1-c')dg}{(1-c')l_r+I'l_y}$$

이다. 양변을 dg로 나누면,

$$\frac{\partial y}{\partial g}=\frac{l_r(1-c')}{(1-c')l_r+I'l_y}$$

$$=\frac{(1-c')}{(1-c')+\frac{I'l_y}{l_r}}$$

또는

$$\frac{\partial y}{\partial g}=\frac{1}{1+\phi}\quad (\text{단, } \phi=\frac{I'l_y}{(1-c')l_r})$$

이다. ϕ의 분모와 분자는 모두 음수이므로 $\phi>0$ 이다. 따라서 화폐시장을 도입하면 균형재정승수는 1보다 작다. 이는 정부지출과 조세가 동액만큼 증가하면 이자율이 상승하여 투자를 감소시키는 소위 구축효과가 일어나기 때문이다. 구축효과의 크기는 ϕ의 구성요인인 네 가지에 달려 있다.

첫째, 화폐에 대한 수요가 소득의 변화에 민감하게 반응할수록(l_y가 클수록) 확장적 재정정책은 화폐시장에서 보다 큰 화폐의 초과수요를 일으켜 이자율을 보다 큰 폭으로 상승시키므로 구축효과는 더욱 커진다.

둘째, 화폐에 대한 수요가 이자율의 변화에 덜 민감하게 반응할수록(l_r의 절대값이 작을수록) 화폐시장의 초과수요를 없애기 위하여 이자율이 보다 큰 폭으로 상승하게 되므로 구축효과는 더욱 커진다.

셋째, 투자지출이 이자율의 변화에 대하여 민감하게 반응할수록(I'의 절대값이 클수록) 이자율 상승에 대한 투자지출의 감소폭은 더욱 커진다.

넷째, 한계소비성향 c'가 크면 클수록 지출승수는 커진다. 따라서 이자

율의 상승으로 투자가 감소할 때 소비와 산출량이 더욱 크게 감소하므로 구축효과는 더욱 커진다.

만약 *LM*곡선의 기울기 $-\frac{l_y}{l_r}$이 0이면 균형재정승수는 단순모형과 마찬가지로 1이 됨을 알 수 있다.

13. 5 재정정책과 금융정책의 상대적 효과

음함수 정리를 이용하면 *IS*곡선과 *LM*곡선의 기울기는

$$\left.\frac{\partial r}{\partial y}\right|_{IS}=\frac{1-c'}{I'}, \qquad \left.\frac{\partial r}{\partial y}\right|_{LM}=-\frac{l_y}{l_r}$$

이다. *IS*곡선은 한계소비성향(c')이 작을수록, 이자율에 대한 투자의 반응도가 작을수록(I'의 절대값이 작을수록) 더욱 가파른 곡선이 된다. *IS*곡선의 기울기의 절대값이 커지는 이유는 통상적인 승수이론으로 설명할 수 있다. 이자율이 상승하면 투자지출이 감소하여 이는 국민소득을 감소시킨다. 국민소득의 감소는 다시 소비지출을 감소시키고 이는 다시 국민소득을 감소시킨다. 만약 투자지출이 이자율에 대하여 민감하지 않다면, 이자율의 상승은 투자지출을 크게 줄이지 않으므로 국민소득 역시 크게 줄지 않는다. 더욱이 한계소비성향(c')이 작다면 국민소득 감소에 따른 소비지출의 감소폭은 승수효과가 작용되는 과정에서 점점 작아진다. 따라서 I'의 절대값과 c'의 크기가 작을수록, 이자율에 상승할 때 국민소득을 크게 감소시키지 않고서도 새로운 균형을 이룬다.

*LM*곡선의 기울기는 화폐의 수요가 소득에 대하여 민감할수록(l_y가 클수록), 이자율에 대하여는 덜 민감할수록(l_r의 절대값이 작을수록) *LM*곡선의 기울기는 더욱 가파르게 된다.

예를 들어 국민소득이 증가하면 화폐의 수요가 증가하여 화폐시장에서 화폐에 대한 초과수요가 발생한다. 만약 화폐의 수요가 국민소득의 증가에 대하여 민감하다면 화폐시장의 초과수요는 매우 크게 되어 보다 큰 폭의

이자율 상승이 요구된다. 더욱이 화폐의 수요가 이자율의 변화에 민감하지 않다면 같은 양의 초과수요를 없애기 위해 보다 높은 이자율의 상승이 요구된다. 따라서 l_y가 클수록, l_r의 절대값이 작을수록 일정량의 국민소득이 증가할 때 화폐시장의 균형을 달성하기 위하여 대폭적인 이자율의 상승이 요구되므로 *LM*곡선의 기울기는 커지게 된다.

순수한 재정정책은 통화량을 변화시키지 않고 정부지출이나 조세를 변화시키는 것을 말한다. 따라서 정부지출을 변화시킬 때 그 재원을 조세수입의 증대나 국공채발행의 증가로 마련하는 것이 재정정책이다. 반면에 금융정책은 정부지출이나 조세를 변화시키지 않고 화폐의 공급을 변화시키는 정책이다. 그렇다면 정부가 두 정책 중 하나를 더 선호하는 이유는 무엇인가?

첫째, 두 정책의 효과가 I', c', l_y, l_r의 크기에 달려 있는데 이 크기에 대한 믿음이 다르기 때문이다.

$$\frac{\partial y}{\partial g}=\frac{l_r}{(1-c')l_r+I'l_y}>0,\quad \frac{\partial y}{\partial M}=\frac{I'}{(1-c')l_r+I'l_y}>0$$

에서, 만약 $l_r=0$이면

$$\frac{\partial y}{\partial g}=0,\qquad \frac{\partial y}{\partial M}=\frac{1}{l_y}>0$$

이고, 만약 $l_r=-\infty$이면

$$\frac{\partial y}{\partial g}=\frac{1}{1-c'},\qquad \frac{\partial y}{\partial M}=0$$

이다. 즉, 화폐수요가 이자율에 대하여 매우 비탄력적이라면(가파른 *LM*곡선이라면), 금융정책은 효과가 있으나 재정정책은 효과가 작다. 반면에 화폐수요가 이자율에 매우 탄력적이라면 재정정책은 효과가 있으나 금융정책의 효과는 작다. 특히 *LM*곡선이 수평인 극단적인 경우에는 금융정책의 효과는 없다.

또한 I'이 작다면 (가파른 *IS*곡선이라면)

$$\frac{\partial y}{\partial g}=\frac{1}{1-c'}, \quad \frac{\partial y}{\partial M}=0$$

에 가깝다. 따라서 재정정책은 효과가 있으나 금융정책은 효과가 작다. 그러나 I'의 값이 크다면(완만한 기울기의 IS곡선이라면) 재정정책은 효과가 작고, 금융정책은 효과가 크다. 결론적으로 재정정책과 금융정책의 상대적 유용성은 l_r과 I'의 크기에 대한 믿음의 차이에 기인한다. 두 정책의 상대적 유용성의 또 다른 측면은 정책의 효과가 얼마나 빨리 발생하는가에 달려 있다. 비교정태분석은 새로운 균형점에 얼마나 빨리 도달하는가에 대하여는 아무런 정보를 제공하지 못한다.

둘째, 두 정책이 국제수지에 미치는 효과가 다르다. 화폐공급의 증가는 국민소득을 증가시켜 무역수지를 악화시키는 동시에, 이자율의 하락으로 순자본유입의 감소를 가져와 무역수지와 자본수지 모두(무역수지와 자본수지의 합인 국제수지)를 악화시킨다. 반면에 정부지출을 증가시키는 재정정책은 국민소득과 이자율이 동시에 상승하므로 무역수지는 악화시키나 자본수지는 개선시키는 효과가 있다.

셋째, 두 정책은 투자지출에 서로 다른 영향을 미친다. 확장적 재정정책은 이자율의 상승을 통한 투자지출의 감소를 가져오지만, 확장적 금융정책은 이자율의 하락을 통한 투자지출의 증가를 가져온다. 투자지출은 총수요

그림 13-8 LM곡선의 기울기가 다른 경우 재정정책의 효과

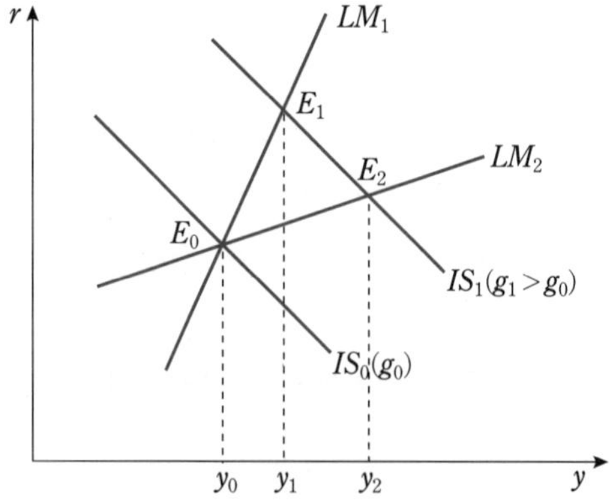

그림 13-9 *IS*곡선의 기울기가 다른 경우 금융정책의 효과

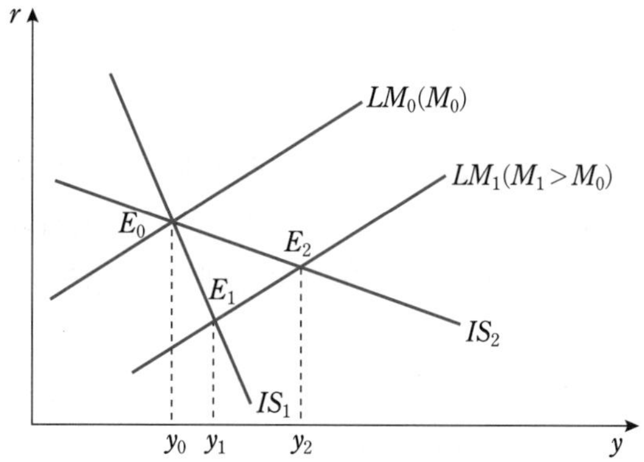

의 한 구성부분이기도 하지만 투자수준은 한 나라 경제의 미래 자본존재량의 크기에도 영향을 미치므로 이 두 효과를 고려할 때 바람직한 투자수준이 얼마인가에 따라 거시정책은 영향을 받는다.

[그림 13-8]은 *LM*곡선이 완만할수록 확대재정정책은 국민소득을 더 많이 증가시키는 효과가 있음을 보여준다. 또한 화폐공급의 증가로 이자율이 하락하면, *IS*곡선의 기울기가 완만할수록 투자의 이자율 탄력도가 크므로 투자가 크게 증가하여 금융정책의 효과가 크다([그림 13-9] 참조).

연습문제

1. 생산함수가 다음과 같을 때 아래 사항에 답하라.

$Y=A[\delta L^{-\alpha}+(1-\delta)K^{-\alpha}]^{\frac{-c}{\alpha}}$ (단, $0<\delta<1$, A, δ, α, $c>0$)

여기서 Y=산출량, L=노동투입량, K=자본투입량.

(1) 위의 생산함수는 몇 차의 동차함수인가?

(2) *MRTS*를 구하라.

(3) $\dfrac{MP_L}{MP_K}$는 몇 차의 동차함수인가?

(4) 대체탄력도 σ를 구하라.

(5) 오일러의 정리가 성립하는 것을 보여라.

2. 한 소비자는 두 재화 q_1과 q_2를 소비하며, 효용함수는 $u=q_1q_2$라 하자. 소득 $Y=150$, q_1과 q_2의 단위당 가격이 각각 $p_1=15$, $p_2=5$일 때 극대의 만족을 얻기 위한 q_1과 q_2를 결정하라.

3. 한 국민경제가 가계, 기업, 정부로 구성되어 있다고 가정하자. 다음과 같은 단순한 케인즈의 국민소득모형이 주어졌을 때 아래 사항에 답하라.

소비함수: $C=a+bY(a>0,\ 0<b<1)$

투자함수: $I=\bar{I}$

정부지출함수: $G=\bar{G}$

조세수입함수: $T=\bar{T}$

재화시장의 균형조건: $Y=C+I+G$

(1) 균형국민소득 Y^*를 구하라.

(2) 투자승수 $\dfrac{\partial Y^*}{\partial \bar{I}}$를 구하라.

(3) 정부가 동액의 정부지출과 조세징수를 증가시킬 때, 즉 $d\bar{G}=d\bar{T}$일 때 균형예산승수(blanced budget multiplier) $\dfrac{\partial Y^*}{\partial G}$를 구하라.

4. 한 국민경제가 가계, 기업, 정부로 구성되어 있다고 가정하자. 재화시장과 화폐시장의 균형을 나타내는 방정식이 다음과 같을 때 아래 사항에 답하라.

재화시장의 균형조건: $Y=a+b+(Y-\bar{T})+\bar{I}+ci+\bar{G}$,

$(a>0,\ 0<b<1,\ c<0,\ \bar{I}=$독립투자$)$

화폐시장의 균형조건: $\bar{M}=l_1Y+l_2i\ \ (l_1>0,\ l_2<0)$

(1) 균형국민소득 Y^*와 균형이자율 i^*를 구하라.

(2) 투자승수 $\dfrac{\partial Y^*}{\partial \bar{I}}$를 구하라. 연습문제 3의 (2)에서 얻은 투자승수와 비교하고 그 차이가 나는 이유를 설명하라.

5. 한 재화시장의 수요함수와 공급함수가 다음과 같은 일반함수형태로 주어졌다고 하자.

수요함수: $q_d = f(p,\ \alpha)$, $\dfrac{\partial f}{\partial p} < 0$, $\dfrac{\partial f}{\partial \alpha} > 0$

공급함수: $q_s = g(p)$, $g' > 0$

균형조건: $q_d = q_s$

균형가격과 균형수급량을 p^* 및 q^*라 할 때, $\dfrac{dp^*}{d\alpha}$와 $\dfrac{dq^*}{d\alpha}$의 부호를 결정하라.

제14장

적 분 법

14.1 부정적분

지금까지 배운 미분법과는 반대로 하나의 도함수가 주어졌을 때 이러한 도함수를 갖는 함수를 구하는 과정을 역미분법이라 부르며, 그렇게 구한 함수를 주어진 함수의 역도함수(antiderivative) 또는 적분(integral)이라 한다.

예를 들어 $\dfrac{dF(x)}{dx}=f(x)=2x$가 주어졌을 때 이러한 도함수를 갖는 함수 $F(x)$를 구하는 문제를 생각해 보자. 우리의 경험으로 $F(x)=x^2$의 도함수가 $2x$인 것을 안다. 그러나, 상수의 도함수는 0이므로, $F(x)=x^2$에 임의의 상수 c를 더한 함수 $F(x)+c=x^2+c$의 도함수도 $2x$가 된다. 일반적으로 $F(x)$의 도함수가 $f(x)$이면 $F(x)+c$의 도함수도 $f(x)$가 된다. 따라서, $F(x)$가 $f(x)$의 하나의 역도함수일 때, 일반적인 $f(x)$의 역도함수는 $F(x)+c$로 표시할 수 있다. 이러한 일반적인 역도함수 $F(x)+c$를 $f(x)$의 부정적분이라 한다.

$f(x)$의 x에 관한 적분을 표시하기 위해 다음과 같은 특별한 기호를 사용한다.

$$\int f(x)dx=F(x)+c.$$

여기서 $\int$을 적분기호(integral sign), $f(x)$를 피적분함수(integrand), c를 적분상수라 한다.

적분기호 $\int$을 두 가지로 해석할 수 있다. 한 가지 방법은

$$\int \cdots dx$$

기호를 $\frac{d}{dx}$를 역으로 행하라는 기호로 해석할 수 있다. 즉, $\int$과 dx를 붙어 있는 두 개의 기호로 생각하여 $\int$은 적분연산기호, dx는 연산을 변수 x에 관해서 행하라는 것을 나타내는 기호로 해석할 수 있다.

또다른 해석은 $f(x)dx$를 하나의 기호로 간주하는 것이다. $f(x)dx$를 미분으로 표시하면 $dF(x)$가 된다. 따라서

$$\int f(x)dx = \int dF(x)$$

이므로

$$\int dF(x) = F(x) + c$$

라 표시할 수 있다. 마지막 식의 의미는 함수 $F(x)$의 미분 $dF(x)$를 적분하면 $\left(\int\right)$ 함수 $F(x)$에 적분상수를 더한 식이 된다는 것이다. 즉, dx가 없는 적분에서 적분기호 $\int$은 미분기호 d로 표시되는 미분연산의 반대과정을 행하라는 표시로 해석할 수 있다. 그러므로 $\int f(x)dx$는 미분 $f(x)dx$ 자체를 피적분함수로 보고, $\int$은 d의 과정을 역으로 행하라는 표시로 해석한다.

함수 f의 부정적분 $F(x)+c$는 수가 아니라 하나의 함수임에 유의해야 한다.

우리가 배운 미분공식으로부터 얻을 수 있는 적분공식을 소개한다.

[공식 1] $\int du = u + c$

[공식 2] $\int a\, du = au + c$, a는 상수

[공식 3] $\int [f(u) + g(u)]du = \int f(u)du + \int g(u)du$

[공식 4] $\int u^n du = \frac{u^{n+1}}{n+1} + c$, $n \neq -1$

[공식 5] $\int \frac{du}{u} = \ln|u| + c$

[공식 6] $\int a^u du = \frac{a^u}{\ln a} + c,\ a > 0,\ a \neq 1$

[공식 7] $\int e^u du = e^u + c$

[공식 8] $\int \sin u\ du = -\cos u + c$

[공식 9] $\int \cos u\ du = \sin u + c$

[공식 10] $\int \sec^2 u\ du = \tan u + c$

[공식 11] $\int \csc^2 u\ du = -\cot u + c$

[공식 12] $\int \sec u \tan u\ du = \sec u + c$

[공식 13] $\int \csc u \cot u\ du = -\csc u + c$

[공식 14] $\int \tan u\ du = \ln \sec u + c$

[공식 15] $\int \cot u\ du = \ln \sin u + c$

[공식 16] $\int \sec u\ du = \ln(\sec u + \tan u) + c$

[공식 17] $\int \csc u\ du = \ln(\csc u - \cot u) + c$

[공식 18] $\int \frac{du}{\sqrt{a^2 - u^2}} = \sin^{-1}\frac{u}{a} + c$

[공식 19] $\int \frac{du}{a^2 + u^2} = \frac{1}{a}\tan^{-1}\frac{u}{a} + c$

[공식 20] $\int \frac{du}{u\sqrt{u^2 - a^2}} = \frac{1}{a}\sec^{-1}\frac{u}{a} + c$

예제 1

$$\int \frac{1}{4x+3}dx = \frac{1}{4}\ln|4x+3| + c$$

예제 2

$$\int \frac{dx}{\sqrt{4-x^2}} = \sin^{-1}\frac{x}{2} + c.$$

예제 3

$$\int\left(3e^x + \frac{1}{x^2} + 4x + 3\right)dx = \int 3e^x dx + \int \frac{1}{x^2}dx + \int 4x\ dx + \int 3dx$$

$$= 3e^x - \frac{1}{x} + 2x^2 + 3x + c.$$

14.2 적 분 법

미분에 관한 일반적인 공식은 있지만 적분에 관한 일반적인 공식은 없고, 단지 주어진 함수의 적분은 우리가 이미 알고 있는 미분의 결과로부터 유추해서 얻을 수밖에 없으므로 본질적으로 적분이 미분보다 훨씬 어렵다. 사실상

$$\int e^{-x^2}dx,\ \int \sin x^2 dx,\ \int \sqrt{1+x^4}\ dx$$

등과 같은 적분은 언뜻 보기에는 매우 간단해 보이지만 실제로는 우리가 알고 있는 초등함수로 표현되지 않는다.

적분에 관한 일반적인 공식이 없으므로 적분을 구하기 위해 많은 시행착오를 하게 된다. 이러한 시행착오를 줄이는 방법의 하나는 우리가 이미 알

고 있는 적분공식을 사용할 수 있도록 적분의 형태를 적당히 변형시키는 것이다. 적분의 형태를 변형하는 방법은 여러 가지가 있으나, 이들 중에서 가장 중요한 부분적분법과 치환적분법만을 차례로 소개하기로 한다.

피적분함수가 곱 또는 로그 형태를 취하고 있을 때에는 적분공식을 직접 사용하여 계산할 수 없다. 이러한 경우, 우리가 알고 있는 표준형으로 피적분함수를 변형하는 데 가장 많이 사용되는 방법이 부분적분법(integration by parts)이다.

u와 v가 x의 함수일 때 두 함수의 곱을 미분으로 표시하면 다음과 같다.

$$d\,(uv)=u\,dv+v\,du.$$

위의 식을 변형하면,

$$u\,dv=d\,(uv)-v\,du.$$

양변을 적분하면,

[공식 21] $\int u\,dv=uv-\int v\,du$

가 된다. 이것이 부분적분공식이다. 물론 이 공식의 유용성은 $\int u\,dv$는 계산하기가 곤란하지만 $\int v\,du$와 $\int dv$가 계산이 용이하도록 u와 dv를 어떻게 적절하게 선택하는가에 달려 있다.

불행하게도 피적분함수가 주어졌을 때 어느 부분을 u로 정하고, 어느 부분을 dv로 정할 것인가 하는 일반적인 법칙은 없다. 그러나, dx는 언제나 dv의 한 부분이 되어야 하고, $\int dv$는 계산될 수 있어야 한다는 점에 유의하라. 많은 경우 피적분함수에 $\ln x$가 포함되면 $\ln x$는 u에 포함시키고 e^x가 포함되면 e^x를 dv부분에 포함시킨다. 또한 피적분함수가 1, x, x^2과 삼각함수의 곱인 경우에는 삼각함수 부분을 dv에 포함시키면 적분이 쉬워지는 경우가 많다.

예제 4

$\int \ln x \, dx$를 구하라.

풀이

$u = \ln x$, $dv = dx$라 하면,

$du = \frac{1}{x} dx$, $v = x$

$$\int \ln x \, dx = \int u \, dv = uv - \int v \, du$$
$$= x \ln x - \int dx$$
$$= x \ln x - x + c = x(\ln x - 1) + c.$$

예제 5

$\int x \ln x \, dx$를 구하라.

풀이

$u = \ln x$, $dv = x \, dx$라 하면,

$du = \frac{1}{x} dx$, $v = \frac{1}{2} x^2$

$$\int x \ln x \, dx = \int u \, dv = uv - \int v \, du$$
$$= \frac{1}{2} x^2 \ln x - \frac{1}{2} \int x dx$$
$$= \frac{1}{2} x^2 \ln x - \frac{1}{4} x^2 + c$$

예제 6

$\int x^2 e^{-x} dx$를 구하라.

$u = x^2$, $dv = e^{-x} dx$라 하면,

$du = 2x \, dx$, $v = -e^{-x}$

$$\int x^2 e^{-x} dx = \int u \, dv = uv - \int v \, du$$
$$= -x^2 e^{-x} + 2 \int x e^{-x} \, dx$$

$\int xe^{-x}dx$를 구하기 위해 다시 한번 부분적분법을 사용하자.

$u=x$, $dv=e^{-x}dx$라 하면,

$du=dx$, $v=-e^{-x}$

$$\begin{aligned}\int xe^{-x}dx &= \int u\ dv = uv - \int v\ du \\ &= -xe^{-x} + \int e^{-x}dx \\ &= -xe^{-x} - e^{-x} + c.\end{aligned}$$

따라서,

$$\begin{aligned}\int x^2e^{-x}dx &= -x^2e^{-x} + 2(-xe^{-x} - e^{-x}) + c \\ &= -e^{-x}(x^2 + 2x + 2) + c.\end{aligned}$$

경우에 따라서는 적분변수를 적당히 바꾸어 주면 주어진 적분이 우리가 알고 있는 기본공식의 한 형태로 변형된다. 함수 $F(u)$가 주어지고 $u=u(x)$라 하면, 연쇄법칙에 의해 다음이 성립한다.

$$\frac{d}{dx}F(u) = F'(u)\frac{du}{dx} = f(u)\frac{du}{dx}.$$

$f(u)\dfrac{du}{dx}$가 $F(u)$의 도함수이므로, 부정적분의 정의에 의하여

[공식 22] $\int f(u)\frac{du}{dx}dx = F(u) + c = \int f(u)du.$

임을 알 수 있다. 이 공식을 이용하는 적분법을 치환적분법(integration by substitution)이라 한다.

예제 7

$\int x\sqrt{x+1}\,dx$를 구하라.

풀이

$u=x+1$이라 하면 $du=dx$, 또한 $x=u-1$이므로,

$$\begin{aligned}\int x\sqrt{x+1}\,dx &= \int (u-1)\sqrt{u}\,du \\ &= \int (u^{3/2}-u^{1/2})du \\ &= \frac{2}{5}u^{5/2}-\frac{2}{3}u^{3/2}+c \\ &= \frac{2}{5}(x+1)^{5/2}-\frac{2}{3}(x+1)^{3/2}+c.\end{aligned}$$

예제 8

$\int (ax+b)^n dx$를 구하라.

풀이

$u=ax+b$라 하면, $du=a\ dx$ 또는 $dx=\frac{1}{a}du$가 된다.

$$\begin{aligned}\int (ax+b)^n dx &= \frac{1}{a}\int u^n du = \frac{1}{a(n+1)}u^{n+1}+c \\ &= \frac{1}{a(n+1)}(ax+b)^{n+1}+c.\end{aligned}$$

예제 9

$\int \frac{x^2+2x}{(x^3+3x^2-7)^4}dx$를 구하라.

풀이

$u=x^3+3x^2-7$이라 하면, $du=(3x^2+6x)dx$가 된다.

$$\begin{aligned}\therefore \int \frac{x^2+2x}{(x^3+3x^2-7)^4}dx &= \frac{1}{3}\int \frac{du}{u^4} = -\frac{1}{9u^3}+c \\ &= -\frac{1}{9(x^3+3x^2-7)^3}+c\end{aligned}$$

14.3 정 적 분

정적분은 부정적분과는 달리 하나의 실수이다. 원래 적분의 개념은 면적을 계산할 목적으로 발전되었으므로, 먼저 면적을 정의하고 이 정의를 정적분과 연관시켜 보자.

직사각형의 면적은 정의에 의해서 폭과 높이의 곱이다. 그러나 임의로 만들어진 평면의 면적은 표현하기가 어려운데 이러한 경우의 면적을 정의해 보자.

함수 $y=f(x)$는 $a \leqq x \leqq b$에서 연속이고 양인 함수($f(x)>0$)라 하자. x축 위에 $a=x_0<x_1<x_2<\cdots<x_{n-1}<x_n=b$가 되는 점 x_0, x_1, x_2, $\cdots$, x_n을 삽입하여 a에서 b까지의 구간을 n개의 부분구간으로 분할하자([그림 14-1] 참조).

또한, x_{i-1}에서 x_i까지의 i번째 구간의 길이를 Δx_i라 하자.

$$\Delta x_i = x_i - x_{i-1} \quad (i=1,\ 2,\ \cdots,\ n).$$

끝으로 구간 $x_{i-1} \leqq x \leqq x_i (i=1,\ 2,\ \cdots,\ n)$에서 임의로 선택된 점을 c_i라 하자.

그림 14-1 정적분과 면적

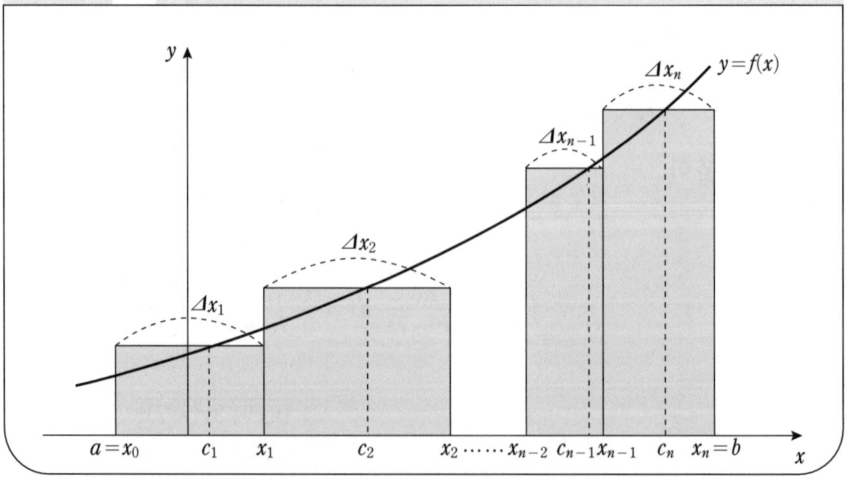

$$S_n = f(c_1)\Delta x_1 + f(c_2)\Delta x_2 + \cdots + f(c_n)\Delta x_n$$

이라 하면, $f(c_1)\Delta x_1$은 구간 $x_0 \leqq x \leqq x_1$에서 폭 Δx_1 및 높이 $f(c_1)$인 직사각형의 면적이 된다. 마찬가지로, $f(c_n)\Delta x_n$은 구간 $x_{n-1} \leqq x \leqq x_n$에서 폭과 높이가 각각 Δx_n 및 $f(c_n)$인 직사각형의 면적이다. 따라서, S_n은 곡선 $y=f(x)$, x축, $x=a$ 및 $x=b$로 둘러싸인 면적 A의 근사치가 되는 것을 직관적으로 알 수 있다.

Δx_1, Δx_2, $\cdots$, Δx_n 중에서 가장 큰 것을 M_n으로 표시하고 x_0, x_1, $\cdots$, x_n이 $\lim_{n\to\infty} M_n = 0$이 되도록 선택되었다고 하자. 또한 $\lim_{n\to\infty} S_n$이 존재하며, $\lim_{n\to\infty} S_n$은 x_0, x_1, $\cdots$, x_n 및 c_1, c_2, $\cdots$, c_n의 선택과는 독립적일 때(사실상 $f(x)$가 $a \leqq x \leqq b$에서 연속이면 이것이 성립한다),

$$\text{면적 } A = \lim_{n\to\infty} S_n$$

이라고 정의한다.

정적분의 정의는 면적의 정의로부터 연유되지만 한 가지 차이점은, 정적분에서는 $f(x)$가 $a \leqq x \leqq b$에 대해서 반드시 양인 함수라고 가정하지는 않는다는 것이다.

$$S_n = f(c_1)\Delta x_1 + f(c_2)\Delta x_2 + \cdots + f(c_n)\Delta x_n = \sum_{i=1}^{n} f(c_i)\Delta x_i$$

일 때 S_n을 구간 $a \leqq x \leqq b$에서 함수 $f(x)$의 리이만합(Riemann sum)이라 한다. 물론 S_n은 c_1, c_2, $\cdots$, c_n의 선택과 $a = x_0 < x_1 < x_2 < \cdots < x_n = b$의 구간을 어떻게 분할하느냐에 따라 달라진다.

만약 $\lim_{n\to\infty} S_n$이 존재하고, 이 극한값이 c_1, c_2, $\cdots$, c_n 및 구간분할방법의 선택과는 독립적이라면, 함수 $y=f(x)$는 구간 $a \leqq x \leqq b$에서 적분가능하다고 한다.

$y=f(x)$가 구간 $a \leqq x \leqq b$에서 적분가능하면, $\lim_{n\to\infty} S_n$을 $\int_a^b f(x)dx$로 나타낸다. 즉, 정의에 의해서 다음 관계가 성립한다.

$$\int_a^b f(x)dx = \lim_{n\to\infty} \left\{ \sum_{i=1}^{n} f(c_i)\Delta x_i \right\}.$$

$\int_a^b f(x)dx$를 $f(x)$의 $x=a$에서 $x=b$까지의 정적분이라 하며, 함수 $f(x)$를 피적분함수, a와 b를 적분한계, a를 하한, b를 상한이라 각각 부른다.

또한 정적분의 정의에서 우변의 극한은 사용되는 변수와는 무관하므로

$$\int_a^b f(x)dx = \int_a^b f(z)dz = \int_a^b f(t)dt$$

가 된다. 따라서 정적분에 사용되는 변수를 더미변수(dummy variable)라 한다.

$a \leq x \leq b$에서 $f(x) \geq 0$이고 적분가능하면, $f(x)$, x축, 직선 $x=a$ 및 $x=b$로 둘러싸인 면적 A는 다음과 같다.

$$A = \int_a^b f(x)dx.$$

일반적으로 정적분의 계산을 그 정의에 의해서 직접 계산하는 것은 어려우므로 다음 [정리 14-3-3]에 의해서 부정적분을 이용하여 계산한다. [정리 14-3-3]을 증명하기 위해 [정리 14-3-1] 및 [정리 14-3-2]를 먼저 증명한다.

정리 14-3-1 적분에 관한 평균치정리

함수 $f(x)$가 구간 $a \leq x \leq b$에서 연속이면 a와 b 사이에 있는 적어도 한 점 $\bar{x}$에 대해서 다음 관계가 성립한다.

$$f(\bar{x}) = \frac{1}{b-a}\int_a^b f(x)\ dx \quad (a \leq \bar{x} \leq b)$$

증 명

구간 $[a,\ b]$ 사이에서 함수 $f(x)$의 최소값과 최대값을 각각 $m=f(c)$ 및 $M=f(d)$라 하자. 그러면, 다음 식이 성립한다.

$$m(b-a) \leq \int_a^b f(x)\ dx \leq M(b-a).$$

양변을 $(b-a)$로 나누면,

그림 14-2 적분에 관한 평균치정리

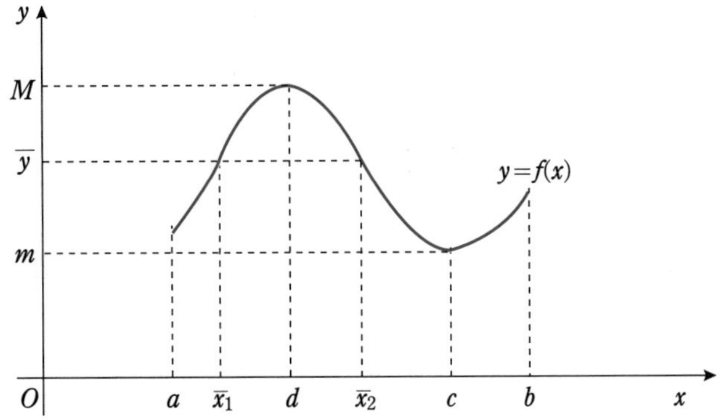

$$m \leqq \bar{y} = \frac{1}{b-a}\int_a^b f(x)\ dx \leqq M.$$

함수 $f(x)$가 연속이고 $\bar{y}$는 함수 $f(x)$가 가질 수 있는 두 값 m과 M 사이에 있으므로 $\bar{y}$는 $f(x)$가 구간내에서 가질 수 있는 값 중에 하나가 되어야 한다. 즉, a와 b 사이에 $\bar{y}=f(\bar{x})$를 만족시키는 $\bar{x}$가 적어도 한 개 존재한다([그림 14-2] 참조). 따라서 다음 관계가 성립한다.

$$f(\bar{x}) = \frac{1}{b-a}\int_a^b f(x)\ dx\ \ (a \leqq \bar{x} \leqq b).$$ Q.E.D.

정리 14-3-2

함수 $f(x)$가 폐구간 $a \leqq x \leqq b$ $(a<b)$에서 연속일 때 폐구간 $a \leqq x \leqq b$에서 정의된 함수

$$F(x) = \int_a^x f(t)\ dt$$

는 함수 $f(x)$의 하나의 부정적분이다. 즉, $F'(x)=f(x)$이다.

증 명

도함수의 정의에 의해서 $F'(x)$는 다음과 같다.

$$F'(x)=\lim_{\Delta x\to 0}\frac{F(x+\Delta x)-F(x)}{\Delta x}=\lim_{\Delta x\to 0}\frac{1}{\Delta x}\int_x^{x+\Delta x}f(t)\ dt$$

$$(\because\ F(x+\Delta x)-F(x)=\int_a^{x+\Delta x}f(t)\ dt-\int_a^x f(t)\ dt=\int_x^{x+\Delta x}f(t)\ dt)$$

[정리 14-3-1]의 평균치정리에 의해 다음이 성립한다.

$$\frac{1}{\Delta x}\int_x^{x+\Delta x}f(t)\ dt=f(c)\quad (x\leqq c\leqq x+\Delta x)$$

$\Delta x\to 0$일 때 $c\to x$이고 함수 $f(x)$가 연속이므로 다음 관계가 성립한다.

$$F'(x)=\lim_{\Delta x\to 0}\frac{1}{\Delta x}\int_x^{x+\Delta x}f(t)\ dt$$

$$=\lim_{\Delta x\to 0}f(c)=\lim_{c\to x}f(c)=f(x).$$

Q.E.D.

정리 14-3-3 미적분학의 기본정리

함수 $f(x)$는 폐구간 $a\leqq x\leqq b$에서 연속이라 가정하자. $F(x)$가 폐구간 $a\leqq x\leqq b$에서 $f(x)$의 임의의 부정적분이면 다음 식이 성립한다.

$$\int_a^b f(x)\ dx=F(b)-F(a).$$

증 명

함수 $G(x)$를

$$G(x)=\int_a^x f(t)\ dt\quad (a\leqq x\leqq b)$$

라 정의하자. 가정에 의해 $F(x)$가 $f(x)$에 대한 임의의 부정적분이고, [정리 14-3-2]에 의해 $G(x)$도 함수 $f(x)$의 부정적분이므로, 부정적분의 정의에 의해 $F(x)=G(x)+C$를 만족하는 상수 C가 존재한다. C를 계산하기 위해 $x=a$

를 대입하면,

$$C=F(a)-G(a)=F(a)\ \ (\because\ G(a)=\int_a^a f(t)\ dt=0).$$

따라서

$$F(x)=G(x)+F(a) \quad \text{또는} \quad G(x)=F(x)-F(a).$$

위 식에 $x=b$를 대입하면 다음 식을 얻는다.

$$F(b)-F(a)=G(b)=\int_a^b f(t)\ dt=\int_a^b f(x)\ dx. \qquad \text{Q.E.D.}$$

$F(b)-F(a)$를 기호 $[F(x)]_a^b$ 또는 $F(x)|_a^b$ 로 표시한다.

정적분의 정의와 부정적분의 성질에 의해 유도될 수 있는 정적분에 관한 공식 및 라이프니쯔 공식을 소개한다. 이 공식 중 라이프니쯔 공식만 증명한다.

[공식 1] $\int_b^a f(x)\ dx=-\int_a^b f(x)\ dx$

[공식 2] $\int_a^b f(x)\ dx=\int_a^c f(x)\ dx+\int_c^b f(x)\ dx$ (단, $a<c<b$)

[공식 3] $\int_a^b kf(x)\ dx=k\int_a^b f(x)\ dx$ (단, k는 상수)

[공식 4] $\int_a^b [f(x)\pm g(x)]dx=\int_a^b f(x)\ dx\pm\int_a^b g(x)\ dx$ (복호동순)

[공식 5] $x=u(t)$이고 $u(\alpha)=a$ 및 $u(\beta)=b$이다. 또한, $u(t)$가 미분가능하고 연속인 1차도함수를 가지면,

$$\int_\alpha^\beta f(u(t))\ u'(t)dt=\int_a^b f(x)dx$$

[공식 6] $\int_a^b u\ dv=[uv]_a^b-\int_a^b v\ du$(단, u와 v는 미분가능한 x의 함수이다)

[공식 7] $a \leqq x \leqq b$에서 $f(x) \geqq g(x)$이면,

$$\int_a^b f(x)\ dx \geqq \int_a^b g(x)\ dx$$

[공식 8] $\dfrac{d}{dx}\left(\int_a^x f(t)\ dt\right)=f(x)$ ([정리 14-3-2] 참조)

[공식 9] $\dfrac{d}{dx}\int_{u(x)}^{v(x)} f(t)\ dt=\dfrac{d}{dx}[F(v(x))-F(u(x))]$

$$=f(v(x))\frac{dv(x)}{dx}-f(u(x))\frac{du(x)}{dx}$$

[공식 10] 라이프니쯔 공식(Leibnitz's rule)

$$\phi(\alpha)=\int_{u_1(\alpha)}^{u_2(\alpha)} f(x,\ \alpha)dx \quad a \leqq \alpha \leqq b$$

이며 $f(x,\ \alpha)$와 $f_\alpha\left(\equiv\dfrac{\partial f}{\partial \alpha}\right)$가 $u_1(\alpha) \leqq x \leqq u_2(\alpha)$, $a \leqq \alpha \leqq b$를 포함하는 $x\alpha$ 평면의 어떤 영역에서 연속이다. 또한 $u_1(\alpha)$와 $u_2(\alpha)$가 $a \leqq \alpha \leqq b$에서 연속이며, 연속인 도함수를 갖는다고 하면 다음 식이 성립한다.

$$\frac{d\phi(\alpha)}{d\alpha}=\int_{u_1(\alpha)}^{u_2(\alpha)} f_\alpha(x,\ \alpha)dx+f(u_2(\alpha),\ \alpha)u_2'(\alpha)-f(u_1(\alpha),\ \alpha)u_1'(\alpha)$$

증 명

$\phi(\alpha)=\displaystyle\int_{u_1(\alpha)}^{u_2(\alpha)} f(x,\ \alpha)dx$라 하면

$$\Delta\phi(\alpha)=\phi(\alpha+\Delta\alpha)-\phi(\alpha)$$

$$=\int_{u_1(\alpha+\Delta\alpha)}^{u_2(\alpha+\Delta\alpha)} f(x,\ \alpha+\Delta\alpha)dx-\int_{u_1(\alpha)}^{u_2(\alpha)} f(x,\ \alpha)dx$$

$$=\int_{u_1(\alpha+\Delta\alpha)}^{u_1(\alpha)} f(x,\ \alpha+\Delta\alpha)dx+\int_{u_1(\alpha)}^{u_2(\alpha)} f(x,\ \alpha+\Delta\alpha)dx$$

$$+\int_{u_2(\alpha)}^{u_2(\alpha+\Delta\alpha)} f(x,\ \alpha+\Delta\alpha)dx-\int_{u_1(\alpha)}^{u_2(\alpha)} f(x,\ \alpha)dx$$

$$=\int_{u_1(\alpha)}^{u_2(\alpha)}[f(x,\ \alpha+\Delta\alpha)-f(x,\ \alpha)]dx+\int_{u_2(\alpha)}^{u_2(\alpha+\Delta\alpha)}f(x,\ \alpha+\Delta\alpha)dx$$

$$-\int_{u_1(\alpha)}^{u_1(\alpha+\Delta\alpha)}f(x,\ \alpha+\Delta\alpha)dx$$

평균치의 정리에 의하여

$$f(x,\ \alpha+\Delta\alpha)-f(x,\ \alpha)=f_\alpha(x,\ \S)\Delta\alpha\ (\text{단},\ \alpha\leqq\S\leqq\alpha+\Delta\alpha)$$

가 성립하므로 첫째 항은 다음과 같이 바꾸어 쓸 수 있다.

$$\int_{u_1(\alpha)}^{u_2(\alpha)}[f(x,\ \alpha+\Delta\alpha)-f(x,\ \alpha)]dx=\Delta\alpha\int_{u_1(\alpha)}^{u_2(\alpha)}f_\alpha(x,\ \S)dx\ (\text{단},\ \alpha\leqq\S\leqq\alpha+\Delta\alpha)$$

적분에 관한 평균치 정리를 이용하면(단, $u_2(\alpha)\leqq\S_1\leqq u_2(\alpha+\Delta\alpha)$, $u_1(\alpha)\leqq\S_2\leqq u_1(\alpha+\Delta\alpha)$) 둘째 및 셋째 항을 다음과 같이 바꾸어 쓸 수 있다.

$$\int_{u_2(\alpha)}^{u_2(\alpha+\Delta\alpha)}f(x,\ \alpha+\Delta\alpha)dx=f(\S_1,\ \alpha+\Delta\alpha)\ [u_2(\alpha+\Delta\alpha)-u_2(\alpha)]$$

$$=f(\S_1,\ \alpha+\Delta\alpha)\Delta u_2(\alpha)$$

$$\int_{u_1(\alpha)}^{u_1(\alpha+\Delta\alpha)}f(x,\ \alpha+\Delta\alpha)dx=f(\S_2,\ \alpha+\Delta\alpha)\ [u_1(\alpha+\Delta\alpha)-u_1(\alpha)]$$

$$=f(\S_2,\ \alpha+\Delta\alpha)\Delta u_1(\alpha)$$

위의 3개 식을 $\Delta\phi(\alpha)$에 대입하고 $\Delta\alpha$로 나누어 주면

$$\frac{\Delta\phi(\alpha)}{\Delta\alpha}=\int_{u_1(\alpha)}^{u_2(\alpha)}f_\alpha(x,\ \S)dx+f(\S_1,\ \alpha+\Delta\alpha)\frac{\Delta u_2(\alpha)}{\Delta\alpha}-f(\S_2,\ \alpha+\Delta\alpha)\frac{\Delta u_1(\alpha)}{\Delta\alpha}$$

$\Delta\alpha\to0$일 때 $\S\to\alpha$, $\S_1\to u_2(\alpha)$, $\S_2\to u_1(\alpha)$. 양변에 $\Delta\alpha\to0$일 때의 극한을 취하면,

$$\frac{d\phi(\alpha)}{d\alpha}=\int_{u_1(\alpha)}^{u_2(\alpha)}f_\alpha(x,\ \alpha)dx+f(u_2(\alpha),\ \alpha)\ u'_2(\alpha)-f(u_1(\alpha),\ \alpha)u'_1(\alpha)$$

Q.E.D.

예제 10

$\phi(\alpha)=\int_{\alpha}^{\alpha^2}\frac{\sin \alpha x}{x}dx$ 일 때(단, $\alpha\neq 0$) $\phi'(\alpha)$를 구하라.

풀이

$$\phi'(\alpha)=\int_{\alpha}^{\alpha^2}\cos\ \alpha x\ dx+\frac{\sin \alpha^3}{\alpha^2}\cdot 2\alpha-\frac{\sin \alpha^2}{\alpha}$$

$$=\left[\frac{1}{\alpha}\sin\ \alpha x\right]_{\alpha}^{\alpha^2}+\frac{2\sin \alpha^3}{\alpha}-\frac{\sin \alpha^2}{\alpha}=\frac{3\sin \alpha^3-2\sin \alpha^2}{\alpha}$$

예제 11

$\int_{2}^{3}\frac{x}{1+x^2}dx$를 구하라.

풀이

$u=1+x^2$이라 하면 $x=2$일 때 $u=5$, $x=3$일 때 $u=10$, 또한 $du=2x\ dx$이므로

$$\int_{2}^{3}\frac{x}{1+x^2}dx=\int_{5}^{10}\frac{du}{2u}=\left[\frac{1}{2}\ln u\right]_{5}^{10}=\ln\sqrt{2}.$$

예제 12

$\int_{0}^{\pi}(1-\cos^2 x)\sin x\,dx$를 구하라.

풀이

$u=\cos x$라 하면 $du=-\sin x\,dx$.

$x=0$일 때 $u=1$, $x=\pi$일 때 $u=-1$이므로

$$\int_{0}^{\pi}(1-\cos^2 x)\sin x\ dx=\int_{1}^{-1}(1-u^2)(-du)$$

$$=\int_{-1}^{1}(1-u^2)du \text{ (공식 1 참조)}$$

$$=\left[u-\frac{1}{3}u^3\right]_{-1}^{1}=\left(1-\frac{1}{3}\right)-\left(-1+\frac{1}{3}\right)=\frac{4}{3}.$$

정적분을 이용하여 면적을 구할 때 한 가지 유의할 점은, 함수 $y=f(x)$의 그래프가 구간 $a \leqq x \leqq b$에서 일부는 x축 위에 있고 일부는 x축 아래에 있는 경우, 정적분

$$\lim_{n\to\infty}\left\{\sum_{i=1}^{n} f(c_i)\Delta x_i\right\} = \int_a^b f(x)dx$$

는 x축 위에 있는 면적은 플러스로, x축 아래에 있는 면적은 마이너스로 계산하여 대수적으로 합한 것을 나타낸다는 것이다. 예를 들어 [그림 14-3]에서 곡선 $y=f(x)$와 x축 사이의 면적을 A_1, A_2, A_3, A_4라 하면,

$$\int_a^b f(x)dx = -A_1 + A_2 - A_3 + A_4$$

를 나타낸다. 따라서, 곡선 $y=f(x)$, x축 및 $x=a$와 $x=b$로 둘러싸인 부분의 면적 A를 구하고자 한다면 다음과 같이 구한다.

$$\begin{aligned} A &= A_1 + A_2 + A_3 + A_4 \\ &= -\int_a^c f(x)dx + \int_c^d f(x)dx - \int_d^e f(x)dx + \int_e^b f(x)dx. \end{aligned}$$

그림 14-3

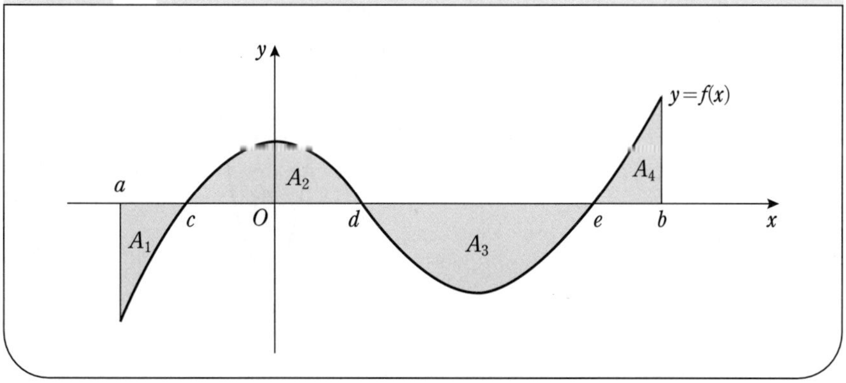

예제 13

곡선 $y=x^3-4x$와 x축으로 둘러싸인 부분의 면적을 구하라.

풀이

곡선 $y=x^3-4x$가 x축과 만나는 점을 구하면,

$$x^3-4x=x(x^2-4)=0 \quad x=-2,\ 0 \text{ 또는 } 2.$$

이 곡선을 그리면 [그림 14-4]와 같다.

$$\begin{aligned} A=A_1+A_2 &= \int_{-2}^{0} f(x)dx-\int_{0}^{2} f(x)dx \\ &= \int_{-2}^{0} (x^3-4x)dx-\int_{0}^{2} (x^3-4x)dx \\ &= \left[\frac{1}{4}x^4-2x^2\right]_{-2}^{0}-\left[\frac{1}{4}x^4-2x^2\right]_{0}^{2} \\ &= 8. \end{aligned}$$

그림 14-4

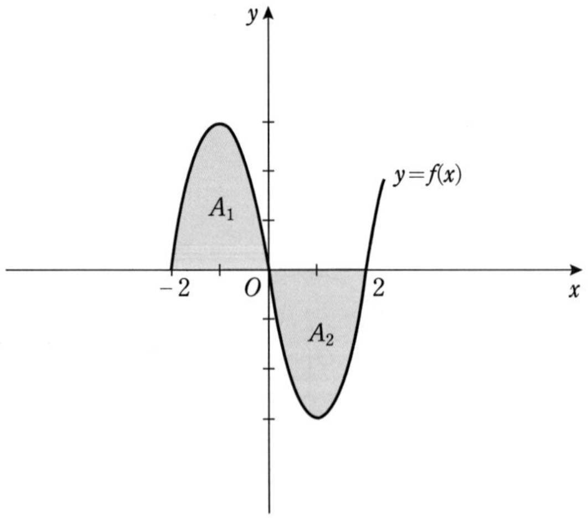

예제 14

곡선 $y=2-x^2$과 직선 $y=-x$로 둘러싸인 부분의 면적을 구하라.

풀이

먼저 두 곡선의 교점을 구하면,

$2-x^2=-x$, 즉 $x=-1$ 또는 2

$x=-1$이면 $y=1$, $x=2$이면 $x=-2$이므로 교점은 $A(-1,\ 1)$ 및 $B(2,\ -2)$가 된다.

[그림 14-5]에서 $dA=f(x)dx=(2-x^2+x)dx$라 하면,

$$A=\int_{-1}^{2}(2-x^2+x)dx$$

$$=\left[2x-\frac{1}{3}x^3+\frac{1}{2}x^2\right]_{-1}^{2}$$

$$=4\frac{1}{2}.$$

그림 14-5

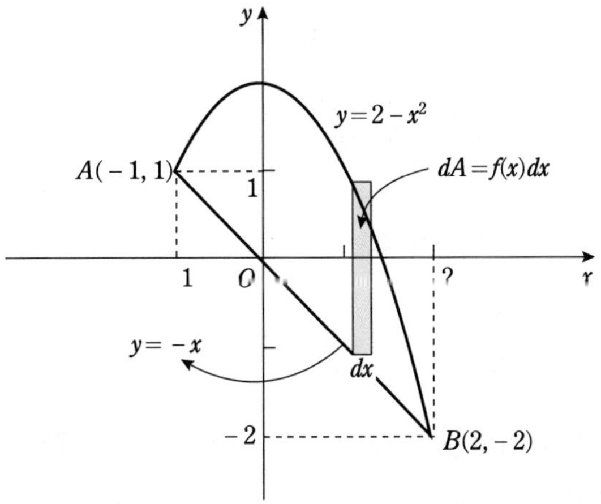

14.4 이상적분

정적분

$$\int_a^b f(x)dx$$

에서 적분한계 a와 b 중 적어도 하나가 무한대이거나 또는 피적분함수가 구간 $a<x<b$에 있는 한 점 $x=c$에서 정의되지 않을 때의 적분을 이상적분(improper integral)이라 한다. 예를 들어

$$\int_a^\infty f(x)dx,\ \int_{-\infty}^b f(x)dx,\ \int_0^4 \frac{dx}{x-3}$$

등은 이상적분이다.
이상적분의 경우, ∞는 수가 아니므로 $F(x)$의 x에 ∞를 대입할 수 없다.
즉,

$$\int_0^\infty f(x)dx = F(\infty) - F(a)$$

와 같이 계산할 수 없으므로 극한의 개념을 사용해야 된다.

극한의 개념을 이용하여 이상적분을 정의하면 다음과 같다.

$$\int_a^\infty f(x)dx = \lim_{b\to\infty}\int_a^b f(x)dx.$$

$$\int_{-\infty}^b f(x)dx = \lim_{a\to-\infty}\int_a^b f(x)dx.$$

$$\int_{-\infty}^\infty f(x)dx = \lim_{\substack{a\to-\infty \\ b\to\infty}}\int_a^b f(x)dx.$$

그러나 이러한 정의는 우변의 극한값이 존재하는 경우에만 성립한다. 만약 우변의 극한값이 존재하면 그 이상적분은 수렴한다고 하고, 극한값이 존재

하지 않으면 발산한다고 한다. 사실상 발산하는 경우의 적분은 아무런 의미를 갖지 못한다.

만약 피적분함수가 구간 (a, b)의 한 점 $x=c$에서만 정의되지 않고 $\int_a^c f(x)dx$와 $\int_c^b f(x)dx$가 정의되면,

$$\int_a^b f(x)dx=\int_a^c f(x)dx+\int_c^b f(x)dx$$

라 정의한다. 또한 $f(x)$가 $a<x\leqq b$에서 정의되어 $x=a$에서 정의되지 않으면,

$$\int_a^b f(x)dx=\lim_{\varepsilon\to 0+}\int_{a+\varepsilon}^b f(x)dx$$

라 정의한다.

예제 15

$f(x)=ce^{-cx}(c>0)$, $x\geqq 0$인 함수 $f(x)$를 지수분포의 확률밀도함수라 한다. 이 때, $\int_0^\infty ce^{-cx}dx$를 구하라.

풀이

$$\int_b^\infty ce^{-cx}dx=\lim_{b\to\infty}\int_0^b ce^{-cx}dx=\lim_{b\to\infty}\Big[-e^{-cx}\Big]_0^b$$
$$=-\lim_{b\to\infty}[e^{-cb}-1]=1.$$

위와 같이 극한을 나타내는 표현은 매우 번거로우므로 때때로 lim를 생략하여

$$\int_0^\infty ce^{-cx}dx=\Big[-e^{-cx}\Big]_0^\infty=0+1=1$$

과 같이 쓴다. 물론 표기는 이렇게 하더라도 이상적분은 극한의 개념으로 해석해야 한다. 앞으로는 가능하면 lim를 생략하여 쓰기로 한다.

예제 16

$\int_0^{\infty} cxe^{-cx}dx\,(c>0)$를 구하라.

풀이

$u=cx,\ dv=e^{-cx}dx$라 하면,
$du=c\,dx,\ v=-\dfrac{1}{c}e^{-cx}$

$$\int_0^{\infty} cxe^{-cx}dx=\int_0^{\infty} u\,dv=[uv]_0^{\infty}-\int_0^{\infty} v\,du$$
$$=[-xe^{-cx}]_0^{\infty}+\frac{1}{c}\int_0^{\infty} ce^{-cx}dx$$
$$=\lim_{b\to\infty}\left[\frac{-b}{e^{cb}}\right]+\frac{1}{c}\text{(예제 15 참조)}.$$

$\displaystyle\lim_{b\to\infty}\frac{-b}{e^{cb}}$는 부정형이므로 로피탈법칙을 사용하자.

$$\lim_{b\to\infty}\frac{-b}{e^{cb}}=\lim_{b\to\infty}\frac{-1}{ce^{cb}}=0$$

따라서

$$\int_0^{\infty} cxe^{-cx}dx=\frac{1}{c}$$

예제 17

$\displaystyle\int_0^{2}\frac{dx}{(x-1)^{1/3}}$를 구하라.

풀이

피적분함수는 $x=1$에서 정의되지 않으므로 불연속이다.

$$\int_0^{2}\frac{dx}{(x-1)^{1/3}}=\lim_{\varepsilon\to0+}\int_0^{1-\varepsilon}\frac{dx}{(x-1)^{1/3}}+\lim_{\varepsilon'\to0+}\int_{1+\varepsilon'}^{2}\frac{dx}{(x-1)^{1/3}}$$

$$=\lim_{\varepsilon\to 0+}\left[\frac{3(x-1)^{2/3}}{2}\right]_0^{1-\varepsilon}+\lim_{\varepsilon'\to 0+}\left[\frac{3(x-1)^{2/3}}{2}\right]_{1+\varepsilon'}^{0}$$

$$=-\frac{3}{2}+\frac{3}{2}=0.$$

예제 18

$\int_{-1}^{0}\frac{dx}{1+x}$를 구하라.

풀이

피적분함수는 $x=-1$에서 정의되지 않는다. 따라서

$$\int_{-1}^{0}\frac{dx}{1+x}=\lim_{\varepsilon\to 0+}\int_{\varepsilon-1}^{0}\frac{dx}{1+x}=\lim_{\varepsilon\to 0+}[\ln(1+x)]_{\varepsilon-1}^{0}$$

$$=-\lim_{\varepsilon\to 0+}(\ln\varepsilon)=\infty.$$

즉, 이상적분 $\int_{-1}^{0}\frac{dx}{1+x}$는 ∞로 발산한다.

14.5 확률변수와 정적분

정적분은 경제학뿐 아니라 확률이론에서도 다양하게 응용되고 있다. 이 절에서는 확률변수를 정의하고, 확률변수에 대한 간단한 형태의 정적분을 살펴본다.

실수함수 $X: A \to R$(A는 임의의 집합)이 있다. 이에 대응하여 다음을 만족하는 함수 $F(x)$를 정의하자.

$$F(x)=P[X\le x]$$

단, $F(\infty)=1$, $F(-\infty)=0$, $x_1<x_2$일 때 $F(x_1)\le F(x_2)$

위의 식에서 정의되는 변수 X를 확률변수(random variable)라 하고, 함수 $F(x)$를 확률변수 X의 분포함수(distribution function)라고 한다. 또한, $F(x)=P[X\leq x]$를 '$X\leq x$일 확률' 이라고 한다.

확률변수에는 이산확률변수(discrete random variable)와 연속확률변수(continuous random variable)가 있다. 이산확률변수는 확률변수 X가 취하는 값이 x_1, x_2, $\cdots$, x_n, $\cdots$ 등으로 연속적이지 못하며, 연속확률변수는 확률변수 X가 취하는 값이 실수구간 또는 실수구간들의 합집합이 된다.

이산확률변수 X가 취하는 값들이 x_1, x_2, $\cdots$, x_n, $\cdots$ 이면 확률밀도함수를 다음과 같이 정의한다.

$$p_i \equiv f(x_i)=P[X=x_i]$$
$$\text{단, } 0\leq p_i\leq 1 \quad (i=1,\ 2,\ \cdots,\ n,\ \cdots),\ \sum_{i=1}^{\infty} p_i=1$$

다음은 자주 활용되는 이산확률변수들에 대한 확률밀도함수의 예이다.

분포명	확률밀도함수
베르누이분포	$f(x:p)=P[X=x]=\begin{cases} p^x\ (1-p)^{1-x}, & x=0,\ 1 \\ 0, & x\neq 0,\ 1 \end{cases}$ (단, $0<p<1$)
이항분포	$f(x:p)=P[X=x]=\begin{cases} {}_nC_x\ p^x\ (1-p)^{n-x}, & x=0,\ 1,\ \cdots,\ n \\ 0, & \text{그 외} \end{cases}$ (단, ${}_nC_x=\dfrac{n!}{x!(n-x)!}$, $0<p<1$)

한편, 연속확률변수 X의 분포함수가 $F(x)$이면, 아래 식을 만족하는 함수 $f(x)$를 확률변수 X의 확률밀도함수라고 정의한다.

$$\begin{aligned} f(x) &= \lim_{h\to 0}\frac{P[x\leq X\leq x+h]}{h} \\ &= \lim_{h\to 0}\frac{F(x+h)-F(x)}{h} \\ &= F'(x) \end{aligned}$$

다음은 자주 활용되는 연속확률변수들의 확률밀도함수이다.

분포명	확률밀도함수
균등분포	$f(x)=\frac{1}{b-a}$, $a \leq x \leq b$, (a, b는 실수)
지수분포	$f(x)=\lambda e^{-\lambda x}$, (단, $\lambda>0$, $x \geq 0$)
정규분포	$f(x)=\frac{1}{\sqrt{2\pi}\sigma} \cdot e^{-\frac{(x-\mu)^2}{2\sigma^2}}$, $-\infty<x<\infty$

이산확률변수 X가 x_1, x_2, $\cdots$, x_n, $\cdots$의 값을 취하고 $X=x_i$일 확률이 $p_i(i=1,\ 2,\ \cdots,\ n,\ \cdots)$일 때(단, $0 \leq p_i \leq 1$, $i=1,\ 2,\ \cdots$, $\sum_{i=1}^{\infty} p_i=1$), 이산확률변수 X의 평균 또는 기댓값은 다음과 같이 정의한다.

$$\mu=E(X) \equiv x_1 p_1+x_2 p_2+\cdots+x_n p_n+\cdots=\sum_{i=1}^{\infty} x_i p_i$$

예제 19

이산확률변수 X가 베르누이분포를 취할 때 확률변수 X의 기댓값을 구하라.

풀이

$$\begin{aligned} E(X) &=\sum_{x=0}^{1} x p^x (1-p)^{1-x} \\ &=0 \cdot p^0(1-p)+1 \cdot p(1-p)^0 \\ &=p \end{aligned}$$

예제 20

이산확률변수 X가 취하는 값이 $2^{i-1}(i=1,\ 2,\ \cdots)$이고, 확률밀도함수가 $p_i=P[X=i]=\left(\frac{1}{2}\right)^i(i=1,\ 2,\ \cdots)$이다. 확률변수 X의 기댓값을 구하라.

풀이

$$E(X)=\sum_{i=1}^{\infty} x_i p_i=\sum_{i=1}^{\infty} 2^{i-1} 2^{-i}=\sum_{i=1}^{\infty} 2^{-1}=\infty$$

마찬가지로 연속확률변수 X의 확률밀도함수가 $f(x)$일 때, 연속확률변수

X의 평균과 분산은 각각 다음과 같이 정의한다.

$$\mu = E(X) = \int_{-\infty}^{\infty} xf(x)\,dx$$

$$\sigma^2 = E[(X-\mu)^2] = \int_{-\infty}^{\infty} (x-\mu)^2 f(x)\,dx$$

예제 21

연속확률변수 X가 구간 $[a, b]$에서 정의되고 확률밀도함수가 $f(x) = \dfrac{1}{b-a}$일 때, 연속확률변수 X의 기댓값을 구하라.

풀이

$$\begin{aligned} E(X) &= \int_a^b xf(x)\,dx \\ &= \int_a^b \frac{x}{b-a}\,dx \\ &= \frac{1}{b-a}\left[\frac{1}{2}x^2\right]_a^b \\ &= \frac{a+b}{2} \end{aligned}$$

예제 22

연속확률변수 X가 구간 $[0, \infty)$에서 지수분포를 취할 때 연속확률변수 X의 평균과 분산을 구하라.

풀이

연속확률변수 X가 지수분포를 취하므로 확률밀도함수는

$$f(x) = \lambda e^{-\lambda x} (\lambda > 0,\ x \geq 0)$$

이다. X의 평균을 구하면,

$$E(X) = \int_0^{\infty} xf(x)\,dx = \int_0^{\infty} x\lambda e^{-\lambda x}\,dx$$

이다. 위의 식은 예제 16에서 c를 λ로 바꾸면 되므로

$$E(X)=\frac{1}{\lambda}$$

이다.

$$\begin{aligned}\sigma^2&=E[(X-\mu)^2]\\&=E[X^2-2X\mu+\mu^2]\\&=E(X^2)-2E(X)\mu+\mu^2\\&=E(X^2)-[E(X)]^2\end{aligned}$$

이므로 분산을 구하기 위하여 $E(X^2)$을 구하자.

$$E(X^2)=\int_0^\infty x^2\lambda e^{-\lambda x}dx$$

$u=x^2$, $dv=\lambda e^{-\lambda x}dx$라 하면

$$du=2xdx,\ v=-e^{-\lambda x}$$

$$\begin{aligned}E(X^2)&=\int_0^\infty x^2\lambda e^{-\lambda x}dx=[-x^2e^{-\lambda x}]_0^\infty+2\int_0^\infty xe^{-\lambda x}dx\\&=\lim_{x\to\infty}\frac{-x^2}{e^{\lambda x}}+2\int_0^\infty xe^{-\lambda x}dx\end{aligned}$$

로피탈의 법칙을 두 번 사용하면

$$\lim_{x\to\infty}\frac{-x^2}{e^{\lambda x}}=\lim_{x\to\infty}\frac{-2x}{\lambda e^{\lambda x}}=\lim_{x\to\infty}\frac{-2}{\lambda^2e^{\lambda x}}=0$$

이다. 평균을 구할 때

$$\lambda\int_0^\infty xe^{-\lambda x}dx=\frac{1}{\lambda}$$

임을 이용하면,

$$\int_0^\infty xe^{-\lambda x}dx=\frac{1}{\lambda^2}$$

이다. 따라서

$$E(X^2)=\frac{2}{\lambda^2}$$

이므로,

$$\sigma^2=E(X^2)-[E(X)]^2=\frac{1}{\lambda^2}$$

예제 23

확률변수 X가 평균은 μ, 분산은 σ^2인 정규분포를 따른다고 하자. 즉 $X \sim N(\mu, \sigma^2)$이다. X의 확률밀도함수는 다음과 같다.

$$f(x)=\frac{1}{\sqrt{2\pi}\sigma}e^{-\frac{1}{2}\left(\frac{x-\mu}{\sigma}\right)^2},\ -\infty<x<\infty,\ -\infty<\mu<\infty,\ \sigma>0$$

또한 표준정규분포의 확률밀도함수 $\phi(z)$와 누적확률분포함수 $\Phi(z)$는 다음과 같다.

$$\phi(z)=\frac{1}{\sqrt{2\pi}}e^{-\frac{1}{2}z^2},\ -\infty<z<\infty$$
$$\Phi(z)=\int_{-\infty}^{z}\phi(t)dt$$

$a<X<b$일 확률을 $P[a<X<b]$라 할 때 다음 식이 성립하는 것을 보여라.

$$P[a<X<b]=\Phi\left(\frac{b-\mu}{\sigma}\right)-\Phi\left(\frac{a-\mu}{\sigma}\right)$$

풀이

$$P[a<X<b]=\int_a^b\frac{1}{\sqrt{2\pi}\sigma}e^{-\frac{1}{2}\left(\frac{x-\mu}{\sigma}\right)^2}dx$$

여기서 $z=\frac{x-\mu}{\sigma}$로 치환하면 $dz=\frac{1}{\sigma}dx$이고 $x=a$일 때 $z=\frac{a-\mu}{\sigma}$, $x=b$일 때 $z=\frac{b-\mu}{\sigma}$이므로

$$P[a<X<b]=\int_a^b \frac{1}{\sqrt{2\pi}\sigma}e^{-\frac{1}{2}\left(\frac{x-\mu}{\sigma}\right)^2}dx=\int_{\frac{a-\mu}{\sigma}}^{\frac{b-\mu}{\sigma}}\frac{1}{\sqrt{2\pi}}e^{-\frac{z^2}{2}}dz$$
$$=\Phi\left(\frac{b-\mu}{\sigma}\right)-\Phi\left(\frac{a-\mu}{\sigma}\right)$$

일반적으로 $X \sim N(\mu,\ \sigma^2)$일 때 $Z=\frac{X-\mu}{\sigma}$로 변환한 확률변수 Z는 표준정규분포, $Z \sim N(0,\ 1)$을 따른다.

또한 연속확률변수 X가 확률밀도함수 $f(x)$를 갖고, $u(x)$를 실수함수라 하자. 확률변수 X의 함수 $u(X)$도 확률변수이며 그 기댓값을 $E[u(X)]$로 표시하고, 다음과 같이 정의한다.

$$E[u(X)]=\int_{-\infty}^{\infty}u(x)f(x)dx$$

특히 $u(x)$가 미분가능한 강오목함수일 때(17.2 참조) 또는 $u''(x)<0$가 성립하여 강오목함수인 경우(정리 17-5-1 참조) 확률변수 X에 대하여

$$E[u(X)]<u(E(X))$$

가 성립하는데 이 부등식을 젠슨의 부등식(Jensen's inequality)이라 한다. 이 부등식이 성립하는 이유는 가정에 의하여 $u(x)$가 강오목함수이므로 임의의 점 $\bar{x}=E(X)$에서 다음 식이 성립하기 때문이다.

$$u(x)<u(\bar{x})+u'(\bar{x})(x-\bar{x})$$

또는

$$u(x)<u(E(X))+u'(E(X))(x-E(X))$$

확률변수 X를 대입한 후 기댓값을 취하면,

$$E[u(X)] < u(E(X))$$

이다.

때때로 경제학과 재무이론을 전개할 때 기댓값이 포함된 식을 미분하는 경우가 있다. 예를 들어

$$E[u(\alpha X + X^2)] = \int_{-\infty}^{\infty} u(\alpha x + x^2) f(x) dx$$

를 α에 대하여 미분하여 보자.

$$\phi(\alpha) = \int_{-\infty}^{\infty} u(\alpha x + x^2) f(x) dx$$

라 하고 라이프니쯔 공식을 이용하면,

$$\begin{aligned} \phi'(\alpha) &= \int_{-\infty}^{\infty} u'(\alpha x + x^2) x f(x) dx \\ &= E[u'(\alpha X + X^2) X] \end{aligned}$$

가 되어 확률변수의 함수의 기댓값의 도함수는 확률변수의 함수를 미분한 후 기댓값을 취한다. 따라서 주어진 함수를 α에 관하여 2차 미분하면

$$E[u''(\alpha X + X^2) X^2]$$

이다.

연습문제

1. 다음 부정적분을 구하라.

(1) $\int (x^2 - \sqrt{x} + 5)dx$
(2) $\int \sqrt{4+t}\, dt$

(3) $\int (x^2+1)^5 4x\, dx$
(4) $\int \frac{\ln x}{x} dx$

(5) $\int \frac{x+3}{x-3} dx$
(6) $\int \sin 9x\, dx$

(7) $\int \sin x \cos x\, dx$
(8) $\int e^{\sin x} \cos x\, dx$

(9) $\int 3^{4x} dx$
(10) $\int x e^{x^2} dx$

2. 다음 정적분을 구하라.

(1) $\int_1^e \frac{\ln x}{x} dx$
(2) $\int_0^1 \frac{u}{u^2+1} du$

(3) $\int_1^e x \ln x\, dx$
(4) $\int_1^{-1} 3x^2 dx$

(5) $\int_0^1 x e^x dx$

3. 곡선 $y=x^3+3x^2$, x축 및 $x=0$과 $x=2$로 둘러싸인 부분의 면적을 구하라.

4. 두 곡선 $y=x$와 $y=x^2$으로 경계되는 면적을 구하라.

5. 다음 이상적분을 구하라.

(1) $\int_0^{\infty} x^2ce^{-cx}dx \ (c>0)$ (2) $\int_0^1 \frac{dx}{\sqrt{1-x}}$

(3) $\int_1^{\infty} \frac{dx}{x^2}$ (4) $\int_1^{\infty} \frac{dx}{x}$ (5) $\int_0^{\infty} e^{-rt}dt$

제15장

중 적 분

15.1 이중적분의 개념

독립변수가 두 개 이상인 함수에 관한 적분을 중적분(multiple integral)이라 한다. 중적분 중에서 가장 간단한 형태인 동시에 그 응용범위가 넓은 이중적분에 대해서 알아보자.

이중적분(double integral)은 지금까지 우리가 배운 1변수함수의 정적분에 관한 정의를 2변수함수에서 일반화한 것이다. 설명의 편의를 위해 함수 $f(x, y)$가 다음의 직사각형의 영역 R에서 정의된 연속함수라 가정하자.

$$R=\{(x, y)\,|\,a\leq x\leq b,\ c\leq y\leq d\}$$

1변수함수 $f(x)$의 정적분이 면적을 계산할 목적으로 발전된 것과 같이, 2변수함수 $f(x, y)$의 적분, 즉 이중적분은 체적을 계산하고자 하는 데서 시작된다. 이중적분을 정의하기 위해 먼저 xy평면에 있는 영역 R 위에 있고, 양인 함수 $z=f(x, y)$의 그래프에 의해 위로 유계인 체적을 구하는 문제를 생각해 보자.

1변수함수 $f(x)$의 정적분을 정의할 때 구간 $a\leq x\leq b$를 n개의 부분구간으로 나누듯이 이중적분에서는 직사각형의 영역 R을 n개의 작은 직사각형 R_1, R_2, …, R_n으로 나눈다. 이를 위해 구간 $a\leq x\leq b$와 $c\leq y\leq d$를 각각 다음과 같은 부분구간으로 나누자.

$$a=x_0<x_1<x_2<\cdots<x_l=b$$
$$c=y_0<y_1<y_2<\cdots<y_k=d$$

[그림 15-1]은 영역 R을 $n=l\times k$개의 직사각형으로 나눈 것을 보여주고 있다.

i번째의 작은 직사각형 R_i에서 임의의 점 $(x_i^*,\ y_i^*)$를 선택하자. 점 $(x_i^*,\ y_i^*)$에서 함수 $f(x,\ y)$의 값은 $f(x_i^*,\ y_i^*)$가 된다. 만약 직사각형 R_i의 면적을 ΔA_i라 하면 $f(x_i^*,\ y_i^*)\Delta A_i$는 밑면적이 ΔA_i이고 높이가 $f(x_i^*,\ y_i^*)$인 수직기둥의 체적이 된다. 1변수함수의 경우에 리이만합(Riemann sum)이 면적의 근사치가 되듯이, 2변수함수의 경우에 리이만합

$$I=\sum_{i=1}^{n} f(x_i^*,\ y_i^*)\Delta A_i$$

는 구하고자 하는 체적의 근사치가 된다.

만약 모든 작은 직사각형의 면적 ΔA_i가 0에 접근하고 리이만합 I의 극한 값이 존재하면 영역 R 위에 있는 함수 $f(x,\ y)$의 이중적분을 다음과 같이 정의한다.

그림 15-1

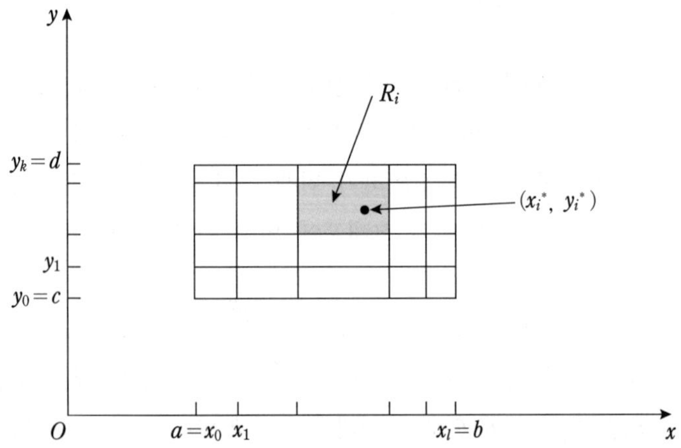

$$\iint_R f(x,\ y)dA=\iint_R f(x,\ y)dx\ dy=\lim_{n\to\infty}\sum_{i=1}^{n} f(x_i^*,\ y_i^*)\Delta A_i$$

한 가지 유의할 점은 리이만합을 소개하기 위해 함수 $f(x,\ y)$가 양인 것을 가정했으나 이중적분을 정의하는 데는 함수 $f(x,\ y)$가 양인 함수이든 아니든 상관없다는 것이다.

특히, 함수 $f(x,\ y)=1$이면 우리가 구한 이중적분값은 영역 R의 면적 A가 된다.

$$A=\iint_R dA.$$

그 이유는 높이가 1인 체적의 값은 그 밑면적의 값과 같기 때문이다. 따라서 이중적분은 면적을 구하는 데도 사용될 수 있다.

이중적분을 계산할 때는 리이만합의 극한값을 직접 구하지 않고, 편미분의 역과정인 반복적분을 사용한다. 즉, 다른 변수는 일정하다고 가정하고 한 변수에 관해 적분한 후, 다시 나머지 변수에 관해서 적분한다.

이중적분의 기호 $\iint_R f(x,\ y)dx\,dy$는 x에 관해서 먼저 적분하고, 다음에 y에 관해서 적분하라는 것을 뜻한다. 반면에 $\iint_R f(x,\ y)dy\,dx$는 y에 관해서 먼저 적분한 후에 x에 관해서 적분하라는 것을 의미한다.

함수 $f(x,\ y)$가 직사각형의 영역 $R=\{(x,\ y)\,|\,a\leqq x\leqq b,\ c\leqq y\leqq d\}$에서 연속인 함수일 때 이중적분은 아래와 같이 계산한다.

$$\iint_R f(x,\ y)dA=\int_a^b\left(\int_c^d f(x,\ y)dy\right)dx=\int_c^d\left(\int_a^b f(x,\ y)dx\right)dy$$

반복적분의 기하학적 의미를 살펴보기 위하여 $z=f(x,\ y)\geq 0$이고

$$R=\{(x,\ y)\,|\,a\leq x\leq b,\ c\leq y\leq d\}$$

인 경우를 가정하자. 반복적분

$$\iint_R f(x,\ y)dA=\int_c^d\left(\int_a^b f(x,\ y)dx\right)dy$$

은 [그림 15-2]에서와 같이 곡면 아래에 있는 부피라 생각할 수 있다. 이 입체를 계산하는 방법으로 xz평면에 평행한 평면들로 이 입체를 썰어서 얇은 판들을 만든 후, 얇은 판들의 부피를 합하면 우리가 구하는 입체의 부피가 된다. 반복적분에서

$$A(y)=\int_a^b f(x,\ y)dx$$

는 xz평면에 평행한 평면으로 입체를 썰어(=y가 상수인 평면으로 썰어) 만든 입체의 단면의 넓이가 된다. 단면의 넓이 $A(y)$에 두께 Δy를 곱하면 전형적인 얇은 판의 부피 ΔV의 근사치를 얻는다.

$$\Delta V \approx A(y)\Delta y$$

이 얇은 판들의 부피를 $y=c$에서 $y=d$까지 합하여 얻은 부피를 V라 하면

$$V=\int_c^d A(y)dy=\int_c^d\left(\int_a^b f(x,\ y)dx\right)dy$$

이다([그림 15-3] 참조).

마찬가지로

$$\iint_R f(x,\ y)dA=\int_a^b\left(\int_c^d f(x,\ y)dy\right)dx$$

그림 15-2

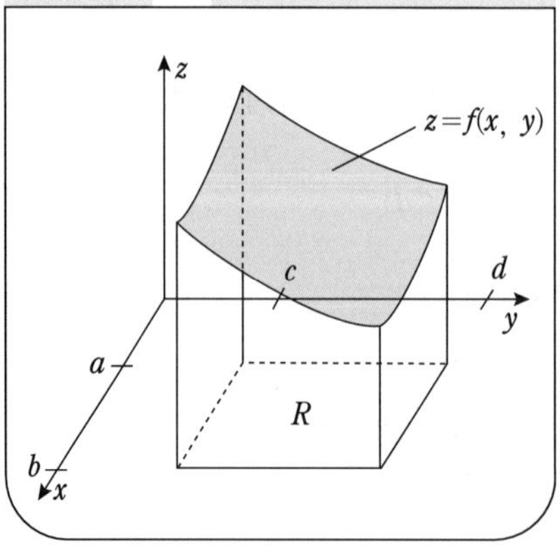

그림 15-3

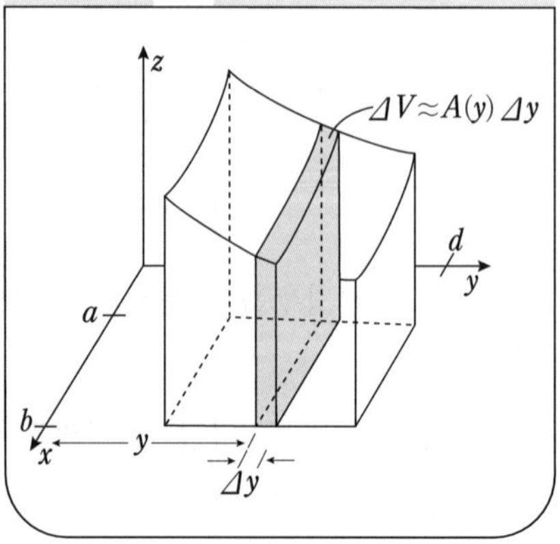

는 이 입체를 yz평면에 평행한 평면으로 썰어(=x가 상수인 평면으로 썰어) 만든 단면의 넓이

$$A(x)=\int_c^d f(x,\ y)dy$$

에 두께 Δx를 곱한 후 이 얇은 판들의 부피를 $x=a$에서 $x=b$까지 합하여 얻은 부피가 된다.

$$V=\int_a^b A(x)dx=\int_a^b\left(\int_c^d f(x,\ y)dy\right)dx$$

이다.

[그림 15-4]의 영역 R_1과 같이 임의의 y방향의 직선이 영역 R_1과 1개의 구간 또는 점에서 교차하면 영역 R_1은 'y-단순' 하다고 한다. 함수 $f(x,\ y)$가 곡선으로 둘러싸인 영역 R_1에서 연속인 함수일 때 이중적분의 계산은, 먼저 y에 관하여 적분한 후에 x에 관해서 적분한다. 즉, 영역 R_1이

$$a\le x\le b,\ g_1(x)\le y\le g_2(x)$$

로 둘러싸인 영역이라면 이중적분은 다음과 같다.

$$\iint_{R_1} f(x,\ y)dA=\int_a^b\int_{g_1(x)}^{g_2(x)} f(x,\ y)dy\ dx=\int_a^b\left(\int_{g_1(x)}^{g_2(x)} f(x,\ y)dy\right)dx$$

그림 15-4 y-단순집합

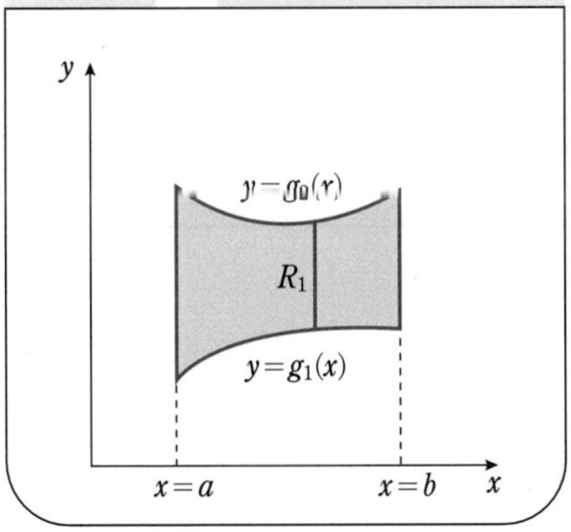

그림 15-5 x-단순집합

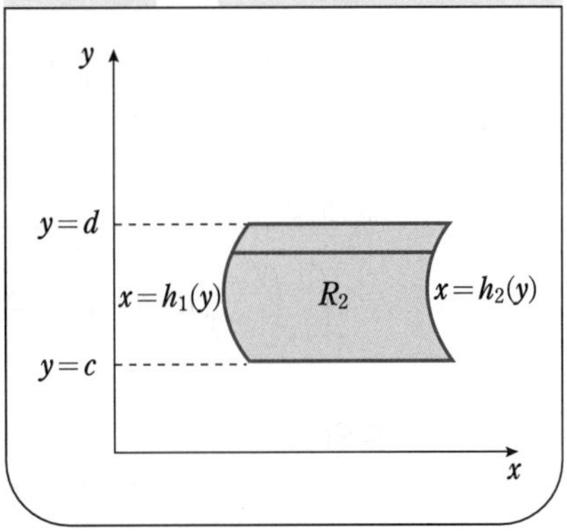

같은 방법으로 x-단순 영역 R_2가

$$c \leq y \leq d,\ h_1(y) \leq x \leq h_2(y)$$

로 둘러싸인 영역이라면([그림 15-5] 참조), 이중적분은 다음과 같다.

$$\iint_{R_2} f(x,\ y)dA = \int_c^d \int_{h_1(y)}^{h_2(y)} f(x,\ y)dx\,dy = \int_c^d \left(\int_{h_1(y)}^{h_2(y)} f(x,\ y)dx \right) dy$$

일반적으로 x와 y의 구간이 모두 상수로 주어진 경우에는 적분의 순서를 바꾸어도 된다. 반면에 이들 구간 중 어느 1개가 곡선으로 주어진 경우에는 곡선으로 주어진 변수에 대하여 먼저 적분하면 계산이 간편해진다.

예제 1

$\int_0^1 \int_0^4 x^3 dy\,dx$ 를 구하라.

풀이

y에 관해서 먼저 적분하면,

$$\int_0^1 \left(\int_0^4 x^3 dy \right) dx = \int_0^1 [x^3 y]_0^4 dx = \int_0^1 4x^3 dx = [x^4]_0^1 = 1.$$

x에 관해서 먼저 적분하면,

$$\int_0^1 \int_0^4 x^3 dy\,dx = \int_0^4 \left(\int_0^1 x^3 dx \right) dy = \int_0^4 \left[\frac{1}{4} x^4 \right]_0^1 dy = \int_0^4 \frac{1}{4} dy = \left[\frac{1}{4} y \right]_0^4 = 1$$

즉, 순서를 바꾸어도 적분값은 같다.

예제 2

$\int_{-1}^1 \int_1^{e^y} \frac{1}{xy} dx\,dy$를 구하라.

풀이

x에 관해서 먼저 적분하면,

$$\int_{-1}^{1}\left(\int_{1}^{e^y}\frac{1}{xy}dx\right)dy=\int_{-1}^{1}\left[\frac{1}{y}\ln x\right]_1^{e^y}dy$$

$$=\int_{-1}^{1}dy=[y]_{-1}^{1}=2$$

예제 3

$\int_0^1\int_0^1 x^2e^{xy}dx\,dy$를 구하라.

풀이

y에 관해서 먼저 적분하면,

$$\int_0^1\left(\int_0^1 x^2e^{xy}dy\right)dx=\int_0^1\left[x\,e^{xy}\right]_0^1dx$$

($\because$ $x\,e^{xy}$를 y에 관해서 편미분하면 x^2e^{xy}가 되므로)

$$=\int_0^1(xe^x-x)dx$$

$$=\int_0^1 xe^xdx-\left[\frac{x^2}{2}\right]_0^1$$

$$=\int_0^1 xe^xdx-\frac{1}{2}$$ ($u=x$, $dv=e^xdx$라 놓고 부분적분법을 사용)

$$=[xe^x-e^x]_0^1-\frac{1}{2}=\frac{1}{2}$$

예제 4

$\int_0^2\int_{\frac{y}{2}}^1 ye^{x^3}dx\,dy$를 구하라.

풀이

e^{x^3}에 관한 역도함수를 초등함수로 표현할 수 없으므로 x에 관해서 먼저 적분할 수 없다. 따라서 적분의 순서를 바꾸어 시도해 보자. x-단순집합으로 주어진 적분의 영역 $R=\{(x,\ y)\,|\,\frac{y}{2}\leq x\leq 1,\ 0\leq y\leq 2\}$는 [그림 15-6]과 같다. 영역 R은 y-단순집합으로 표시할 수 있다.

그림 15-6

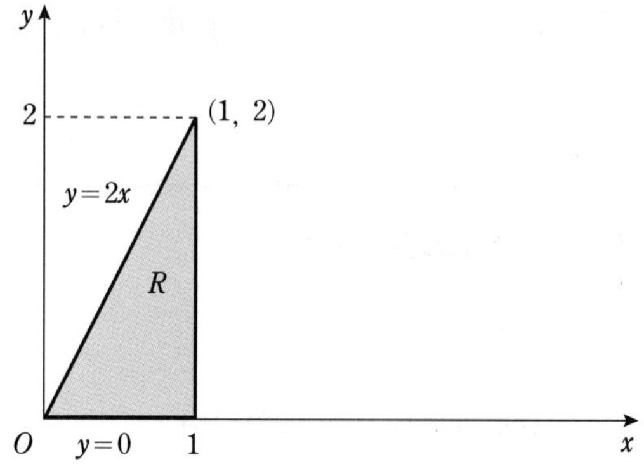

$$R=\{(x,\ y)\,|\,0\leqq x\leqq 1,\ 0\leqq y\leqq 2x\}$$

따라서,

$$\int_0^2\int_{\frac{y}{2}}^1 ye^{x^3}dx\,dy=\int_0^1\int_0^{2x} ye^{x^3}dy\,dx$$

$$=\int_0^1\left[\frac{1}{2}y^2e^{x^3}\right]_0^{2x}dx=\int_0^1(2x^2e^{x^3})dx$$

$$=\left[\frac{2}{3}e^{x^3}\right]_0^1=\frac{2}{3}(e-1).$$

예제 5

$0\leqq x\leqq 1$, $0\leqq y\leqq 1$ 및 $xy\geqq u>0$으로 둘러싸인 부분의 면적을 이중적분을 사용하여 구하라.

풀이

구하는 면적은 [그림 15-7]의 음영부분이 된다. 음영부분은 $u\leqq x\leqq 1$, $\frac{u}{x}\leqq y\leqq 1$로 표시되므로

$$\int_u^1\int_{\frac{u}{x}}^1 dy\,dx=\int_u^1\Big[y\Big]_{\frac{u}{x}}^1dx=\int_u^1\left(1-\frac{u}{x}\right)dx$$

그림 15-7

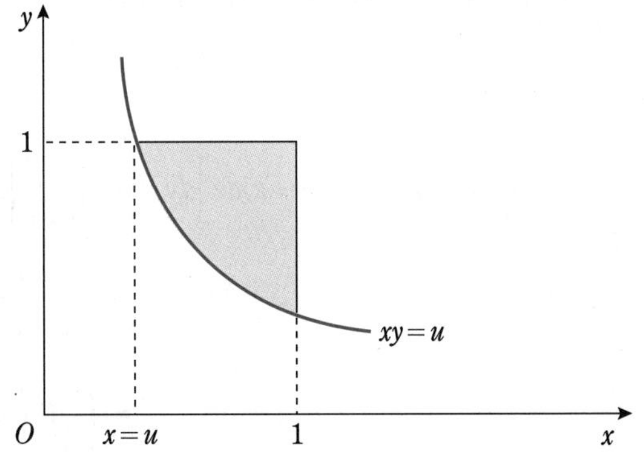

$$=\Big[x-u\ln x\Big]_u^1=1-u+u\ln u.$$

지금까지 배운 이중적분의 개념을 변수가 3개 이상인 경우로 확장할 수 있다. 일반적으로 n개의 독립변수가 있을 때 중적분은 다음과 같이 정의된다.

$$\int_R \cdots \int f(x_1,\ x_2,\ \cdots,\ x_n)dx_1dx_2\cdots\ dx_n$$

만약, $R=\{(x_1,\ x_2,\ \cdots,\ x_n)\,|\,a_1\leqq x_1\leqq b_1,\ a_2\leqq x_2\leqq b_2,\ \cdots,\ a_n\leqq x_n\leqq b_n\}$이라면 R에서 정의된 함수 $f(x_1,\ x_2,\ \cdots,\ x_n)$의 중적분은 다음과 같다.

$$\int_{a_1}^{b_1}\int_{a_2}^{b_2}\cdots\int_{a_n}^{b_n} f(x_1,\ x_2,\ \cdots,\ x_n)dx_n\cdots\ dx_2\,dx_1.$$

물론 이 경우의 적분도 안에서부터 시작하여(dx_n부터 시작하여) 밖으로 적분해 나간다. 사실상 4중적분 이상은 그 응용범위가 극히 제한되어 있다.

예제 6

$\int_0^1\int_0^x\int_0^{x+y}(x+y+z)dz\,dy\,dx$를 구하라.

풀이

$$\int_0^1\int_0^x\left[\int_0^{x+y}(x+y+z)dz\right]dy\,dx=\int_0^1\int_0^x\left[xz+yz+\frac{1}{2}z^2\right]_0^{x+y}dy\,dx$$
$$=\int_0^1\int_0^x\left(x^2+xy+xy+y^2+\frac{(x+y)^2}{2}\right)dy\,dx$$
$$=\int_0^1\int_0^x\left(\frac{3}{2}x^2+3xy+\frac{3}{2}y^2\right)dy\,dx$$
$$=\int_0^1\left[\frac{3}{2}x^2y+\frac{3}{2}xy^2+\frac{1}{2}y^3\right]_0^x dx$$
$$=\int_0^1\left[\frac{3}{2}x^3+\frac{3}{2}x^3+\frac{1}{2}x^3\right]dx$$
$$=\int_0^1\frac{7}{2}x^3dx=\left[\frac{7}{8}x^4\right]_0^1=\frac{7}{8}$$

15. 2 극좌표로 표시한 중적분

직교좌표계(rectangular coordinate system 또는 Cartesian coordinate system)와는 다른 좌표계를 사용해서 평면 위의 한 점이나 곡선을 나타낼 수 있다. 그와 같은 좌표계가 많이 있을 수 있지만 가장 많이 사용되는 극좌표계에 대해서 설명하자.

[그림 15-8]과 같이 한 직선 OX 위에 고정점 O를 잡으면 평면 위의 임의의 점 P의 위치는 거리 OP와 양의 각 $\angle POX$의 크기에 의해 결정된다. OP의 거리를 r, $\angle POX$를 θ라 할 때 r과 θ로 표시되는 값을 극좌표(polar coordinate)라 하며 (r, θ)로 표시한다.

만약, 한 직선 OX를 직교좌표의 x축의 양의 방향과 같게 잡으면 평면

그림 15-8

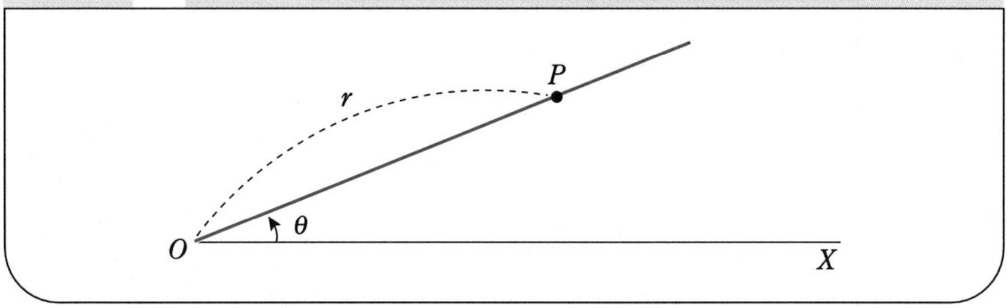

그림 15-9

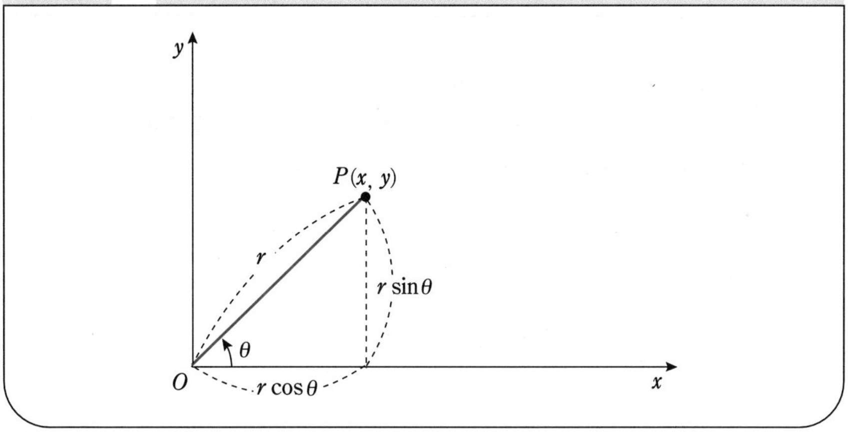

위의 점 P의 직교좌표$(x,\ y)$와 극좌표$(r,\ \theta)$와는 다음 관계식이 성립한다([그림 15-9] 참조).

$$x = r\cos\theta$$
$$y = r\sin\theta,\ 단\ r = \sqrt{x^2+y^2},\ 0 \leqq \theta < 2\pi,\ \theta = \tan^{-1}\frac{y}{x} \quad (단,\ x \neq 0)$$

때때로 이중적분을 계산할 때 직교좌표를 극좌표로 바꾸어 계산하면 훨씬 쉬워질 때가 있다. 특히 영역 R이 극좌표로 표시될 경우에는 더욱 그러하다. 예를 들어 영역 R이 다음과 같이 극좌표로 표시되었다고 하자.

$$a \leqq r \leqq b,\ \alpha \leqq \theta \leqq \beta$$

그림 15-10

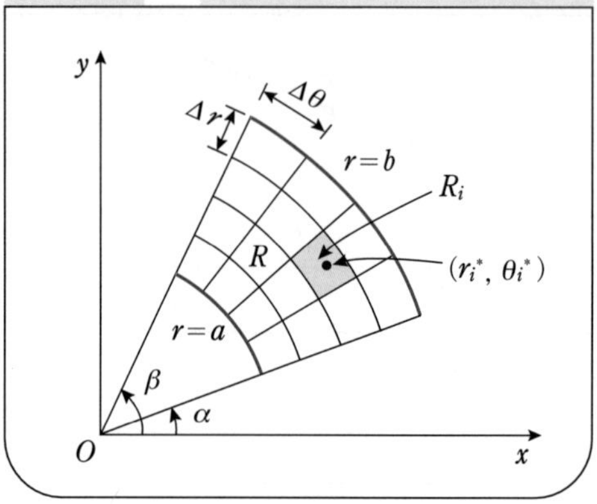

그림 15-11

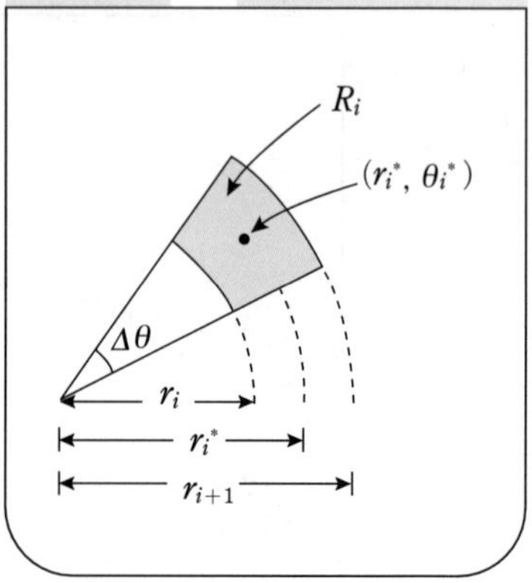

영역 R은 [그림 15-10]과 같다.

반지름 r인 원에서 중심각이 θ래디안인 부채꼴의 면적은 $S=\frac{1}{2}r^2\theta$이다. 따라서 영역 R의 면적을 A라 하면,

$$A=\frac{1}{2}b^2(\beta-\alpha)-\frac{1}{2}a^2(\beta-\alpha)$$

$$=\frac{1}{2}(a+b)(b-a)(\beta-\alpha)$$

$$=\bar{r}\varDelta r\varDelta\theta$$

여기서 $\bar{r}=\frac{1}{2}(a+b)$, $\varDelta r=b-a$, $\varDelta\theta=\beta-\alpha$이다.

이제 극좌표로 표시된 영역 R에서 이중적분

$$\int_R\int f(x,\ y)dA$$

를 계산하는 문제를 생각해 보자. 이를 위해 r과 θ를 각각 다음과 같이 균등한 간격으로 분할하자.

$$a=r_0<r_1<r_2\cdots<r_l=b \qquad \left(\text{단, } \varDelta r=\frac{b-a}{l}\right)$$

$$\alpha=\theta_0<\theta_1<\theta_2<\cdots<\theta_k=\beta \qquad \left(\text{단, } \varDelta\theta=\frac{\beta-\alpha}{k}\right).$$

그러면 [그림 15-10]과 같이 $n=l\times k$개의 작은 영역 R_1, $R_2, \cdots$, R_n이 생긴다. 영역 R_i의 중심점을 극좌표로 표시하여 (r_i^*, θ_i^*)라 하자. 이 점의 직교좌표를 (x_i^*, y_i^*)라 하면 다음 관계가 성립한다.

$$x_i^* = r_i^* \cos\theta_i^*$$
$$y_i^* = r_i^* \sin\theta_i^*$$

영역 R_i의 면적을 ΔA_i라 하면, 영역 R이 극좌표로 표시되었을 때의 함수 $f(x, y)$에 대해 리이만합은 아래와 같다.

$$I=\sum_{i=1}^{n} f(x_i^*, y_i^*)\Delta A_i$$

[그림 15-11]과 같이 $r_i^*=\frac{1}{2}(r_i+r_{i+1})$이므로, ΔA_i는 다음과 같다.

$$\Delta A_i = r_i^* \Delta r \Delta\theta$$

리이만합을 극좌표로 표시하면

$$I=\sum_{i=1}^{n} f(x_i^*, y_i^*)\Delta A_i=\sum_{i=1}^{n} f(r_i^*\cos\theta_i^*,\ r_i^*\sin\theta_i^*)r_i^*\Delta r\Delta\theta$$

가 된다. 따라서 리이만합의 극한값이 존재하면 위의 식은 다음과 같이 이중적분으로 정의된다.

$$\lim_{n\to\infty}\sum_{i=1}^{n} f(r_i^*\cos\theta_i^*,\ r_i^*\sin\theta_i^*)r_i^*\Delta r\Delta\theta=\int_{\alpha}^{\beta}\int_{a}^{b} f(r\cos\theta,\ r\sin\theta)r\,dr\,d\theta$$

일반적으로 영역 R이 극좌표로 표시되고 $f(x, y)$는 R에서 정의된 연속함수라 하자. 즉,

$$R=\{(\theta,\ r)\,|\,f_1(\theta)\leqq r\leqq f_2(\theta),\ \alpha\leqq\theta\leqq\beta\}$$

이면, 이중적분은 아래와 같다.

$$\int_R\int f(x,\ y)dA=\int_{\alpha}^{\beta}\int_{f_1(\theta)}^{f_2(\theta)} f(r\cos\theta,\ r\sin\theta)r\,dr\,d\theta$$

끝으로 변환하는 좌표계가 극좌표계가 아닌 임의의 좌표계인 경우의 이

중적분법을 증명없이 소개한다.

변환방정식

$$x=f(u, v)$$
$$y=g(u, v)$$

에 의해 uv평면의 영역 G가 xy평면 위의 영역 R로 사상(mapping)된다고 하자. 그러면, 함수 f와 g에 적절한 제약조건이 주어지면 다음 공식에 의하여 xy평면의 이중적분을 uv평면의 이중적분으로 바꾸어 계산할 수 있다.

$$\int_R\int \phi(x, y)dx\,dy=\int_G\int \phi[f(u, v), g(u, v)]\left|\frac{\partial(x, y)}{\partial(u, v)}\right|du\,dv.$$

여기서

$$J(u, v)=\frac{\partial(x, y)}{\partial(u, v)}=\begin{vmatrix} \dfrac{\partial x}{\partial u} & \dfrac{\partial x}{\partial v} \\ \dfrac{\partial y}{\partial u} & \dfrac{\partial y}{\partial v} \end{vmatrix}$$

일 때 공식에는 야코비안의 절대값 $|J(u, v)|$가 포함되어 있음에 유의하자.

극좌표인 경우의 변환방정식은

$$x=r\cos\theta,\ y=r\sin\theta$$

이므로

$$J(r, \theta)=\frac{\partial(x, y)}{\partial(r, \theta)}=\begin{vmatrix} \cos\theta & -r\sin\theta \\ \sin\theta & r\cos\theta \end{vmatrix}=r(\cos^2\theta+\sin^2\theta)=r$$

이 되고, $|J(r, \theta)|=|r|=r$을 위의 공식에 대입하면

$$\iint \phi(x, y)dx\,dy=\iint \phi(r\cos\theta, r\sin\theta)r\,dr\,d\theta$$

가 되는데, 이것은 우리가 이미 유도한 식과 일치한다.

예제 7

$\frac{1}{2\pi}\int_{-\infty}^{\infty}\int_{-\infty}^{\infty} e^{-\frac{z^2+y^2}{2}}dz\,dy$를 구하라.

풀이

z와 y를 극좌표로 변환하면 다음과 같다.

$$\begin{cases} z=r\cos\theta \\ y=r\sin\theta \end{cases}, \qquad J(r,\ \theta)=\begin{vmatrix} \frac{\partial z}{\partial r} & \frac{\partial z}{\partial \theta} \\ \frac{\partial y}{\partial r} & \frac{\partial y}{\partial \theta} \end{vmatrix}=r$$

r과 θ의 변역을 구하면,

$$0\leqq r\leqq\infty,\ 0\leqq\theta\leqq 2\pi$$

가 되므로($\because$ 적분영역이 zy평면 전체이므로)

$$\frac{1}{2\pi}\int_{-\infty}^{\infty}\int_{-\infty}^{\infty} e^{-\frac{z^2+y^2}{2}}dz\,dy=\frac{1}{2\pi}\int_0^{2\pi}\int_0^{\infty} e^{-\frac{r^2}{2}}r\,dr\,d\theta$$

$$(\because\ z^2+y^2=r^2(\cos^2\theta+\sin^2\theta)=r^2)$$

$$=\frac{1}{2\pi}\int_0^{2\pi}\left[-e^{-\frac{r^2}{2}}\right]_0^{\infty}d\theta$$

$$=\frac{1}{2\pi}\int_0^{2\pi}1\,d\theta=\frac{1}{2\pi}[\theta]_0^{2\pi}=1$$

연습문제

1. 다음 이중적분을 계산하라.

(1) $\int_0^1 \int_0^{x^2} xy\,dy\,dx$　　(2) $\int_0^1 \int_y^{\sqrt{y}} (x+y)dx\,dy$

(3) $\int_0^4 \int_y^{\sqrt{x}} (2x-y)dy\,dx$　　(4) $\int_0^1 \int_{x^4}^{x} (y-x)dy\,dx$

(5) $\int_1^2 \int_1^{x^2} (x^2+y^2)dy\,dx$　　(6) $\int_0^1 \int_{x^2}^{x} dy\,dx$

2. 다음 삼중적분을 계산하라.

(1) $\int_0^1 \int_0^{1-x} \int_0^{1-y^2} z\,dz\,dy\,dx$　　(2) $\int_b^a \int_0^b \int_a^{2a} x^2y^2z\,dz\,dy\,dx$

3. 포물선 $y=x^2$과 $y=x+2$에 의해 둘러싸인 부분의 면적을 정적분과 이중적분을 이용한 두 가지 방법으로 구하라.

4. 직교좌표로 표시된 이중적분을 극좌표로 치환하여 계산하라.

(1) $\int_{-1}^1 \int_{-\sqrt{1-x^2}}^{\sqrt{1-x^2}} (x^2+y^2)dy\,dx$　　(2) $\int_{-a}^a \int_{-\sqrt{a^2-x^2}}^{\sqrt{a^2-x^2}} dy\,dx$

제16장

적분법의 경제학에의 응용

16.1 생산자잉여와 소비자잉여

다른 조건이 일정할 때 한 재화의 가격이 상승하면 이 재화의 생산자는 이득을 보지만 소비자는 손해를 본다. 생산자잉여와 소비자잉여는 각각 이러한 영향을 측정하는 개념이다.

생산자잉여란 기업이 주어진 규모의 상품공급으로 받게 되는 실제의 수입과 받고자 하는 최소한의 수입과의 차이를 말한다. 한 기업의 한계비용함수 $MC(q)$가 연속이고 재화의 가격이 p_0라 하자. $p_0 = MC(q_0)$인 경우 이윤을 극대화시키는 산출량은 $q = q_0$이다. 이때 생산자잉여(PS)는 다음과 같다.

$$PS = p_0 q_0 - \int_0^{q_0} MC(q)dq$$

한계비용(MC)은 총가변비용(TVC)의 도함수이므로 다음 식이 성립한다.

$$\int_0^{q_0} MC(q)dq = TVC(q_0) - TVC(0) = TVC(q_0) \quad (\because\ TVC(0) = 0)$$

따라서 생산자잉여(PS)는 총수입(TR)에서 총가변비용(TVC)를 뺀 것이다.

$$PS = TR - TVC$$

그림 16-1 생산자잉여

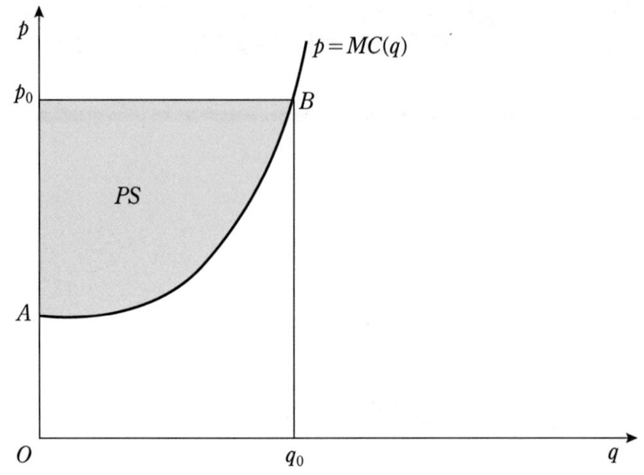

즉, PS는 고정비용을 고려하지 않은 이윤과 같다.

[그림 16-1]의 ABp_0는 생산자잉여를 나타낸다. 완전경쟁하에 있는 기업의 공급곡선은 AVC의 최저점보다 위에 있는 MC 곡선에 해당하므로 공급곡선의 높이는 생산자가 각각의 공급단위당 받고자 하는 최소한의 가격(=공급가격)을 나타낸다. 따라서 AOq_0B는 q_0를 공급할 때 받고자 하는 최소한의 총수입 또는 $TVC(q_0)$가 된다.

만약 재화의 가격이 p_0에서 p_1으로 상승하면, $p_1 = MC(q_1)$인 경우 생산자잉여는

$$PS_1 = p_1 q_1 - \int_0^{q_1} MC(q)dq$$

이다. 재화의 가격이 p_0에서 p_1으로 상승할 때 생산자잉여는 증가하고 생산자잉여의 증가분 ΔPS는 [그림 16-2]에서 p_0BCp_1이다. $p = MC(q)$의 역함수를 $q = MC^{-1}(p)$라 하자. 재화의 가격이 p_0에서 p_1으로 변하면 생산자잉여의 변화분 ΔPS는 다음과 같다.

$$\Delta PS = \int_{p_0}^{p_1} MC^{-1}(p)dp = PS_1 - PS$$

그림 16-2 **생산자잉여의 변화**

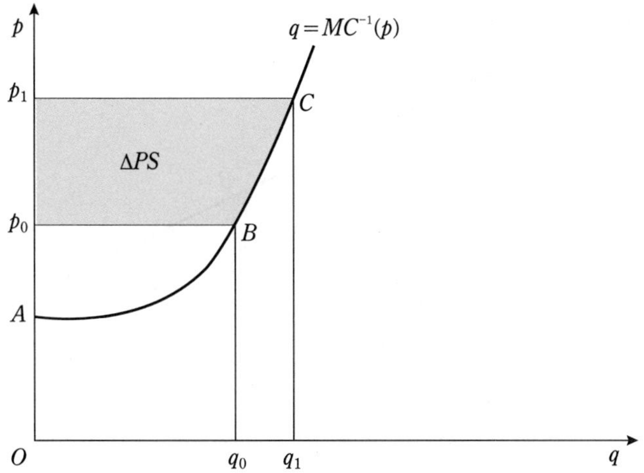

물론 재화의 가격이 하락하면 생산자잉여의 변화분은 마이너스이다. 가격변화 후의 생산자잉여의 변화분은 정확히 이윤의 변화분과 같다. 즉, 이윤의 변화분을 $\Delta\pi$라 하면

$$\begin{aligned}\Delta\pi &= [p_1q_1 - TVC(q_1) - \text{고정비용}] - [p_0q_0 - TVC(q_0) - \text{고정비용}] \\ &= [p_1q_1 - TVC(q_1)] - [p_0q_0 - TVC(q_0)] \\ &= PS_1 - PS = \Delta PS\end{aligned}$$

소비자잉여란 소비자가 특정재화를 특정량만큼 구입하기 위하여 지불하고자 하는 최대금액과 실제로 지불한 금액과의 차이를 말한다. 한 소비자가 직면한 재화의 역수요함수는 $p=D^{-1}(q)$이고 이 함수는 연속이라 가정하자. 재화의 가격이 p_0이고 이때 소비자의 구매량은 q_0라 하면 소비자잉여(CS)는 다음과 같이 정의된다

$$CS = \int_0^{q_0} D^{-1}(q)dq - p_0q_0$$

[그림 16-3]에서

그림 16-3 소비자잉여

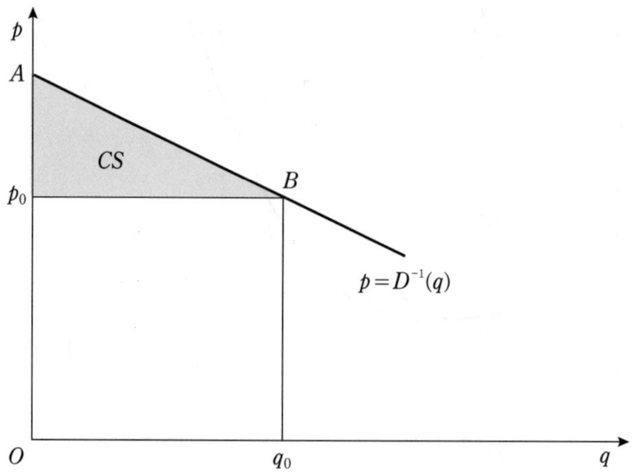

$$AOq_0B=\int_0^{q_0}D^{-1}(q)dq$$

는 소비자가 q_0만큼 재화를 구입할 때 지불하고자 하는 최대의 금액이고 p_0Oq_0B는 실제로 지불한 금액이다. 따라서 소비자잉여는 Ap_0B가 된다.

재화의 가격이 인하(인상)되면 소비자잉여는 증가(감소)한다. 재화의 가격이 p_0에서 p_1으로 인하되었다고 하자. 재화의 가격이 p_1일 때 재화의 구입량이 q_1인 경우 소비자잉여 CS_1은 다음과 같다.

$$CS_1=\int_0^{q_1}D^{-1}(q)dq-p_1q_1$$

소비자잉여의 증가분을 ΔCS라 하면

$$\Delta CS=CS_1-CS$$

이다. 수요함수가 $q=D(p)$인 경우 이를 적분으로 표시하면

$$\Delta CS=\int_{p_1}^{p_0}D(p)dp=p_0p_1BA$$

그림 16-4 **소비자잉여의 변화**

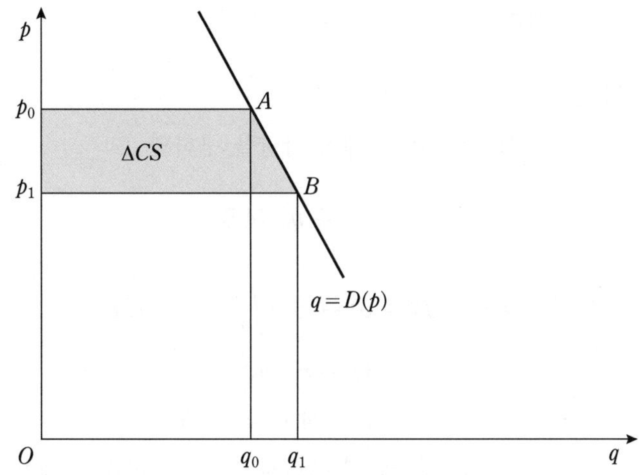

이다([그림 16-4] 참조).

물론 재화의 가격이 p_2에서 p_3으로 상승한 경우에는

$$\Delta CS=\int_{p_3}^{p_2}D(p)dp=-\int_{p_2}^{p_3}D(p)dp$$

로 소비자잉여는 감소한다.

소비자잉여의 개념은 현재 구입 가능한 재화가 구입 가능하지 않게 되었을 때 소비자잉여의 감소분을 추정하는 데도 사용될 수 있다. 예를 들어 [그림 16-3]에서와 같이 현재 재화의 가격이 p_0일 때 q_0만큼 재화를 구입하고 있다고 하자. 만약 이 재화의 구입이 불가능해진다면 소비자잉여의 감소분은 Ap_0B가 된다.

예제 1

한 기업의 한계비용은 다음과 같다.

$$MC(q)=2q+1$$

아래 사항에 답하라.

(1) $p_0=10$일 때 생산자잉여를 구하라.

(2) 가격이 $p_0=10$에서 $p_1=15$로 증가했을 때 생산자잉여의 변화를 구하라.

풀이

(1) $p_0=10$일 때 공급량을 구하면

$$10=2q+1,\ \text{즉}\ q_0=4.5$$

따라서 $PS=10\times 4.5-\int_0^{4.5}(2q+1)dq$

$$=45-[q^2+q]_0^{4.5}$$

$$=45-24.75=20.25$$

(2) $p_1=15$일 때 생산자잉여를 구하기 위하여 공급량을 구하면

$$15=2q+1,\ \text{즉}\ q_1=7$$

$$PS_1=15\times 7-\int_0^7(2q+1)dq$$

$$=105-[q^2+q]_0^7=105-56=49$$

따라서 $\Delta PS=49-20.25=28.75$

또는 한계비용의 역함수를 이용하여 생산자잉여의 변화분을 추정할 수 있다.

$p=MC(q)=2q+1$일 때 역함수를 구하면

$$q=MC^{-1}(p)=\frac{1}{2}p-\frac{1}{2}$$

따라서 $\Delta PS=\int_{p_0}^{p_1}MC^{-1}(p)dp=\int_{10}^{15}\left(\frac{1}{2}p-\frac{1}{2}\right)dp$

$$=\left[\frac{1}{4}p^2-\frac{1}{2}p\right]_{10}^{15}=\frac{115}{4}=28.75$$

즉, 두 방법으로 측정한 결과는 동일하다.

예제 2

한 소비자가 직면한 수요함수는 $q=50-2p$일 때

(1) $p_0=20$에서 소비자잉여를 구하라.

(2) $p_0=20$에서 $p_1=15$로 하락했을 때 소비자잉여의 변화분을 구하라.

풀이

(1) $q=50-2p$일 때 역수요함수를 구하면

$$p=-\frac{1}{2}q+25$$

이다. $p_0=20$일 때 수요량은 $q_0=10$이다. 따라서

$$CS=\int_0^{10}\left(-\frac{1}{2}q+25\right)dq-20\times 10$$

$$=\left[-\frac{1}{4}q^2+25q\right]_0^{10}-200$$

$$=225-200=25$$

(2) $p_1=15$일 때 수요량은 $q_1=20$이다. 따라서

$$CS_1=\int_0^{20}\left(-\frac{1}{2}q+25\right)dq-15\times 20$$

$$=\left[-\frac{1}{4}q^2+25q\right]_0^{20}-300$$

$$=400-300=100$$

따라서 $\Delta CS=CS_1-CS=75$ 증가하였다.

또는

$$\Delta CS=\int_{p_1}^{p_0}D(p)dp=\int_{15}^{20}(50-2p)dp$$

$$=[50p-p^2]_{15}^{20}=600-525=75$$

두 결과가 동일함을 확인할 수 있다.

16.2 현재가치

연이율이 r일 때 연속적으로 복리계산을 할 경우, A원을 투자하면 t년 후에 받는 원리금은 $V=Ae^{rt}$임을 8.1에서 배웠다. 이와는 반대로 연이율이 r일 때 연속적으로 복리계산을 할 경우, t년 후에 받을 A원의 현재가치(present value)는 얼마나 될 것인가를 생각해 보자.

이러한 문제는 현재 얼마의 금액을 투자하면 t년 후에 A원이 될 것인가 하는 문제와 같으므로 t년 후에 받을 A원의 현재가치는 Ae^{-rt}임을 알 수 있다. 이렇게 장래에 받게 될 금액의 현재가치를 구하는 것을 할인이라 한다.

연속적인 수입의 흐름이 연간 $R(t)$라고 하자. 즉, $t=t_1$시점에서 수입의 흐름은 연간 $R(t_1)$이 된다. 물론, 한 순간에서는 수입이 발생하지 않지만 일정한 시간구간이 주어지면 수입이 발생한다. 임의의 시점 t에서 $t+dt$까지의 기간이 경과할 때 기간 $[t, t+dt]$ 동안의 수입액은 $R(t)dt$로 표시할 수 있고, 그 현재가치는 $R(t)e^{-rt}dt$가 된다. 따라서, 연이율 r일 때 기간 $t=0$으로부터 $t=T$까지의 수입의 현재가치 R_{0T}는 다음과 같은 정적분으로 표시된다.

$$R_{0T}=\int_0^T R(t)e^{-rt}dt.$$

R_{0T}를 T에 관해서 미분하면,

$$\frac{dR_{0T}}{dT}=R(T)e^{-rT}$$

가 되며 이것은 $t=T$시점에서 수입의 흐름의 현재가치가 된다.

예제 3

연이율이 r일 때, 매년 A원의 이자를 영구히 지급하기로 된 공채의 현재가치를 구하라.

풀이

$$R_{0T}=\int_0^T R(t)e^{-rt}dt$$

에서 $R(t)=A$, $T=\infty$로 바꾸어 계산하면 현재가치 $R_{0\infty}$는 다음과 같다.

$$R_{0\infty}=\int_0^\infty Ae^{-rt}dt=A\left[\frac{-1}{r}e^{-rt}\right]_0^\infty$$

$$=\frac{A}{r}$$

연습문제

1. 역수요함수가 $p=\sqrt{9-q}$이고, $p=2$, $q=5$일 때, 소비자잉여를 구하라.

2. 역공급함수가 $p=(q+2)^2$이고, $p=25$, $q=3$일 때, 생산자잉여를 구하라.

3. 연이율이 $r=0.1$일 때 영구적으로 매년 받을 수 있는 100만원의 현재가치를 구하라.

4. 한계수입곡선 MR의 추정식은 다음과 같다.

$$MR=4-0.4q$$

$q=1$일 때, 총수입 TR을 구하라.

제3부
최적화이론

제17장

최적화이론의 기초개념

17.1 수리계획문제

수리계획법(mathematical programming)은 미시경제학 및 계량경영학을 이해하는 데 가장 중요한 수학적인 기초이다. 예를 들어, 일정한 소득을 가지고 어떻게 재화를 구입하면 극대의 만족을 얻을 수 있는가를 묻는 효용극대화 문제, 또는 생산이론에서의 비용극소화 및 이윤극대화문제 등은 모두 수리계획문제에 속한다.

일반적인 수리계획문제를 표시해 보면 다음과 같다.

극 대 화: $f(\boldsymbol{x}) = f(x_1, x_2, \cdots, x_n)$

제약조건: $\boldsymbol{x} \in \boldsymbol{S} \subset \boldsymbol{R}^n$

수리계획문제는 제약조건하에서 어떤 함수를 최적화(극대화 또는 극소화)시킬 수 있는 변수들의 값을 결정하는 것으로 유한개의 실변수(real variable), 유한개의 제약조건 및 목적함수로 구성되어 있다. 위의 문제에서 $f(\boldsymbol{x})$를 목적함수, $\boldsymbol{x}$를 의사결정변수, 그리고 모든 제약조건을 만족시키는 집합 S를 실현가능집합이라 한다.

일반적인 수리계획문제의 특별한 경우로서 고전적 계획법, 비선형계획법 및 선형계획법을 예로 들 수 있다.

고전적 계획법(classical programming)은 제약조건이 모두 등식으로 된 것으로, n개의 변수와 m개의 제약조건으로 된 고전적 계획문제는 아래와 같다.

$$\begin{aligned} \text{극 대 화:}\ & f(\boldsymbol{x})=f(x^1,\ x^2,\ \cdots,\ x_n) \\ \text{제약조건:}\ & g^1(\boldsymbol{x})=g^1(x^1,\ x^2,\ \cdots,\ x_n)=b_1 \\ & g^2(\boldsymbol{x})=g^2(x^1,\ x^2,\ \cdots,\ x_n)=b_2 \\ & \quad \vdots \qquad\qquad \vdots \qquad\qquad\qquad \vdots \\ & g^m(\boldsymbol{x})=g^m(x^1,\ x^2,\ \cdots,\ x_n)=b_m \end{aligned}$$

행렬로 표시하면 다음과 같다.

$$\begin{aligned} \text{극 대 화:}\ & f(\boldsymbol{x}) \\ \text{제약조건:}\ & \underset{m\times 1}{\boldsymbol{g}}(\boldsymbol{x})=\underset{m\times 1}{\boldsymbol{b}} \quad \text{단, } n>m. \end{aligned}$$

여기서,

$$\boldsymbol{g}(\boldsymbol{x})=\begin{bmatrix} g^1(x_1,\ x_2,\ \cdots,\ x_n) \\ g^2(x_1,\ x_2,\ \cdots,\ x_n) \\ \vdots \\ g^m(x_1,\ x_2,\ \cdots,\ x_n) \end{bmatrix},\quad \boldsymbol{b}=\begin{bmatrix} b_1 \\ b_2 \\ \vdots \\ b_m \end{bmatrix}$$

비선형계획법(nonlinear programming)은 제약조건이 부등식으로 된 것으로, n개의 변수와 m개의 제약조건으로 된 비선형계획문제를 행렬로 표시하면 다음과 같다.

$$\begin{aligned} \text{극 대 화:}\ & f(\boldsymbol{x}) \\ \text{제약조건:}\ & \boldsymbol{g}(\boldsymbol{x}) \geqq \boldsymbol{b} \end{aligned}$$

선형계획법(linear programming)은 목적함수와 제약조건이 모두 선형이며, 제약조건은 부등식으로 된 것으로 비선형계획법의 특별한 경우라 할 수 있다.

n개의 변수와 m개의 제약조건으로 된 선형계획문제는 아래와 같다.

$$\begin{aligned} \text{극 대 화: } & f(\boldsymbol{x}) = c_1x_1 + c_2x_2 + \cdots + c_nx_n \\ \text{제약조건: } & a_{11}x_1 + a_{12}x_2 + \cdots + a_{1n}x_n \leqq b_1 \\ & a_{21}x_1 + a_{22}x_2 + \cdots + a_{2n}x_n \leqq b_2 \\ & \quad \vdots \qquad \vdots \qquad\qquad \vdots \quad \vdots \\ & a_{m1}x_1 + a_{m2}x_2 + \cdots + a_{mn}x_n \leqq b_m \\ & x_j \geqq 0,\ j = 1,\ 2,\ \cdots,\ n \end{aligned}$$

여기서 c_j, a_{ij} 및 $b_i(i=1,\ 2,\ \cdots,\ m,\ j=1,\ 2,\ \cdots,\ n)$는 모두 상수이다.

고전적 계획문제의 특별한 경우, $m=0$, 즉 제약조건이 없는 경우의 최적화 문제는 18장에서 설명하고, 등식의 제약조건이 있는 경우는 19장에서, 비선형계획문제는 20장에서 각각 살펴보기로 하자.

최적화문제를 설명하는 데 있어서 특별한 언급이 없는 한 극대화문제에 국한하여 설명한다. 그 이유는 대부분의 경제학문제는 극대화문제이며 극소화문제는 언제나 극대화문제로 쉽게 바꾸어 풀 수 있기 때문이다. 즉,

$$\text{극소화: } f(x_1,\ x_2,\ \cdots,\ x_n) \equiv \text{극대화: } -f(x_1,\ x_2,\ \cdots,\ x_n)$$

라는 관계가 성립하므로,

$$\begin{aligned} \text{극 소 화: } & f(\boldsymbol{x}) \\ \text{제약조건: } & \boldsymbol{x} \in \boldsymbol{S} \subset \boldsymbol{R}^n \end{aligned}$$

의 문제는

$$\begin{aligned} \text{극 대 화: } & -f(\boldsymbol{x}) \\ \text{제약조건: } & \boldsymbol{x} \in \boldsymbol{S} \subset \boldsymbol{R}^n \end{aligned}$$

으로 바꾸어 목적함수를 극대화시키는 해, 즉 최적해 $\boldsymbol{x}^*$를 구할 수 있다. 극소화문제의 목적함수의 값은 $-f(\boldsymbol{x}^*)$에 -1을 곱해 준 $f(\boldsymbol{x}^*)$가 된다.

최적화문제를 논의할 때 목적함수와 제약조건들이 모두 미분가능하다고 가정한다. 물론 함수들이 미분가능하다는 가정을 하지 않고서도 최적화문제를 논의할 수 있으나 거의 모든 경제모형들은 함수들의 미분가능을 가정하고 있을 뿐 아니라, 함수들의 미분가능을 가정하면 최적화이론을 보다 쉽게

전개할 수 있다는 장점이 있으므로 이 가정을 택하기로 한다.

17.2 오목함수와 볼록함수

제약조건이 없는 극대 및 극소의 문제에서 목적함수가 오목함수 또는 볼록함수인 것을 알면 2차조건을 확인할 필요가 없고, 극치를 갖기 위한 1차 필요조건이 바로 1차필요충분조건이 된다([정리 18-3-1] 참조). 이러한 중요한 특성을 갖는 오목함수와 볼록함수에 대하여 살펴보자. 설명의 편의를 위해 1변수함수에 대해서 설명한 후 n변수함수로 확장한다.

[그림 17-1]의 (a)와 같은 함수 $f(x)$를 강오목함수라 하고, (b)와 같은 함수를 강볼록함수라 한다.

강오목함수를 기하학적으로 다음과 같이 정의할 수 있다. 임의의 서로 다른 두 점 $x=x_0$와 $x=x_1$에 대하여($x_0 \neq x_1$) $f(x_0)$와 $f(x_1)$을 잇는 선분 ADB가 호 ACB 아래에 있으면 함수 $f(x)$를 강오목함수라 한다. 이러한 기하학적 정의를 대수적으로 표현해 보자.

$\hat{x}$가 x_0와 x_1 사이에 있는 점이라면 $\hat{x}$는 다음과 같이 쓸 수 있고,

그림 17-1 강오목함수와 강볼록함수

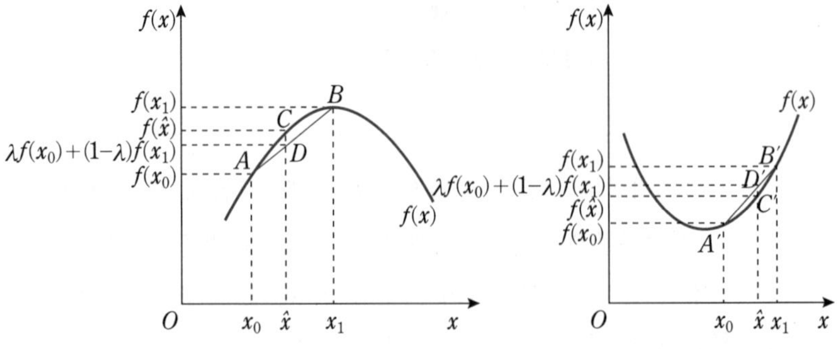

(a) 강오목함수 (b) 강볼록함수

$$\hat{x} = \lambda x_0 + (1-\lambda)x_1 \text{ (단, } 0<\lambda<1)$$

함수 $f(x)$가 다음 부등식을 만족시키면 함수 $f(x)$는 강오목함수(strictly concave function)이다.

$$f(\hat{x}) > \lambda f(x_0) + (1-\lambda)f(x_1) \text{ (단, } 0<\lambda<1)$$

$f(\hat{x})$는 $x=\hat{x}$에서의 함수값을 나타내고(점 C), $\lambda f(x_0)+(1-\lambda)f(x_1)=f(x_1)+\lambda(f(x_0)-f(x_1))$은 $f(x_0)$와 $f(x_1)$의 가중평균으로 직선 ADB 위의 한 점(점 D 참조)을 나타내므로, 위의 부등식이 만족되면 $f(x_0)$와 $f(x_1)$을 잇는 선분 ADB는 호 ACB 아래에 있다.

또한 모든 $0 \leqq \lambda \leqq 1$에 대하여 다음 부등식을 만족시키면 함수 $f(x)$는 오목함수(concave function)이다.

$$f(\hat{x}) \geqq \lambda f(x_0) + (1-\lambda)f(x_1) \text{ (단, } 0 \leqq \lambda \leqq 1).$$

오목함수의 그래프에는 직선부분이 포함될 수 있으며, 정의에 의하여 강오목함수는 오목함수가 되지만 그 역은 반드시 성립하지는 않는다.

강볼록함수에서는 $f(x_0)$와 $f(x_1)$을 잇는 선분 $A'D'B'$가 호 $A'C'B'$ 위에 있다. 대수적으로 다음 부등식을 만족시키면 함수 $f(x)$는 강볼록함수(strictly convex function)이다([그림 17-1]의 (b) 참조).

$$f(\hat{x}) < \lambda f(x_0) + (1-\lambda)f(x_1) \text{ (단, } 0<\lambda<1).$$

또한 모든 $0 \leqq \lambda \leqq 1$에 대하여 아래 부등식이 만족하면, 함수 $f(x)$는 볼록함수(convex function)이다.

$$f(\hat{x}) \leqq \lambda f(x_0) + (1-\lambda)f(x_1) \text{ (단, } 0 \leqq \lambda \leqq 1).$$

볼록함수의 그래프에도 오목함수와 마찬가지로 직선부분이 포함될 수 있으므로 선형함수 $f(x)=a+bx$는 오목함수인 동시에 볼록함수이다. 정의에 의하여 함수 $f(x)$가 오목함수이면 $-f(x)$는 볼록함수이고 그 역도 성립한다. 또한 $f(x)$가 강오목함수이면 $-f(x)$는 강볼록함수이고 그 역도 성립하는 것을 알 수 있다.

앞으로 배울 극치의 문제에서 오목함수는 극대문제와, 볼록함수는 극소문제와 각각 밀접한 관계를 갖게 된다. 경제학의 많은 문제는 극대문제이고 또한 $-f(x)$가 오목함수이면 $f(x)$는 볼록함수가 되므로 반복을 피하기 위해 오목함수를 중심으로 설명한다. 특별한 언급이 없어도 오목함수와 관련된 정의 및 성질들은 단순히 오목을 볼록으로 바꾼 후에 부등호의 방향만 바꾸어 주면 볼록함수에 대해서도 성립한다는 것을 기억해 두기 바란다.

n변수함수의 경우로 일반화시키기 위해서는 오목함수의 기하학적 정의와 동일한 의미를 갖는 대수적 표현방법을 사용해야 된다. 1변수함수의 경우를 확장하면 다음 정의를 얻는다.

[정의 17-2-1] 오목함수와 강오목함수

함수 $f(\boldsymbol{x})=f(x_1, x_2, \cdots, x_n)$가 볼록집합 $X \subset \boldsymbol{R}^n$에서 정의된 실수치함수라 하자. 모든 $\boldsymbol{x}^1$, $\boldsymbol{x}^2 \in X$와 $0 \leqq \lambda \leqq 1$에 대하여 다음 부등식이 성립하면 함수 $f(\boldsymbol{x})$는 오목함수이다.

$$f(\lambda \boldsymbol{x}^1+(1-\lambda)\boldsymbol{x}^2) \geqq \lambda f(\boldsymbol{x}^1)+(1-\lambda)f(\boldsymbol{x}^2)$$

강오목함수란 모든 $\boldsymbol{x}^1$, $\boldsymbol{x}^2 \in X(\boldsymbol{x}^1 \neq \boldsymbol{x}^2)$와 $0<\lambda<1$에 대하여 부등식

$$f(\lambda \boldsymbol{x}^1+(1-\lambda)\boldsymbol{x}^2) > \lambda f(\boldsymbol{x}^1)+(1-\lambda)f(\boldsymbol{x}^2)$$

를 만족시키는 함수 $f(\boldsymbol{x})$를 말한다.

오목함수와 볼록함수의 정의역 X는 반드시 볼록집합이어야 한다. 그 이유는 정의역 X가 볼록집합이 아니라면 $\lambda \boldsymbol{x}^1+(1-\lambda)\boldsymbol{x}^2 \notin X$가 되어 오목함수와 볼록함수의 정의는 의미를 갖지 못하기 때문이다. 또한 오목성과 볼록성의 개념은 정의역에 있는 모든 점들에 관련된 성질인 점에 유의하자. 특히 $f(\boldsymbol{x})$가 $\boldsymbol{R}^2$에서 정의된 오목함수일 때는 그 모양은 마치 둥근 밥그릇을 엎어 놓은 것과 비슷하고, 반면에 볼록함수일 때는 둥근 밥그릇 모양과 비슷하다.

함수가 미분가능하다면 함수의 오목성을 1차도함수를 사용하여 정의할 수 있다. 1변수함수 $f(x)$가 미분가능할 때 $f(x)$가 오목함수이기 위한 필요충분조건은 정의역내의 임의의 두 점 x_0과 x에 대해서 다음 부등식이 성립하는

그림 17-2

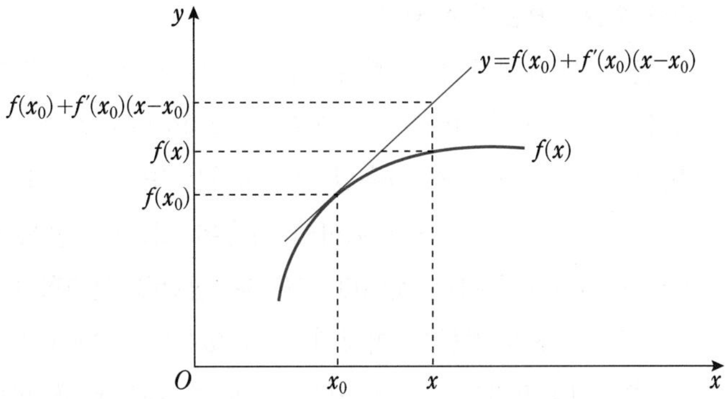

것이다.

$$f(x) \leqq f(x_0)+f'(x_0)(x-x_0)$$

위의 부등식에서 부등호 ≦를 부등호 <로 바꾸면 강오목함수에 대한 필요충분조건이 된다(단, $x \neq x_0$).

[그림 17-2]에서 알 수 있듯이 $f(x_0)+f'(x_0)(x-x_0)$는 $f(x)$의 선형근사식이므로 오목함수의 선형근사식은 실제 함수값을 과대하게 추정한다는 특징을 갖고 있다.

함수 $f(\boldsymbol{x})=f(x_1,\ x_2,\ \cdots,\ x_n)$가 개집합인 동시에 볼록집합인 $X \subset \boldsymbol{R}^n$에서 정의된 미분가능함수일 때 함수 $f(\boldsymbol{x})$가 오목함수이기 위한 필요충분조건은 모든 $\boldsymbol{x}$, $\bar{\boldsymbol{x}} \in X$에 대하여 다음 부등식이 성립하는 것이다.

$$f(\boldsymbol{x}) \leqq f(\bar{\boldsymbol{x}})+\sum_{i=1}^{n} f_i(\bar{\boldsymbol{x}})(x_i-\bar{x}_i) \ \left(\text{단, } f_i(\bar{\boldsymbol{x}})=\frac{\partial f(\bar{\boldsymbol{x}})}{\partial x_i}\right)$$

또는

$$f(\boldsymbol{x}) \leqq f(\bar{\boldsymbol{x}})+\nabla f(\bar{\boldsymbol{x}})^t(\boldsymbol{x}-\bar{\boldsymbol{x}})$$

여기서 $\nabla f(\bar{\boldsymbol{x}})^t$는 $\nabla f(\bar{\boldsymbol{x}})$의 전치행렬이며, $\nabla f(\bar{\boldsymbol{x}})$와 $(\boldsymbol{x}-\bar{\boldsymbol{x}})$는 모두 $n \times 1$열벡터이다.

위의 부등식에서 부등호 ≦를 부등호 <로 바꾸면 강오목함수에 대한 필요충분조건이 된다(단, $\boldsymbol{x}\neq\bar{\boldsymbol{x}}$). 또한 부등호(≦)의 방향을 바꾸면 볼록함수에 대한 필요충분조건이 된다.

한 가지 유의할 점은 볼록함수와 볼록집합의 두 개념에 '볼록'이라는 단어가 똑같이 사용되었다고 할지라도 그 의미는 판이하게 다르다는 것이다. 즉, 함수를 설명할 때 사용된 볼록이라는 단어는 곡선 혹은 곡면이 어떻게 굴곡되었는가를 나타내기 위하여 사용된 것으로, 볼록함수는 그 형태가 계곡의 형태를 이룬다는 것이다. 그러나 집합을 설명할 때의 '볼록'이라는 단어는 집합 내의 점들이 어떻게 모여 있는가를 나타내기 위해 사용된 것이다. 즉, 기하학적으로 볼록집합은 집합의 내부에 구멍이 없고, 그 경계선에는 울퉁불퉁한 부분이 없어야 한다. 따라서 볼록함수와 볼록집합은 수학적으로 별개의 개념이라는 것을 명심하자.

17.3 준오목함수와 준볼록함수

제약조건하의 극치문제에서 사용되는 함수는 오목함수 또는 볼록함수보다 약한 제약을 갖는 준오목함수(극대문제에 사용됨) 또는 준볼록함수(극소문제에 사용됨)이므로 이들을 정의하고 그 성질을 살펴보자.

17.2에서 1변수함수인 경우의 오목함수에 대해서 자세히 설명했으므로 준오목함수는 n변수함수 $f(\boldsymbol{x})=f(x_1, x_2, \cdots, x_n)$를 직접 사용하여 정의하자.

[정의 17-3-1] 준오목함수와 강준오목함수

실수치함수 $f(\boldsymbol{x})=f(x_1, x_2, \cdots, x_n)$는 볼록집합 $X\subset \boldsymbol{R}^n$에서 정의된 함수라 하자. 모든 $\boldsymbol{x}^1$, $\boldsymbol{x}^2\in X$와 $0\leqq\lambda\leqq1$에 대하여 다음 부등식이 성립하면 함수 $f(\boldsymbol{x})$는 준오목함수(quasi-concave function)이다.

$$f(\lambda\boldsymbol{x}^1+(1-\lambda)\boldsymbol{x}^2)\geqq\min\{f(\boldsymbol{x}^1),\ f(\boldsymbol{x}^2)\}$$

강준오목함수란 모든 $\boldsymbol{x}^1$, $\boldsymbol{x}^2\in X(\boldsymbol{x}^1\neq\boldsymbol{x}^2)$와 $0<\lambda<1$에 대하여 다음 부등

식이 성립하는 함수 $f(\boldsymbol{x})$를 말한다.

$$f(\lambda\boldsymbol{x}^1+(1-\lambda)\boldsymbol{x}^2)>\min\{f(\boldsymbol{x}^1),\ f(\boldsymbol{x}^2)\}$$

(강)준볼록함수은 단순히 $-f(\boldsymbol{x})$가 (강)준오목함수이면 되므로 반복을 피하기 위해 준오목함수를 중심으로 설명한다.

준오목함수의 기하학적 의미는 다음과 같다. $\boldsymbol{x}^1$과 $\boldsymbol{x}^2$가 함수 $f(\boldsymbol{x})$의 정의역에 있는 임의의 두 점일 때, 두 점을 잇는 선분을 $\boldsymbol{x}^1\boldsymbol{x}^2$라 하자. 선분 $\boldsymbol{x}^1\boldsymbol{x}^2$에 대응하는 함수 $f(\boldsymbol{x})$의 값들이 $f(\boldsymbol{x})$의 그래프 위에 호 AB를 형성한다고 하자. 호 AB상의 모든 점들이 점 A와 점 B 중 작은 것보다 그 높이가 크거나 같다면 함수 $f(\boldsymbol{x})$를 준오목함수라 한다.

정의에 의하여 모든 오목함수는 준오목함수가 된다. 그러나 그 역은 반드시 성립하지는 않는다. 오목함수가 준오목함수가 되는 이유는 다음과 같다. $f(\boldsymbol{x})$가 오목함수이면,

$$f(\lambda\boldsymbol{x}^1+(1-\lambda)\boldsymbol{x}^2)\geqq\lambda f(\boldsymbol{x}^1)+(1-\lambda)f(\boldsymbol{x}^2)\quad(0\leqq\lambda\leqq1)$$

만약 $f(\boldsymbol{x}^2)\geqq f(\boldsymbol{x}^1)$이라 가정하면, $f(\boldsymbol{x}^1)$과 $f(\boldsymbol{x}^2)$의 가중평균

$$\lambda f(\boldsymbol{x}^1)+(1-\lambda)f(\boldsymbol{x}^2)$$

는 $f(\boldsymbol{x}^1)$보다 작을 수 없으므로, 다음 부등식이 성립한다.

$$\lambda f(\boldsymbol{x}^1)+(1-\lambda)f(\boldsymbol{x}^2)\geqq\lambda f(\boldsymbol{x}^1)+(1-\lambda)f(\boldsymbol{x}^1)=f(\boldsymbol{x}^1)$$

따라서 $f(\boldsymbol{x})$가 오목함수이면

$$f(\lambda\boldsymbol{x}^1+(1-\lambda)\boldsymbol{x}^2)\geqq\lambda f(\boldsymbol{x}^1)+(1-\lambda)f(\boldsymbol{x}^2)\geqq f(\boldsymbol{x}^1)=\min\{f(\boldsymbol{x}^1),\ f(\boldsymbol{x}^2)\}$$

가 성립되므로 함수 $f(\boldsymbol{x})$가 오목(또는 강오목)함수이면 준오목함수가 된다.

정의에 의하여 모든 강오목함수는 강준오목함수가 되고, 모든 강준오목함수는 준오목함수가 되는 것을 보일 수 있다. 그러나 이들의 역은 반드시 성립하지는 않는다. 특히, 강준오목함수는 $\boldsymbol{x}^1\neq\boldsymbol{x}^2$이며 $f(\boldsymbol{x}^1)=f(\boldsymbol{x}^2)$일 때에도,

$$f(\lambda\boldsymbol{x}^1+(1-\lambda)\boldsymbol{x}^2)>f(\boldsymbol{x}^1)$$

이 성립되어야 하므로 곡면상에 평면부분이 없어야 된다는 기하학적 특성을 갖고 있다.

준오목함수를 볼록집합과 연관지어 다음과 같이 정의할 수 있다.

정리 17-3-1

함수 $f(\boldsymbol{x})$는 볼록집합 $X \subset \boldsymbol{R}^n$에서 정의된 실수치함수라 하자. 함수 $f(\boldsymbol{x})$가 준오목함수이기 위한 필요충분조건은 다음 집합 S_α가 모든 스칼라 α에 대해 볼록집합이 되는 것이다.

$$S_\alpha = \{\boldsymbol{x} \mid \boldsymbol{x} \in X,\ f(\boldsymbol{x}) \geqq \alpha\}$$

증 명

($\Rightarrow$) $f(\boldsymbol{x})$가 준오목함수라 가정하자. 또한 임의의 α에 대하여 $\boldsymbol{x}^1$, $\boldsymbol{x}^2 \in S_\alpha$라 가정하자. 그러면,

$$f(\boldsymbol{x}^1) \geqq \alpha,\ f(\boldsymbol{x}^2) \geqq \alpha$$

준오목함수라는 가정에 의해 모든 $0 \leqq \lambda \leqq 1$에 대하여,

$$f(\lambda \boldsymbol{x}^1 + (1-\lambda)\boldsymbol{x}^2) \geqq \min\{f(\boldsymbol{x}^1),\ f(\boldsymbol{x}^2)\} \geqq \alpha$$

따라서, $\lambda \boldsymbol{x}^1 + (1-\lambda)\boldsymbol{x}^2 \in S_\alpha$이므로, S_α는 볼록집합이다.

($\Leftarrow$) S_α가 임의로 주어진 스칼라 α에 대해 볼록집합이라 가정하자. 또한 $\boldsymbol{x}^1$, $\boldsymbol{x}^2 \in S_\alpha$이며 $f(\boldsymbol{x}^1) \geqq f(\boldsymbol{x}^2)$라 가정하고, $\alpha = f(\boldsymbol{x}^2)$라 하자. S_α는 가정에 의해 볼록집합이므로, 모든 $0 \leqq \lambda \leqq 1$에 대해

$$\lambda \boldsymbol{x}^1 + (1-\lambda)\boldsymbol{x}^2 \in S_\alpha$$

즉,

$$f(\lambda \boldsymbol{x}^1 + (1-\lambda)\boldsymbol{x}^2) \geqq \alpha = f(\boldsymbol{x}^2) = \min\{f(\boldsymbol{x}^1),\ f(\boldsymbol{x}^2)\}$$

따라서, $f(\boldsymbol{x})$는 준오목함수이다. Q.E.D.

그림 17-3

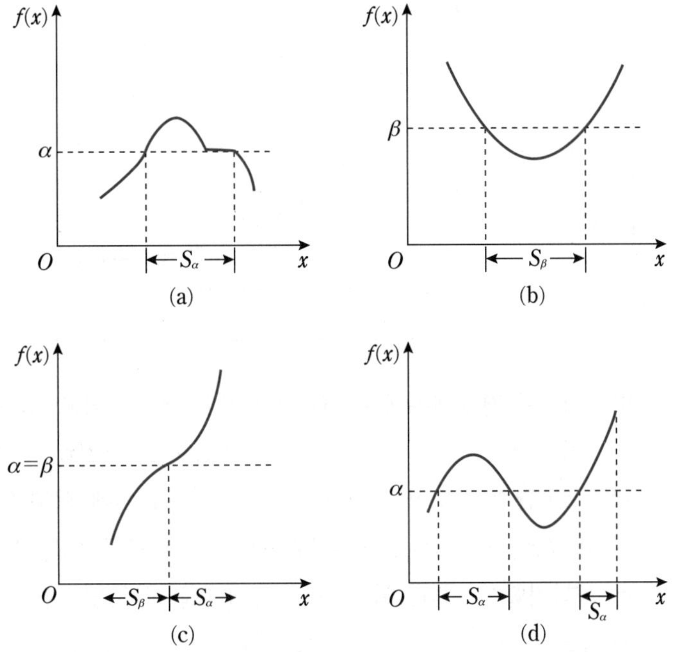

함수 $f(\boldsymbol{x})$가 준볼록함수이기 위한 필요충분조건은 다음 집합 S_β가 모든 스칼라 β에 대하여 볼록집합이면 된다.

$$S_\beta=\{\boldsymbol{x}\,|\,\boldsymbol{x}\in X,\ f(\boldsymbol{x})\leqq\beta\}$$

위의 정리에 의해 함수 $f(\boldsymbol{x})$가 준오목함수인지의 여부를 집합 S_α가 볼록집합인가의 여부로 판정할 수 있다. 예를 들어, [그림 17-3]의 (a)는 준오목함수를, (b)는 준볼록함수를, (c)는 준오목함수도 준볼록함수도 모두 되는 경우를, 마지막으로 (d)는 준오목함수도 준볼록함수도 모두 아닌 경우를 각각 나타내고 있다. 특히 (c)의 경우에는 집합 S_α와 집합 S_β가 모두 볼록집합이다. 여기서,

$$S_\alpha=\{x\,|\,x\in\boldsymbol{R},\ f(x)\geqq\alpha\}$$
$$S_\beta=\{x\,|\,x\in\boldsymbol{R},\ f(x)\leqq\beta\}$$

그림 17-4 **강준오목함수**(2변수함수인 경우)

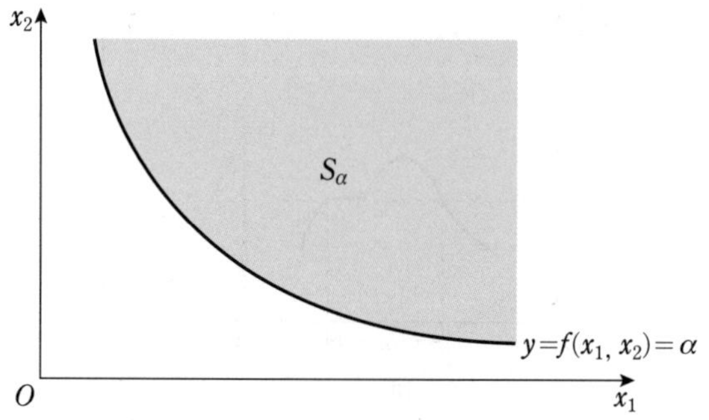

따라서, 이 경우에는 함수 $f(x)$가 준오목함수도 되고, 준볼록함수도 된다.

2변수함수로 된 생산함수 또는 효용함수 $y=f(x_1, x_2)$가 준오목함수(따라서, 오목함수도 포함하여)이면, [정리 17-3-1]에 의해 $S_\alpha=\{(x_1, x_2) \mid x_1 \geqq 0, x_2 \geqq 0, f(x_1, x_2) \geqq \alpha\}$는 볼록집합이므로 등량곡선 또는 무차별곡선의 윗부분은 볼록집합이 된다. 특히, 등량곡선 또는 무차별곡선이 직선부분을 포함하지 않으면, $y=f(x_1, x_2)$는 강준오목함수이다([그림 17-4] 참조).

예제 1

$\boldsymbol{R}$에서 정의된 함수 $f(x)=-x^3$은 오목함수는 아니지만 준오목함수임을 보여라.

풀이

$f(x)=-x^3$이 오목함수가 아닌 것은 자명하므로 독자 스스로가 증명하기 바란다. 그러나,

$$S_\alpha=\{x \mid x \in \boldsymbol{R}, -x^3 \geqq \alpha\}=\{x \mid x \in \boldsymbol{R}, x \leqq (-\alpha)^{1/3}\}$$

는 볼록집합이므로 $f(x)=-x^3$은 준오목함수이다.

17.4 2차형식과 정부호형식

n개의 변수 x_1, x_2, $\cdots$, x_n과 $n \times n$ 대칭행렬 $\boldsymbol{A}$로 정의된 2차식 $q(\boldsymbol{x}) = \boldsymbol{x}'\boldsymbol{A}\boldsymbol{x}$를 x_1, x_2, $\cdots$, x_n에 관한 2차형식(quadratic form)이라고 한다. 여기서, $\boldsymbol{x}$는 $\boldsymbol{x} = [x_1, x_2, \cdots, x_n]$으로 $n \times 1$열벡터이다.

예를 들어,

$$q(x_1, x_2) = [x_1\ x_2] \begin{bmatrix} 2 & 1 \\ 1 & 3 \end{bmatrix} \begin{bmatrix} x_1 \\ x_2 \end{bmatrix} = 2x_1^2 + 3x_2^2 + 2x_1x_2$$

는 x_1과 x_2에 관한 2차형식이다. 2차형식의 특징은 각 항의 지수들의 합은 2가 된다는 것이다. n변수에 관한 2차형식도 각 항의 지수들의 합은 2가 된다.

일반적으로 2차형식은 행렬로 표현될 수 있고, 반대로 행렬로 표시된 2차형식은 행렬의 곱셈을 일일이 하지 않더라도 덧셈의 형태로 바꿀 수 있다. 예를 들어 x_1과 x_2에 관한 2차형식 $q(x_1, x_2) = ax_1^2 + 2bx_1x_2 + cx_2^2$를 행렬로 표시하면,

$$q(x_1, x_2) = [x_1\ x_2] \begin{bmatrix} a & b \\ b & c \end{bmatrix} \begin{bmatrix} x_1 \\ x_2 \end{bmatrix}$$

가 된다. 즉, 제곱의 형태로 된 항의 계수는 $\boldsymbol{A}$행렬의 대각선 위에 놓고, $2bx_1x_2$항의 계수 $2b$는 반으로 나누어 대각선 양쪽에 놓으면 된다.

같은 방법으로 x_1, x_2, x_3에 관한 2차형식

$$q(x_1, x_2, x_3) = ax_1^2 + bx_2^2 + cx_3^2 + 2dx_1x_2 + 2ex_1x_3 + 2fx_2x_3$$

를 행렬로 표기하는 방법은 a, b, c를 행렬 $\boldsymbol{A}$의 대각선 위에 놓고, 즉 $a_{11} = a$, $a_{22} = b$, $a_{33} = c$에 놓은 후, $a_{12} = a_{21} = d$, $a_{13} = a_{31} = e$ 및 $a_{23} = a_{32} = f$로 각각 바꾸어 넣으면 된다.

$$q(x_1,\ x_2,\ x_3)=[x_1\ x_2\ x_3]\begin{bmatrix} a & d & e \\ d & b & f \\ e & f & c \end{bmatrix}\begin{bmatrix} x_1 \\ x_2 \\ x_3 \end{bmatrix}$$

$x_1,\ x_2,\ \cdots,\ x_n$에 관한 2차형식도 위와 같은 방법을 사용하면 행렬로 표기할 수 있다. 이러한 관계를 반대로 생각하면 행렬로 표시된 2차형식을 덧셈의 형태로 바꿀 수 있다.

예제 2

$q(x_1,\ x_2,\ x_3)=10x_1^2+9x_2^2+4x_1x_2+6x_1x_3+8x_2x_3$를 행렬로 표기하라.

풀이

$$q(x_1,\ x_2,\ x_3)=[x_1\ x_2\ x_3]\begin{bmatrix} 10 & 2 & 3 \\ 2 & 9 & 4 \\ 3 & 4 & 0 \end{bmatrix}\begin{bmatrix} x_1 \\ x_2 \\ x_3 \end{bmatrix}$$

예제 3

$$q(x,\ y,\ z)=[x\ y\ z]\begin{bmatrix} 3 & 0 & 4 \\ 0 & 1 & 8 \\ 4 & 8 & 2 \end{bmatrix}\begin{bmatrix} x \\ y \\ z \end{bmatrix}$$

를 덧셈의 형태로 나타내어라.

풀이

$q(x,\ y,\ z)=3x^2+y^2+2z^2+8xz+16yz.$

예제 4

$\underset{n\times n}{\boldsymbol{B}}=[b_{ij}]$이며, $\boldsymbol{x}\in\boldsymbol{R}^n$일 때 2차형식 $q(\boldsymbol{x})=\boldsymbol{x}'\boldsymbol{B}\boldsymbol{x}$는 대칭행렬을 사용하여 표현할 수 있음을 보여라.

풀이

행렬 $\underset{n\times n}{\boldsymbol{A}}=[a_{ij}]$를 $\boldsymbol{A}=\dfrac{\boldsymbol{B}+\boldsymbol{B}'}{2}$라 하면 $a_{ij}=a_{ji}=\dfrac{b_{ij}+b_{ji}}{2}$이므로 $\boldsymbol{A}$는 대칭행렬이 된다. 그런데,

$$\begin{aligned}\boldsymbol{x}'\boldsymbol{A}\boldsymbol{x}&=\boldsymbol{x}'\left(\frac{\boldsymbol{B}+\boldsymbol{B}'}{2}\right)\boldsymbol{x}\\&=\frac{1}{2}\boldsymbol{x}'\boldsymbol{B}\boldsymbol{x}+\frac{1}{2}\boldsymbol{x}'\boldsymbol{B}'\boldsymbol{x}\\&=\boldsymbol{x}'\boldsymbol{B}\boldsymbol{x}\ (\because\ \boldsymbol{x}'\boldsymbol{B}\boldsymbol{x}\text{는 스칼라이므로 }\boldsymbol{x}'\boldsymbol{B}\boldsymbol{x}=(\boldsymbol{x}'\boldsymbol{B}\boldsymbol{x})'=\boldsymbol{x}'\boldsymbol{B}'\boldsymbol{x})\end{aligned}$$

가 되므로 어떠한 2차형식도 대칭행렬을 사용하여 표현할 수 있다.

예제 4에 의해서 앞으로의 2차형식에 사용되는 정방행렬 $\boldsymbol{A}$는 특별한 언급이 없는 한 대칭행렬이라 가정한다.

다변수함수의 극대 및 극소와 관련된 정부호형식의 판정법에 대해서 살펴보자. 이를 위해 먼저 몇 가지 용어를 정의하자.

[정의 17-4-1]

$\boldsymbol{A}$가 $n\times n$정방행렬일 때 모든 $\boldsymbol{x}\in \boldsymbol{R}^n$, $\boldsymbol{x}\neq\boldsymbol{0}$($x_i$가 동시에 0은 아님)에 대하여,

$$2\text{차형식 } q(\boldsymbol{x})=\boldsymbol{x}'\boldsymbol{A}\boldsymbol{x}\text{가 }\begin{Bmatrix}\text{음 }(<0)\\\text{양 }(>0)\end{Bmatrix}\text{이면,}$$

$$2\text{차형식 } q(\boldsymbol{x})\text{는 }\begin{Bmatrix}\text{음정부호(negative definite)}\\\text{양정부호(positive definite)}\end{Bmatrix}\text{라 한다.}$$

모든 $\boldsymbol{x}\in \boldsymbol{R}^n$에 대하여

$$2\text{차형식 } q(\boldsymbol{x})=\boldsymbol{x}'\boldsymbol{A}\boldsymbol{x}\text{가 }\begin{Bmatrix}\text{비양 }(\leqq 0)\\\text{비음 }(\geqq 0)\end{Bmatrix}\text{이면,}$$

$$2\text{차형식 } q(\boldsymbol{x})\text{는 }\begin{Bmatrix}\text{음반정부호(negative semidefinite)}\\\text{양반정부호(positive semidefinite)}\end{Bmatrix}\text{라 한다.}$$

또한 $\boldsymbol{x}$의 어떤 값에 대해서는 $q(\boldsymbol{x})$가 양이고, 다른 $\boldsymbol{x}$의 값에서는 음이 되

면 2차형식 $q(\boldsymbol{x})$를 부정부호(indefinite)라 한다.

한편, $q(\boldsymbol{x})=\boldsymbol{x}'\boldsymbol{A}\boldsymbol{x}$가 음(양, 음반, 양반)정부호일 때 행렬 $\boldsymbol{A}$를 음(양,음반, 양반)정부호형행렬이라 부른다.

예제 5

$$q(\boldsymbol{x})=q(x_1, x_2)=[x_1\ x_2]\begin{bmatrix}-2 & 0\\ 0 & -2\end{bmatrix}\begin{bmatrix}x_1\\ x_2\end{bmatrix}$$

는 양정부호인가 혹은 음정부호인가를 판정하라.

풀이

$q(\boldsymbol{x})=-2x_1^2-2x_2^2$은 x_1과 x_2가 동시에 0이 아니면 $q(\boldsymbol{x})<0$이므로 음정부호이다.

예제 6

$$q(\boldsymbol{x})=q(x_1, x_2)=[x_1\ x_2]\begin{bmatrix}0 & 3\\ 3 & 0\end{bmatrix}\begin{bmatrix}x_1\\ x_2\end{bmatrix}=6x_1x_2$$

는 x_1과 x_2의 값에 따라 양, 0 및 음이 가능하므로 부정부호이다.

[정의 17-4-1]에 의해 정부호형식을 정의하였으나 특별히 간단한 경우를 제외하고는 그 정의 자체로 하나의 2차형식이 음정부호 또는 여타의 부호인지를 판단하기가 어렵다. 따라서 정부호성을 판별할 수 있는 보다 간편한 방법이 필요하다.

판별방법으로 선도주소행렬식을 이용하는 방법과 고유근을 이용하는 방법이 있는데 두 방법을 차례로 설명하자.

먼저 선도주소행렬식을 정의한 후, 간단한 2차형식들을 예로 들어 선도주소행렬식을 이용한 판별방법을 설명하고 이들의 결과를 일반화하자.

[정의 17-4-2] 선도주소행렬식

$\boldsymbol{A}$가 $n \times n$행렬일 때 k번째 선도주소행렬식(leading principal minor)이란 $\boldsymbol{A}$의 처음 k개의 행과 열로써 만들어진 $k \times k$행렬의 행렬식을 말한다. 즉,

$$|\boldsymbol{A}_k| \equiv \begin{vmatrix} a_{11} & a_{12} & \cdots & a_{1k} \\ a_{21} & a_{22} & \cdots & a_{2k} \\ \vdots & \vdots & & \vdots \\ a_{k1} & a_{k2} & \cdots & a_{kk} \end{vmatrix} \quad k=1,\ 2,\ \cdots,\ n$$

x_1과 x_2에 관한 2차형식

$$\begin{aligned} q(x_1,\ x_2) &= a_{11}x_1^2 + 2a_{12}x_1x_2 + a_{22}x_2^2 \\ &= [x_1\ x_2] \begin{bmatrix} a_{11} & a_{12} \\ a_{21} & a_{22} \end{bmatrix} \begin{bmatrix} x_1 \\ x_2 \end{bmatrix} \ (\text{단},\ a_{12}=a_{21}) \\ &= \boldsymbol{x}'\boldsymbol{A}\boldsymbol{x} \end{aligned}$$

를 완전제곱꼴로 바꾸어 써보자. 위 식의 우변에 $\dfrac{a_{12}^2 x_2^2}{a_{11}}$을 더해준 후 빼주면

$$\begin{aligned} q &= a_{11}x_1^2 + 2a_{12}x_1x_2 + \frac{a_{12}^2x_2^2}{a_{11}} + a_{22}x_2^2 - \frac{a_{12}^2x_2^2}{a_{11}} \\ &= a_{11}\left(x_1^2 + 2\frac{a_{12}}{a_{11}}x_1x_2 + \frac{a_{12}^2}{a_{11}^2}x_2^2 \right) + \left(a_{22} - \frac{a_{12}^2}{a_{11}} \right) x_2^2 \\ &= a_{11}\left(x_1 + \frac{a_{12}}{a_{11}}x_2 \right)^2 + \left(\frac{a_{11}a_{22} - a_{12}^2}{a_{11}} \right) x_2^2 \\ &= a_{11}\left(x_1 + \frac{a_{12}}{a_{11}}x_2 \right)^2 + \frac{|\boldsymbol{A}|}{a_{11}}x_2^2 \ \ (\because\ |\boldsymbol{A}| = a_{11}a_{22} - a_{12}^2) \\ &= |\boldsymbol{A}_1|\left(x_1 + \frac{a_{12}}{a_{11}}x_2 \right)^2 + \frac{|\boldsymbol{A}|}{|\boldsymbol{A}_1|}x_2^2 \ \ (\because\ |\boldsymbol{A}_1| = a_{11}) \end{aligned}$$

이 되어, 변수 x_1과 x_2에 관한 완전제곱꼴로 바뀌었다. 따라서 q의 부호는 $|\boldsymbol{A}_1|$과 $|\boldsymbol{A}|$에 의해서 결정된다. 즉,

(i) q가 음정부호이기 위한 필요충분조건은

$$|\boldsymbol{A}_1| < 0,\ \ |\boldsymbol{A}| > 0$$

(ii) q가 양정부호이기 위한 필요충분조건은

$$|\boldsymbol{A}_1|>0,\ |\boldsymbol{A}|>0$$

(iii) $|\boldsymbol{A}|<0$이면 q는 x_1과 x_2의 값에 따라 그 부호가 변하므로 부정부호이다.

x_1, x_2 및 x_3에 관한 2차형식

$$\begin{aligned} q(x_1,\ x_2,\ x_3) &= a_{11}x_1^2+a_{22}x_2^2+a_{33}x_3^2+2a_{12}x_1x_2+2a_{13}x_1x_3+2a_{23}x_2x_3 \\ &= [x_1\ x_2\ x_3]\begin{bmatrix} a_{11} & a_{12} & a_{13} \\ a_{21} & a_{22} & a_{23} \\ a_{31} & a_{32} & a_{33} \end{bmatrix}\begin{bmatrix} x_1 \\ x_2 \\ x_3 \end{bmatrix}\ (\text{단, } a_{ij}=a_{ji}) \\ &= \boldsymbol{x}'\boldsymbol{A}\boldsymbol{x} \end{aligned}$$

를 같은 방법을 이용하여 완전제곱꼴로 만들면,

$$\begin{aligned} q &= a_{11}\left(x_1+\frac{a_{12}}{a_{11}}x_2+\frac{a_{13}}{a_{11}}x_3\right)^2 \\ &\quad +\frac{a_{11}a_{22}-a_{12}^2}{a_{11}}\left(x_2+\frac{a_{11}a_{23}-a_{12}a_{13}}{a_{11}a_{22}-a_{12}^2}x_3\right)^2 \\ &\quad +\frac{a_{11}a_{22}a_{33}-a_{11}a_{23}^2-a_{22}a_{13}^2-a_{33}a_{12}^2+2a_{12}a_{13}a_{23}}{a_{11}a_{22}-a_{12}^2}x_3^2 \end{aligned}$$

이 된다.

$$\boldsymbol{A}=\begin{bmatrix} a_{11} & a_{12} & a_{13} \\ a_{21} & a_{22} & a_{23} \\ a_{31} & a_{32} & a_{33} \end{bmatrix}\text{일 때,}$$

$$|\boldsymbol{A}_1|=|a_{11}|=a_{11},\ |\boldsymbol{A}_2|=\begin{vmatrix} a_{11} & a_{12} \\ a_{21} & a_{22} \end{vmatrix},\ |\boldsymbol{A}_3|=|\boldsymbol{A}|$$

이므로, 주소행렬식을 이용하면 q를 다음과 같이 바꾸어 쓸 수 있다.

$$q=|\boldsymbol{A}_1|(x_1+\frac{a_{12}}{a_{11}}x_2+\frac{a_{13}}{a_{11}}x_3)^2$$

$$+\frac{|\boldsymbol{A}_2|}{|\boldsymbol{A}_1|}(x_2+\frac{a_{11}a_{23}-a_{12}a_{13}}{|\boldsymbol{A}_2|}x_3)^2+\frac{|\boldsymbol{A}_3|}{|\boldsymbol{A}_2|}x_3^2$$

따라서,

(i) q가 음정부호이기 위한 필요충분조건은

$$|\boldsymbol{A}_1|<0,\ |\boldsymbol{A}_2|>0,\ |\boldsymbol{A}_3|<0$$

(ii) q가 양정부호이기 위한 필요충분조건은

$$|\boldsymbol{A}_1|>0,\ |\boldsymbol{A}_2|>0,\ |\boldsymbol{A}_3|>0$$

지금까지 얻은 결론을 x_1, x_2, $\cdots$, x_n에 관한 2차형식으로 확장하면 다음과 같다.

정리 17-4-1 선도주소행렬식에 의한 정부호성 판별법

$\boldsymbol{A}$가 $n\times n$정방행렬일 때 x_1, x_2, $\cdots$, x_n에 관한 2차형식은 아래와 같다.

$$q(x_1,\ x_2,\ \cdots,\ x_n)=q(\boldsymbol{x})=\boldsymbol{x}'\boldsymbol{A}\boldsymbol{x}$$

(1) q가 음정부호이기 위한 필요충분조건은

$$|\boldsymbol{A}_1|<0,\ |\boldsymbol{A}_2|>0,\ |\boldsymbol{A}_3|<0,\ \cdots,\ (-1)^n|\boldsymbol{A}_n|>0$$

즉, 선도주소행렬식의 부호가 마이너스로부터 시작하여 교대로 그 부호가 변해야 한다.

(2) q가 양정부호이기 위한 필요충분조건은

$$|\boldsymbol{A}_1|>0,\ |\boldsymbol{A}_2|>0,\ |\boldsymbol{A}_3|>0,\ \cdots,\ |\boldsymbol{A}_n|>0$$

즉, 선도주소행렬식의 부호가 모두 플러스이어야 한다.

한 가지 유의할 점은 q가 음정부호이기 위한 필요충분조건과 양정부호이기 위한 조건이 상호 독립된 것이 아니라 밀접하게 연관되어 있다는 것이다. $q(\boldsymbol{x})=\boldsymbol{x}'\boldsymbol{A}\boldsymbol{x}$가 양정부호이면 [정의 17-4-1]에 의해 $-q(\boldsymbol{x})=-\boldsymbol{x}'\boldsymbol{A}\boldsymbol{x}=\boldsymbol{x}'(-\boldsymbol{A})\boldsymbol{x}$는 음정부호이다. 따라서 q가 양정부호일 필요충분조건이

$$|\boldsymbol{A}_1|>0,\ |\boldsymbol{A}_2|>0,\ \cdots,\ |\boldsymbol{A}_n|>0$$

이라면 q가 음정부호일 필요충분조건은 $-q$가 양정부호이면 되므로,

$$|-\boldsymbol{A}_1|>0,\ |-\boldsymbol{A}_2|>0,\ \cdots,\ |-\boldsymbol{A}_n|>0$$

즉,

$$|\boldsymbol{A}_1|<0,\ |\boldsymbol{A}_2|>0,\ \cdots,\ (-1)^n|\boldsymbol{A}_n|>0$$

이 된다(3.3의 성질 (2) 참조).

예제 7

다음의 2차형식이 양정부호인가 또는 음정부호인가를 결정하라.

$$q(x_1,\ x_2,\ x_3)=3x_1^2+2x_2^2+2x_3^2+2x_1x_2$$

풀이

q를 대칭행렬로 표시하면,

$$q(\boldsymbol{x})=\boldsymbol{x}'\boldsymbol{A}\boldsymbol{x}=[x_1\ x_2\ x_3]\begin{bmatrix}3 & 1 & 0\\ 1 & 2 & 0\\ 0 & 0 & 2\end{bmatrix}\begin{bmatrix}x_1\\ x_2\\ x_3\end{bmatrix}$$

$$|\boldsymbol{A}_1|=3>0,\ |\boldsymbol{A}_2|=\begin{vmatrix}3 & 1\\ 1 & 2\end{vmatrix}=5>0,\ |\boldsymbol{A}_3|=|\boldsymbol{A}|=10>0$$

이므로 q는 양정부호이다.

고유근을 이용한 정부호성 판별법을 [정리 17-4-2]를 통하여 설명한다.

정리 17-4-2 고유근에 의한 정부호성 판별법

행렬 $\boldsymbol{A}$가 n차의 대칭행렬일 때, 2차형식 $q=\boldsymbol{x}'\boldsymbol{A}\boldsymbol{x}$가 양정부호일 필요충분조건은 $\boldsymbol{A}$의 모든 고유근들이 양의 값을 갖는 것이다.

증 명

(⇒) 임의의 $\boldsymbol{x}(\neq\boldsymbol{0})$에 대해서 $\boldsymbol{x}'\boldsymbol{A}\boldsymbol{x}>0$이라 가정하자. 임의의 고유근 λ_i $(i=1,\ 2,\ \cdots,\ n)$에 대한 정규화된 고유벡터를 $\boldsymbol{x}^i(\boldsymbol{x}^i\neq\boldsymbol{0})$ $(i=1,\ 2,\ \cdots,\ n)$라 하면,

$$\boldsymbol{A}\boldsymbol{x}^i=\lambda_i\boldsymbol{x}^i \text{ (5.2 참조)}$$

양변에 $\boldsymbol{x}^{i\prime}$를 전승하면,

$$\boldsymbol{x}^{i\prime}\boldsymbol{A}\boldsymbol{x}^i=\lambda_i\boldsymbol{x}^{i\prime}\boldsymbol{x}^i=\lambda_i \text{ } (\because \boldsymbol{x}^i\text{는 정규화되었으므로 } \|\boldsymbol{x}^i\|=1)$$

그런데, $\boldsymbol{x}'\boldsymbol{A}\boldsymbol{x}>0$은 임의의 $\boldsymbol{x}\neq\boldsymbol{0}$에 대해서 성립하므로 $\boldsymbol{x}'\boldsymbol{A}\boldsymbol{x}>0$은 모두 고유벡터에 대해서도 성립하여야 한다. 따라서, 모든 $\boldsymbol{x}^i$에 대해서

$$\boldsymbol{x}^{i\prime}\boldsymbol{A}\boldsymbol{x}^i=\lambda_i>0,\ i=1,\ 2,\ \cdots,\ n$$

(⇐) 모든 고유근 $\lambda_i>0$ $(i=1,\ 2,\ \cdots,\ n)$이라고 가정하여 임의의 $\boldsymbol{x}\neq\boldsymbol{0}$에 대하여 $\boldsymbol{x}'\boldsymbol{A}\boldsymbol{x}>0$임을 보이자.

$\boldsymbol{A}$가 대칭행렬이므로 n개의 선형독립이고, 서로 직교하는 고유벡터 $\boldsymbol{x}^1$, $\boldsymbol{x}^2$, $\cdots$, $\boldsymbol{x}^n$을 얻을 수 있다. 즉, $\boldsymbol{x}^1$, $\boldsymbol{x}^2$, $\cdots$, $\boldsymbol{x}^n$은 $\boldsymbol{R}^n$에 대한 기저가 되므로, 임의의 벡터 $\boldsymbol{x}\neq\boldsymbol{0}(\boldsymbol{x}\in\boldsymbol{R}^n)$은 고유벡터들의 선형결합으로 표시될 수 있다.

$$\boldsymbol{x}=c_1\boldsymbol{x}^1+c_2\boldsymbol{x}^2+\cdots+c_n\boldsymbol{x}^n \text{ } (c_i\text{는 동시에 0은 아닌 상수})$$

따라서,

$$\begin{aligned}\boldsymbol{Ax} &= c_1\boldsymbol{Ax}^1 + c_2\boldsymbol{Ax}^2 + \cdots + c_n\boldsymbol{Ax}^n \\ &= c_1\lambda_1\boldsymbol{x}^1 + c_2\lambda_2\boldsymbol{x}^2 + \cdots + c_n\lambda_n\boldsymbol{x}^n\end{aligned}$$

$\boldsymbol{x}^1$, $\boldsymbol{x}^2$, ⋯, $\boldsymbol{x}^n$은 서로 직교하고 정규화되었으므로,

$$\boldsymbol{x}^{i\prime}\boldsymbol{x}^j = \delta_{ij} = \begin{cases} 0 & i \neq j \\ 1 & i = j \end{cases}, \quad i,\ j = 1,\ \cdots,\ n$$

이것을 이용하면,

$$\begin{aligned}\boldsymbol{x}'\boldsymbol{Ax} &= (c_1\boldsymbol{x}^1 + c_2\boldsymbol{x}^2 + \cdots + c_n\boldsymbol{x}^n)'\,(c_1\lambda_1\boldsymbol{x}^1 + c_2\lambda_2\boldsymbol{x}^2 + \cdots + c_n\lambda_n\boldsymbol{x}^n) \\ &= c_1^2\lambda_1 + c_2^2\lambda_2 + \cdots + c_n^2\lambda_n\end{aligned}$$

그런데 c_i는 동시에 0이 아닌 상수이고 가정에서 $\lambda_i > 0$이므로 $\boldsymbol{x}'\boldsymbol{Ax} > 0$

Q.E.D.

[정리 17-4-2]의 증명과정을 약간만 변형시키면 다음의 결과를 얻는다.

(i) $q = \boldsymbol{x}'\boldsymbol{Ax}$가 음(양)정부호이기 위한 필요충분조건은 $\boldsymbol{A}$의 모든 고유근이 음(양)이 되는 것이다.

(ii) $q = \boldsymbol{x}'\boldsymbol{Ax}$가 음(양)반정부호이기 위한 필요충분조건은 $\boldsymbol{A}$의 모든 고유근이 비양(비음)이 되는 것이다.

(iii) $q = \boldsymbol{x}'\boldsymbol{Ax}$가 부정부호이기 위한 필요충분조건은 $\boldsymbol{A}$의 고유근 중 어떤 것은 플러스이고, 어떤 것은 마이너스가 되는 것이다.

예제 8

2차형식 $q(x_1,\ x_2,\ x_3) = 3x_1^2 + 2x_2^2 + 2x_3^2 + 2x_1x_2$가 양정부호인 것을 고유근을 이용하여 보여라(예제 7 참조).

풀이

$\boldsymbol{A}$를 구하면, $\boldsymbol{A}$는 다음과 같다.

$$\boldsymbol{A} = \begin{bmatrix} 3 & 1 & 0 \\ 1 & 2 & 0 \\ 0 & 0 & 2 \end{bmatrix}$$

고유근을 구하면,

$$|\boldsymbol{A}-\lambda\boldsymbol{I}|=\begin{vmatrix} 3-\lambda & 1 & 0 \\ 1 & 2-\lambda & 0 \\ 1 & 0 & 2-\lambda \end{vmatrix}$$
$$=(3-\lambda)(2-\lambda)^2-(2-\lambda)=(2-\lambda)(\lambda^2-5\lambda+5)=0$$

위의 식을 풀면, $\lambda_1=2$, $\lambda_2=\dfrac{5+\sqrt{5}}{2}$, $\lambda_3=\dfrac{5-\sqrt{5}}{2}$

따라서, λ_1, λ_2 및 λ_3가 모두 양의 값이므로 q는 양정부호이다.

고유근에 의한 정부호성 판별법은 $\boldsymbol{A}$의 고유근만 구하면 2차형식이 음(양, 음반, 양반)정부호인지 또는 부정부호인지를 알 수 있다는 장점이 있으나, $\boldsymbol{A}$가 4차 이상인 고차의 행렬이면 행렬식 $|\boldsymbol{A}-\lambda\boldsymbol{I}|$를 계산하기가 복잡할 뿐 아니라, 행렬식 $|\boldsymbol{A}-\lambda\boldsymbol{I}|$를 구했다고 할지라도 고차방정식의 근을 구하기가 어렵다는 단점이 있다. 따라서 많은 경우에 선도주소행렬식을 이용하여 정부호성을 판별하는 것이 보다 편리하리라 생각된다.

17.5 오목함수와 헤시안행렬

함수 $f(\boldsymbol{x})$가 2차미분가능하고 연속일 때 함수 $f(\boldsymbol{x})$의 헤시안행렬을 이용하여 오목함수를 정의한 정리를 증명없이 소개한다.

정리 17-5-1

개집합인 동시에 볼록집합인 $X\subset\boldsymbol{R}^n$에서 정의된 함수 $f(\boldsymbol{x})$는 2차미분가능하고 연속이라 하자. 또한 함수 $f(\boldsymbol{x})$의 헤시안행렬을 $\boldsymbol{H}$라 하자. 즉,

$$H \equiv \frac{\partial^2 f}{\partial \boldsymbol{x}^2} \begin{bmatrix} f_{11} & f_{12} & f_{13} & \cdots & f_{1n} \\ f_{21} & f_{22} & f_{23} & \cdots & f_{2n} \\ f_{31} & f_{32} & f_{33} & \cdots & f_{3n} \\ \vdots & \vdots & \vdots & & \vdots \\ f_{n1} & f_{n2} & f_{n3} & \cdots & f_{nn} \end{bmatrix}$$

(1) 함수 $f(\boldsymbol{x})$가 집합 X에서 오목함수일 필요충분조건은 $\boldsymbol{H}$가 모든 $\boldsymbol{x} \in X$에 대하여 음반정부호형행렬이어야 한다는 것이다. 즉, 모든 $\boldsymbol{x} \in \boldsymbol{X}$와 모든 $\boldsymbol{h} \in \boldsymbol{R}^n$에 대하여

$$\boldsymbol{h}'\boldsymbol{H}\boldsymbol{h} \leqq 0$$

(2) 만약 $\boldsymbol{H}$가 모든 $\boldsymbol{x} \in X$에 대하여 음정부호행렬이면, 즉 모든 $\boldsymbol{x} \in \boldsymbol{X}$와 모든 $\boldsymbol{h} \neq \boldsymbol{0}$, $\boldsymbol{h} \in \boldsymbol{R}^n$에 대하여

$$\boldsymbol{h}'\boldsymbol{H}\boldsymbol{h} < 0$$

또는

$$|\boldsymbol{H}_1| = f_{11} < 0,\ |\boldsymbol{H}_2| = \begin{vmatrix} f_{11} & f_{12} \\ f_{21} & f_{22} \end{vmatrix} > 0,\ |\boldsymbol{H}_3| < 0,\ \cdots,\ (-1)^n |\boldsymbol{H}_n| > 0 \text{이면,}$$

함수 $f(\boldsymbol{x})$는 집합 X에서 강오목함수이다.

위의 정리에서 오목을 볼록으로, 음을 양으로, 헤시안행렬의 선도주소행렬식의 부호를 모두 플러스로 바꾸면 볼록함수에 대하여도 성립한다. 예를 들어 $\boldsymbol{h}'\boldsymbol{H}\boldsymbol{h} > 0$이면 함수 $f(\boldsymbol{x})$는 집합 X에서 강볼록함수이다.

함수 $f(\boldsymbol{x})$가 준오목함수이기 위한 필요조건과 충분조건을 설명하기 위해 먼저 테두른 헤시안을 정의하자.

[정의 17-5-1] 테두른 헤시안행렬

함수 $f(\boldsymbol{x})$가 개집합 $X \subset \boldsymbol{R}^n$에서 정의된 실수치함수라 하자. 또한 $f(\boldsymbol{x})$가 2

차미분가능한 연속함수라고 가정할 때, 다음 행렬 $\bar{\boldsymbol{H}}$를 함수 $f(\boldsymbol{x})$의 테두른 헤시안행렬(bordered Hessian matrix)이라 부른다.

$$\bar{\boldsymbol{H}} \equiv \begin{bmatrix} 0 & f_1 & f_2 & \cdots & f_n \\ f_1 & f_{11} & f_{12} & \cdots & f_{1n} \\ f_2 & f_{21} & f_{22} & \cdots & f_{2n} \\ \vdots & \vdots & \vdots & \vdots & \vdots \\ f_n & f_{n1} & f_{n2} & \cdots & f_{nn} \end{bmatrix}_{(n+1)\times(n+1)} \equiv \left[\begin{array}{c|c} \underset{1\times 1}{0} & \underset{1\times n}{\nabla f^t(\boldsymbol{x})} \\ \hline \underset{n\times 1}{\nabla f(\boldsymbol{x})} & \underset{n\times n}{\boldsymbol{H}(\boldsymbol{x})} \end{array}\right]$$

$\bar{\boldsymbol{H}}$의 $(k+1)$번째의 선도주소행렬식을 $|\bar{\boldsymbol{H}}_k|$라 하면, $|\bar{\boldsymbol{H}}_k|$를 k번째 테두른 헤시안이라 한다. 즉,

$$|\boldsymbol{H}_1| = \begin{vmatrix} 0 & f_1 \\ f_1 & f_{11} \end{vmatrix}, \ |\bar{\boldsymbol{H}}_2| = \begin{vmatrix} 0 & f_1 & f_2 \\ f_1 & f_{11} & f_{12} \\ f_2 & f_{21} & f_{22} \end{vmatrix}, \ \cdots, \ |\bar{\boldsymbol{H}}_n| = |\bar{\boldsymbol{H}}|.$$

준오목함수와 테두른 헤시안행렬과 연관시킨 다음 정리를 증명없이 소개한다.

정리 17-5-2

$f(\boldsymbol{x})$가 $\boldsymbol{R}^n$에서 정의된 실수치함수라 하자. 또한 $f(\boldsymbol{x})$가 2차미분가능하고 연속이라 가정하자. 그러면 모든 $\boldsymbol{x} \geq \boldsymbol{0}$에 대해서 다음이 성립한다.

(1) $f(\boldsymbol{x})$가 준오목함수이면 ($f(\boldsymbol{x})$가 준오목함수이기 위한 필요조건은)

$$|\bar{\boldsymbol{H}}_1| \leqq 0, \ |\bar{\boldsymbol{H}}_2| \geqq 0, \ |\bar{\boldsymbol{H}}_3| \leqq 0, \ \cdots, \ (-1)^n |\bar{\boldsymbol{H}}_n| \geqq 0$$

물론 $|\bar{\boldsymbol{H}}_1| \leqq 0$은 항상 성립한다.

(2) 만약 $|\bar{\boldsymbol{H}}_1| < 0$, $|\bar{\boldsymbol{H}}_2| > 0$, $|\bar{\boldsymbol{H}}_3| < 0$, $\cdots$, $(-1)^n |\bar{\boldsymbol{H}}_n| > 0$이면 함수 $f(\boldsymbol{x})$는 비부상한 $\boldsymbol{R}^n_+$에서 준오목함수이다.

(3) 만약 $f(\boldsymbol{x})$가 정상적인 강준오목함수(regular strictly quasi-concave function)이면,

$$|\bar{\boldsymbol{H}}_1| < 0, \ |\bar{\boldsymbol{H}}_2| > 0, \ |\bar{\boldsymbol{H}}_3| < 0, \ \cdots, \ (-1)^n |\bar{\boldsymbol{H}}_n| > 0$$

예제 9

생산함수 $Q=f(L, K)=L^{\alpha}K^{\beta}(L>0, K>0)$는

(i) $\alpha>0$, $\beta>0$, $\alpha+\beta<1$이면 강오목함수임을 보여라.

(ii) $0<\alpha<1$, $0<\beta<1$이면 준오목함수임을 보여라.

풀이

(i) $f_L=\alpha L^{\alpha-1}K^{\beta}$, $f_K=\beta L^{\alpha}K^{\beta-1}$.

$f_{LL}=\alpha(\alpha-1)L^{\alpha-2}K^{\beta}<0$, $f_{KK}=\beta(\beta-1)L^{\alpha}K^{\beta-2}<0$,

$f_{LK}=\alpha\beta L^{\alpha-1}K^{\beta-1}$.

$\boldsymbol{H}=\begin{bmatrix} f_{LL} & f_{LK} \\ f_{KL} & f_{KK} \end{bmatrix}$라 하면,

$|\boldsymbol{H}_1|=f_{LL}<0$

$|\boldsymbol{H}_2|=|\boldsymbol{H}|=[\alpha\beta(1-\alpha-\beta)]L^{2\alpha-2}K^{2\beta-2}>0$

이므로 [정리 17-5-1]의 (2)에 의해 함수 $f(L, K)=L^{\alpha}K^{\beta}(\alpha>0, \beta>0, \alpha+\beta<1)$는 강오목함수이다.

(ii) $\bar{\boldsymbol{H}}=\begin{bmatrix} 0 & f_L & f_K \\ f_L & f_{LL} & f_{Lk} \\ f_K & f_{KL} & f_{KK} \end{bmatrix}$라 하면,

$|\bar{\boldsymbol{H}}_1|=\begin{vmatrix} 0 & f_L \\ f_L & f_{LL} \end{vmatrix}=-(\alpha L^{\alpha-1}K^{\beta})^2<0$

$|\bar{\boldsymbol{H}}_2|=|\bar{\boldsymbol{H}}|=\alpha\beta(\alpha+\beta)L^{3\alpha-2}K^{3\beta-2}>0$

따라서, [정리 17-5-2]의 (2)에 의해 $f(L, K)$는 준오목함수이다.

지금까지 배운 최적화이론의 기초개념을 요약하면 다음과 같다.

(1) 오목함수는 다음과 같이 세 가지 방법으로 정의할 수 있다.

(a) 함수 $f(\boldsymbol{x})$가 볼록집합 $X\subset\boldsymbol{R}^n$에서 정의된 실수치함수라 하자. 모든 $\boldsymbol{x}^1$, $\boldsymbol{x}^2\in X$와 $0\leq\lambda\leq1$에 대하여 다음 부등식이 성립하면 함수 $f(\boldsymbol{x})$는 오목함수이다.

$$f(\lambda \boldsymbol{x}^1 + (1-\lambda)\boldsymbol{x}^2) \geqq \lambda f(\boldsymbol{x}^1) + (1-\lambda) f(\boldsymbol{x}^2)$$

(b) 만약 함수 $f(\boldsymbol{x})$가 미분가능하다면 모든 $\boldsymbol{x}$, $\bar{\boldsymbol{x}} \in X(\boldsymbol{x} \neq \bar{\boldsymbol{x}})$에 대하여 다음 부등식이 성립하면 함수 $f(\boldsymbol{x})$는 오목함수이다(필요충분조건).

$$f(\boldsymbol{x}) \leqq f(\bar{\boldsymbol{x}}) + \nabla f(\bar{\boldsymbol{x}})^t (\boldsymbol{x} - \bar{\boldsymbol{x}})$$

(c) 함수 $f(\boldsymbol{x})$의 헤시안행렬을 $\boldsymbol{H}$라 할 때 $\boldsymbol{H}$가 모든 $\boldsymbol{x} \in X$에 대하여 음반정부호형행렬이면 $f(\boldsymbol{x})$는 집합 X에서 오목함수이다(필요충분조건).

$$\boldsymbol{h}' \boldsymbol{H} \boldsymbol{h} \leqq 0$$

위의 (a), (b)에서 부등호 ≧를 부등호 $>$로 바꾸면 강오목함수에 대한 정의가 된다.

오목함수는 제약조건이 없는 극대화문제에서 극대화를 위한 1차필요조건이 1차필요충분조건이 되도록 하는 역할을 하며 이때 얻은 극치는 절대적 극치이다([정리 18-3-1] 참조).

(2) 준오목함수는 다음과 같이 정의한다.

(a) 실수치함수 $f(\boldsymbol{x})$는 볼록집합 $X \subset \boldsymbol{R}^n$에서 정의된 함수라 하자. 모든 $\boldsymbol{x}^1$, $\boldsymbol{x}^2 \in X$와 $0 \leqq \lambda \leqq 1$에 대하여 다음 부등식이 성립하면 함수 $f(\boldsymbol{x})$는 준오목함수이다.

$$f(\lambda \boldsymbol{x}^1 + (1-\lambda)\boldsymbol{x}^2) \geqq \min\{f(\boldsymbol{x}^1), f(\boldsymbol{x}^2)\}$$

(b) 다음 집합 S_α가 모든 스칼라 α에 대하여 볼록집합이면 함수 $f(\boldsymbol{x})$는 준오목함수이다(필요충분조건).

$$S_\alpha = \{\boldsymbol{x} \mid \boldsymbol{x} \in X, f(\boldsymbol{x}) \geqq \alpha\}$$

(c) 함수 $f(\boldsymbol{x})$가 2차미분가능하고 연속이라 가정하자. 함수 $f(\boldsymbol{x})$의 테두른 헤시안행렬을 $\bar{\boldsymbol{H}}$라 할 때,

$$|\bar{\boldsymbol{H}}_1|<0,\ |\bar{\boldsymbol{H}}_2|>0,\ |\bar{\boldsymbol{H}}_3|<0,\ \cdots,\ (-1)^n|\bar{\boldsymbol{H}}_n|>0$$

이면 함수 $f(\boldsymbol{x})$는 $\boldsymbol{R}^n_+$에서 준오목함수이다(충분조건).

정의에 의해 강오목함수는 오목함수이고, 오목함수는 준오목함수가 된다. 그러나 그 역은 반드시 성립하지는 않는다. 준오목함수라는 가정은 부등식 제약조건하에서의 극대화문제에서 실현가능집합을 볼록집합으로 만들고 극대화를 위한 쿤-터커필요조건이 쿤-터커필요충분조건이 되도록 하는 역할을 한다([정리 20-3-1] 참조).

(3) 정부호성을 판별하는 방법으로는 선도주소행렬식을 이용하는 방법과 고유근을 이용하는 방법이 있다.

2차형식 $q(\boldsymbol{x})=\boldsymbol{x}'\boldsymbol{A}\boldsymbol{x}$가

(a) 음정부호이기 위한 필요충분조건은

$$|\boldsymbol{A}_1|<0,\ |\boldsymbol{A}_2|>0,\ |\boldsymbol{A}_3|<0,\ \cdots,\ (-1)^n|\boldsymbol{A}_n|>0$$

또는 $\boldsymbol{A}$의 모든 고유근이 음이 되는 것이다.

(b) 양정부호이기 위한 필요충분조건은

$$|\boldsymbol{A}_1|>0,\ |\boldsymbol{A}_2|>0,\ |\boldsymbol{A}_3|>0,\ \cdots,\ |\boldsymbol{A}_n|> 0$$

또는 $\boldsymbol{A}$의 모든 고유근이 양이 되는 것이다.

연습문제

1. $\boldsymbol{R}^n$에서 정의된 선형함수 $f(\boldsymbol{x})=f(x_1, x_2, \cdots, x_n)=\boldsymbol{c}'\boldsymbol{x}$는 오목함수인 동시에 볼록함수이지만 강오목 및 강볼록함수는 아닌 것을 보여라. 단, $\boldsymbol{c}\in\boldsymbol{R}^n$이다.

2. 실수치함수 $f_i(\boldsymbol{x})$, $i=1, 2, \cdots, m$은 볼록집합 $X\subset\boldsymbol{R}^n$에서 정의된 오목함수라 하자. 오목함수들의 비부선형결합(nonnegative linear combination)도 오목함수임을 보여라. 즉, $\alpha_i\in\boldsymbol{R}$, $\alpha_i\geqq 0$, $i=1, 2, \cdots, m$일 때

$$f(\boldsymbol{x})=\sum_{i=1}^{m}\alpha_i f_i(\boldsymbol{x})$$

가 오목함수인 것을 보여라.

3. 다음 집합 G가 볼록집합인 것은 $X\subset\boldsymbol{R}^n$에서 정의된 n변수함수 $y=f(\boldsymbol{x})$가 오목함수가 되기 위한 필요충분조건인 것을 증명하라.

$$G=\{(\boldsymbol{x}, y)\mid \boldsymbol{x}\in X, y\in\boldsymbol{R}, f(\boldsymbol{x})\geqq y\}\subset\boldsymbol{R}^{n+1}$$

4. $z=f(x, y)=xy$ (단, $x\geqq 0$, $y\geqq 0$)일 때, z는 준오목함수임을 다음 두 가지 방법에 의해 보여라.

(1) S_α가 볼록집합임을 이용하여 z가 준오목함수임을 보여라.

(2) 테두른 헤시안을 이용하여 z가 준오목함수임을 보여라.

5. 2차형식

$$q(x_1, x_2, x_3)=-x_1^2-6x_2^2-3x_3^2+2x_1x_2+4x_2x_3$$

가 주어졌을 때 아래 사항에 답하라.

(1) q를 행렬의 형태로 표시하라.

(2) q가 양정부호인가 음정부호인가를 주소행렬식을 이용하여 결정하라.

(3) 함수 q의 헤시안행렬 $\boldsymbol{H}$를 구하라.

(4) 함수 q가 강오목함수임을 보여라.

6. $\boldsymbol{A}$가 $n\times n$대칭행렬이고 $\boldsymbol{c}$는 $n\times 1$열벡터라 가정하자. 함수

$$f(\boldsymbol{x})=\boldsymbol{c}'\boldsymbol{x}+\boldsymbol{x}'\boldsymbol{A}\boldsymbol{x}$$

는 $\boldsymbol{A}$가 음정부호 또는 음반정부호이면 오목함수임을 증명하라.

제18장

제약조건이 없는 경우의 극대와 극소

18.1 1차필요조건과 2차필요조건

n변수함수 $f(x_1,\ x_2,\ \cdots,\ x_n)$의 극대화문제를 논하기 전에 1변수함수 $f(x)$가 x^*에서 극대값을 갖기 위한 1차 및 2차필요조건을 테일러의 정리를 이용하여 유도한 후, 이 결과를 n변수함수로 확장해 보자.

정리 18-1-1

함수 $y=f(x)$가 폐구간 $a \leq x \leq b$에서 연속인 1차 및 2차도함수를 가지며, 함수 $f(x)$가 내부점 x^*에서, $a<x^*<b$, 극대가 된다면,

(i) 1차필요조건: $f'(x^*)=0$ ([정리 9-1-2] 참조)

(ii) 2차필요조건: $f''(x^*) \leq 0$.

증 명

(i) $f(x)$를 x^*에서 테일러 전개하면(잉여항이 1차도함수를 갖도록)

$$f(x)-f(x^*)=(x-x^*)\,f'(x^*+\theta(x-x^*)),\ 0<\theta<1 \qquad (1)$$

만약 $f'(x^*)>0$이라면 $f'(x)$가 연속이므로 $f'(x)>0$인 구간 $|x-x^*|<\delta$가 존

재한다(7.2의 예제 7 참조). 구간 $|x-x^*|<\delta$에서 $f'(x^*+\theta(x-x^*))>0$이 되므로($\because$ $0<\theta<1$이므로 점 $x^*+\theta(x-x^*)$을 구간 $|x-x^*|<\delta$내부에서 택할 수 있다) x^*보다 큰 모든 x^*의 근방의 값 x에 대하여 다음 부등식이 성립한다.

$$f(x)-f(x^*)>0 \tag{2}$$

이것은 $f(x)$가 x^*에서 극대가 된다는 전제와 모순된다.

같은 방법으로 만약 $f'(x^*)<0$이라면 x^*보다 작은 모든 x^*의 근방의 값 x에 대하여 식 (2)가 성립하여 $f(x)$가 x^*에서 극대가 된다는 전제와 모순된다. 따라서,

$$f'(x^*)=0$$

(ii) 2차필요조건도 비슷한 방법으로 유도된다. $f(x)$를 x^*에서 테일러 전개하면(잉여항이 2차도함수를 갖도록),

$$f(x)-f(x^*)=(x-x^*)f'(x^*)+\frac{(x-x^*)^2}{2!}f''(x^*+\theta_1(x-x^*)),\ 0<\theta_1<1$$

그런데 1차필요조건에서 $f'(x^*)=0$이므로 위의 식은 다음과 같이 변형된다.

$$f(x)-f(x^*)=\frac{(x-x^*)^2}{2}f''(x^*+\theta_1(x-x^*)),\ 0<\theta_1<1$$

만약 $f''(x)>0$이라면, $f''(x)$가 연속이라는 가정에 의해 $f''(x)>0$인 구간 $|x-x^*|<\delta_1$이 존재한다. 따라서 구간 $|x-x^*|<\delta_1$에서(물론 점 $x^*+\theta_1(x-x^*)$을 포함해서)

$$f(x)-f(x^*)>0$$

이 되어 x^*에서 $f(x)$가 극대가 된다는 전제와 모순된다. 따라서,

$$f''(x^*)\leqq 0$$ Q.E.D.

같은 방법으로 함수 $f(x)$가 x^*에서 극소가 되기 위한 1차필요조건 $f'(x^*)=0$ 및 2차필요조건 $f''(x^*)\geqq 0$을 유도할 수 있다.

n변수함수 $f(\boldsymbol{x})=f(x_1, x_2, \cdots, x_n)$가 $\boldsymbol{x}^*$에서 극대가 되기 위한 1차 및 2차 필요조건을 도출하기 위해 먼저 점 $\boldsymbol{x}^*$를 지나는 직선을 정의하자. 설명의 편의를 위해 $n=2$, 즉 평면으로부터 논의를 시작하자.

$$\boldsymbol{x}^* = \begin{bmatrix} x_1^* \\ x_2^* \end{bmatrix}$$

이며, 임의의 벡터

$$\boldsymbol{h} = \begin{bmatrix} h_1 \\ h_2 \end{bmatrix} \neq \mathbf{0}$$

라 하자. $-\infty < t < \infty$일 때 $\boldsymbol{x}^* + t\boldsymbol{h}$의 점들은 [그림 18-1]에 표시되어 있다. $0 \leqq t < \infty$라면 $\boldsymbol{x} = \boldsymbol{x}^* + t\boldsymbol{h}$는 $\boldsymbol{x}^*$로부터 방향 $\boldsymbol{h}$로 퍼져 나오는 하나의 사선(ray)을 나타내므로 $\boldsymbol{h}$는 방향벡터(direction vector)라 볼 수 있다.

$-\infty < t < \infty$이면 $\boldsymbol{x} = \boldsymbol{x}^* + t\boldsymbol{h}$는 $\boldsymbol{x}^*$를 지나고 기울기가 $\dfrac{h_2}{h_1}$인 직선 위의 점들임을 알 수 있다. 즉, 직선의 방정식

$$x_2 - x_2^* = \frac{h_2}{h_1}(x_1 - x_1^*)$$

그림 18-1

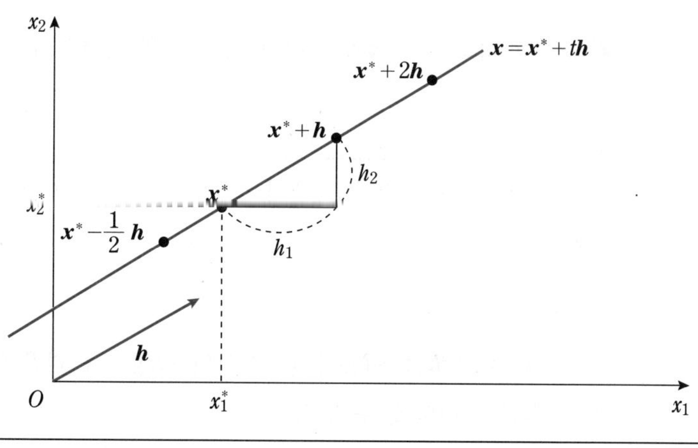

위에 있는 점들이다. 같은 결과를 대수적으로도 얻을 수 있다. $\boldsymbol{x}=\boldsymbol{x}^*+t\boldsymbol{h}$라 하면

$$\begin{bmatrix} x_1 \\ x_2 \end{bmatrix} = \begin{bmatrix} x_1^* \\ x_2^* \end{bmatrix} + t\begin{bmatrix} h_1 \\ h_2 \end{bmatrix} \quad \text{또는} \quad \begin{aligned} x_1 &= x_1^* + th_1 \\ x_2 &= x_2^* + th_2 \end{aligned}$$

로 주어지는 매개변수방정식에서 t를 소거하면

$$x_2 = \frac{h_2}{h_1}(x_1 - x_1^*) + x_2^*$$

를 얻는다.

$\boldsymbol{h}$의 값을 변화시키면 $\boldsymbol{x}^*$를 지나는 또다른 직선을 얻을 수 있다. 때때로 $\boldsymbol{h}$는 벡터 $\boldsymbol{x}$의 원소들의 변화를 나타낸다고 생각할 수 있으므로 $\boldsymbol{h}$ 대신

$$d\boldsymbol{x} = \begin{bmatrix} dx_1 \\ dx_2 \end{bmatrix}$$

라는 미분들의 벡터가 사용되기도 한다.

지금까지는 $n=2$인 경우를 설명하였으나, $n \geq 4$인 경우에는 그림으로 나타낼 수 없다. 그러나 대수적으로는 조금도 문제될 것이 없다. 따라서 일반적인 n차원 공간에서

$$\boldsymbol{x}=\boldsymbol{x}^*+t\boldsymbol{h} \ (\text{단, } \boldsymbol{x},\ \boldsymbol{x}^*,\ \boldsymbol{h} \in \boldsymbol{R}^n,\ -\infty < t < \infty)$$

는 $\boldsymbol{x}^*$를 통과하고 벡터 $\boldsymbol{h}$와 나란한 직선 위의 점들이라고 생각할 수 있다.

예제 1

점 $(x_1^0,\ x_2^0,\ x_3^0)$를 지나고 벡터 $\vec{\boldsymbol{d}}=(a,\ b,\ c)$에 평행한 직선의 방정식을 구하라.

풀이

$\boldsymbol{x}=\boldsymbol{x}^*+t\boldsymbol{h}$를 이용하면, 직선의 방정식을 다음과 같은 매개변수방정식으로 나타낼 수 있다.

$$x_1 = x_1^0 + ta$$
$$x_2 = x_2^0 + tb$$
$$x_3 = x_3^0 + tc \quad (-\infty < t < \infty)$$

또는 t를 소거하여 표시하면 다음과 같다(단, $abc \neq 0$).

$$\frac{x_1 - x_1^0}{a} = \frac{x_2 - x_2^0}{b} = \frac{x_3 - x_3^0}{c}$$

이제 n변수함수 $f(\boldsymbol{x})$의 1차 및 2차필요조건을 유도하자.

정리 18-1-2

n변수함수 $y = f(\boldsymbol{x}) = f(x_1,\ x_2,\ \cdots,\ x_n)$가 개집합 $X \subset \boldsymbol{R}^n$에서 정의되며 연속인 1차 및 2차편도함수를 갖는다고 하자. 또한 함수 $f(\boldsymbol{x})$가 $\boldsymbol{x}^*$에서 극대가 된다면,

(i) 1차필요조건: $f_i(\boldsymbol{x}^*) = 0,\ i = 1,\ 2,\ \cdots,\ n$ 또는 $\nabla f(\boldsymbol{x}^*) = \boldsymbol{0}$

(ii) 2차필요조건: $\sum_{i=1}^{n} \sum_{j=1}^{n} f_{ij}(\boldsymbol{x}^*) h_i h_j \leq 0$ 또는 $\boldsymbol{h}' \boldsymbol{H}(\boldsymbol{x}^*) \boldsymbol{h} \leq 0$

증 명

$\boldsymbol{x} = \boldsymbol{x}^* + t\boldsymbol{h}(\boldsymbol{h} \neq \boldsymbol{0})$ 또는 $x_i = x_i^* + th_i (i = 1,\ 2,\ \cdots,\ n)$이며 h_i가 동시에 0은 아니라면 $f(\boldsymbol{x})$가 $\boldsymbol{x}^*$에서 극대가 되기 위해 다음 조건이 만족되어야 한다. 모든 $\boldsymbol{x} \in X \cap N_\varepsilon(\boldsymbol{x}^*)$에 대하여

$$f(\boldsymbol{x}) \leq f(\boldsymbol{x}^*)$$

또는

$$f(x_1^* + th_1,\ x_2^* + th_2,\ \cdots,\ x_n^* + th_n) \leq f(x_1^*,\ x_2^*,\ \cdots,\ x_n^*).$$

x_i^*와 h_i의 값이 일정하게 주어졌을 때, 함수 $f(\boldsymbol{x})$는 t만의 함수가 된다. 즉,

$$f(x_1^* + th_1,\ x_2^* + th_2,\ \cdots,\ x_n^* + th_n) \equiv g(t)$$

라 하면 $f(\boldsymbol{x})$가 $\boldsymbol{x}^*$에서 극대가 되기 위한 조건은 함수 $g(t)$가 $t=0$에서 극대가 되는 조건이 된다. 즉,

$$g(t) \leqq g(0)$$

1차 및 2차필요조건은 다음과 같다([정리 18-1-1] 참조).

$$g'(0)=0 \quad (1\text{차필요조건})$$
$$g''(0) \leqq 0 \quad (2\text{차필요조건})$$

$g'(0)$은 $f(x_1^*+th_1,\ x_2^*+th_2,\ \cdots,\ x_n^*+th_n)$을 t에 관하여 미분한 후 $t=0$일 때의 함수값이므로 연쇄법칙을 사용하면 다음과 같은 1차필요조건을 얻는다.

$$\frac{dg(0)}{dt}=g'(0)=\sum_{i=1}^{n} f_i(\boldsymbol{x}^*)h_i=0$$

그런데 위의 식은 임의의 h_i에 대하여 성립되어야 하므로

$$f_i(\boldsymbol{x}^*)=0 \quad (i=1,\ 2,\ \cdots,\ n) \text{ 또는 } \nabla f(\boldsymbol{x}^*)=\mathbf{0}$$

같은 방법으로 $g''(0) \leqq 0$으로부터 2차필요조건을 구하면,

$$\frac{d^2g(0)}{dt^2}=g''(0)=\sum_{i=1}^{n}\sum_{j=1}^{n} f_{ij}(\boldsymbol{x}^*)h_ih_j \leqq 0 \text{ 또는 } \boldsymbol{h}'\boldsymbol{H}(\boldsymbol{x}^*)\boldsymbol{h} \leqq 0 \qquad \text{Q.E.D.}$$

n변수함수 $f(\boldsymbol{x})=f(x_1,\ x_2,\ \cdots,\ x_n)$가 $\boldsymbol{x}^*$에서 극대가 되기 위한 1차필요조건은 기울기 벡터가 $\boldsymbol{x}^*$에서 $\mathbf{0}$이며, $\nabla f(\boldsymbol{x}^*)=\mathbf{0}$, 2차필요조건은 함수 $f(\boldsymbol{x})$의 헤시안 행렬 $\boldsymbol{H}$가 $\boldsymbol{x}^*$에서 음반정부호형행렬이거나 또는 2차형식 $q(\boldsymbol{x})=\boldsymbol{h}'\boldsymbol{H}(\boldsymbol{x}^*)\boldsymbol{h}$가 음반정부호인 것이다. 즉,

$$\nabla f(\boldsymbol{x}^*)=\begin{bmatrix} f_1(\boldsymbol{x}^*) \\ f_2(\boldsymbol{x}^*) \\ \vdots \\ f_n(\boldsymbol{x}^*) \end{bmatrix}=\mathbf{0}$$

$$\boldsymbol{h}'\boldsymbol{H}(\boldsymbol{x}^*)\boldsymbol{h}=[h_1 \quad h_2 \quad \cdots \quad h_n]\begin{bmatrix} f_{11}(\boldsymbol{x}^*) & f_{12}(\boldsymbol{x}^*) & \cdots & f_{1n}(\boldsymbol{x}^*) \\ f_{21}(\boldsymbol{x}^*) & f_{22}(\boldsymbol{x}^*) & \cdots & f_{2n}(\boldsymbol{x}^*) \\ \vdots & \vdots & & \vdots \\ f_{n1}(\boldsymbol{x}^*) & f_{n2}(\boldsymbol{x}^*) & \cdots & f_{nn}(\boldsymbol{x}^*) \end{bmatrix}\begin{bmatrix} h_1 \\ h_2 \\ \vdots \\ h_n \end{bmatrix} \leqq 0$$

2차필요조건은 전미분을 사용하여 표시할 수도 있다.

$$y=f(x_1,\ x_2,\ \cdots,\ x_n)$$

이라 하면

$$d^2y=d(dy)=\sum_{i=1}^{n}\sum_{j=1}^{n} f_{ij}\ dx_i dx_j$$

이므로 $\boldsymbol{h}=[h_1,\ h_2,\ \cdots,\ h_n]\neq\boldsymbol{0}$을 $d\boldsymbol{x}=[dx_1,\ dx_2,\ \cdots,\ dx_n]\neq\boldsymbol{0}$으로 바꾸면

$$q(\boldsymbol{x})=\boldsymbol{h}'\boldsymbol{H}(\boldsymbol{x}^*)\boldsymbol{h}\leqq 0$$

이라는 조건은

$$d^2y=d\boldsymbol{x}'\boldsymbol{H}(\boldsymbol{x}^*)d\boldsymbol{x}\leqq 0$$

이라는 조건과 동일하므로 2차필요조건은 $\boldsymbol{x}^*$에서

$$d^2y\leqq 0$$

이 된다.

비슷한 방법으로 함수 $f(\boldsymbol{x})=f(x_1,\ x_2,\ \cdots,\ x_n)$가 $\boldsymbol{x}^*$에서 극소가 되기 위한 1차 및 2차필요조건은 아래와 같다.

$$\nabla f(\boldsymbol{x}^*)=\boldsymbol{0} \qquad \text{(1차필요조건)}$$
$$\boldsymbol{h}'\boldsymbol{H}(\boldsymbol{x}^*)\boldsymbol{h}\geqq 0 \qquad \text{(2차필요조건)}$$

또한 2차필요조건은 전미분으로 표시하면 다음과 같다.

$$d^2y\geqq 0$$

지금까지 유도한 조건들은 필요조건이므로 모든 최적해가 만족시켜야 하는 조건이다. 그러나 이 조건들을 만족하는 점에서 반드시 극치를 갖는 것은 아니다(예를 들어 변곡점). 따라서 18.2와 18.3에서는 함수 $f(\boldsymbol{x})$가 $\boldsymbol{x}^*$에서 극치가 되기 위한 충분조건에 대하여 살펴보자.

18.2 2차충분조건

n변수함수 $f(\boldsymbol{x})=f(x_1, x_2, \cdots, x_n)$의 2차충분조건을 유도하기 위해 먼저 1변수함수의 2차충분조건을 유도한다.

정리 18-2-1

함수 $f(x)$가 폐구간 $a \leqq x \leqq b$에서 연속인 1차 및 2차도함수를 갖는다고 가정하자. 함수 $f(x)$가 $x^*(a<x^*<b)$에서 유일한 극대가 되기 위한 충분조건은 다음과 같다.

(i) $f'(x^*)=0$

(ii) $f''(x^*)<0$ (2차충분조건)

증 명

함수 $f(x)$를 x^*근방에서 테일러 전개하면(잉여항이 2차도함수를 갖도록),

$$f(x)=f(x^*)+f'(x^*)(x-x^*)+\frac{1}{2}(x-x^*)^2 f''(x^*+\theta(x-x^*)),\ 0<\theta<1$$

(i)로부터 $f'(x^*)=0$이므로

$$f(x)-f(x^*)=\frac{1}{2}(x-x^*)^2 f''(x^*+\theta(x-x^*)),\ 0<\theta<1$$

$(x-x^*)^2$은 제곱이므로 항상 플러스가 된다. 따라서 $f(x)-f(x^*)$의 부호는

$f''(x^*+\theta(x-x^*))$의 부호와 같다.

$f''(x)$는 연속이며, $f''(x^*)<0$이므로 $f''(x)<0$인 구간 $|x-x^*|<\delta$가 항상 존재한다. 따라서, 구간 $|x-x^*|<\delta$에서 $f''(x^*+\theta(x-x^*))<0$이므로

$$f(x)-f(x^*)<0$$

이 되어 함수 $f(x)$는 x^*에서 유일한 극대가 된다. Q.E.D.

같은 방법으로 $f'(x^*)=0$, $f''(x^*)>0$이면 함수 $f(x)$는 x^*에서 유일한 극소가 된다. 사실상 [정리 18-2-1]은 9.2의 극치판정법의 하나인 2차도함수 판정법에 대한 증명이 된다.

$f''(x^*)<0$(극대문제에서)을 2차충분조건이라 부르는데, 이 조건은 1차필요조건 $f'(x^*)=0$이 만족된 후에만 사용될 수 있다는 것을 명심하기 바란다.

이제 n변수함수의 2차충분조건을 유도하자.

정리 18-2-2

n변수함수 $y=f(\boldsymbol{x})=f(x_1, x_2, \cdots, x_n)$은 개집합 $X\subset \boldsymbol{R}^n$에서 정의되며, 연속인 1차 및 2차편도함수를 갖는다고 가정하자. 함수 $f(\boldsymbol{x})$가 $\boldsymbol{x}^*$에서 유일한 극대가 되기 위한 충분조건은 다음과 같다.

(i) $f_i(\boldsymbol{x}^*)=0$, $i=1, 2, \cdots, n$ 또는 $\nabla f(\boldsymbol{x}^*)=\boldsymbol{0}$

(ii) $\sum_{i=1}^{n}\sum_{j=1}^{n} f_{ij}(\boldsymbol{x}^*)h_ih_j<0$ 또는 $\boldsymbol{h}'\boldsymbol{H}(\boldsymbol{x}^*)\boldsymbol{h}<0$ (2차충분조건)

증 명

1차 및 2차필요조건을 구할 때와 같은 방법으로

$$\boldsymbol{x}=\boldsymbol{x}^*+t\boldsymbol{h}\ \ (\boldsymbol{h}\neq\boldsymbol{0})$$

이라 놓으면, $f(\boldsymbol{x})$를 다음과 같은 t만의 함수로 표시할 수 있다.

$$f(x_1, x_2, \cdots, x_n)=f(x_1^*+th_1, x_2^*+th_2, \cdots, x_n^*+th_n)\equiv g(t)$$

위의 식에 의해 함수 $f(\boldsymbol{x})$가 $\boldsymbol{x}^*$에서 극대가 되기 위한 충분조건은 함수 $g(t)$가 $t=0$에서 극대가 되기 위한 충분조건과 동일하므로, [정리 18-2-1]에 의해 충분조건 $g'(0)=0$과 $g''(0)<0$을 풀면 다음을 얻는다.

(i) $f_i(\boldsymbol{x}^*)=0,\ i=1,\ 2,\ \cdots,\ n$ 또는 $\nabla f(\boldsymbol{x}^*)=\mathbf{0}$ ($g'(0)=0$으로부터)

(ii) $\sum_{i=1}^{n}\sum_{j=1}^{n} f_{ij}(\boldsymbol{x}^*)h_ih_j<0$ 또는 $\boldsymbol{h}'\boldsymbol{H}(\boldsymbol{x}^*)\boldsymbol{h}<0$ ($g''(0)<0$으로부터) Q.E.D.

2차충분조건은 $f(\boldsymbol{x})$의 헤시안 행렬 $\boldsymbol{H}$가 $\boldsymbol{x}^*$에서 음정부호형행렬이면 되므로, 이를 선도주소행렬식으로 표시하면 아래와 같다.

$$|\boldsymbol{H}_1|=f_{11}(\boldsymbol{x}^*)<0,\quad |\boldsymbol{H}_2|=\begin{vmatrix} f_{11}(\boldsymbol{x}^*) & f_{12}(\boldsymbol{x}^*) \\ f_{21}(\boldsymbol{x}^*) & f_{22}(\boldsymbol{x}^*) \end{vmatrix}>0,\ \cdots,\ (-1)^n\,|\boldsymbol{H}_n|>0$$

또한 전미분을 사용하여 2차충분조건을 표시하면 $\boldsymbol{x}^*$에서

$$d^2y=\sum_{i=1}^{n}\sum_{j=1}^{n} f_{ij}dx_idx_j<0$$

이 된다. 이 조건을 직관적으로 설명하면 다음과 같다. 함수 $y=f(\boldsymbol{x})$가 $\boldsymbol{x}^*$에서 극대가 되기 위한 1차필요조건 $\nabla f(\boldsymbol{x}^*)=\mathbf{0}$은 $dy=0$($\because\ dy=\sum_{i=1}^{n} f_i(\boldsymbol{x}^*)dx_i$)을 의미하고, 2차충분조건 $d^2y=d(dy)<0$은 $\boldsymbol{x}^*$의 근방에 있는 어느 점으로 이동하여도 y의 값이 감소한다는 것을 의미하므로($\boldsymbol{x}^*$에서 $dy=0$이고, $\boldsymbol{x}^*$의 근방에 있는 어느 점으로 이동하여도 $dy<0$이 되므로) $dy=0$(또는 $\nabla f(\boldsymbol{x}^*)=0$)인 점 $\boldsymbol{x}^*$에서 $d^2y<0$이면 함수 $f(\boldsymbol{x})$는 극대가 된다.

비슷한 방법으로 n변수함수 $f(\boldsymbol{x})=f(x_1,\ x_2,\ \cdots,\ x_n)$가 $\boldsymbol{x}^*$에서 극소가 되기 위한 충분조건을 구하면 다음과 같다.

(i) $f_i(\boldsymbol{x}^*)=0,\ i=1,\ 2,\ \cdots,\ n$ 또는 $\nabla f(\boldsymbol{x}^*)=\mathbf{0}$

(ii) $|\boldsymbol{H}_1|=f_{11}(\boldsymbol{x}^*)>0,\quad |\boldsymbol{H}_2|=\begin{vmatrix} f_{11}(\boldsymbol{x}^*) & f_{12}(\boldsymbol{x}^*) \\ f_{21}(\boldsymbol{x}^*) & f_{22}(\boldsymbol{x}^*) \end{vmatrix}>0,\cdots,\ |\boldsymbol{H}_n|=|\boldsymbol{H}|>0$

함수 $f(\boldsymbol{x})$가 $\nabla f(\boldsymbol{x}^*)=\mathbf{0}$이지만 $\boldsymbol{h}'\boldsymbol{H}(\boldsymbol{x}^*)\boldsymbol{h}=0$인 경우에는 2차충분조건이 충족되지 않지만 극치가 될 수도 있다.

그러나, $\nabla f(\boldsymbol{x}^*)=\mathbf{0}$이지만 $\boldsymbol{H}(\boldsymbol{x}^*)$가 부정부호형행렬이면 함수 $f(\boldsymbol{x})$는 $\boldsymbol{x}^*$에

그림 18-2

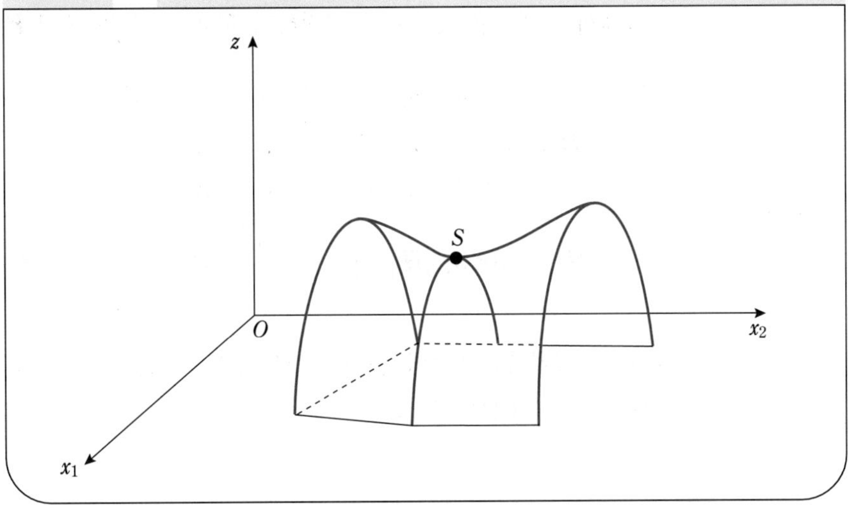

서 극대도 극소도 아니다. 특히 이 경우의 점 $\boldsymbol{x}^*$는 1변수함수의 변곡점과 비슷한 성격을 갖고 있으며 독립변수가 2개인 경우 점 $\boldsymbol{x}^*$에서 곡면의 모양이 안장과 같다고 하여 곡면 위의 점을 안장점(saddle point)이라 부른다.

2변수함수 $z=f(x_1, x_2)$를 그린 것이 [그림 18-2]와 같다고 하자. 점 S에서 $f_1=f_2=0$이지만 점 S는 극대점도 극소점도 모두 아닌 안장점이다. 왜냐하면 점 S는 x_1z평면을 배경으로 보면 극대점이지만 x_2z평면으로 보면 극소점이 되기 때문이다.

예제 2

$f(\boldsymbol{x})=f(x_1, x_2, x_3)=16x_1+24x_2-4x_1^2-3x_2^2-x_3^2$의 극치를 구하라.

풀이

$$\nabla \boldsymbol{f}(\boldsymbol{x})=\begin{bmatrix} f_1 \\ f_2 \\ f_3 \end{bmatrix}=\begin{bmatrix} -8x_1+16 \\ -6x_2+24 \\ -2x_3 \end{bmatrix}=\begin{bmatrix} 0 \\ 0 \\ 0 \end{bmatrix}$$

3개의 방정식과 3개의 미지수로 된 연립방정식으로부터 해를 얻을 수 있다. 즉,

$$x_1^*=2,\ x_2^*=4,\ x_3^*=0$$

x^*에서 극대값을 갖는가를 판정하기 위해서 헤시안행렬 $\boldsymbol{H}$를 구하면,

$$\boldsymbol{H}(\boldsymbol{x}^*)=\begin{bmatrix} f_{11} & f_{12} & f_{13} \\ f_{21} & f_{22} & f_{23} \\ f_{31} & f_{32} & f_{33} \end{bmatrix}=\begin{bmatrix} -8 & 0 & 0 \\ 0 & -6 & 0 \\ 0 & 0 & -2 \end{bmatrix}$$

$$|\boldsymbol{H}_1|=-8<0,\ |\boldsymbol{H}_2|=\begin{vmatrix} -8 & 0 \\ 0 & -6 \end{vmatrix}=48>0,\ |\boldsymbol{H}_3|=|\boldsymbol{H}|=-96<0$$

따라서 2차충분조건이 충족되므로 함수 $f(\boldsymbol{x})$는 $\boldsymbol{x}^*=(2,\ 4,\ 0)$에서 극대값 $f(\boldsymbol{x}^*)=64$를 갖는다.

예제 3

$f(x_1,\ x_2)=x_1 \ln x_1+e^{x_2^2}$의 극치를 구하라.

풀이

1차조건을 구하면,

$$f_1=\ln x_1+x_1\cdot\frac{1}{x_1}=\ln x_1+1=0$$

$$f_2=2x_2e^{x_2^2}=0$$

두 식으로부터

$$x_1^*=e^{-1},\ x_2^*=0$$

$\boldsymbol{x}^*=(e^{-1},\ 0)$에서 함수 $f(\boldsymbol{x})$가 극대, 극소 또는 안장점이 되는가를 결정하기 위해 헤시안 행렬을 구해보자.

$$f_{11}=\frac{1}{x_1},\ f_{12}=f_{21}=0,\ f_{22}=2e^{x_2^2}+(2x_2)^2e^{x_2^2}$$
$$f_{11}(e^{-1},\ 0)=e,\ f_{12}(e^{-1},\ 0)=f_{21}(e^{-1},\ 0)=0,\ f_{22}(e^{-1},\ 0)=2$$

헤시안 행렬을 구하면,

$$\boldsymbol{H}(\boldsymbol{x}^*) = \boldsymbol{H}(e^{-1}, 0) = \begin{bmatrix} e & 0 \\ 0 & 2 \end{bmatrix}$$

$$|\boldsymbol{H}_1| = e > 0, \ |\boldsymbol{H}_2| = |\boldsymbol{H}| = 2e > 0$$

이므로 함수 $f(x_1, x_2)$는 $\boldsymbol{x}^* = (e^{-1}, 0)$에서 극소값 $f(e^{-1}, 0) = 1 - \frac{1}{e}$을 갖는다.

예제 4

$f(x_1, x_2) = x_1^2 - x_2^2 - x_1 + x_2$일 때 극치를 구하라.

풀이

1차조건을 구하면,

$$f_1 = 2x_1 - 1 = 0, \ f_2 = -2x_2 + 1 = 0$$

두 식으로부터

$$x_1^* = \frac{1}{2}, \ x_2^* = \frac{1}{2}$$

극치를 판정하기 위해 헤시안 행렬을 구하면,

$$\boldsymbol{H}(\boldsymbol{x}^*) = \begin{bmatrix} 2 & 0 \\ 0 & -2 \end{bmatrix}$$

$$|\boldsymbol{H}_1| = 2 > 0, \ |\boldsymbol{H}_2| = |\boldsymbol{H}| = -4 < 0$$

즉, $\boldsymbol{H}$는 부정부호형행렬이므로 함수 $f(\boldsymbol{x})$는 극대값도 극소값도 갖지 않고 점 $\left(\frac{1}{2}, \frac{1}{2}, 0\right)$은 함수 $f(\boldsymbol{x})$의 안장점이 된다.

예제 5

$$L(\alpha, \beta) = \frac{1}{(2\pi\sigma^2)^{\frac{n}{2}}} \exp\left[-\frac{\sum_{i=1}^{n} (y_i - \alpha - \beta x_i)^2}{2\sigma^2} \right]$$

을 극대화시키는 α와 β를 구하라. 단, y_i와 $x_i (i=1, 2, \cdots, n)$ 및 σ^2은 주어

진 상수라 가정한다.

풀이

ln L을 극대화시키는 α^*와 β^*는 L을 극대화시키므로 양변에 ln을 취하면,

$$\ln L = -\frac{n}{2}\ln 2\pi\sigma^2 - \frac{1}{2\sigma^2}\sum_{i=1}^{n}(y_i-\alpha-\beta x_i)^2$$

$-\frac{n}{2}\ln 2\pi\sigma^2$과 $\frac{1}{2\sigma^2}$은 상수이므로 ln L을 극대화시키는 α^*와 β^*는 $\sum_{i=1}^{n}(y_i-\alpha-\beta x_i)^2$을 극소화시킨다. 따라서 L을 극대화시키는 α^*와 β^*를 찾는 문제는

$$f(\alpha,\ \beta) = \sum_{i=1}^{n}(y_i-\alpha-\beta x_i)^2$$

을 극소화시키는 문제로 바꾸어 풀 수 있다.

1차조건을 구하면,

$$\frac{\partial f}{\partial \alpha} = 2\sum_{i=1}^{n}(y_i-\alpha-\beta x_i)(-1) = 0$$

$$\frac{\partial f}{\partial \beta} = 2\sum_{i=1}^{n}(y_i-\alpha-\beta x_i)(-x_i) = 0$$

위의 식을 정리하면,

$$n\alpha + \beta\sum_{i=1}^{n}x_i = \sum_{i=1}^{n}y_i$$
$$\alpha\sum_{i=1}^{n}x_i + \beta\sum_{i=1}^{n}x_i^2 = \sum_{i=1}^{n}x_iy_i$$

크래머 공식에 의해 α^*와 β^*를 구하면,

$$\alpha^* = \frac{\sum_{i=1}^{n}x_i^2\sum_{i=1}^{n}y_i - \sum_{i=1}^{n}x_i\sum_{i=1}^{n}x_iy_i}{n\sum_{i=1}^{n}x_i^2-\left(\sum_{i=1}^{n}x_i\right)^2},\quad \beta^* = \frac{n\sum_{i=1}^{n}x_iy_i - \sum_{i=1}^{n}x_i\sum_{i=1}^{n}y_i}{n\sum_{i=1}^{n}x_i^2-\left(\sum_{i=1}^{n}x_i\right)^2}.$$

$f(\alpha,\ \beta)$의 헤시안 행렬 $\boldsymbol{H}(\alpha^*,\ \beta^*)$를 구하면,

$$\boldsymbol{H}(\alpha^*,\ \beta^*) = \begin{bmatrix} \dfrac{\partial^2 f}{\partial \alpha^2} & \dfrac{\partial^2 f}{\partial \beta \partial \alpha} \\ \dfrac{\partial^2 f}{\partial \alpha \partial \beta} & \dfrac{\partial^2 f}{\partial \beta^2} \end{bmatrix} = \begin{bmatrix} 2n & 2\sum_{i=1}^{n} x_i \\ 2\sum_{i=1}^{n} x_i & 2\sum_{i=1}^{n} x_i^2 \end{bmatrix}$$

$$|\boldsymbol{H}_1| = 2n > 0$$

$$|\boldsymbol{H}_2| = |\boldsymbol{H}| = 4n\sum_{i=1}^{n} x_i^2 - 4\left(\sum_{i=1}^{n} x_i\right)^2 = 4n\left(\sum_{i=1}^{n} x_i^2 - \frac{\left(\sum_{i=1}^{n} x_i\right)^2}{n}\right)$$

$$= 4n\sum_{i=1}^{n} (x_i - \bar{x})^2 > 0 \left(\text{단, } \bar{x} = \frac{\sum_{i=1}^{n} x_i}{n}\right)$$

즉, $\boldsymbol{H}$는 양정부호형행렬이므로 $f(\alpha,\ \beta)$는 α^*와 β^*에서 극소가 된다. 따라서 α^*와 β^*에서 $L(\alpha,\ \beta)$는 극대가 된다.

18.3 1차필요충분조건

정리 18-3-1

n변수함수 $f(\boldsymbol{x})$가 볼록집합 $X \subset \boldsymbol{R}^n$에서 정의되고 미분가능한 오목함수라 가정하자. 함수 $f(\boldsymbol{x})$가 $\boldsymbol{x}^*$에서 절대적 극대값 또는 최대값을 갖기 위한 필요충분조건은

$$\nabla f(\boldsymbol{x}^*) = \boldsymbol{0}.$$

증 명

1차필요조건은 [정리 18-1-2]에서 증명했으므로 1차충분조건만 증명한다. 함수 $f(\boldsymbol{x})$가 미분가능한 오목함수이고(17.2 참조), $\nabla f(\boldsymbol{x}^*) = \boldsymbol{0}$이면

$$f(\boldsymbol{x}) \leqq f(\boldsymbol{x}^*) + \nabla f(\boldsymbol{x}^*)^t(\boldsymbol{x} - \boldsymbol{x}^*) = f(\boldsymbol{x}^*) \qquad (\boldsymbol{x},\ \boldsymbol{x}^* \in X)$$

이것은 모든 $\boldsymbol{x} \in X \subset \boldsymbol{R}^n$에 대해서 성립하므로 함수 $f(\boldsymbol{x})$는 $\boldsymbol{x}^*$에서 최대값을 갖는다. Q.E.D.

일반적으로 볼록집합 $X \subset \boldsymbol{R}^n$에서 정의된 함수 $f(\boldsymbol{x})$가 미분가능한 오목함수일 때, $f(\boldsymbol{x})$가 $\boldsymbol{x}^*$에서 상대적 극대가 되면 $\boldsymbol{x}^*$에서 절대적 극대가 된다.

만약 함수 $f(\boldsymbol{x})$가 $\boldsymbol{x} \in X \subset \boldsymbol{R}^n$에서 정의된 강오목함수라면

$$f(\boldsymbol{x}) < f(\boldsymbol{x}^*) + \nabla f(\boldsymbol{x}^*)^t(\boldsymbol{x} - \boldsymbol{x}^*) = f(\boldsymbol{x}^*) \ (\boldsymbol{x},\ \boldsymbol{x}^* \in X,\ \boldsymbol{x} \neq \boldsymbol{x}^*)$$

이 되어 유일한 $\boldsymbol{x}^*$에서 최대값을 갖는다.

같은 방법으로 함수 $f(\boldsymbol{x})$가 볼록집합 $X \subset \boldsymbol{R}^n$에서 정의되고, 미분가능한 볼록함수라면 $f(\boldsymbol{x})$가 $\boldsymbol{x}^*$에서 최소값을 갖기 위한 1차필요충분조건은

$$\nabla f(\boldsymbol{x}^*) = \mathbf{0}$$

이다. 또한 함수 $f(\boldsymbol{x})$가 강볼함수라면 유일한 $\boldsymbol{x}^*$에서 최소값을 갖는다.

[정리 18-3-1]로부터 다음과 같은 결론을 얻을 수 있다. 제약조건이 없는 최적화문제에서 만약 함수 $f(\boldsymbol{x})$가 미분가능한 오목(볼록)함수라는 것을 사전에 알고 있다면 2차충분조건은 고려할 필요가 없게 되고, 단지 1차조건 $\nabla f(\boldsymbol{x}) = \mathbf{0}$을 풀어서 얻은 $\boldsymbol{x}^*$는 함수 $f(\boldsymbol{x})$를 최대화(최소화)시킨다. 경제학에서는 이 성질을 이용하기 위해, 제약조건이 없는 극대화문제(예를 들어 완전경쟁하에서 기업의 이윤극대화 문제)의 경우에는 사전에 함수 $f(\boldsymbol{x})$가 오목함수라고 자주 가정하기도 한다.

특히 2차충분조건은 상대적 극대값(극소값)을 갖기 위한 조건이지만, 1차필요충분조건은 절대적 극대값(극소값)을 갖기 위한 조건이라는 점에 유의하자. 즉, 함수 $f(\boldsymbol{x})$가 절대적 극대(극소)값을 갖도록 하는 데는 $f(\boldsymbol{x})$가 오목(볼록)함수라는 가정이 결정적인 역할을 한다.

또한 함수 $f(\boldsymbol{x})$가 오목(볼록)함수가 아닌 경우에는 $\nabla f(\boldsymbol{x}^*) = \mathbf{0}$이라는 조건은 극치가 되기 위한 필요조건은 되지만 충분조건은 되지 못한다는 점에 유의하자.

예제 6

$f(x)=-x^2+2x+1$이 $x\in\boldsymbol{R}$에서 정의될 때 $f(x)$가 최대가 되는 x를 구하라.

풀이

$f(x)$가 오목함수임을 알고 있으므로 1차필요충분조건을 풀면 된다.

$$f'(x)=-2x+2=0$$

즉, $x^*=1$에서 함수 $f(x)$는 최대값을 갖는다.

예제 7

$\boldsymbol{R}^3$에서 정의된 함수 $f(\boldsymbol{x})=f(x_1,\ x_2\ x_3)=x_1^2+2x_2^2+3x_3^2$은 강볼록함수인 것을 보여라. 또한 함수 $f(\boldsymbol{x})$가 최소가 되는 $\boldsymbol{x}$를 구하라.

풀이

함수 $f(\boldsymbol{x})$가 강볼록함수인 것을 보이기 위해 헤시안 행렬을 구하자.

$$f_1=2x_1,\ f_2=4x_2,\ f_3=6x_3$$

따라서,

$$\boldsymbol{H}=\begin{bmatrix} 2 & 0 & 0 \\ 0 & 4 & 0 \\ 0 & 0 & 6 \end{bmatrix}$$

$|\boldsymbol{H}_1|=2>0$, $|\boldsymbol{H}_2|=8>0$, $|\boldsymbol{H}_3|=48>0$이므로 함수 $f(x)$는 강볼록함수이다.

$f_1=f_2=f_3=0$으로 놓고 해를 구하면,

$$x_1^*=x_2^*=x_3^*=0,\ \text{즉}\ \boldsymbol{x}^*=\boldsymbol{0}$$

에서 함수 $f(\boldsymbol{x})$는 최소값을 갖는다.

연습문제

1. 다음 함수들의 극치를 구하라.

(1) $f(x_1, x_2)=x_1^2+x_1x_2+x_2^2-3x_1+5$

(2) $f(x_1, x_2)=x_1x_2-\ln(x_1^2+x_2^2)$

(3) $f(x, y)=100+(x-y)^2+(y-1)^4$

(4) $f(x_1, x_2)=x_1^2-6x_1x_2+9x_2^2+3x_1-20$

(5) $f(x_1, x_2)=x_1^2+x_2^4+10$

(6) $f(x_1, x_2, x_3)=-x_1^3+3x_1x_3+2x_2-x_2^2-3x_3^2$

2. 다음 각 함수가 극대, 극소 혹은 안장점을 갖는지를 결정하라.

(1) $g(x, y)=2x^2-2xy+y^2+5x-3y$

(2) $f(x, y)=xy+x-y$

(3) $f(x, y)=4x+2y-x^2+xy-y^2$

(4) $z(x, y)=x^3-6xy+y^3$

제19장

등식제약조건하에서의 극대와 극소

19.1 라그랑지승수법

제18장에서는 고전적 계획문제의 특별한 경우, 즉 제약조건이 없는 경우의 극대와 극소에 관해서 설명했다. 본절에서는 m개의 등식제약조건이 있는 경우의 극대와 극소에 관해서 설명한다. 일반적인 고전적 계획문제는 다음과 같이 나타낼 수 있다.

극 대 화: $f(\boldsymbol{x})=f(x_1, x_2, \cdots, x_n)$

제약조건: $g^i(\boldsymbol{x})=g^i(x_1, x_2, \cdots, x_n)=b_i,\ i=1, 2, \cdots, m,\ m<n$

또는 행렬로 표시하면

극 대 화: $f(\boldsymbol{x})$

제약조건: $\underset{m\times 1}{\boldsymbol{g}}(\boldsymbol{x})=\underset{m\times 1}{\boldsymbol{b}}$

여기서 $\boldsymbol{x}$는 $n\times 1$열벡터이며, $\boldsymbol{g}(\boldsymbol{x})$와 $\boldsymbol{b}$는 $m\times 1$열벡터이고, $m<n$이다.

설명의 편의를 위해 2개의 독립변수 x_1, x_2와 1개의 제약조건이 있는 경우를 택하여($n=2$, $m=1$) 등식제약조건하에서의 극대가 되기 위한 1차필요조건과 2차충분조건을 유도하고, 여기서 얻은 결과를 증명없이 $n=n$, $m=1$ 및 일반적인 고전적 계획문제로 확장하는 방법을 택한다.

$n=2$, $m=1$인 다음의 고전적 계획문제를 생각해 보자.

극 대 화: $f(\boldsymbol{x})=f(x_1, x_2)$
제약조건: $g(\boldsymbol{x})=g(x_1, x_2)=b$

그림으로 먼저 설명하면 다음과 같다. [그림 19-1]에서 점 B는 제약조건이 없을 때의 극대점을 나타낸다. 제약조건이 있는 경우에는 제약조건의 위쪽에 위치하는 곡선상에서 극대점을 찾아야 되므로, 점 A가 제약조건하에서 극대점이 된다. 일반적으로 제약조건하에서 극대값은 제약조건이 없는 경우의 극대값보다 크지는 않다. 두 경우의 극대값이 같을 때는 제약조건을 고려에 넣지 않고 목적함수를 극대화시키는 $\boldsymbol{x}^*$가 우연히 제약조건을 만족시키는 경우 뿐이고, 대부분의 경우에는 전자가 후자보다 작다.

만약 $g(x_1, x_2)=b$와는 독립적인 또다른 제약조건 $g^2(x_1, x_2)=b_2$를 추가한다면, 실현가능집합은 두 곡선이 만나는 한 점으로 제한되어 선택의 여지가 없는 무의미한 문제가 되므로 일반적으로 $m<n$임을 가정한다.

$n=2$, $m=1$인 문제가 주어졌을 때 해를 구하는 가장 쉬운 방법은 제약조건이 없는 극치문제로 바꾸는 것이다. 이 방법을 사용하여 등식의 제약조건하에서 1차필요조건과 2차충분조건을 구해보자. 목적함수 $f(\boldsymbol{x})=f(x_1, x_2)$

그림 19-1

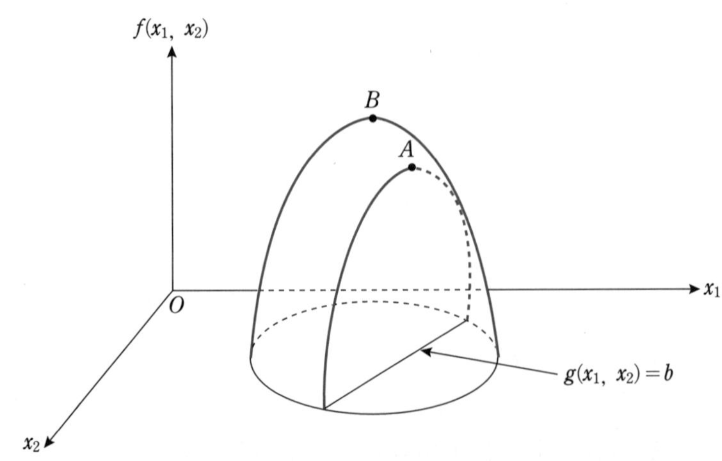

가 $\boldsymbol{x}^*=(x_1^*,\ x_2^*)$에서 극대값을 갖는다고 가정하자. 또한 제약조건 $g(x_1,$ $x_2)=b$는 음함수정리의 가정들을 만족시킨다고 가정하자. 음함수정리에 의해 x_2를 x_1의 함수로 표시할 수 있다. 즉,

$$x_2=\phi\,(x_1)(\text{단, } \boldsymbol{x}^* \text{에서 } \frac{\partial g}{\partial x_2}\neq 0)$$

물론 $\boldsymbol{x}^*=(x_1^*,\ x_2^*)$가 주어진 문제를 극대화시키기 위해서는 제약조건을 만족시켜야 되므로 $g(x_1^*,\ x_2^*)=b$ 또는 $x_2^*=\phi(x_1^*)$가 성립해야 한다.

음함수정리에 의해 $\phi(x_1)$은 미분가능하며, 이것을 목적함수에 대입하면 제약조건하의 극대화문제를 제약조건이 없고 독립변수가 하나인 극대화문제로 바꾸어 쓸 수 있다.

$$\text{극대화: } f(x_1,\ \phi(x_1))$$

$f(x_1,\ \phi(x_1))$이 x_1^*에서 극대값을 갖기 위한 1차필요조건은 다음과 같다.

$$\frac{df(x_1^*,\ \phi(x_1^*))}{dx_1}=0 \qquad (1)$$

연쇄법칙을 이용하여 전도함수를 구하면,

$$\frac{df(x_1^*,\ \phi(x_1^*))}{dx_1}=\frac{df(x_1^*,\ x_2^*)}{dx_1}$$
$$=\frac{\partial f(x_1^*,\ x_2^*)}{\partial x_1}+\frac{\partial f(x_1^*,\ x_2^*)}{\partial x_2}\frac{d\phi(x_1^*)}{dx_1}=0 \qquad (2)$$

주어진 문제가 $\boldsymbol{x}^*$에서 극대화되므로 제약조건을 만족시켜야 한다.

$$g(x_1^*,\ x_2^*)=b \text{ 또는 } g(x_i^*,\ \phi(x_1^*))=b \qquad (3)$$

$g(x_1,\ x_2)=b$의 x_1에 관한 전도함수를 구한 후 이것을 $\boldsymbol{x}^*$에서 계산하면

$$\frac{dg(x_1^*,\ x_2^*)}{dx_1}=\frac{\partial g(x_1^*,\ x_2^*)}{\partial x_1}+\frac{\partial g(x_1^*,\ x_2^*)}{\partial x_2}\frac{d\phi(x_1^*)}{dx_1}=0 \qquad (4)$$

즉,

$$\frac{d\phi(x_1^*)}{dx_1} = -\frac{\partial g(x_1^*, x_2^*)}{\partial x_1} \bigg/ \frac{\partial g(x_1^*, x_2^*)}{\partial x_2} \tag{5}$$

식 (5)를 식 (2)에 대입하면,

$$\frac{\partial f(x_1^*, x_2^*)}{\partial x_1} - \frac{\partial f(x_1^*, x_2^*)}{\partial x_2}\left[\frac{\partial g(x_1^*, x_2^*)}{\partial x_1} \bigg/ \frac{\partial g(x_1^*, x_2^*)}{\partial x_2}\right]=0 \tag{6}$$

λ^*를 다음과 같이 정의하면,

$$\lambda^* = \frac{\partial f(x_1^*, x_2^*)}{\partial x_2} \bigg/ \frac{\partial g(x_1^*, x_2^*)}{\partial x_2} \tag{7}$$

식 (6)을 다음과 같이 쓸 수 있다.

$$\frac{\partial f(x_1^*, x_2^*)}{\partial x_1} - \lambda^* \frac{\partial g(x_1^*, x_2^*)}{\partial x_1} = 0 \tag{8}$$

또한 λ^*에 대한 정의로부터

$$\frac{\partial f(x_1^*, x_2^*)}{\partial x_2} - \lambda^* \frac{\partial g(x_1^*, x_2^*)}{\partial x_2} = 0 \tag{9}$$

$\boldsymbol{x}^*$에서 제약조건이 만족되어야 하므로

$$g(x_1^*, x_2^*) = b \tag{10}$$

따라서 $n=2$, $m=1$인 고전적 계획문제에서 1차필요조건은 식 (8), 식 (9) 및 식 (10)이 된다. 즉, $\boldsymbol{x}^*=(x_1^*, x_2^*)$에서 주어진 문제가 극대가 된다면 반드시 식 (8), 식 (9) 및 식 (10)을 암시한다.

지금까지 지루한 과정을 거쳐서 얻은 등식제약조건하에서의 1차필요조건은 다음과 같이 정의된 새로운 함수가 극대값을 갖기 위한 1차필요조건임을 알 수 있다.

$$L(x_1, x_2, \lambda) = f(x_1, x_2) + \lambda[b - g(x_1, x_2)]$$

이라 하면 L이 $(x_1^*, x_2^*, \lambda^*)$에서 극대가 되기 위한 1차필요조건은($\lambda$를 새로운 변수로 취급하여)

$$L_1 = \frac{\partial L(x_1^*, x_2^*, \lambda^*)}{\partial x_1} = \frac{\partial f(x_1^*, x_2^*)}{\partial x_1} - \lambda^* \frac{\partial g(x_1^*, x_2^*)}{\partial x_1} = 0$$

$$L_2 = \frac{\partial L(x_1^*, x_2^*, \lambda^*)}{\partial x_2} = \frac{\partial f(x_1^*, x_2^*)}{\partial x_2} - \lambda^* \frac{\partial g(x_1^*, x_2^*)}{\partial x_2} = 0$$

$$L_\lambda = \frac{\partial L(x_1^*, x_2^*, \lambda^*)}{\partial \lambda} = b - g(x_1^*, x_2^*) = 0$$

인데 이것은 식 (8), 식 (9) 및 식 (10)과 정확하게 같게 된다. 여기서 함수 L을 라그랑지함수라 하고, λ를 라그랑지승수(Lagrange multiplier)라 하며, 이와 같은 방법으로 등식제약조건하에서의 1차필요조건을 구하는 것을 라그랑지승수법이라 한다.

라그랑지승수법은 본질적으로 제약조건하의 최적화문제를 제약조건이 없는 최적화문제로 변형시켜 우리가 이미 알고 있는 제약조건이 없는 경우의 1차필요조건을 그대로 적용할 수 있게 해준다. 즉, 등식제약조건하에서의 최적화문제가 주어졌을 때 라그랑지함수는 1차필요조건을 쉽게 구할 수 있게 도와주는 기억수단의 역할을 한다.

1차필요조건을 만족시키는 $\boldsymbol{x}^*$를 구했다고 할지라도 이것이 목적함수의 극대화를 반드시 보장하는 것은 아니다. 1차필요조건을 만족시키는 $\boldsymbol{x}^*$에서 목적함수의 극대화를 보장하는 2차충분조건을 유도하자.

$n=2$, $m=1$인 제약조건하의 극대화문제를 제약조건이 없고 독립변수가 한 개인 극대화문제로 바꾸면 아래와 같다.

극대화: $f(x_1, \phi(x_1))$

[정리 18-2-1]에 의해 함수 f가 x_1^*에서($x_2^* = \phi(x_1^*)$) 극대가 되기 위한 충분조건은 다음과 같다.

(i) $\dfrac{df(x_1^*, \phi(x_1^*))}{dx_1} = 0$ (1차필요조건)

$$\text{(ii)} \quad \frac{d^2f(x_1^*, \phi(x_1^*))}{dx_1^2} < 0 \quad \text{(2차충분조건)}$$

2차충분조건은 1차필요조건이 만족되는 $\boldsymbol{x}^*$에서 계산되므로, 특별한 말이 없어도 2차충분조건의 도출과정에서 나타나는 모든 함수들은 $\boldsymbol{x}^*$에서 계산되는 것으로 약속하자. 또한 편의를 위해 $\dfrac{\partial f}{\partial x_i}$ 및 $\dfrac{\partial^2 f}{\partial x_j \partial x_i}$ 대신 f_i 및 f_{ij}를 쓰기로 한다.

2차충분조건을 구하기 위해

$$\frac{df}{dx_1} = f_1 + f_2 \frac{d\phi}{dx_1}$$

를 x_1에 관하여 다시 미분하면,

$$\frac{d^2f}{dx_1^2} = \left[f_{11} + f_{12} \frac{d\phi}{dx_1} \right] + \left[f_{21} \frac{d\phi}{dx_1} + f_{22} \left(\frac{d\phi}{dx_1} \right)^2 + f_2 \frac{d^2\phi}{dx_1^2} \right] < 0 \quad (11)$$

그런데 $f_{12} = f_{21}$, $\dfrac{d\phi}{dx_1} = -\dfrac{\partial g/dx_1}{\partial g/dx_2} = -\dfrac{g_1}{g_2}$ (식 (5)),

$$\frac{d^2\phi}{dx_1^2} = \left(-g_2 g_{11} + 2g_1 g_{12} - \frac{g_1^2 g_{22}}{g_2} \right) \frac{1}{g_2^2} \text{ (13.1 참조)},$$

이므로 이들은 식 (11)에 대입하면,

$$\frac{d^2f}{dx_1^2} = f_{11} - 2f_{12} \left(\frac{g_1}{g_2} \right) + f_{22} \left(-\frac{g_1}{g_2} \right)^2 + \frac{f_2}{g_2^2} \left(-g_2 g_{11} + 2g_1 g_{12} - \frac{g_1^2 g_{22}}{g_2} \right)$$

$$= \frac{1}{g_2^2} \left[f_{11} g_2^2 + f_{22} g_1^2 - 2f_{12} g_1 g_2 - \left(\frac{f_2}{g_2} \right) (g_{11} g_2^2 + g_{22} g_1^2 - 2g_{12} g_1 g_2) \right] < 0 \quad (12)$$

식 (7)에서 $\lambda = \dfrac{f_2}{g_2}$로 정의했는데 이것을 식 (12)에 대입하여 정리하면,

$$\frac{d^2f}{dx_1^2} = \frac{1}{g_2^2} [(f_{11} - \lambda g_{11}) g_2^2 + (f_{22} - \lambda g_{22}) g_1^2 - 2(f_{12} - \lambda g_{12}) g_1 g_2] < 0 \quad (13)$$

$g_2^2 > 0$(음함수정리가 성립하기 위해 $g_2 \neq 0$) 이므로 $\dfrac{d^2f}{dx_1^2} < 0$은

$$(f_{11} - \lambda g_{11}) g_2^2 + (f_{22} - \lambda g_{22}) g_1^2 - 2(f_{12} - \lambda g_{12}) g_1 g_2 < 0 \quad (14)$$

을 의미한다. 식 (14)가 2차충분조건인데, 이 조건은 복잡하여 암기하기가 어렵다. 그러나 다행히도 이 조건은 다음 테두른 행렬식 $|\bar{\boldsymbol{H}}|>0$이라는 조건과 동일함을 쉽게 보일 수 있다.

$$|\bar{\boldsymbol{H}}| = \begin{vmatrix} L_{\lambda\lambda} & L_{\lambda 1} & L_{\lambda 2} \\ L_{1\lambda} & L_{11} & L_{12} \\ L_{2\lambda} & L_{21} & L_{22} \end{vmatrix} = \begin{vmatrix} 0 & -g_1 & -g_2 \\ -g_1 & f_{11}-\lambda g_{11} & f_{12}-\lambda g_{12} \\ -g_2 & f_{21}-\lambda g_{21} & f_{22}-\lambda g_{22} \end{vmatrix} >0 \quad (15)$$

증명은 하지 않겠으나, $|\bar{\boldsymbol{H}}|>0$이라는 2차충분조건은 $g_1h_1+g_2h_2=0$인 제약조건하에서 2차형식

$$q=L_{11}h_1^2+2L_{12}h_1h_2+L_{22}h_2^2$$

이 음정부호라는 조건과 동일하다.

$|\bar{\boldsymbol{H}}|$의 제1행과 제1열에 -1을 곱해 주어도 행렬식의 값은 변하지 않으므로 $\boldsymbol{x}^*$에서 목적함수가 극대화되기 위한 충분조건은 다음과 같이 바꾸어 쓸 수 있다.

$$|\bar{\boldsymbol{H}}| = \begin{vmatrix} 0 & g_1 & g_2 \\ g_1 & L_{11} & L_{12} \\ g_2 & L_{21} & L_{22} \end{vmatrix} >0 \qquad (16)$$

또는 행과 열을 각각 두번씩 바꾸어도 행렬식의 값은 변하지 않으므로 2차충분조건은 다음과 같이도 표현한다.

$$|\bar{\boldsymbol{H}}| = \begin{vmatrix} L_{11} & L_{12} & g_1 \\ L_{21} & L_{22} & g_2 \\ g_1 & g_2 & 0 \end{vmatrix} >0 \qquad (17)$$

즉, 테를 식 (15)와 식 (16)과 같이 제1행과 제1열에 둘러도 되고, 식 (17)과 같이 제3행과 제3열에 둘러도 된다.

같은 방법으로 $n=2$, $m=1$인 제약조건하의 극소화문제의 1차필요조건과 2차충분조건은 다음과 같다.

극 소 화: $f(\boldsymbol{x})=f(x_1, x_2)$
제약조건: $g(\boldsymbol{x})=g(x_1, x_2)=b$

(i) $\dfrac{\partial L}{\partial x_1}=\dfrac{\partial L}{\partial x_2}=\dfrac{\partial L}{\partial \lambda}=0$ (1차필요조건)

(ii) $|\bar{\boldsymbol{H}}|<0$ (2차충분조건).

지금까지 얻은 결과를 n변수함수와 한 개의 제약조건이 있는 경우로 확장해 보자.

극 대 화: $f(\boldsymbol{x})=f(x_1, x_2, \cdots, x_n)$
제약조건: $g(\boldsymbol{x})=g(x_1, x_2, \cdots, x_n)=b$

주어진 문제의 라그랑지함수를 L이라 하면,

$$L(x_1, x_2, \cdots, x_n, \lambda)=f(x_1, x_2, \cdots, x_n)+\lambda[b-g(x_1, x_2, \cdots, x_n)].$$

1차필요조건을 구하면,

$$L_i=\frac{\partial L}{\partial x_i}=f_i-\lambda g_i=0, \quad i=1, 2, \cdots, n$$

$$L_\lambda=\frac{\partial L}{\partial \lambda}=b-g(x_1, x_2, \cdots, x_n)=0.$$

2차충분조건은 $\sum_{i=1}^{n} g_i h_i=0$의 제약조건하에서 2차형식 $q=\sum_{i=1}^{n}\sum_{j=1}^{n} L_{ij}h_i h_j$가 음정부호인 것이다. 이 조건을 테두른 헤시안 행렬로 표시하면 다음과 같다.

테두른 헤시안 행렬을 $\bar{\boldsymbol{H}}$라 하면,

$$\bar{\boldsymbol{H}}=\begin{bmatrix} 0 & g_1 & g_2 & \cdots & g_n \\ g_1 & L_{11} & L_{12} & \cdots & L_{1n} \\ g_2 & L_{21} & L_{22} & \cdots & L_{2n} \\ \vdots & \vdots & \vdots & & \vdots \\ g_n & L_{n1} & L_{n2} & \cdots & L_{nn} \end{bmatrix}_{(n+1)\times(n+1)}$$

테두른 헤시안 행렬식의 부호가 다음과 같이 결정되어야 한다.

$$|\bar{\boldsymbol{H}}_2| = \begin{vmatrix} 0 & g_1 & g_2 \\ g_1 & L_{11} & L_{12} \\ g_2 & L_{21} & L_{22} \end{vmatrix} >0$$

$$|\bar{\boldsymbol{H}}_3| = \begin{vmatrix} 0 & g_1 & g_2 & g_3 \\ g_1 & L_{11} & L_{12} & L_{13} \\ g_2 & L_{21} & L_{22} & L_{23} \\ g_3 & L_{31} & L_{32} & L_{33} \end{vmatrix} <0,\ |\bar{\boldsymbol{H}}_4|>0,\ \cdots,\ (-1)^n|\bar{\boldsymbol{H}}_n|>0.$$

즉, $|\bar{\boldsymbol{H}}_2|$가 플러스로 시작하여 테두른 헤시안 행렬의 선도주소행렬식의 부호가 교대로 변해야 한다.

같은 방법으로 n변수함수와 1개의 제약조건이 있는 극소화문제에서의 1차필요조건과 2차충분조건은 다음과 같다.

극 소 화: $f(\boldsymbol{x})=f(x_1,\ x_2,\ \cdots,\ x_n)$

제약조건: $g(\boldsymbol{x})=g(x_1,\ x_2,\ \cdots,\ x_n)=b$

(i) $L_i=\dfrac{\partial L}{\partial x_i}=f_i-\lambda g_i=0,\quad i=1,\ 2,\ \cdots,\ n$

$L_\lambda=\dfrac{\partial L}{\partial \lambda}=b-g(x_1,\ x_2,\ \cdots,\ x_n)=0$ (1차필요조건).

(ii) $|\bar{\boldsymbol{H}}_2|<0,\ |\bar{\boldsymbol{H}}_3|<0,\ \cdots,|\bar{\boldsymbol{H}}_n|=|\bar{\boldsymbol{H}}|<0$ (2차충분조건).

즉, $|\bar{\boldsymbol{H}}_2|$로부터 시작하여 테두른 선도주소행렬식의 부호가 모두 마이너스이다.

끝으로 n개의 변수와 m개의 제약조건을 갖는 일반적인 고전적 계획문제의 1차필요조건만 구해보자.

극 대 화: $f(x_1,\ x_2,\ \cdots,\ x_n)$

제약조건: $g^i(x_1,\ x_2,\ \cdots,\ x_n)=b_i,\ i=1,\ 2,\ \cdots,\ m,\ m<n$

라그랑지함수를 L이라 하면,

$$L(x_1, x_2, \cdots, x_n, \lambda_1, \lambda_2, \cdots, \lambda_m)=f(x_1, x_2, \cdots, x_n) + \sum_{i=1}^{m}\lambda_i[b_i-g^i(x_1, x_2, \cdots, x_n)].$$

또는 위의 식을 행렬로 표시하면,

$$L(\boldsymbol{x}, \boldsymbol{\lambda})=f(\boldsymbol{x})+\boldsymbol{\lambda}'(\boldsymbol{b}-\boldsymbol{g}(\boldsymbol{x}))$$

여기서 $\boldsymbol{\lambda}=[\lambda_1, \lambda_2, \cdots, \lambda_m]$는 $m\times1$열벡터이다.

1차필요조건을 구하면,

$$L_j=\frac{\partial L}{\partial x_j}=f_j-\sum_{i=1}^{m}\lambda_i g_j^i=0, \ j=1, 2, \cdots, n \ \left(단, g_j^i=\frac{\partial g^i}{\partial x_j}\right)$$

$$L_{\lambda_i}=\frac{\partial L}{\partial \lambda_i}=b_i-g^i=0, \ i=1, 2, \cdots, m.$$

위의 식을 행렬로 표시하면($\boldsymbol{x}^*$, $\boldsymbol{\lambda}^*$를 표기하여),

$$\frac{\partial L(\boldsymbol{x}^*, \boldsymbol{\lambda}^*)}{\partial \boldsymbol{x}}=\nabla f(\boldsymbol{x}^*)-\sum_{i=1}^{m}\lambda_i^*\nabla g^i(\boldsymbol{x}^*)=\mathbf{0}$$

$$\frac{\partial L(\boldsymbol{x}^*, \boldsymbol{\lambda}^*)}{\partial \boldsymbol{\lambda}}= \boldsymbol{b}-\boldsymbol{g}(\boldsymbol{x}^*)=\mathbf{0}$$

기하학적으로,

$$\nabla f(\boldsymbol{x}^*)-\sum_{i=1}^{m}\lambda_i^*\nabla g^i(\boldsymbol{x}^*)=\mathbf{0} \quad 또는 \quad \nabla f(\boldsymbol{x}^*)=\sum_{i=1}^{m}\lambda_i^*\nabla g^i(\boldsymbol{x}^*)$$

라는 조건은 목적함수의 기울기 벡터 $\nabla f(\boldsymbol{x}^*)$가 제약조건식들의 기울기 벡터 $\nabla g^i(\boldsymbol{x}^*)$ $(i=1, 2, \cdots, m)$의 선형결합으로 표시될 수 있어야 된다는 것을 의미한다.

경제학에서 접하는 문제들의 제약조건의 수는 대부분이 1개일 뿐 아니라, $m\geqq2$인 경우의 2차충분조건은 $m=1$인 경우와 기본적으로 유사하지만 복잡하므로 생략한다.

예제 1

다음 문제의 극치를 구하라.

최 적 화: $z=f(x_1,\ x_2)=x_1^2+x_2^2$

제약조건: $x_1+x_2=16$

풀이

라그랑지함수를 L이라 하면,

$$L(x_1,\ x_2,\ \lambda)=x_1^2+x_2^2+\lambda(16-x_1-x_2).$$

1차필요조건을 구하면,

$$L_1=\frac{\partial L}{\partial x_1}=2x_1-\lambda=0$$

$$L_2=\frac{\partial L}{\partial x_2}=2x_2-\lambda=0$$

$$L_\lambda=\frac{\partial L}{\partial \lambda}=16-x_1-x_2=0$$

연립방정식의 해를 구하면,

$$x_1^*=8,\ x_2^*=8,\ \lambda^*=16.$$

테두른 헤시안 행렬 $\bar{\boldsymbol{H}}$를 구하면,

$$\bar{\boldsymbol{H}}=\begin{bmatrix} 0 & g_1 & g_2 \\ g_1 & L_{11} & L_{12} \\ g_2 & L_{21} & L_{22} \end{bmatrix}=\begin{bmatrix} 0 & 1 & 1 \\ 1 & 2 & 0 \\ 1 & 0 & 2 \end{bmatrix}$$

$|\bar{\boldsymbol{H}}|=-4<0$이므로 $\boldsymbol{x}^*$에서 극소가 되기 위한 2차충분조건이 만족된다. 따라서, $x_1^*=8$, $x_2^*=8$에서 극소값 $f(8,\ 8)=128$을 갖는다.

예제 2

제약조건 $x_1x_2+c=0$(단, $c>0$)하에서 $f(x_1, x_2)=x_1-x_2$의 극치를 구하라.

풀이

라그랑지함수를 L이라 하면,

$$L(x_1, x_2, \lambda)=x_1-x_2+\lambda(c+x_1x_2).$$

1차필요조건을 구하면,

$$L_1=1+\lambda x_2=0$$
$$L_2=-1+\lambda x_1=0$$
$$L_\lambda=c+x_1x_2=0$$

연립방식의 해를 구하면,

$$x_1^*=\sqrt{c}, x_2^*=-\sqrt{c}, \lambda^*=\frac{1}{\sqrt{c}} \text{ 또는 } x_1^*=-\sqrt{c}, x_2^*=\sqrt{c}, \lambda^*=-\frac{1}{\sqrt{c}}.$$

테두른 헤시안 행렬 $\bar{H}$를 구하면,

$$\bar{H}=\begin{bmatrix} 0 & g_1 & g_2 \\ g_1 & L_{11} & L_{12} \\ g_2 & L_{21} & L_{22} \end{bmatrix}=\begin{bmatrix} 0 & x_2 & x_1 \\ x_2 & 0 & \lambda \\ x_1 & \lambda & 0 \end{bmatrix}$$

$x_1^*=\sqrt{c}$, $x_2^*=-\sqrt{c}$, $\lambda^*=\frac{1}{\sqrt{c}}$일 때, $|\bar{H}|=-2\sqrt{c}<0$이므로 목적함수는 극소값 $2\sqrt{c}$를 갖는다.
$x_1^*=-\sqrt{c}$, $x_2^*=\sqrt{c}$, $\lambda^*=-\frac{1}{\sqrt{c}}$일 때, $|\bar{H}|=2\sqrt{c}>0$이므로 목적함수는 극대값 $-2\sqrt{c}$를 갖는다.

19.2 포락선 정리

독립변수는 x_1과 x_2이며 한 개의 파라미터 α가 있는 다음과 같은 극대화 문제가 있다고 하자.

$$\text{극대화: } y=f(x_1, x_2, \alpha)$$

1차필요조건은 다음과 같다.

$$f_1(x_1, x_2, \alpha)=0$$
$$f_2(x_1, x_2, \alpha)=0$$

2차충분조건은

$$f_{11}<0, \quad \begin{vmatrix} f_{11} & f_{12} \\ f_{21} & f_{22} \end{vmatrix} >0$$

이다. 2차충분조건이 만족된다면 음함수정리를 이용하여 1차필요조건으로부터 α에 관한 두 개의 음함수를 얻을 수 있다.

$$x_i=x_i^*(\alpha) \quad i=1, 2$$

$x_i=x_i^*(\alpha)$를 목적함수에 대입하여 얻은 함수를 $\phi(\alpha)$라 정의하자.

$$\phi(\alpha)=f(x_1^*(\alpha), x_2^*(\alpha), \alpha)$$

$\phi(\alpha)$를 간접목적함수라 하며, 정의에 의해 $\phi(\alpha)$는 α가 주어졌을 때 최대의 f 값을 나타낸다. α에 관하여 미분하면,

$$\frac{d\phi(\alpha)}{d\alpha}=f_1\frac{dx_1^*}{d\alpha}+f_2\frac{dx_2^*}{d\alpha}+\frac{\partial f}{\partial \alpha}$$

1차필요조건에 의하여 $f_1=f_2=0$이므로

$$\frac{d\phi(\alpha)}{d\alpha}=\frac{\partial f(x_1^*(\alpha),\ x_2^*(\alpha),\ \alpha)}{\partial\alpha}=\left.\frac{\partial f(x_1,\ x_2\alpha)}{\partial\alpha}\right|_{x=x^*(\alpha)}$$

간접목적함수 $\phi(\alpha)$의 전도함수는 x_1과 x_2가 최적일 때, 즉 $x_1^*(\alpha)$와 $x_2^*(\alpha)$에서 계산된 $f(x_1,\ x_2,\ \alpha)$의 편도함수와 같다. 즉 α가 변함에 따라 x_1과 x_2가 최적으로 변할 때 얻을 수 있는 최대의 f값의 변화율은 x_1과 x_2를 최적값 x_1^*와 x_2^*로 일정하게 두고, α만 변화시켰을 때의 f의 변화율과 같다. 이를 포락선 정리(envelope theorem)라 한다.

포락선 정리를 그림을 이용하여 설명하면 다음과 같다. 임의의 $\alpha=\alpha_0$에 대하여 x_1과 x_2의 최적해를 각각 $x_1^0=x_1^*(\alpha_0)$ 및 $x_2^0=x_2^*(\alpha_0)$라 하자. x_1^0와 x_2^0에서 계산된 $f(x_1,\ x_2,\ \alpha)$값을 $f(x_1^0,\ x_2^0,\ \alpha)$라 하면 일반적으로 다음 부등식이 성립한다.

$$f(x_1^0,\ x_2^0,\ \alpha)\leqq\phi(\alpha)\equiv f(x_1^*(\alpha),\ x_2^*(\alpha),\ \alpha)$$

$\alpha=\alpha_0$일 때 $f(x_1^0,\ x_2^0,\ \alpha_0)=\phi(\alpha_0)=f(x_1^*(\alpha_0),\ x_2^*(\alpha_0),\ \alpha_0)$가 되며 $\alpha\neq\alpha_0$일 때는 $f(x_1^0,\ x_2^0,\ \alpha)<\phi(\alpha)$이다.

α_0의 왼쪽 및 오른쪽의 α값에서 $f(x_1^0,\ x_2^0,\ \alpha)<\phi(\alpha)$이고 $\alpha=\alpha_0$에서 $f(x_1^0,\ x_2^0,\ \alpha_0)=\phi(\alpha_0)$가 성립해야 하므로 α_0에서 함수 f가 미분가능하다면 ϕ와 f는 $\alpha=\alpha_0$에서 서로 접하여야 하며, 함수 ϕ는 α_0에서 함수 f보다 덜 오목(더 볼록)해야 한다. 이러한 현상은 임의의 α에 대하여 성립하므로 모든 α에 대하여 성립해야 한다. 즉 $\alpha=\alpha_1$일 때 x_1과 x_2의 값을 각각 $x_1^1=x_1^*(\alpha_1)$ 및 $x_2^1=x_2^*(\alpha_1)$라 하면 $\alpha=\alpha_1$일 때 $f(x_1^1,\ x_2^1,\ \alpha_1)=\phi(\alpha_1)$가 되며, $\alpha\neq\alpha_1$일 때는 $f(x_1^1,\ x_2^1,\ \alpha)<\phi(\alpha)$이다.

지금까지 α의 값이 α_0와 α_1인 경우를 설명하였으나 α값을 α_i로 변화시킴에 따라 무수히 많은 $f(x_1^i,\ x_2^i,\ \alpha)$의 그래프를 그릴 수 있고(단, $x_1^i=x_1^*(\alpha_i)$, $x_2^i=x_2^*(\alpha_i)$), $\phi(\alpha)$의 그래프는 각각의 α_i에 대응하는 함수 $f(x_1^i,\ x_2^i,\ \alpha)$의 그래프에 대한 포락선이 된다([그림 19-2] 참조).

지금까지의 논의를 의사결정변수의 수가 n개, 파라미터가 m개인 경우로 확장할 수 있다.

$$\text{극대화: } y=f(x_1,\ x_2,\ \cdots,\ x_n,\ \alpha_1,\ \alpha_2,\ \cdots,\ \alpha_m)$$

그림 19-2 포락선 정리

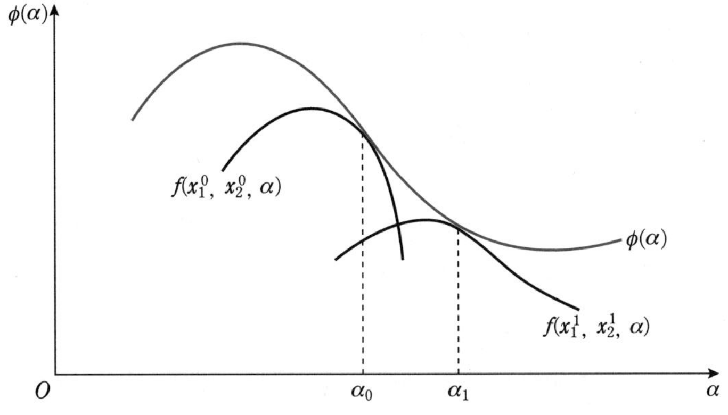

또는

$$\text{극대화: } y=f(\boldsymbol{x}, \boldsymbol{\alpha})$$

1차필요조건을 구하면,

$$f_i(\boldsymbol{x}, \boldsymbol{\alpha})=0 \qquad i=1, 2, \cdots, n$$

2차충분조건이 만족된다면, 음함수정리를 이용하여 $\boldsymbol{\alpha}$에 관한 n개의 음함수를 얻을 수 있다.

$$x_i=x_i^*(\boldsymbol{\alpha}) \qquad i=1, 2, \cdots, n$$

또는

$$\boldsymbol{x}=\boldsymbol{x}^*(\boldsymbol{\alpha})$$

간접목적함수를 $\phi(\boldsymbol{\alpha})$라 하면

$$\begin{aligned}\phi(\boldsymbol{\alpha})&=f(x_1^*(\boldsymbol{\alpha}), x_2^*(\boldsymbol{\alpha}), \cdots, x_n^*(\boldsymbol{\alpha}), \alpha_1, \alpha_2, \cdots, \alpha_m)\\&=f(\boldsymbol{x}^*(\boldsymbol{\alpha}), \boldsymbol{\alpha})\end{aligned}$$

α_j에 관하여 편전도함수를 구하면

$$\frac{\partial \phi(\boldsymbol{\alpha})}{\partial \alpha_j} = \sum_{i=1}^{n} f_i(\boldsymbol{x}^*(\boldsymbol{\alpha}), \boldsymbol{\alpha})\frac{\partial x_i}{\partial \alpha_j} + f_{\alpha_j}(\boldsymbol{x}^*(\boldsymbol{\alpha}), \boldsymbol{\alpha})$$

1차필요조건에 의하여 $f_1 = f_2 = \cdots = f_n = 0$

$$\frac{\partial \phi(\boldsymbol{\alpha})}{\partial \alpha_j} = f_{\alpha_j}(\boldsymbol{x}^*(\boldsymbol{\alpha}), \boldsymbol{\alpha})$$

를 얻는다. α_j가 변함에 따라 $\boldsymbol{x}$가 최적으로 변할 때 최대의 f값의 변화율, $\frac{\partial \phi(\boldsymbol{\alpha})}{\partial \alpha_j}$는 $\boldsymbol{x}$를 $\boldsymbol{x}^*(\boldsymbol{\alpha})$에 일정하게 두었을 때 α_j의 변화에 따른 f의 변화율과 같다.

경제학에서 다루는 대부분의 문제는 제약조건이 있으므로 제약조건이 있는 경우의 포락선 정리를 유도하자. 의사결정변수의 수가 n개, 파라미터가 m개, 제약조건이 1개인 경우를 가정하면 극대화문제는 다음과 같다.

극 대 화: $y = f(\boldsymbol{x}, \boldsymbol{\alpha})$
제약조건: $g(\boldsymbol{x}, \boldsymbol{\alpha}) = 0$

라그랑지함수를 L이라 하면

$$L(\boldsymbol{x}, \lambda; \boldsymbol{\alpha}) = f(\boldsymbol{x}, \boldsymbol{\alpha}) + \lambda g(\boldsymbol{x}, \boldsymbol{\alpha})$$

L을 x_i와 λ에 관하여 편미분하면

$$L_i = f_i + \lambda g_i = 0 \qquad i = 1, 2, \cdots, n$$
$$L_\lambda = g = 0$$

2차충분조건이 만족된다고 가정하면, x_i와 λ를 $\boldsymbol{\alpha}$의 함수로 풀 수 있다.

$$x_i = x_i^*(\boldsymbol{\alpha}) \qquad i = 1, 2, \cdots, n$$
$$\lambda = \lambda^*(\boldsymbol{\alpha})$$

또는

$$\boldsymbol{x} = \boldsymbol{x}^*(\boldsymbol{\alpha})$$
$$\lambda = \lambda^*(\boldsymbol{\alpha})$$

간접목적함수를 $\phi(\boldsymbol{\alpha})$라 하면

$$\phi(\boldsymbol{\alpha})=f(x_1^*(\boldsymbol{\alpha}),\ x_2^*(\boldsymbol{\alpha}),\ \cdots,\ x_n^*(\boldsymbol{\alpha}),\ \boldsymbol{\alpha})=f(\boldsymbol{x}^*(\boldsymbol{\alpha}),\ \boldsymbol{\alpha})$$

로 정의된다. $\phi(\boldsymbol{\alpha})$는 $\boldsymbol{\alpha}$가 주어졌을 때 최대의 y값을 나타낸다. α_j에 관하여 편전도함수를 구하면

$$\frac{\partial\phi(\boldsymbol{\alpha})}{\partial\alpha_j}=\sum_{i=1}^{n}f_i\frac{\partial x_i^*}{\partial\alpha_j}+f_{\alpha_j}\qquad j=1,\ 2,\ \cdots,\ m$$

그런데 $\boldsymbol{x}^*=(x_1^*(\boldsymbol{\alpha}),\ x_2^*(\boldsymbol{\alpha}),\ \cdots,\ x_n^*(\boldsymbol{\alpha}))$에서 제약조건이 만족되어야 하므로

$$g(\boldsymbol{x}^*(\boldsymbol{\alpha}),\ \boldsymbol{\alpha})\equiv 0$$

g를 α_j에 관하여 편미분하면

$$g_1\frac{\partial x_1^*}{\partial\alpha_j}+g_2\frac{\partial x_2^*}{\partial\alpha_j}+\cdots+g_n\frac{\partial x_n^*}{\partial\alpha_j}+g_{\alpha_j}=0$$

위 식에 λ^*를 곱한 후 $\dfrac{\partial\phi(\boldsymbol{\alpha})}{\partial\alpha_j}$에 더하여 정리하면

$$\begin{aligned}\frac{\partial\phi(\boldsymbol{\alpha})}{\partial\alpha_j}&=\sum_{i=1}^{n}f_i\frac{\partial x_i^*}{\partial\alpha_j}+f_{\alpha_j}+\sum_{i=1}^{n}\lambda^*g_i\frac{\partial x_1^*}{\partial\alpha_j}+\lambda^*g_{\alpha_j}\\&=\sum_{i=1}^{n}(f_i+\lambda^*g_i)\frac{\partial x_i^*}{\partial\alpha_j}+f_{\alpha_j}+\lambda^*g_{\alpha_j}\\&=f_{\alpha_j}+\lambda^*g_{\alpha_j}\ (\because \text{1차필요조건으로부터 } f_i+\lambda^*g_i=0,\ i=1,\ 2,\ \cdots,\ n)\\&=\left.\frac{\partial L(\boldsymbol{x},\ \lambda;\ \boldsymbol{\alpha})}{\partial\alpha_j}\right|_{\boldsymbol{x}=\boldsymbol{x}^*(\boldsymbol{\alpha}),\ \lambda=\lambda^*(\boldsymbol{\alpha})}\qquad j=1,\ 2,\ \cdots,\ m\end{aligned}$$

또는

$$\frac{\partial\phi(\boldsymbol{\alpha})}{\partial\alpha_j}=\left.\frac{\partial f(\boldsymbol{x},\boldsymbol{\alpha})}{\partial\alpha_j}\right|_{\boldsymbol{x}=\boldsymbol{x}^*(\boldsymbol{\alpha})}+\lambda^*(\boldsymbol{\alpha})\left.\frac{\partial g(\boldsymbol{x},\boldsymbol{\alpha})}{\partial\alpha_j}\right|_{\boldsymbol{x}=\boldsymbol{x}^*(\boldsymbol{\alpha})}\qquad j=1,\ 2,\ \cdots,\ m$$

위의 등식으로 나타내지는 관계를 포락선 정리라 한다. 이 식에 의하면 α_j의 변화가 직접 및 간접으로 목적함수에 미치는 영향의 크기는 라그랑지함수 L

을 α_j에 관하여 편미분한 후, 이를 $\boldsymbol{x}=\boldsymbol{x}^*(\boldsymbol{\alpha})$, $\lambda=\lambda^*(\boldsymbol{\alpha})$에서 계산한 것과 같다.

예제 3

$f(x, \alpha)=\ln x-\alpha x(\alpha>0)$일 때 함수 $f(x, \alpha)$를 극대화시키는 해와 간접목적함수 $\phi(\alpha)$를 구하고, 포락선 정리가 성립하는 것을 보여라.

풀이

$$f'(x, \alpha)=\frac{1}{x}-\alpha=0$$

임계값을 구하면 $x^*(\alpha)=\frac{1}{\alpha}$, $f''(x^*, \alpha)=-\alpha^2<0$이므로 $x=x^*(\alpha)=\frac{1}{\alpha}$에서 극대값을 갖는다.
간접목적함수를 $\phi(\alpha)$라 하면

$$\phi(\alpha)=f(x^*(\alpha), \alpha)=\ln\frac{1}{\alpha}-1=-\ln\alpha-1$$

$$\frac{d\phi(\alpha)}{d\alpha}=\frac{-1}{\alpha}$$

$f(x, \alpha)=\ln x-\alpha x$를 α에 관하여 편미분한 후 이것을 $x=x^*(\alpha)=\frac{1}{\alpha}$에서 계산하면

$$\left.\frac{\partial f(x, \alpha)}{\partial\alpha}\right|_{x=x^*(\alpha)}=-\frac{1}{\alpha}=\frac{d\phi(\alpha)}{d\alpha}$$

가 되어 포락선 정리가 성립한다.

예제 4

다음 문제를 극대화시키는 해와 간접목적함수를 구하고 포락선 정리가 성립하는 것을 보여라(단, α_1, α_2, x_1, $x_2>0$).

극 대 화: $\alpha_1 x_1-\alpha_2 x_2$
제약조건: $x_2^{\frac{1}{2}}-x_1=0$

풀이

라그랑지함수를 L이라 하면

$$L(x_1, x_2, \lambda; \alpha_1, \alpha_2)=\alpha_1 x_1-\alpha_2 x_2+\lambda[x_2^{\frac{1}{2}}-x_1]$$

1차필요조건을 구하면

$$L_1=\alpha_1-\lambda=0$$

$$L_2=-\alpha_2+\frac{1}{2}\lambda x_2^{-\frac{1}{2}}=0$$

$$L_\lambda=x_2^{\frac{1}{2}}-x_1=0$$

연립방정식의 해를 구하면

$$x_1^*(\alpha_1, \alpha_2)=\frac{\alpha_1}{2\alpha_2}, \ x_2^*(\alpha_1, \alpha_2)=\frac{\alpha_1^2}{4\alpha_2^2}, \ \lambda^*(\alpha_1, \alpha_2)=\alpha_1$$

$|\bar{\boldsymbol{H}}|=\dfrac{2\alpha_2^3}{\alpha_1^2}>0$이므로 극대가 되기 위한 2차충분조건이 만족된다. 간접목적함수를 $\phi(\alpha_1, \alpha_2)$라 하면

$$\phi(\alpha_1, \alpha_2)=\alpha_1 x_1^*-\alpha_2 x_2^*=\frac{\alpha_1^2}{4\alpha_2}$$

ϕ를 α_1과 α_2에 관하여 편미분하면

$$\frac{\partial\phi}{\partial\alpha_1}=\frac{\alpha_1}{2\alpha_2}, \quad \frac{\partial\phi}{\partial\alpha_2}=-\frac{\alpha_1^2}{4\alpha_2^2}$$

이다.

라그랑지함수 L을 α_1과 α_2에 대하여 편미분하면

$$\frac{\partial L}{\partial\alpha_1}=x_1$$

$$\frac{\partial L}{\partial\alpha_2}=-x_2$$

$\frac{\partial L}{\partial \alpha_1}$과 $\frac{\partial L}{\partial \alpha_2}$를 x_1^*, x_2^* 및 λ^*에서 계산하면

$$\left.\frac{\partial L}{\partial \alpha_1}\right|_{\boldsymbol{x}=\boldsymbol{x}^*,\ \lambda=\lambda^*} = x_1^* = \frac{\alpha_1}{2\alpha_2} = \frac{\partial \phi}{\partial \alpha_1}$$

$$\left.\frac{\partial L}{\partial \alpha_2}\right|_{\boldsymbol{x}=\boldsymbol{x}^*,\ \lambda=\lambda^*} = -x_2^* = -\frac{\alpha_1^2}{4\alpha_2^2} = \frac{\partial \phi}{\partial \alpha_2}$$

가 되어 포락선 정리가 성립한다.

19.3 라그랑지승수의 의미

등식제약조건하에서 라그랑지승수의 값은 일반적으로 제약조건의 상수가 1단위 변화했을 때 목적함수의 최적값이 얼마나 변화하는가를 나타낸다. $n=2$, $m=1$인 간단한 경우를 택하여 라그랑지승수의 의미를 살펴보자.

극 대 화: $y=f(x_1, x_2)$
제약조건: $g(x_1, x_2)=b$

라그랑지함수를 L이라 하면,

$$L(x_1, x_2, \lambda; b)=f(x_1, x_2)+\lambda[b-g(x_1, x_2)].$$

1차필요조건을 구하면,

$$L_1=f_1(x_1^*, x_2^*)-\lambda^* g_1(x_1^*, x_2^*)=0$$
$$L_2=f_2(x_1^*, x_2^*)-\lambda^* g_2(x_1^*, x_2^*)=0$$
$$L_\lambda=b-g(x_1^*, x_2^*)=0$$

2차충분조건이 만족된다고 가정하면, 즉 $|\bar{\boldsymbol{H}}|>0$이면, 음함수정리에 의해 최적해 x_1^*, x_2^*, λ^*를 파라미터 b의 함수로 풀 수 있다.

$$x_1 = x_1^*(b)$$
$$x_2 = x_2^*(b)$$
$$\lambda = \lambda^*(b)$$

$x_1^*(b)$와 $x_2^*(b)$를 목적함수에 대입하여 얻게 되는 간접목적함수 $y^*(b)$는 b만의 함수가 된다.

$$y^*(b) = f(x_1^*(b),\ x_2^*(b))$$

전도함수 $\frac{dy^*}{db}$를 구하면,

$$\frac{dy^*}{db} = f_1(x_1^*,\ x_2^*)\frac{dx_1^*}{db} + f_2(x_1^*,\ x_2^*)\frac{dx_2^*}{db}$$

1차필요조건에서 얻은 $f_1(x_1^*,\ x_2^*) = \lambda^* g_1(x_1^*,\ x_2^*)$, $f_2(x_1^*,\ x_2^*) = \lambda^* g_2(x_1^*,\ x_2^*)$를 위의 식에 대입하면,

$$\frac{dy^*}{db} = \lambda^*\left[g_1(x_1^*,\ x_2^*)\frac{dx_1^*}{db} + g_2(x_1^*,\ x_2^*)\frac{dx_2^*}{db}\right]$$

그런데 $\boldsymbol{x}^* = (x_1^*,\ x_2^*)$에서 제약조건이 만족되어야 하므로

$$g(x_1^*,\ x_2^*) = b$$

b에 관해서 미분하면,

$$g_1(x_1^*,\ x_2^*)\frac{dx_1^*}{db} + g_2(x_1^*,\ x_2^*)\frac{dx_2^*}{db} = 1$$

따라서

$$\frac{dy^*}{db} = \lambda^*(b) = \left.\frac{\partial L(x_1,\ x_2,\ \lambda;\ b)}{\partial b}\right|_{\boldsymbol{x} = \boldsymbol{x}^*(b),\ \lambda = \lambda^*(b)}$$

가 되며 이는 19.2에서 설명한 포락선 정리의 특별한 경우임을 알 수 있다. 즉 의사결정변수의 수가 2개, 제약조건이 1개, 피라미터 b가 단지 제약조건에만 포함된 경우의 포락선 정리이다. 주어진 문제를

극 대 화: $y=f(x_1, x_2)$
제약조건: $b-g(x_1, x_2)=0$

의 모양으로 바꾸고, $\alpha=b$, $\phi(\alpha)=y^*(b)$로 놓자.

$$L(x, \lambda; b)=f(x_1, x_2)+\lambda(b-g(x_1, x_2))$$
$$\phi(\alpha)=y^*(b)=f(x_1^*(b), x_2^*(b))$$

가 되며 포락선정리를 이용하면,

$$\frac{dy^*(b)}{db}=\left.\frac{dL(x, \lambda; b)}{\partial b}\right|_{\boldsymbol{x}=\boldsymbol{x}^*(b), \lambda^*=\lambda^*(b)}=\lambda^*(b)$$

로 동일한 결과를 얻게 된다.

$\lambda^*=\dfrac{dy^*}{db}$, 즉 라그랑지승수의 값은 제약조건의 상수 b의 1단위 변화가 목적함수의 최적값에 미치는 영향의 정도를 나타내는데, 이 결과는 일반적인 고전적 계획문제에서도 똑같이 적용된다. 특히 자원을 배분하는 문제에 있어서 목적함수의 값이 화폐단위로 표시되어 있다면 λ^*는 자원의 양의 한 단위 변화에 따른 화폐로 측정된 목적함수값의 변화를 나타내므로, λ^*는 투입요소에 귀속된 어떤 가치 또는 가격(시장가격이 아니라)을 나타내게 되는데 이를 회계가격(accounting price) 혹은 잠재가격(shadow price)이라고 한다.

앞으로 배우겠지만 λ^*는 효용극대화 문제에서는 화폐의 한계효용을, 비용극소화문제에서는 한계비용을 각각 나타낸다.

연습문제

1. 제약조건이 $x_1+2x_2=24$일 때 $f(x_1, x_2)=5x_1^2+6x_2^2-x_1x_2+10$의 극치를 구하라.

2. 제약조건이 $x+y=16$일 때 $f(x, y)=12xy-3y^2-x^2$의 극치를 구하라.

3. 제약조건이 $2x_1+x_2=21$일 때 $f(x_1, x_2)=3x_1^2+4x_2^2-x_1x_2$의 극치를 구하라.

4. 제약조건이 $x-y=18$일 때 $f(x, y)=x^2-10y^2$의 극치를 구하라.

5. 다음 문제를 극대화시키는 해와 간접목적함수를 구하고, 포락선 정리가 성립하는 것을 보여라(단, x_1, x_2, p_1, p_2, $I>0$).

극 대 화: $x_1^{\frac{1}{2}}x_2^{\frac{1}{2}}$

제약조건: $p_1x_1+p_2x_2=I$

제20장

부등식제약조건하에서의 극대와 극소

20.1 쿤-터커필요조건

n개의 변수와 m개의 제약조건으로 된 일반적인 비선형계획문제는 다음과 같다.

$$\text{극 대 화: } f(\boldsymbol{x})=f(x_1,\ x_2,\ \cdots,\ x_n)$$

$$\begin{aligned} \text{제약조건: } & g^1(\boldsymbol{x})=g^1(x_1,\ x_2,\ \cdots,\ x_n)\geqq b_1 \\ & g^2(\boldsymbol{x})=g^2(x_1,\ x_2,\ \cdots,\ x_n)\geqq b_2 \\ & \quad\vdots \qquad\qquad\quad \vdots \qquad\qquad\quad \vdots \\ & g^m(\boldsymbol{x})=g^m(x_1,\ x_2,\ \cdots,\ x_n)\geqq b_m \end{aligned}$$

또는 행렬로 표시하면

$$\text{극 대 화: } f(\boldsymbol{x})$$

$$\text{제약조건: } \underset{m\times 1}{\boldsymbol{g}}(\boldsymbol{x})\geqq \underset{m\times 1}{\boldsymbol{b}}$$

부등식제약조건하의 최적화문제에서는 제약조건의 수 m에 대한 제약이 없는 것에 먼저 유의하자. 부등식제약조건하에서의 1차필요조건인 쿤-터커필요조건(Kuhn-Tucker necessary conditions)을 대수적으로 유도하는 것은 복잡하므로 생략하고, 대신 기하학적인 방법을 이용하여 직관적으로 설명하기로 한다.

설명의 편의를 위해 의사결정변수와 제약조건이 1개인 경우, 즉 $n=1$, $m=1$인 경우를 생각해 보자. 특히 제약조건이 가장 단순한 형태인 $x \geqq 0$일 때 1차필요조건이 어떻게 수정되는가를 알아보자.

극 대 화: $f(x)$
제약조건: $x \geqq 0$

주어진 문제의 최적해를 x^*라 하면 다음 세 가지 경우가 발생할 수 있다. [그림 20-1]의 (a)의 점 P는 최적해 x^*가 실현가능집합의 내부에 있는 경우를 보여 주는데 이 경우에는 제약조건 $x \geqq 0$이라는 조건이 유효하지 않기 때문에(제약조건이 없는 경우와 같기 때문에) x^*에서 목적함수가 극대가 되기 위한 1차필요조건은 $f'(x^*)=0$이 된다. 즉, x^*가 내부해(interior solution)이면 1차필요조건은 $f'(x^*)=0$이다.

반면에 최적해가 $x^*=0$과 같은 경계선상의 해(boundary solution 또는 corner solution)일 때는 $f'(0)>0$일 수는 없다. 왜냐하면 $f'(0)>0$이면 x의 값을 증가시키면 $f(x)$가 커지므로 $x^*=0$은 목적함수를 극대화시키는 값이 아니기 때문이다. 물론 그림 (b)의 점 Q와 같이 $f'(0)=0$일 수는 있다. 이 경우에도 제약조건 $x \geqq 0$은 유효하지 않다. 즉, $x \geqq 0$이라는 제약조건이 없어도 $x^*=0$에서 목적함수는 극대가 된다. 한편, 그림 (c)의 점 R은 제약조건 $x \geqq 0$

그림 20-1

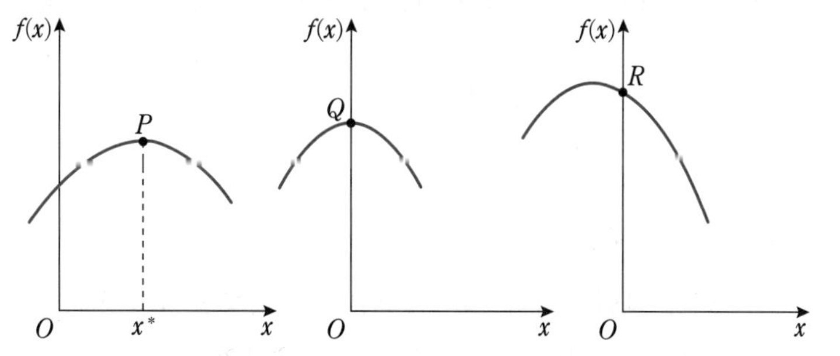

(a) 내부해 (b) 경계선상의 해 (c) 경계선상의 해

이 유효한 경우로서 $x^*=0$에서 $f'(0)<0$이다.

지금까지의 논의를 요약하면 1차필요조건은 다음과 같이 수정된다.

$$x^*>0\text{이면 } f'(x^*)=0$$
$$x^*=0\text{이면 } f'(x^*)\leqq 0$$

두 조건을 결합하면 1차필요조건은 다음과 같이 쓸 수 있다.

$$f'(x^*)\leqq 0,\ x^*f'(x^*)=0,\ x^*\geqq 0$$

위에서 얻은 결과를 의사결정변수가 비부의 제약조건만 갖고 있는 n변수함수의 경우로 확장해 보자.

$$\text{극 대 화: } f(x_1,\ x_2,\ \cdots,\ x_n)$$
$$\text{제약조건: } x_i\geqq 0,\ i=1,\ 2,\ \cdots,\ n$$

주어진 문제를 행렬로 표시하면,

$$\text{극 대 화: } f(\boldsymbol{x})$$
$$\text{제약조건: } \boldsymbol{x}\geqq \mathbf{0}$$

수정된 1차필요조건은 다음과 같다.

$$f_i(\boldsymbol{x}^*)\leqq 0,\ x_i^*f_i(\boldsymbol{x}^*)=0,\ x_i^*\geqq 0,\ (i=1,\ 2,\ \cdots,\ n)$$

$\boldsymbol{x}^*\geqq\mathbf{0}$, $\nabla f(\boldsymbol{x}^*)\leqq\mathbf{0}$일 때 $\boldsymbol{x}^{*\prime}\nabla f(\boldsymbol{x}^*)=0$인 조건은 $x_i^*f_i(\boldsymbol{x}^*)=0$ ($i=1,\ 2,\ \cdots,\ n$)을 의미하므로 위의 조건들을 행렬로 표시하면 다음과 같다.

$$\underset{n\times 1}{\nabla f}(\boldsymbol{x}^*)\leqq \underset{n\times 1}{\mathbf{0}}$$
$$\underset{1\times n}{\boldsymbol{x}^{*\prime}}\underset{n\times 1}{\nabla f(\boldsymbol{x}^*)}=\underset{1\times 1}{0}$$
$$\underset{n\times 1}{\boldsymbol{x}^*}\geqq \underset{n\times 1}{\mathbf{0}}$$

이제 제약조건이 의사결정변수가 비부($\boldsymbol{x}\geqq\mathbf{0}$)라는 간단한 제약조건이 아니라 함수의 형태로 주어진 경우를 생각해 보자. 설명의 편의를 위해 $n=2$, $m=1$인 경우를 택하자.

극 대 화: $f(x_1, x_2)$
제약조건: $g^1(x_1, x_2) \geqq b_1$

잉여변수 s_1을 다음과 같이 정의하자.

$$s_1 = g^1(x_1, x_2) - b_1 \geqq 0$$

잉여변수를 도입하면 주어진 문제를 다음과 같이 바꾸어 쓸 수 있다.

극 대 화: $f(x_1, x_2)$
제약조건: $g^1(x_1, x_2) - s_1 = b_1$
$s_1 \geqq 0$

만약 비부제약조건 $s_1 \geqq 0$이 없다면, 위의 문제는 고전적 계획문제가 되므로 라그랑지승수법을 사용하여 1차필요조건을 얻었을 것이다. 라그랑지함수를 L이라 하면,

$$L(x_1, x_2, s_1, \lambda_1) = f(x_1, x_2) + \lambda_1[-b_1 - s_1 + g^1(x_1, x_2)].$$

1차필요조건을 구하면 다음과 같다.

$$\frac{\partial L}{\partial x_1} = \frac{\partial L}{\partial x_2} = \frac{\partial L}{\partial s_1} = \frac{\partial L}{\partial \lambda_1} = 0$$

그러나 s_1이 비부이므로 s_1에 관하여 미분할 때 앞에서 배운 방법에 의해 수정해 주면, 주어진 문제의 1차필요조건을 다음과 같이 얻을 수 있다.

$$\frac{\partial L}{\partial x_i} = f_i + \lambda_1 g_i^1 = 0 \quad i = 1, 2 \left(\text{단, } g_i^1 \equiv \frac{\partial g^1}{\partial x_i}\right) \tag{1}$$

$$\frac{\partial L}{\partial \lambda_1} = -b_1 - s_1 + g^1(x_1, x_2) = 0 \tag{2}$$

$$\frac{\partial L}{\partial s_1} = -\lambda_1 \leqq 0 \tag{3}$$

$$s_1 \frac{\partial L}{\partial s_1} = -s_1 \lambda_1 = 0 \tag{4}$$

$$s_1 \geqq 0 \tag{5}$$

단, 모든 변수, 함수 및 도함수는 x_i^*, λ_1^* 및 s_1^*에서 계산된 것이다. 이 가정은 혼돈의 여지가 없는 한 표기의 편의를 위해 앞으로의 도출과정에서도 계속 사용하기로 한다.

잉여변수 s_1을 소거하면 다음의 쿤-터커필요조건을 얻는다.

$f_i+\lambda_1 g_i^1=0$	$i=1,\ 2$
$-b_1+g^1(x_1,\ x_2)\geqq 0$	(식 (5)를 식 (2)에 대입)
$\lambda_1(-b_1+g^1(x_1,\ x_2))=0$	(식 (2), (4), (5)로부터)
$\lambda_1\geqq 0$	(식 (3)으로부터)

이제 의사결정변수가 n개이고, m개의 제약조건들이 함수의 형태로 주어진 일반적인 비선형계획문제의 쿤-터커필요조건을 유도하자.

다음과 같은 행렬로 표시된 비선형계획문제를 생각해 보자.

[문제 I]

극 대 화: $f(\boldsymbol{x})$

제약조건: $\underset{m\times 1}{\boldsymbol{g}}(\boldsymbol{x})\geqq \underset{m\times 1}{\boldsymbol{b}}$

여기서 $\boldsymbol{x}$는 $n\times 1$열벡터이며, $\boldsymbol{g}(\boldsymbol{x})$와 $\boldsymbol{b}$는 $m\times 1$열벡터이다.

m개의 잉여변수 $s_1,\ s_2,\ \cdots,\ s_m$을 다음과 같이 정의하자.

$$\underset{m\times 1}{\boldsymbol{s}}=[s_1,\ s_2,\ \cdots,\ s_m]=\boldsymbol{g}(\boldsymbol{x})-\boldsymbol{b}$$

잉여변수를 도입하면 주어진 문제를 다음과 같이 바꾸어 쓸 수 있다.

극 대 화: $f(\boldsymbol{x})$

제약조건: $\boldsymbol{g}(\boldsymbol{x})-\boldsymbol{s}=\boldsymbol{b}$

$\boldsymbol{s}\geqq\boldsymbol{0}$

라그랑지함수를 L이라 하면

$$L(\boldsymbol{x},\ \boldsymbol{\lambda},\ \boldsymbol{s})=f(\boldsymbol{x})+\boldsymbol{\lambda}'(-\boldsymbol{b}-\boldsymbol{s}+\boldsymbol{g}(\boldsymbol{x}))$$

여기서 $\boldsymbol{\lambda}=[\lambda_1,\ \lambda_2,\ \cdots,\ \lambda_m]$는 $m\times 1$열벡터이다. 만약, 제약조건 $\boldsymbol{s}\geqq\boldsymbol{0}$만 없

다면 고전적 계획문제가 되지만 $\boldsymbol{s} \geqq \mathbf{0}$조건 때문에 1차필요조건을 구하기 위해서는 $\boldsymbol{s}$에 관해서 미분할 때 앞에서 배운 방법으로 수정해 주어야 한다.

1차필요조건을 구하면(12.6의 행렬의 미분법 참조),

$$L_{\boldsymbol{x}} = \frac{\partial L}{\partial \boldsymbol{x}} = \underset{n\times 1}{\nabla f(\boldsymbol{x})} + \sum_{i=1}^{m} \lambda_i \underset{n\times 1}{\nabla g^i(\boldsymbol{x})} = \underset{n\times 1}{\mathbf{0}}$$

$$L_{\boldsymbol{\lambda}} = \frac{\partial L}{\partial \boldsymbol{\lambda}} = \underset{m\times 1}{-\boldsymbol{b}} - \underset{m\times 1}{\boldsymbol{s}} + \underset{m\times 1}{\boldsymbol{g}(\boldsymbol{x})} = \underset{m\times 1}{\mathbf{0}}$$

$$L_{s} = \frac{\partial L}{\partial \boldsymbol{s}} = -\underset{m\times 1}{\boldsymbol{\lambda}} \leqq \underset{m\times 1}{\mathbf{0}}$$

$$\boldsymbol{s}' L_s = \boldsymbol{s}' \frac{\partial L}{\partial \boldsymbol{s}} = \underset{1\times m}{-\boldsymbol{s}'} \underset{m\times 1}{\boldsymbol{\lambda}} = \underset{1\times 1}{0}$$

$$\underset{m\times 1}{\boldsymbol{s}} \geqq \underset{m\times 1}{\mathbf{0}}$$

잉여변수 $\boldsymbol{s}$를 소거하면 다음과 같은 쿤-터커조건을 얻는다.

[K-T 조건 Ⅰ]

$$\underset{n\times 1}{\nabla f(\boldsymbol{x}^*)} + \sum_{i=1}^{m} \lambda_i^* \underset{n\times 1}{\nabla g^i(\boldsymbol{x}^*)} = \underset{n\times 1}{\mathbf{0}} \tag{6}$$

$$-\underset{m\times 1}{\boldsymbol{b}} + \underset{m\times 1}{\boldsymbol{g}}(\boldsymbol{x}^*) \geqq \underset{m\times 1}{\mathbf{0}} \tag{7}$$

$$\underset{1\times m}{\boldsymbol{\lambda}^{*\prime}} [-\underset{m\times 1}{\boldsymbol{b}} + \underset{m\times 1}{\boldsymbol{g}}(\boldsymbol{x}^*)] = \underset{1\times 1}{0} \tag{8}$$

$$\underset{m\times 1}{\boldsymbol{\lambda}^*} \geqq \underset{m\times 1}{\mathbf{0}} \tag{9}$$

일반적으로 경제학에서 다루는 문제들의 의사결정변수들은 $\boldsymbol{x} \geqq \mathbf{0}$이다. 만약 $\boldsymbol{x} \geqq \mathbf{0}$이라는 제약조건을 추가하면(또는 $\boldsymbol{g}(\boldsymbol{x}) \geqq \boldsymbol{b}$ 중에서 일부의 제약조건이 $\boldsymbol{x} \geqq \mathbf{0}$의 형태라면) 쿤-터커조건이 어떻게 변화되는가를 알아보자.

행렬로 표기된 비선형계획문제는 아래와 같다.

[문제 Ⅱ]

극 대 화: $f(\boldsymbol{x})$

제약조건: $\underset{m\times 1}{\boldsymbol{g}}(\boldsymbol{x}) \geqq \underset{m\times 1}{\boldsymbol{b}}$

$\underset{n\times 1}{\boldsymbol{x}} \geqq \underset{n\times 1}{\mathbf{0}}$

잉여변수 $\underset{m\times 1}{\boldsymbol{s}} = \boldsymbol{g}(\boldsymbol{x}) - \boldsymbol{b}$를 도입하면 주어진 문제를 다음과 같이 변형할 수 있다.

극 대 화: $f(\boldsymbol{x})$
제약조건: $\boldsymbol{g}(\boldsymbol{x}) - \boldsymbol{s} = \boldsymbol{b}$
$\boldsymbol{x} \geqq \boldsymbol{0}$, $\boldsymbol{s} \geqq \boldsymbol{0}$

라그랑지함수를 L이라 하면,

$$L(\boldsymbol{x},\ \boldsymbol{\lambda},\ \boldsymbol{s}) = f(\boldsymbol{x}) + \boldsymbol{\lambda}'(-\boldsymbol{b} - \boldsymbol{s} + \boldsymbol{g}(\boldsymbol{x}))$$

이것은 [문제 Ⅰ]의 라그랑지함수와 완전히 동일하다. 단지 [문제 Ⅰ]과 [문제 Ⅱ]의 차이점은 [문제 Ⅰ]에서는 $\boldsymbol{s}$에 관해서 미분할 때 1차필요조건의 수정이 필요하지만 [문제 Ⅱ]에서는 $\boldsymbol{x}$와 $\boldsymbol{s}$에 관해서 미분할 때 모두 수정해 주어야 한다는 것이다.

1차필요조건을 구하면,

$$L_{\boldsymbol{x}} = \frac{\partial L}{\partial \boldsymbol{x}} = \nabla f(\boldsymbol{x}) + \sum_{i=1}^{m} \lambda_i \nabla g^i(\boldsymbol{x}) \leqq \boldsymbol{0}$$

$$\boldsymbol{x}' L_{\boldsymbol{x}} = \boldsymbol{x}' [\nabla f(\boldsymbol{x}) + \sum_{i=1}^{m} \lambda_i \nabla g^i(\boldsymbol{x})] = 0$$

$$\boldsymbol{x} \geqq \boldsymbol{0}$$

$$L_{\boldsymbol{\lambda}} = \frac{\partial L}{\partial \boldsymbol{\lambda}} = -\boldsymbol{b} - \boldsymbol{s} + \boldsymbol{g}(\boldsymbol{x}) = \boldsymbol{0}$$

$$L_{\boldsymbol{s}} = \frac{\partial L}{\partial \boldsymbol{s}} = -\boldsymbol{\lambda} \leqq \boldsymbol{0}$$

$$\boldsymbol{s}' L_{\boldsymbol{s}} = -\boldsymbol{s}' \boldsymbol{\lambda} = 0$$

$$\boldsymbol{s} \geqq \boldsymbol{0}$$

잉여변수 $\boldsymbol{s}$ 대신 $-\boldsymbol{b} + \boldsymbol{g}(\boldsymbol{x})$를 대입하여 $\boldsymbol{s}$를 소거하면 다음의 쿤-터커조건을 얻는다.

[K-T 조건 Ⅱ]

$$\underset{n\times 1}{\nabla f}(\boldsymbol{x}^*)+\sum_{i=1}^{m}\lambda_i^*\underset{n\times 1}{\nabla g^i}(\boldsymbol{x}^*)\leqq \underset{n\times 1}{\mathbf{0}} \tag{10}$$

$$\underset{1\times n}{\boldsymbol{x}^{*\prime}}[\underset{n\times 1}{\nabla f}(\boldsymbol{x}^*)+\sum_{i=1}^{m}\lambda_i^*\underset{n\times 1}{\nabla g^i}(\boldsymbol{x}^*)]=\underset{1\times 1}{0} \tag{11}$$

$$\underset{n\times 1}{\boldsymbol{x}^*}\geqq \underset{n\times 1}{\mathbf{0}} \tag{12}$$

$$\underset{m\times 1}{-\boldsymbol{b}}+\underset{m\times 1}{\boldsymbol{g}}(\boldsymbol{x}^*)\geqq \underset{m\times 1}{\mathbf{0}} \tag{13}$$

$$\underset{1\times m}{\boldsymbol{\lambda}^{*\prime}}[-\underset{m\times 1}{\boldsymbol{b}}+\underset{m\times 1}{\boldsymbol{g}}(\boldsymbol{x}^*)]=\underset{1\times 1}{0} \tag{14}$$

$$\underset{m\times 1}{\boldsymbol{\lambda}^*}\geqq \underset{m\times 1}{\mathbf{0}} \tag{15}$$

경제학에서는 $\boldsymbol{x}\geqq\mathbf{0}$이라는 조건이 대부분 존재하므로 [K-T 조건 Ⅱ]가 [K-T 조건 Ⅰ]보다 더 많이 사용된다. 사실상, $\boldsymbol{x}\geqq\mathbf{0}$이라는 제약조건은 함수 형태의 제약조건 $g^i(\boldsymbol{x})\geqq b_i$의 특별한 경우이므로 [K-T 조건 Ⅰ]으로부터 직접 [K-T 조건 Ⅱ]가 유도된다. 따라서 [K-T 조건 Ⅰ]이 보다 일반적인 형태로 표현된 쿤-터커조건이다.

[K-T 조건 Ⅱ]는 복잡하여 그 자체를 기억하기가 매우 어렵다. 그러나 다음 방법을 사용하면 쉽게 기억할 수 있다. 먼저 제약조건 $\boldsymbol{g}(\boldsymbol{x})\geqq\boldsymbol{b}$의 상수 $\boldsymbol{b}$를 옮겨 반드시 모든 제약조건이 0보다 크게 만든다. 즉, 제약조건을 $-\boldsymbol{b}+\boldsymbol{g}(\boldsymbol{x})\geqq\mathbf{0}$형으로 바꾼다.

목적함수 $f(\boldsymbol{x})$와 제약조건 $-\boldsymbol{b}+\boldsymbol{g}(\boldsymbol{x})\geqq\mathbf{0}$으로 다음의 라그랑지함수를 만든다(마치 등식의 제약조건처럼 생각하여).

$$L(\boldsymbol{x},\ \boldsymbol{\lambda})=f(\boldsymbol{x})+\boldsymbol{\lambda}'(-\boldsymbol{b}+\boldsymbol{g}(\boldsymbol{x})) \tag{16}$$

쿤-터커조건은 다음과 같이 표시된다.

[K-T 조건 Ⅱ′]

$$L_{\boldsymbol{x}}\leqq\mathbf{0} \tag{10′}$$

$$\boldsymbol{x}'L_{\boldsymbol{x}}=0 \tag{11′}$$

$$\boldsymbol{x}\geqq\mathbf{0} \tag{12′}$$

$$L_{\boldsymbol{\lambda}}\geqq\mathbf{0} \tag{13′}$$

$$\boldsymbol{\lambda}' L_{\boldsymbol{\lambda}} = 0 \tag{14'}$$

$$\boldsymbol{\lambda} \geq \mathbf{0} \tag{15'}$$

식 (10)~(15)는 식 (10′)~(15′)와 정확하게 같다. 예를 들어 식 (16)을 $\boldsymbol{x}$에 관하여 미분하면 다음과 같다.

$$L_{\boldsymbol{x}} = \nabla f(\boldsymbol{x}) + \sum_{i=1}^{m} \lambda_i \nabla g^i(\boldsymbol{x})$$

쿤-터커조건의 도출과정에는 빠져 있으나, 엄밀하게 말하여 쿤-터커조건이 1차필요조건이 되기 위해서는 만족해야 되는 전제조건이 있다. 이 전제조건을 제약자격(constraint qualification)이라고 한다.

예를 들어 실현가능집합이 적어도 하나의 내부점을 포함한다든가, 즉 적어도 한 점 $\hat{\boldsymbol{x}}$는 $\boldsymbol{g}(\hat{\boldsymbol{x}}) > \boldsymbol{b}$를 만족시킨다든가(Slater의 제약자격), 또는 최적해 $\boldsymbol{x}^*$에서 $g^i(\boldsymbol{x}^*) = b_i$가 되는 제약조건(유효한 제약조건)의 $\nabla g^i(\boldsymbol{x}^*)$가 선형독립이라든가(계수조건) 또는 제약조건들이 모두 선형인 경우 등이 있다. 그러나 이러한 제약자격이 만족되지 않는 경우는 실현가능집합이 단지 한 점이라든가 또는 최적해 $\boldsymbol{x}^*$가 첨점(cusp)에서 얻어지는 등 아주 특별한 경우에 속하므로, 이 책에서는 제약자격이 항상 만족된다고 가정하여 위에서 도출한 쿤-터커조건을 단순히 쿤-터커필요조건이라 부르기로 한다.

비슷한 방법으로 유도된 부등식제약조건하의 극소화문제에 대한 쿤-터커조건을 기술하면 다음과 같다.

[문제 Ⅲ]

극 소 화: $f(\boldsymbol{x})$

제약조건: $\boldsymbol{g}(\boldsymbol{x}) \leq \boldsymbol{b}$

$\boldsymbol{x} \geq \mathbf{0}$

[K-T 조건 Ⅲ]

$$\nabla f(\boldsymbol{x}^*) + \sum_{i=1}^{m} \lambda_i^* \nabla g^i(\boldsymbol{x}^*) \geq \mathbf{0}$$

$$\boldsymbol{x}^{*\prime} \left[\nabla f(\boldsymbol{x}^*) + \sum_{i=1}^{m} \lambda_i^* \nabla g^i(\boldsymbol{x}^*)\right] = 0$$

$$\boldsymbol{x}^* \geqq \mathbf{0}$$
$$-\boldsymbol{b}+\boldsymbol{g}(\boldsymbol{x}^*) \leqq \mathbf{0}$$
$$\boldsymbol{\lambda}^{*\prime}[-\boldsymbol{b}+\boldsymbol{g}(\boldsymbol{x}^*)]=0$$
$$\boldsymbol{\lambda}^* \geqq \mathbf{0}$$

극소화문제의 쿤-터커조건은 단지 극소화문제를 극대화문제의 형태로 변형한 후 라그랑지함수를 정하여 [K-T 조건 Ⅱ′]를 적용하면 된다. 즉,

[문제 Ⅲ′]

극 대 화: $-f(\boldsymbol{x})$
제약조건: $-\boldsymbol{g}(\boldsymbol{x}) \geqq -\boldsymbol{b}$
$\boldsymbol{x} \geqq \mathbf{0}$

으로 변형한 문제의 라그랑지함수를 $\hat{L}$이라 하자.

$$\hat{L}(\boldsymbol{x}, \boldsymbol{\lambda}) = -f(\boldsymbol{x}) + \boldsymbol{\lambda}'(\boldsymbol{b}-\boldsymbol{g}(\boldsymbol{x})) \tag{17}$$

$\hat{L}$에 [K-T 조건 Ⅱ′]를 적용하면 [K-T 조건 Ⅲ]를 얻는다.

식 (16)의 L과 식 (17)의 $\hat{L}$와는 $L=-\hat{L}$의 관계가 있으므로 극소화문제의 쿤-터커조건은 극대화문제의 쿤-터커조건에 부등호의 방향만 바꾸어 주면 얻을 수 있는 점에 유의하자.

20. 2 쿤-터커필요조건의 의미

쿤-터커필요조건을 구체적으로 이해하기 위해 쿤-터커조건(K-T 조건 Ⅱ)을 풀어 쓰면 다음과 같다.

$$\frac{\partial L}{\partial x_j} = f_j + \sum_{i=1}^{m} \lambda_i g_j^i \leqq 0 \quad \left(f_j \equiv \frac{\partial f}{\partial x_j},\ g_j^i \equiv \frac{\partial g^i}{\partial x_j}\right),\ j=1,\ 2,\ \cdots,\ n \tag{1}$$

$$\sum_{j=1}^{n}\frac{\partial L}{\partial x_j}x_j=\sum_{j=1}^{n}(f_j+\sum_{i=1}^{m}\lambda_i g_j^i)x_j=0 \tag{2}$$

$$x_j \geqq 0,\ j=1,\ 2,\ \cdots,\ n \tag{3}$$

$$\frac{\partial L}{\partial \lambda_i}=-b_i+g^i(\boldsymbol{x})\geqq 0,\ i=1,\ 2,\ \cdots,\ m \tag{4}$$

$$\sum_{i=1}^{m}\lambda_i\frac{\partial L}{\partial \lambda_i}=\sum_{i=1}^{m}\lambda_i[-b_i+g^i(\boldsymbol{x})]=0 \tag{5}$$

$$\lambda_i \geqq 0,\ i=1,\ 2,\ \cdots,\ m \tag{6}$$

단, 모든 변수, 함수 및 도함수는 $\boldsymbol{x}^*$, $\boldsymbol{\lambda}^*$에서 계산된 것이다.

식 (1)과 식 (3)이 성립할 때 식 (2)가 성립하면 식 (2)에 있는 n개의 각 항은 0이 되어야 하므로 식 (2)는 다음과 같이 바꾸어 쓸 수 있다.

$$x_j(f_j+\sum_{i=1}^{m}\lambda_i g_j^i)=0 \quad j=1,\ 2,\ \cdots,\ n \tag{2'}$$

따라서,

$$\begin{Bmatrix} x_j>0 \\ f_j+\sum_{i=1}^{m}\lambda_i g_j^i<0 \end{Bmatrix}\text{이면 }\begin{Bmatrix} f_j+\sum_{i=1}^{m}\lambda_i g_j^i=0 \\ x_j=0 \end{Bmatrix}\text{이다. } j=1,\ 2,\ \cdots,\ n \tag{7}$$

마찬가지로 식 (4)와 식 (6)이 성립할 때 식 (5)가 성립하면 식 (5)의 m개의 각 항은 0이 되어야 하므로 식 (5)는 다음과 같이 바꾸어 쓸 수 있다.

$$\lambda_i(-b_i+g^i(\boldsymbol{x}))=0 \quad i=1,\ 2,\ \cdots,\ m \tag{5'}$$

따라서,

$$\begin{Bmatrix} \lambda_i>0 \\ g^i(\boldsymbol{x})>b_i \end{Bmatrix}\text{이면 }\begin{Bmatrix} g^i(\boldsymbol{x})=b_i \\ \lambda_i=0 \end{Bmatrix}\text{이다. } i=1,\ 2,\ \cdots,\ m \tag{8}$$

식 (7)과 식 (8)을 상보적 여분성조건(complementary slackness condition)이라 한다.

쿤-터커필요조건의 기하학적 의미를 살펴보기 위해 기울기 벡터를 평면 위에 그리는 방법을 먼저 설명하자([정리 12-7-1] 참조). 설명의 편의를

그림 20-2 **$\nabla f(\boldsymbol{x}^*)$의 기하학적 표현**

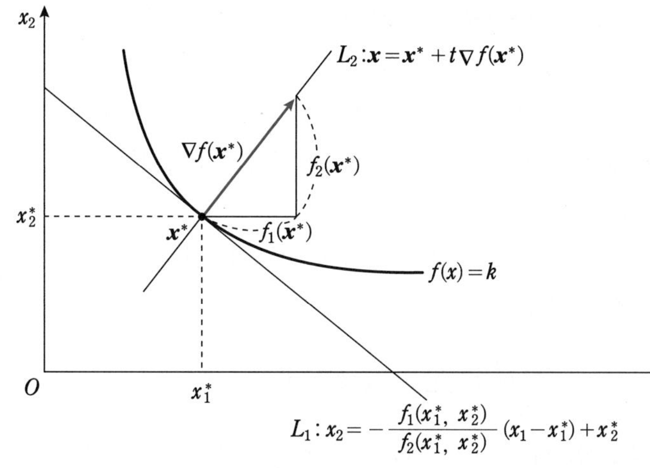

위해 2변수함수를 택한다.

$$y = f(\boldsymbol{x}) = f(x_1,\ x_2)$$

라 할 때, $f(x_1,\ x_2) = k$ (k는 상수)를 평면 위에 그리면 이 곡선은 함수값이 k인 등고선이 된다는 것을 알고 있다. 또한 $\boldsymbol{x}^* = (x_1^*,\ x_2^*)$에서의 등고선의 기울기는

$$\frac{dx_2}{dx_1} = -\frac{f_1(x_1^*,\ x_2^*)}{f_2(x_1^*,\ x_2^*)}$$

인데, 이것은 [그림 20-2]의 직선 L_1의 기울기가 된다.

L_1과 수직인 직선 L_2는 기울기가 $\frac{f_2(x_1^*,\ x_2^*)}{f_1(x_1^*,\ x_2^*)}$이며 점 $\boldsymbol{x}^*$를 지나는 직선이 된다(두 직선이 직교할 때 두 직선의 기울기의 곱은 -1이므로 L_2의 기울기는 $\frac{f_2(x_1^*,\ x_2^*)}{f_1(x_1^*,\ x_2^*)}$가 된다). 만약에, 18.1에서와 같이 $\nabla f(\boldsymbol{x}^*) = (f_1(x_1^*,\ x_2^*),\ f_2(x_1^*,\ x_2^*))$를 방향벡터로 생각하면 직선 L_2 위의 점들은 다음과 같은 매개변수방정식으로 표현할 수 있다.

$$\boldsymbol{x} = \boldsymbol{x}^* + t\nabla f(\boldsymbol{x}^*),\quad -\infty < t < \infty.$$

벡터를 기하학적으로 표현할 때 일반적으로 원점을 시점으로 잡지만, 벡터는 그 크기와 방향에 의해 결정되므로 시점을 원점에서 등고선 위의 점 $\boldsymbol{x}^*$로 옮겨 기울기벡터 $\nabla f(\boldsymbol{x}^*)$를 표현할 수 있다([그림 20-2] 참조). [그림 20-2]에서는 $f_1(x_1^*, x_2^*)$와 $f_2(x_1^*, x_2^*)$가 모두 양이라 가정하고 $\nabla f(\boldsymbol{x}^*)$를 그린 것이다. 또한 $\nabla f(\boldsymbol{x}^*)$는 $\nabla f(\boldsymbol{x}) \neq \mathbf{0}$인 한 함수 $f(\boldsymbol{x})$가 가장 빨리 증가하는 방향을 나타내는 하나의 방향벡터이며, $\boldsymbol{x}^*$에서의 접선과는 직교한다는 점에 유의하자(12.7 참조).

[K-T 조건 Ⅰ]을 기하학적으로 설명해 보자. [K-T 조건 Ⅰ]의 첫번째 조건을 식 (9)라 하자.

$$\nabla f(\boldsymbol{x}^*) + \sum_{i=1}^{m} \lambda_i^* \nabla g^i(\boldsymbol{x}^*) = \mathbf{0} \tag{9}$$

식 (8)을 사용하여 식 (9)를 변형시켜 보자. 만약 j번째 제약조건이 유효하지 않은 제약조건(ineffective constraint)이라면, 즉 $g^j(\boldsymbol{x}^*) > b_j$이면 $\lambda_j^* = 0$이므로 사실상 식 (9)를 유효한 제약조건만으로 표시할 수 있다.

유효한 제약조건의 첨자들의 집합(=첨자집합(index set))을 I라 하면, 즉

$$I = \{i : g^i(\boldsymbol{x}^*) = b_i\}$$

식 (9)는 다음과 같이 바꾸어 쓸 수 있다.

$$\nabla f(\boldsymbol{x}^*) + \sum_{i \in I} \lambda_i^* \nabla g^i(\boldsymbol{x}^*) = \mathbf{0} \quad \text{또는} \quad \sum_{i \in I} \lambda_i^* \nabla g^i(\boldsymbol{x}^*) = -\nabla f(\boldsymbol{x}^*)$$
$$(\text{단, } i \in I\text{에 대해서 } \lambda_i^* \geqq 0)$$

즉, $\boldsymbol{x}^*$에서 $-\nabla f(\boldsymbol{x}^*)$는 유효한 제약조건의 기울기벡터들의 비부선형결합으로 표현될 수 있다는 것을 뜻한다.

$n = m = 2$인 경우를 생각해 보자.

극 대 화: $f(\boldsymbol{x}) = f(x_1, x_2)$
제약조건: $g^1(\boldsymbol{x}) = g^1(x_1, x_2) \geqq b_1$
$g^2(\boldsymbol{x}) = g^2(x_1, x_2) \geqq b_2$

[그림 20-3]은 위의 문제를 그림으로 표시한 것으로, 음영부분은 실현가

그림 20-3

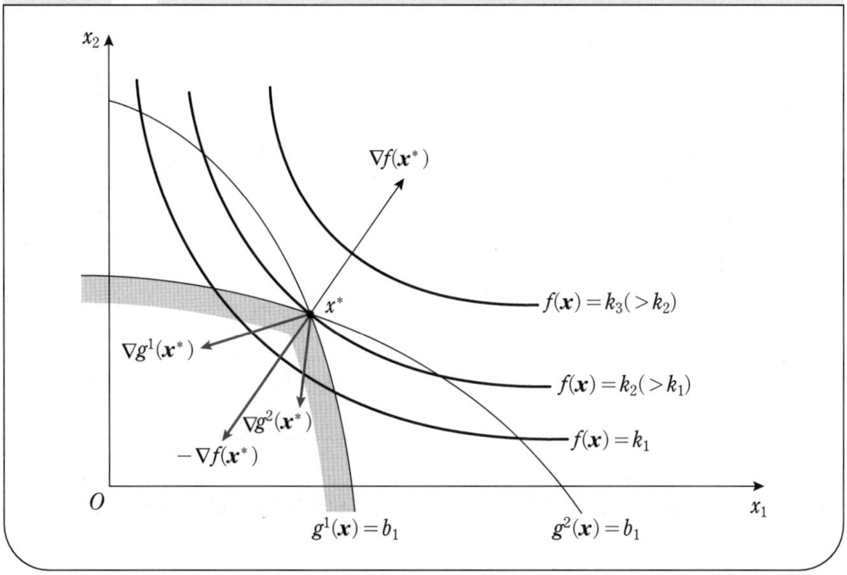

능집합을 나타낸다. 또한 최적해 $\boldsymbol{x}^*$에서 두 개의 제약조건이 모두 유효하여 $-\nabla f(\boldsymbol{x}^*)$는 $\nabla g^1(\boldsymbol{x}^*)$와 $\nabla g^2(\boldsymbol{x}^*)$의 비부선형결합으로 표현될 수 있는 것을 보여준다($\nabla f(\boldsymbol{x}^*)$, $-\nabla f(\boldsymbol{x}^*)$, $\nabla g^1(\boldsymbol{x}^*)$ 및 $\nabla g^2(\boldsymbol{x}^*)$를 기하학적으로 표현하는데 시점을 원점으로 잡지 않고 $\boldsymbol{x}^*$로 잡아 그린 점에 주목할 것).

한 가지 유의할 점은 $\nabla g^1(\boldsymbol{x}^*)$와 $\nabla g^2(\boldsymbol{x}^*)$의 방향이 모두 실현가능집합의 내부를 향하고 있다는 것이다. 왜냐하면 기울기벡터는 함수가 증가하는 방향을 나타내야 하는데, $\boldsymbol{x}^*$에서 $g^1(\boldsymbol{x}^*)=b_1$, $g^2(\boldsymbol{x}^*)=b_2$이고 실현가능집합은 $g^1(\boldsymbol{x})\geqq b_1$, $g^2(\boldsymbol{x})\geqq b_2$를 나타내므로 $g^1(\boldsymbol{x})$과 $g^2(\boldsymbol{x})$가 증가하는 방향은 실현가능집합의 내부영역이 되기 때문이다.

[그림 20-4]의 (a)는 $g^1(\boldsymbol{x})\geqq b_1$만이 유효한 제약조건인 경우를 나타내고 있다. 이 때는 $-\nabla f(\boldsymbol{x}^*)$는 $\nabla g^1(\boldsymbol{x}^*)$이 비부선형결합으로 표시될 수 있다. 또한 $g^2(\boldsymbol{x}^*)$ $>b_2$이므로 $\lambda_2^*=0$이다.

[그림 20-4]의 (b)는 실현가능집합이 한 점 $\boldsymbol{x}^*$뿐인 경우로서 $-\nabla f(\boldsymbol{x}^*)$를 $\nabla g^1(\boldsymbol{x}^*)$와 $\nabla g^2(\boldsymbol{x}^*)$로 표현할 수 없다. 이것은 매우 예외적인 경우로서 제약자격을 만족시키지 못하여 쿤-터커조건은 필요조건이 되지 못한다. 이 책

그림 20-4

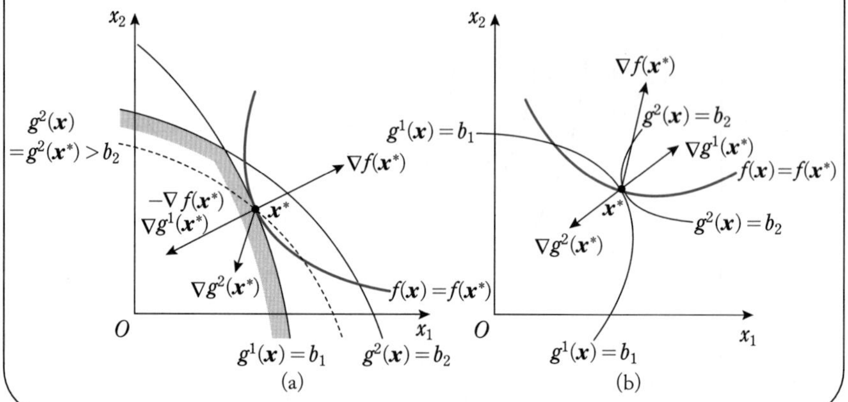

에서는 이렇게 예외적인 경우는 다루지 않기로 한다.

20. 3 쿤-터커충분조건

쿤-터커조건은 제약자격을 만족시킬 때 부등식제약조건하에서의 필요조건임을 배웠다. 그러나, 어떤 해가 필요조건을 만족시킨다고 해서 반드시 최적해가 된다는 보장이 없으므로 최적해를 보장하는 쿤-터커충분조건(Kuhn-Tucker sufficient conditions)에 대하여 살펴보자.

정리 20-3-1

개집합이며 볼록집합인 $X \subset \boldsymbol{R}^n$에서 정의된 함수 $f(\boldsymbol{x})$와 $g^i(\boldsymbol{x})(i=1, 2, \cdots, m)$가 미분가능한 오목함수라 하자. 또한 $(\boldsymbol{x}^*, \boldsymbol{\lambda}^*)$에서 [K-T 조건 I]이 만족되면 다음 극대화문제의 목적함수 $f(\boldsymbol{x})$는 $\boldsymbol{x}^*$에서 절대적 극대값을 갖는다.

[문제 I]

극 대 화: $f(\boldsymbol{x})$

제약조건: $g^i(\boldsymbol{x}) \geqq b_i$, $i=1, 2, \cdots, m$

증 명

실현가능집합을 $S=\{\boldsymbol{x} \mid \boldsymbol{x} \in \boldsymbol{X}, g^i(\boldsymbol{x}) \geqq b_i, i=1, 2, \cdots, m\}$라 하자. $f(\boldsymbol{x})$가 미분가능한 오목함수이므로 임의의 $\boldsymbol{x} \in S$에 대하여

$$
\begin{aligned}
f(\boldsymbol{x})-f(\boldsymbol{x}^*) &\leqq \nabla f(\boldsymbol{x}^*)^t(\boldsymbol{x}-\boldsymbol{x}^*) \quad (17.2 \text{ 참조}) \\
&= -\sum_{i=1}^{m} \lambda_i^* \nabla g^i(\boldsymbol{x}^*)^t(\boldsymbol{x}-\boldsymbol{x}^*) \quad (\because \nabla f(\boldsymbol{x}^*)+\sum_{i=1}^{m} \lambda_i^* \nabla g^i(\boldsymbol{x}^*)=\mathbf{0}) \\
&\leqq \sum_{i=1}^{m} \lambda_i^*[g^i(\boldsymbol{x}^*)-g^i(\boldsymbol{x})] \quad (\because g^i(\boldsymbol{x})-g^i(\boldsymbol{x}^*) \leqq \nabla g^i(\boldsymbol{x}^*)^t(\boldsymbol{x}-\boldsymbol{x}^*)) \\
&= \sum_{i=1}^{m} \lambda_i^*[(-b_i+g^i(\boldsymbol{x}^*))+(b_i-g^i(\boldsymbol{x}))] \\
&= \sum_{i=1}^{m} \lambda_i^*[b_i-g^i(\boldsymbol{x})] \quad (\because \boldsymbol{\lambda}^{*\prime}(-\boldsymbol{b}+\boldsymbol{g}(\boldsymbol{x}^*))=0) \\
&\leqq 0 \quad (\because \lambda_i^* \geqq 0,\ b_i-g^i(\boldsymbol{x}) \leqq 0)
\end{aligned}
$$

따라서 $\boldsymbol{x}^* \in S$이며, 임의의 $\boldsymbol{x} \in S$에 대하여 $f(\boldsymbol{x}) \leqq f(\boldsymbol{x}^*)$가 성립하므로 $\boldsymbol{x}^*$에서 [문제 I]은 절대적 극대값을 갖는다. Q.E.D.

위의 정리에 의하여 제약자격이 만족되고, 함수 $f(\boldsymbol{x})$와 $g^i(\boldsymbol{x})$ $(i=1, 2, \cdots, m)$가 미분가능한 오목함수라면 쿤-터커조건은 [문제 I]의 필요충분조건이 되는 것을 알 수 있다. 특히, 선형계획문제는 목적함수와 제약조건이 선형이므로 모두 오목함수이고 동시에 제약자격이 자동적으로 만족되므로, 선형계획문제에서의 쿤-터커조건은 $\boldsymbol{x}^*$에서 목적함수가 극대화되기 위한 필요충분조건이 된다.

[정리 20-3-1]보다 약한 제약조건을 갖는 충분조건을 증명없이 소개한다.

정리 20-3-2

목적함수 $f(\boldsymbol{x})$가 준오목함수이며 실현가능집합 $S=\{\boldsymbol{x}|\ \boldsymbol{x}\in \boldsymbol{X},\ g^i(\boldsymbol{x})\geqq b_i,$ $i=1,\ 2,\ \cdots,\ m\}$가 볼록집합이라 하자. 또한 $\boldsymbol{x}^*$에서 쿤-터커조건이 만족되고, $\nabla f(\boldsymbol{x}^*)\neq \boldsymbol{0}$이면, 목적함수 $f(\boldsymbol{x})$는 $\boldsymbol{x}^*$에서 절대적 극대값을 갖는다.

실현가능집합이 볼록집합이라는 전제는 수리계획문제에 있어서 매우 중요하다. [그림 20-5]는 제약조건이 1개일 때 극대화문제를 그림으로 나타내고 있다. $\hat{\boldsymbol{x}}$와 $\boldsymbol{x}^*$에서는 모두 쿤-터커조건이 만족되지만 $\hat{\boldsymbol{x}}$은 최적해가 되지 못한다. $\hat{\boldsymbol{x}}$이 비록 쿤-터커조건은 만족시키더라도 최적해가 되지 못하는 이유는, 이 경우의 실현가능집합 $S=\{\boldsymbol{x}|g^1(\boldsymbol{x})\geqq b_1\}$이 볼록집합이 아니므로 이때의 쿤-터커조건은 필요조건이지 필요충분조건은 아니기 때문이다. 만약 목적함수가 $\nabla f(\boldsymbol{x}^*)\neq \boldsymbol{0}$인 준오목함수이고 실현가능집합이 볼록집합이면 상대적 극대값은 절대적 극대값이 되므로 이러한 가능성은 배제된다.

사실상, 실현가능집합이 볼록집합이 아닌 비선형계획문제는 여러 개의 상대적 극대값을 가질 수 있다. 이 경우에 절대적 극대값을 구할 수 있도록

그림 20-5

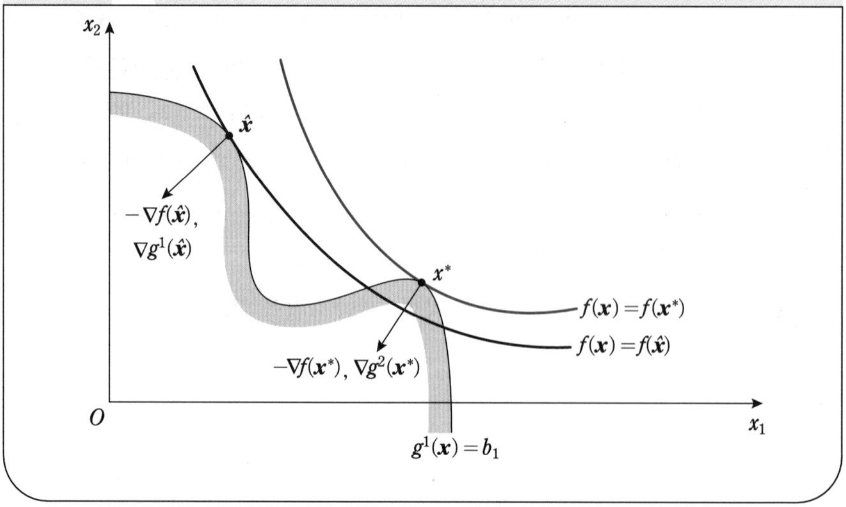

그림 20-6

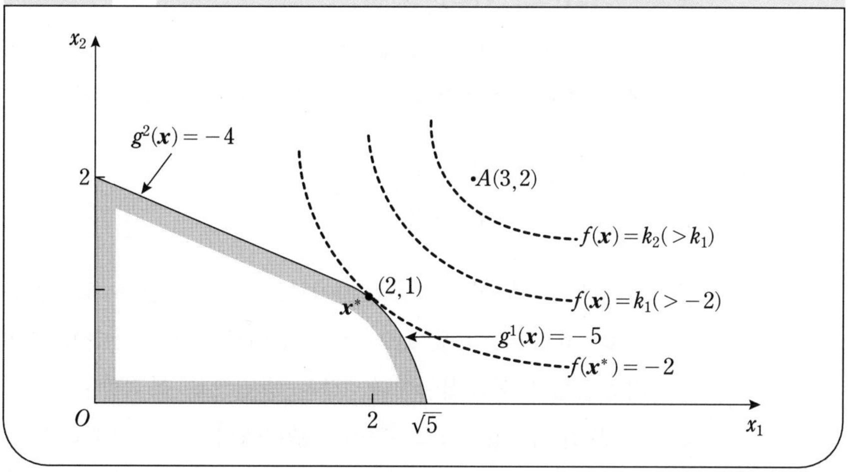

보장해 주는 일반적인 해법은 존재하지 않고, 단지 반복적인 시행착오과정을 통해서만 해를 구할 수 있다. 따라서, 우리가 손으로 풀 수 있는 비선형계획문제는 변수와 제약조건의 수가 적고 함수가 특수한 형태로 주어진 경우로 한정된다.

예제 1

다음 비선형계획문제를 풀어라.

$$\text{극 대 화: } f(x_1,\ x_2)=-(x_1-3)^2-(x_2-2)^2$$
$$\text{제약조건: } g^1(x_1,\ x_2)=-x_1^2-x_2^2\geqq-5$$
$$g^2(x_1,\ x_2)=-x_1-2x_2\geqq-4$$
$$x_1\geqq0,\ x_2\geqq0$$

풀이

실현가능집합을 그림으로 표시하면 [그림 20-6]의 음영부분과 같다. 먼저 $g^1(\boldsymbol{x})=-5$와 $g^2(\boldsymbol{x})=-4$가 만나는 점을 구하자.

$$x_1^2+x_2^2=5$$
$$x_1+2x_2=4$$

위의 연립방정식을 풀어 제1상한에서 만나는 점만 구하면

$x_1=2,\ x_2=1.$

그림에서 실현가능집합이 볼록집합임을 쉽게 알 수 있다. 대수적으로 살펴보기 위해 $g^1(x_1,\ x_2)$의 헤시안행렬을 구하면

$$\boldsymbol{H}=\begin{bmatrix} -2 & 0 \\ 0 & -2 \end{bmatrix}$$

그런데 $\boldsymbol{x}\in\boldsymbol{R}^2$에서 $\boldsymbol{x}'\boldsymbol{H}\boldsymbol{x}\leqq 0$이므로 $g^1(x_1,\ x_2)$는 오목함수이다. 또한 $g^2(x_1,\ x_2)$, $x_1\geqq 0$ 및 $x_2\geqq 0$은 선형이므로 오목함수이다. 따라서 실현가능집합은 볼록집합이다. 같은 방법으로 목적함수가 오목함수인 것을 보일 수 있으므로 주어진 문제에서 쿤-터커조건은 필요충분조건이 된다. 따라서 쿤-터커조건을 만족시키는 해를 구하면 이것이 최적해가 된다.

쿤-터커조건을 구하여 기계적으로 해를 구하고자 한다면 우리는 많은 시행착오과정을 거쳐야 한다. 즉, 사전에 어느 제약조건이 유효한지 모르므로, 제약조건이 유효할 수 있는 모든 가능한 배합을 고려해야 한다. 제약조건이 4개인 경우 모든 가능한 배합은 $2^4=16$가지가 되므로 해를 구하기 위해 많은 계산을 해야 한다. 실제적으로 제약조건이 많은 비선형계획문제의 해는 컴퓨터를 이용할 수밖에 없다.

그러나 어떠한 방법으로든 유효한 제약조건을 짐작 혹은 알 수 있다면 해를 구하는 계산과정은 크게 단순화된다. 변수가 두 개일 때 유효한 제약조건을 찾는 가장 간단한 방법은 실현가능집합과 목적함수의 등고선을 그려보는 것이다. [그림 20-6]에서 알 수 있듯이 제약조건이 없다면 최적해는 점 $A(x_1=3,\ x_2=2)$이며, 제약조건하에서는 최적해가 $x_1=2,\ x_2=1$일 가능성이 있음을 시사하고 있다. 만약, 최적해가 $x_1=2,\ x_2=1$이면 $g^1(x_1,\ x_2)=-5$와 $g^2(x_1,\ x_2)=-4$가 유효한 제약조건이며 이들에 대응하는 λ_1^*와 λ_2^*는 플러스가 된다.

쿤-터커조건을 사용해서 해를 구하기 위해 라그랑지함수를 L이라 하면,

$$L(x_1, x_2, \lambda_1, \lambda_2) = -(x_1-3)^2 - (x_2-2)^2 + \lambda_1(5-x_1^2-x_2^2) + \lambda_2(4-x_1-2x_2)$$

쿤-터커조건을 구하면,

$$\frac{\partial L}{\partial x_1} = -2(x_1-3) - 2\lambda_1 x_1 - \lambda_2 \leqq 0$$

$$\frac{\partial L}{\partial x_2} = -2(x_2-2) - 2\lambda_1 x_2 - 2\lambda_2 \leqq 0$$

$$x_1 \frac{\partial L}{\partial x_1} = x_2 \frac{\partial L}{\partial x_2} = 0$$

$$x_1 \geqq 0, \ x_2 \geqq 0$$

$$\frac{\partial L}{\partial \lambda_1} = 5 - x_1^2 - x_2^2 \geqq 0$$

$$\frac{\partial L}{\partial \lambda_2} = 4 - x_1 - 2x_2 \geqq 0$$

$$\lambda_1 \frac{\partial L}{\partial \lambda_1} = \lambda_2 \frac{\partial L}{\partial \lambda_2} = 0$$

$$\lambda_1 \geqq 0, \ \lambda_2 \geqq 0$$

그림에 의해 처음 두 개의 제약조건이 유효하다고 가정하기 위하여

$$\lambda_1^* > 0, \ \lambda_2^* > 0$$

라 하자. 상보적 여분성조건에 의해,

$$\frac{\partial L}{\partial \lambda_1} = 5 - x_1^2 - x_2^2 = 0$$

$$\frac{\partial L}{\partial \lambda_2} = 4 - x_1 - 2x_2 = 0$$

이들을 동시에 풀면 $x_1^* = 2, \ x_2^* = 1$.

$x_1^* > 0, \ x_2^* > 0$이므로, 상보적 여분성조건에 의해

$$\frac{\partial L}{\partial x_1} = -2(x_1-3) - 2\lambda_1 x_1 - \lambda_2 = 0$$

$$\frac{\partial L}{\partial x_2} = -2(x_2-2) - 2\lambda_1 x_2 - 2\lambda_2 = 0.$$

$x_1^*=2$, $x_2^*=1$을 대입하면,

$$2-4\lambda_1-\lambda_2=0$$
$$2-2\lambda_1-2\lambda_2=0.$$

위의 식을 동시에 풀면 $\lambda_1^*=\frac{1}{3}$, $\lambda_2^*=\frac{2}{3}$.

우리가 구한 해 $x_1^*=2$, $x_2^*=1$, $\lambda_1^*=\frac{1}{3}$, $\lambda_2^*=\frac{2}{3}$는 쿤-터커조건을 만족시키므로 최적해가 되고, 이 때 목적함수의 값은 $f(2, 1)=-2$.

기하학적으로도

$$\nabla f(\boldsymbol{x}) = \begin{bmatrix} -2(x_1-3) \\ -2(x_2-2) \end{bmatrix}, \ \nabla g^1(\boldsymbol{x}) = \begin{bmatrix} -2x_1 \\ -2x_2 \end{bmatrix}, \ \nabla g^2(\boldsymbol{x}) = \begin{bmatrix} -1 \\ -2 \end{bmatrix}$$

이므로

$$\nabla f(\boldsymbol{x}^*) = \begin{bmatrix} 2 \\ 2 \end{bmatrix}, \ \nabla g^1(\boldsymbol{x}^*) = \begin{bmatrix} -4 \\ -2 \end{bmatrix}, \ \nabla g^2(\boldsymbol{x}^*) = \begin{bmatrix} -1 \\ -2 \end{bmatrix}$$

가 되어

$$\nabla f(\boldsymbol{x}^*) + \lambda_1^* \nabla g^1(\boldsymbol{x}^*) + \lambda_2^* \nabla g^2(\boldsymbol{x}^*) = \begin{bmatrix} 2 \\ 2 \end{bmatrix} + \frac{1}{3}\begin{bmatrix} -4 \\ -2 \end{bmatrix} + \frac{2}{3}\begin{bmatrix} -1 \\ -2 \end{bmatrix} = \begin{bmatrix} 0 \\ 0 \end{bmatrix}$$

즉, $-\nabla f(\boldsymbol{x}^*)$는 유효한 제약조건들의 비부선형결합으로 표시된다. 독자 스스로가 $\boldsymbol{x}^*=(2, 1)$에서 $-\nabla f(\boldsymbol{x}^*)$, $\nabla g^1(\boldsymbol{x}^*)$ 및 $\nabla g^2(\boldsymbol{x}^*)$를 그려보기 바란다.

20.4 선형계획법에서의 쌍대문제와 쿤-터커조건

모든 선형계획문제는 두 가지 동등한 방법으로 분석할 수 있다. 즉, 모든 극대화 선형계획 문제는 동일한 최적해를 갖는 극소화 선형계획문제가 있고, 모든 극소화 선형계획문제는 동일한 최적해를 갖는 극대화 선형계획 문제가 있다.

처음에 주어진 문제(보통 극대화 문제)를 원문제(primal problem)라 하고 이에 연관된 문제(보통 극소화 문제)를 쌍대문제(dual problem)라 한다.

예를 들어 다음과 같은 두 개의 선형계획문제를 생각해보자.

[문제 Ⅰ]

극 대 화: $z=\boldsymbol{c}'\boldsymbol{x}$ (1)

제약조건: $\boldsymbol{Ax}\leqq\boldsymbol{b}$ (2)

$\boldsymbol{x}\geqq\boldsymbol{0}$ (3)

[문제 Ⅱ]

극 소 화: $w=\boldsymbol{b}'\boldsymbol{y}$ (4)

제약조건: $\boldsymbol{A}'\boldsymbol{y}\geqq\boldsymbol{c}$ (5)

$\boldsymbol{y}\geqq\boldsymbol{0}$ (6)

여기서 $\boldsymbol{A}$는 $m\times n$ 행렬이며, $\boldsymbol{c}$와 $\boldsymbol{x}$는 $n\times 1$ 열벡터이고 $\boldsymbol{b}$와 $\boldsymbol{y}$는 $m\times 1$ 열벡터이다. [문제 Ⅰ]을 원문제라 하며, [문제 Ⅱ]를 [문제 Ⅰ]에 대한 쌍대문제라 한다.

원문제로부터 쌍대문제를 얻는데 다음과 같은 방법이 사용되었음은 알 수 있다.

(i) 원문제가 극대화(극소화) 문제이면 쌍대문제는 극소화(극대화) 문제가 된다.

(ii) 새로운 변수 $\boldsymbol{y}=[y_1, y_2, \cdots, y_m]$을 도입하며, 새로운 변수의 수는 원문제의 제약조건 수와 동일하다.

(iii) 쌍대문제에 있는 제약조건의 계수행렬은 원문제에 있는 제약조건의 계수행렬의 전치행렬이다.

(iv) 쌍대문제의 제약조건의 부등호방향을 원문제와 반대로 만든다. 그러나 변수값이 비음이라는 조건은 변경하지 않는다.

(v) 쌍대문제의 제약조건식을 살펴보면 식 (5)의 부등호 오른쪽에 있는 상수 $\boldsymbol{c}$는 원문제에 있는 목적함수의 계수이다.

(vi) 쌍대문제의 목적함수계수 $\boldsymbol{b}$는 원문제의 제약조건식의 부등호 오른쪽에 있는 상수이다.

두 문제에는 똑같은 자료 $\boldsymbol{A}$, $\boldsymbol{c}$ 및 $\boldsymbol{b}$가 사용되고 있다. 그러나 원문제는 목적함수를 극대화시키는 변수 $\boldsymbol{x}$의 값을 구하는 문제인 반면에 쌍대문제는 목적함수를 극소화시키는 변수 $\boldsymbol{y}$의 값을 구하는 문제라는 점이 다르다.

[문제 I]을 극대화문제의 표준형으로 바꾸어 쓰면

[문제 I′]

$$
\begin{aligned}
&\text{극 대 화:} \quad z=\boldsymbol{c}'\boldsymbol{x}\\
&\text{제약조건:} \quad \boldsymbol{b}-\boldsymbol{A}\boldsymbol{x}\geqq\boldsymbol{0}\\
&\qquad\qquad\quad\ \ \boldsymbol{x}\geqq\boldsymbol{0}
\end{aligned}
$$

[문제 I′]의 라그랑지승수벡터를 $\boldsymbol{y}$라 하고 라그랑지함수를 쓰면

$$L(\boldsymbol{x},\ \boldsymbol{y})=\boldsymbol{c}'\boldsymbol{x}+\boldsymbol{y}'(\boldsymbol{b}-\boldsymbol{A}\boldsymbol{x}) \tag{7}$$

$(\boldsymbol{x}^*,\ \boldsymbol{y}^*)$에서 다음의 쿤-터커조건이 만족된다.

$$L_{\boldsymbol{x}}=\boldsymbol{c}-\boldsymbol{A}'\boldsymbol{y}\leqq\boldsymbol{0} \tag{8}$$

$$\boldsymbol{x}'L_{\boldsymbol{x}}=\boldsymbol{x}'(\boldsymbol{c}-\boldsymbol{A}'\boldsymbol{y})=0 \tag{9}$$

$$\boldsymbol{x}\geqq\boldsymbol{0} \tag{10}$$

$$L_{\boldsymbol{y}}=\boldsymbol{b}-\boldsymbol{A}\boldsymbol{x}\geqq\boldsymbol{0} \tag{11}$$

$$\boldsymbol{y}'L_{\boldsymbol{y}}=\boldsymbol{y}'(\boldsymbol{b}-\boldsymbol{A}\boldsymbol{x})=0 \tag{12}$$

$$\boldsymbol{y}\geqq\boldsymbol{0} \tag{13}$$

이다. 같은 방법으로 [문제 II]를 극대화 문제의 표준형으로 바꾸어 쓰면

[문제 Ⅱ′]

극 대 화: $-\boldsymbol{b}'\boldsymbol{y}$

제약조건: $-\boldsymbol{c}+\boldsymbol{A}'\boldsymbol{y} \geqq \boldsymbol{0}$

$\boldsymbol{y} \geqq \boldsymbol{0}$

[문제 Ⅱ′]의 라그랑지승수벡터를 $\boldsymbol{x}$라 하고 라그랑지함수를 쓰면

$$L(\boldsymbol{y}, \boldsymbol{x}) = -\boldsymbol{b}'\boldsymbol{y} + \boldsymbol{x}'(-\boldsymbol{c}+\boldsymbol{A}'\boldsymbol{y}) \tag{14}$$

$(\boldsymbol{y}^*, \boldsymbol{x}^*)$에서 다음의 쿤-터커조건이 만족된다.

$$L_{\boldsymbol{y}} = -\boldsymbol{b}+\boldsymbol{A}\boldsymbol{x} \leqq \boldsymbol{0} \tag{15}$$

$$\boldsymbol{y}'L_{\boldsymbol{y}} = \boldsymbol{y}'(-\boldsymbol{b}+\boldsymbol{A}\boldsymbol{x}) = 0 \tag{16}$$

$$\boldsymbol{y} \geqq \boldsymbol{0} \tag{17}$$

$$L_{\boldsymbol{x}} = -\boldsymbol{c}+\boldsymbol{A}'\boldsymbol{y} \geqq \boldsymbol{0} \tag{18}$$

$$\boldsymbol{x}'L_{\boldsymbol{x}} = \boldsymbol{x}'(-\boldsymbol{c}+\boldsymbol{A}'\boldsymbol{y}) = 0 \tag{19}$$

$$\boldsymbol{x} \geqq \boldsymbol{0} \tag{20}$$

두 문제의 쿤-터커조건은 정확히 똑같은 것을 알 수 있다. 따라서 두 문제의 최적해 $(\boldsymbol{x}^*, \boldsymbol{y}^*)$는 동일하고, 원문제가 최적해 $\boldsymbol{x}^*$를 가지면 쌍대문제도 최적해 $\boldsymbol{y}^*$를 가지며 두 문제의 목적함수 값은 같다. 즉

$$\boldsymbol{c}'\boldsymbol{x}^* = \boldsymbol{b}'\boldsymbol{y}^*$$

이다.

다음과 같은 선형계획문제를 생각해 보자.

극 대 화: $z = x_1 + x_2$

제약조건: $2x_1 + x_2 \leqq 9$

$x_1 + 2x_2 \leqq 9$

$x_1, x_2 \geqq 0$

이 문제를 그래프를 이용하여 풀면 최적해는 $x_1^* = x_2^* = 3$이며, 목적함수

그림 20-7

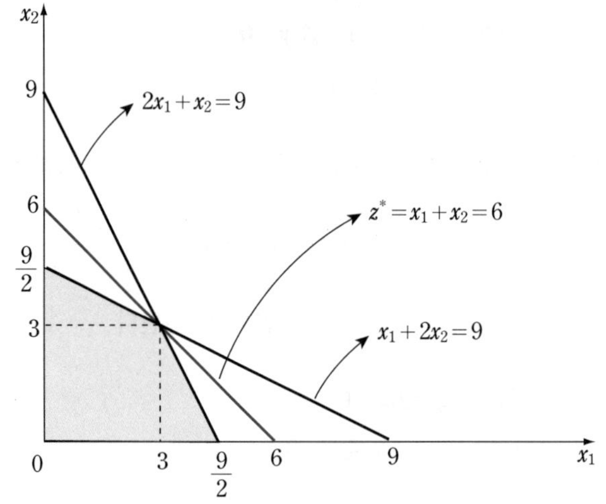

의 값은 $z^*=6$임을 쉽게 구할 수 있다([그림 20-7] 참조).

위 문제의 쌍대문제는 다음과 같이 정의된다.

$$\begin{aligned}
\text{극 소 화: } & \omega=9y_1+9y_2 \\
\text{제약조건: } & 2y_1+y_2 \geqq 1 \\
& y_1+2y_2 \geqq 1 \\
& y_1,\ y_2 \geqq 0
\end{aligned}$$

극소화문제를 그래프에 의하여 해를 구하면 $y_1{}^*=y_2{}^*=\dfrac{1}{3}$이고 목적함수 값은 $\omega^*=6$이 된다([그림 20-8] 참조).

원문제와 쌍대문제의 쿤-터커조건이 동일하므로 원문제의 쿤-터커조건을 이용하여 두 문제의 해를 동시에 구할 수 있다. 선형계획문제에서의 쿤-터커조건은 $\boldsymbol{x}^*$에서 목적함수가 극대화되기 위한 필요충분조건이므로 쿤-터커조건을 구하자.

극대화문제의 라그랑지함수를 쓰면

$$L(x_1,\ x_2,\ y_1,\ y_2)=x_1+x_2+y_1(9-2x_1-x_2)+y_2(9-x_1-2x_2)$$

그림 20-8

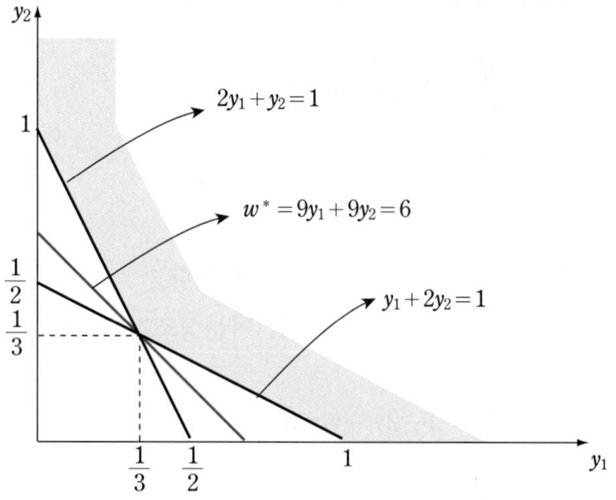

쿤-터커조건을 구하면

$$\frac{\partial L}{\partial x_1}=1-2y_1-y_2\leqq 0$$

$$\frac{\partial L}{\partial x_2}=1-y_1-2y_2\leqq 0$$

$$x_1\frac{\partial L}{\partial x_1}=x_2\frac{\partial L}{\partial x_2}=0$$

$$x_1,\ x_2\geqq 0$$

$$\frac{\partial L}{\partial y_1}=9-2x_1-x_2\geqq 0$$

$$\frac{\partial L}{\partial y_2}=9-x_1-2x_2\geqq 0$$

$$y_1\frac{\partial L}{\partial y_1}=y_2\frac{\partial L}{\partial y_2}=0$$

$$y_1\geqq 0,\ y_2\geqq 0$$

그림에 의해 처음 두 개의 제약조건이 모두 유효하다고 가정하기 위하여

$$y_1^*,\ y_2^* > 0$$

이라 하자. 상보적 여분성조건에 의해,

$$\frac{\partial L}{\partial y_1} = 9 - 2x_1 - x_2 = 0$$

$$\frac{\partial L}{\partial y_2} = 9 - x_1 - 2x_2 = 0$$

두 식을 동시에 풀면 $x_1^* = 3$, $x_2^* = 3$이다.

$x_1^* > 0$, $x_2^* > 0$이므로 상보적 여분성조건에 의해,

$$\frac{\partial L}{\partial x_1} = 1 - 2y_1 - y_2 = 0$$

$$\frac{\partial L}{\partial x_2} = 1 - y_1 - 2y_2 = 0$$

두 식을 동시에 풀면 $y_1^* = \frac{1}{3}$, $y_2^* = \frac{1}{3}$이다. 우리가 구한 해 $x_1^* = 3$, $x_2^* = 3$, $y_1^* = \frac{1}{3}$, $y_2^* = \frac{1}{3}$은 쿤-터커조건을 만족시키므로 최적해가 된다.

쿤-터커조건을 이용하여 얻은 해는 그래프에 의해 구한 극대화문제와 극소화문제의 해와 동일함을 확인할 수 있다. 따라서 선형계획문제가 주어지면 원문제와 쌍대문제 중 풀기 쉬운 문제를 택하여 주어진 선형계획문제의 최적해를 구할 수 있다.

연습문제

1. 다음 문제를 풀어라.

(1) 극 소 화: $f(x_1,\ x_2)=5x_1^2+6x_2^2-x_1x_2$

제약조건: $x_1+2x_2\geqq 24$

(2) 극 대 화: $f(x,\ y)=6xy-3x^2-4y^2$

제약조건: $3x+y\leqq 19$

(3) 극 소 화: $f(x_1,\ x_2)=(x_1-4)^2+(x_2-4)^2$

제약조건: $-2x_1-3x_2\leqq -6$

$3x_1+2x_2\leqq 12$

$x_1\geqq 0,\ x_2\geqq 0$

(4) 극 소 화: $f(x_1,\ x_2)=(x_1-4)^2+(x_2-4)^2$

제약조건: $-x_1-x_2\leqq -5$

$x_1 \leqq 6$

$x_2\leqq \dfrac{11}{2}$

$x_1\geqq 0,\ x_2\geqq 0$

(5) 극 대 화: $f(x_1,\ x_2)=x_1^2+(x_2-2)^2$

제약조건: $-5x_1-3x_2\geqq -15$

$x_1\geqq 0,\ x_2\geqq 0$

2. 다음과 같은 선형계획문제가 주어졌다고 하자.

극 대 화: $z=\boldsymbol{c}'\boldsymbol{x}$

제약조건: $\boldsymbol{A}\boldsymbol{x}\leqq \boldsymbol{b}$

$\boldsymbol{x}\geqq \boldsymbol{0}$

여기서 $\boldsymbol{c}$와 $\boldsymbol{x}$는 $n\times 1$벡터이고, $\boldsymbol{A}$는 $m\times n$행렬이며, $\boldsymbol{b}$는 $m\times 1$벡터이다.

(1) 쿤-터커조건을 유도하라.

(2) 상보적 여분성조건을 도출하고 설명하라.

제21장

경제학에의 응용

21.1 완전경쟁하에서의 이윤극대화

한 기업이 완전경쟁하에 있을 때 생산요소의 고용량을 어떻게 결정하면 극대의 이윤을 얻을 수 있는가를 알아보자.

한 기업의 생산함수는 $q=f(x_1, x_2)$이며 생산물의 가격은 p, 생산요소 x_1 및 x_2의 가격은 각각 r_1 및 r_2로 일정하다고 가정하자. 기업의 이윤을 π라 하면 π는 다음과 같다.

$$\begin{aligned}\pi &= TR-TC\\ &= pf(x_1, x_2)-r_1x_1-r_2x_2-F\end{aligned}$$

여기서 F는 고정비용이다.

π는 x_1과 x_2의 함수이며, 이윤극대화 문제는 제약조건이 없는 경우의 극대화문제가 된다.

1차필요조건을 구하면 다음과 같다.

$$\frac{\partial\pi}{\partial x_1}=pf_1-r_1=0$$

$$\frac{\partial\pi}{\partial x_2}=pf_2-r_2=0$$

위의 식을 다음과 같이 변형하자.

$$pf_1 = r_1$$
$$pf_2 = r_2$$

즉, 한계생산물가치(=생산물의 가격×생산요소의 한계생산물)와 생산요소의 가격이 같도록 두 생산요소를 고용할 때 극대의 이윤을 얻는다. 이것은 직관적으로 쉽게 이해할 수 있다. 만약, $pf_1 > r_1$이라면 x_1을 한 단위 더 고용했을 때 수입의 증가분이 비용의 증가분보다 크므로 x_1의 고용을 증가시키면 이윤이 증가되고, 반면에 $pf_1 < r_1$이면 x_1의 고용을 감소시키면 이윤이 증가되므로, 이윤극대화를 위해서는 한계생산물가치와 생산요소의 가격이 동일하도록 생산요소를 고용해야 한다.

1차필요조건을 동시에 풀어서 구한 해를 $\boldsymbol{x}^* = (x_1^*, x_2^*)$라 하면, 2차충분조건은 헤시안행렬 $\boldsymbol{H}$가 $\boldsymbol{x}^*$에서 음정부호형행렬이면 된다. 이를 선도주소행렬식으로 표시하면

$$|\boldsymbol{H}_1| = \frac{\partial^2 \pi}{\partial x_1^2} = pf_{11} < 0,$$

$$|\boldsymbol{H}_2| = |\boldsymbol{H}| = \begin{vmatrix} \dfrac{\partial^2 \pi}{\partial x_1^2} & \dfrac{\partial^2 \pi}{\partial x_2 \partial x_1} \\ \dfrac{\partial^2 \pi}{\partial x_1 \partial x_2} & \dfrac{\partial^2 \pi}{\partial x_2^2} \end{vmatrix} = \begin{vmatrix} pf_{11} & pf_{12} \\ pf_{21} & pf_{22} \end{vmatrix} = p^2 \begin{vmatrix} f_{11} & f_{12} \\ f_{21} & f_{22} \end{vmatrix} > 0$$

$|\boldsymbol{H}_1| < 0$과 $|\boldsymbol{H}_2| > 0$으로부터 $\dfrac{\partial^2 \pi}{\partial x_2^2} = pf_{22} < 0$을 유도할 수 있다. $\dfrac{\partial^2 \pi}{\partial x_1^2} < 0$ 및 $\dfrac{\partial^2 \pi}{\partial x_2^2} < 0$이라는 조건은 최적해 $\boldsymbol{x}^*$에서 x_1 또는 x_2의 고용량을 증가시키면 이윤이 감소한다는 것을 뜻한다. 또한 $p > 0$이므로 $\boldsymbol{x}^*$에서 한계생산물은 체감해야 된다는 것을 뜻한다.

[정리 17-5-1]에 의해 2차충분조건이 충족되어야 한다는 것은($|\boldsymbol{H}_1| < 0$, $|\boldsymbol{H}_2| > 0$) 생산함수 $q = f(x_1, x_2)$는 $\boldsymbol{x}^*$ 근방에서 강오목함수가 되어야 한다는 것을 뜻한다.

만약 생산함수 $g = f(x_1, x_2)$가 강오목함수라면 1차조건은 $f(x_1, x_2)$가 $\boldsymbol{x}^*$에서 극대값을 갖기 위한 필요충분조건이 되며 유일하게 $\boldsymbol{x}^*$에서 최대값을 갖

는다(18.3 참조).

2차충분조건이 충족된다고 가정하면, 음함수정리와 1차필요조건

$$pf_1(x_1, x_2)-r_1=0$$
$$pf_2(x_1, x_2)-r_2=0$$

을 이용하여 최적해 x_1과 x_2를 r_1, r_2 및 p의 함수로 풀 수 있다.

$$x_1=x_1^*(r_1, r_2, p)$$
$$x_2=x_2^*(r_1, r_2, p)$$

x_1^*와 x_2^*를 생산요소 x_1과 x_2에 대한 수요함수라 한다. 또한 x_1^*와 x_2^*를 생산함수 $f(x_1, x_2)$에 대입한 것을 공급함수라 한다. 즉,

$$q=q^*(r_1, r_2, p)=f(x_1^*(r_1, r_2, p), x_2^*(r_1, r_2, p))$$

x_1^*와 x_2^*를 목적함수에 대입하면 이윤 π는 r_1, r_2 및 p의 함수가 된다.

$$\begin{aligned}\pi(r_1, r_2, p)=&pf(x_1^*(r_1, r_2, p), x_2^*(r_1, r_2, p))\\ &-r_1x_1^*(r_1, r_2, p)-r_2x_2^*(r_1, r_2, p)-F\end{aligned}$$

간접목적함수 $\pi(r_1, r_2, p)$를 이윤함수라 부른다. 포락선정리를 이용하면

$$\begin{aligned}\frac{\partial\pi(r_1, r_2, p)}{\partial r_i}&=\frac{\partial}{\partial r_i}(pf(x_1, x_2)-r_1x_1-r_2x_2-F)\,|_{x=x^*}\\ &=-x_i^*(r_1, r_2, p) \quad i=1, 2\end{aligned}$$

$$\begin{aligned}\frac{\partial\pi(r_1, r_2, p)}{\partial p}&=\frac{\partial}{\partial p}(pf(x_1, x_2)-r_1x_1-r_2x_2-F)\,|_{x=x^*}\\ &=f(x_1^*(r_1, r_2, p), x_2^*(r_1, x_2, p))\\ &=q^*(r_1, r_2, p)\end{aligned}$$

즉, 이윤함수를 생산요소의 가격으로 편미분하면 마이너스를 붙인 생산요소에 대한 수요함수를 얻고, 생산물의 가격으로 편미분하면 공급함수를 얻는다.

생산요소의 가격 r_1이 r_1^0에서 r_1^1으로 변할 때의 이윤의 변화는

$$\begin{aligned}\Delta\pi &= \pi(r_1^1,\ r_2,\ p) - \pi(r_1^0,\ r_2,\ p)\\ &= \int_{r_1^0}^{r_1^1} \frac{\partial \pi}{\partial r_1} dr_1\\ &= \int_{r_1^0}^{r_1^1} -x_1^*(r_1,\ r_2,\ p)dr_1\end{aligned}$$

로 표시된다. 반면에 생산물의 가격 p가 p_0에서 p_1으로 변할 때 이윤의 변화는

$$\begin{aligned}\Delta\pi &= \pi(r_1,\ r_2,\ p_1) - \pi(r_1,\ r_2,\ p_0)\\ &= \int_{p_0}^{p_1} \frac{\partial \pi}{\partial p} dp\\ &= \int_{p_0}^{p_1} q^*(r_1,\ r_2,\ p)dp\end{aligned}$$

로 표시한다. 따라서 생산요소의 가격과 생산물의 가격이 변할 때 이윤의 변화를 생산요소에 대한 수요곡선과 재화의 공급곡선을 이용하여 표시한 것이 [그림 21-1]과 [그림 21-2]이다.

[그림 21-1]은 r_2와 p가 일정하다고 가정했을 때 x_1에 대한 수요곡선을 그린 것이다. 생산요소의 가격이 r_1^0에서 r_1^1으로 상승하면 이윤은 청색으로 칠한 부분만큼 감소한다. [그림 21-2]는 r_1과 r_2가 일정하다고 가정했을 때 공급곡선을 그린 것이다. 생산물의 가격이 p_0에서 p_1으로 상승하면 이윤은

그림 21-1 x_1에 대한 수요곡선

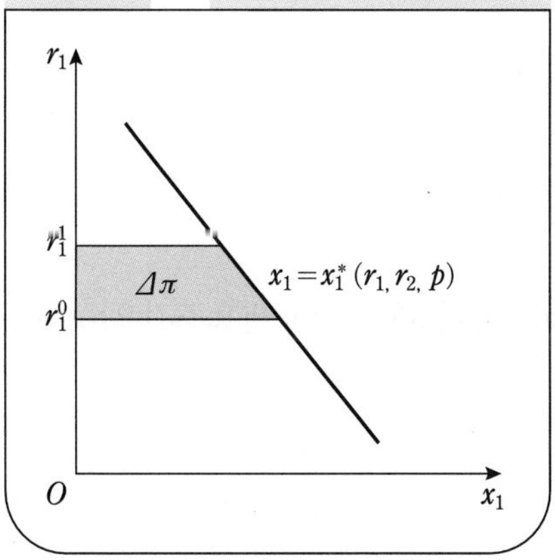

그림 21-2 공급곡선

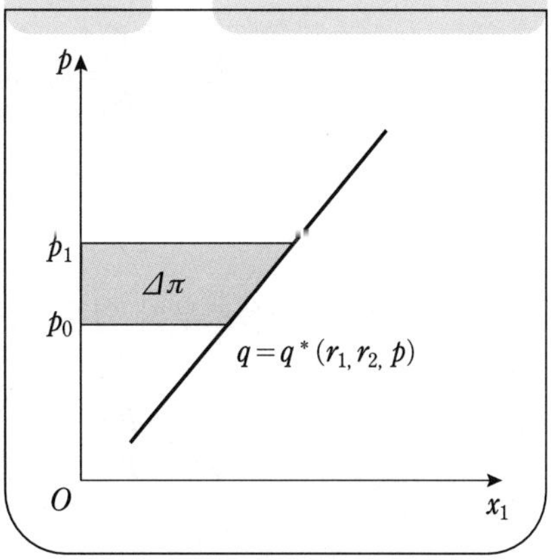

청색으로 칠한 부분만큼 상승한다.

21.2 효용극대화 문제

소비자가 극대의 만족을 얻기 위해서 합리적으로 행동한다고 가정하자. 소비자는 두 재화 x_1과 x_2를 주어진 소득 I로 구입하며 두 재화의 가격은 각각 p_1 및 p_2라 하자. 또한 소비자는 포화상태에 있지 않으며, 소비자의 기호를 나타내는 효용함수는 $U=f(x_1, x_2)$이고 극대의 만족을 주는 해 x_1^*와 x_2^*는 모두 양이라 가정하자.

소비자가 직면한 문제는 다음과 같다.

극 대 화: $U=f(x_1, x_2)$
제약조건: $p_1x_1+p_2x_2=I$

라그랑지 함수를 L이라 하면,

$$L(x_1, x_2, \lambda; p_1, p_2, I)=f(x_1, x_2)+\lambda(I-p_1x_1-p_2x_2)$$

1차필요조건을 구하면,

$$L_1=\frac{\partial L}{\partial x_1}=f_1-\lambda p_1=0$$

$$L_2=\frac{\partial L}{\partial x_2}=f_2-\lambda p_2=0$$

$$L_\lambda=\frac{\partial L}{\partial \lambda}=I-p_1x_1-p_2x_2=0$$

위의 식들로부터 얻은 해를 $\boldsymbol{x}^*$, λ^*라 하자. 1차필요조건으로부터

$$\frac{f_1}{f_2}=\frac{p_1}{p_2}$$

이 조건의 기하학적 의미는 다음과 같다. 2차충분조건이 충족될 때 무차별곡선의 기울기 $\frac{f_1}{f_2}$과 가격선의 기울기 $\frac{p_1}{p_2}$이 같은 점, 즉 무차별곡선과 가격선이 접하는 점을 소비점으로 택하면 극대의 만족을 얻을 수 있다는 것을 의미한다.

경제학적 의미를 살펴보면, 주어진 소득 I로 재화를 구입할 때 재화 x_2로 평가한 재화 x_1의 주관적 가치 $\frac{f_1}{f_2}$과 재화 x_2로 평가한 재화 x_1의 객관적 비용 $\frac{p_1}{p_2}$이 같도록 하면 극대의 만족을 얻을 수 있다는 것이다.

2차충분조건은 $\boldsymbol{x}^*$에서 다음 조건이 성립해야 한다.

$$|\overline{\boldsymbol{H}}| = \begin{vmatrix} L_{11} & L_{12} & L_{1\lambda} \\ L_{21} & L_{22} & L_{2\lambda} \\ L_{\lambda 1} & L_{\lambda 2} & L_{\lambda\lambda} \end{vmatrix} = \begin{vmatrix} f_{11} & f_{12} & -p_1 \\ f_{21} & f_{22} & -p_2 \\ -p_1 & -p_2 & 0 \end{vmatrix} > 0$$

$|\overline{\boldsymbol{H}}|$를 전개하면,

$$2f_{12}p_1p_2 - f_{11}p_2^2 - f_{22}p_1^2 > 0$$

1차필요조건에서 얻은 $p_1 = f_1/\lambda$, $p_2 = f_2/\lambda$를 대입하면,

$$\frac{1}{\lambda^2}(2f_{12}f_1f_2 - f_{11}f_2^2 - f_{22}f_1^2) > 0$$

$\frac{1}{\lambda^2} > 0$이므로 2차충분조건은

$$2f_{12}f_1f_2 - f_{11}f_2^2 - f_{22}f_1^2 > 0 \quad \text{또는} \quad f_{11}f_2^2 - 2f_{12}f_1f_2 + f_{22}f_1^2 < 0$$

이것은 바로 $\boldsymbol{x}^*$에서 무차별곡선이 원점에 대해서 볼록해야 된다는 것 또는 한계대체율이 체감해야 된다는 것을 뜻한다. 이러한 2차충분조건은 효용함수가 정상적인 강준오목함수이면 충족된다([정리 17-5-2] 참조).

만약 2차충분조건이 충족된다면($|\overline{\boldsymbol{H}}| > 0$), 음함수정리에 의해 1차필요조건으로부터 다음과 같은 수요함수와 λ에 관한 함수를 얻을 수 있다.

포락선정리를 설명하기 위하여 재화에 대한 수요함수와 λ에 관한 함수를 각각

$$x_1 = x_1^*(p_1,\ p_2,\ I)$$
$$x_2 = x_2^*(p_1,\ p_2,\ I)$$
$$\lambda = \lambda^*(p_1,\ p_2,\ I)$$

라 표시하자. x_1^*과 x_2^*를 목적함수에 대입하였을 때 얻게 되는 간접목적함수 $U^*(p_1,\ p_2,\ I)$는 p_1, p_2 및 I만의 함수가 되며 이를 간접효용함수라 한다. 즉,

$$U^*(p_1,\ p_2,\ I) = U(x_1^*(p_1,\ p_2,\ I),\ x_2^*(p_1,\ p_2,\ I))$$

포락선정리에 의하여

$$\frac{\partial U^*}{\partial p_i} = \frac{\partial L}{\partial p_i}\bigg|_{\boldsymbol{x}=\boldsymbol{x}^*,\ \lambda=\lambda^*} = -\lambda^*(p_1,\ p_2,\ I)x_i^*(p_1,\ p_2,\ I) \quad i=1,\ 2$$
$$\frac{\partial U^*}{\partial I} = \frac{\partial L}{\partial I}\bigg|_{\boldsymbol{x}=\boldsymbol{x}^*,\ \lambda=\lambda^*} = \lambda^*(p_1,\ p_2,\ I)$$

를 얻는다. 위의 두 식으로부터 가격의 상승은 소비자들의 만족을 감소시키고, 소득의 증가는 소비자의 만족을 증가시키는 것을 알 수 있다.

또한 간접효용함수를 안다면 위의 두 식을 이용하여 재화에 대한 수요함수를 얻을 수 있다. 즉

$$-\frac{\dfrac{\partial U^*}{\partial p_i}}{\dfrac{\partial U^*}{\partial I}} = x_i^*(p_1,\ p_2,\ I) \quad i=1,\ 2$$

이 식을 로이의 항등식(Roy's identity)이라 한다.

일반적으로 수요함수는 재화의 가격들과 소득에 관해서 0차동차함수이다. 즉,

$$x_i^*(kp_1,\ kp_2,\ kI) = x_i^*(p_1,\ p_2,\ I) \quad i=1,\ 2$$

그 이유는, 가격과 소득을 k배 해주어도 제약조건이 변하지 않으므로 소비자균형점 역시 변하지 않기 때문이다(1차 및 2차 조건이 변하지 않음).

21.3 비용극소화

한 기업의 이윤은 총수입(*TR*)에서 총비용(*TC*)을 뺀 것이므로 이 기업이 직면한 시장형태와는 관계 없이 이윤극대화를 위해서는 먼저 주어진 산출량을 최소의 비용으로 생산해야 된다. 따라서 주어진 산출량을 최소의 비용으로 생산하기 위한 요소투입량의 결정문제를 생각해 보자.

한 기업의 생산함수를 $q=f(x_1, x_2)$라 하고, 생산요소 x_1과 x_2의 가격을 각각 r_1 및 r_2라 하자. 또한 이 기업이 생산하고자 하는 생산량을 q_0라 하자.

이 기업이 직면한 문제는 다음과 같다.

극 소 화: $C=r_1x_1+r_2x_2$

제약조건: $f(x_1, x_2)=q_0$

라그랑지함수를 L이라 하면,

$$L(x_1, x_2, \lambda; r_1, r_2, q_0)=r_1x_1+r_2x_2+\lambda[q_0-f(x_1, x_2)]$$

1차필요조건을 구하면,

$$L_1=\frac{\partial L}{\partial x_1}=r_1-\lambda f_1=0$$

$$L_2=\frac{\partial L}{\partial x_2}=r_2-\lambda f_2=0$$

$$L_\lambda=\frac{\partial L}{\partial \lambda}=q_0-f(x_1, x_2)=0$$

1차필요조건으로부터

$$MRTS=-\frac{dx_2}{dx_1}=\frac{f_1}{f_2}=\frac{r_1}{r_2}$$

1차필요조건은 기하학적으로 등량곡선과 등비용곡선이 접하는 점에서

요소투입량을 결정한다는 것, 또는 $\frac{1}{\lambda}=\frac{f_1}{r_1}=\frac{f_2}{r_2}$, 즉 1원당 한계생산물이 균등하도록 요소투입량을 결정하면 비용이 극소화된다는 것을 의미한다.

2차충분조건은 1차필요조건을 만족시키는 해 $\boldsymbol{x}^*$에서 다음 테두른 헤시안 행렬식이 음이 되어야 한다는 것이다.

$$|\overline{\boldsymbol{H}}|=\begin{vmatrix} L_{11} & L_{12} & L_{1\lambda} \\ L_{21} & L_{22} & L_{2\lambda} \\ L_{\lambda 1} & L_{\lambda 2} & L_{\lambda\lambda} \end{vmatrix}=\begin{vmatrix} -\lambda f_{11} & -\lambda f_{12} & -f_1 \\ -\lambda f_{21} & -\lambda f_{22} & -f_2 \\ -f_1 & -f_2 & 0 \end{vmatrix}<0.$$

행렬식을 구하면,

$$\lambda(f_{11}f_2^2-2f_{12}f_1f_2+f_{22}f_1^2)<0$$

$\lambda>0$이므로, 2차충분조건은

$$f_{11}f_2^2-2f_{12}f_1f_2+f_{22}f_1^2<0$$

이것은 $\boldsymbol{x}^*$에서 등량곡선이 원점에 대해서 볼록$\left(\frac{d^2x_2}{dx_1^2}>0\right)$해야 된다는 것을 의미한다. 이러한 2차충분조건은 생산함수가 정상적인 강준오목함수(regular strictly quasi-concave function)이면 충족된다.

2차충분조건이 충족된다면, 음함수정리와 1차필요조건을 이용하여 x_1, x_2 및 λ를 파라미터 r_1, r_2 및 q_0의 함수로 풀 수 있다.

$$x_1=x_1^*(r_1,\ r_2,\ q_0)$$
$$x_2=x_2^*(r_1,\ r_2,\ q_0)$$
$$\lambda=\lambda^*(r_1,\ r_2,\ q_0)$$

x_1^*과 x_2^*를 목적함수에 대입하였을 때 얻게 되는 간접목적함수 $C^*(r_1,\ r_2,\ q_0)$를 비용함수라 부른다. 즉,

$$C^*(r_1,\ r_2,\ q_0)=r_1x_1^*(r_1,\ r_2,\ q_0)+r_2x_2^*(r_1,\ r_2,\ q_0)$$

포락선정리에 의하여

$$\frac{\partial C^*}{\partial r_i}=\frac{\partial L}{\partial r_i}\bigg|_{x=x^*,\ \lambda=\lambda^*}=x_i^*(r_1,\ r_2,\ q_0)\quad i=1,\ 2$$

$$\frac{\partial C^*}{\partial q_0}=\frac{\partial L}{\partial q_0}\bigg|_{x=x^*,\ \lambda=\lambda^*}=\lambda^*(r_1,\ r_2,\ q_0)$$

를 얻는다. 즉 비용함수 C^*를 생산요소의 가격으로 편미분하면 산출량제약하의 생산요소에 대한 수요함수를 얻으며, $\lambda^*=\frac{\partial C^*}{\partial q_0}$는 한계비용을 나타낸다.

21.4 장기 총비용곡선과 단기 총비용곡선의 관계

다음과 같은 장기의 비용극소화 문제가 있다고 하자.

극 소 화 : $C=wL+rK$

제약조건 : $y=f(L,\ K)$

여기서 $f(L,\ K)$는 생산함수이며 L과 K는 모두 가변요소이고 이들의 가격은 w와 r이다. 2차 충분조건이 충족된다고 가정하자. 1차 필요조건과 음함수 정리를 이용하면 생산요소 L과 K에 대한 수요함수를 얻는다.

$$L=L^*(w,\ r,\ y)$$
$$K=K^*(w,\ r,\ y)$$

이 식을 목적함수에 대입하면 장기의 총비용함수를 얻는다.

$$C=wL^*(w,\ r,\ y)+rK^*(w,\ r,\ y)=C(w,\ r,\ y)$$

위의 식은 장기의 총비용이 외생변수인 생산요소의 가격과 산출량의 함수인 것을 나타낸다. 생산요소의 가격은 일정하다는 가정하에 장기의 비용함수를 y만의 함수로 나타내자.

$$C=C(y)$$

단기의 총비용함수를 도출하기 위하여 K가 K_a로 고정되어 있다고 하자. 따라서 고정비용은 $F_a=rK_a$이며 기업이 직면한 단기의 비용극소화 문제는 다음과 같다.

극 소 화 : $C^S=wL+F_a$
제약조건 : $y=f(L, K_a)$

주어진 문제의 해는 주어진 산출량을 생산하는데 L을 가능한 적게 사용하는 것이다. 따라서 $y=f(L, K_a)$를 만족시키는 L을 찾는 것이므로 L을 y와 K_a에 관하여 풀면

$$L=\phi(y, K_a)$$

이고, 생산요소의 가격이 일정하다고 가정하면 단기의 총비용함수는 다음과 같다.

$$C^S=w\phi(y, K_a)+F_a=C^S(y, K_a)$$

일반적으로 단기의 총비용함수는 K의 사용량에 따라 달라지므로 다음과 같이 쓸 수 있다.

$$C^S=C^S(y, K)$$

산출량이 y이고 K가 가변요소라 가정할 때 최적의 자본사용량을 $K^*=K^*(y)$라 하자. 만약 단기에서도 산출량 y를 생산하는 데 최적의 $K^*(y)$를 사용한다면 장기와 단기의 총비용은 동일하다. 즉, 다음 식이 성립한다.

$$C(y)=C^S(y, K^*(y))$$

예를 들어 $K_a=K^*(y_a)$라 가정하면

$$C(y_a)=C^S(y_a, K^*(y_a))=C^S(y_a, K_a)$$

가 성립한다. 그러나 K_a는 여타의 산출량 수준에서는 최적의 자본사용량이 아니므로, $y\neq y_a$인 경우 단기의 총비용이 장기의 총비용보다 크다. 즉, $y\neq y_a$

일 때

$$C(y) < C^S(y,\ K_a)$$

가 성립한다. 이를 그린 것이 [그림 21-3]이다.

같은 논리로 $K_b = K^*(y_b)$라 하면 y_b에서는

$$C(y_b) = C^S(y_b,\ K_b)$$

가 성립하지만, $y \neq y_b$이면

$$C(y) < C^S(y,\ K_b)$$

이다. $F_b = rK_b$라 하면 $C^S(y,\ K_b)$ 곡선은 절편이 F_b이고 $C(y)$ 곡선과 산출량 y_b 수준에서 접한다. K의 사용량을 연속적으로 변화시키면 무수히 많은 단기의 총비용곡선을 그릴 수 있고 장기의 총비용곡선은 단기의 총비용곡선의 포락선이 된다.

장기와 단기의 총비용의 관계식

$$C(y) = C^S(y,\ K^*(y))$$

그림 21-3 **장기의 총비용과 단기의 총비용과의 관계**

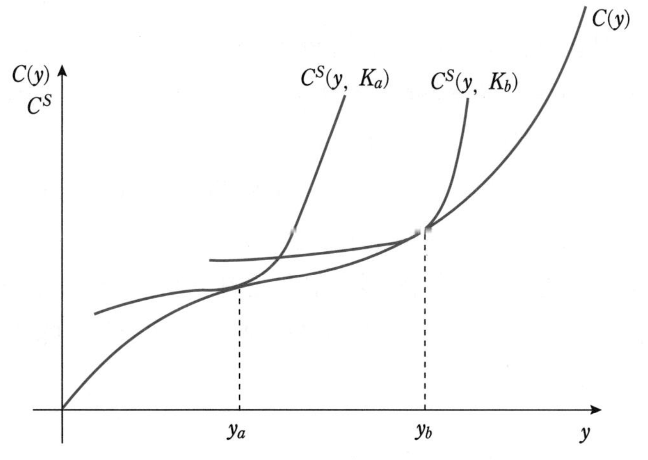

를 산출량 y로 나누면 장기의 평균비용($LAC(y)$)과 단기의 평균비용($SAC(y, K^*(y))$)과의 관계식을 얻는다.

$$\frac{C(y)}{y}=\frac{C^S(y,\ K^*(y))}{y} \quad \text{또는} \quad LAC(y)=SAC(y,\ K^*(y))$$

예를 들어 $K_a=K^*(y_a)$라 가정하면

$$\frac{C(y_a)}{y_a}=\frac{C^S(y_a,\ K_a)}{y_a} \quad \text{또는} \quad LAC(y_a)=SAC(y_a,\ K_a)$$

가 성립한다. 그러나 K_a는 여타의 산출량 수준에서는 최적의 자본사용량이 아니므로, $y\neq y_a$인 경우에는 단기의 평균비용($SAC(y, K_a)$)이 장기의 평균비용($LAC(y)$)보다 크다. 즉 $y\neq y_a$일 때

$$LAC(y)=\frac{C(y)}{y}<\frac{C^S(y,\ K_a)}{y}=SAC(y,\ K_a)$$

가 성립한다. 같은 논리로 $K_b=K^*(y_b)$라 하면

$$LAC(y_b)=SAC(y_b,\ K_b)$$

가 성립하지만, $y\neq y_b$이면

$$LAC(y)<SAC(y,\ K_b)$$

가 성립한다. 즉, $SAC(y, K_b)$와 $SAC(y, K_b)$ 곡선은 $LAC(y)$ 곡선과 각각 y_a와 y_b 수준의 산출량에서 접하지만 여타 산출량 수준에서는 $LAC(y)$ 곡선보다 위에 있다([그림 21-4] 참조).

K의 사용량을 변화시키면 무수히 많은 단기의 평균비용곡선을 그릴 수 있고, 장기의 평균비용곡선은 단기의 평균비용곡선의 포락선이 된다. 또한 $K=K^*(y)$일 때 단기 총비용곡선과 장기 총비용곡선이 접하므로 기울기는 동일하여(즉, 장기의 한계비용(LMC)과 단기의 한계비용(SMC)이 동일하여) 다음 식이 성립한다.

그림 21-4 **장기의 평균비용과 단기의 평균비용과의 관계**

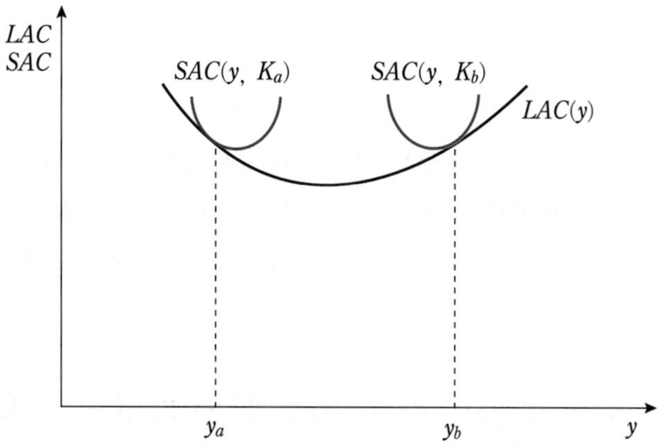

$$\frac{dC(y)}{dy}=\frac{\partial C^S(y,\ K)}{\partial y}\bigg|_{K=K^*(y)}$$

특히 $K=K_a$일 때

$$C(y_a)=C^S(y_a,\ K_a)$$

그림 21-5 **장기의 한계비용과 단기의 한계비용과의 관계**

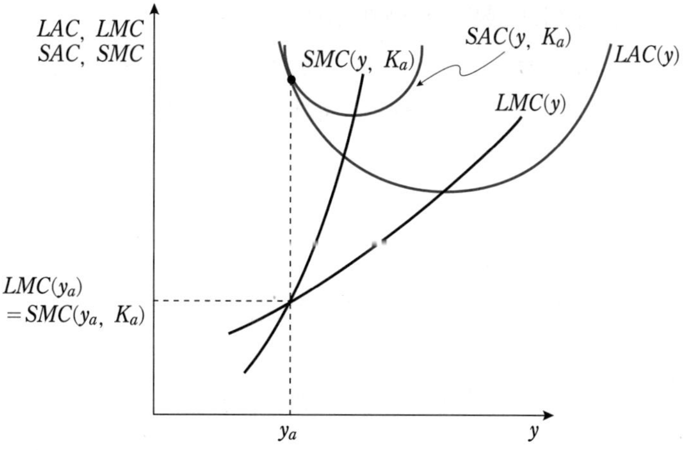

이므로 y_a에서 장기와 단기의 한계비용이 동일하다. 즉,

$$\frac{dC(y_a)}{dy}=\frac{\partial C^S(y_a,\ K_a)}{\partial y}$$

이다.

그러나 [그림 21-5]에서 알 수 있는 바와 같이 산출량 y_a에서 장기와 단기의 한계비용은 동일하지만($LMC(y_a)=SMC(y_a,\ K_a)$), 장기의 한계비용곡선은 단기의 한계비용곡선들의 포락선은 아님에 유의할 필요가 있다.

21.5 강오목함수와 불확실성하에서의 선택

복권 1장을 1,000원에 살 때는 이 복권이 1등에 당첨되어 10억원의 행운을 가져다 줄 것인지, 1,000원의 상금으로 본전을 할지, 또는 휴지가 될지 알 수 없는 상황에서 복권을 사는 의사결정을 한다. 또한 자동차보험에 가입하는 경우에도 무사고로 보험료만 없애는 결과를 가져올지 혹은 사고가 발생하여 보험처리를 하게 되는 상황이 발생할지 모르는 상황에서 자동차보험에 가입한다. 이와 같이 현실에서는 어떤 선택으로부터 여러 상황이 전개될 수 있고, 개인은 어떤 상황이 전개될지 모르는 채 선택하는 경우가 있는데 이를 불확실성하의 선택이라 한다.

n가지의 상황들 $s_1,\ s_2,\ \cdots,\ s_n$이 존재하는 경우를 생각해보자. s_i의 상황이 확률 p_i로 발생한다고 하자. 확률 p_i로 c_i의 상금을 받는 복권을 다음과 같이 표시하자.

$$C=[(p_1,\ c_1),\ (p_2,\ c_2),\ \cdots,\ (p_n,\ c_n)]$$

복권 C는 확률변수이고 그 기댓값을 $E[C]=\bar{c}$라 하면

$$\bar{c}=\sum_{i=1}^{n}p_ic_i \quad (\text{단},\ \sum_{i=1}^{n}p_i=1,\ p_i\geq 0)$$

공정한 동전 하나를 뒷면이 나올 때까지 계속 던진다고 하자. 만약 첫 번째 시행에서 뒷면이 나오면 1만원을 받고, 두 번째에서 나오면 2만원, n 번째에 나오면 2^{n-1}만원을 받는다면 이 도박의 기대 금액은 얼마인가?

$p_i=\left(\frac{1}{2}\right)^i$, $c_i=2^{i-1}$이므로 기대금액 $\bar{c}$는 다음과 같다.

$$\bar{c}=\sum_{i=1}^{\infty}p_ic_i=\frac{1}{2}\cdot 1+\frac{1}{4}\cdot 2+\frac{1}{8}\cdot 4+\cdots$$
$$=\frac{1}{2}(1+1+1+1+\cdots)=\infty$$

이 도박의 상금의 기댓값은 무한대임에도 불구하고, 이 도박에 거금을 거는 사람이 없다. 이 현상을 세인트 피터스버그의 역설(St. Petersburg paradox)이라 한다. 18세기의 수학자 다니엘 베르누이(Daniel Bernoulli)는 기대효용의 개념과 개인의 위험에 대한 태도가 위험회피적이라는 가정하에서 이 역설을 설명하였다.

폰 노이만과 모르겐스테른(von Neumann and Morgenstern)은 불확실성하에서의 선택기준은 기대효용임을 보였다. 기대효용은 각 상황의 확률에 그 상황이 발생했을 때 받는 상금의 효용을 곱하여 모두 합한 것이다.

예를 들어 복권 C

$$C=[(p_1,\ c_1),\ (p_2,\ c_2),\ \cdots,\ (p_n,\ c_n)]$$

의 기대효용 $E[U(C)]$는 다음과 같다.

$$E[U(C)]=\sum_{i=1}^{n}p_iu(c_i)$$

여기서 $u(c_i)$는 상금 c_i의 효용이다.

사람들의 위험에 대한 서로 다른 태도를 정의하기 위하여 공정한 복권을 정의하자. 복권 C가 있을 때 그 기대상금은

$$E(C)=\bar{c}=p_1c_1+p_2c_2+\cdots+p_nc_n$$

이다. 이 복권의 구매가격과 그 기대상금이 일치하면, 또는 기대상금에서

구매가격을 뺀 순기대상금이 0이면 그 복권은 공정하다고 한다.

사람들은 자신들의 기대효용을 극대화하는 과정에서 위험에 대한 서로 다른 태도를 보이게 된다. 공정한 복권을 구매하지 않는 것을 선호하는 개인은 공정한 복권에 포함된 위험을 싫어하므로 위험회피적이라 하고, 공정한 복권을 기꺼이 사는 사람은 위험선호적이라 한다. 또한 공정한 복권을 구매하는 것과 구매하지 않는 것을 똑같은 정도로 좋아하는 것을 위험중립적이라 한다.

예를 들어 다음과 같은 순기대상금이 0인 공정한 복권이 있다고 하자.

$$C=[(p,\ c_1),\ ((1-p),\ c_2)]$$
$$E(C)=pc_1+(1-p)c_2=0\quad (단,\ 0<p<1,\ c_1<0,\ c_2>0)$$

현재의 자산이 w인 사람이 이 공정한 복권을 사지 않으면 위험회피자가 될 것이다. 이러한 위험회피자의 효용함수는 어떠한 형태를 갖는가를 살펴보자.

복권을 사지 않는다면 이 사람의 기대효용은

$$E[U(w)]=u(w)$$

이며, 복권을 구입한다면,

$$E[U(w+C)]=pu(w+c_1)+(1-p)u(w+c_2)$$

이다. 위험회피적인 사람이 공정한 복권을 구입하지 않는다는 것은

$$u(w)>pu(w+c_1)+(1-p)u(w+c_2)$$

임을 의미한다. 공정한 복권은

$$pc_1+(1-p)c_2=0\quad (단,\ 0<p<1)$$

이므로

$$u(w)=u(w+pc_1+(1-p)c_2)=u(p(w+c_1)+(1-p)(w+c_2))$$

그림 21-6 강오목효용함수

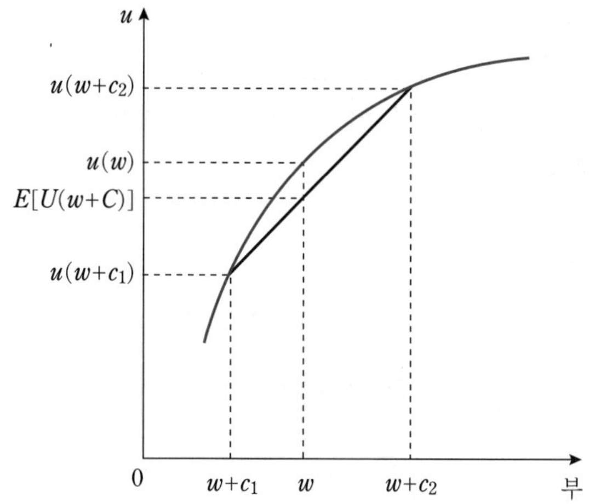

이다. 즉, 위험회피적인 사람의 효용함수는

$$u(p(w+c_1)+(1-p)(w+c_2))>pu(w+c_1)+(1-p)u(w+c_2)$$

(단, $0<p<1$)

이다. 위의 식은 효용함수가 강오목함수일 때의 정의이다([그림 21-6] 참조).

역으로 강오목효용함수를 갖는 사람이 공정한 복권을 사지 않는다는 것(위험회피적이라는 것)을 젠슨의 부등식(14.5 참조)을 사용하여 보일 수 있다.

$u(w)$이 강오목함수이고 X가 확률변수이면

$$u(E(X))>E[u(X)]$$

이다. $X=w+C$ (단, $E(C)=0$)를 대입하면

$$u(E(w+C))=u(w)>E[u(w+C)]$$

이다.

정도의 차이는 있으나 많은 사람들은 위험회피적이다. $u(w)$가 정의되는

모든 영역에서 $u''(w)<0$이면 $u(w)$는 강오목효용함수가 되므로, 개인의 효용함수가 $u''(w)<0$을 가정하면 이 개인은 위험회피적 태도를 보인다.

예제 1

갑의 효용함수가 $u(w)=\ln w$일 때 세인트 피터스버그 도박의 기대효용을 구하라.

풀이

$u''(w)=-\dfrac{1}{w^2}<0$이므로 갑은 위험회피자이다.

이 도박의 기대효용을 v라 하면

$$
\begin{aligned}
v&=\sum_{n=1}^{\infty}\left(\frac{1}{2}\right)^n \ln 2^{n-1}\\
&=\ln 2\sum_{n=1}^{\infty}(n-1)\left(\frac{1}{2}\right)^n\\
&=\ln 2\left[\sum_{2}^{\infty}\left(\frac{1}{2}\right)^n+\sum_{3}^{\infty}\left(\frac{1}{2}\right)^n+\sum_{4}^{\infty}\left(\frac{1}{2}\right)^n+\cdots\right]\\
&=\ln 2\left(\frac{1}{2}+\frac{1}{4}+\frac{1}{8}+\cdots\right)\\
&=\ln 2
\end{aligned}
$$

즉, 위험회피자인 갑에게 이 도박은 확실한 상금으로 2만원에 불과하다.

위험회피적인 사람은 자동차 사고나 보유주택의 화재 등으로 불확실한 상황 때문에 발생하는 위험을 줄이는 노력의 하나로 보험상품을 구입한다.

예를 들어 위험회피자인 A는 시장가치가 w원인 주택을 가지고 있다고 하자. 화재가 발생하여 L원의 손실이 발생할 확률이 p라고 하자. 화재가 났을 때 q원을 주는 화재보험료는 πq라 하자. 또한 A는 피해액 범위 내에서 얼마든지 보험에 들 수 있다고 하자. q원의 보험금을 주는 보험증권은 다음과 같은 복권으로 생각할 수 있다.

$$C=[(p,\ (1-\pi)q),\ (1-p,\ -\pi q)]$$

A가 복권을 구입하기 전에는 소유한 주택은

$$W_0=[(p,\ w-L),\ (1-p,\ w)]$$

인 복권(위험성 자산)이다.

만약 화재보험에 가입하면 πq원의 보험료를 지급하고 q원 보험금을 받게 되어 p의 확률로 재산가치는 $w-L+(1-\pi)q$가 되고 $(1-p)$의 확률로 $w-\pi q$ 가 된다. 따라서 보험가입 후 A의 주택은

$$W=[(p,\ w-L+(1-\pi)q),\ (1-p,\ w-\pi q)]$$

인 복권이 된다. A의 효용함수 $u(x)$는 $u'>0$, $u''<0$일 때 기대효용을 극대화시키는 q를 구하는 문제를 생각해보자. 즉,

극 대 화: $E[U(W)]=pu(w-L+(1-\pi)q)+(1-p)u(w-\pi q)$
제약조건: $q\geq 0$

목적함수가 강오목함수이므로, 쿤-터커조건은 극대화를 위한 필요충분조건이 된다. 쿤-터커조건을 구하면

$$\frac{d}{dq}E[U(W)]=pu'(w-L+(1-\pi)q^*)(1-\pi)-(1-p)u'(w-\pi q^*)\pi\leq 0$$
$$q^*\cdot\frac{d}{dq}E[U(W)]=0$$
$$q^*\geq 0$$

이다.

만약 화재보험에 가입한다면 $q^*>0$이고, 상보적 여분성 조건에 의하여

$$pu'(w-L+(1-\pi)q^*)(1-\pi)-(1-p)u'(w-\pi q^*)\pi=0$$

또는

$$\frac{u'(w-\pi q^*)}{u'(w-L+(1-\pi)q^*)}=\frac{p(1-\pi)}{\pi(1-p)}$$

만약 화재보험회사가 $p=\pi$인 보험통계상 공정한 상품(보험회사의 이익이 0인 상품)을 판다면 다음이 성립한다.

$$u'(w-\pi q^*)=u'(w-L+(1-\pi)q^*)$$

u'는 강단조 감소함수($u''<0$)이므로

$$w-\pi q^*=w-L+(1-\pi)q^*$$

위의 식을 풀면

$$q^*=L$$

이다. 즉, 위험회피자인 A는 공정한 보험의 경우 손해에 대한 전액보험에 가입할 것이다.

만약 $\pi>p$이면

$$\frac{p(1-\pi)}{\pi(1-p)}<1$$

이므로

$$u'(w-L+(1-\pi)q^*)>u'(w-\pi q^*)$$

이다.

$u''<0$이므로 $u'(a)>u'(b)$이면 $a<b$이다.

따라서

$$w-L+(1-\pi)q^*<w-\pi q^*$$

또는

$$q^*<L$$

이 되어 불공정한 보험을 파는 경우 A가 위험회피적인 태도를 지녔다고 해도 손해에 대한 전액보험이 아닌 부분보험에 가입한다.

지금까지 $q^* > 0$인 것을 가정했으나 보험료가 터무니 없이 비싼 경우 (π가 p보다 매우 크다면) $q^* = 0$에서 쿤-터커조건이 성립하여 위험회피자일지라도 화재보험에 가입하지 않을 수 있다.

연습문제

1. 한 기업의 생산함수가 $q = AL^{\alpha}K^{\beta}$(단, α, $\beta > 0$, $\alpha + \beta < 1$)라고 가정하자. 또한 재화의 가격 및 생산요소 L과 K의 가격이 각각 p, p_e, p_k로 일정하다고 가정하자. 이윤극대화를 위한 1차필요조건 및 생산요소의 수요함수를 도출하라.

2. 소비자의 효용함수가 $u = x_1^2 x_2$이며, 재화 x_1과 재화 x_2의 가격이 각각 $p_1 = 4$, $p_2 = 5$라고 하자. 또한 소득은 $I = 120$으로 일정할 때 효용극대화를 위한 재화의 구입량을 결정하라.

3. 11.3의 예제 9를 라그랑지함수를 사용하여 풀어라.

4. 독점기업이 두 시장을 분리할 수 있다고 가정하자. 각 시장의 수요함수는 다음과 같다.

$$q_1 = 32 - 0.4p_1$$
$$q_2 = 18 - 0.1p_2$$

또한 비용함수는

$$TC = 50 + 40q$$

라고 가정했을 때 이윤극대화를 위한 q_1^*, q_2^*, p_1^* 및 p_2^*를 구하라. 또한 q_1^* 및 q_2^*에서 수요의 가격탄력도를 구하여, 수요의 탄력도가 작은 시장에서 보다 높은 가격이 책정되는 것을 보여라.

5. 한 기업이 직면한 역수요함수와 비용함수가 아래와 같다.

$p=100-4q$ (역수요함수)

$TC=50+20q$ (비용함수)

이 기업의 목표가 최저이윤수준 $\pi_0=334$ 이상의 범위에서 총수입극대화에 있다고 할 때 산출량을 결정하라.

제22장_ 미분방정식
제23장_ 정차방정식
제24장_ 경제학에의 응용

제4부

미분방정식과 정차방정식

제22장

미분방정식

22.1 미분방정식의 분류와 해

미분방정식(differential equation)이란 한 개 또는 그 이상의 미분이나 도함수를 포함하는 방정식을 말한다. 미분방정식은 독립변수의 수, 계수(order), 차수(degree), 선형(linear) 또는 비선형(nonlinear) 및 동차(homogeneous) 또는 비동차(nonhomogeneous) 등의 기준에 따라 여러 가지로 분류된다.

한 개의 독립변수를 포함하는 미분방정식을 상미분방정식이라 하고, 독립변수가 두 개 이상이 되어 편도함수를 포함하는 미분방정식을 편미분방정식이라 한다. 이 책에서는 상미분방정식만 다루기로 한다. 따라서 상미분방정식을 단순히 미분방정식이라 부르기로 한다.

주어진 미분방정식에 포함된 도함수 중에서 가장 높은 차수가 n차일 때 이 미분방정식을 $\boldsymbol{n}$계미분방정식이라 한다. 또 주어진 n계미분방정식의 각 도함수에 관한 다항식을 0으로 놓은 꼴로 표시했을 때 n차도함수의 차수가 k차이면 이 미분방정식을 $\boldsymbol{n}$계 $\boldsymbol{k}$차미분방정식이라 한다.

미분방정식이 종속변수와 그 도함수에 관해서 1차일 때 선형미분방정식이라 하고 그렇지 않은 경우를 비선형미분방정식이라 한다. 특히 선형의 미분방정식에서 상수항이 0인 미분방정식을 동차미분방정식이라 하고, 0이 아닌 미분방정식을 비동차미분방정식이라 한다.

예를 들어

$$\left(\frac{d^4y}{dt^4}\right)^2+\left(\frac{d^2y}{dt^2}\right)^{10}+t\frac{dy}{dt}=t \text{ 또는 } (y^{(4)}(t))^2+(y''(t))^{10}+ty'(t)=t$$

로 주어진 미분방정식은 독립변수가 t 하나뿐이므로 상미분방정식이 된다. 이 미분방정식에 포함된 도함수 중에서 가장 높은 차수가 4차도함수이고, 4차도함수의 차수가 2차이므로 4계 2차미분방정식이 된다. 물론 주어진 미분방정식은 종속변수와 그 도함수에 관해서 1차가 아니므로 비선형미분방정식이다. 반면에 $a_i(i=1, 2, \cdots, n)$와 b가 상수일 때

$$y^{(n)}(t)+a_1y^{(n-1)}(t)+\cdots+a_{n-1}y'(t)+a_ny=b$$

로 주어지는 미분방정식을 n계 1차미분방정식이며 종속변수와 그 도함수에 관하여 1차이므로 n계선형미분방정식이 된다. 만약 $b=0$이면 주어진 미분방정식은 상수계수의 동차선형미분방정식이 되고 $b\neq0$이면 상수계수의 비동차선형미분방정식이 된다.

주어진 미분방정식을 만족시키는 독립변수와 종속변수와의 관계식을 그 미분방정식의 해라 하며, 이 해를 구하는 것을 미분방정식을 푼다고 말한다.

예제 1

$y(t)=At+c_1$(단, A와 c_1은 상수)은 미분방정식 $y'(t)=A$의 해임을 보여라.

풀이

$y'(t)=A$가 되므로 $y(t)=At+c_1$은 미분방정식 $y'(t)=A$의 해가 되는 것을 알 수 있다. 이렇게 간단한 형태의 미분방정식의 해는 적분을 하면 얻을 수 있다.

예제 2

$y(t)=c_1e^t+c_2e^{-2t}+t^2+t$는 미분방정식 $y''(t)+y'(t)-2y(t)=3-2t^2$의 해임을 보여라(단, c_1과 c_2는 상수).

풀이

$$y'(t)=c_1e^t-2c_2e^{-2t}+2t+1$$
$$y''(t)=c_1e^t+4c_2e^{-2t}+2$$

$y'(t)$와 $y''(t)$를 주어진 미분방정식에 대입하면,

$$y''(t)+y'(t)-2y(t)=(c_1e^t+4c_2e^{-2t}+2)+(c_1e^t-2c_2e^{-2t}+2t+1)$$
$$-2(c_1e^t+c_2e^{-2t}+t^2+t)=3-2t^2$$

이 되므로 $y(t)=c_1e^t+c_2e^{-2t}+t^2+t$는 주어진 미분방정식의 해가 된다.

예제 1에서 알 수 있는 것과 같이 부정적분을 구하는 것은 가장 간단한 형태의 미분방정식을 푸는 것이 된다. 만약 2 계미분방정식이 $y''(t)=A$로 주어졌다면 그 해는 적분을 두 번 반복하면 얻을 수 있다. $y''(t)=A$의 해

$$y(t)=\frac{1}{2}At^2+c_1t+c_2$$

는 임의의 상수 c_1과 c_2를 포함한다. c_1과 c_2가 임의의 상수이므로 미분방정식의 해는 무수히 많다. 위와 같이 임의의 상수를 사용하여 무수히 많은 해를 일반적으로 나타낸 해를 일반해(general solution)라 하고, 임의의 상수에 특정한 값을 대입한 해를 특수해(particular solution)라 한다.

예를 들어 $y(t)=3e^t+4e^{-2t}+t^2+t(c_1=3,\ c_2=4)$는 예제 2에서 주어진 미분방정식 $y''(t)+y'(t)-2y(t)=3-2t^2$의 특수해가 된다. 이러한 특수해는 미분방정식 이외에 추가적인 조건이 주어질 때 얻을 수 있다. 이러한 조건을 초기조건이라 한다.

미분방정식 $y^{(n)}(t)=A$의 일반해가 n개의 임의의 상수를 갖게 되듯이, 일반적으로 n계미분방정식의 일반해는 n개의 임의의 상수를 갖게 되고, n개의 초기조건이 주어지면 하나의 특수해를 얻게 된다.

미분방정식이 비선형이며 계수가 상수가 아닌 경우에는, 비록 해가 존재한다는 것을 알고 있다고 해도 해를 구할 수 없는 경우가 많다. 반면에 상수계수의 선형미분방정식은 언제나 해를 구할 수 있기 때문에 실제적인 응용면에서 상수계수의 선형미분방정식이 많이 사용된다.

물론, 경제현상을 반드시 선형의 미분방정식으로 표현할 수 있는 것은 아니므로 상수계수의 선형미분방정식을 사용하여 경제동학의 문제를 분석하는 것이 일반적으로 적합한 것은 아니다. 그러나 상수계수의 선형미분방정식은 언제나 해를 구할 수 있다는 장점을 갖고 있을 뿐 아니라, 비선형미분방정식의 1차근사식은 상수계수의 선형미분방정식으로 변환되므로 분석의 단순화를 위해 상수계수의 선형미분방정식이 널리 사용된다. 따라서 이 책에서는 상수계수의 선형미분방정식을 중심으로 그 해법을 알아보며, 비선형미분방정식은 1계1차비선형미분방정식의 특별한 경우로 제한하여 그 해법을 설명한다.

22. 2 상수계수의 1 계선형미분방정식

1계선형미분방정식에는 종속변수 y와 도함수 $\frac{dy}{dt}$가 1차로만 나타나야 하므로 $y\cdot\frac{dy}{dt}$와 같은 곱의 형태는 나타나지 않는다. 따라서 1계선형미분방정식의 일반형은 다음과 같다.

$$\frac{dy}{dt}+a(t)y=b(t) \text{ 또는 } y'+a(t)y=b(t) \tag{1}$$

상수계수의 1계선형미분방정식은 $a(t)$를 상수라 가정하여 얻을 수 있다.

$$\frac{dy}{dt}+ay=b(t) \tag{2}$$

특히 $b(t)=0$이라 가정하면 가장 단순한 형태의 1계선형미분방정식을 얻게 된다.

$$\frac{dy}{dt}+ay=0 \tag{3}$$

식 (3)을 식 (2)에 대응하는 동차식이라 부르기로 하자.

먼저 식 (3)으로 주어진 미분방정식의 해를 구해 보자. 식 (3)을 변형하면

$$\frac{dy}{dt} = -ay$$

가 된다. 따라서 어떤 함수의 도함수가 그 자신에 상수 $-a$를 곱한 것이 되는 함수를 찾는 것이 주어진 미분방정식의 해를 구하는 것이 된다. 이를 위해 $a=-1$이라는 특별한 경우를 가정하면

$$\frac{dy}{dt} = y \text{ 또는 } y' = y$$

가 된다. 우리는 미분법을 배울 때 그 도함수가 자신과 같게 되는 함수는 e^t 뿐이라는 것을 이미 알고 있다. 이 결과는 $e^{\lambda t}$형의 함수가 식 (3)의 해가 될 수 있는 가능성을 암시한다. 물론 λ는 결정되어야 하는 상수이다. $e^{\lambda t}$가 해라고 가정하고 식 (3)에 대입하면

$$\frac{dy}{dt} + ay = \lambda e^{\lambda t} + ae^{\lambda t} = e^{\lambda t}(\lambda + a) = 0$$

만약 $e^{\lambda t}$가 식 (3)의 해라면 위의 식은 모든 t에 대해서 성립하여야 한다. 이것이 성립하기 위한 필요충분조건은

$$\lambda + a = 0 \tag{4}$$

이 된다. 식 (4)를 식 (3)의 보조방정식이라 한다. 식 (4)로부터 $\lambda=-a$가 되므로 구하는 해는 $y(t)=e^{-at}$가 된다.

한 가지 중요한 사실은 동차미분방정식의 경우에는 일반적으로 $y(t)$가 미분방정식의 해라면 임의의 상수 c를 곱해준 $cy(t)$도 해가 된다는 것이다. 왜냐하면 $y(t)$가 식 (3)의 해라 가정하면 $cy(t)$ 역시 식 (3)을 만족시키기 때문이다. 따라서 우리가 구하는 일반해는

$$y(t) = ce^{-at}$$

가 된다.

식 (3)의 해를 또다른 방법으로 구할 수 있다. 식 (3)을

$$\frac{\frac{dy}{dt}}{y}=-a$$

로 변형한 후 양변을 적분하면 다음을 얻는다.

$$\ln y=-at+A(A\text{는 임의의 상수})$$

즉,

$$y(t)=e^{-at+A}=e^{A}e^{-at}=ce^{-at} \quad (e^{A}\equiv c)$$

특수해를 구하기 위해서는(c값을 결정하기 위해서는) 초기조건이 필요하다. $t=0$일 때 y가 $y(0)$의 값을 갖는다면 $y(0)=c$가 되어 특수해는 아래와 같다.

$$y(t)=y(0)\,e^{-at}$$

이제, $b(t)\neq 0$이라 가정하고 식 (2)로 주어지는 상수계수의 비동차선형미분방정식의 해법에 대해서 알아보자. 일반적으로 비동차선형미분방정식의 일반해는 주어진 비동차선형미분방정식에 대응하는 동차식의 일반해(이를 여함수(complementary function)라 부른다)와 비동차선형미분방정식을 만족시키는 임의의 함수(이를 특수적분(particular integral)이라 부른다)의 합으로 표시된다는 사실이 알려져 있다(22. 3 참조). 즉, 비동차선형미분방정식의 일반해 $y(t)$는 여함수 y_c와 특수적분 y_p의 합으로 표시된다. 물론 $a(t)$가 상수인 특수한 경우인 상수계수의 비동차선형미분방정식의 일반해도 아래와 같이 표시된다.

$$y(t)=y_c+y_p$$

위의 사실로부터 비동차선형미분방정식의 일반해를 구하는 절차를 다음과 같이 요약할 수 있다. 먼저 $b(t)=0$으로 놓고 동차식의 일반해를 구한 후 특수적분을 구하여 동차식의 일반해와 특수적분을 합한다.

우리는 이미 동차식의 일반해를 구하는 방법을 알고 있으므로 상수계수의 비동차선형미분방정식의 일반해는 특수적분만 구하면 얻을 수 있게 된다. 특수적분은 일반적으로 $b(t)$의 형태에 달려 있다. 특수적분을 구하는 방법으로는 미정계수법이 있다.

미정계수법은 어떤 식 $y_p=u(t)$를 특수적분으로 가정하고 이것을 미분방정식에 대입하여 계수를 결정함으로써 특수적분을 구하는 방법이다. 일반적으로, $u(t)$는 $b(t)$와 형태는 동일하되 함수의 계수는 미정인 형태를 취한다.

$b(t)$의 가장 단순한 형태는 $b(t)$가 상수인 경우이다. $b(t)$가 상수라면 식 (2)는 다음과 같이 된다.

$$\frac{dy}{dt}+ay=b \tag{5}$$

특수적분으로 b와 같은 형태인 $y_p=u(t)=u$(단, u는 상수)를 시도해 보자. u를 식 (5)에 대입하면,

$$0+au=b$$

$$u=\frac{b}{a}\ (a\neq 0).$$

따라서 식 (5)의 일반해는

$$y(t)=y_c+y_p=ce^{-at}+\frac{b}{a}\ (a\neq 0).$$

물론, $a=0$이면 $y_p=u$형을 사용할 수 없다. 일반적으로 가장 단순한 형을 시도하여 실패하면 실패한 함수에 t를 곱해 주어 다시 시도해 본다. $y_p=ut$로 놓고 다시 시도해 보면

$$\frac{dy}{dt}+0y=u=b\ (\because\ a=0)$$

즉, $y_p=bt$이고 $y_c=ce^{-0t}=c$이므로 구하는 일반해는

$$y(t)=bt+c$$

가 된다.

$a=0$일 때 식 (5)는

$$\frac{dy}{dt}=b$$

가 되어 양변을 적분하면 일반해 $y(t)=bt+c$를 더욱 쉽게 구할 수 있다. 그러나, 여기서 강조하고자 하는 것은 일반적인 원칙을 적용하여 어떻게 특수한 경우의 해를 구할 수 있는가를 보여주는 데 있으므로 앞에서와 같이 더욱 복잡한 과정을 밟았을 뿐이다.

예제 3

$\frac{dy}{dt}+2y=1+t$를 풀어라.

풀이

y_c를 구하기 위해 우변을 0으로 놓으면 $y_c=ce^{-2t}$. y_p를 구하기 위해 $y_p=\alpha+\beta t$라 하고 주어진 미분방정식에 대입하면,

$$\frac{dy}{dt}+2y=\beta+2(\alpha+\beta t)=\beta+2\alpha+2\beta t=1+t$$

모든 t에 관해서 위의 식이 성립하기 위해

$$2\alpha+\beta=1$$
$$2\beta=1$$

두 식을 동시에 풀면 $\alpha=\frac{1}{4}$, $\beta=\frac{1}{2}$이 되므로 $y_p=\frac{1}{4}+\frac{1}{2}t$
따라서 일반해는 다음과 같다.

$$y(t)=y_c+y_p=ce^{-2t}+\frac{1}{2}t+\frac{1}{4}$$

우리의 주된 관심사는 a와 b가 상수인 상수계수와 상수항을 갖는 비동차 선형미분방정식이므로 이 경우의 시간경로를 알아보자. 주어진 미분방정식

이 아래와 같다고 하자.

$$\frac{dy}{dt}+ay=b \quad (a\neq 0,\ b\neq 0,\ t=0\text{일 때 } y\text{는 } y(0))$$

주어진 미분방정식의 일반해는

$$y(t)=ce^{-at}+\frac{b}{a}$$

이고 특수해는 $y(0)=\frac{b}{a}+c$로부터 $c=y(0)-\frac{b}{a}$를 대입하면

$$y(t)=\left[y(0)-\frac{b}{a}\right]e^{-at}+\frac{b}{a}$$

를 얻는다.

t를 시간이라 할 때 함수 $y(t)$의 시간경로는 파라미터 a에 달려 있다. 만약 $a<0$이면 e^{-at}는 단조증가하므로 $\left(y(0)-\frac{b}{a}\right)$가 음 혹은 양인가에 따라 $t\to\infty$일 때 $y(t)$는 $-\infty$ 또는 $+\infty$가 되어 발산한다. 반면에, $a>0$이면 e^{-at}는 단조감소하게 되어 $y(t)$는 $t\to\infty$일 때 $\frac{b}{a}$에 수렴한다.

22.3 상수계수와 상수항을 갖는 고계선형미분방정식

n계선형미분방정식의 일반형은 다음과 같다(단, $a_0(t)\neq 0$).

$$a_0(t)y^{(n)}(t)+a_1(t)y^{(n-1)}(t)+\cdots+a_{n-1}(t)y'(t)+a_n(t)y(t)=b(t) \quad (1)$$

만약 $a_i(t)(i=0,\ 1,\ \cdots,\ n)$ 및 $b(t)$가 상수이면 상수계수와 상수항을 갖는 n계선형미분방정식이 되며 그 일반형은 아래와 같다.

$$a_0y^{(n)}(t)+a_1y^{(n-1)}(t)+\cdots+a_{n-1}y'(t)+a_ny(t)=b \quad (a_0\neq 0) \qquad (2)$$

미분방정식을 표기하는 또다른 방법은 미분연산자를 사용하는 것이다.

미분연산자를 사용하면 미분방정식의 표기가 간편할 뿐 아니라 미분방정식의 해를 구하는 데 소요되는 시간이 절약된다는 장점이 있다.

연산자 D를 t에 관한 도함수를 구하라는 의미로 정의하면 y가 t의 함수일 때 D, D^2, $\cdots$, D^n은 각각 다음을 의미한다.

$$Dy \equiv \frac{dy}{dt},\ D^2y \equiv \frac{d^2y}{dt^2},\ \cdots,\ D^ny \equiv y^{(n)},\ D^0y \equiv 1y \equiv y.$$

특히 D에 관한 다항식으로 된 연산자를

$$L(D) = a_0D^n + a_1D^{n-1} + \cdots + a_n \ (\text{단, } a_0, \cdots, a_n\text{은 상수})$$

라 하면

$$\begin{aligned} L(D)y &= a_0D^ny + \cdots + a_{n-1}Dy + a_ny \\ &= a_0y^{(n)} + \cdots + a_{n-1}y' + a_ny \end{aligned}$$

로 정의한다. 여기서 D에 관한 다항식 $L(D)$를 선형미분연산자라 한다.

또한 $L_1(D)$와 $L_2(D)$가 두 개의 선형미분연산자라 하면 그들의 합과 곱은 다음과 같이 정의한다.

$$\begin{aligned} (L_1 + L_2)y &= L_1y + L_2y \\ L_1L_2y &= L_1(L_2y) \end{aligned}$$

선형미분연산자는 기본적인 대수법칙을 만족시키므로 덧셈, 곱셈, 인수분해, 괄호를 넣거나 빼는 데 있어서 통상적인 다항식과 똑같이 취급할 수 있다. 따라서 다음이 성립한다.

$$\begin{aligned} (D^2 + 3D - 4)y &= (D+4)(D-1)y \\ &= (D-1)(D+4)y \end{aligned}$$

선형미분연산자를 사용하면 식 (2)는 다음과 같이 간결하게 표현된다.

$$L(D)y = b$$

고계미분방정식의 해법은 2계미분방정식의 해법의 확장에 불과하므로 2계미분방정식의 해법을 중심으로 논의한 후 그 해법을 n계미분방정식의 경우로 확장하기로 하자.

2계미분방정식의 해법을 살펴보기 전에 동차 n계선형미분방정식에 관련된 정리를 소개한 후 비동차 n계선형미분방정식의 일반해는 여함수와 특수적분의 합으로 표현될 수 있다는 것을 보이기로 하자.

일반적으로 동차 n계선형미분방정식의 한 해가 y_1이면 이 해에 상수 c를 곱한 cy_1도 해가 된다. 그 이유는

$$L(D)(cy_1)=cL(D)y_1$$

이므로, $L(D)y_1=0$이면 $L(D)(cy_1)=0$이 성립하기 때문이다.

정리 22-3-1

y_1, y_2, $\cdots$, y_n이 동차 n계선형미분방정식의 해이면 이들의 선형결합

$$w=c_1y_1+c_2y_2+\cdots+c_ny_n$$

도 해가 된다. 여기서 c_1, c_2, $\cdots$, c_n은 임의의 상수이다.

증 명

동차 n계선형미분방정식을

$$L(D)y=(a_0(t)D^n+a_1(t)D^{n-1}+\cdots+a_{n-1}(t)D+a_n)y=0$$

으로 표시하자. y_1, y_2, $\cdots$, y_n이

$$L(D)y=0$$

의 해이므로

$$L(D)y_i=0 \quad (i=1,\ 2,\ \cdots,\ n)$$

따라서 다음 식이 성립하므로 w도 $L(D)y=0$의 해가 된다.

$$L(D)w=L(D)(c_1y_1+c_2y_2+\cdots+c_ny_n)$$
$$=c_1L(D)y_1+c_2L(D)y_2+\cdots+c_nL(D)y_n=0 \qquad \text{Q.E.D.}$$

n계미분방정식의 일반해는 n개의 독립인 임의의 상수를 포함하므로 y_1, y_2, …, y_n이 1차독립인 특수해들이고,[1] c_1, c_2, …, c_n이 임의의 상수일 때

$$y_c=c_1y_1+c_2y_2+\cdots+c_ny_n$$

은 동차 n계선형미분방정식의 일반해가 된다. 식 (1)의 특수적분을 y_p라 하면

$$L(D)(y_c+y_p)=L(D)y_c+L(D)y_p=0+b(t)=b(t)$$

이므로 y_c+y_p는 식 (1)의 일반해가 된다. 즉, 비동차 n계선형미분방정식의 일반해는 동차 n계선형미분방정식의 일반해(=여함수) y_c와 특수적분 y_p의 합이다.

상수계수와 상수항을 갖는 2계선형미분방정식의 일반형은 아래와 같다.

$$y''(t)+a_1y'(t)+a_2y=b \tag{3}$$

또는

$$(D^2+a_1D+a_2)y=b \tag{3'}$$

특히, $y''(t)$의 계수가 1이 아닌 경우에는 $y''(t)$의 계수로 양변을 나누면 항상 위와 같은 일반형을 얻게 된다.

앞에서 설명한 방법으로 주어진 미분방정식의 일반해를 구하자. $b=0$이면 위의 미분방정식은 동차미분방정식이 되고, $b\neq0$이면 비동차미분방정식

---

1) n개의 함수 $f^1(x)$, …, $f^n(x)$로 이루어진 다음 식을 생각해 보자.

$$a_1f^1(x)+a_2f^2(x)+\cdots+a_nf^n(x)=0$$

어떤 구간에서 위의 식을 항등적으로 성립시키는 모두가 0은 아닌 상수 a_1, …, a_n이 존재할 때, $f^1(x)$, $f^2(x)$, …, $f^n(x)$는 그 구간에서 1차종속이라 하고, 어떤 구간에서 $a_1=a_2=\cdots=a_n=0$일 때만 위의 식이 항등적으로 성립할 때, $f^1(x)$, $f^2(x)$, …, $f^n(x)$는 그 구간에서 1차독립이라 한다.

이 된다. 비동차선형미분방정식의 일반해는 동차식의 일반해, 즉 여함수 y_c와 특수적분 y_p의 합으로 표시되므로 비동차선형미분방정식의 일반해를 구하는 과정에서 동차미분방정식의 일반해는 부수적으로 구하게 된다. 따라서 중복을 피하기 위해 $b \neq 0$이라 가정하고 주어진 미분방정식의 일반해를 구하자.

먼저, 특수적분을 구하기 위해 가장 간단한 형태의 해를 시도해 보자. $y_p = u$라는 상수를 가정하여 미분방정식에 대입하면, $y''(t) = y'(t) = 0$이므로 다음과 같은 특수적분을 얻을 수 있다.

$$y''(t) + a_1 y'(t) + a_2 y(t) = a_2 u = b$$

$$y_p = u = \frac{b}{a_2} \quad (a_2 \neq 0).$$

만약, $a_2 = 0$이면 $\frac{b}{a_2}$가 존재할 수 없으므로 $y_p = ut$를 시도해 본다. $y_p = ut$를 식 (3)에 대입하면

$$y'' + a_1 y' + 0y = a_1 u = b \quad (\because a_2 = 0)$$

$u = \frac{b}{a_1}$가 되므로

$$y_p = \frac{b}{a_1} t \quad (a_2 = 0,\ a_1 \neq 0).$$

만약, $a_1 = a_2 = 0$이면 $y_p = \frac{b}{a_1} t$도 얻을 수 없으므로 $y_p = ut$형도 특수적분으로 적합하지 않게 된다. 이 경우에는 $y_p = u(t) = ut^2$을 시도해 본다. $y_p = ut^2$을 식 (3)에 대입하면

$$y'' + 0y' + 0y = 2u = b \quad (\because a_1 = a_2 = 0)$$

$u = \frac{b}{2}$이므로

$$y_p = \frac{b}{2} t^2 \quad (a_1 = a_2 = 0).$$

이제 식 (3)의 여함수 y_c를 구하자. 식 (3)에 대응하는 동차식은 $b = 0$으로

놓으면 된다.

$$y'' + a_1 y' + a_2 y = 0 \tag{4}$$

또는

$$(D^2 + a_1 D + a_2)y = 0 \tag{4'}$$

미지의 함수 $y(t)$가 어떤 형일 때 식 (4)를 만족시킬 것인가를 생각해 보자. 물론 주어진 미분방정식의 형태를 보고 직관적으로 알 수는 없지만, 1계미분방정식의 여함수를 구할 때 얻은 경험으로 미루어 보아 미지의 함수 $y(t)$가 1계미분방정식의 여함수와 같은 형일지도 모른다고 유추해 볼 수 있다. 따라서 $e^{\lambda t}$형을 시도해 보자.

$y(t) = e^{\lambda t}$를 식 (4)에 대입하면 $(y'(t) = \lambda e^{\lambda t},\ y''(t) = \lambda^2 e^{\lambda t})$,

$$\lambda^2 e^{\lambda t} + a_1 \lambda e^{\lambda t} + a_2 e^{\lambda t} = e^{\lambda t}(\lambda^2 + a_1 \lambda + a_2) = 0 \tag{5}$$

$e^{\lambda t}$가 식 (4)의 해가 되기 위해서는 모든 t값에 대하여 식 (5)가 성립해야 된다. 이것이 가능할 수 있는 필요충분조건은

$$\lambda^2 + a_1 \lambda + a_2 = 0 \tag{6}$$

식 (6)을 식 (5)의 보조방정식이라고 한다. 그런데 이 보조방정식은 선형미분연산자로 표기한 미분방정식 (4′)에서 y가 없다고 생각한 후 D를 λ로 바꾸면 쉽게 얻을 수 있는 점에 유의하자.

보조방정식 식 (6)으로부터 두 개의 근을 구할 수 있다.

$$\lambda_1,\ \lambda_2 = \frac{-a_1 \pm \sqrt{a_1^2 - 4a_2}}{2}$$

식 (5)의 일반해는 $a_1^2 - 4a_2$의 부호에 따라 세 가지 형태로 분류된다. 즉, λ_1과 λ_2가 서로 다른 실근인 경우, 중근인 경우 및 허근인 경우가 있는데 이들 각각의 경우를 살펴보자.

(1) 두 개의 서로 다른 실근을 갖는 경우($a_1^2>4a_2$)

만약 보조방정식이 서로 다른 두 개의 실근을 갖게 되면 λ_1과 λ_2는 서로 다른 실수값을 갖는다. $e^{\lambda_1 t}$와 $e^{\lambda_2 t}$가 해이면 여기에 임의의 상수 c_1과 c_2를 각각 곱한 $y_1=c_1e^{\lambda_1 t}$ 및 $y_2=c_2e^{\lambda_2 t}$도 동차미분방정식의 해가 된다. 또한 $\lambda_1\neq\lambda_2$이므로 y_1과 y_2는 1차독립이다. 따라서 동차식의 일반해, 즉 여함수는 아래와 같다.

$$y_c=y_1+y_2=c_1e^{\lambda_1 t}+c_2e^{\lambda_2 t}$$

(2) 중근을 갖는 경우($a_1^2=4a_2$)

만약 보조방정식이 중근을 갖는다면 그 중근은 다음과 같다.

$$\lambda=\lambda_1=\lambda_2=-\frac{a_1}{2}$$

임의의 상수를 곱해준 두 해 $y_1=c_1e^{\lambda t}$와 $y_2=c_2e^{\lambda t}$는 동차미분방정식의 해가 된다. 그러나, y_1과 y_2가 1차독립이 아니므로 y_1+y_2는 동차미분방정식의 일반해, 즉 여함수가 되지 못한다. 따라서 여함수 y_c를 구하기 위해서는 y_1과 1차독립인 동시에 식 (4)를 만족시키는 또다른 해를 구해야 한다. 이를 위해 $y_2^*=c_2te^{\lambda t}$를 시도해 보자. 물론, $y_2^*=c_2te^{\lambda t}$는 변수 t가 있으므로 $y_1=c_1e^{\lambda t}$와는 1차독립이다. $c_2te^{\lambda t}$를 식 (4)에 대입하면 다음과 같다.

$$y''+a_1y'+a_2y=[(\lambda^2t+2\lambda)+a_1(\lambda t+1)+a_2t]c_2e^{\lambda t}=0$$

그런데 $a_1^2=4a_2$, $\lambda=-\dfrac{a_1}{2}$이므로(∵ 중근을 가지므로)

$$(\lambda^2t+2\lambda)+a_1(\lambda t+1)+a_2t-\left(\frac{a_1^2}{4}t-a_1\right)+a_1\left(\frac{-a_1}{2}t+1\right)+\frac{a_1^2}{4}t=0$$

이 항등적으로 성립한다. 따라서 $y_2^*=c_2te^{\lambda t}$는 $y_1=c_1e^{\lambda t}$와 1차독립인 동시에 식 (4)의 해가 되므로 우리가 구하는 여함수 y_c는 아래와 같다.

$$y_c=y_1+y_2^*=c_1e^{\lambda t}+c_2te^{\lambda t}=(c_1+c_2t)e^{\lambda t}.$$

(3) 허근을 갖는 경우($a_1^2 < 4a_2$)

만약 보조방정식이 허근을 갖는다면 그 근의 한 쌍의 공액복소수가 된다.

$$\lambda_1,\ \lambda_2 = \alpha \pm i\theta$$

여기서 $\alpha = -\frac{1}{2}a_1$이고 $\theta = \frac{1}{2}\sqrt{4a_2 - a_1^2}$이다. 임의의 공액복소수도 될 수 있는 상수 A와 B를 각각 곱해준 두 해 $y_1 = Ae^{(\alpha+i\theta)t}$와 $y_2 = Be^{(\alpha-i\theta)t}$는 동차미분방정식의 해가 된다. 또한 y_1과 y_2가 1차독립이므로 여함수 y_c는 아래와 같다.

$$y_c = y_1 + y_2 = Ae^{(\alpha+i\theta)t} + Be^{(\alpha-i\theta)t} = e^{\alpha t}(Ae^{i\theta t} + Be^{-i\theta t})$$

10.3에서 유도한 오일러의 공식은 다음과 같다.

$$e^{i\theta} = \cos\theta + i\sin\theta$$
$$e^{-i\theta} = \cos\theta - i\sin\theta$$

이것을 이용하여 y_c를 변형하면,

$$\begin{aligned} y_c &= e^{\alpha t}[A(\cos\theta t + i\sin\theta t) + B(\cos\theta t - i\sin\theta t)] \\ &= e^{\alpha t}[(A+B)\cos\theta t + (A-B)i\sin\theta t)] \end{aligned}$$

여기서 $A+B = c_1$, $(A-B)i = c_2$라 놓으면 두 허근 $\alpha \pm i\theta$에 대응하는 실수해

$$y_c = e^{\alpha t}(c_1\cos\theta t + c_2\sin\theta t)$$

를 얻는다. A와 B가 임의의 상수이므로 만약 A와 B를 공액복소수로 택했다면 c_1과 c_2는 모두 실수가 된다. 예를 들어 $A = a + ib$, $B = a - ib$라면 $c_1 = A + B = 2a$, $c_2 = (A-B)i = -2b$가 되어 c_1과 c_2는 모두 실수가 된다.

y_c를 표현하는 또다른 방법은 아래와 같다. 주어진 실수 c_1과 c_2값에 대해서 극좌표를 이용하면 다음 관계식을 만족하는 c와 ϕ를 항상 찾을 수 있다.

$$c_1 = c\cos\phi$$
$$c_2 = c\sin\phi$$

여기서 $c=\sqrt{c_1^2+c_2^2}$, $\phi=\tan^{-1}\frac{c_2}{c_1}$.
또한 삼각함수의 성질에 의해 다음이 성립한다.

$$\cos\phi\cos\theta t+\sin\phi\ \sin\theta t=\cos(\theta t-\phi)$$

위의 관계식과 삼각함수의 성질을 이용하면 다른 형태의 y_c를 얻을 수 있다.

$$y_c=e^{\alpha t}(c\cos\phi\quad\cos\theta t+c\sin\phi\sin\theta t)$$
$$=ce^{\alpha t}\cos(\theta t-\phi)$$

첫번째 형은 두 개의 임의의 상수를 결정하는 데 편리한 형인 반면에 두 번째 형은 y_c가 두 개의 삼각함수로 표현되지 않고 단지 한 개의 삼각함수로 표현되어 있으므로 설명하기가 쉽다는 장점을 갖고 있다.

상수계수와 상수항을 갖는 비동차 2계선형미분방정식의 일반해는 앞에서 구한 특수적분 y_p와 나중에 구한 여함수 y_c의 합으로 표시된다. 즉,

$$y=y_c+y_p$$

예제 4

$y''(t)+3y'(t)-4y(t)=12$의 일반해를 구하라.

풀이

미분방정식을 미분연산자를 사용하여 표현하면 다음과 같다.

$$(D^2+3D-4)y=12$$

동차식을 구한 후 D를 λ로 바꾸어 다음과 같은 보조방정식을 얻는다.

$$\lambda^2+3\lambda-4=0$$
$$\lambda_1=1,\ \lambda_2=-4$$

두 개의 실근을 가지므로 여함수 y_c는 다음과 같다.

$$y_c=c_1e^t+c_2e^{-4t}$$

특수적분을 구하기 위해 $u(t)=u$라 놓고 미분방정식에 대입하면,

$-4u=12$, 즉 $y_p=u=-3$

따라서 일반해는 다음과 같다.

$$y(t)=c_1e^{t}+c_2e^{-4t}-3.$$

예제 5

$(D^2+10D+25)y(t)=50$의 일반해를 구하라.

풀이

동차식 $(D^2+10D+25)y(t)=0$에서 D를 λ로 바꾸면 다음과 같은 보조방정식을 얻을 수 있다.

$$\lambda^2+10\lambda+25=0$$
$$\lambda_1,\ \lambda_2=-5$$

중근을 가지므로

$$y_c=c_1e^{-5t}+c_2te^{-5t}.$$

특수적분으로 상수해를 시도해 보면 $y_p=2$가 된다. 따라서 일반해는 아래와 같다.

$$y(t)=c_1e^{-5t}+c_2te^{-5t}+2$$

예제 6

초기조건이 $y(0)=5$, $y'(0)=5$인 다음 미분방정식을 풀어라.

$$(D^2-2D+5)y(t)=10$$

풀이

보조방정식 $\lambda^2-2\lambda+5=0$을 풀면 $\lambda_1,\ \lambda_2=\dfrac{2\pm\sqrt{4-20}}{2}=1\pm2i$가 되므로 여함수는 아래와 같다.

$$y_c = e^t(c_1 \cos 2t + c_2 \sin 2t)$$

특수적분으로 상수를 시도하면 $y_p=2$. 따라서 일반해는 다음과 같다.

$$y(t) = e^t(c_1 \cos 2t + c_2 \sin 2t) + 2$$

초기조건을 만족시키는 특수해를 구해보자.

$$y(0) = e^0(c_1 \cos 0 + c_2 \sin 0) + 2 = c_1 + 2 = 5 \quad \therefore\ c_1 = 3$$

$$y'(t) = e^t(c_1 \cos 2t + c_2 \sin 2t) + e^t(-2c_1 \sin 2t + 2c_2 \cos 2t)$$

$$y'(0) = e^0(c_1 \cos 0 + c_2 \sin 0) + e^0(-2c_1 \sin 0 + 2c_2 \cos 0)$$

$$= c_1 + 2c_2 = 5$$

$c_1=3$이므로 $c_2=1$. 따라서 특수해는

$$y(t) = e^t(3 \cos 2t + \sin 2t) + 2.$$

t가 시간이라고 할 때 y의 시간경로에 대해서 살펴보자. 일반적으로 상수계수와 상수항을 갖는 2계선형미분방정식의 해 y가 $t \to \infty$일 때 y_p에 수렴, 즉 y_c가 0에 수렴하기 위한 필요충분조건은 모든 실근은 마이너스이어야 하고, 만약 허근이 존재하면 허근의 실수부분(즉, α)이 마이너스이어야 한다는 것이다. 이 조건을 다음과 같이 표현할 수 있다. 임의의 실근을 허수부분이 0($\beta=0$)인 복소수근으로 해석하면 y_c가 0에 수렴하기 위한 필요충분조건은 보조방정식의 모든 근의 실수부분이 마이너스이면 된다. 이 조건은 상수계수와 상수항을 갖는 n계선형미분방정식의 해에도 적용되는 조건이다.

설명의 편의를 위하여 2계선형미분방정식을 이용하여 위의 조건을 구체적으로 설명하자.

보조방정식이 두 개의 서로 다른 실근을 갖는 경우의 여함수는

$$y_c = c_1 e^{\lambda_1 t} + c_2 e^{\lambda_2 t} \quad (\lambda_1 \neq \lambda_2)$$

인데 $t \to \infty$일 때 $y_c \to 0$이 되기 위해서는 λ_1과 λ_2가 모두 마이너스가 되어야

그림 22-1 허근을 갖는 경우의 시간경로

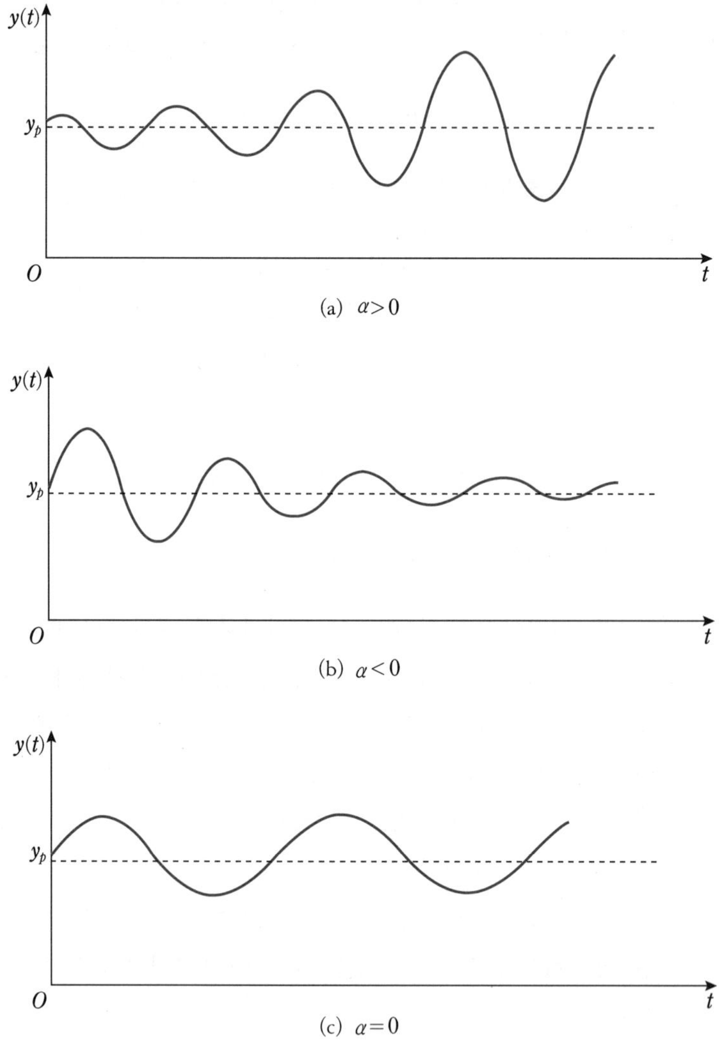

한다는 것은 자명하다. 만약 λ_1과 λ_2 중에서 한 개가 플러스가 되면 한 개의 항이 발산하므로 y_c는 시간이 경과함에 따라 발산한다.

보조방정식의 중근을 갖는 경우의 여함수는

$$y_c = c_1 e^{\lambda t} + c_2 t e^{\lambda t} \ (\lambda = \lambda_1 = \lambda_2)$$

인데 우선 첫째 항이 수렴하기 위해서는 $\lambda<0$이라는 조건이 필요하다. 그러면 $\lambda<0$일 때 $te^{\lambda t}$값은 시간이 경과함에 따라 어떻게 되겠는가? $t\to\infty$일 때 $e^{\lambda t}$는 작아지지만 t는 커지므로 발산할 것 같이 보인다. 그러나 10.2에서 배운 로피탈의 법칙을 사용하면,

$$\lim_{t\to\infty} te^{\lambda t}=\lim_{t\to\infty}\frac{t}{e^{-\lambda t}}=\lim_{t\to\infty}\frac{1}{-\lambda e^{-\lambda t}}=\lim_{t\to\infty}\frac{-1}{\lambda}e^{\lambda t}=0$$

이 된다. 따라서 중근의 경우에 λ가 마이너스이면 수렴한다.

보조방정식이 허근을 갖는 경우의 여함수는

$$y_c=e^{\alpha t}(c_1\cos\theta t+c_2\sin\theta t) \quad \text{또는} \quad y_c=ce^{\alpha t}\cos(\theta t-\phi)$$

인데 설명의 편의를 위해 두번째 형을 택하자. 이 경우, y_c는 주기가 $\frac{2\pi}{\theta}$이고 진폭은 $ce^{\alpha t}$인 코사인 함수이다. $\alpha>0$이면 진폭은 시간의 경과와 더불어 커지고($c>0$이므로) 반면에 $\alpha<0$이면 진폭은 줄어든다. 물론, $\alpha=0$이면 진폭은 일정하다.

$\alpha>0$이면 $ce^{\alpha t}$가 t가 증가함에 따라 계속 증가할 것이므로 각 순환마다 진폭이 커져 발산하고, 반면에 $\alpha<0$이면 $ce^{\alpha t}$가 t가 증가함에 따라 감소할 것이므로 진폭이 점점 작아져 0에 수렴할 것이다([그림 22-1] 참조).

지금까지 살펴본 해법을 상수계수와 상수항을 갖는 n계선형미분방정식의 경우로 확장해 보자. 상수계수와 상수항을 갖는 n계선형미분방정식의 일반형은 아래와 같다.

$$y^{(n)}(t)+a_1y^{(n-1)}(t)+\cdots+a_{n-1}y'(t)+a_ny(t)=b$$

미분연산자를 사용하면 다음과 같이 표현된다.

$$(D^n+a_1D^{n-1}+\cdots+a_{n-1}D+a_n)y(t)=b$$

특수적분은 2계미분방정식과 마찬가지로 $y_p=u(t)=u$라는 상수부터 시도하여, 실패하면 ut, ut^2 등을 시도하여 얻으면 된다. 예를 들어 $a_n\neq0$이면 $y_p=\frac{b}{a_n}$가 된다.

여함수를 구하기 위해 먼저 보조방정식을 구한다. D를 λ로 바꾸면 다음

과 같은 보조방정식을 얻는다.

$$\lambda^n + a_1\lambda^{n-1} + \cdots + a_{n-1}\lambda + a_n = 0$$

보조방정식은 λ에 관한 n차의 다항식이므로 n개의 근을 갖는다(p중근인 경우 같은 근이 p개인 것으로 간주한다).

만약 $\lambda_i(i=1,\ 2,\ \cdots,\ n)$가 서로 다른 실근이라면

$$y_c = c_1 e^{\lambda_1 t} + c_2 e^{\lambda_2 t} + \cdots + c_n e^{\lambda_n t}$$

가 된다. 만약 보조방정식이 p중근을 갖는다면 y_c에서 p중근에 대응하는 부분을 다음과 같이 수정한다.

$$(c_0 + c_1 t + \cdots + c_{p-1} t^{p-1}) e^{\lambda t}$$

만약 보조방정식이 허근 $\alpha + i\theta$를 p중근으로 가질 때는 $\alpha - i\theta$도 p중근으로 갖는다. 이 경우에는 y_c에서 $\alpha \pm i\theta$의 p중근에 대응하는 부분을 다음과 같이 수정한다.

$$(c_0 + c_1 t + \cdots + c_{p-1} t^{p-1}) e^{(\alpha + i\theta)t} + (c_0' + c_1' t + \cdots + c_{p-1}' t^{p-1}) e^{(\alpha - i\theta)t}$$

이것을 실수형식으로 바꿔 쓰면 다음과 같다.

$$e^{\alpha t}[(b_0 + b_1 t + \cdots + b_{p-1} t^{p-1})\cos\theta t + (b_0' + b_1' t + \cdots + b_{p-1}' t^{p-1})\sin\theta t]$$

예제 7

$(D^3 - 3D^2 + 9D + 13)y(t) = 0$을 풀어라.

풀이

보조방정식 $\lambda^3 - 3\lambda^2 + 9\lambda + 13 = (\lambda + 1)(\lambda^2 - 4\lambda + 13) = 0$으로부터 다음을 얻는다.

$$\lambda = -1,\ 2 \pm 3i$$

따라서 구하는 일반해는 다음과 같다.

$$y(t)=c_1e^{-t}+e^{2t}(c_2\cos 3t+c_3\sin 3t)$$

예제 8

$y^{(5)}(t)-2y^{(4)}(t)+y^{(3)}(t)=0$의 일반해를 구하라.

풀이

보조방정식을 구하면

$$\lambda^5-2\lambda^4+\lambda^3=0$$
$$\lambda=0,\ 0,\ 0,\ 1,\ 1$$

따라서 일반해는 다음과 같다.

$$y(t)=c_0+c_1t+c_2t^2+(c_3+c_4t)e^t$$

우리는 지금까지 상수계수와 상수항의 선형미분방정식에 대한 해법을 살펴보았다. 그러나, b가 상수가 아니라 t의 함수인 경우에는 단지 특수적분만 따로 구하여 y_c에 더해 주면 일반해가 된다. 상수항이 $b(t)$인 경우의 특수적분을 구하는 방법은 이미 22.2에서 설명했으므로 반복을 피하기 위해 생략한다.

22.4 1계 1차비선형미분방정식

일반적으로 상수계수와 상수항으로 된 미분방정식이 아닌 미분방정식은 비록 해가 존재한다고 해도 그 해를 반드시 구할 수 있는 것은 아니다. 그러나 몇 가지 특별한 유형의 비선형미분방정식은 그 해법이 알려져 있다. 우리가 살펴볼 유형은 변수분리가능미분방정식, 완전미분방정식 및 베르누이방정식으로 제한한다.

1계 1차비선형미분방정식은 $\dfrac{dy}{dt}$가 가장 높은 차수의 도함수이며 $\dfrac{dy}{dt}$의 차수가 1차이다. 또한 비선형이므로 $y\cdot\dfrac{dy}{dt}$ 또는 y^k항이 나타난다. 1계 1차

비선형미분방정식의 일반형은 다음과 같이 쓸 수 있다.

$$P(y,\ t)dy+Q(y,\ t)dt=0 \tag{1}$$

또는

$$\frac{dy}{dt}=f(y,\ t) \tag{2}$$

(1) 변수분리가능미분방정식

식 (1)에 대수적인 조작을 가하여 다음과 같은 식으로 표시할 수 있다면 변수는 분리되었다고 한다.

$$P(y)dy+Q(t)dt=0 \tag{3}$$

이 경우의 일반해는 다음과 같다.

$$\int P(y)dy+\int Q(t)dt=c \quad (c\text{는 임의의 상수})$$

예제 9

$(1+t^2)\dfrac{dy}{dt}+ty=0$을 풀어라.

풀이

$$(1+t^2)dy+tydt=0$$

언뜻 보기에는 변수분리가능미분방정식이 아닌 것 같이 보이지만, 양변을 $(1+t^2)y$로 나누면 변수분리가능미분방정식으로 바뀐다.

$$\frac{1}{y}dy+\frac{t}{1+t^2}dt=0$$

양변을 적분하면,

$$\ln y+\frac{1}{2}\ln(1+t^2)=c$$

$$\ln y\sqrt{1+t^2}=c \text{ 또는 } y\sqrt{1+t^2}=e^c.$$

따라서 $e^c=k$라 놓으면

$$y\sqrt{1+t^2}=k.$$

(2) 완전미분방정식

2변수함수 $F(y, t)$의 전미분은

$$dF=\frac{\partial F}{\partial y}dy+\frac{\partial F}{\partial t}dt$$

이므로 미분방정식

$$\frac{\partial F}{\partial y}dy+\frac{\partial F}{\partial t}dt=0$$

의 일반해는 $F(y, t)=c$가 되고, 위와 같은 형의 미분방정식을 완전미분방정식이라 한다.

일반적으로 미분방정식이

$$P(y, t)dy+Q(y, t)dt=0$$

으로 주어지고, $P(y, t)dy+Q(y, t)dt$가 어떤 함수 $F(y, t)$의 전미분일 때, 주어진 미분방정식을 완전미분방정식이라 한다.

만약 $F(y, t)$의 2차편도함수가 존재하고 연속이면

$$\frac{\partial}{\partial t}\left(\frac{\partial F}{\partial y}\right)=\frac{\partial}{\partial y}\left(\frac{\partial F}{\partial t}\right)$$

가 성립한다. 따라서 $P(y, t)dy+Q(y, t)dt=0$이 완전미분방정식이면

$$\frac{\partial}{\partial t}P(y, t)=\frac{\partial}{\partial y}Q(y, t)$$

가 성립한다. 사실상 이 조건은 $P(y, t)dy+Q(y, t)dt=0$이 완전미분방정식이 되기 위한 필요충분조건이다.

주어진 미분방정식이 완전미분방정식이 아닐지라도, 모든 항에 적당한 공통인수 $\rho(y, t)$를 곱하여 주면 완전미분방정식이 될 때 $\rho(y, t)$를 주어진 미분방정식이 적분인자라 한다. 즉 $\rho(y, t)$가 적분인자이면 다음이 성립한다.

$$\frac{\partial}{\partial t}[\rho(y, t)P(y, t)]=\frac{\partial}{\partial y}[\rho(y, t)Q(y, t)]$$

단지 적분인자를 구하는 일반적인 방법이 없기 때문에 이것을 구하기가 어렵다는 문제가 있다.

완전미분방정식이 주어졌을 때는 다음과 같은 절차를 밟아서 해를 구한다.

(i) $P(y, t)=\frac{\partial}{\partial y}F(y, t)$이므로 P를 y에 관하여 적분한다. 변수 t는 상수로 취급되었기 때문에 함수 $F(y, t)$에서 t만 포함한 항이나 상수항은 편미분과정에서 없어졌으므로, $F(y, t)$를 구하기 위해서는 P를 y에 관하여 적분한 값에 t에 관한 어떤 함수 $\alpha(t)$를 더해 준다. 즉,

$$F(y, t)=\int P(y, t)dy+\alpha(t)$$

(ii) $\alpha(t)$는 미지이므로 이를 구하기 위해 $F(y, t)=\int P(y, t)dy+\alpha(t)$를 t에 관하여 편미분한 후 이것을 $Q(y, t)$와 비교하여 $\alpha'(t)$를 얻는다.

$$\frac{\partial F(y, t)}{\partial t}=\frac{\partial}{\partial t}\int P(y, t)dy+\alpha'(t)=Q(y, t)$$

$$\alpha'(t)=Q(y, t)-\frac{\partial}{\partial t}\int P(y, t)dy$$

(iii) $\alpha'(t)$를 t에 관해 적분하여 $\alpha(t)$를 구한다.

$$\alpha(t)=\int Q(y, t)dt-\int\left[\frac{\partial}{\partial t}\int P(y, t)dy\right]dt$$

(iv) 따라서 완전미분방정식의 일반해는 다음과 같다((i)과 (iii)으로부터).

$$F(y, t)=\int P(y, t)dy+\int Q(y, t)dt-\int\left[\frac{\partial}{\partial t}\int P(y, t)dy\right]dt=c$$

예제 10

$\dfrac{dy}{dt}=\dfrac{3t^2-2ty}{t^2-2y}$를 풀어라.

풀이

주어진 식을 바꿔 쓰면 아래와 같다.

$$(t^2-2y)dy+(2ty-3t^2)dt=0$$

여기서, $P(y,\ t)=t^2-2y$, $Q(y,\ t)=2ty-3t^2$이라 놓으면,

$$\frac{\partial P(y,\ t)}{\partial t}=\frac{\partial Q(y,\ t)}{\partial y}=2t$$

가 되어 주어진 미분방정식은 완전미분방정식임을 알 수 있다.

P를 y에 관해서 적분하면

$$\int P(y,\ t)dy=\int(t^2-2y)dy=t^2y-y^2$$

이 되고, 따라서

$$F(y,\ t)=t^2y-y^2+\alpha(t)$$

이다.

$F(y,\ t)$를 t에 관해서 미분한 후 $Q(y,\ t)$와 비교하여 $\alpha'(t)$를 구하자.

$$\alpha'(t)=Q(y,\ t)-\frac{\partial}{\partial t}\int P(y,\ t)dy=2ty-3t^2-2ty=-3t^2.$$

$\alpha'(t)$를 t에 관하여 적분하여 $\alpha(t)$를 구하면 다음이 된다.

$$\alpha(t)=-\int 3t^2dt=-t^3$$(적분상수는 일반해를 구할 때 고려함)

따라서 일반해는 아래와 같다.

$$F(y,\ t)=t^2y-y^2-t^3=c$$

물론 위의 절차를 밟지 않고 직접 공식에 대입하여 해를 구할 수도 있다.

예제 11

1계선형미분방정식의 일반형은

$$\frac{dy}{dt}+a(t)y=b(t)$$

이며 적분인자 $\rho(y,\ t)=e^{\int a(t)dt}$로 알려져 있다. 이 때의 일반해를 구하라.

풀이

주어진 미분방정식에 적분인자를 곱하여 변형하자.

$$e^{\int a(t)dt}dy+e^{\int a(t)dt}[a(t)y-b(t)]dt=0$$

여기서 $P(y,\ t)=e^{\int a(t)dt}$, $Q(y,\ t)=e^{\int a(t)dt}[a(t)y-b(t)]$라 놓으면

$$\frac{\partial P(y,\ t)}{\partial t}=\frac{\partial Q(y,\ t)}{\partial y}=a(t)e^{\int a(t)dt}$$

가 성립하므로 변형된 미분방정식은 완전미분방정식이다.

기호의 단순화를 위해 $a(t)$ 및 $b(t)$를 a와 b라 쓰고 해를 구하자.

$$F(y,\ t)=\int e^{\int adt}dy+\alpha(t)=e^{\int adt}y+\alpha(t) \text{ (}P\text{를 }y\text{에 관하여 적분)}$$

$$\frac{\partial F(y,\ t)}{\partial t}=ae^{\int adt}y+\alpha'(t) \text{ (}F\text{를 }t\text{에 관하여 미분)}$$

$$\alpha'(t)=Q(y,\ t)-\frac{\partial}{\partial t}\int P(y,\ t)dy=-be^{\int adt}$$

$$\alpha(t)=-\int be^{\int adt}dt$$

따라서 일반해는 아래와 같다.

$$F(y,\ t)=e^{\int adt}y-\int be^{\int adt}dt=c$$

또는

$$y(t)=e^{-\int a dt}\left(c+\int b e^{\int a dt} dt\right)$$

(3) 베르누이방정식

만약 미분방정식이 다음과 같은 형을 취하면 이것을 베르누이방정식(Bernoulli equation)이라 부른다.

$$\frac{dy}{dt}+h(t)y=f(t)y^n \quad (n\neq 0,\ 1) \tag{4}$$

여기서 n은 0이나 1이 아닌 임의의 실수이다. 이 방정식은 종속변수를 변형하면 선형미분방정식이 된다. 즉,

$$z=y^{1-n} \tag{5}$$

이라 하면

$$\frac{dz}{dt}=(1-n)y^{-n}\frac{dy}{dt} \tag{6}$$

식 (4)의 양변을 식 $(1-n)y^{-n}$으로 곱하면 다음 식을 얻는다.

$$(1-n)y^{-n}\frac{dy}{dt}+(1-n)h(t)y^{1-n}=(1-n)f(t) \tag{7}$$

식 (5)와 식 (6)을 식 (7)에 대입하면

$$\frac{dz}{dt}+(1-n)h(t)z=(1-n)f(t) \tag{8}$$

를 얻는다. 식 (8)은 1계선형미분방정식이 되고 예제 12에 의해 그 해법을 알고 있으므로 $z(t)$를 구할 수 있다. $z(t)$를 구하면 식 (5)에 의해 $y(t)$는 다음과 같이 구해진다.

$$y(t)=[z(t)]^{1/(1-n)}$$

예제 12

$3(1+t^2)\dfrac{dy}{dt}+2ty=2ty^4$을 풀어라.

풀이

주어진 미분방정식은 $n=4$인 베르누이방정식이다.

$$\frac{dy}{dt}+\frac{2t}{3(1+t^2)}y=\frac{2t}{3(1+t^2)}y^4$$

$h(t)=\dfrac{2t}{3(1+t^2)}$, $f(t)=\dfrac{2t}{3(1+t^2)}$, $z=y^{-3}$이라 놓고 식 (8)에 대입하면 다음과 같은 1계선형미분방정식을 얻는다.

$$\frac{dz}{dt}-\frac{2t}{1+t^2}z=\frac{-2t}{(1+t^2)}.$$

이 방정식의 일반해를 구하면 다음과 같다(예제 11의 공식 참조).

$$e^{-\int a dt}=e^{\int \frac{2t}{1+t^2}dt}=e^{\ln(1+t^2)}=1+t^2$$

$$\int be^{\int a dt}dt=\int\frac{-2t}{(1+t^2)}\left(\frac{1}{1+t^2}\right)dt=\int\frac{-2t}{(1+t^2)^2}dt=\frac{1}{1+t^2}$$

따라서

$$z(t)=(1+t^2)\left(c+\frac{1}{1+t^2}\right)=1+c(1+t^2)$$

이 된다.

$y(t)=[z(t)]^{\frac{1}{1-n}}$을 이용하면 $y(t)$는 다음과 같다.

$$y(t)=[1+c(1+t^2)]^{-\frac{1}{3}}.$$

22.5 위 상 도

주어진 미분방정식의 해를 구할 수 없는 경우도 있다. 그러나 우리의 목적이 y의 시간경로가 수렴 혹은 발산하는가를 판정하는 데 있는 경우에는 기하학적 방법을 사용하여 수렴 여부를 확인할 수 있다.

1계미분방정식이 다음과 같은 형태로 주어졌다고 하자.

$$\frac{dy}{dt}=f(y)$$

위와 같이 $\frac{dy}{dt}$가 시간변수 t를 포함하지 않은 미분방정식을 자율미분방정식이라 한다. 이러한 미분방정식을 $\frac{dy}{dt}$를 종축으로, y를 횡축으로 하여 기하학적으로 표현한 것을 주어진 미분방정식의 위상도(phase diagram)라고 한다. 또한 함수 f를 나타내는 그래프를 위상선이라 한다.

미분방정식이 $\frac{dy}{dt}=f(y)$형으로 주어지면, 다음과 같이 바꾸어 쓸 수 있다.

$$\frac{1}{f(y)}dy-dt=0$$

이것은 변수분리형의 미분방정식이므로 양변을 적분하면

$$\int\frac{1}{f(y)}dy-t=c$$

가 되어 해를 구할 수 있는데 왜 기하학적 분석방법이 필요한가?

그 이유를 대수적인 사실과 경제학적인 요인으로 구분할 수 있다. 대수적인 사실로는 $\int\frac{1}{f(y)}dy$라는 적분이 우리가 알고 있는 함수로 항상 표현될 수 있는 것이 아니라는 것이다. 또한 $\int\frac{1}{f(y)}dy=G(y)$를 구했다고 해도

$$G(y)-t=c$$

로부터 y를 t의 함수로 표현할 수 없는 경우가 발생하면 시간경로를 분석하기가 곤란하다.

그림
22-2

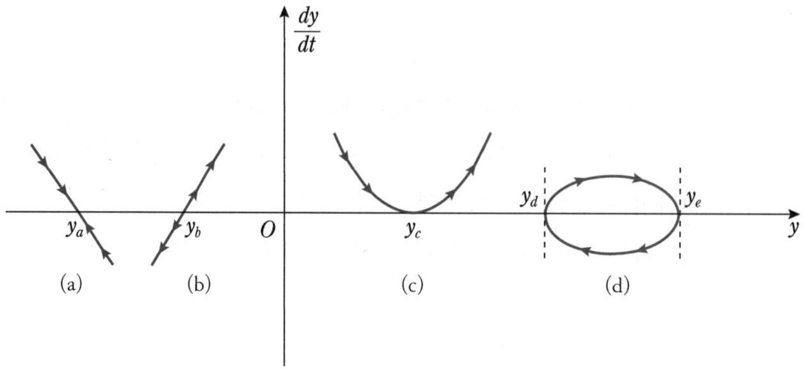

경제학적인 관점에서 볼 때, 경제이론은 일반적으로 함수 $f(y)$의 형태를 명시하지 않고 함수의 질적인 성질들만 제시해 주므로 자연히 질적 분석만 가능하게 된다. 이러한 대수적 사실과 경제학적 요인에 의해 기하학적 또는 질적인 분석방법이 필요하다.

[그림 22-2]는 네 가지의 가능한 위상도를 그려 놓았다. 이 그림을 설명하는 방법은 매우 간단하다. 횡축의 위쪽에 있는 모든 점에서는 $\frac{dy}{dt}>0$ 이므로 시간의 경과와 더불어 y가 증가하고 반면에 횡축의 아래에 있는 모든 점에서는 $\frac{dy}{dt}<0$이므로 시간이 경과함에 따라 y는 감소한다. 또한 횡축에 있는 점들은 $\frac{dy}{dt}=0$이므로 시간이 경과하더라도 y값은 변화하지 않는다.

[그림 22-2]의 화살표는 y가 움직이는 방향을 나타내고 있다. 즉, $\frac{dy}{dt}>0$ 이면 위상선 위에서 화살표가 왼쪽으로부터 오른쪽으로 움직이고(y가 증가하는 것을 나타내기 위해), 반면에 $\frac{dy}{dt}<0$이면 위상선 위에서 오른쪽으로부터 왼쪽으로 움직인다(y가 감소하는 것을 나타내기 위해). 균형점은 $\frac{dy}{dt}=0$, 즉 위상선이 y축을 지나는 점(y_a, y_b, y_c, y_d, y_e)이 된다.

그림 (a)는 y가 y_a에 수렴하는 것을 보여주고 있다. 즉, $y(0)$가 y_a보다 작을 때와 클 때 모두 y_a에 수렴한다. 반면에 그림 (b)는 $y(0)\neq y_b$일 때 y는 시간이 경과함에 따라 항상 증가하거나($y(0)>y_b$) 혹은 항상 감소하여($y(0)<y_b$) 발산하는 경우를 보여준다.

그림 (c)는 $y(0)<y_c$이면 y_c에 수렴하고 $y(0)>y_c$이면 발산하는 경우를 나타낸다.

그림 (d)는 $\frac{dy}{dt}$와 y 사이의 함수를 그린 것이 아니라 관계를 그린 것이다. 그림 (d)는 y가 y_d와 y_e 사이에서 영구적인 파동을 그리는 것을 나타낸다.

지금까지의 논의를 요약하면 다음과 같다. 위상선이 횡축을 가로지를 때 그 기울기가 마이너스이면 y는 수렴하고(균형점은 안정적이고) 반면에 그 기울기가 플러스이면 y는 발산한다(균형점은 불안정적이다).

간단한 예로서 상수계수와 상수항을 갖는 선형미분방정식을 생각해 보자.

$$\frac{dy}{dt}+ay=b \text{ 또는 } \frac{dy}{dt}=f(y)=-ay+b \ (a\neq 0,\ b\neq 0,\ t=0\text{일 때 } y\text{는 } y(0))$$

주어진 미분방정식의 특수해는

$$y(t)=\left[y(0)-\frac{b}{a}\right]e^{-at}+\frac{b}{a}$$

임을 안다. 또한 $t\to\infty$일 때 $a>0$이면 y는 $\frac{b}{a}$에 수렴하고, $a<0$이면 발산한다는 것을 배웠다. 이와 똑같은 결론은 $\frac{dy}{dt}=-ay+b$의 위상도를 분석하여 얻을 수 있다. $\frac{dy}{dt}=0$일 때 $y=\frac{b}{a}$가 되고, $a>0$이면 위상선이 횡축을 가로지를 때 그 기울기가 마이너스이므로 y는 $t\to\infty$일 때 $\frac{b}{a}$에 수렴한다. 반면에 $a<0$이면 $y(0)\neq\frac{b}{a}$인 한 발산한다.

22.6 상수계수와 상수항을 갖는 연립선형미분방정식

연립선형미분방정식은 n개의 미지의 함수가 포함된 m개의 미분방정식으로 구성되어 있다. 만약 주어진 미분방정식들이 서로 독립이고 연립방정식체계가 모순되지 않는다면, 연립미분방정식의 해가 존재하기 위해서는 연립방정식의 수 m과 미지의 함수의 수 n이 같아야 한다.

설명의 편의를 위해 가장 간단한 2개의 미분방정식과 2개의 미지의 함수로 된 연립미분방정식을 생각해 보자.

$$\begin{aligned} y'(t) &= a_{11}y(t) + a_{12}z(t) + b_1 \\ z'(t) &= a_{21}y(t) + a_{22}z(t) + b_2 \end{aligned} \tag{1}$$

여기서 $a_{ij}(i, j=1, 2)$ 및 $b_i(i=1, 2)$는 모두 상수이다.

식 (1)은 비동차연립미분방정식이며 이에 대응하는 동차연립미분방정식은 다음과 같다.

$$\begin{aligned} y'(t) &= a_{11}y(t) + a_{12}z(t) \\ z'(t) &= a_{21}y(t) + a_{22}z(t) \end{aligned} \tag{2}$$

물론 식 (1)의 일반해는 식 (2)의 일반해, 즉 여함수와 식 (1)의 특수적분을 합하면 된다.

식 (2)의 일반해를 구하는 방법 중의 하나는 식 (2)를 한 개의 미지의 함수와 한 개의 미분방정식으로 바꾸는 것이다. $a_{12} \neq 0$이면 식 (2)의 첫째 식을 다음과 같이 바꿔 쓸 수 있다.

$$z = \frac{1}{a_{12}}y' - \frac{a_{11}}{a_{12}}y \tag{3}$$

식 (3)을 미분하면 다음을 얻는다.

$$z' = \frac{1}{a_{12}}y'' - \frac{a_{11}}{a_{12}}y' \tag{4}$$

식 (3)과 식 (4)를 식 (2)의 두번째 식에 대입하자.

$$\frac{1}{a_{12}}y'' - \frac{a_{11}}{a_{12}}y' = a_{21}y + \frac{a_{22}}{a_{12}}y' - \frac{a_{11}a_{22}}{a_{12}}y \tag{5}$$

양변에 a_{12}를 곱하고 정리하면 다음과 같다.

$$y'' - (a_{11} + a_{22})y' + (a_{11}a_{22} - a_{12}a_{21})y = 0 \tag{6}$$

또는 미분연산자를 사용하여 다음과 같이 나타낼 수도 있다.

$$[D^2-(a_{11}+a_{22})D+(a_{11}a_{22}-a_{12}a_{21})]y(t)=0 \tag{7}$$

식 (7)을 얻는 데 미분연산자를 사용하면 더욱 쉽게 구해진다. 식 (2)를 미분연산자를 사용하여 다시 쓰면 아래와 같다.

$$(a_{11}-D)y(t)+\qquad a_{12}z(t)=0 \tag{2-1$'$}$$
$$a_{21}y(t)+(a_{22}-D)z(t)=0 \tag{2-2$'$}$$

$z(t)$를 소거하기 위하여 식 $(2-1)'$에 $(a_{22}-D)$를 작용하고(즉, 식 $(2-1)'$에 a_{22}를 곱하고 한 번 미분한 것을 빼줌), 식 $(2-2)'$에 $-a_{12}$를 곱한 후 더하여 정리하면 식 (7)을 얻는다.

식 (6)과 식 (7)은 상수계수의 2계선형미분방정식이 되고 그 해법은 이미 22.3에서 배웠다. 또한 $z(t)$를 구하기 위해서는 단순히 $y(t)$를 구하여 식 (3)에 대입하면 된다.

식 (1)의 특수적분은 $y_p=\bar{y}$ 및 $z_p=\bar{z}$와 같이 상수로 놓고 식 (1)에 대입하여 $\bar{y}$와 $\bar{z}$를 구한다. 물론 이것이 실패하면 $y_p=\bar{y}t$ 및 $z_p=\bar{z}t$ 등을 시도해 보면 된다. 우리가 구한 식 (2)의 일반해와 특수적분을 합하면 식 (1)로 주어지는 연립미분방정식의 일반해를 구할 수 있다.

두번째 방법은 단일방정식의 해를 구할 때와 같이 해를 직접 대입하는 방법이다. $y(t)=Ae^{\lambda t}$, $z(t)=Be^{\lambda t}$(단, A와 B는 0이 아님)라 가정하고 식 (2)에 대입하면 식 (8)을 얻는다.

$$\lambda Ae^{\lambda t}=a_{11}Ae^{\lambda t}+a_{12}Be^{\lambda t} \tag{8}$$
$$\lambda Be^{\lambda t}=a_{21}Ae^{\lambda t}+a_{22}Be^{\lambda t}$$

이것을 정리하면 다음과 같다.

$$e^{\lambda t}[(a_{11}-\lambda)A+a_{12}B]=0 \tag{9}$$
$$e^{\lambda t}[a_{21}A+(a_{22}-\lambda)B]=0$$

우리가 시도한 해가 식 (2)의 해가 되기 위해서는 모든 t에 대해서 식 (9)가 성립해야 한다. 모든 t에 대해서 식 (9)가 성립될 수 있는 필요충분조건은 다음과 같다.

$$\begin{aligned}(a_{11}-\lambda)A+\quad a_{12}B=0\\ a_{21}A+(a_{22}-\lambda)B=0\end{aligned} \quad \text{또는} \quad \begin{bmatrix} a_{11}-\lambda & a_{12} \\ a_{21} & a_{22}-\lambda \end{bmatrix}\begin{bmatrix} A \\ B \end{bmatrix}=\begin{bmatrix} 0 \\ 0 \end{bmatrix} \tag{10}$$

식 (10)은 미지수가 A와 B인 동차방정식체계이므로 A와 B가 동시에 0은 아닌 해를 얻기 위해서는 미지수 A와 B의 계수행렬의 행렬식이 0이 되어야 한다.

$$\begin{vmatrix} a_{11}-\lambda & a_{12} \\ a_{21} & a_{22}-\lambda \end{vmatrix}=0 \tag{11}$$

식 (11)을 전개하면

$$(a_{11}-\lambda)(a_{22}-\lambda)-a_{12}a_{21}=\lambda^2-(a_{11}+a_{22})\lambda+(a_{11}a_{22}-a_{12}a_{21})=0 \tag{12}$$

식 (12)를 식 (2)의 보조방정식이라 한다. 보조방정식을 쉽게 얻는 방법은 식 (2-1)′와 식 (2-2)′를 이용하는 것이다. 식 (2-1)′와 (2-2)′를 행렬로 표기하면 다음과 같다.

$$\begin{bmatrix} a_{11}-D & a_{12} \\ a_{21} & a_{22}-D \end{bmatrix}\begin{bmatrix} y(t) \\ z(t) \end{bmatrix}=\begin{bmatrix} 0 \\ 0 \end{bmatrix} \tag{13}$$

식 (13)의 계수행렬에 있는 D를 λ로 바꾸어 주면 식 (10)의 계수행렬과 정확히 같다. 따라서 주어진 연립미분방정식을 미분연산자를 사용하여 행렬로 표기한 후 계수행렬의 D를 λ로 바꾸어 행렬식을 구하면 연립미분방정식의 보조방정식을 얻을 수 있다. 한 가지 유의할 점은 식 (12)는 식 (7)의 보조방정식과 정확하게 같다는 사실이다. 물론 연립미분방정식의 해는 푸는 방법과는 관계없이 같아야 되므로 이 관계가 반드시 성립해야 한다.

식 (12)를 풀어 얻은 해 λ_1과 λ_2가 서로 다른 실근이라 하자. λ_1를 식 (10)에 대입하면 A와 B를 구할 수 있는데 그 해를 A_1 및 B_1이라 하자. 또한 λ_2를 식 (10)에 대입하여 얻은 해를 A_2 및 B_2라 하면 $A_1e^{\lambda_1 t}$와 $B_1e^{\lambda_1 t}$ 및 $A_2e^{\lambda_2 t}$와 $B_2e^{\lambda_2 t}$는 모두 식 (2)의 해가 된다. 식 (2)의 일반해를 구하기 위해서는 두 해를 각각 합하면 된다. 즉,

$$y_c = A_1 e^{\lambda_1 t} + A_2 e^{\lambda_2 t}$$
$$z_c = B_1 e^{\lambda_1 t} + B_2 e^{\lambda_2 t}$$

여기에 특수적분을 더하면 식 (1)의 일반해가 된다.

두번째 해법이 언뜻 보기에는 첫번째 해법보다 복잡해 보이지만 연립방정식의 해를 동시에 구할 수 있을 뿐 아니라 방정식의 수가 n개인 경우로 쉽게 확장할 수 있다는 장점이 있다.

다음과 같은 n개의 미분방정식과 n개의 미지의 함수로 된 연립미분방정식을 생각해 보자.

$$\dot{\boldsymbol{y}} = \boldsymbol{A}\boldsymbol{y} + \boldsymbol{b} \tag{14}$$

여기서

$$\dot{\boldsymbol{y}} = \begin{bmatrix} y_1'(t) \\ y_2'(t) \\ \vdots \\ y_n'(t) \end{bmatrix}, \ \boldsymbol{A} = \begin{bmatrix} a_{11} & a_{12} & \cdots & a_{1n} \\ a_{21} & a_{22} & \cdots & a_{2n} \\ \vdots & \vdots & \vdots & \vdots \\ a_{n1} & a_{n2} & \cdots & a_{nn} \end{bmatrix}, \ \boldsymbol{y} = \begin{bmatrix} y_1(t) \\ y_2(t) \\ \vdots \\ y_n(t) \end{bmatrix}, \ \boldsymbol{b} = \begin{bmatrix} b_1 \\ b_2 \\ \vdots \\ b_n \end{bmatrix}$$

이다. $\dot{\boldsymbol{y}} = D\boldsymbol{y} = D\boldsymbol{I}\boldsymbol{y}$이므로 식 (14)를 미분연산자를 사용하여 다시 쓰면 다음과 같다.

$$(\boldsymbol{A} - D\boldsymbol{I})\boldsymbol{y} = -\boldsymbol{b} \tag{15}$$

식 (14)의 보조방정식은 식 (15)의 D를 λ로 바꾼 계수행렬의 행렬식이므로 식 (16)이 된다.

$$P(\lambda) = |\boldsymbol{A} - \lambda \boldsymbol{I}| = \begin{vmatrix} a_{11}-\lambda & a_{12} & \cdots & a_{1n} \\ a_{21} & a_{22}-\lambda & \cdots & a_{2n} \\ \vdots & \vdots & \ddots & \vdots \\ a_{n1} & a_{n2} & \cdots & a_{nn}-\lambda \end{vmatrix} = 0 \tag{16}$$

식 (16)은 λ에 관한 n차다항식이므로 고유근을 구할 수 있고, 각 고유근에 대응하는 상수들을 결정하여 여함수를 구한다. 여기서 구한 여함수에 특수적분을 더하면 일반해를 얻을 수 있다.

식 (14)와 같이 각 방정식이 단지 1개의 도함수만 포함할 때(예를 들어 첫번째 방정식은 $y_1'(t)$만 포함하고, 두번째 방정식은 $y_2'(t)$만 포함됨) 정상적 형태의 연립미분방정식이라 한다. 각 방정식이 2개 이상의 도함수가 포함된 연립미분방정식의 경우에도 대부분의 경우 정상적인 형태의 연립미분방정식으로 변환할 수 있다.

예를 들어 다음과 같은 연립미분방정식이 있다고 하자.

$$\boldsymbol{B\dot{y}} + \boldsymbol{Ay} = \boldsymbol{b} \tag{17}$$

여기서 $\boldsymbol{B}$는 $n \times n$계수행렬이며 $|\boldsymbol{B}| \neq 0$이라 하자. $\boldsymbol{B}^{-1}$을 양쪽에 전승하여 정리하면 다음과 같은 정상적인 형태의 연립미분방정식을 얻는다.

$$\begin{aligned}\boldsymbol{\dot{y}} &= -\boldsymbol{B}^{-1}\boldsymbol{Ay} + \boldsymbol{B}^{-1}\boldsymbol{b} \\ &= \boldsymbol{A}^{*}\boldsymbol{y} + \boldsymbol{b}^{*} \quad (\text{단, } -\boldsymbol{B}^{-1}\boldsymbol{A} = \boldsymbol{A}^{*},\ \boldsymbol{B}^{-1}\boldsymbol{b} = \boldsymbol{b}^{*})\end{aligned} \tag{18}$$

물론 식 (17)과 식 (18)에서 얻은 보조방정식과 해는 정확히 동일하므로 식 (1) 또는 식 (14)를 가정하여 연립미분방정식의 해법을 설명해도 일반성을 크게 잃지 않는다.

일반적으로 상수계수와 상수항을 갖는 연립미분방정식이 n개의 미지함수와 n개의 방정식으로 구성되어 있다면 식 (7)을 얻을 때와 같이 이것을 1개의 미지의 함수로 된 n계미분방정식으로 바꿀 수 있으며 또한 그 역도 성립한다. 역이 성립하는 것을 보이기 위하여 다음과 같은 상수계수를 갖는 동차의 n계미분방정식이 주어졌다고 하자.

$$a_0 y^{(n)} + a_1 y^{(n-1)} + a_2 y^{(n-2)} + \cdots + a_{n-1} y' + a_n y = 0 \ (\text{단, } a_0 \neq 0) \tag{19}$$

위의 식을 변형하면,

$$y^{(n)} = -\frac{a_n}{a_0} y - \frac{a_{n-1}}{a_0} y' - \cdots - \frac{a_2}{a_0} y^{(n-2)} - \frac{a_1}{a_0} y^{(n-1)} \tag{20}$$

$$y = y_1,\ y' = y_2,\ y'' = y_3,\ \cdots,\ y^{(n-1)} = y_n \tag{21}$$

로 정의하여 이들을 식 (20)에 대입하자. 또한 $y'_n = y^{(n)}$이므로 식 (20)을 다음과 같이 바꾸어 쓸 수 있다.

$$y'_n = -\frac{a_n}{a_0}y_1 - \frac{a_{n-1}}{a_0}y_2 - \cdots - \frac{a_2}{a_0}y_{n-1} - \frac{a_1}{a_0}y_n \tag{22}$$

식 (21)과 식 (22)로부터 다음의 정상적 형태의 연립미분방정식을 얻는다.

$$\begin{aligned} y'_1 &= y_2 \\ y'_2 &= y_3 \\ &\vdots \\ y'_{n-1} &= y_n \\ y'_n &= y^{(n)} = -\frac{a_n}{a_0}y_1 - \frac{a_{n-1}}{a_0}y_2 - \cdots - \frac{a_2}{a_0}y_{n-1} - \frac{a_1}{a_0}y_n \end{aligned} \tag{23}$$

식 (23)을 행렬로 표기하면 다음과 같다.

$$\begin{bmatrix} y'_1 \\ y'_2 \\ \vdots \\ y'_n \end{bmatrix} = \begin{bmatrix} 0 & 1 & 0 & \cdots & 0 \\ 0 & 0 & 1 & \cdots & 0 \\ \vdots & \vdots & \vdots & \vdots & \vdots \\ -\frac{a_n}{a_0} & -\frac{a_{n-1}}{a_0} & -\frac{a_{n-2}}{a_0} & \cdots & -\frac{a_1}{a_0} \end{bmatrix} \begin{bmatrix} y_1 \\ y_2 \\ \vdots \\ y_n \end{bmatrix} \tag{24}$$

식 (24)는 식 (14)와 같은 형이므로($\boldsymbol{b} = \mathbf{0}$), 보조방정식과 고유근을 구할 수 있다. 물론 식 (19)와 식 (24)에서 얻은 보조방정식은 정확히 같다.

식 (14)로 주어지는 연립미분방정식 체계에서 $y_1(t)$, $y_2(t)$, $\cdots$, $y_n(t)$의 시간경로는 식 (16)으로 주어지는 보조방정식의 근에 달려 있지만 한 가지 분명한 사실은 $e^{\lambda_i t}$가 공통적으로 들어 있기 때문에 모두 발산하든가 또는 모두 수렴한다.

$y_1(t)$, $y_2(t)$, $\cdots$, $y_n(t)$가 수렴하기 위해서는 보조방정식의 모든 근의 실수부분이 마이너스이면 된다. 상수계수를 갖는 n계선형미분방정식과 식 (14)로 주어지는 연립미분방정식의 보조방정식은 모두 λ에 관한 n차다항식이다. λ에 관한 n차다항식의 모든 근의 실수부분이 마이너스가 되기 위한 조건(시간경로가 수렴하기 위한 조건)인 루드–허위즈(Routh-Hurwitz) 정리를 증명없이 소개한다.

정리 22-6-1 루드-허위즈 정리

λ에 관한 n차다항식

$$P(\lambda)=a_0\lambda^n+a_1\lambda^{n-1}+\cdots+a_{n-1}\lambda+a_n=0 \quad (\text{단, } a_0\neq0)$$

에서 모든 근의 실수부분이 마이너스이기 위한 필요충분조건은 다음과 같은 일련의 행렬식들 중 처음 n개 값이 모두 플러스이다.

$$a_1>0,\quad \begin{vmatrix} a_1 & a_3 \\ a_0 & a_2 \end{vmatrix}>0,\quad \begin{vmatrix} a_1 & a_3 & a_5 \\ a_0 & a_2 & a_4 \\ 0 & a_1 & a_3 \end{vmatrix}>0,\cdots,\quad \begin{vmatrix} a_1 & a_3 & a_5 & a_7\cdots0 \\ a_0 & a_2 & a_4 & a_6\cdots0 \\ 0 & a_1 & a_3 & a_5\cdots0 \\ 0 & a_0 & a_2 & a_4\cdots0 \\ \cdots\cdots & & & \\ \cdots\cdots & & & \cdots a_n \end{vmatrix}>0$$

루드-허위즈 정리를 이용하면 고차의 보조방정식을 직접 풀지 않으면서 시간경로의 수렴, 발산 여부를 판정할 수 있다. 위의 정리를 이용할 때 $m>n$인 모든 m에 대하여 $a_m=0$으로 놓는다. 예를 들어 λ에 관한 3차다항식의 경우($n=3$인 경우)에는 $a_4=a_5=0$으로 놓고 처음 세 개의 행렬식의 부호를 조사한다.

지금까지 설명한 연립미분방정식은 1차도함수만 포함되어 있었다. 그러나 일반적인 연립미분방정식체계에서는 각각의 미분방정식에 고차도함수가 포함될 수 있다. 이러한 경우에는 미분연산자를 사용하여 명시적으로 보조방정식을 얻은 후 루드-허위즈 정리를 사용하면 안정성을 판단할 수 있다.

예를 들어 다음과 같은 연립미분방정식이 주어졌다고 하자.

$$\begin{aligned} a_3y''' + a_2y'' + b_1z' + b_0z &= 0 \\ c_1y' + c_0y + d_2z'' &= 0 \end{aligned} \qquad (25)$$

미분연산자를 사용하여 바꾸어 쓰면

$$\begin{aligned}(a_3D^3+a_2D^2)y+(b_1D+b_0)z&=0\\(c_1D+c_0)y\qquad+d_2D^2z&=0\end{aligned}\tag{26}$$

또는

$$\begin{bmatrix}a_3D^3+a_2D^2 & b_1D+b_0\\ c_1D+c_0 & d_2D^2\end{bmatrix}\begin{bmatrix}y\\ z\end{bmatrix}=\begin{bmatrix}0\\ 0\end{bmatrix}\tag{26$'$}$$

식 (26)의 제 1식에 d_2D^2을, 제 2식에 (b_1D+b_0)를 작용해서 빼면

$$[(a_3D^3+a_2D^2)d_2D^2-(b_1D+b_0)(c_1D+c_0)]y=0\tag{27}$$

식 (27)의 보조방정식을 구하면,

$$P(\lambda)=(a_3\lambda^3+a_2\lambda^2)d_2\lambda^2-(b_1\lambda+b_0)(c_1\lambda+c_0)=0\tag{28}$$

보조방정식은 λ에 관한 5차다항식이 되고, 이를 명시적으로 풀거나 루드-허위즈 정리를 사용하면 y와 z의 안정성을 판정할 수 있다.

예제 13

$$\begin{aligned}y'(t)&=y(t)+z(t)-4\\z'(t)&=4y(t)-2z(t)+2\end{aligned}$$

를 풀어라. 단, $y(0)=2$, $z(0)=9$.

풀이

주어진 연립선형미분방정식의 동차식은 아래와 같다.

$$\begin{aligned}y'(t)&=y(t)+z(t)\\z'(t)&=4y(t)-2z(t)\end{aligned}$$

두번째 방법으로 해를 구해보자.

$y(t)=Ae^{\lambda t}$, $z(t)=Be^{\lambda t}$라 하고 동차식에 대입하여 정리하면 다음을 얻는다.

$$e^{\lambda t}[(1-\lambda)A+B]=0$$
$$e^{\lambda t}[4A-(\lambda+2)B]=0$$

모든 t에 대하여 성립하기 위해 다음 식이 성립해야 된다.

$$\begin{aligned}(1-\lambda)A+\quad\quad B&=0\\ 4A-(\lambda+2)B&=0\end{aligned} \quad \text{또는} \quad \begin{bmatrix}(1-\lambda) & 1\\ 4 & -(\lambda+2)\end{bmatrix}\begin{bmatrix}A\\ B\end{bmatrix}=\begin{bmatrix}0\\ 0\end{bmatrix}$$

A와 B가 동시에 0이 아닌 해를 얻기 위해서는 행렬식이 0이 되어야 한다.

$$\begin{vmatrix}1-\lambda & 1\\ 4 & -2-\lambda\end{vmatrix}=0$$

위의 식을 전개하여 λ를 구하면 $\lambda_1=2$, $\lambda_2=-3$이 된다.

$\lambda=2$이면 연립방정식은 다음과 같다.

$$\begin{bmatrix}-1 & 1\\ 4 & -4\end{bmatrix}\begin{bmatrix}A\\ B\end{bmatrix}=\begin{bmatrix}0\\ 0\end{bmatrix}$$

위의 식을 풀면 $A_1=B_1=c_1$(c_1은 0이 아닌 임의의 상수)을 얻을 수 있다. 같은 방법으로 $\lambda=-3$일 때 A와 B를 구하면 다음과 같다.

$$\begin{bmatrix}4 & 1\\ 4 & 1\end{bmatrix}\begin{bmatrix}A\\ B\end{bmatrix}=\begin{bmatrix}0\\ 0\end{bmatrix}$$

위의 식을 풀면 $B_2=-4A_2$. 만약 $B_2=c_2$(c_2는 0이 아닌 임의의 상수)라면 $A_2=-\frac{1}{4}c_2$가 된다. 따라서 주어진 연립미분방정식의 여함수는 아래와 같다.

$$y_c=c_1e^{2t}-\frac{1}{4}c_2e^{-3t}$$

$$z_c=c_1e^{2t}+c_2e^{-3t}.$$

특수적분을 구하기 위해 $y_p=\overline{y}$, $z_p=\overline{z}$라 놓고 주어진 연립미분방정식에 대입하면 다음을 얻는다.

$$0=\bar{y}+\bar{z}-4$$
$$0=4\bar{y}-2\bar{z}+2$$

위의 방정식을 풀면 $y_p=\bar{y}=1$, $z_p=\bar{z}=3$이 된다.
따라서 일반해는 여함수에 특수적분을 합한 다음과 같은 형태가 된다.

$$y(t)=y_c+y_p=c_1e^{2t}-\frac{1}{4}c_2e^{-3t}+1$$

$$z(t)=z_c+z_p=c_1e^{2t}+c_2e^{-3t}+3.$$

초기조건을 이용하여 c_1과 c_2값을 결정하자. $y(0)=2$와 $z(0)=9$를 일반해에 대입하자.

$$y(0)=c_1-\frac{1}{4}c_2+1=2$$

$$z(0)=c_1+c_2+3=9$$

연립방정식을 풀면 $c_1=2$, $c_2=4$. 따라서 특수해는

$$y(t)=2e^{2t}-e^{-3t}+1$$
$$z(t)=2e^{2t}+4e^{-3t}+3.$$

예제 14

$$2y''+3y'+2y=0$$

일 때 $y(t)$의 시간경로가 안정적인가 또는 불안정적인가를 루드-허위즈 정리를 이용하여 판정하라

풀이

보조방정식을 구하면

$$2\lambda^2+3\lambda+2=0$$

$a_1=3>0$, $a_1a_2-a_0a_3=(3\cdot2)-(2\cdot0)=6>0$이므로 두 개 고유근의 실수부분은 마이너스이다. 따라서 $y(t)$는 수렴한다. 보조방정식을 직접 풀면 $\lambda_1,\ \lambda_2=\frac{1}{4}(-3\pm\sqrt{7}\,i)$가 되어 고유근의 실수부분이 마이너스임을 확인할 수 있다.

예제 15

루드-허위즈 정리를 이용하여 예제 13의 $y(t)$와 $z(t)$가 발산하는 것을 보여라.

풀이

미분연산자를 사용하여 다시 쓰면

$$\begin{bmatrix}1-D & 1\\ 4 & -2-D\end{bmatrix}\begin{bmatrix}y\\ z\end{bmatrix}=\begin{bmatrix}4\\ -2\end{bmatrix}$$

보조방정식을 구하면,

$$P(\lambda)=\begin{vmatrix}1-\lambda & 1\\ 4 & -2-\lambda\end{vmatrix}=\lambda^2+\lambda-6=0$$

$a_1=1>0$, $a_1a_2-a_0a_3=-6<0$이므로 $y(t)$와 $z(t)$는 발산한다.

예제 16

다음 연립미분방정식을 풀어라.

$$x''-3x-4y=0$$
$$x+y''+y=0$$

풀이

미분연산자를 사용하여 다시 쓰면,

$$\begin{bmatrix}D^2-3 & -4\\ 1 & D^2+1\end{bmatrix}\begin{bmatrix}x\\ y\end{bmatrix}=\begin{bmatrix}0\\ 0\end{bmatrix}$$

보조방정식을 구하면,

$$P(\lambda)=\lambda^4-2\lambda^2+1=0$$

고유근을 구하면 $\lambda_1=1$, $\lambda_2=1$, $\lambda_3=-1$, $\lambda_4=-1$이므로,

$$x(t)=(c_1+c_2t)e^t+(c_3+c_4t)e^{-t}$$
$$y(t)=(d_1+d_2t)e^t+(d_3+d_4t)e^{-t}$$

$x(t)$와 $y(t)$를 $x+y''+y=0$에 대입하면 c_1, c_2, c_3 및 c_4를 d_1, d_2, d_3, d_4의 결합으로 표현할 수 있다. 즉

$$x(t)=[(-2d_1-2d_2)-2d_2t]e^t+[(2d_4-2d_3)-2d_4t]e^{-t}$$
$$y(t)=(d_1+d_2)e^t+(d_3+d_4t)e^{-t}$$

일반적으로 상수계수를 갖는 연립미분방정식 체계에서 고유방정식이 λ에 관하여 n차이면 일반해에 포함된 임의의 상수의 수도 n개이다.

22.7 2 변수 위상도

많은 경제모형들은 함수의 구체적 형태를 명시하지 않고 함수의 질적인 성질만을 제시해 주므로, 연립미분방정식이 주어졌을 때 앞에서 배운 방법을 이용하여 명시적으로 풀 수는 없고 단지 정성분석(qualitative analysis)만 가능하다. 정성분석의 방법으로는 위상도를 이용하는 방법과 선형근사법을 사용하여 분석하는 방법이 있는데 위상도기법을 먼저 설명한 후 선형근사법은 22.8에서 설명하기로 한다.

비선형연립미분방정식이 주어졌을 때 위상도를 이용하여 균형점의 위치와 균형점의 동태적 안정성을 분석할 수 있는 경우가 있다. 2개의 미분방정식과 2개의 미지의 함수로 된 1계연립미분방정식이 아래와 같이 주어졌다고 하자.

$$x'(t)=f(x,\ y)$$
$$y'(t)=g(x,\ y)$$

$x'(t)$와 $y'(t)$는 x와 y만의 함수이고, 변수 t는 f와 g에 포함되어 있지 않으므로 연립미분방정식은 자율미분방정식으로만 구성되어 있다. 이러한 체계를 자율체계라 하는데 이 체계하에서만 위상도를 이용한 분석이 가능하다.

$x'(t)\neq 0$ 또는 $y'(t)\neq 0$이면 시간이 경과함에 따라 x와 y가 변화하므로 이 체계가 균형상태에 있을 때는 $x'(t)=0$과 $y'(t)=0$이 동시에 성립하여야 한다. $x'(t)=f(x,\ y)=0$의 곡선을 xy평면에 그리면 xy평면은 $x'(t)>0$인 영역과 $x'(t)<0$인 영역으로 나누어지며, $y'(t)=g(x,\ y)=0$곡선을 xy평면에 그리면 xy평면은 $y'(t)>0$인 영역과 $y'(t)<0$인 영역으로 나누어진다. xy평면을 나누는 이들 곡선을 분계곡선(demarcation curve)라 부른다.

설명의 편의를 위하여 $f_x\equiv\dfrac{\partial f}{\partial x}<0$, $f_y\equiv\dfrac{\partial f}{\partial y}>0$, $g_x\equiv\dfrac{\partial g}{\partial x}>0$, $g_y\equiv\dfrac{\partial g}{\partial y}<0$을 가정하면, 분계곡선 $x'(t)=0$과 $y'(t)=0$의 기울기는 음함수정리에 의해

$$\left.\frac{dy}{dx}\right|_{x'(t)=0}=-\frac{f_x}{f_y}>0$$

$$\left.\frac{dy}{dx}\right|_{y'(t)=0}=-\frac{g_x}{g_y}>0$$

이다. [그림 22-3]의 (a)는 $x'(t)=0$을 xy평면에 그린 것이다.

$x'(t)=0$은 x가 균형상태에 있게 되는 x와 y의 배합점들을 이어 놓은 것이다. $x'(t)=0$곡선 위에 있지 않은 점에서 $x'(t)$의 부호를 결정해 보자. $x'(t)$ 위에 임의점 P를 택하고 점 P와 수직선상에 있는 점을 P'라 하자. P'에서 x의 값은 P와 같으나($dx=0$) y의 값은 P보다 크다($dy>0$).

가정에 의하여 $f_y>0$이므로 $df=f_ydy>0$이 성립하여 점 P'에서 $x'(t)>0$이다. 이러한 논리는 $x'(t)=0$곡선상에 있는 모든 점에 대하여 적용할 수 있으므로 $x'(t)=0$곡선 위쪽에 있는 영역에서는 $x'(t)>0$이다. 같은 방법으로 $x'(t)=0$곡선 아래 영역에서는 $x'(t)<0$이 된다.

위와 똑같은 결론을 점 P''을 생각하여 얻을 수 있다. 점 P''에서의 y의 값은 점 P와 같으나($dy=0$) x의 값은 점 P보다 작다($dx<0$). 가정에 의하여 $f_x<0$이므로 $df=f_xdx>0$이 성립하여 점 P''에서 $x'(t)>0$이다. 즉 $x'(t)=0$곡선

그림 22-3

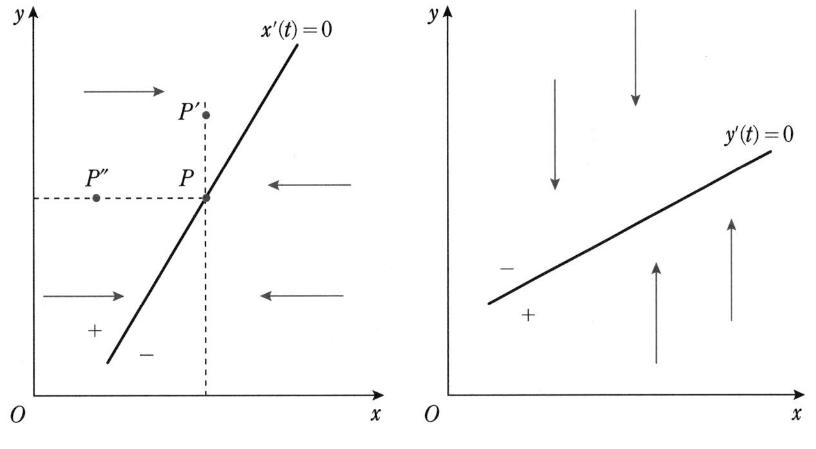

(a) (b)

의 왼쪽(위쪽) 영역에는 $x'(t)>0$이고, 오른쪽(아래쪽) 영역에서 $x'(t)<0$이다.

[그림 22-3]의 (a)에 x가 시간의 흐름에 따라 어떻게 변하는가를 보이기 위하여 x의 변화 방향을 화살표로 그려 놓았다. f_x와 f_y의 부호들이 가정과 다를 때도 같은 방법을 이용하여 $x'(t)>0$과 $x'(t)<0$인 영역을 구분할 수 있다.

[그림 22-3]의 (b)는 $g_x>0$, $g_y<0$이라 가정하여 분계곡선 $y'(t)=0$을 그린 것이다. $g_x>0$이므로 $y'(t)=0$곡선의 오른쪽은 $y'(t)>0$, 왼쪽은 $y'(t)<0$인 영역을 나타낸다. 또는 $g_y<0$이므로 $y'(t)=0$곡선의 위쪽으로 $y'(t)<0$, 아래쪽은 $y'(t)>0$인 영역을 나타낸다. y가 시간의 흐름에 따라 어떻게 변하는가를 보이기 위하여 y의 변화방향을 화살표로 그려 놓았다.

$x'(t)=0$과 $y'(t)=0$을 동시에 그린 것이 [그림 22-4]이다. $x'(t)=0$과 $y'(t)=0$을 동시에 그리면 xy평면은 4개의 영역으로 구분된다. 제 (Ⅰ) 영역에서는 시간이 흐름에 따라 x와 y는 모두 감소하고, 반대로 제 (Ⅲ) 영역에서는 x와 y가 모두 증가한다. 제 (Ⅱ) 영역에서는 시간이 흐름에 따라 x는 증가하고 y는 감소하며, 반대로 제 (Ⅳ) 영역에서는 x는 감소하고 y는 증가한다.

주어진 연립미분방정식의 유일한 해가 존재하며, t에 관하여 연속인 함수를 $x=x(t)$, $y=y(t)$라 하자. 또한 초기조건이 $x_0=x(t_0)$, $y_0=y(t_0)$일 때 t의

그림
22-4

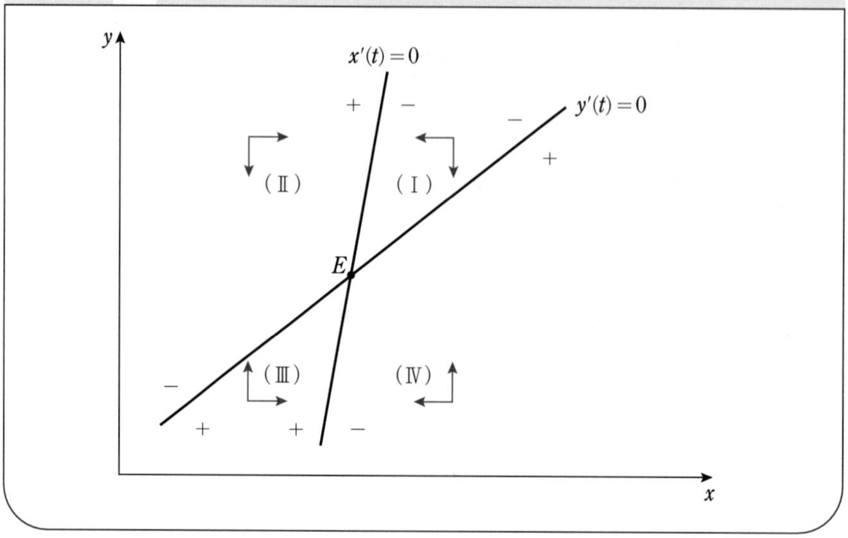

변화에 따른 $(x(t), y(t))$의 자취를 xy평면에 그리면 초기점(x_0, y_0)을 지나는 연속인 곡선을 얻는다. 이 곡선을 유선(streamline), 궤도(tragectory) 또는 위상경로(phase path)라 하며, 위상경로가 그려진 xy평면을 위상평면 또는 위상공간이라 부른다.

연립미분방정식이 유일한 해를 갖는다면 위상공간에서 모든 점은 반드시 하나의 유선상에 있어야 하므로 무수히 많은 유선들을 그릴 수 있으며, 이들 유선들은 각 영역에서 화살표가 의미하는 방향으로 움직여야 한다.

[그림 22-5]는 몇 개의 가능한 초기조건을 가정하여 유선들을 그려놓은 것이다. 초기조건이 점 A, B, C 및 D일 때의 유선들은 한 영역에서만 머물며 균형점 E를 향하여 움직이고, 반면에 점 F, G, H 및 I를 통과하는 유선들은 한 영역에서 다른 영역을 넘나들면서 균형점을 향하여 움직이므로 균형점 E는 안정적 균형점이라는 것을 알 수 있다.

하나의 유선이 분계곡선 $x'(t)=0$을 넘어갈 때 x의 값은 변화되지 않으므로 유선의 기울기는 $x'(t)=0$에서 무한대가 되어야 하고, 마찬가지의 이유로 유선이 $y'(t)=0$을 넘어갈 때 y의 값은 변화되지 않으므로 유선의 기울기는 $y'(t)=0$을 지날 때 0이 된다. 즉 점 F와 H를 지나는 유선들의 기울기는

그림 22-5 안정적 결절점

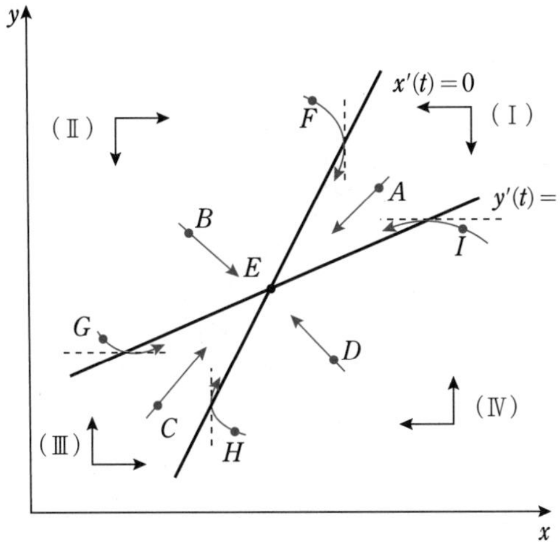

$x'(t)=0$에서 무한대이며, 점 G와 I를 지나는 유선들은 $y'(t)=0$에서 0의 기울기를 갖는다.

균형점은 유선의 배열모양에 따라 결절점(node), 안장점(saddle point), 초점(focus) 및 중심점(center 또는 focal point) 중 하나로 분류된다.

결절점이란 균형점 주위의 유선들이 순환하지 않고 균형점을 향하여 움직이거나(안정적 결절점) 또는 균형점으로부터 계속 멀어지는(불안정적 결절점) 경우의 균형점을 말한다. [그림 22-5]는 안정적 결절점의 예이다.

안장점이란 어떤 방향들에서 안정적이지만 다른 방향에서는 불안정적인 균형점을 말한다. 안장점을 보이기 위하여 [그림 22-6]은 $f_x<0$, $f_y<0$, $g_x<0$, $g_y>0$이라 가정하여 위상도를 그린 것이다. 초기점이 A 또는 B인 유선은 균형점을 향하여 움직이지만 여타의 유선들은 균형점과 멀어지는 경향이 있으므로 안장점은 일반적으로 불안정적 균형으로 분류된다.

초점은 유선의 모양이 소용돌이치며 균형점을 향하여 움직이거나(안정적 초점), 균형점으로부터 멀어지는 경우(불안정적 초점)를 말한다. [그림 22-7]의 (a)는 안정적 초점의 경우의 위상도를 그린 것이다.

마지막으로 중심점은 유선들의 모양이 동심원 또는 동심타원을 그리며

그림 22-6 **안 장 점**

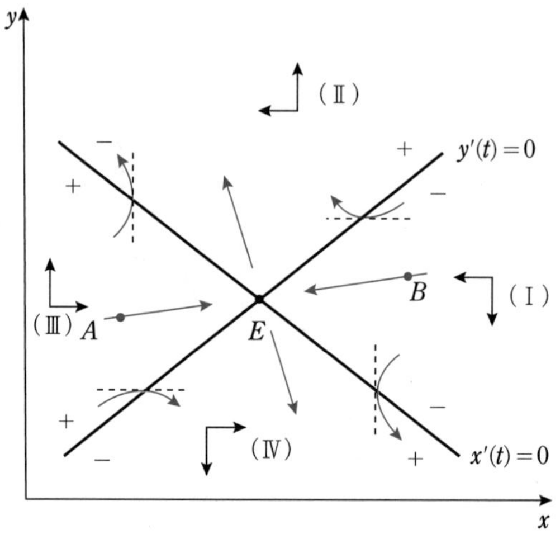

그림 22-7 **안정적 초점과 중심점**

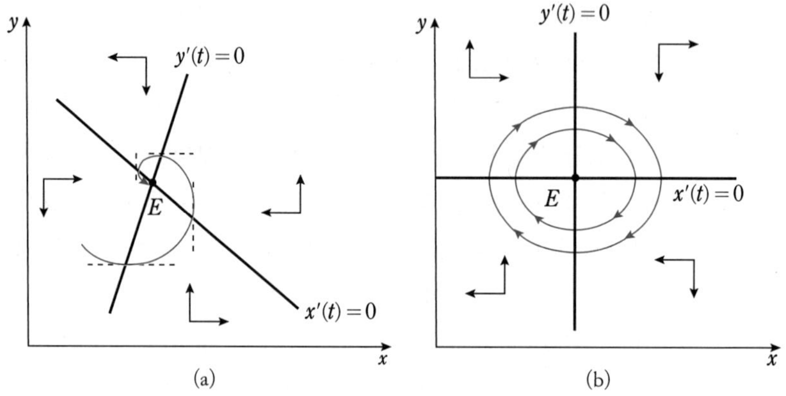

균형점의 주위를 끊임없이 회전하는 경우를 말한다. 초기점이 균형점 E점과 떨어져 있다면 균형점에 도달하지 못하므로 중심점은 불안정적 균형으로 분류된다.

[그림 22-7]의 (b)는 균형점이 중심점으로 분류되는 경우의 위상도를 그

린 것이다. 중심점의 경우는 $x(t)$와 $y(t)$가 어떤 유선을 따라 움직이든 관계없이 진폭이 일정한 파동의 시간경로를 갖게 되고, 안정적(불안정적) 초점의 경우에는 $x(t)$와 $y(t)$가 수축(발산)하는 파동을 하게 된다.

지금까지 설명한 예들은 균형점이 하나만 존재하는 경우만 설명하였다. 그러나 f와 g가 상당히 비선형적인 모양을 갖게 되면 두 분계곡선이 두 번 이상 교차할 가능성이 충분히 있다. 그러한 경우에도 지금까지 설명한 방법을 이용하면 각 균형점의 안정성과 성격에 관하여 분석할 수 있다.

끝으로 위상도기법을 사용하여 균형의 안정성을 분석할 때 유의할 점을 지적해 두고자 한다. 위상도를 이용한 균형의 안정성에 대한 분석은 주어진 문제를 수리적으로 풀어 균형의 성격을 확인한 후에 설명의 도구로 사용할 때만 그 정당성을 인정받을 수 있다는 것이다. 위상도를 이용한 분석은 기껏해야 주어진 문제에 대한 직관적인 아이디어를 얻는 데 사용될 수 있다. 만약 주어진 문제(특히 비정상적인 경우의 문제)를 풀지 않고 위상도기법만을 이용하여 모형의 안정성을 판단한다면 그릇된 결론에 도달할 가능성이 높다는 점에 유의하자.

22.8 선형근사법

선형근사법을 설명하기 위하여 다변수함수의 테일러전개에 대하여 알아보자. 설명의 편의를 위하여 2변수함수를 예로 들기로 한다. $z=f(x, y)$일 때 함수 $F(t)$를 다음과 같이 정의하자.

$$F(t)=f(x+th,\ y+tk)$$

여기서 x, y, h, k는 일정하며 t와는 독립적이라 하면 $F(t)$는 t만의 함수가 된다. $F(t)$가 $t=0$의 근방에서 연속인 $n+1$차 도함수가 존재한다고 가정하자. θ가 0과 t 사이의 어떤 값일 때, [정리 10-3-1]의 테일러정리에 의하여 다음과 같이 바꾸어 쓸 수 있다.

$$F(t)=f(x+th,\ y+tk)$$
$$=F(0)+tF'(0)+\frac{t^2}{2!}F''(0)+\cdots+\frac{t^n}{n!}F^n(0)+\frac{t^{n+1}}{(n+1)!}F^{(n+1)}(\theta)$$
$$=P_n(t)+R_n\left(\text{단, } R_n=\frac{t^{n+1}}{(n+1)!}F^{(n+1)}(\theta)\right)$$

$\lim_{n\to\infty}R_n=0$ 이면 $F(t)$의 테일러급수

$$F(t)=F(0)+tF'(0)+\frac{t^2}{2!}F''(0)+\cdots$$

를 얻는다.

또한

$$F(0)=f(x,\ y)$$
$$F'(0)=[hf_x(x+th,\ y+tk)+kf_y(x+th,\ y+tk)]_{t=0}=hf_x(x,\ y)+kf_y(x,\ y)$$
$$F''(0)=h^2f_{xx}+2hkf_{xy}+k^2f_{yy}$$

이다. $t=1$로 놓고 테일러급수를 구하면

$$f(x+h,\ y+k)=F(0)+F'(0)+\frac{1}{2}F''(0)+\cdots$$
$$=f(x,\ y)+hf_x(x,\ y)+kf_y(x,\ y)$$
$$+\frac{1}{2!}[h^2f_{xx}+2hkf_{xy}+k^2f_{xy}]+\cdots$$

선형근사식은 2차편도함수 이상이 포함된 모든 항들을 생략하여 얻은 근사식을 말한다. 즉,

$$f(x+h,\ y+k)=f(x,\ y)+hf_x(x,\ y)+kf_y(x,\ y)$$

$(x,\ y)$를 $(x_0,\ y_0)$로, h와 k를 각각 $x-x_0$ 및 $y-y_0$로 바꾸어 쓰면 $f(x,\ y)$의 선형근사식을 다음과 같이 쓸 수 있다

$$f(x,\ y)=f(x_0,\ y_0)+(x-x_0)f_x(x_0,\ y_0)+(y-y_0)f_y(x_0,\ y_0)$$

위의 식은 $f(x, y)$를 점 (x_0, y_0)에서 구한 선형근사식이 된다. 선형근사법은 비선형연립미분방정식이 주어졌을 때 균형점 근방에서 얻은 선형근사식을 이용하여 균형점의 안정성을 분석하는 데 사용된다.

다음과 같은 비선형연립미분방정식이 주어졌다고 하자.

$$x'(t)=f(x, y)$$
$$y'(t)=g(x, y)$$

균형점을 (x_0, y_0)라 가정하고, (x_0, y_0)에서 두 미분방정식의 선형근사식을 구하면 다음과 같다.

$$x'(t)=f(x_0, y_0)+(x-x_0)f_x(x_0, y_0)+(y-y_0)f_y(x_0, y_0)$$
$$y'(t)=g(x_0, y_0)+(x-x_0)g_x(x_0, y_0)+(y-y_0)g_y(x_0, y_0)$$

(x_0, y_0)는 균형점이므로 $f(x_0, y_0)=g(x_0, y_0)=0$이라 놓고 위의 식을 변형하면

$$x'(t)=f_x(x_0, y_0)x+f_y(x_0, y_0)y-x_0f_x(x_0, y_0)-y_0f_y(x_0, y_0)$$
$$y'(t)=g_x(x_0, y_0)x+g_y(x_0, y_0)y-x_0g_x(x_0, y_0)-y_0g_y(x_0, y_0)$$

$f_x(x_0, y_0)$, $f_y(x_0, y_0)$, $g_x(x_0, y_0)$ 및 $g_y(x_0, y_0)$는 모두 상수이므로 상수계수와 상수항을 갖는 2개의 미분방정식과 2개의 미지의 함수로 된 연립미분방정식이 된다. 함수 f와 g의 구체적 형태가 알려져 있다면 주어진 문제를 명시적으로 풀 수 있으므로 균형점의 안정성과 성격을 파악할 수 있다. f와 g가 일반함수의 형태로 주어졌다고 해도 경제모형의 전개과정에서 설정된 가정들에 의하여 f_x, f_y, g_x 및 g_y의 부호를 안다면 균형점에 대한 질적인 분석은 가능하다.

기호의 단순화를 위하여

$$f_x(x_0, y_0)=a_{11},\ f_y(x_0, y_0)=a_{12},\quad -x_0f_x(x_0, y_0)-y_0f_y(x_0, y_0)=b_1$$
$$g_x(x_0, y_0)=a_{21},\ g_y(x_0, y_0)=a_{22},\quad -x_0g_x(x_0, y_0)-y_0g_y(x_0, y_0)=b_2$$

로 바꾸어 놓으면 선형근사식으로 얻어진 연립미분방정식은 다음의 비동차연립미분방정식이 된다.

$$x'(t) = a_{11}x(t) + a_{12}y(t) + b_1$$
$$y'(t) = a_{21}x(t) + a_{22}y(t) + b_2$$

$x(t)$와 $y(t)$의 안정성은 동차연립미분방정식($b_1 = b_2 = 0$)에서 얻은 보조방정식의 고유근의 대수적 부호에 달려 있다. 보조방정식을 구하면(22.4의 식 (12) 참조)

$$\lambda^2 - (a_{11} + a_{22})\lambda + (a_{11}a_{22} - a_{12}a_{21}) = 0$$

고유근을 λ_1, λ_2라 하면 다음의 관계가 성립한다.

$$\lambda_1 + \lambda_2 = a_{11} + a_{22} = A$$
$$\lambda_1\lambda_2 = a_{11}a_{22} - a_{12}a_{21} = B$$

또는

$$\lambda_1,\ \lambda_2 = \frac{A \pm \sqrt{A^2 - 4B}}{2}$$

이므로 A와 B를 이용하여 고유근의 대수적 부호를 판정할 수 있다.

$A^2 > 4B$라면 고유근은 서로 다른 실근을 갖게 되므로 파동현상은 일어나지 않는다. 따라서 균형점은 결절점 또는 안장점이 되지만 초점이나 중심점은 될 수 없다. 만약 λ_1, $\lambda_2 > 0$(또는 $A^2 > 4B$, $A > 0$, $B > 0$)이면 $x(t)$와 $y(t)$의 시간경로는 시간이 흐를수록 균형점에서 멀어지므로 이 때의 균형은 불안정적 결절점이 되고, λ_1, $\lambda_2 < 0$(또는 $A^2 > 4B$, $A < 0$, $B > 0$)이면 $x(t)$와 $y(t)$는 시간이 흐를수록 균형점이 수렴하게 되므로 안정적 결절점이 된다.

만약 $\lambda_1 < 0 < \lambda_2$(또는 $A^2 > 4B$, $B < 0$)이면 균형점은 안장점이 되는데 그 이유를 살펴보면 다음과 같다. 일반해 $x(t)$와 $y(t)$는 각각 여함수와 특수적분의 합이므로

$$x(t) = x_c + x_p = A_1e^{\lambda_1 t} + A_2e^{\lambda_2 t} + x_p$$
$$y(t) = y_c + y_p = B_1e^{\lambda_1 t} + B_2e^{\lambda_2 t} + y_p$$

로 쓸 수 있다. 그런데 B_i는 A_i의 상수배인 관계에 있으므로 초기조건이

$A_2=0$이 되도록 주어지면 $B_2=0$이 되고, $\lambda_1<0$이므로 $x(t)$와 $y(t)$는 수렴한다. 그러나 $A_2\neq0$인 초기조건하에서는 $x(t)$와 $y(t)$는 모두 발산하기 때문에 이 균형점은 안장점이 된다.

중근을 갖는 경우 $\lambda_1=\lambda_2=\lambda>0$(또는 $A^2=4B$, $A>0$, $B>0$)이면 고유근이 모두 플러스이므로 균형점은 불안정적 결절점이 되고, $\lambda_1=\lambda_2=\lambda<0$(또는 $A^2=4B$, $A<0$, $B>0$)이면 안정적 결절점이 된다.

$A^2<4B$라면 고유근이 허근이 되므로 $x(t)$와 $y(t)$는 주기적 파동현상을 갖게 되어 이 때의 균형점은 초점 또는 중심점 중 하나가 된다. 고유근이 λ_1, $\lambda_2=\alpha\pm i\theta$라면 일반해 $x(t)$와 $y(t)$는 각각 다음과 같이 쓸 수 있다.

$$x(t)=c_1e^{\alpha t}\cos(\theta t-\phi_1)+x_p$$
$$y(t)=c_2e^{\alpha t}\cos(\theta t-\phi_2)+y_p$$

$\alpha<0$(또는 $A^2<4B$, $A<0$)이면 $x(t)$와 $y(t)$의 시간경로는 수축하며 파동하므로 균형점은 안정적 초점이 되고, $\alpha>0$(또는 $A^2<4B$, $A>0$)이면 발산하며 파동을 하므로 균형점은 불안정적 초점이 된다. $\alpha=0$(또는 $A^2<4B$, $A=0$)이면 $x(t)$와 $y(t)$의 시간경로는 진폭이 일정한 파동을 하므로 균형점은 중심점이 된다.

선형근사식을 이용한 안정성의 분석은 균형점 주위의 아주 가까운 근방에서만이 의미가 있으므로 이를 국부적 안정성분석이라 한다. 물론 주어진 연립미분방정식 체계가 선형체계로 주어진다면 선형근사법에 의한 국부적 안정성의 분석은 전역적 안정성에 대한 분석이 되는 것은 자명하다.

예제 17

다음의 비선형미분방정식에 대하여 국부적 안정성을 분석하라.

$$x'(t)=f(x,\ y)=1-xy$$
$$y'(t)=g(x,\ y)=x-y^2$$

풀이

$x'(t)=y'(t)=0$으로 놓고 균형점을 찾으면, $(x_0,\ y_0)=(1,\ 1)$이다.

$f_x(1,\ 1)=-1$, $f_y(1,\ 1)=-1$, $g_x(1,\ 1)=1$, $g_y(1,\ 1)=-2$이므로, 선형 근사식은 다음과 같다.

$$x'(t)=-x-y+2$$
$$y'(t)=x-2y+1$$

고유방정식을 구하면 $\lambda^2+3\lambda+3=0$이므로 $\lambda_1,\ \lambda_2=\dfrac{-3\pm\sqrt{3}\,i}{2}$. 따라서 균형점은 국부적으로 안정적 초점이 된다.

연습문제

1. 다음 1계선형미분방정식을 풀어라. 초기조건이 주어진 경우에는 임의의 상수값을 확정하라.

(1) $\dfrac{dy}{dt}+3y=9$　　(2) $\dfrac{dy}{dt}+2ty=t$, $y(0)=10$

(3) $\dfrac{dy}{dt}+4ty=4t$　　(4) $\dfrac{dy}{dt}+t^2y=3t^2$, $y(0)=10$

2. 다음 2계선형미분방정식을 풀어라. 초기조건이 주어진 경우에는 임의의 상수값을 확정하라.

(1) $(D^2-5D-6)y(t)=12$　　(2) $(D^2-6D+9)y(t)=81$

(3) $(D^2-2D+2)y(t)=0$　　(4) $(D^2+6D+9)y(t)=81$, $y(0)=y'(0)=10$

3. 다음 고계선형미분방정식을 풀어라.

(1) $(D-2)(D^2+2D+10)y(t)=0$　　(2) $(D^5-4D^3)y(t)=0$

(3) $(D^3-7D+6)y(t)=0$　　(4) $D^3y(t)=0$

4. 다음 연립미분방정식을 풀어라.

$$x'(t)=2x(t)-3z(t)+10$$
$$z'(t)=-x(t)-2z(t)+9$$

5. 다음 1계 1차비선형미분방정식을 풀어라.

(1) $2yt\ dy + y^2 dt = 0$

(2) $\dfrac{y(2+t^3y)}{t^3}dt = \dfrac{1-2t^3y}{t^2}dy$

(3) $y^2 dt - (1-t)dy = 0$

(4) $\dfrac{dy}{dt} + ty = 3ty^2$

6. 다음 각 경우의 위상선을 그리고 수렴 여부를 밝혀라.

(1) $\dfrac{dy}{dt} = 3y + 5$

(2) $\dfrac{dy}{dt} = -4y + 8$

7. 다음 미분방정식을 연립미분방정식으로 바꾸어라.

$$(D^3 + 2D^2 + 3D + 4)y(t) = 0$$

8. 2계미분방정식 $y''(t) = f(y', y)$도 2변수위상도를 사용하여 분석할 수 있음을 보여라.

9. 다음과 같은 연립미분방정식이 주어졌다고 하자.

$$x' = f(x, y)$$
$$y' = g(x, y)$$

$f_x = 0$, $f_y > 0$, $g_x > 0$, $g_y = 0$일 때 위상도를 작성하여 유선들을 그려넣고 균형점의 성격을 분석하라.

10. 다음의 비선형체계가 주어졌을 때 국부적 안정성을 분석하라.

$$x' = x^2 + y^2 - 1$$
$$y' = 2xy$$

제23장

정차방정식

23.1 정차방정식의 분류와 해

t에 관한 함수 $y=y(t)$가 주어졌을 때 1계정차(first-order difference)란 t가 $t+h$로 변할 때 함수값의 변화분 $y(t+h)-y(t)$를 말한다. 기호로는 다음과 같이 표시한다.

$$\varDelta y(t)=y(t+h)-y(t)$$

$h=1$로 놓아도 일반성을 잃지 않으므로 $h=1$로 놓기로 하고, 함수 y는 $t=0, 1, 2, 3, \cdots$ 등 0과 자연수에 대해서 정의된다고 하자. 또한 정차방정식에서는 흔히 $y(t)$를 간략히 y_t라고 쓴다. 이와 같이 약속하면 1계정차를 다음과 같이 쓸 수 있다.

$$\varDelta y_t=y_{t+1}-y_t$$

여기서 유의할 점은 $\varDelta y_t$도 역시 t의 함수이며, 기호 $\varDelta$는 연산자로서 y_0, y_1, y_2, …로부터 $\varDelta y_t$를 얻는 규칙을 말해 준다.

같은 방법으로 연산자 $\varDelta$를 반복하여 사용하면 고계정차(higher-order difference)를 얻을 수 있다.

y_t의 2계정차는 $\varDelta^2 y_t$로 나타내고 다음과 같이 정의된다.

$$\begin{aligned}\Delta^2 y_t &= \Delta(\Delta y_t) = \Delta y_{t+1} - \Delta y_t \\ &= (y_{t+2} - y_{t+1}) - (y_{t+1} - y_t) \\ &= y_{t+2} - 2y_{t+1} + y_t\end{aligned}$$

y_t의 3계정차는 $\Delta^3 y_t$로 나타내고 다음과 같이 정의된다.

$$\begin{aligned}\Delta^3 y_t &= \Delta(\Delta^2 y_t) = \Delta y_{t+2} - 2\Delta y_{t+1} + \Delta y_t \\ &= (y_{t+3} - y_{t+2}) - 2(y_{t+2} - y_{t+1}) + (y_{t+1} - y_t) \\ &= y_{t+3} - 3y_{t+2} + 3y_{t+1} - y_t\end{aligned}$$

예를 들어 $y_t = 2t^2 + 5$의 2계정차는 다음과 같다.

$$\begin{aligned}\Delta^2 y_t &= \Delta(\Delta y_t) = y_{t+2} - 2y_{t+1} + y_t \\ &= [2(t+2)^2 + 5] - 2[2(t+1)^2 + 5] + [2t^2 + 5] \\ &= 2t^2 + 8t + 8 + 5 - 4t^2 - 8t - 4 - 10 + 2t^2 + 5 = 4\end{aligned}$$

정차방정식(difference equation)이란 시간에 관한 미지의 함수에 관한 정차 Δy_t, $\Delta^2 y_t$ 등을 포함한 함수식이라고 정의할 수 있다. 정차방정식도 미분방정식과 마찬가지로 독립변수의 수, 계수, 차수, 선형 또는 비선형 및 동차 또는 비동차 등의 기준에 따라 여러 가지로 분류된다. 단지 22.1에서 미분방정식을 분류할 때 사용된 용어 중 도함수를 정차로 바꾸면 그것이 바로 정차방정식을 분류하는 것이 된다. 예를 들어 주어진 정차방정식에 포함된 정차 중에서 가장 높은 차수가 n차일 때 이 정차방정식을 n계정차방정식이라 한다.

정차방정식의 해란 주어진 정차방정식을 만족시키는 동시에 정차가 포함되지 않는 함수를 말하며, 이러한 해를 구하는 것을 정차방정식을 푼다고 말한다.

예제 1

$y_t = t + c$가 $\Delta y_t = 1$의 해임을 보여라.

풀이

$$\Delta y_t = y_{t+1} - y_t = (t+1+c) - (t+c) = 1$$

따라서 $y_t = t + c$는 주어진 정차방정식의 해가 된다.

미분방정식과 마찬가지로 n계정차방정식의 일반해(general solution)는 n개의 임의의 상수를 사용하여 무수히 많은 해를 일반적으로 나타낸 것을 말하고, 임의의 상수에 특정한 값을 대입한 해를 특수해(particular solution)라 한다. 특수해는 정차방정식 이외에 추가적인 조건이 주어질 때 얻을 수 있는데 이를 초기조건이라 부른다.

지금까지의 논의에 의하면 정차방정식과 미분방정식의 분류와 해가 매우 유사하다는 것을 알 수 있다. 그 이유는, 도함수가 정차의 비율의 극한으로 정의되기 때문이다. 즉,

$$\frac{dy}{dt} = \lim_{\Delta t \to 0} \frac{\Delta y_t}{\Delta t} = \lim_{\Delta t \to 0} \frac{y_{t+\Delta t} - y_t}{\Delta t}$$

라 정의되므로 Δt가 0에 접근하게 되면 정차방정식은 미분방정식에 접근하게 된다. 따라서 정차방정식의 해법은 미분방정식의 해법을 많이 원용한다.

이 책에서는 미분방정식과 마찬가지로 상수계수의 선형정차방정식을 중심으로 그 해법과 시간경로를 논의한다. 따라서 특별한 언급이 없는 한, 정차방정식은 상수계수의 선형정차방정식을 의미하는 것으로 약속하자.

23.2 상수계수의 1계선형정차방정식

상수계수의 1계선형정차방정식의 일반형은 다음과 같다.

$$y_t + a y_{t-1} = b(t) \tag{1}$$

물론 식 (1)에서 y_t는 $t=0, 1, 2, \cdots$에 대해서 성립해야 하므로 t 대신 $t+1$

을 대입하면,

$$y_{t+1}+ay_t=b(t+1)=h(t) \tag{1'}$$

가 되므로 일반형을 식 (1′)와 같이 쓸 수도 있다. 이 책에서는 식 (1)을 택하기로 한다. 식 (1)에서 $b(t)=0$이라 놓으면 가장 간단한 형태의 정차방정식을 얻는다.

$$y_t+ay_{t-1}=0 \tag{2}$$

식 (2)를 식 (1)에 대응하는 동차식이라 부른다.

먼저 식 (2)로 주어진 정차방정식의 해를 구해보자. 함수 y가 초기($t=0$)에 임의의 상수값 A를 갖는다고 가정하면, 식 (2)로부터 다음을 얻을 수 있다.

$$y_1=-ay_0=-aA$$
$$y_2=-ay_1=-a(-aA)=(-a)^2A$$
$$y_3=-ay_2=(-a)^3A$$
$$\cdots\cdots\cdots\cdots\cdots$$
$$y_t=A(-a)^t$$

$y_t=A(-a)^t$는 식 (2)로 주어지는 동차정차방정식의 일반해가 된다.

$b(t)\neq 0$이라 가정하고 식 (1)로 주어지는 비동차선형정차방정식의 해법에 대해서 알아보자. 미분방정식과 마찬가지로 비동차정차방정식의 일반해는 주어진 비동차정차방정식에 대응하는 동차식의 일반해(이를 여함수 y_c라 부른다)와 비동차정차방정식을 만족시키는 임의의 함수(이를 특수적분 y_p라 부른다)의 합의로 표시된다는 사실이 알려져 있다. 즉,

$$y_t=y_c+y_p.$$

특수적분 y_p를 구하는 방법은 미분방정식의 경우와 마찬가지로 미정계수법을 사용한다. 반복을 피하기 위해 $b(t)$가 상수인 경우에 국한하여 설명한다.

$b(t)$가 상수 b로 주어지는 경우 식 (1)은 다음과 같이 된다.

$$y_t+ay_{t-1}=b \tag{3}$$

특수적분으로 b와 비슷한 형태인 $y_p=u(t)=u$를 시도해 보자. u를 식 (3)에 대입하면 다음을 얻는다.

$$u+au=b$$

즉,

$$u=\frac{b}{1+a} \ (a\neq-1)$$

따라서 식 (3)의 일반해는 아래와 같다.

$$y_t=A(-a)^t+\frac{b}{1+a} \ (a\neq-1)$$

만약 $a=-1$인 경우에는 $y_p=u$형을 사용할 수 없다. 이 경우에는 $y_p=u(t)=ut$형을 시도해 본다. ut를 식 (3)에 대입하면

$$ut-u(t-1)=b \ (\because a=-1\text{이므로})$$

에서 $u=b$가 된다. 따라서 $y_p=bt$가 되고, 구하는 일반해는 다음과 같다.

$$y_t=y_c+y_p=A(1)^t+bt=A+bt \ (\text{단, } a=-1)$$

만약 초기조건이 주어지면 임의의 상수 A의 값을 확정할 수 있다. 예를 들어 $a\neq-1$이고 $t=0$일 때 y_t가 y_0라면 특수해는 아래와 같다. $t=0$일 때 $y_t=y_0$를 일반해에 대입하면,

$$y_0=A+\frac{b}{1+a}$$

에서 $A=y_0-\frac{b}{1+a}$이므로 특수해는 다음과 같이 얻어진다.

$$y_t=\left(y_0-\frac{b}{1+a}\right)(-a)^t+\frac{b}{1+a} \ (a\neq-1)$$

정차방정식과 미분방정식의 해가 매우 유사하다는 사실에 유의할 필요가

있다. 즉, 정차방정식의 $A(-a)^t$와 $\frac{b}{1+a}$는 미분방정식의 Ae^{-at}와 $\frac{b}{a}$에 각각 대응된다.

예제 2

$2y_{t+1}+4y_t=3$을 풀어라(단, $y_0=2$).

풀이

주어진 정차방정식을 바꿔 쓰면 다음과 같다.

$$y_{t+1}+2y_t=\frac{3}{2} \text{ 또는 } y_t+2y_{t-1}=\frac{3}{2}$$

여함수를 구하기 위해 동차식으로 바꾸자

$$y_{t+1}+2y_t=0 \text{ 또는 } y_t+2y_{t-1}=0$$

y_c를 구하면,

$$y_c=A(-2)^t$$

특수적분을 구하기 위해서 $y_p=u$라 하고 원래의 정차방정식에 대입하면,

$$u+2u=\frac{3}{2}$$

$y_p=u=\frac{1}{2}$이므로 구하는 일반해는 다음과 같다.

$$y_t=y_c+y_p=A(-2)^t+\frac{1}{2}$$

초기조건을 일반해에 대입하여 A를 구하면,

$$y_0=2=A+\frac{1}{2}$$

$A=\frac{3}{2}$이므로 구하는 특수해는 다음과 같다.

$$y_t=\frac{3}{2}(-2)^t+\frac{1}{2}$$

식 (3)으로 주어지는 정차방정식의 특수해는

$$y_t=\left(y_0-\frac{b}{1+a}\right)(-a)^t+\frac{b}{1+a}\quad(a\neq-1,\ t=0\text{일 때 } y_t=y_0)$$

임을 안다. 여기서 y_t의 시간경로를 살펴보자. y_t의 시간경로는 a의 부호와 그 절대값의 크기에 달려 있다. 즉, y_t가 시간이 경과함에 따라 $\frac{b}{1+a}$에 수렴하기 위해서는 a의 절대값이 1보다 작아야 한다는 것을 쉽게 알 수 있다. 반면에 $|a|>1$이면 발산한다.

$|a|<1$이면 y_t는 수렴하지만 그 부호에 따라 두 가지 유형으로 구별된다.

그림 23-1 y_t의 시간경로

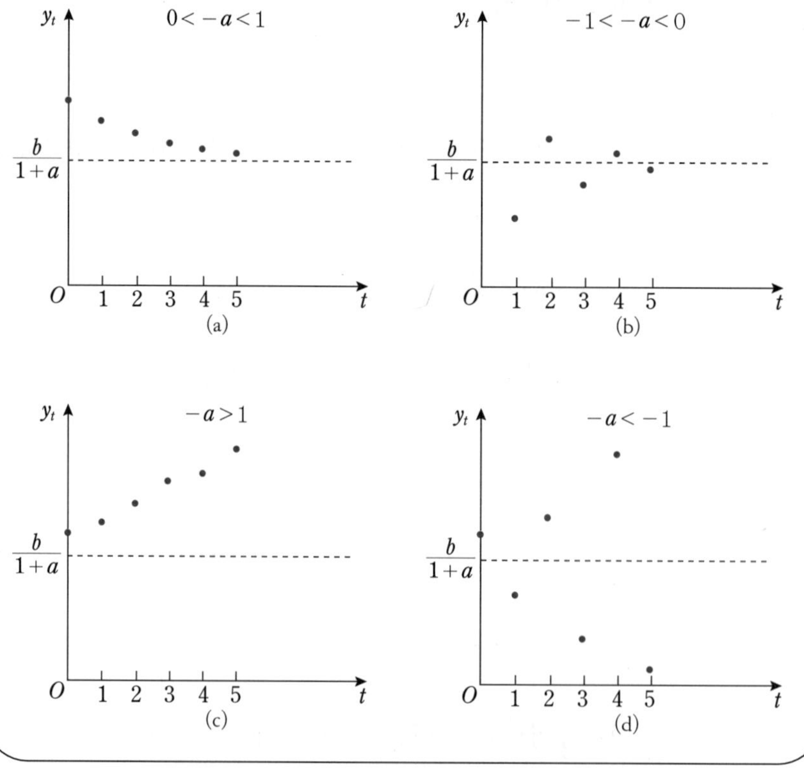

$0<-a<1$(즉 $-1<a<0$)이면 진동하지 않고 수렴하지만, $-1<-a<0$(즉 $0<a<1$)이면 진동하면서 수렴한다. 마찬가지로 $-a>1$(즉 $a<-1$)인 경우에는 진동하지 않고 발산하며 $-a<-1$(즉 $a>1$)인 경우에는 진동하며 발산한다([그림 23-1] 참조).

23.3 상수계수와 상수항을 갖는 고계선형정차방정식

상수계수와 상수항을 갖는 n계선형정차방정식의 일반형은 다음과 같다.

$$y_t+a_1y_{t-1}+\cdots+a_ny_{t-n}=b \tag{1}$$

또는 t 대신 $t+n$을 대입하여 다음과 같은 형을 얻을 수도 있다.

$$y_{t+n}+a_1y_{t+n-1}+\cdots+a_ny_t=b \tag{2}$$

설명의 편의를 위해 식 (1)을 택하기로 한다.

정차방정식을 표현하는 또다른 방법은 미분연산자와 비슷한 시차연산자(lag operator)를 사용하는 것이다. 시차연산자 L은 y_t를 한 시차만큼 뒤로 밀어 놓는 것이라 정의하자.

$$Ly_t=y_{t-1}$$

마찬가지로 L을 y_{t-1}에 대해서 사용하면 다음의 관계를 얻는다.

$$Ly_{t-1}=L\cdot Ly_t=L^2y_t=y_{t-2}$$

이것을 일반화하면 다음을 얻는다.

$$L^iy_t=y_{t-i}$$
$$L^0y_t=y_t$$

시차연산자 L에 관한 다항식을 $A(L)$이라 하면,

$$A(L)=1+a_1L+a_2L^2+\cdots+a_nL^n \ (a_1,\ a_2,\ \cdots,\ a_n\text{은 상수})$$
$$A(L)y_t=(1+a_1L+a_2L^2+\cdots+a_nL^n)y_t$$
$$=y_t+a_1y_{t-1}+a_2y_{t-2}+\cdots+a_ny_{t-n}$$

로 정의된다.

시차연산자를 사용하면 식 (1)은 다음과 같이 간결하게 표현된다.

$$A(L)y_t=b \qquad (3)$$

고계정차방정식의 해법은 2계정차방정식의 해법의 확장에 불과하므로 2계정차방정식의 해법을 중심으로 논의한 후 그 해법을 n계정차방정식의 경우로 연장한다.

2계정차방정식의 일반형은 다음과 같다.

$$y_t+a_1y_{t-1}+a_2y_{t-2}=b \qquad (4)$$

미분방정식의 해법을 원용하여 여함수와 특수적분을 구하자. 먼저 특수적분을 구하기 위해 $y_p=u$를 시도해 보자. u를 식 (4)에 대입하면 다음을 얻는다.

$$u+a_1u+a_2u=b$$

이것을 풀면 $y_p=u=\dfrac{b}{1+a_1+a_2}(a_1+a_2\neq-1)$이 된다. 물론 $a_1+a_2=-1$인 경우는 $y_p=ut$를 시도해 본다. 만약 이것도 실패하면 $y_p=ut^2$을 시도하여 특수적분을 얻을 수 있으므로 생략한다.

여함수를 구하기 위해 $b=0$이라 놓으면 다음 동차식을 얻는다.

$$y_t+a_1y_{t-1}+a_2y_{t-2}=0 \qquad (5)$$

1계정차방정식의 경우 동차식의 일반해가 $A\lambda^t$형이었으므로 이 형을 식 (5)에 시도해 보자. $A\lambda^t$를 식 (5)에 대입하면,

$$A\lambda^t+a_1A\lambda^{t-1}+a_2A\lambda^{t-2}=0 \qquad (6)$$

또는

$$A\lambda^{t-2}(\lambda^2+a_1\lambda+a_2)=0 \tag{7}$$

$A\lambda^t$가 식 (5)의 해가 되기 위해서는 모든 t에 대해서 식 (7)이 성립해야 된다. 이것이 성립하기 위한 필요충분조건은

$$\lambda^2+a_1\lambda+a_2=0 \tag{8}$$

이다.

식 (8)을 정차방정식 (5)의 보조방정식이라 한다. 보조방정식 (5)로부터 두 개의 근을 구할 수 있다.

$$\lambda_1,\ \lambda_2=\frac{-a_1\pm\sqrt{a_1^2-4a_2}}{2}$$

미분방정식과 마찬가지로 λ_1^t와 λ_2^t가 식 (5)의 해이면 여기에 임의의 상수를 각각 곱해 준 $c_1\lambda_1^t$와 $c_2\lambda_2^t$도 식 (5)의 해가 된다. 또한, 두 해의 합 $c_1\lambda_1^t+c_2\lambda_2^t$도 식 (5)의 해가 된다. 특히, λ_1^t와 λ_2^t가 1차독립일 때 $c_1\lambda_1^t+c_2\lambda_2^t$를 식 (5)의 일반해라 한다. 식 (5)의 일반해는 $a_1^2-4a_2$의 부호에 따라 다음 세 가지로 분류된다.

(i) 두 개의 서로 다른 실근을 갖는 경우($a_1^2>4a_2$)

만약 보조방정식이 서로 다른 두 개의 실근을 가지면 λ_1^t와 λ_2^t가 1차독립이므로 여함수 y_c는 다음과 같다.

$$y_c=c_1\lambda_1^t+c_2\lambda_2^t$$

(ii) 중근을 갖는 경우($a_1^2=4a_2$)

만약 보조방정식이 중근을 갖는다면,

$$\lambda=\lambda_1=\lambda_2=\frac{a_1}{2}$$

임의의 상수를 곱해 준 해 $c_1\lambda^t$와 $c_2\lambda^t$는 1차독립이 아니므로 $c_1\lambda^t+c_2\lambda^t$는 여함수가 되지 못한다. $c_1\lambda^t$와 1차독립이면서 식 (5)를 만족시키는 또다른 해는 미분방정식의 경우와 비슷하게 $c_2t\lambda^t$임은 $c_2t\lambda^t$를 식 (5)에 대입하면 확인할 수 있다. 따라서 우리가 구하는 여함수 y_c는 다음과 같다.

$$y_c=(c_1+c_2t)\lambda^t$$

(iii) 허근을 갖는 경우($a_1^2<4a_2$)

만약 보조방정식이 허근을 갖는다면 그 근은 한 쌍의 공액복소수가 된다.

$$\lambda_1,\ \lambda_2=\alpha\pm i\beta$$

여기서 $\alpha=\frac{1}{2}a_1$이고 $\beta=\frac{1}{2}\sqrt{4a_2-a_1^2}$이다.

임의의 공액복소수도 될 수 있는 임의의 상수 A와 B를 각각 곱해 준 두 해 $A(\alpha+i\beta)^t$와 $B(\alpha-i\beta)^t$는 1차독립이므로 여함수 y_c는 아래와 같다.

$$y_c=A(\alpha+i\beta)^t+B(\alpha-i\beta)^t \tag{9}$$

이렇게 표시된 여함수는 그 의미를 파악하기 어렵다. 그러나 드 므와브르(De Moivre)의 정리를 사용하면 y_c를 삼각함수의 항들로 변환시킬 수 있다. 드 므와브르의 정리를 증명하기 위해 먼저 복소평면과 복소수의 극형식을 설명하자.

[그림 23-2]처럼 횡축을 실수축, 종축을 허수축으로 잡으면 복소수 $z=x+iy$는 직교좌표 위의 한 점$(x,\ y)$으로 표시할 수 있고, 역으로 평면 위의 한 점은 하나의 복소수를 나타내게 되어 복소수 전체와 평면 위의 점 전체

그림 23-2 복소평면

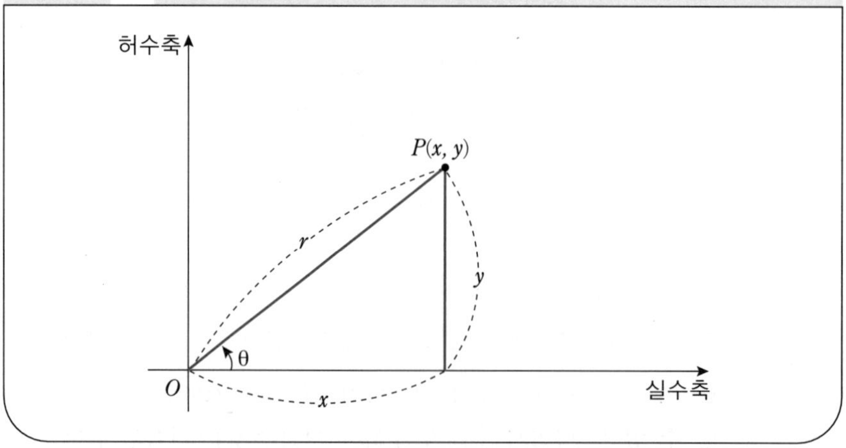

는 1대 1로 대응된다. 이와 같이 복소수를 나타내는 데 사용되는 평면을 복소평면 또는 가우스평면이라 한다. 또한 극좌표계를 사용하면 직교좌표 (x, y)와 극좌표(r, θ)와는 다음 관계식이 성립하는 것을 알 수 있다.

$$x=r\cos\theta$$
$$y=r\sin\theta$$

여기서 $r=\sqrt{x^2+y^2}=|x+iy|$, $0\leqq\theta<2\pi$. 즉, 복소수의 절대값은 원점에서 점 P까지의 거리 r로 정의한다.

극좌표를 이용하면 복소수를 다음과 같이 표현할 수 있다.

$$z=r(\cos\theta+i\sin\theta) \text{ 또는 } z=r\,\text{cis}\,\theta$$

위의 식을 복소수 $z=x+iy$의 극형식이라 한다($\cos\theta+i\sin\theta$의 약자로서 cis θ를 많이 사용함).

정리 23-3-1 드 므와브르의 정리

n이 양의 정수일 때 다음 식이 성립한다.

$$(\cos\theta\pm i\sin\theta)^n=\cos n\theta\pm i\sin n\theta \text{ (복호동순)}$$

증 명

수학적 귀납법을 이용하여 증명하자.

$n=1$일 때 위의 식은 분명히 성립한다. 만약 위의 식이 $n-1$일 때 성립한다고 가정하고서 n인 경우에도 위의 식이 성립하는 것을 보이면 증명은 끝난다. $n-1$일 때 위의 식이 성립한다고 가정하면,

$$(\cos\theta\pm i\sin\theta)^{n-1}=\cos(n-1)\theta\pm\sin(n-1)\theta \text{ (복호동순)}$$

이므로

$$\begin{aligned}(\cos\theta\pm i\sin\theta)^n&=(\cos\theta\pm i\sin\theta)(\cos\theta\pm i\sin\theta)^{n-1}\\&=(\cos\theta\pm i\sin\theta)[\cos(n-1)\theta\pm i\sin\theta)(n-1)\theta]\end{aligned}$$

$$=[\cos\theta\cos(n-1)\theta-\sin\theta\sin(n-1)\theta]\pm i[\cos\theta\sin(n-1)\theta+\cos(n-1)\theta\sin\theta] \text{ (복호동순)}$$

삼각함수의 덧셈정리는 다음과 같다.

$$\cos(\alpha+\beta)=\cos\alpha\cos\beta-\sin\alpha\sin\beta$$
$$\sin(\alpha+\beta)=\sin\alpha\cos\beta+\cos\alpha\sin\beta$$

위의 정리를 이용하면 첫째 항은 $\cos n\theta=\cos[\theta+(n-1)\theta]$, 두번째 항은 $\sin n\theta=\sin[\theta+(n-1)\theta]$가 되므로,

$$(\cos\theta\pm i\sin\theta)^n=\cos n\theta\pm i\sin n\theta \text{ (복호동순)}$$

따라서 n일 때도 성립하므로 모든 양의 정수 n에 대하여 성립한다.

Q.E.D.

사실상 드 므와브르의 정리는 모든 정수에 대하여 성립하지만 그 증명은 생략한다.

드 므와브르의 정리를 이용하여 식 (9)를 변환하면 다음과 같다.

$$\alpha=r\cos\theta$$
$$\beta=r\sin\theta$$
$$\left(\text{단, } r=\sqrt{\alpha^2+\beta^2}=\sqrt{\frac{a_1^2+4a_2-a_1^2}{4}}=\sqrt{a_2},\ \theta=\tan^{-1}\frac{\beta}{\alpha},\ 0\leqq\theta<2\pi\right)$$

라 놓고 y_c를 풀자.

$$y_c=A(\alpha+i\beta)^t+B(\alpha-i\beta)^t$$
$$=A[r(\cos\theta+i\sin\theta)]^t+B[r(\cos\theta-i\sin\theta)]^t$$
$$=Ar^t(\cos\theta t+i\sin\theta t)+Br^t(\cos\theta t-i\sin\theta t)$$
$$=r^t[(A+B)\cos\theta t+(A-B)i\sin\theta t]$$

여기서 $A+B=c_1$, $(A-B)i=c_2$라 놓으면 y_c를 다음과 같이 나타낼 수 있다.

$$y_c=r^t(c_1\cos\theta t+c_2\sin\theta t)$$

비동차 2계선형정차방정식의 일반해는 앞에서 구한 특수적분 y_p와 나중에 구한 여함수 y_c의 합으로 표시된다.

예제 3

$y_t-5y_{t-1}+6y_{t-2}=4$의 일반해를 구하라.

풀이

여함수를 구하기 위해 동차식으로 만들자.

$$y_t-5y_{t-1}+6y_{t-2}=0$$

$y_t=A\lambda^t$라 가정하고 동차식에 대입하면 다음을 얻을 수 있다.

$$A\lambda^{t-2}(\lambda^2-5\lambda+6)=0$$

보조방정식 $\lambda^2-5\lambda+6=0$을 풀면 $\lambda_1=3$, $\lambda_2=2$이고, 보조방정식이 두 개의 서로 다른 실근을 가지므로 구하는 여함수는 다음과 같다.

$$y_c=c_1 3^t+c_2 2^t$$

특수적분을 구하기 위해 $y_p=u$라 하고 주어진 정차방정식에 대입하면 다음을 얻는다.

$$u-5u+6u=4$$

이 식을 풀면 $y_p=u=2$를 구할 수 있고, 일반해는 다음과 같다.

$$y_t=c_1 3^t+c_2 2^t+2$$

예제 4

$y_t-4y_{t-1}+4y_{t-2}=0$일 때 일반해를 구하라. 또한 $y_0=1$, $y_1=6$이라는 초기조건이 주어졌을 때 특수해를 구하라.

풀이

보조방정식을 구하면,

$$\lambda^2-4\lambda+4=0$$

이것을 풀면 $\lambda_1=\lambda_2=2$라는 중근을 가지므로, 구하는 일반해는 다음과 같다.

$$y_t=(c_1+c_2t)2^t$$

초기조건을 이용하여 c_1과 c_2를 구하자.

$$y_0=c_1+0=1$$
$$y_1=(c_1+c_2)2=6$$

두 식을 풀면 $c_1=1$, $c_2=2$.
따라서 특수해는 다음과 같다.

$$y_t=(1+2t)2^t$$

예제 5

$y_t-y_{t-1}+\frac{1}{2}y_{t-2}=0$, $y_0=3$, $y_1=\frac{5}{2}$일 때 특수해를 구하라.

풀이

보조방정식을 구하면,

$$\lambda^2-\lambda+\frac{1}{2}=0$$

보조방정식을 풀면,

$$\lambda_1=\frac{1}{2}+\frac{1}{2}i,\ \lambda_2=\frac{1}{2}-\frac{1}{2}i$$

또한 $r=\sqrt{a_2}=\sqrt{\frac{1}{2}}=\frac{\sqrt{2}}{2}$, $\theta=\tan^{-1}(1)$ 즉 $\tan\theta=1$에서 $\theta=\frac{\pi}{4}$임을 알 수 있다. 따라서 일반해는 다음과 같다.

$$y_t=\left(\frac{\sqrt{2}}{2}\right)^t\left(c_1\cos\frac{\pi}{4}t+c_2\sin\frac{\pi}{4}t\right)$$

초기조건 $y_0=3$, $y_1=\frac{5}{2}$를 이용하여 c_1과 c_2를 구하자.

$$y_0=[c_1(1)+c_2(0)]=3$$

$$y_1=\frac{\sqrt{2}}{2}\left[c_1\left(\frac{\sqrt{2}}{2}\right)+c_2\left(\frac{\sqrt{2}}{2}\right)\right]=\frac{5}{2}$$

위의 두 식을 풀면 $c_1=3$, $c_1=2$.
따라서 구하는 특수해는 다음과 같다.

$$y_t=\left(\frac{\sqrt{2}}{2}\right)^t(3\cos\ \frac{\pi}{4}t+2\sin\ \frac{\pi}{4}t).$$

y_t의 시간경로에 대해서 알아보자. 일반적으로 $t\to\infty$일 때 y가 y_p에 수렴, 즉 y_c가 0에 수렴하기 위한 필요충분조건은 보조방정식의 모든 근의 절대값이 1보다 작아야 한다는 것이다. 여기서 복소수의 절대값은 $|\alpha+i\beta|=\sqrt{\alpha^2+\beta^2}$으로 정의됨에 유의하라. 이 조건은 일반적으로 n계정차방정식의 해에도 적용되는 조건이다.

설명의 편의를 위해 2계정차방정식을 이용하여 구체적으로 설명하자. 보조방정식이 서로 다른 두 개의 실근을 갖는 경우의 여함수는

$$y_c=c_1\lambda_1^t+c_2\lambda_2^t\ (\lambda_1\neq\lambda_2)$$

인데 $t\to\infty$일 때 $y_c\to 0$이 되기 위해서는 $|\lambda_1|<1$ 및 $|\lambda_2|<1$이 되어야 한다는 것은 자명하다. 만약 λ_1과 λ_2 중 어느 한 개의 절대값이 1보다 크다면 한 개의 항이 발산하므로 y_c는 시간이 경과함에 따라 발산한다.

보조방정식이 중근을 갖는 경우의 여함수는

$$y_c=c_1\lambda^t+c_2t\lambda^t$$

인데 우선 첫째 항이 수렴하기 위해서는 $|\lambda|<1$이라는 조건이 필요하다. 그러면 $|\lambda|<1$일 때 $t\lambda^t$값은 시간이 경과함에 따라 어떻게 변할 것인가? 이것은 로피탈의 법칙을 사용하여 $|\lambda|<1$이면 $t\to\infty$일 때 $t\lambda^t\to 0$임을 보일 수 있다.

함수 $x\lambda^x$는 x가 0 또는 자연수일 때 $t\lambda^t$와 일치한다. 따라서 $\lim_{x\to\infty} x\lambda^t$가 존

재한다면 $\lim_{t\to\infty} t\lambda^t$와 $\lim_{x\to\infty} x\lambda^x$는 같게 된다. 로피탈의 법칙을 사용하면,

$$\lim_{x\to\infty} x\lambda^x = \lim_{x\to\infty} \frac{x}{\left(\frac{1}{\lambda}\right)^x} = \lim_{x\to\infty} \frac{1}{\left(\ln\frac{1}{\lambda}\right)\left(\frac{1}{\lambda}\right)^x} = \lim_{x\to\infty} -\frac{\lambda^x}{\ln\lambda} = 0$$

위의 결과로부터 다음을 얻는다.

$$\lim_{t\to\infty} t\lambda^t = 0$$

따라서 보조방정식이 중근을 갖는 경우 $|\lambda|<1$이면 $t\to\infty$ 일 때 $y_c\to 0$.

보조방정식이 허근을 갖는 경우의 여함수는

$$y_c = r^t(c_1 \cos \theta t + c_2 \sin \theta t)$$

인데 미분방정식의 경우와 똑같은 절차를 밟으면 다음과 같이 바꾸어 쓸 수 있다(독자 스스로가 반복해 보기 바란다).

$$y_c = cr^t \cos(\theta t - \phi)$$

y_c는 주기가 $\frac{2\pi}{\theta}$이고 진폭은 cr^t인 코사인 함수이다. y_c가 수렴하기 위해서는 r의 값이 1보다 작아야 한다는 것을 알 수 있다. 여기서 r은 허근의 절대값이므로, 결국 y_t가 수렴하기 위한 필요충분조건은 어느 경우를 막론하고 보조방정식의 모든 근들의 절대값이 1보다 작아야 한다는 것이다.

지금까지 살펴본 해법을 n계정차방정식의 경우로 확장해 보자. n계정차방정식의 일반형은 다음과 같다.

$$y_t + a_1 y_{t-1} + \cdots + a_n y_{t-n} = b$$

보조방정식을 구하기 위해 동차식을 쓰면 다음과 같다.

$$y_t + a_1 y_{t-1} + \cdots + a_n y_{t-n} = 0$$

$A\lambda^t$를 시도하여 보조방정식을 구하면 아래와 같다.

$$\lambda^n + a_1 \lambda^{n-1} + \cdots + a_n = 0$$

보조방정식은 λ에 관한 n차의 다항식이므로 n개의 근을 갖는다.

만약 $\lambda_i(i=1,\ 2,\cdots,\ n)$가 서로 다른 실근이라면,

$$y_c=c_1\lambda_1^t+c_2\lambda_2^t+\cdots+c_n\lambda_n^t$$

가 된다.

만약 보조방정식이 p중근을 갖는다면 y_c에서 p중근에 대응하는 부분을 다음과 같이 수정한다.

$$(c_0+c_1t+\cdots+c_{p-1}t^{p-1})\lambda^t$$

만약 보조방정식이 허근 $\alpha+i\beta$를 p중근으로 가질 때는 $\alpha-i\beta$도 p중근으로 갖는다. 이 경우에는 y_c에서 $\alpha\pm i\beta$의 p중근에 대응하는 부분을 다음과 같이 수정한다.

$$(A_0+A_1t+\cdots+A_{p-1}t^{p-1})(\alpha+i\beta)^t+(A_0'+A_1't+\cdots+A_{p-1}'t^{p-1})(\alpha-i\beta)^t$$

이것을 실수형식으로 바꿔 쓰면 다음과 같다.

$$r^t[(c_0+c_1t+\cdots+c_{p-1}t^{p-1})\cos\ \theta t+(b_0+b_1t+\cdots+b_{p-1}t^{p-1})\sin\ \theta t]$$

특수적분은 2계정차방정식과 마찬가지로 $y_p=u(t)=u$라는 상수부터 시도하여, 실패하면 ut, ut^2 등을 차례로 시도하여 얻으면 된다.

이렇게 구한 여함수와 특수적분을 합하면 비동차n계정차방정식의 일반해를 얻을 수 있다. 물론 n계정차방정식의 특수해를 얻기 위해서는 n개의 초기조건들이 필요하다.

예제 6

$y_{t+3}-3y_{t+2}+9y_{t+1}+13y_t=10$을 풀어라.

풀이

특수적분을 구하기 위해 $y_p=u$라 놓고 주어진 정차방정식에 대입하면 다음과 같다.

$$u-3u+9u+13u=40$$

위의 식을 풀면,

$$y_p=u=2$$

보조방정식을 구하면,

$$\lambda^3-3\lambda^2+9\lambda+13=(\lambda+1)(\lambda^2-4\lambda+13)=0.$$

보조방정식을 풀면,

$$\lambda=-1,\ 2\pm3i$$

여함수를 구하면,

$$y_c=c_1(-1)^t+(\sqrt{13})^t(c_2\cos\theta t+c_3\sin\theta t)$$

따라서 구하는 일반해는 다음과 같다.

$$y_t=y_c+y_p=c_1(-1)^t+(\sqrt{13})^t(c_2\cos\theta t+c_3\sin\theta t)+2$$

23.4 비선형정차방정식

우리는 지금까지 선형의 정차방정식의 해법을 다루었다. 비선형성이 1계 정차방정식의 모형에 나타나는 경우 그래프를 이용하여 균형점의 안정성을 분석할 수 있다.

비선형정차방정식인 경우의 일반형은

$$y_{t+1}=f(y_t)$$

로 표현될 수 있다. 두 변수 중 y_{t+1}를 수직축에, y_t를 수평축에 잡아 평면에 그린 것을 위상도라 하고, f를 그린 선을 위상선이라 한다.

그림 23-3 위 상 도

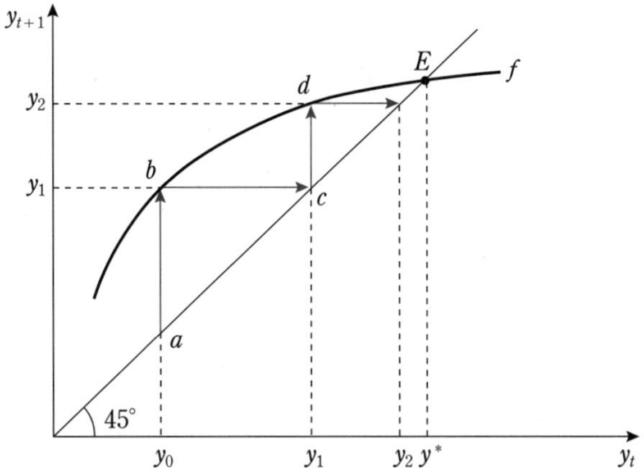

[그림 23-3]에 위상선 f와 45° 선이 그려져 있는데 45° 보조선은 그래프의 분석에 큰 도움이 된다. 초기조건 y_0가 주어지면, $y_1=f(y_0)$에 의하여 y_1을 찾을 수 있고, y_1을 알면 $y_2=f(y_1)$을 찾을 수 있다. 이를 반복적으로 사용하면 y_t의 시간경로를 알 수 있고, y_t가 균형점에 어떠한 경로를 밟아 수렴 또는 발산하는가를 분석할 수 있다.

[그림 23-3]에서 y_0가 주어질 때, y_1, y_2, …, y_t를 찾는 방법은 다음과 같다. y_0가 주어지면, y_0를 따라 수직으로 올라가 f와 만나는 점의 수직축 좌표의 값이 y_1이 된다. y_2의 값을 찾기 위하여 수평축에 y_1의 값을 잡아야 한다. 이를 위해 수직축의 y_1으로부터 45° 보조선과 만나는 점까지 이동한 후 수직으로 내려오면 y_1의 값을 수평축에 잡을 수 있다. y_1으로부터 수직으로 올라가 f와 만나는 점에서의 수직축의 좌표가 y_2가 되며, 이를 반복하면 y_3, y_4, … 등을 찾을 수 있다.

실제로 수평축과 수직축을 사용하지 않고 위상선과 45° 보조선을 화살표 방향으로 이동하여 y_1, y_2, y_3, …을 얻을 수 있다. 즉 45° 보조선상의 점 a는 y_0, 점 b는 y_1, 점 d는 y_2가 된다.

균형점은 정의상 $y_{t+1}=y_t$일 때 y값 즉 y^*가 균형점이다. [그림 23-3]은 시간경로가 균형점에 수렴하는 경우를 보인 것이다.

그림 23-4 발산하는 경우

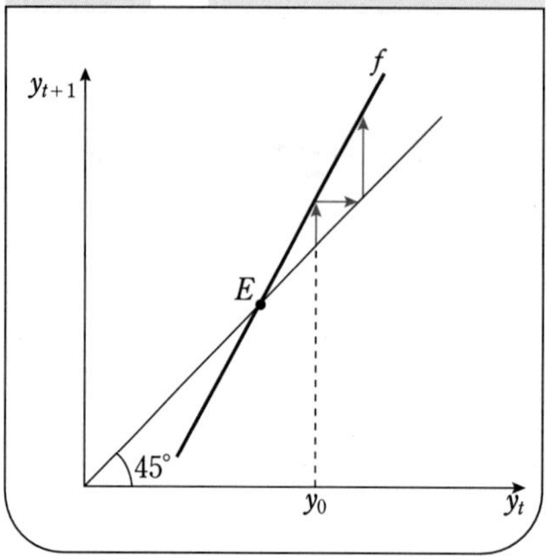

그림 23-5 진동하며 수렴하는 경우

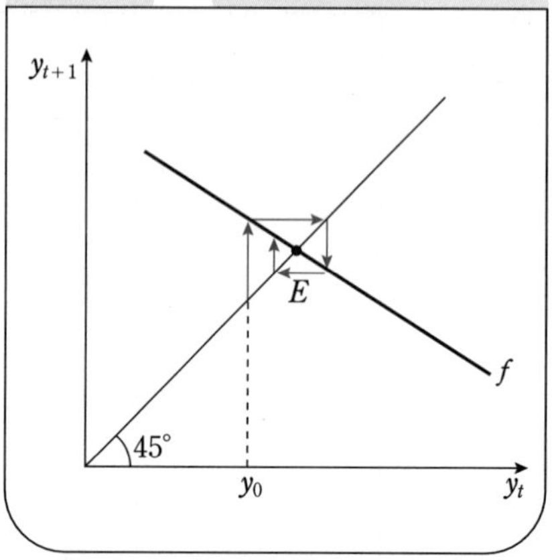

일반적으로 기울기의 대수적 부호는 시간경로의 진동여부를 결정하고 기울기의 절대값이 수렴여부를 결정한다. 즉, 위상선의 기울기가 마이너스이면 진동하고, 기울기의 절대값이 1보다 작으면(크면) 수렴(발산)한다. [그림 23-4]는 발산하는 경우($f'>1$), [그림 23-5]는 진동하며 수렴하는 경우($-1<f'<0$)을 그려놓은 것이다.

23.5 연립정차방정식

다음과 같은 2개의 미지의 함수로 된 정상적인 형태의 연립정차방정식을 생각해 보자.

$$\begin{aligned} y_t &= a_{11}y_{t-1} + a_{12}z_{t-1} + b_1 \\ z_t &= a_{21}y_{t-1} + a_{22}z_{t-1} + b_2 \end{aligned} \tag{1}$$

또는

$$\begin{bmatrix} y_t \\ z_t \end{bmatrix} = \begin{bmatrix} a_{11} & a_{12} \\ a_{21} & a_{22} \end{bmatrix} \begin{bmatrix} y_{t-1} \\ z_{t-1} \end{bmatrix} + \begin{bmatrix} b_1 \\ b_2 \end{bmatrix} \qquad (1)'$$

여기서 $a_{ij}(i, j=1, 2)$ 및 $b_i(i=1, 2)$는 상수이다.

식 (1)에 대응하는 동차연립정차방정식을 행렬을 사용하거나 시차연산자 L을 사용하여 표시하면 아래와 같다.

$$\begin{bmatrix} y_t \\ z_t \end{bmatrix} = \begin{bmatrix} a_{11} & a_{12} \\ a_{21} & a_{22} \end{bmatrix} \begin{bmatrix} y_{t-1} \\ z_{t-1} \end{bmatrix} \tag{2}$$

또는

$$\begin{aligned} &(a_{11}L-1)y_t+a_{12}Lz_t=0 \\ &a_{21}Ly_t+(a_{22}L-1)z_t=0 \end{aligned} \tag{2$'$}$$

식 (2)′의 제1식에 $a_{22}L-1$을, 제2식에 $a_{12}L$을 작용해서 빼면

$$[1-(a_{11}+a_{22})L+(a_{11}a_{22}-a_{12}a_{21})L^2]y_t=0 \tag{3}$$

식 (3)은 2계정차방정식이 되어 y_t를 구할 수 있고 y_t를 식 (1)의 제1식에 대입하면 z_t를 얻을 수 있다.

식 (1)의 특수적분은 $y_p=\bar{y}$, $z_p=\bar{z}$로 놓고 식 (1)에 대입하여 y_p와 z_p를 구한다. 물론 이것이 실패하면 $y_p=\bar{y}t$, $z_p=\bar{z}t$를 시도해 보면 된다. 식 (2)에서 얻은 여함수와 특수적분을 합하면 식 (1)로 주어지는 연립정차방정식의 해를 구할 수 있다.

또다른 방법은 연립미분방정식을 풀 때와 같이 $y_t=\alpha_1\lambda^t$, $z_t=\alpha_2\lambda^t$(단, α_1과 α_2는 동시에 0이 아님)라 가정하고 식 (2)′에 대입하면

$$\begin{aligned} &a_{11}\alpha_1\lambda^{t-1}-\alpha_1\lambda^t+a_{12}\alpha_2\lambda^{t-1}=0 \\ &a_{21}\alpha_1\lambda^{t-1}-\alpha_2\lambda^t+a_{22}\alpha_2\lambda^{t-1}=0 \end{aligned} \tag{4}$$

식 (4)로부터

$$\begin{aligned} &\lambda^{t-1}[(a_{11}-\lambda)\alpha_1+a_{12}\quad\alpha_2]=0 \\ &\lambda^{t-1}[a_{21}\quad\alpha_1+(a_{22}-\lambda)\alpha_2]=0 \end{aligned} \tag{5}$$

우리가 시도한 해가 식 (2)의 해가 되기 위해서는 모든 t에 대하여 식 (5)가

성립해야 한다. 모든 t에 대하여 식 (5)가 성립하기 위한 필요충분조건은 다음과 같다.

$$(a_{11}-\lambda)\alpha_1+a_{12}\alpha_2=0 \qquad (6)$$
$$a_{21}\alpha_1+(a_{22}-\lambda)\alpha_2=0$$

또는

$$\begin{bmatrix} a_{11}-\lambda & a_{12} \\ a_{21} & a_{22}-\lambda \end{bmatrix}\begin{bmatrix} \alpha_1 \\ \alpha_2 \end{bmatrix}=\begin{bmatrix} 0 \\ 0 \end{bmatrix} \qquad (6)'$$

식 (6)은 미지수가 α_1과 α_2인 동차방정식체계이므로 α_1과 α_2가 동시에 0이 아닌 해를 얻기 위해서는 계수행렬의 행렬식이 0이 되어야 한다. 즉

$$D(\lambda)=\begin{vmatrix} a_{11}-\lambda & a_{12} \\ a_{21} & a_{22}-\lambda \end{vmatrix}=0 \qquad (7)$$

식 (7)을 전개하면

$$\lambda^2-(a_{11}+a_{22})\lambda+(a_{11}a_{22}-a_{12}a_{21})=0 \qquad (8)$$

식 (8)을 식 (2)의 보조방정식이라 한다. 물론 위의 보조방정식은 식 (3)에서 얻은 보조방정식과 정확히 같다.

식 (8)을 풀어 얻은 해를 λ_1과 λ_2라 하고, 두 근이 모두 서로 다른 실근이라 하자. λ_1을 식 (6)에 대입하면 α_1^1과 α_2^1를 얻을 수 있고, λ_2를 대입하여 α_1^2과 α_2^2를 얻는다(고유근과 고유벡터를 구하는 과정과 동일함에 유의). 식 (2)의 일반해는 다음과 같다.

$$y_t=\alpha_1^1\lambda_1^t+\alpha_1^2\lambda_2^t \qquad (9)$$
$$z_t=\alpha_2^1\lambda_1^t+\alpha_2^2\lambda_2^t$$

여기에 특수적분을 더하면 식 (1)의 일반해가 된다.

두번째 해법이 연립미분방정식의 경우와 마찬가지로 연립정차방정식의 해를 동시에 구할 수 있을 뿐 아니라 방정식의 수가 n개인 경우로 쉽게 확장할 수 있다.

다음과 같은 n개의 미지의 함수로 된 정상적인 형태의 연립정차방정식을 생각해 보자.

$$\underset{n\times 1}{\boldsymbol{y}_t} = \underset{n\times n}{\boldsymbol{A}}\ \underset{n\times 1}{\boldsymbol{y}_{t-1}} + \underset{n\times 1}{\boldsymbol{b}} \tag{10}$$

$$\underset{(n\times 1)}{\boldsymbol{y}_t} = \begin{bmatrix} y_{1t} \\ y_{2t} \\ \vdots \\ y_{nt} \end{bmatrix},\quad \underset{(n\times n)}{\boldsymbol{A}} = \begin{bmatrix} a_{11} & a_{12} & \cdots & a_{1n} \\ a_{21} & a_{22} & \cdots & a_{2n} \\ \vdots & \vdots & \vdots & \vdots \\ a_{n1} & a_{n2} & \cdots & a_{nn} \end{bmatrix},\quad \underset{(n\times 1)}{\boldsymbol{y}_{t-1}} = \begin{bmatrix} y_{1t-1} \\ y_{2t-1} \\ \vdots \\ y_{nt-1} \end{bmatrix},\quad \underset{(n\times 1)}{\boldsymbol{b}} = \begin{bmatrix} b_1 \\ b_2 \\ \vdots \\ b_n \end{bmatrix}$$

식 (10)의 동차연립정차방정식은 다음과 같다.

$$\underset{n\times 1}{\boldsymbol{y}_t} = \underset{n\times n}{\boldsymbol{A}}\ \underset{n\times 1}{\boldsymbol{y}_{t-1}} \tag{11}$$

식 (11)의 보조방정식은 식 (2)와 식 (7)을 고려하면,

$$D(\lambda) = |\boldsymbol{A} - \lambda \boldsymbol{I}| = \begin{vmatrix} a_{11}-\lambda & a_{12} & \cdots & a_{1n} \\ a_{21} & a_{22}-\lambda & \cdots & a_{2n} \\ \vdots & \vdots & \ddots & \vdots \\ a_{n1} & a_{n2} & \cdots & a_{nn}-\lambda \end{vmatrix} = 0 \tag{12}$$

식 (12)는 λ에 관한 n차다항식이므로, n개의 근을 구할 수 있고, 각 근에 대응하는 벡터를 구한 후 여함수에 특수적분을 더하면 일반해를 얻는다.

식 (10)과 같이 정상적인 형태가 아닌 경우에는 정상적인 형태의 연립정차방정식으로 바꾸어 풀 수 있다. 예를 들어(단, $|\boldsymbol{B}| \neq 0$)

$$\underset{n\times n}{\boldsymbol{B}}\ \underset{n\times 1}{\boldsymbol{y}_t} + \underset{n\times n}{\boldsymbol{A}}\ \underset{n\times 1}{\boldsymbol{y}_{t-1}} = \boldsymbol{b} \tag{13}$$

일 때 $\boldsymbol{B}^{-1}$를 양변에 전승하여 정리하면 다음을 얻는다.

$$\boldsymbol{y}_t = -\boldsymbol{B}^{-1}\boldsymbol{A}\boldsymbol{y}_{t-1} + \boldsymbol{B}^{-1}\boldsymbol{b} = \boldsymbol{A}^*\boldsymbol{y}_{t-1} + \boldsymbol{b}^* \tag{14}$$

식 (13)을 식 (14)로 바꾸어 풀 수 있으므로 식 (10)을 가정하여 연립정차방정식의 해법을 설명해도 일반성을 크게 잃지 않는다.

일반적으로 상수계수와 상수항을 갖는 연립정차방정식이 n개의 미지의

함수와 n개의 방정식으로 구성되어 있다면, 식 (3)을 얻을 때와 같이 1개의 미지의 함수로 된 n계정차방정식으로 바꿀 수 있으며 또한 그 역도 성립한다. 역이 성립하는 것을 보이기 위하여 다음과 같은 상수계수를 갖는 동차의 n계정차방정식이 주어졌다고 하자(단, $a_0 \neq 0$).

$$a_0y_t+a_1y_{t-1}+a_2y_{t-2}+\cdots+a_{n-1}y_{t-n+1}+a_ny_{t-n}=0 \tag{15}$$

위의 식을 변형하면 다음과 같다.

$$y_t=-\frac{a_n}{a_0}y_{t-n}-\frac{a_{n-1}}{a_0}y_{t-n+1}-\cdots-\frac{a_2}{a_0}y_{t-2}-\frac{a_1}{a_0}y_{t-1} \tag{16}$$

새로운 변수 $y_{1,\,t-1}$, $y_{2,\,t-1}$, $\cdots$, $y_{n,\,t-1}$을 다음과 같이 정의하자.

$$\begin{aligned} y_{1,\,t-1}&=y_{t-n} \\ y_{2,\,t-1}&=y_{1,\,t}=y_{t-n+1} \\ y_{3,\,t-1}&=y_{2,\,t}=y_{t-n+2} \\ &\vdots \\ y_{n,\,t-1}&=y_{n-1,\,t}=y_{t-1} \end{aligned} \tag{17}$$

식 (17)을 식 (16)에 대입하고, $y_t=y_{n,\,t}$이므로 식 (16)은 다음과 같이 바꾸어 쓸 수 있다.

$$y_{n,\,t}=-\frac{a_n}{a_0}y_{1,\,t-1}-\frac{a_{n-1}}{a_0}y_{2,\,t-1}-\cdots-\frac{a_2}{a_0}y_{n-1,\,t-1}-\frac{a_1}{a_0}y_{n,\,t-1} \tag{18}$$

식 (17)의 제 2식부터 제 n식과 식 (18)을 함께 쓰면 다음과 정상적인 형태의 연립정차방정식을 얻는다.

$$\begin{aligned} y_{1,\,t}&=y_{2,\,t-1} \\ y_{2,\,t}&=y_{3,\,t-1} \\ &\vdots \\ y_{n-1,\,t}&=y_{n,\,t-1} \\ y_{n,\,t}&=-\frac{a_n}{a_0}y_{1,\,t-1}-\frac{a_{n-1}}{a_0}y_{2,\,t-1}-\cdots-\frac{a_2}{a_0}y_{n-1,\,t-1}-\frac{a_1}{a_0}y_{n,\,t-1} \end{aligned} \tag{19}$$

식 (19)를 행렬로 표기하면 다음과 같다.

$$\begin{bmatrix} y_{1,t} \\ y_{2,t} \\ \vdots \\ y_{n,t} \end{bmatrix} = \begin{bmatrix} 0 & 1 & 0 & \cdots & 0 \\ 0 & 0 & 1 & \cdots & 0 \\ \vdots & \vdots & \vdots & \vdots & \vdots \\ -\frac{a_n}{a_0} & -\frac{a_{n-1}}{a_0} & -\frac{a_{n-2}}{a_0} & \cdots & -\frac{a_1}{a_0} \end{bmatrix} \begin{bmatrix} y_{1,t-1} \\ y_{2,t-1} \\ \vdots \\ y_{n,t-1} \end{bmatrix} \quad (20)$$

식 (20)은 식 (11)과 같은 형이므로 보조방정식과 고유근을 구할 수 있다. 물론 식 (15)와 식 (20)의 보조방정식은 정확히 같다.

식 (10)으로 주어지는 연립정차방정식 체계에서 $y_{1,t}$, $y_{2,t}$, $\cdots$, $y_{n,t}$의 시간경로는 식 (12)로 주어지는 보조방정식의 근에 달려 있지만 한 가지 분명한 사실은 λ_i^t가 공통적으로 들어 있으므로 모두 발산하든가 또는 모두 수렴한다.

예제 7

다음의 정차방정식을 연립정차방정식으로 바꾸어 풀고, 해가 수렴하는가를 판정하라.

$$y_t - 3y_{t-1} + 2y_{t-2} = 0 (\text{단, } y_0 = 0,\ y_1 = 1)$$

풀이

$y_{t-2} = y_{1,t-1}$, $y_{t-1} = y_{2,t-1}$이라 하면 $y_{2,t} = y_t$이므로 연립정차방정식체계를 정의할 수 있다.

$$y_{1,t} = y_{2,t-1}$$
$$y_{2,t} = -2y_{t-2} + 3y_{t-1} = -2y_{1,t-1} + 3y_{2,t-1}$$

또는

$$\begin{bmatrix} y_{1,t} \\ y_{2,t} \end{bmatrix} = \begin{bmatrix} 0 & 1 \\ -2 & 3 \end{bmatrix} \begin{bmatrix} y_{1,t-1} \\ y_{2,t-1} \end{bmatrix}$$

보조방정식을 $D(\lambda)$라 하면

$$D(\lambda)=\begin{vmatrix} -\lambda & 1 \\ -2 & 3-\lambda \end{vmatrix}=\lambda^2-3\lambda+2=0$$

위의 보조방정식은 2계정차방정식에 구한 것과 같은 것을 확인할 수 있다. 고유근을 구하면 $\lambda=1$, $\lambda=2$이므로

$$y_{2,\,t}=y_t=A+B2^t$$

초기조건을 이용하면 $A=-1$, $B=1$이다. 따라서 구하는 해는

$$y_t=2^t-1$$

고유근의 절대값이 모두 1보다 크므로 시간경로는 발산한다.

연습문제

1. 다음 1계정차방정식을 풀어라. 초기조건이 주어진 경우에는 상수값을 확정하라.

(1) $y_t-4y_{t-1}=10$ (2) $3y_t-3y_{t-1}=10$

(3) $y_t-3y_{t-1}=t$ (4) $y_{t+1}=y_t+4$, $y_0=15$

2. 다음 2계정차방정식을 풀어라.

(1) $y_{t+2}-5y_{t+1}-6y_t=30$ (2) $y_t-6y_{t-1}+9y_{t-2}=20$

(3) $y_{t+2}-2y_{t+1}+2y_t=0$ (4) $y_t+y_{t-2}=5$

3. 다음 고계정차방정식을 풀어라.

(1) $y_{t+3}-7y_{t+1}+6y_t=0$ (2) $8y_t-7y_{t-1}+y_{t-2}+\frac{1}{4}y_{t-3}=72$

4. 다음 연립정차방정식을 풀어라.

$$x_{t+1}=-6x_t-9y_t+4$$

$$y_{t+1}=x_t$$

제24장

경제학에의 응용

24. 1 시장균형의 안정조건

한 재화시장의 균형가격과 균형수급량은 수요곡선과 공급곡선이 교차하는 점에서 결정된다. 그러나 한 시장이 어떠한 요인에 의해 불균형상태에 있을 때 균형점이 존재한다고 해도 다시 균형점으로 되돌아 간다는 보장은 없다. 시장균형이 균형점에서 이탈되었을 경우에 시간이 경과함에 따라 균형점으로 수렴하면 그 균형은 동태적으로 안정적이라 하고, 반면에 발산하면 동태적으로 불안정적이라 한다. 시장균형의 안정조건을 논의하기 위해서는 먼저 구체적인 조정과정에 대한 가정이 필요하다. 대표적인 조정과정으로는 왈라스적(Walrasian) 조정과정과 마샬적(Marshallian) 조정과정이 있는데 이들을 차례로 살펴보자. 또한 시장균형의 안정조건을 정태적 안정조건과 동태적 안정조건으로 나누어 설명한다.

정태적 안정성에 관한 분석은 조정과정의 시간경로는 고려에 넣지 않고 단지 균형점을 향하여 움직이는 경향이 있는가 혹은 더욱 이탈하려는 경향이 있는가를 분석한다. 반면에 동태적 안정성에 관한 분석은 시간을 명시적으로 고려하여 시간이 경과함에 따라 균형점에 수렴하는가의 여부를 분석한다.

정태적 안정조건을 살펴보기 위해 한 재화시장의 수요함수와 공급함수가 다음과 같이 선형이라 가정하자.

$$q^d = D(p) = a + bp \tag{1}$$

$$q^s = S(p) = a_1 + b_1 p \tag{2}$$

가격 p에서의 초과수요를 $E(p)$라 하자.

$$E(p) = D(p) - S(p) \tag{3}$$

왈라스의 가정은 다음과 같다. 만약 어떤 가격에서 초과수요가 플러스이면 그 가격에서 재화를 구입하지 못한 구매자들이 가격을 인상시키고, 반대로 초과공급이 발생하면 그 가격에서 팔지 못한 판매자들이 가격을 인하한다는 것이다. 즉, 초과수요가 플러스(마이너스)이면 가격은 인상(인하)되는 경향이 있다는 것이다. 만약 우리가 왈라스의 가정을 받아들인다면, 시장균형의 안정조건은 가격상승에 따라 초과수요가 감소하면 된다. 이것을 대수적으로 표현하면 다음과 같다.

$$\frac{dE(p)}{dp} = \frac{dD(p)}{dp} - \frac{dS(p)}{dp} = b - b_1 < 0 \tag{4}$$

따라서 수요곡선과 공급곡선의 기울기가 각각 음 및 양으로 된 정상적인 경우의 시장균형은 왈라스의 의미에서 안정적이다.

식 (1)을 식 (2)로 주어진 수요함수와 공급함수를 역함수의 형태로 변형하면 다음과 같다.

$$p^d = D^{-1}(q) = \frac{-a}{b} + \frac{1}{b}q \tag{5}$$

$$p^s = S^{-1}(q) = \frac{-a_1}{b_1} + \frac{1}{b_1}q \tag{6}$$

여기서 p^d와 p^s는 각각 수요가격과 공급가격을 의미한다. 산출량 q에서의 초과수요가격을 $F(q)$라 하자.

$$F(q) = p^d - p^s = D^{-1}(q) - S^{-1}(q) \tag{7}$$

[그림 24-1]에서 산출량이 q_1일 때 수요가격과 공급가격은 각각 p_1^d와 p_1^s으로 표시되어 있다.

마샬의 가정은 만약 초과수요가격이 양(음)이라면 생산자들은 공급량을 증가(감소)시킴으로써 이윤을 증가시킬 수 있다는 것이다. 따라서 초과수요가격이 양(음)이라면 산출량은 증가(감소)되는 경향이 있다는 것이 마샬의 가정이다.

만약 마샬의 행동가정이 옳다면, 시장균형이 마샬의 의미에서 안정적이기 위해서는 공급량이 증가될 때 초과수요가격이 하락되면 된다. 왜냐하면 어떠한 요인에 의해 초과수요가격이 양이면 공급자들은 공급량을 계속 증가시킬 것이고, 공급량의 증가는 초과수요가격을 인하시킴으로써 수급량은 균형수급량을 향하여 움직이는 경향을 가지게 되기 때문이다. 물론 초과수요가격이 음인 경우에는 반대의 과정을 거쳐 균형점을 향하여 움직이는 경향이 있게 된다.

마샬의 안정조건을 대수적으로 표현하면 다음과 같다.

$$\frac{dF(q)}{dq}=\frac{dD^{-1}(q)}{dq}-\frac{dS^{-1}(q)}{dq}=\frac{1}{b}-\frac{1}{b_1}<0 \tag{8}$$

따라서 수요곡선과 공급곡선의 기울기가 각각 음 및 양으로 된 정상적인 경

그림 24-1 **초과수요가격과 마샬적 조정 과정**

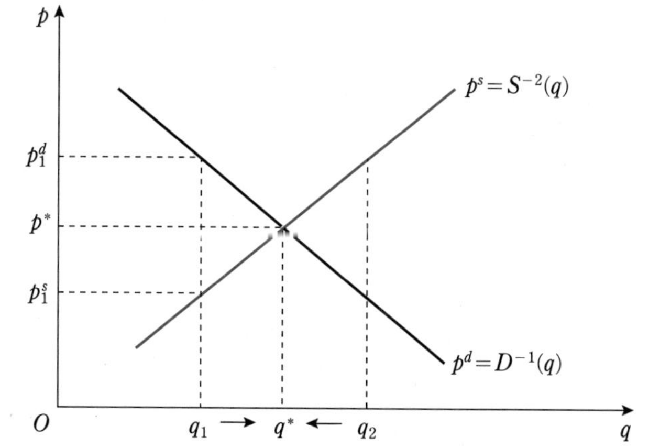

우의 시장균형은 마샬의 의미에서도 안정적이다. $\frac{dD^{-1}(q)}{dq}$와 $\frac{dS^{-1}(q)}{dq}$는 각각 가격을 y축에 수급량을 x축에 그렸을 때의 수요곡선과 공급곡선의 기울기를 나타내므로 마샬의 의미에서 시장균형의 안정조건은 대수적으로 공급곡선의 기울기가 수요곡선의 기울기보다 크면 된다.

[그림 24-2]의 (a)에서 공급곡선의 기울기가 대수적으로 수요곡선의 기울기보다 크므로 마샬의 의미에서 안정적이다. 그러나 가격이 p_1일 때 초과수요가 ab만큼 존재하여 가격은 인상되고, 반면에 가격 p_2에서는 cd만큼의 초과공급이 존재하여 가격은 하락한다. 따라서, 일단 균형점 e를 이탈하면 더욱 더 균형점에서 멀어지므로 왈라스의 의미에서 시장균형은 불안정적이다. 반대로 [그림 24-2]의 (b)는 시장균형이 왈라스의 의미에서는 안정적이나 마샬의 의미에서는 불안정적인 경우를 보여주고 있다.

이제 시간을 명시적으로 고려한 동태적 안정조건을 알아보자. 설명의 편의를 위해 다음과 같은 선형의 수요함수와 공급함수를 가정하자.

$$\begin{aligned} q^d(t) &= D(t) = a + bp(t) \\ q^s(t) &= S(t) = a_1 + b_1 p(t) \end{aligned} \tag{9}$$

그림 24-2 시장균형의 안정성

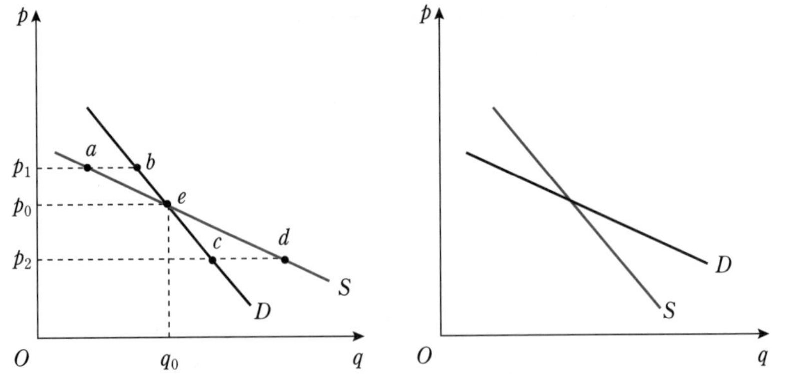

(a) 마샬의 의미에서는 안정적이나 왈라스의 의미에서는 불안정적인 경우

(b) 왈라스의 의미에서는 안정적이나 마샬의 의미에서는 불안정적인 경우

왈라스의 가정하에서 동태적 조정과정은 다음과 같이 표시할 수 있다.

$$\frac{dp}{dt}=k[D(t)-S(t)] \text{ (단, } k>0) \tag{10}$$

여기서 k는 조정계수이다. 식 (10)은 초과수요가 양이면 가격이 상승(설명의 편의를 위해 비례적으로)하는 것을 나타내고 있다. 식 (9)를 식 (10)에 대입하면,

$$\frac{dp}{dt}=k[a+bp(t)-a_1-b_1p(t)] \tag{11}$$

식 (11)을 정리하면,

$$\frac{dp}{dt}-k(b-b_1)p(t)=k(a-a_1) \tag{12}$$

식 (12)는 상수계수와 상수항을 갖는 1계 1차선형미분방정식이다. 식 (12)를 풀면 다음 해를 얻는다.

$$p(t)=Ae^{k(b-b_1)t}+\frac{a-a_1}{b_1-b} \tag{13}$$

$t\to\infty$일 때 $p(t)$가 $\bar{p}\equiv\frac{a-a_1}{b_1-b}$에 수렴하기 위한 조건은 다음과 같다.

$$b-b_1<0 \ (\because\ k>0) \tag{14}$$

이 조건은 식 (4)와 정확하게 같다는 것을 알 수 있다.

마샬의 가정하에서 동태적 조정과정은 다음과 같이 쓸 수 있다.

$$\frac{dq}{dt}=\alpha[D^{-1}(t)-S^{-1}(t)] \text{ (단, } \alpha>0) \tag{15}$$

여기서 α는 조정계수이다. 식 (15)는 초과수요가격이 양이면 공급량이 증가하는 것을 나타내고 있다. 식 (9)로부터 역함수를 구하여 식 (15)에 대입하면,

$$\frac{dq}{dt}=\alpha\left[\frac{-a}{b}+\frac{1}{b}q(t)+\frac{a_1}{b_1}-\frac{1}{b_1}q(t)\right] \tag{16}$$

식 (16)을 정리하면 다음과 같다.

$$\frac{dq}{dt}-\alpha\left(\frac{1}{b}-\frac{1}{b_1}\right)q(t)=\alpha\left[\frac{-a}{b}+\frac{a_1}{b_1}\right] \tag{17}$$

식 (17)을 풀면 다음을 얻는다.

$$q(t)=Ae^{\alpha\left(\frac{1}{b}-\frac{1}{b_1}\right)t}+\frac{a_1b-ab_1}{b-b_1} \tag{18}$$

$t\rightarrow\infty$일 때 $q(t)$가 $\bar{q}\equiv\frac{a_1b-ab_1}{b-b_1}$에 수렴하기 위한 조건은 다음과 같다.

$$\frac{1}{b}-\frac{1}{b_1}<0 \ (\because \ \alpha>0) \tag{19}$$

조건 (19)는 조건 (8)과 같은 것을 알 수 있다.

지금까지의 논리에 의하면 주어진 가정하에서 시장균형의 정태적 안정조건과 동태적 안정조건이 일치한다는 것을 알 수 있다. 그러나 이것이 일반적인 결과가 아니라는 점에 유의해야 된다. 일반적으로 동태적 안정조건은 정태적 안정조건을 의미하지만, 정태적 안정조건이 동태적 안정조건을 의미하지는 않는다. 사실상 진정한 의미에서의 시장균형의 안정성은 동태적 안정성을 의미하므로, 만약 정태적 안정조건과 동태적 안정조건이 서로 다를 경우에는 언제나 동태적 안정조건을 택해야 한다.

24.2 거미집이론

농산물 및 축산물의 경우는 생산을 하는데 6개월 또는 1년 등 매우 긴 시간이 걸리는 것이 보통이다. 이러한 경우에는 이번 기의 공급량은 바로 전기의 가격에 의하여 결정된다고 가정할 수 있다. 반면에 금기의 수요량은 금기의 가격의 함수라 가정하자. 이를 함수로 나타내면 다음과 같다.

$$D_t = a + bp_t \qquad (\text{수요함수}) \tag{1}$$

$$S_t = a_1 + b_1 p_{t-1} \qquad (\text{공급함수}) \tag{2}$$

또한 기간 t에서의 공급량은 t기의 수요량과 같다고 가정한다. 즉, 가격 p_t가 조정되어 S_t와 D_t가 같도록 함으로써 모든 생산자들도 가격 p_t에서 t기에 생산된 재화를 모두 팔 수 있고 또한 모든 구매자들도 가격 p_t에서 자기들이 원하는 만큼의 재화를 살 수 있다고 가정한다. 따라서 다음 균형조건이 성립한다.

$$D_t = S_t \ (\text{균형조건}) \tag{3}$$

식 (1)과 식 (2)를 식 (3)에 대입한 후 정리하면 다음과 같은 상수계수와 상수항을 갖는 비동차 1계 1차정차방정식을 얻는다.

$$bp_t - b_1 p_{t-1} = a_1 - a \ \text{또는} \ p_t - \frac{b_1}{b} p_{t-1} = \frac{a_1 - a}{b} \tag{4}$$

식 (4)를 풀면 다음과 같은 일반해를 얻는다.

$$p_t = A\left(\frac{b_1}{b}\right)^t + \frac{a_1 - a}{b - b_1} \tag{5}$$

$t=0$일 때 p_t가 p_0라 하고, $p_e = \dfrac{a_1 - a}{b - b_1}$라 놓으면 식 (5)를 다음과 같이 바꾸어 쓸 수 있다.

$$p_t = (p_0 - p_e)\left(\frac{b_1}{b}\right)^t + p_e \tag{6}$$

위의 식에서 특수적분 p_e는 경제적 의미를 갖고 있다. 즉, p_e는 정태적 균형가격을 의미한다. 그 이유는 식 (1), 식 (2) 및 식 (3)을 정태적인 수요함수, 공급함수 및 균형조건으로 표시했을 때 p_e와 동일한 해를 얻을 수 있기 때문이다. 즉,

$$D=a+bp$$
$$S=a_1+b_1p$$
$$D=S$$

를 풀어 균형가격을 얻으면 $p_e=\frac{a_1-a}{b-b_1}$가 된다.

p_t의 시간경로를 살펴보면 다음과 같다. 수요함수의 기울기가 마이너스($b<0$)이고 공급함수의 기울기가 플러스($b_1>0$)라는 정상적인 경우를 가정하면 $\frac{b_1}{b}<0$이므로 p_t는 균형가격 p_e를 중심으로 진동한다. 만약 $\left|\frac{b_1}{b}\right|<1$, 즉 $|b_1|<|b|$이면 p_t는 $t\to\infty$일 때 p_e를 중심으로 진동하다가 p_e에 수렴하게 된다. 수요함수와 공급함수를 정상적으로 그렸을 때(가격은 y축에, 수급량은 x축에 잡고 그렸을 때)는 수요곡선과 공급곡선의 기울기가 각각 $\frac{1}{b}$ 및 $\frac{1}{b_1}$이므로 수렴하기 위한 조건 $|b_1|<|b|$는 다음과 같이 바꾸어 쓸 수 있다.

$$\left|\frac{1}{b_1}\right|>\left|\frac{1}{b}\right| \tag{7}$$

즉, 수요함수의 공급함수가 정상적으로 그려졌을 때 p_t가 p_e에 수렴하기 위한 조건은 |공급곡선의 기울기|>|수요곡선의 기울기|라 표시할 수 있다.

반면에 |공급곡선의 기울기|<|수요곡선의 기울기|이면 p_t는 발산한다. 또한 |공급곡선의 기울기|=|수요곡선의 기울기|이면 p_t는 p_e를 중심으로 일정한 진폭을 갖고 규칙적으로 진동한다.

[그림 24-3]은 이러한 세 가지 경우를 보여준다. 그림 (a), (b) 및 (c)는 모두 거미집 같은 형태를 취하고 있기 때문에 이 모형을 거미집모형(cobweb model)이라 한다. 그림 (a′), (b′) 및 (c′)는 p_t의 시간경로를 나타낸다.

그림 (a)를 예로 들어 간략히 설명하자. 초기($t=0$)에 가뭄과 같은 경제외적인 요인에 의해 불균형상태에 있다고 가정하자. 이 때의 공급량을 q_0라 하면 수요량과 공급량을 일치시키는 가격은 p_0가 된다. 가격이 p_0일 때 공급자들은 다음 기($t=1$)에 재화를 q_1만큼 생산한다. 이 기간($t=1$)에 공급량과 수요량이 일치되도록 가격이 조정될 때 형성된 가격은 크게 떨어진 p_1이 되고, 다시 공급자들은 가격 p_1하에서 다음 기($t=2$)의 산출량 q_2를 결정하고 이에 대응하여 가격은 크게 오른 p_2가 형성된다. 이러한 과정을 통해서 가

그림 24-3 **거미집 모형과 시간경로**

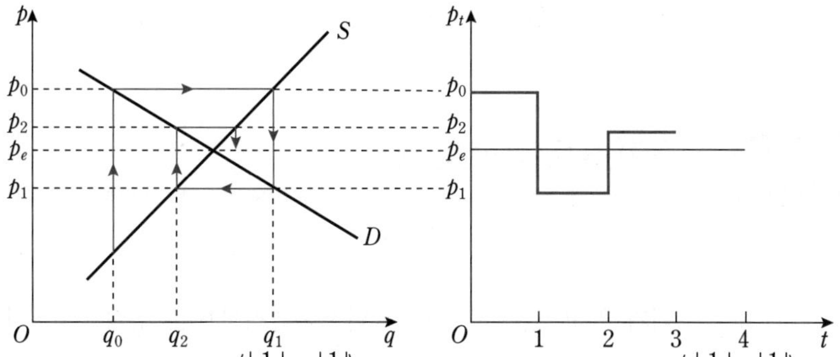

(a) 수렴하는 경우$\left(\left|\frac{1}{b_1}\right| > \left|\frac{1}{b}\right|\right)$ (a′) 수렴하는 경우$\left(\left|\frac{1}{b_1}\right| > \left|\frac{1}{b}\right|\right)$

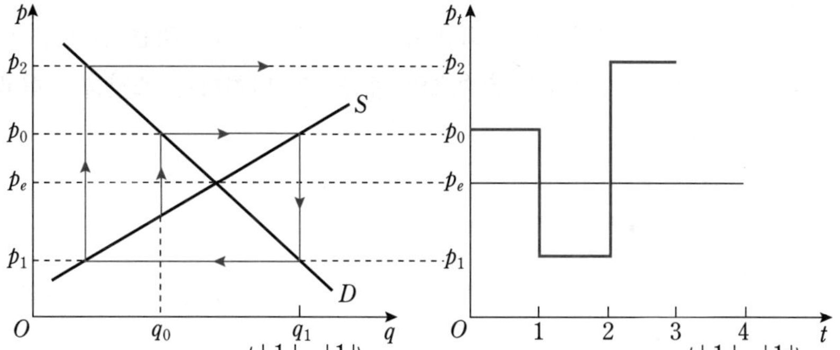

(b) 발산하는 경우$\left(\left|\frac{1}{b_1}\right| < \left|\frac{1}{b}\right|\right)$ (b′) 발산하는 경우$\left(\left|\frac{1}{b_1}\right| < \left|\frac{1}{b}\right|\right)$

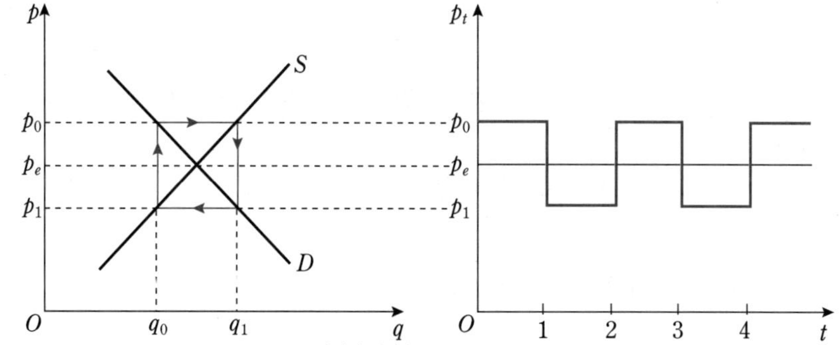

(c) 규칙적으로 진동하는 경우$\left(\left|\frac{1}{b_1}\right| = \left|\frac{1}{b}\right|\right)$ (c′) 규칙적으로 진동하는 경우$\left(\left|\frac{1}{b_1}\right| = \left|\frac{1}{b}\right|\right)$

격 p_t는 시간의 경과와 함께 p_e에 수렴한다. 이와 같이 거미집모형은 생산에 시간이 걸리는 농산물 및 축산물의 가격이 주기적으로 폭락 및 폭등을 반복하는 현상을 잘 설명해 준다.

24. 3 국민소득결정모형

우리가 알고 있는 단순한 국민소득결정모형은 정학모형인데 이것을 동학모형으로 바꾸어 보자.

설명의 단순화를 위해 한 나라의 국민경제는 가계와 기업만으로 구성되어 있다고 가정하자. 또한 투자는 국민소득수준과는 관계 없이 결정되는 독립투자라 가정하면 총수요와 총공급이 일치하는 조건을 다음과 같이 쓸 수 있다.

$$Y=C+\bar{I}$$

소비함수를 $C=a+bY$라 가정하면 균형국민소득 Y^*는 다음과 같은 것을 알 수 있다.

$$Y^*=\frac{a+\bar{I}}{1-b}$$

만약 투자가 ΔI만큼 증가하면 균형국민소득의 변화는 다음과 같다.

$$\Delta Y^*=\frac{1}{1-b}\Delta I$$

따라서 새로운 균형국민소득 $\hat{Y}$는 다음과 같다.

$$\hat{Y}=Y^*+\Delta Y^*=\frac{a+\bar{I}}{1-b}+\frac{1}{1-b}\Delta I=\frac{a+\bar{I}+\Delta I}{1-b}$$

그러나 이러한 정학모형으로부터 얻은 결과는 실제로 원래의 균형점에서 새로운 균형점으로 수렴할 것인가의 여부를 말해 주지 못한다. 이것을 알기 위해서는 동학모형을 분석해야 한다. 이 경우에 정학모형을 동학모형으로 바꾸는 가장 간단한 방법은 금기의 소비는 그 전기의 소득수준에 의존한다고 가정함으로써 시간을 명시적으로 도입하는 것이다. 즉,

$$C_t = a + bY_{t-1} \quad (a \geqq 0,\ 0 < b < 1) \tag{1}$$

이라 가정하자. 또한 투자가 $\bar{I}$에서 $\bar{I} + \Delta I$로 증가했을 때 t기의 투자함수를 다음과 같이 표시하자.

$$I_t = \bar{I} + \Delta I \tag{2}$$

균형국민소득이 되기 위한 조건은 다음과 같다.

$$Y_t = C_t + I_t \tag{3}$$

식 (1)과 (2)를 식 (3)에 대입한 후 정리하면 다음을 얻는다.

$$Y_t - bY_{t-1} = a + \bar{I} + \Delta I \tag{4}$$

식 (4)를 풀면 다음과 같은 일반해를 얻는다.

$$Y_t = Ab^t + \frac{a + \bar{I} + \Delta I}{1 - b} \tag{5}$$

가정에 의하여 $0 < b < 1$이므로 $t \to \infty$일 때 Ab^t는 0으로 수렴한다. 따라서 국민소득수준 Y_t는 실제적으로 새로운 균형국민소득수준 $\hat{Y} = \dfrac{a + \bar{I} + \Delta I}{1 - b}$를 향하여 움직이고, 그 균형점은 안정적이다.

연습문제

1. 수요함수와 공급함수가 각각 다음과 같다고 하자.

$$q^d(t)=D(t)=80-4p(t)$$
$$q^s(t)=S(t)=-10+2p(t)$$

또한 $t=0$일 때 $p(0)=18$, $q(0)=80$이라 가정하자.

(1) 균형가격과 균형수급량을 구하라.
(2) 왈라스의 의미에서 시장균형이 안정적인 것을 보여라.
(3) 마샬의 의미에서 시장균형이 안정적인 것을 보여라.

2. 수요함수와 공급함수 및 균형조건이 다음과 같이 주어졌다고 가정하자.

$$q_t^d=20-2p_t$$
$$q_t^s=-5+3p_{t-1}$$
$$q_t^d=q_t^s=q_t$$

(1) $p_0=4$일 때 p_t와 q_t를 구하라.
(2) 균형이 안정적인가 또는 불안정적인가를 밝혀라.

3. 한 나라의 국민경제가 가계와 기업만으로 구성되어 있다고 가정하자. 소비함수와 투자함수가 다음과 같을 때 아래 사항에 답하라.

$$C_t=200+0.75Y_{t-1}$$
$$I_t=400$$

(1) Y_0=2,500일 때 Y_t를 구하라.
(2) 균형이 안정적인가 또는 불안정적인가를 밝혀라.

참고문헌

연세대학교 수학과, 「미분적분학과 벡터해석」, 청문각, 2003.

정필권 · 서정환, 「경제수학의 기초」, 시그마프레스, 2007.

정필권, 「경제학에서 최적화이론과 응용」, 세경사, 1997.

Anton, H., *Elementary Linear Algebra,* 9th ed., John Wiley & Sons, 2005.

Apostol, T. M., *Mathematical Analysis,* 2nd ed., Addison-Wesley Publishing Company, 1981.

Archibald, G. C. and R. G. Lipsey, *An Introduction to Mathematical Economics: Methods and Applications,* Harper & Row Publishers, 1976.

Baumol, W. J., *Economic Theory and Operations Analysis,* 4th ed., Prentice-Hall, 1977.

Baumslag, G. and B. Baumslag, *Calculus,* Quantum Publishers, Inc., 1976.

Bazaraa, M. S. and C. M. Shetty, *Nonlinear Programming: Theory and Algorithms,* John Wiley & Sons, 1979.

Beightler, C. S., D. T. Phillips, and D. J. Wilde, *Foundations of Optimization,* Prentice-Hall, 1979.

Benavie, A., *Mathematical Techniques for Economic Analysis,* Prentice-Hall, 1972.

Bressler, B., *A Unified Introduction to Mathematical Economics,* Harper & Row Publishers, 1975.

Chiang, A. C. and K. Wainwright, *Fundamental Methods of Mathematical Economics,* 4th ed., McGraw-Hill, 2005.

Dixon, P. B., S. Bowles, and D. Kendrick, *Notes and Problems in Microeconomic Theory,* North-Holland, 1980.

Dorfman, R., P. A. Samuelson, and R. Solow, *Linear Programming & Economic Analysis,* International Student Edition, McGraw-Hill, 1958.

Draper, J. E. and J. S. Klingman, *Mathematical Analysis: Business and Economic Applications,* 2nd ed., Harper & Row Publishers, 1972.

Edwards, C. H., Jr. and E. P. David, *Calculus and Analytic Geometry,* Englewood Cliffs, N. J.: Prentice-Hall, Inc., 1982.

Gandolfo, G., *Economic Dynamics: Methods and Models,* North-Holland, 1980.

Gass, S. I., *Linear Programming: Methods and Applications,* 4th ed., McGraw-Hill, 1975.

Hadley, G., *Linear Algebra,* Addison-Wesley Publishing Company, Inc., 1974.

Henderson, J. M. and R. E. Quandt, *Microeconomic Theory,* 3rd ed., McGraw-Hill, 1980.

Hildebrand, F. B., *Advanced Calculus and Applications,* 2nd ed., Prentice-Hall, 1976.

Hoy, M., J. Livernois, C. McKenna, R. Rees, and T. Stengos, *Mathematics for Economics,* Addison-Wesley, 1996.

Intriligator, M. D., *Econometric Models, Techniques, & Applications,* Prentice-Hall, 1978.

______, *Mathematical Optimization and Economic Theory,* Prentice-Hall, 1971.

Jeffrey, B., J. Bradfield, and R. Turner, *Mathematical Economics,* Dryden, 1996.

Kasriel, R. H., *Undergraduate Topology,* W. B. Saunders Company, 1971.

Kells, L. M., *Elementary Differential Equations,* 6th ed., International Student Edition, 1960.

Klein, E., *Mathematical Methods in Theoretical Economics: Topological and Vector Space Foundations of Equilibrium Analysis,* Academic Press, 1973.

Mangasarian, O., *Nonlinear Programming,* McGraw-Hill, 1969.

Nikaido, H., *Introduction to Sets and Mappings in Modern Economics,* North-Holland, 1970.

Pennacchi, G., *Theory of Asset Pricing*, Pearson Addison–Wesley, 2008.

Rudin, W., *Principles of Mathematical Analysis,* 3rd ed., International Student Edition, 1976.

Samuelson, P. A., *Foundation of Economic Analysis,* Cambridge, Mass.: Harvard University Press, 1947.

Silberberg, E. and W. Suen, *The Structure of Economics: A Mathematical Analysis,* McGraw-Hill, 2001.

Simon, C. P. and L. Blume, *Mathematics for Economists,* New York: W. W. Norton & Co., 1991.

Sydsaeter, K. and P. Hammond, *Mathematics for Economic Analysis,* Prentice-Hall, 1995.

Sydsaeter, K., P. Hammond, A. Seierstad, and A. Strom, *Further Mathematics for Economic Analysis,* Prentice-Hall, 2005.

Takayama, A., *Mathematical Economics,* Purdue University, 1974.

Varberg, D., J.P. Edwin, and S.E. Rigdon, *Calculus,* 8th ed., Prentice-Hall, 2000.

______, *Analytical Methods in Economics,* Harvester Wheatsheaf, 1994.

Varian, H.R., *Microeconomic Analysis,* 3rd ed., W. W. Norton & Company, Inc., 1992.

Weir, M.D., J. Hass, and F.R. Giordano, *Thomas' Calculus,* 11th ed., Pearson Addison-Wesley, 2005.

찾아보기

〔저자약력〕

정 필 권

연세대학교 상경대학 경제학과 졸업(경제학사)
Iowa State University 대학원 경제학과 졸업(경제학 석사, 박사)
현, 연세대학교 상경대학 경제학부 교수

정 혜 진

연세대학교 경영학과 졸업(경영학사 및 경제학사)
연세대학교 대학원 경영학과 졸업(경영학 석사)
New York University 경영대학원 졸업(경영학 석사, 박사)
현, KAIST 경영대학 조교수

경제수학〔제 4 판〕

1986년 3월 5일 초판발행
1995년 1월 5일 제2판 발행
2008년 1월 5일 제3판 발행
2014년 8월 1일 제4판 인쇄
2025년 1월 20일 제4판 6쇄발행

저 자 정 필 권 · 정 혜 진
발행인 배 효 선
발행처 도서출판 法 文 社
주소 10881 경기도 파주시 회동길 37-29
등록 1957년 12월 12일 / 제2-76호(윤)
전화 (031)955-6500~6 Fax (031)955-6525
e-mail(영업): bms@bobmunsa.co.kr
(편집): edit66@bobmunsa.co.kr
홈페이지 http://www.bobmunsa.co.kr
조 판 성 지 이 디 피

정가 35,000원 ISBN 978-89-18-10228-3